Über dieses Buch:

Barudios Darstellung des »Teutschen Krieges« berichtet vom Sturz friedliebender Staatsmänner, von Erbstreitigkeiten der Fürstenhäuser, von den komplexen Sicherheitsinteressen der beteiligten Nachbarn des »Heiligen Reiches«; sie beschreibt die Hoffnungen der Söldnerführer wie auch derjenigen, die ihren Glauben wechselten, sie berichtet von der Habgier »hoher Herren« und dem Widerstand der »niederen Stände«.
Günter Barudio legt die Ergebnisse jahrelangen Forschens über die Geschichte des Dreißigjährigen Krieges (1618–1648) vor. In seiner breit angelegten wissenschaftlichen Monographie entwirft er ein in vielen Bereichen neues Bild von jenem Bürgerkrieg europäischen Ausmaßes. Er konnte diese Gesamtdarstellung nur deshalb schreiben, weil er sich aus erster Hand informierte und Quellen und Literatur in zehn Sprachen durcharbeitete.
Prolog und Vorgeschichte stimmen auf die historische Dimension und auf die politische Ausgangslage dieser »dunkelsten Epoche« (Peuckert) unserer Geschichte der Neuzeit ein. In den anschließenden drei Büchern (1618–28; 1629–35; 1636–48) werden die tragenden Gestalten jener Zeit, die vielschichtigen Ereignisse und Stukturen zu einem breiten Panorama zusammengefügt.
Barudios plastische Schilderung ist reich an Bildern, die den Mut und die Verzweiflung von Belagerten und Belagerern aufzeigen. Die unterschiedlichen »Kriegskünste« der Zeit werden ebenso analysiert wie der Verlauf der Hauptschlachten. Auch die Schachzüge der hohen Diplomatie und schließlich der Gang der komplizierten Friedensverhandlungen in Osnabrück und Münster sind auf beeindruckende Weise dargestellt.
Das vorliegende Werk steht in engem Zusammenhang mit der politischen Biographie von Gustav Adolf d. Gr., die ebenfalls aus der Feder von Günter Barudio stammt.

Der Autor:

Günter Barudio, geb. 1942, Studium der Rechte, Philosophie, Skandinavistik und der Osteuropäischen Geschichte in Frankfurt/M., 1969/70 Forschungsaufenthalt an der Universität Uppsala/Schweden, 1973 Promotion, Assistententätigkeit und weitere Forschungsaufträge. Seit 1981 freier wissenschaftlicher Schriftsteller.
Bisherige Veröffentlichungen: ›Absolutismus – Zerstörung der ‚libertären' Verfassung‹ (1976), ›Das Zeitalter des Absolutismus und der Aufklärung. 1648–1779‹ (Band 25 der ›Fischer Weltgeschichte‹, 1981), ›Deutscher Herbst '46‹ (Übersetzung des Reiseberichts von Stig Dagerman), ›Moskau und der Dreißigjährige Krieg‹ (im ›Handbuch der Geschichte Rußlands‹, Band II, 1981), ›Gustav Adolf – der Große. Eine politische Biographie‹ (1982; als Fischer Taschenbuch Nr. 4358), Mitarbeit an ›Pipers Handbuch der politischen Ideen‹ (Bd. 3, 1985).
Barudio arbeitet derzeit an einer Geschichte der Französischen Revolution und an der Biographie des schwedischen Kanzlers Axel Oxenstierna.

Günter Barudio

Der Teutsche Krieg

1618–1648

Fischer Taschenbuch Verlag

Ungekürzte Ausgabe
Veröffentlicht im Fischer Taschenbuch Verlag GmbH
Frankfurt am Main, Oktober 1988

Lizenzausgabe mit freundlicher Genehmigung
des S. Fischer Verlages GmbH, Frankfurt am Main

Gesetzt wurde nach der zweiten Auflage,
die vom Autor durchgesehen wurde.
Lektorat: Walter H. Pehle
Umschlagentwurf: Manfred Walch, Frankfurt am Main
unter Verwendung einer kaiserlichen Regimentsfahne
Druck und Bindung: Clausen & Bosse, Leck
Printed in Germany 1988
ISBN 3-596-24399-8

in memoriam

Friedrich Hermann Schubert
dem Lehrer

Karl Träger
dem Freund

Das ist ein furchtbar Ding zu spüren
wie alles entgleitet,
was man besitzt.

Blaise Pascal

Inhalt

PROLOG

Der Zweck des Krieges ist der Friede

Im Grauen der Nachrichten aus Belfast, Beirut oder Basra zwingt die Geschichte den politischen Menschen zur Erinnerung daran, daß die Konflikte in diesen leidgeprüften Städten mit ihrem Umland religiös durchwirkt sind und in ihren Ursachen weit in historische Zeit zurückreichen. Im Falle des schwelenden Bürgerkrieges um Nord-Irland bis in die Epoche, als in unserem eigenen Vaterland erst in seinen »Vormauern« wie Böhmen oder Batavien und dann in seinen Kernlanden ein ähnlicher Krieg tobte. Dessen Auswüchse zwischen 1618 und 1648 mit leiblicher Not, geistigem Verderben und fortwährender Seelenpein vermitteln dem Schaudernden, daß der Mensch zu allem fähig ist. Das Flehen der Mütter um ein Ende der Gewalt sowie das Fragen der Kinder nach dem Sinn ihres bedrohten Daseins fügen der Entrüstung über das Ungeheuere jedoch ein Stück Hoffnung hinzu – er ist auch fähig zum Frieden.

Dazu aber müssen die kämpfenden Seiten erzogen werden und zum eigenen Nutzen lernen, daß das *Kriegen* nicht das einzige Lebensziel sein darf, wenn die Freiheit des anderen erhalten bleiben soll. Die Einsicht in seine Endlichkeit verpflichtet den Menschen auf die Erhaltung des Lebens, demnach zur Einhaltung eines Generationenvertrags. Dessen Bewahren aber muß stets auf die »Waffen des Rechts« gestützt sein, wenn der Zweck eines echten Friedens erfüllt werden soll. In deren Gebrauch erkannte selbst Machiavelli das wahre Menschsein eines politischen und auf die Freiheit gerichteten Wesens: In der vertraglichen Begegnung von Geben und Nehmen wird der Mensch verträglich, im Banne von »Waffen der Macht« hingegen erscheint alles Menschliche abgestreift.

Die Herrschaft des Rechts als Grundlage einer Friedensordnung, in deren Dienst der Staat zu stehen hat, setzt aber für eine dauerhafte Regelung von Konflikten und Kriegen das beständige Wirken zweier Prinzipien voraus, die das Innere eines Gemeinwesens und seine Beziehungen zu den Nachbarn strukturieren müssen, wenn die Menschen an einem echten Frieden teilhaben sollen. Die Anwendung der *Gegenseitigkeit* im Sinne der Anerkennung eines neutralen Dritten als Schlichter und Garant abgeschlossener Verträge fällt ebenso unter diese fundamentale Forderung wie das Gebot der *Verhältnismäßigkeit*. Die Geschichte zeigt, daß jede Vertragskultur zu zerfallen beginnt, wenn dieses Doppelband des Zusammenlebens zwischen Einzelmenschen, Körperschaften und Gemeinwesen durch Bestechung, Mißtrauen oder Besitzgier gelockert wird.

Die Qualität ordnender Ideen ist unter deutschen Rechtsgelehrten vornehmlich nach dem Ende des Heiligen Reiches (1806) und seiner juristischen »Reichspublicistik« mißachtet oder verachtet worden. Sie haben seither im Verbund mit Geschichtsphilosophen und Historikern im Geist des Positivismus und Szientismus oft große Anstrengungen unternommen, die Macht vom Recht und dieses von der Gerechtigkeit mit ihrer universalen Ethik zu trennen, um dann im Sinne einer als notwendig vorgegebenen *Realpolitik* die Kultur der Menschenrechte, Verträge und Friedensordnungen zu verhöhnen oder überhaupt nicht zu behandeln. Daniel von Czepko, einer der unermüdlichen Mahner und Reformer in Zeiten nationaler Not, hat diesen Zustand einer rechtsvergessenen und machtbesessenen Elite als Jurist und Poet schon lange vorher den Teutschen zur Besinnung auf den Wert der Geschichte und einer übernationalen Ethik ins republikanische Stammbuch geschrieben: »Wo Freiheit ist und Recht, da ist das Vaterland/ Dies ist uns aber nun und wir ihm unbekannt/ Es streite, wer da will: Es ist dahin gekommen/ Der falsche Frieden hat das Land nun eingenommen/ Die Faulheit aber uns ...«

Angesichts des »Gerechten Reichsfriedens« von 1648, der das mitunter äußerst komplizierte Streiten um Gott und Güter,

Macht und Märkte bis 1806 zu regeln verstand, erscheint die Klage über den »falschen Frieden« wie eine Beschwörung, den wahren Sinn einer Fundamentalformel des Völkerrechts nicht zu verdrehen, um kurzfristig eine gewonnene Machtbasis als Selbstzweck zu sichern: den schwierigen, jedoch für jeden echten Frieden unabdingbaren Auftrag des Rechtsgelehrten Hugo Grotius und aller Naturrechtler – »Belli finis pax est.«

Kaiser Ferdinand II. – neben Maximilian von Bayern einer der Hauptverantwortlichen dieses Krieges – und seine ergebenen Berater haben den mehrdeutigen Begriff »finis« in dieser Formel gerne so aufgefaßt, daß »das Ende des Krieges der Friede ist«. In diesem verfälschenden Sinne wurde 1629 mit Christian IV., dem Herzog von Holstein und Wahl-König von Dänemark, der mit Recht geschmähte »Frieden von Lübeck« arrangiert – auf Kosten der libertären Stände-Opposition im Heiligen Reich. Ein folgenschweres Einvernehmen, das neben anderen Gründen die Intervention Schwedens im Sommer 1630 provoziert hat!

Was jener machthungrige Kaiser aus dem Hause Habsburg zur Sicherung seiner diktatorischen Positionen mit diesem »Frieden« aushandeln ließ, wiederholte er unter anderen Bedingungen 1635 im nicht weniger berüchtigten »Frieden von Prag«. Dabei hatte er es verstanden, aus einer zeitweiligen militärischen Stärke heraus wichtige evangelische Reichsstände zu einer formalen Annahme dieses Scheinfriedens zu nötigen. Eine Folge dieser Gewaltpolitik, die mit dem Ende von Kampfhandlungen die anstehenden Konflikte bereits gelöst glaubte, war dann die Intervention Frankreichs an der Seite Schwedens.

Erst die universal angelegten Abkommen von 1648 erfüllten die Bedingungen der Gegenseitigkeit sowie der Verhältnismäßigkeit und damit die wesentlichen Elemente eines echten und gerechten Friedens. Während der langwierigen Verhandlungen in Münster und Osnabrück prägte denn auch das richtige Verständnis des Grotius-Wortes die Arbeit am Friedenswerk, demzufolge »der Zweck des Krieges der Friede ist«. Damit wurde nichts anderes gesagt, als daß er neben den religiösen

Beweggründen auch deshalb geführt werden mußte, um gebrochene Vertragslagen und gewaltsam verschobene Besitzstände im Geist eines libertären Gleichgewichts zu korrigieren und diesen Zustand für alle Zukunft zu garantieren – nach innen und außen. Mit diesem Verständnis sollte fortan wieder das Gerechte als Ausdruck der »Kunst des Gleichen und Guten« (ars aequi et boni) in das Heilige Reich einkehren und die Diktatur eines »absoluten Dominats« ablösen, den Habsburg zum Zwecke einer Hegemonie über ganz Europa jahrelang erprobt hatte.

Die Forderung nach Gerechtigkeit als »dem größten der menschlichen Güter« (Thrasymachos) hat uns bewogen, von den bisherigen Einteilungen dieses Teutschen Krieges in der Historiographie abzugehen. Was immer auch, mit Ausnahme von Schiller, einzelne Geschichtsschreiber wie Ritter, Klopp, Gindely, Huch, Stieve, Wedgwood oder Pagès an Deutung und Darstellungskunst zu leisten vermochten, an diesem Gut haben sie ihre Bewertung nicht ausgerichtet. Die Einflüsse der puren Machthistorie, des Rechtspositivismus und eines linearen Fortschrittsdenkens haben diese und andere Interpreten von den Bedingungen eines »Gerechten Krieges« abgelenkt und verdrängen lassen, wie stark diese Idee die hier zu behandelnde Geschichte geprägt hat. Aus diesem Grunde schließt in unserer, überwiegend aus den Quellen gearbeiteten Darstellung jedes der drei Bücher in diesem Band mit den erwähnten Friedensschlüssen ab: Allein schon dadurch werden innere Komposition, Übersicht und Logik dieses komplexen Ringens verständlicher.

Darüber hinaus hat das Nachempfinden des Krieges in einigen Haupt- und Nebengestalten, wie dem »Winterkönig«, Spinola, Mansfeld, Tilly, Christian IV., Gustav Adolf, Richelieu oder Mazarin, in der überkommenen Historie als zentrales Thema weitgehend das ausgeblendet, was in friedlichen Zeiten mit gutem Recht die »herrliche Reichsstruktur« genannt wurde. Ohne ihre Kenntnis müssen Wesen und Wirken der *Teutschen Libertät* verborgen bleiben: der Geist und die Gestalt eines republikanischen Anspruchs und römischen Auftrags als Zwekke aller Politik im Heiligen Römischen Reich Teutscher Nation. Gelegentliche Hinweise am Rande auf »germanische Freiheiten« (Golo Mann) und diese noch in den Traditionen des Teutonismus genügen dabei nicht. Sie begreifen den libertären Patriotismus dieser Zeit nicht als Verfassungsbewegung, drängen die Rückversicherung des Kriegens als Akt der Notwehr ab und erschweren damit den Zugang zum Rechtskern der Friedensabsprachen von Münster und Osnabrück. Der verbreitete Personalismus (»Männer machen Geschichte«; Treitschke), die herkömmliche Chronistik und die Sozialhistorie vermochten es bis jetzt nicht, diesen fundamentalen Bezug des Krieges zum Recht zu erschließen und den besonderen Umstand kenntlich zu machen, daß Interventionen auswärtiger Mächte die Qualität von Gerichtszügen im Namen der Gerechtigkeit haben konnten.

Gegen diese Bewältigung des Teutschen Krieges wird hier der Versuch unternommen, Personen, Ereignisse und Strukturen in ihren historischen Beziehungen zu belassen und im Zeitbezug zu verstehen. Dabei weicht diese Vorstellung von Integral-Historie (Romein) nicht vor den Aufgaben der Gegenwart in die Vergangenheit aus. Sie erkennt wie Thukydides in seinem »Peloponnesichen Krieg« die Pflicht eines Geschichtsschreibers, mit der Analyse auch einer fernen Vergangenheit seinen Beitrag zur politischen Bildung für die Zukunft leisten und damit die Sicherung einer auf Verträge gegründeten Freiheits-Kultur unterstützen zu müssen.

Personen und Ereignisse verbleiben freilich stets in ihrer historischen Gebundenheit und sind in ihrem einmaligen Erscheinen manchmal wie ein Blatt in Bernstein gefaßt. Strukturen jedoch mit ihren Institutionen, Verhaltensweisen und rechtlichen Ansprüchen können gleichbleiben und ermöglichen in diesem Sinne eine gewisse Gesetzmäßigkeit der Geschichte. Sie sind unter dieser Bedingung Ausdruck einer Substanz, wirken als etwas Beständiges und Überdauerndes, während Personen und Ereignisse trotz ihres unverwechselbaren Eigenwertes nur ein Akzidens bilden, etwas Vorübergehendes und Zufälliges.

Die Geltung des *Haus- und Landfriedens* im Rahmen einer »Polizeiordnung« als Grundlage der materiellen Menschenrechte vom Mittelalter bis zum heutigen Tag gibt alleine schon zu erkennen, was wir bei allem Interesse für den Menschen im Einzelfall und für das Ereignis im Detail besonders den vorhandenen Strukturen schuldig sind: der cumulativen Reichsverfassung aus Goldener Bulle (1356), dem Ewigen Landfrieden (1495), dem Augsburger Religionsfrieden (1555) und den Kaiser-Kapitulationen. Zum weiteren Verständnis der strukturellen Komponente in dieser Gesamtdarstellung gehören aber auch die fast stets gleichen Wirkungen bestimmter Krankheiten, allen voran der Pest. Ihr verheerendes Auftreten im Jahre 1348 veränderte die Lage der Menschen in fast ganz Europa so sehr, wie sie noch 1648 am Ende des Teutschen Krieges die Überlebenden bedrohte. Von dieser und anderen Geißeln ständig in Angst gehalten, gestaltete sich das Leben in der Frühen Neuzeit nach Kreisläufen der Natur, in die der Mensch mit seinem »freien Willen« nur bedingt eingreifen konnte.

Auf diese strukturellen Vorgaben wird hier besonders Rücksicht genommen, um den Leser auf Denkweisen und Lebensgewohnheiten dieser Epoche einzustimmen. Trotz anderer Gewichtung, Anlage und Bewertung fühlt sich die vorliegende Geschichte des Dreißigjährigen Krieges allen Vorgängern verpflichtet, die sich um Aufklärung über diese Tragödie der Teutschen Nation bemüht haben. Vor allem dem Herausgeber der »Relationis historicae«, einer bisher kaum beachteten Quelle zur Ereignisgeschichte der gesamten Kriegszeit, verdankt diese Darstellung ein hohes Maß an Information über Länder und Leute; nicht weniger den Verfassern des »Theatrum Europaeum«, Khevenhiller, Johann von Pflummern oder der Äbtissin Klara Staiger. Ohne die Leistungen der Quelleneditoren von Londorp über Ostermann zu Lünig oder Dumont und ohne die zahlreichen Einzelforschungen wäre der vorliegende Versuch kaum denkbar gewesen. Dies dankbar zu verzeichnen schließt bei aller Kritik die Achtung vor dem Einsatz eines jeden Historikers oder Publizisten ein, der sich zu diesem Thema unseres nationalen Traumas geäußert hat.

Geht es uns hier um Aufklärung zu dieser »dunkelsten Epoche« (Peuckert) unseres Volkes vor 1933, um am Verlauf und Ende dieses langwierigen Kämpfens lernen zu können, was das Wesen eines echten Friedens ausmacht, so bedrückt uns eine recht sonderbare Analogie: Es scheint einen geradezu gespenstischen Zusammenhang zu geben zwischen berühmten Darstellungen des Teutschen Krieges und dem militärischen wie politischen Untergang dreier Reiche der Deutschen: Schillers »Geschichte des Dreißigjährigen Krieges« (1791–93) fiel zeitlich mit den Koalitions- oder Revolutionskriegen zusammen. In deren Gefolge wurde das Heilige Reich – vom Separatismus Habsburg-Österreichs und Hohenzollern-Preußens ohnedies geschwächt – im Jahre 1806 durch die diktatorische Macht des »absoluten Dominats« Napoleons genötigt, den vertraglichen Geist der Teutschen Libertät in ihrer dezentralisierten Gestalt und föderativen Anlage aufzugeben: Tausend Jahre Freiheitsgeschichte fanden durch Gewaltstreiche und Hegemonieansprüche ein unrühmliches Ende.

Gut hundert Jahre später, als sich das Zweite Reich als großpreußische Lösung und doppelte Teilung des Deutschen Bundes und Polens bereits gefestigt hatte, begann Ricarda Huch wie »berauscht« mit der Erarbeitung ihres romanhaft angelegten »Großen Krieges in Deutschland«. Gerade fertig geworden, brach der Erste Weltkrieg aus, an dessen Ende 1918 im historischen Gedenkjahr des »Fenstersturzes« zu Prag die Throne stürzten. Habsburger und Hohenzollern hatten neben anderen »souveränen Häusern« und Feinden republikanischer Freiheit für ihre fortwährende Unterdrückung den Preis der Geschichte zu entrichten. Pascal beschrieb ihn in seiner eigentümlichen Dialektik und empfahl die gewonnene Einsicht zu stetem Nachdenken über die Wege von Gesetzen und Gewalt: »Recht ohne Macht ist ohnmächtig; Macht ohne Recht ist tyrannisch. Einem ohnmächtigen Recht wird widersprochen, denn Bösewichte gibt es immer. So muß man denn Recht und Macht in Übereinstimmung bringen und, um dies zu erreichen, darauf bedacht sein, daß das, was Recht ist, mächtig, oder das, was mächtig ist, gerecht sei ...«

Diese Lektion ihres großen Philosophen haben Frankreichs leitende Staatsmänner nicht recht verstehen oder anwenden wollen, als sie 1919 zusammen mit den anderen Siegermächten der neuen Republik und parlamentarischen Demokratie des Deutschen Reiches mit dem »falschen Frieden« von Versailles ungerechte Lasten aufbürdeten: mit dem Erfolg, daß sie die nationale Selbstachtung der Deutschen verletzten, die Festigung ihrer Demokratie behinderten und schließlich ein kriegstreibendes Vergeltungsdenken (Revanchismus) bis hin zum Ungeist der Selbstjustiz förderten. Der Bürgerkrieg zwischen ideologisch ausgerichteten Kampfverbänden in Gestalt von Saal- und Straßenschlachten sowie eine Lähmung von Verfassungsorganen wie dem Reichstag im Zuge von »Notverordnungen« mündete denn auch bald in die Diktatur des Dritten Reiches.

Dieses monströse Machtsystem, das sich als »ein Protest gegen Versailles wie gegen Münster und Osnabrück« (Alfred Baeumler) empfunden haben soll, ließ sich mit dem »Anschluß Österreichs« (1938) als endgültige Erfüllung der deutschen Geschichte in einem Nationalstaat feiern, wobei nur Südtirol ausgenommen wurde. Eine Folge dieser Einheit im Ungeist von Gleichschaltung, Zentralismus und »Führerprinzip« war die Knechtung der demokratischen Deutschen im Inneren und schließlich der kriegerische Versuch, mit der Eroberung Europas die Weltherrschaft anzustreben.

Im Jahr des Münchner Abkommens als Höhepunkt der Appeasement-Politik Englands, die so fatal an das Verhalten Jakobs I. nach 1618 gegenüber Habsburg erinnert, erschien aus der Feder von Virginia Wedgwood eine gedrängte Geschichte des Dreißigjährigen Krieges. Sie war auf schmaler Quellenbasis und aus dem Nationalismus-Verständnis ihrer Zeit gestaltet worden, hatte aber eine weite Verbreitung gefunden – ein Zeichen dafür, daß diesem Ringen in der Mitte Europas großes Interesse entgegengebracht wurde. Es vermittelte schließlich in einzigartiger Weise ein historisches Axiom: Nichts gefährdet die Freiheit mehr als eine zentralisierte Machtmasse, wenn diese nicht nach innen und von außen her in Recht und Verfassung gebändigt bleibt.

Nimmt man noch hinzu, daß im Frühjahr 1940 Nils Ahnlund mit dem ersten Teil einer Biographie zu Schwedens Reichskanzler Axel Oxenstierna aufwartete – ab 1632 ein Hauptakteur des Teutschen Krieges und nachmalig Gestalter des Ewigen Friedens –, dann wird deutlich, daß ebensoviel Recht wie Pflicht zur Aufklärung einen Historiker zu diesem Thema der wachsenden Bedrohung treiben konnten. Selbst Hitler und seine Umgebung haben sich immer wieder zur Legitimierung der eigenen Machtpolitik auf diesen Krieg und den Westfälischen Frieden bezogen. So erläuterte der tyrannische Führer des Großdeutschen Reiches zum Jahrestag der »Machterschleichung« (Edgar Jung) am 30. Januar 1940 im Berliner Sportpalast seinen Anhängern – den Pseudo-Goten – und einer aufschreckenden Welt, daß das Kriegsziel seiner Gegner und insbesondere Frankreichs »das Deutschland von 1648« sei: ein Reich in Ohnmacht, wie er meinte. Damit die Öffentlichkeit zusätzlich erfahre, was es mit diesem Hinweis auf sich hatte, wurde der inkriminierte Friedensvertrag 1940 ins Nazi-Deutsch übersetzt und noch 1943 kurz vor dem Ende des »Tausendjährigen Reiches« als eine »Schmach« und als »Mordfriede« verketzert.

Auch die jüngsten Versuche, die historische Qualität des »Dreißigjährigen Krieges« im Kampf um die Hegemonie in der Christenheit zu überprüfen, haben eine seltsame Affinität zu politischen Entwicklungen. So wurde Steinbergs Arbeit beendet, als sich die Vorboten des »Prager Frühlings« bemerkbar machten, während Polišenskýs Sicht der Rebellion in Böhmen von 1618 und ihrer Folgen ein Jahr später erschien, als bereits alle Blütenträume der Freiheit einer erneuten Diktatur und einem »absoluten Dominat« Moskaus zum Opfer gefallen waren.

Die Frage nach dem politischen Lebenssinn des selbstbestimmten Menschen war 1618 unter den libertären Ständen Böhmens in der Substanz so wichtig wie 1918 beim Abschütteln der Habsburg-Diktatur oder 1968, als sich demokratische Parteien bilden wollten. Sie schließt auch jene eigenartige Suggestion der Geschichte ein, die sich in Krisenzeiten Mitteleuropas mit diesem ernsten Thema bemerkbar macht. So haben die national und damit konstitutionell erwachten Böhmen um 1848 im Geist des »Obrození« (Wiedererwachen) und im Gedenken an die verlorene Schlacht am Weißen Berg (1620) in einem großen historischen Bogen an das »Temno« erinnert – an eine »Finsternis« im Sinne rechtlicher Entmündigung und politischer Knechtschaft unter Habsburg.

Diesen despotischen Doppelgriff hatte Georg Büchner eine Generation davor als ähnlich demütigend empfunden. Er hatte erkannt, daß in bestimmten Situationen aus privater und nationaler Notwehr heraus für Recht und Freiheit auch das Leben gewagt werden mußte. Der Mut teutscher Patrioten in der Schlacht bei Wimpfen (1622) gegen die Heerscharen Tillys und der Liga ließ ihn in seinem eigenen politischen Kampf gegen die »finstere Reaktion« der Diktatoren im Hermelin unentwegt Kraft schöpfen und das Teutsche Vaterland ganz im Geiste des Czepko denken – gegen den Terror des Neo-Absolutismus im Metternich-System.

Auch aus diesem Grunde haben wir uns gegen die entpersonalisierte Formel vom »Dreißigjährigen Krieg« entschieden. Sie ist späteren Datums und die Konvention einer Geschichtsschreibung, die den Wert der Teutschen Freiheit als Inbegriff einer dauerhaften Herrschaft vertraglichen Rechts gerne ausgeklammert hat. In der Reichsgeschichte der Teutschen Nation war dieser Krieg nicht ein beliebiger, der sich im Zeichen einer abstrakten Zahl vollzogen hat, sondern ein *Bürgerkrieg* und eine Tragödie. Nach der Staatsvergötzung in Preußen haben wir bei der Suche nach einer freiheitlichen Identität von Volk und Verfassung mehr an Geschichte aufzuarbeiten als viele unserer Nachbarn. Diese mußten ja nicht den universalen Auftrag eines Heiligen Reiches erfüllen, nämlich die Sicherheit Europas durch Freiheit und Gleichgewicht zu gewährleisten.

Mit der Entscheidung für den Titel *Der Teutsche Krieg* wird den Quellen dieser unheilvollen Epoche entsprochen, an die Universalität des Heiligen Reiches als gerechter Friedensordnung erinnert und jeder angeregt, aus diesem Teil der nationalen und europäischen Geschichte manch Hilfreiches und auch Tröstliches zu lernen – damit nicht durch Faulheit und Unkenntnis ein künftiger und lebensnotwendiger Friede von Machtverehrern und Rechtsverächtern verspielt wird.

Die Geschichte dieses dreißig Jahre dauernden Krieges und seines »Ewigen Friedens« von Münster und Osnabrück wurde von uns in einer Zeit zahlreicher Anschläge auf Demokraten und Diktatoren, anhaltender Bürgerkriege und versuchter Revolutionen in der Hoffnung verfaßt, nicht der Widerschein eines Menetekels zu sein. Im Zeichen wachsender Bedrohungen und der Schwächung unserer politischen Kultur der Freiheit denke ich an das verhaltene Glück des Böhmen Gindely, der 1882 ein ähnliches Werk in mehreren Büchern einem breiten Publikum vorlegen durfte – zur Zeit eines leidlichen Friedens und doch zur Mahnung.

Frankfurt am Main, den 8. Mai 1985 Günter Barudio

VORGESCHICHTE

In der Ruhe des Rechts

(1576–1618)

Ein Menschenleben von vierzig Jahren Dauer zu erforschen, ist gleich einem ›über zehntausend Jahre hin‹. Denn was wirst du mehr sehen?

Marc Aurel

Kriege brechen aus. Das Bild, das man sich davon in deutscher Sprache macht, wird nicht ohne Grund auch auf das Ausbrechen von Krankheiten bezogen. In diesem Sinne beschreibt es einen Zustand von Gewalttätigkeiten, die Land und Leute bluten lassen. Jene Imagination läßt aber auch an den Ausbruch eines Feuers denken. Dessen Funkenflug lenkt den Blick zum Himmel und versperrt jede Einsicht in das Unbegreifbare. Ja manch einer ahnt kaum, welche Ursachen die voraufgegangene Krise bewirkt, zum Konflikt gesteigert und schließlich den Krieg ausgelöst haben. In dieser Situation der Bedrängnis wird er schnell empfänglich für eine Beschwörung himmlischer Mächte und für eine Deutung des ausgebrochenen Krieges als *Störung der Sterne.*

Kometen

Vergegenwärtigt man sich hier den Brauch einer Zeit, den Hoch und Nieder oft mit bebenden Sinnen gepflegt haben, und folgt man einem Sternendeuter, um Anfang und Ende der Vorgeschichte dieses Teutschen Krieges zu markieren, dann stößt man auf die Bahn zweier Kometen. Ein damit verbundenes Zahlenspiel des Basler Astronomen Paul Nagel leitet sich vom Erscheinen des »Großen Kometen« im November 1618 her und ermöglicht eine ungewohnte, aber hilfreiche Orientierung in der überquellenden Flut eines kaum auszuschöpfenden historischen Stoffes.

In der Konstellation dieses Wundersterns, dessen flammender Schweif als Ankündigung von Hunger, Pest und Krieg empfunden wurde, erkannte Nagel den zwingenden Einfluß des Planeten Saturn, der »seinen Lauf in 30 Jahren absolviert. Dieser nun muß mit dem Jupiter zusammengenommen werden, welcher seinen Umlauf in 12 Jahren betreibt. Diese 30 und 12 lege man zusammen, kommen 42«. Wird nun dieser stellarische Zeitraum des Wandels um die Sonne – einem »Schatten der Ideen« (Giordano Bruno) gleich – auf einen überschaubaren Ablauf unserer Geschichte angewendet, dann ergibt sich, von 1618 aus zurückgerechnet, das Epochenjahr 1576.

Auch in dessen Gefolge erschreckte 1577 eine Art Komet himmelsüchtige Gemüter, trieb forschende Geister zu fieberhaftem Rechnen über die Ankunft des Anti-Christ mit dem Ende aller Zeiten und gab den Mächtigen im irdischen Jammertal einiges darüber zu denken, ob sie ihre Ämter nach Maßgabe der Gerechtigkeit handhabten und somit einen göttlichen Auftrag erfüllten.

Nagel ließ sich vom Aufscheinen dieser beiden Himmelskörper sehr beeindrucken. Er glaubte, in der zeitlichen Zuordnung zwischen den Kometen eine Spur Gottes ausgemacht zu haben und setzte sich gegen die Kritik an seinem Geschichtsbild heftig zur Wehr, um zugleich den Leser in Anlehnung an das Buch Hiob auf den verwickelten Gang der jüngsten Vergangenheit hinzuweisen. »Der Cometstern von 1577«, erläuterte er allen Staunenden, »gebe eine Bedeutung auf den Behemoth [ein Landungeheuer]. Der Comet aber [im Jahre] 1618 erschienen, der weiset uns gleich mit Fingern auf den Leviathan [ein Seemonster]. Das sind die beiden großen schrecklichen Tiere, so der Großfürst Michael mit sich führen wird« – um diese selbst zu vertilgen, wenn mit ihrer Hilfe die Reinigung der Menschheit von den angehäuften Sünden erfolgt sei.

Das war eine biblische Imagination, die auch Thomas Hobbes nach seiner Übersetzung des »Peloponnesischen Krieges« (1628) benutzen sollte, um in seinem »Behemoth« den Bürgerkrieg in England von 1640 an zu beschreiben und mit dem »Leviathan« eine Systematik des Verhältnisses von Recht und Macht, Gesellschaft und Staat zu versuchen. Manch ein zeitgenössischer Teutscher dachte vielleicht auch noch an das *Ungarische Untier,* das 955 in der Abwehrschlacht auf dem Lechfelde bei Augsburg zurückgeschlagen worden war – dank der Unterstützung des Erzengels Michael, der seither als Schutzpatron des »Volkes der Mitte« galt, und dessen Angehörige in Anlehnung an diese Tradition gerne »teutsche Michel« genannt werden: Angehörige einer angeblich von Gott und der Geschichte auserwählten Nation, in der sich seit der Reformation und dem Ende des Tridentinischen Konzils (1563) eine wachsende Sündenlast angesammelt hatte. Die anhaltende Türkengefahr deutete unmißverständlich an, daß bald eine furchtbare göttliche Bestrafung dieser Teutschen bevorstünde. Eingedenk des drohenden Gerichts vom Himmel her läßt Nagel auch Gott den HERRN in seinem Zorn verkünden: »Ich will Pfeile des Hungers in sie schießen, Pfeile der Pestilenz. Ich will meine Pfeile in ihrem Blute trunken machen: O, von diesen Pfeilen wäre viel zu schreiben!«[1]

Über solche Pfeile wird hier einiges berichtet werden müssen, um im Zeitraum von gut vierzig Jahren zwischen den Kometenzeichen von 1577 und 1618 Schwächen, Fehler und Versäumnisse zu orten. Diese haben nämlich zusammen mit anderen Ursachen ein seit dem Augsburger Religions- und Landfrieden leidlich geordnetes Gemeinwesen Zug um Zug erst in eine lokale Krise, dann in einen regionalen Konflikt und schließlich in einen global wirkenden Krieg getrieben – in einen »Kampf aller gegen alle« (Hobbes).

42 Jahre: Sie stecken in dieser Darstellung nicht nur den Zeitrahmen der Vorgeschichte des Großen Krieges ab, sondern sollen auch darauf hinweisen, daß mit diesem Alter in der Regel eine gute Lebenserwartung verbunden wurde: ganz im Sinne der stoischen Auffassung von der Natur und Geschichte des Menschen, wie sie uns eingangs Marc Aurel in Erinnerung gerufen hat.[2]

Habsburg und das Reich im Wandel

Als sich Kaiser Maximilian II. im Jahre 1576 zum Sterben legte, hatte er in seiner langen Regierungszeit nicht wenig dafür getan, im Heiligen Reich eine »gottselige Vergleichung der Religion in teutscher Nation« zu erreichen.[3] Außerdem bot sein Sohn und Nachfolger Rudolf II. eine gewisse Gewähr dafür, daß dieses angefangene Versöhnungswerk fortgesetzt würde.

In Spanien am Hofe Philipps II. im Bewußtsein erzogen, daß das eigene Haus Habsburg ein weltumfassendes Reich beherrschte, fühlte sich der neue Kaiser zwar mit den tridentinischen Forderungen der Gegenreformation vertraut und sah sich auch durch seinen Verfassungseid gehalten, den Vorrang der Römischen Kirche nicht zu vernachlässigen. Er war aber bis zu seinem eigenen Abtreten von der Bühne des Staats- und Welttheaters im Jahre 1612 selten für eine Gangart zu bewegen, welche den inneren Religions- und Rechtsfrieden gefährden konnte. Wie sein Vater erasmisch gestimmt und auf gütlichen Ausgleich zwischen den Reichsständen bedacht, erschien ihm der unwägbare Kurs von Konfrontation und militanter Rechthaberei nicht als gerechtes Mittel, dieses große Reich zu regieren.

Die Anstellung des protestantischen Dänen Tycho Brahe als Hofastronom, dessen Nachfolger im Krisenjahr 1601 kein anderer werden sollte als der überzeugte, aus der Steiermark vertriebene Protestant Johannes Kepler, bestätigte die persönliche Toleranz dieses ungewöhnlichen Habsburgers. Allerdings konnte ihm aus den Reihen der katholischen Reichsstände, die ihren bisherigen Besitzstand bedroht sahen, oder vom eigenen Haus zur Durchführung der Gegenreformation so lange zugesetzt werden, bis er in Einzelfällen nachgab. Im Hradschin, der Hauptburg Prags, von der aus bald der Große Krieg seinen Anfang nehmen sollte, hantierte dieser Kaiser in seinem Hang zur Alchimie lieber mit Kolben, Brennspiegeln und Zirkeln als mit den gängigen Instrumenta politica. Auf der Suche nach dem Stein der Weisen schien er immer weniger zu bemerken, wie vor allem die reformierten Stände (Calvinisten) im Heiligen Reich allmählich zu Waisen wurden – der alten »Mutter Kirche« als Sekte entfremdet und von ihm selbst als ein »Vater des Vaterlandes« oft verlassen. Das Vertrauen in eine gerechte Handhabe der politischen Macht bröckelte zusätzlich ab, seit Rudolfs Bruder Matthias die Führung in der Casa de Austria anstrebte. Er unternahm dies aus Angst, das Erzhaus könnte seine Stellung in der Christenheit verlieren: Hatte doch Rudolf II. gegen alle Tradition auf eine Heirat und eigene Erben verzichtet.[4]

In dieser von Erwerbssucht, Besitzstreben und Erbdenken geradezu besessenen Zeit, in der selbst Mundraub wie ein Kapitalverbrechen bestraft werden konnte, und in welcher dem Tod mit einer Kälte und Verachtung begegnet wurde wie wohl zu keiner anderen Zeit der früheren Geschichte,[5] war des Kaisers Verweigerung ein Hohn auf sein eigenes Haus, das sich zur Führung der Welt berufen wähnte. Neben seinem ebenfalls kinderlosen Bruder Matthias, der sich von Jahr zu Jahr eine größere Chance ausrechnete, Rudolfs Nachfolger als Haupt der Casa de Austria, König von Böhmen und Ungarn oder gar Kaiser zu werden, lag noch der bigotte Vetter Ferdinand aus der steirischen Linie des Hauses Habsburg auf der Lauer. Dieser überaus hart geführte Dynastie-Konflikt ist als *Bruderzwist* in die Geschichte eingegangen.[6] In dessen oft dramatischem Verlauf versuchten die Reichsstände – Katholiken, Lutheraner und Calvinisten – zuvorderst ihre materiellen Besitzstände zu sichern oder zu erweitern und weniger den Nutzen des Reiches durch Stärkung seiner Rechts- und Verfassungsorgane zu mehren: und dies besonders nach dem von der calvinistischen Kur-Pfalz gesprengten Reichstag von 1603 in Regensburg.

Hatte sich seit dem Wiener Fürsten-Konkordat von 1448 die Reformation nicht auch an der Frage nach dem Verfügungsrecht über Land und Leute entzündet, das von der Toten Hand beansprucht wurde? Von einer Römischen Kirche also, die sich seit der Glaubensspaltung umfassende Amortisierungen gefallen lassen mußte, d. h. Rückführungen von Kirchengütern in die Öffentliche Hand und damit in eine weltliche Besteuerung oder in die Nutzungsgewalt unkatholischer Reichsstände. Mit den Verträgen von Passau (1552) und Augsburg (1555) konnte dieser anhaltende Prozeß des Güterverlustes zwar zugunsten der alten Kirche gehemmt werden. Gleichwohl haben eine Reihe von dehnbaren Artikeln im Bereich des sogenannten »Geistlichen Vorbehaltes«[7] das weitere Abfallen von Ständen, Fürsten und Städten zum lutherischen und vor allem reformierten Bekenntnis gefördert. Mit dem Erstarken des politischen Ständewesens auch in Böhmen[8] und trotz aller Gegenmaßnahmen von katholischer Seite (Bulle Coena Domini) verschoben sich jedoch die Besitz- und Machtverhältnisse im Heiligen Reich immer mehr zugunsten der beiden protestantischen Richtungen.

Anhaltende Bemühungen um gütliche Vergleiche und rechtliches Verhalten konnten in dieser Zeit wachsender Unruhe nicht verhindern, daß zwei strukturelle Faktoren nach 1576 bis hin zum letzten Reichstag vor dem Großen Krieg (1613) in Regensburg die oft komplizierten Erb- und Eigentumsfälle in ihren Lösungen blockierten. Vor allem die Reichsstände der Reformierten sorgten stets aufs neue für Aufregung: Sie waren mit ihrem religiösen Bekenntnis und materiellen Besitzstand nicht unter den Rechtsschutz der reichsweiten Absprachen von 1555 genommen worden und galten seither nur als eine geduldete Sekte.[9] Damit wurde ihnen im Gegensatz zu den Ständen der Lutheraner oder der »Augsburgischen Konfession« der Status einer Konfession mit konstitutionaler Sicherung verwehrt: ein kriegstreibender Zustand, der erst 1648 mit dem Gerechten Reichsfrieden beendet werden sollte. Außerdem war es den Reichsständen der Katholiken geglückt, diese Reformierten an der Wahrnehmung von Sitz und Stimme für ihre Religion auf den Reichtstagen zu hindern. Dieses Verfahren der Abdrängung hatte dann allmählich dazu geführt, daß die Stände des katholischen Lagers unter formeller Berufung auf die Reichsverfassung zwar die Majorität der Stimmen besaßen, während sie in Wirklichkeit innerhalb des Heiligen Reiches bei den vorhandenen Standschaften materiell in der Minderheit blieben. Auf diese und andere Weise behinderten sie das gedeihliche Arbeiten des Reichstages wie des Reichskammergerichtes in Speyer.[10]

Die schon von Aristoteles angemahnte *Symmetrie des Besitzes* als unabdingbare Grundlage für die rechtlich-politische Balance in einem gerecht angelegten Gemeinwesen litt also seit 1576 zunehmend an der Verlagerung ihrer Gewichte: hin zu den Reformierten, die seit 1613 mit dem Übertritt des Kurfürsten von Brandenburg zum Calvinismus[11] an Einfluß gewinnen, jedoch eine weitere Entpolitisierung des Öffentlichen Lebens kaum aufhalten konnten. Entfremdung unter den politischen Reichsständen und Haß gegen Habsburg nahmen allmählich bedrohliche Formen an, wie etwa beim späteren Führer der Calvinisten im Reich, Christian von Anhalt (Sachsen). Gegenstöße von katholischer, insbesondere von jesuitischer Seite verstärkten nur die religiös begründete Trotzhaltung und die Angst, die eigenen Lebensgüter durch Gerichtsbeschlüsse, Reichsabschiede oder Gewaltmaßnahmen zu verlieren.

Wie folgenschwer für alle Zukunft Gegenreformation und Enteignung ineinandergreifen konnten, bezeugt stellvertretend für unzählige Einzelfälle die Vertreibung von Johannes Kepler. Ihn traf neben anderen Glaubensgenossen am 2. August 1600 die Landesverweisung aus der Steiermark. Der übereifrige und besitzgierige Erzherzog Ferdinand hatte sie per Dekret und an den politischen Ständen vorbei ohne jede Entschädigung brutal verfügt. In einem erschütternden Brief teilte Kepler dazu seinem alten Lehrer Mästlin in Tübingen wichtige Einzelheiten mit: »Ich, der ich reich zu werden hoffte, bin nun bettelarm geworden. Ich heiratete eine wohlhabende Frau; ihre ganze Verwandtschaft hat dasselbe Los. Ihre gesamte Habe besteht in Liegenschaften, und die sind jetzt äußerst billig, ja sogar unverkäuflich. Alles lauert [nur] darauf, sie ohne Bezahlung zu bekommen. Der Fürst gab nämlich einen Erlaß heraus, niemand dürfe seinen Besitz, sofern er ihn nicht innerhalb von 45 Tagen verkauft, an einen Anhänger des Papstes verpachten.«[12]

Mit derartigen Übergriffen – man schreckte auch vor Bücher- und Bibelverbrennungen, Kirchenzerstörungen, Terror und Verhaftungen[13] nicht zurück – sicherte Ferdinand entgegen der Toleranzabsprache im »Brucker Libell« von 1578 die Steiermark allmählich für die Römische Kirche und baute, nach Zerstörung des politischen Ständewesens mittels dieses Erblandes der Habsburger eine patrimoniale Hausmacht auf.[14] In absolutistischer Weise hatte er damit ein erfolgreiches Exempel statuiert, ohne von innen oder gar von außen nennenswerten Widerstand erfahren zu haben. Was Wunder, daß er dieses Verfahren – eine Mischung aus Destruktion von Ständerechten, Beherrschung des Ausnahmezustandes und Konzentration von Machtkompetenzen – in immer neuen Varianten und auf verschiedenen Ebenen wie einen Akt der Selbstjustiz erprobte.

Bei der Wahl von Matthias zum Kaiser im Jahre 1612 mußte er freilich noch zurückstehen. Aber bereits 1617 gelang es ihm, mit einem Doppelschlag aller Welt zu zeigen, welche Ansprüche er in der nächsten Zukunft verwirklicht sehen wollte. Er ließ sich nämlich nach Beugung der Wahlverfassungen Böhmens und des Heiligen Reiches 1617 die Nachfolge im Königsamt sichern und glaubte, damit auch ungehindert über Böhmens Kurstimme bei der kommenden Kaiserwahl verfügen, ja sich selber für diese empfehlen zu können.[15] Von der patrimonialen Auffassung des Fürstenstandes fühlte er sich gänzlich durchdrungen: Land und Leute durften dieser Machtideologie gemäß wie Privateigentum behandelt werden, ohne sie nach vertraglichen Zustimmungen auf Land- oder Reichstagen fragen zu müssen. Im Geiste dieses Patrimonialismus schloß er denn auch mit Philipp III. von Spanien die sogenannten Oñate-Abkommen darüber ab, wie die Länder der Wenzelskrone und insbesondere Böhmen künftig vom Hause Habsburg als Erbgut zu behandeln seien, obgleich das Königsamt in dieser Monarchie seit 1547 nach Maßgabe einer Erbwahl vergeben wurde.[16]

Jene zeitgenössische Stimme hatte da nicht unrecht, die sich darüber bekümmerte, daß »sich der Stylus am kaiserlichen Hofe merklich ändert. Alles wird auf die Extreme, Bedrohungen und Exekutionsmittel gerichtet«.[17] Für dieses Verständnis von Politik, alle denkbaren Terrormittel einzusetzen, um die Rekatholisierung zu betreiben und gleichzeitig die Besitzbasis des Hauses Habsburg zu erweitern, brauchte in der Hofburg nicht einmal das Arsenal des Machiavellismus bemüht zu werden. Denn die

Propaganda des eigenen Lagers hatte unter anderem mit dem brüsken »Tractatus de autonomia« von 1586 einige Vorarbeit geleistet, indem sie die Bestrafung von Ketzern zur unbedingten Pflicht eines Landesherrn machte.[18]

Die Calvinisten durften also von dieser militanten Seite des Erzhauses her noch weniger Rücksicht als die Lutheraner erwarten. Das Änderungsprinzip des »Cuius regio, eius religio« seit den 1570er Jahren[19] lieferte zusätzliche Abstützungen, mit dem Erwerben und Ererben von Land auch die Leute zum alten Glauben zwingen zu können, wenn sie nicht das Recht auf Auswanderung (Ius emigrationis) unter Aufgabe von Hab und Gut wahrnehmen wollten. Angesichts solcher Möglichkeiten des Wandels verwundert es nicht, daß sich vor allem die Jesuiten als Stoßtrupp der Kurie mit Feuereifer am Bekehrungswerk des Tridentinischen Konzils beteiligten. Nicht umsonst ließen sie in der *Spanischen Haderkatz,* einer Flugschrift von 1618, unheilvoll verkünden: »So wollen wir so lange nur ein einziger von uns übrigsein wird, um euch, euere Religion, auch Land und Leut umstürzen, keine Mühe, Arbeit, Fleiß oder Kunst sparen.«[20]

Spanien – Herr der Welt?

Der Geist des Ausgleichs, ja der Toleranz und einer auf die Erhaltung der Libertät gerichteten Politik, wofür allein in Böhmen die Sicherung der »Böhmischen Konfession« von 1575 und der »Majestätsbrief« von 1609 Zeugnis geben,[21] hatte sich innerhalb nur eines Menschenalters Schritt für Schritt in sein Gegenteil verkehrt. Entgegen der erasmischen Haltung des Ausgleichs wucherte im Streit zwischen Kaiser Matthias I. und Erzherzog Ferdinand um den rechten Weg aller Politik die Vorstellung, zusammen mit der übrigen Macht des Erzhauses eine Hegemonie erst über das Heilige Reich und dann über ganz Europa anzustreben. Es schien, als ob das Haus Habsburg mit dem Besitz der *Monarquía española* dazu einen schier unverrückbaren Grundstein gelegt hätte, nachdem sich im Schein des

Wundersterns von 1577 ein geradezu himmlisches Werk seiner Vollendung näherte: Es war nämlich Philipp II. geglückt, das gesamte Gebiet des Erbfeindes auf der Iberischen Halbinsel und in Übersee zu gewinnen – Portugal mit seinem 1493 von der Römischen Kurie garantierten Kolonialreich.

König Sebastian von Portugal hatte sich zu dieser Zeit aus religiösem Eifer und weltlichem Eroberungsdrang auf einen seltsamen Kreuzzug nach Marokko eingelassen und war in der berüchtigten Schlacht bei Alkasar 1578 vernichtend geschlagen worden. Er selbst fiel und mit ihm ein Großteil des wehrfähigen Adels, der auch in Portugal die Hauptstütze der Monarchie bildete.[22] Natürlich ließ sich Philipp II. diese Gelegenheit nicht entgehen, besetzte das ermattete Nachbarland und unterwarf es 1580 endgültig der Casa de Austria.

In Personalunion beließ er aber dem einstigen Rivalen um die Vorherrschaft in der Neuen Welt eine gewisse Autonomie und erlaubte 1593 sogar ein gut kontrolliertes Quinquevirat, den »Gobierno de los Cinco«. Diese fünfköpfige Regierung[23] erinnert an das System der »Fünf hohen Ämter«, mit dem Schweden nach dem Schlachtentod seines Königs Gustav II. Adolf ab 1632 alle Fährnisse des Teutschen Krieges bewältigte, im Kampf gegen Habsburg und Spanien zu einer europäischen Großmacht aufstieg und dafür Hilfe leistete, daß sich Portugal von seinem habsburgischen Joch dauerhaft befreien konnte – mit dem Aufstand der Braganzas im Jahre 1640.[24]

Diesen großen Verlust hat Philipp II. nicht mehr erlebt, dafür aber das Scheitern seines eigenen Ausgreifens auf die Ketzerreiche des Nordens. Der Untergang der Armada im Jahre 1588 vor der Küste Englands war dabei mehr als nur ein militärischer Rückschlag.[25] Denn die »Katholische Majestät«, wie sich Spaniens Könige nennen durften, mußte aufgrund dieser Katastrophe erkennen, daß sie mit einer Seemacht allein nicht jene *Universalmonarchie* würde erzwingen können, die sich neben dem religiösen Auftrag in dem vom Heiligen Stuhl verliehenen Titel auch auf eine weltliche Vorherrschaft bezog.[26]

Dieser Einsicht gemäß wurde der Versuch unternommen, mit einer Verstärkung der Landmacht einen Weg nach Norden zu finden. Zwar hatte sich der Plan nicht verwirklichen lassen, mit Unterstützung Schwedens und seines krypto-katholischen Königs Johan III. die »Rebellen der Niederlande« zu bekämpfen.[27] Die Hoffnungen jedoch, das Ketzertum im Heiligen Reich und anderswo zu vernichten und gleichzeitig die Position der Casa de Austria zu stärken, wurden trotzdem nicht aufgegeben. Selbst als Sigismund III. – Wahlkönig von Polen (1587) sowie Erbkönig von Schweden (1594) – im Todesjahr Philipps II. Vasa-Schweden für den Katholizismus endgültig verlorengeben mußte (1598), blieb diese Macht des Nordens im Ordo-Denken Spaniens weiterhin präsent: aus ökonomischen Gründen (Kupfer und Holz), als politischer Faktor hinsichtlich Polen und Dänemark und in ideologischer Hinsicht.[28] Denn man glaubte, daß die Spanier Nachfahren der alten Goten aus dem Norden wären: unter allen Völkern der Christenheit dazu berufen, der Welt auf ewig Heil und Herrschaft zu bringen – Pax et Imperium.[29]

Wie sich diese Identitätssuche in Gestalt eines gotisierten Spaniens und Schwedens als Expansions-Ideologie auswirken und in die politischen Geschicke des Heiligen Reiches einwirken sollte, das werden die Interventionen beider Mächte zeigen. In einer Welt, die Gerüchten glaubte, der Fama vertraute und mit ihrem Ehrbegriff einen guten Ruf oft höher schätzte als die Lockrufe des Mammons, spielte diese nationale Herkunft als universaler Ordnungsauftrag besonders dann eine wichtige Rolle, wenn es darum ging, das Vorgehen eines vermeintlichen »Herren der Welt« (Dominus mundi) vor Gott und aller Geschichte zu rechtfertigen. Saavedra y Fajardo, ein glühender Goticist und bis zu seinem Tode 1648 Spaniens bester Diplomat und Kenner des Heiligen Reiches, vermittelte davon etwas bei der Einschätzung von Königen und Kronen durch die öffentliche Meinung in Europa: »Es gibt keine Monarchie, und sei sie noch so groß, die sich nicht eher ... durch das Ansehen als mit bloßer Gewalt zu bewahren sucht.«[30]

So hatte das Überleben der Schweizer Eidgenossenschaft, die mehr als einmal den Druck Spaniens oder Schwedens zu spüren bekam und selbst als Gotenmacht umworben wurde, in diesen schweren Zeitläuften des Teutschen Krieges etwas mit der

Vorstellung und Einschätzung ihrer Verteidigung zu tun.[31] Allein dieses Beispiel schärft die Sinne dafür, welche Gewalt manch ein Gerücht über ängstliche wie entschlossene Gemüter gewinnen konnte. Spanien hat diese neue Macht der Öffentlichen Meinung immer wieder aushalten müssen, besonders den Vorwurf von protestantischer Seite, nach der *Weltherrschaft* (Dominium orbis) zu streben und damit nach einer Universalmonarchie mit dem zugehörigen »Spanischen Servitut«, wie die Unterdrückung ketzerischer Religionen und die Abschaffung weltlicher Freiheit auch genannt wurde. Das Verhalten Ferdinands in der Steiermark und in Böhmen wurde Habsburg und damit Spanien auch deshalb vorgeworfen, um es als Tyrannis oder despotische Macht fortgesetzt anprangern und um seinen Ruf als Friedensmacht widerlegen zu können.[32]

Was von der absolutistischen Außenwirkung Spaniens unter der Herrschaft Habsburgs auf seine innere Struktur übertragen wurde, entsprach aber nicht ganz der Wirklichkeit. Obgleich Philipp II. die Machtkonzentration selbst gegen die Besitzinteressen der katholischen Kirche vorangetrieben hatte,[33] verblieben doch dem Staatsrat (Consejo Estado) wichtige Beratungsfunktionen im Sinne von Rechtseinreden. Und seine Nachfolger – Philipp III. von 1598 bis 1621 oder Philipp IV. von 1621 bis 1665 – sahen sich nicht selten genötigt, meist aus Geldgründen in den einzelnen Königreichen der übergreifenden Monarquía española die Ständeparlamente (Cortes) zu bemühen. Tatsächlich entsprach diese trichotomische Ordnung von König, Rat und Ständen dem System der »Tres Potencias«. Diese »Drei Gewalten« waren in Gestalt eines dreiteiligen Vertrages Inbegriff eines *ordentlichen* und *christlichen Regiments* – über das ganze libertäre Alteuropa hin.[34]

Es stand daher für Spaniens Theoretiker im Einklang mit den Seneca-Traditionen des Treuhandwesens im Öffentlichen Recht fest, daß eine »legitime Monarchie dort besteht, wo die Untertanen den Gesetzen des Monarchen gehorchen und der Monarch den Gesetzen der Natur, wobei er den Untertanen die natürliche Freiheit und das Eigentum an ihren Gütern beläßt«. An dieser Maxime der gegenseitigen Durchdringung von Naturrecht

(Ius) und Königsgesetz (Lex) gab es in Spanien kaum einen Zweifel, auch wenn andere Modelle diskutiert oder im Rahmen einer Systematik des Politischen beschrieben wurden.[35] Selbst die Berufung von Günstlingen wie Lerma oder Olivares in die Leitung der Regierungsgeschäfte widersprach dem vertraglichen Wesen einer solchen Monarchie so wenig wie die Tätigkeit Luynes oder Richelieus in Frankreich.

Zum Verständnis dieser politischen Kultur muß man berücksichtigen, wie genau die Gelehrten und Staatsmänner zwischen Ius und Lex, Verfassung (Constitutio) und Verwaltung (Administratio) unterscheiden konnten. Sie waren alle, ob katholisch oder nicht, an den Distinktionen des Aristotelismus (Substanz/Akzidens) geschult und hatten von der einflußreichen Lehre des Averroës (Trennung von Philosophie und Theologie als Ausdruck »doppelter Wahrheit«) so viel aufgenommen, daß in der praktischen Politik nicht immer das verwirklicht wurde, was die jeweilige Konfession und Amtskirche für wahr erkannte und durchgesetzt wünschte. Deshalb besteht auch eine Staatsräson Spaniens in dieser Zeit darin, Bündnisse sogar mit Ketzern eingehen zu dürfen, um damit einen Krieg zu *beenden*. Aber es war auf keinen Fall erlaubt, zusammen mit ihnen einen solchen zu *beginnen*.[36]

Nimmt man noch hinzu, daß sich während der dauernden Kriegsbereitschaft in Übersee, im Mittelmeer gegen Seeräuber und das Osmanische Reich und von Dünkirchen aus gegen die ketzerischen Niederlande die Bindungen des Ausnahmezustandes (»Not kennt kein Gebot«) in die Gestaltung der Politik mischten, dann wird deutlich, daß das militärische Verhalten außerhalb Spaniens nicht immer und überall ein notwendiger Ausdruck seiner inneren politischen Struktur sein mußte. Die 1607 beginnende gewaltsame *Vertreibung der Moriskos,* die einen ähnlichen Aderlaß bedeutete wie jene der Protestanten aus habsburgischen Erbländern oder später die erzwungene Abwanderung der Hugenotten aus Frankreich,[37] zeigte aber allen Gegnern in Europa das Wirken einer destruktiven Energie, deren Ziel nur in der absoluten Vorherrschaft über den Kontinent bestehen konnte. Und doch muß in jedem einzelnen Falle gefragt werden, welche Gründe die jeweilige Kriegspolitik bestimmt und gesteuert haben: Bei Spanien um so mehr, als seine Könige in Personalunion auch Herzöge von Burgund waren und damit ein Hauptstand des Heiligen Reiches, ebenso wie Dänemarks König Christian IV. mittels des Herzogtums Holstein.

»Herr der Welt« zu werden und aufgrund einer vorgegebenen historischen Mission Europa nach alter Goten-Art Frieden und Recht zu bringen,[38] das konnte nach 1576 im Bereich des Möglichen liegen. Aber nur so lange, wie die teutschen Unternehmungen der Fugger und Welser die Ausbeutung Lateinamerikas forcierten,[39] um diesen Anspruch abzusichern, und die Gegenreformation die erwünschten Erfolge auch politisch zeitigte. Der spektakuläre Zusammenbruch des Augsburger Welser-Hauses im Jahre 1614 signalisierte jedoch bereits eine schwere Ermattung in diesem Habsburg-System der geborgten und nicht bergenden Macht.

Spaniens Staatsmänner mußten während des Teutschen Krieges erkennen, daß gerade diese überseeischen Reichtümer nur dann auf Dauer sinnvoll waren, wenn auf sie im Notfall verzichtet werden und das Mutterland auf eigenen Füßen stehen konnte. Dazu war es aber schon zur Zeit des Waffenstillstandes von 1609 mit den »rebellischen Niederlanden« nicht mehr recht in der Lage und verwaltete nur noch einen Zustand steigender Unsicherheit. Was Wunder, daß die Cortes im Blick auf die marode Situation Spaniens und die wachsenden Spannungen im übrigen Europa 1618 bestürzt feststellen mußten, daß »Haß einen Staat gegen den anderen in Schach hält«.[40]

Auch Batavien bröckelt

Eine besonders günstige Konstellation der Sterne hatte es zugelassen, daß das »hochedle und herrlich zugerichtete Niederländische Roß« (Paul Nagel) seit gut einem Menschenalter zu Sprüngen fähig war, deren Kunstfertigkeit alle republikanisch gesinnten Gemüter erfreute. Was die Batavische Republik auch als Vormauer des Heiligen Reiches seit 1548 in ihrem zähen und erfolgreichen Kampf gegen die absolutistisch gesinnten Habsburger zu dieser Zeit vorstellte, war nach den militärischen und politischen Einsätzen Wilhelms von Oranien (aus dem teutschen Hause Nassau) in vielem das Werk eines der größten Staatsmänner in der Geschichte Europas: Oldenbarnevelts.[41]

Als er sich 1586 dem anhaltenden Aufstand der Vereinigten Provinzen gegen das Habsburg-Regime anschloß und sogar ihr Ratspensionär wurde, da ahnte er wohl kaum, daß er seinem nach Unabhängigkeit strebenden Land 32 Jahre lang in diesem hohen Amt zur Verfügung stehen würde: bis zum Jahre 1618, als es sich im Gefolge eines erbitterten Religionsstreites und Machtkampfes zwischen *Arminianern* und *Gormanianern* seiner auf scheinlegale Weise zu entledigen suchte. Denn schon waren die Gemüter auf Krieg mit Spanien gestimmt.

Nicht anders als in benachbarten Ländern wurde hier ebenso der Wille zur Einigkeit und Freiheit innerhalb einer Generation in das bedrohliche Gegenteil verkehrt. Hatte man sich noch mitten im Aufstand gegen Habsburg 1574 für die Gründung einer Universität in Leiden entschieden, um damit der »rechten Erkenntnis Gottes« in calvinistischem Geist zu dienen, so waren in der Folgezeit allerlei Parteiungen, Sekten und sonstige Interessengruppen entstanden, die sich mit zunehmendem Haß bekämpfen konnten. Dabei wurde im Eifer der Wortgefechte und Handgreiflichkeiten manch libertäre Errungenschaft vergessen. Darunter auch die Beteuerung, daß die Lehranstalt zu Leiden »ein festes Blockhaus und Bollwerk gesamter Lande« sein soll, gleichsam ein Hort der nationalen Identität – »ein unzerbrechliches Band ihrer Einheit, nicht nur allein unter sich, sondern ebenso mit allen angrenzenden Provinzen«.[42]

Im Zeichen dieses Einheitsstrebens hatten die batavischen Kaufleute, Adligen und Kleriker eine der schönsten politischen Maximen des Abendlandes auf ihre Kampffahnen sticken lassen: PRO LEGE et GREGE. Diese einzigartige Losung FÜR GESETZ und GEFOLGE war einst der Leitsatz des aragonesischen Königtums:

der fundamentale Auftrag an alle öffentlichen Ämter, Recht und Gesetz zu Maßstäben der Politik zu machen.

Gerade zum Republikaner und Freund der Freiheit mußte ein jeder erzogen werden, wenn er sein Wesen als politischer Mensch und Patriot erfahren wollte. Das haben diese Niederländer von Erasmus gelernt und ihrer nationalen Universität in der Lehre vorgeschrieben, auf daß sie »zu einer festen Stütze und zum Halt der Freiheit [werde], sowie guter [und] gesetzlicher Regierung des Landes [diene]: nicht allein in Sachen der Religion, sondern auch in denjenigen Bereichen, die den gemeinen bürgerlichen Verband und Wohlstand betreffen«.[44]

Dieses große Programm rechtstaatlichen Denkens, das die libertäre Kultur in ganz Europa stärkte, wurde eindringlich durch die Traktate des Justus Lipsius vermittelt und im freiheitlichen Verständnis aller Legitimation von Macht im Recht erheblich gestützt.[45] Dazu trug auch die berühmte Schrift zur »Freiheit der Meere« bei, die heute noch die Abkommen zum Seerecht beeinflußt und von einem jungen Genie dieser Batavischen Republik an der Küste des Teutschen Meeres gegen patrimoniale Besitzansprüche Spaniens und Englands verfaßt worden war – von Hugo Grotius.[46]

Im Erscheinungsjahr (1609) dieser wegweisenden Anleitung für den Freihandel und das Treuhandwesen schloß Spanien notgedrungen einen Waffenstillstand mit diesen »Rebellen«, und zwar auf zwölf Jahre bis 1621. Mit diesem zeitweiligen Erfolg, der Habsburg-Spaniens Ermüdung erkennen ließ, betrieb die dritte große Republik des Abendlandes – neben Venedig und der Schweizer Eidgenossenschaft – die weitere Ablösung vom Heiligen Reich. Kaiser Karl V. hatte sie in seinem Ringen mit den widerspenstigen Reichsständen nach 1548 einleiten helfen. Dann wurde diese Republik 1581 mit einer Unabhängigkeits-Erklärung von der Krone Spanien gestärkt, und nun – 1609 – durfte sich Philipp III. von einem »ruinösen Krieg« befreit fühlen: Die Batavische Republik in Gestalt der Generalstaaten aber mußte er als »Freie Stände« betrachten und fortan das Recht auf nationale Selbstbestimmung unter gewissen Vorbehalten anerkennen.[47]

Vieles sprach dafür, daß dieser Rechtsstatus zumindest bis 1621 gehalten werden konnte, nachdem sich diese Republik im Jahre 1614 mit Teilen der Teutschen Hanse und mit dem aufstrebenden Vasa-Schweden in besonderen Allianzen verbunden hatte.[48] Außerdem suchte sie sich im näheren Umfeld Frankreich geneigt zu halten sowie sich im Zeichen des *Turco-Calvinismus* mit dem Osmanischen Reich seit 1612 als mögliches Druckmittel gegen Habsburg verstärkt zu arrangieren.[49] So kunstvoll dieses Sicherheitsnetz auch zum Schutz des politischen Calvinismus im Heiligen Reich oder in Siebenbürgen geknüpft war, so gefährdet war Batavien von innen her. Denn mit der Beruhigung gegenüber Habsburg wurden die Streit-Potentiale nach innen gerichtet. Sie kulminierten schließlich in der erbittert geführten Auseinandersetzung mit dem Arminianismus. Diese gefährlichste Krise der Republik seit ihrem Bestehen verschärfte sich noch, als Prinz Moritz in der Hoffnung auf eine Machterweiterung im Amt des Statthalters – einem Überbleibsel königlicher Repräsentation – mit einem Handstreich intervenierte und Intoleranz eskalieren ließ.[50]

Angesichts dieser bösen Zeichen fragte sich manch einer, wohin wohl der künftige Weg dieser »Freien Stände« führen werde, wenn die militanten Kreise um Prinz Moritz die Oberhand behielten und 1621 nach Ablauf des Waffenstillstandes wieder gegen Habsburg-Spanien losschlugen. Und dies, während sich gleichzeitig in Frankreich die »Spaniolisierte Partei« um die Königinmutter Maria di Medici gegen die calvinistischen Hugenotten wandte und damit die Südflanke der Republik gefährlich schwächte: in einem Reich, dessen adlige Führungsschicht sich in ihrem Hang zu Streit und Hader einmal eine furchtbare Schelte gefallen lassen mußte. Sie allein deutete schon an, daß nicht nur Batavien als eine Vormauer des Heiligen Reiches und als ein Bollwerk der Libertät bröckelte. »Frankreich«, schimpfte Kardinal Richelieu einmal, »ist nie angegriffen worden, ohne daß seine Feinde französische Parteigänger gefunden hätten. Vipern, welche die Eingeweide ihrer eigenen Mutter fressen.«[51]

Frankreich im Fieber

Die Bartholomäus-Nacht von 1572 war als die »schreckliche Mordhochzeit zu Paris« durch einen »ungewöhnlichen Wunderstern« angezeigt worden.[52] In dieser Nacht wurden anläßlich der Vermählung des Calvinisten Heinrich IV. von Navarra mit Margarete von Valois abertausend Hugenotten hingemetzelt. Dieser Schock sollte den politischen Calvinismus europaweit prägen. Das Mißtrauen zwischen den religiösen Richtungen und politischen Parteiungen wirkte seither wie ein schleichendes Gift, hielt Frankreich nach innen unter anhaltender Spannung und lähmte es weitgehend auch nach außen, nachdem Heinrich III. mit der Gründung der *Heiligen Liga* 1576 in Blois unter den zunehmenden Einfluß Habsburg-Spaniens geraten war.[53]

Während diese historische Entscheidung von Blois als Kampfansage der Katholiken gegen die Calvinisten vorbereitet wurde, hatte der Jurist Jean Bodin vor den versammelten Generalständen vergeblich für Toleranz plädiert. Dafür aber belebte bis auf den heutigen Tag sein im selben Jahr erschienenes Standardwerk »Six livres de la République« die Diskussion um das Wesen und Wirken der *Souveränität* von Königen, Kronen und Republiken.

Mißverständnisse seiner Definition dieses wichtigsten Begriffes im Staatsdenken sind ihm vornehmlich in späteren Zeiten nicht erspart geblieben.[54] Dabei hatte er sich in Anlehnung an Aristoteles, Seneca und Ulpian recht deutlich ausgedrückt und die Souveränität als eine »höchste Mandatsmacht« (summum imperium) aufgefaßt, die nur in zwei besonderen Fällen »von den Gesetzen gelöst« (legibus solutus) sein konnte: einmal in Zeiten des Krieges oder des Ausnahmezustandes (casus necessitatis) und zum anderen bei der Gestaltung des Gerechten nach Maßgabe der Verhältnismäßigkeit (proportio harmonica). Verständlich wird diese innere Bestimmung der Souveränität nur dann, wenn man die erwähnte Unterscheidung von Recht und Gesetz berücksichtigt. Sie wurde von den Machtverehrern des Absolutismus und Etatismus meist übergangen, um einen Machthaber oder Staat von den Bindungen an eine universal geltende Ethik und an das vertragliche Naturrecht mit seinem Treuhanddenken lösen zu können.[55]

Bodin bekannte sich aber wie die Rechtsschule von Salamanca oder andere Gelehrte in Europa zu dieser fundamentalen Distinktion, die sich auch im Verhältnis von privatem Dominium (Eigengewalt an Hab und Gut) und öffentlichem Imperium (Mandatsmacht zu treuen Händen) ausdrückt – als substantielle Bedingung jedes Vertragsstaates. »Der souveräne Fürst«, heißt es denn auch bei ihm eindeutig und klar, »hat keine Macht, die Grenzen der Natur- und Gottesgesetze zu überschreiten. Er kann deshalb auch nicht von einem anderen ohne Grund das materielle Eigentum wegnehmen, es sei denn, daß dieser gerecht und vernünftig ist« oder aber einer unabweislichen Not für das Gemeinwesen unterliegt – »necessitas non habet legem«.[56]

Für Bodin durfte ein Fürst oder ein Parlament nur im Rahmen des vorgeordneten Rechts »souverän« oder von nachgeordneten Gesetzen »gelöst« sein. Diese strukturelle Vorgabe bedeutete gleichzeitig, daß der König von Frankreich die vorhandene Verfassung, welche aus verschiedenen »Fundamentalgesetzen« bestand (cumulative Constitution), im Regelfall zu achten und anzuwenden hatte. Und dazu gehörte neben dem »Salischen Erbfolgegesetz« für die Könige (Erstgeburtsrecht und männliche Thronfolge) auch die Bewahrung der »Katholizität« des Landes.[57] Jede Anerkennung des Calvinismus oder anderer Ketzer durch einen König konnte demnach als fortgesetzter Verfassungsbruch und Meineid aufgefaßt werden. Heinrich IV. von Navarra – seit 1569 das Haupt der Hugenotten – sollte später am eigenen Leib zu spüren bekommen, was manchem Katholiken unter den Franzosen die Garantie und Verbreitung des eigenen Glaubens als Verfassungsgebot wert sein konnte. Dies um so mehr, als er selber im Jahre 1589 zum Katholizismus übergetreten war (»Paris ist eine Messe wert«), um König von Frankreich werden zu können. Danach war es ihm vergönnt, zwischen beiden Konfessionen einen Modus vivendi zu finden, der 1598 zum *Toleranzedikt von Nantes* führte und den Hugenotten ein leidliches Verbleiben in Frankreich garantierte[58].

Diese Politik gegen bestehendes und beeidigtes Verfassungsrecht war aber nur möglich, weil Heinrich IV. während der zahlreichen Krisen in seiner Regierungszeit immer wieder einen Rückhalt im teutschen Calvinismus gefunden hatte, gleichsam als ein Gegengewicht zur Partei der »Spaniolisierten«. So hatte ihm bereits 1587 der calvinistische Pfalzgraf Johann Casimir ein Heer von 15000 Mann zur Unterstützung gesandt, und bald danach eilte ihm der junge Christian von Anhalt an der Spitze eines Heeres von 16000 Mann zu Hilfe – gegen die aufgebotenen Truppen der Heiligen Liga.[59] Diese Kriegszüge führten aller Welt vor, daß von teutschem Reichsboden aus Interventionen zugunsten bedrohter Glaubensgenossen möglich waren. Keine Frage, daß dieser Spieß auch umgedreht werden konnte, wenn sich teutsche Reichsstände in einer ähnlichen Zwangslage im Kampf gegen Habsburg befinden sollten.

Was 1544 Franz I. von Frankreich und Gustav I. von Schweden in ihrer Sicherheits-Allianz zum Schutz der Protestanten und deren Libertät im Heiligen Reich beschlossen hatten, ohne ihre Interventionsabsichten verwirklichen zu können,[60] stand 1609 unter anderen Bedingungen erneut zur Entscheidung an – in der schwierigen *Jülicher Erbsache.* Denn zur Wahrung ihrer Rechte hatten sich die betroffenen Fürsten und Stände der 1608 gegründeten Union im Reich an Heinrich IV. gewandt. Sie hofften dabei auf seinen juridischen Schutz, politischen Beistand und im Notfall sogar auf eine militärische Sicherung aus Frankreich. Im Dauerkampf für das Fortbestehen des Calvinismus und gegen den zunehmenden Druck der habsburgischen Macht auf fast alle Grenzen seines eingekreisten Landes zögerte dieser König nicht lange. In Richtung Savoyen setzte er eine Armee in Marsch, um Spaniens Streitkräfte im Süden so binden zu können, daß der Kaiserweg (Camino imperial) – die lebenswichtige Landverbindung zwischen Italien und Flandern – dort unterbrochen oder zumindest blockiert wurde. Nach Norden hin wollte er selbst bis an den Niederrhein ziehen, um mit seiner zweiten Armee die Herzogtümer Jülich, Kleve und Mark gegen die habsburgischen Ansprüche zu schützen: demnach einen Waffengang gegen den von Matthias fast entmachteten Kaiser Rudolf II. und andere Reichsstände wagen.[61]

Seine Ermordung durch Ravaillac am 14. Mai 1610 setzte jedoch diesen weit gediehenen Plänen einer Intervention Frankreichs ins Heilige Reich ein jähes Ende.[62] Die Stellung des Calvinismus wurde dadurch empfindlich erschüttert, was einmal mehr jenen Haß erregte, der seit der Reformation Land und Leute wie in einem Fieber quälte: der Haß der »Guten Katholiken« oder Spanien-Freunde auf die verbliebenen Hugenotten und die Not der »Guten Franzosen« oder Patrioten, die mit Spanien nicht viel zu tun haben wollten. Dazu gesellte sich jetzt noch die Habgier einer Hofpartei um Maria di Medici.

Sie war Heinrichs IV. zweite Ehefrau und die Mutter des 1601 geborenen Ludwig XIII., der von ihr nach der Ermordung des im Volke recht beliebten »Guten Königs« immer wieder gedemütigt wurde. Das änderte sich erst mit Übertragung des Königsamtes und nach den zuweilen stürmischen Tagungen der Generalstände (Adel, Klerus und Städte-Bürger) im Jahre 1614, als sich günstige Gelegenheiten boten, um eine große Abrechnung zu halten. Die überraschende Verhaftung des separatistisch gestimmten Prinzen Condé (1616), die vom König geduldete öffentliche Ermordung des »hochmütigen Narren« Concini (1617), eines Günstlings seiner Mutter, und die Vertreibung Richelieus ins Exil nach Avignon beanspruchten zusehends die irritierte Aufmerksamkeit Europas.[63] Man registrierte im Laufe eines guten Jahres den Staatsstreich eines jungen Königs von oben, der sich mit Hilfe seines Vertrauten Luynes den Demütigungen der bisherigen Regentschaft durch seine Mutter entledigen wollte. Ludwig XIII. schien am Vorabend des Teutschen Krieges entschlossen zu sein, gegen alle Intrigen der Italiener im Machtkreis dieser Medici sein depositäres Königtum im Geiste der Gerechtigkeit zu behaupten.

Nach seinem Erfolg gegen die inneren »Rebellen« und Machthungrigen wurde er gar als »Befreier der französischen Republik« gefeiert.[64] Und in Blois verstand er es 1618, den versammelten Notablen und Parlaments-Angehörigen samt anderen Stände-Vertretern eine Hoffnung dafür zu vermitteln, den seit einem Menschenalter zerrütteten »Corpus Mysticum Franciae« einer grundlegenden Besserung und Reform zu unterziehen, um Land und Leute in der Ruhe des Rechts zu versöhnen.[65] Wie sollte dieser verständliche Wunsch aber in einem Reich verwirklicht werden, wo der Hofnarr des Königs im Tugendspiegel der »Commandements de Maistre Guillaume« kaum nachkam, die eingerissenen Mängel aufzuzählen? Er forderte darin vor allem die Festigung der Römischen Kirche gegen die Hugenotten, drang auf Steuerentlastungen, geißelte den wuchernden Ämterkauf,[66] prangerte das Schuldenmachen der öffentlichen Hand an, warnte aber auch vor jesuitischen Unruhestiftern und jammerte über das Duellieren im Adelsstand – über den inneren Krieg um Ehre und Erbe.[67]

Abhilfe in diesem Zustand, der Frankreich in immer neue Delirien stieß, erwartete man trotz allem allein von oben: von einem »gerechten König«, der stets zur Stelle ist, »um den Schwachen zu helfen, die ihn um Hilfe gegen die Gewaltsamkeiten ihrer Feinde bitten ...«[68] – selbst wenn ihr Notschrei von der östlichen Seite des Rheins und der Elbe kommen sollte.

Das Heil aus der Mitternacht?

Als der Wunderstern von 1577 aufleuchtete und viele Menschen darin die Ankunft des Anti-Christ erblickten, da fand sich Tycho Brahe in der Deutung des Kometen von 1572 bestätigt. Es sollte sich nämlich auf Erden bald eine biblische Prophezeiung vollziehen: Seinen Berechnungen gemäß müßte demnächst ein besonderer Held aus dem Norden als den Ländern der Mitternacht gen Süden ziehen, um der verrottenden Christenheit ein reinigendes Feuer, heilsames Recht und gedeihlichen Frieden im HERRN zu bringen.[69]

Herzog Karl von Södermanland – Gustavs I. (Vasa) jüngster Sohn aus zweiter Ehe – war dieser Heilsbringer noch nicht. Er weilte fast zur selben Zeit im Heiligen Reich, bemühte sich um eine Vermittlung zwischen Lutheranern und Calvinisten, die mit der *Konkordienformel* von 1577 auch teilweise erreicht wurde[70], und hielt auf dem Heidelberger Schloß mit Erfolg um die Hand der Prinzessin Maria von der Pfalz an. Als er mit seiner teutschen Frau nach Schweden zurückkehrte, fand er dort eine Situation vor, die nicht weniger dramatisch war als die Lage in Frankreich. Denn sein Bruder Johan III., der seit dem Sturz des »ungerechten Königs« und Tyrannen Erik XIV. von 1569 an die »Schweden, Goten und Wenden« nach Recht und Gesetz »mit dem Rat des [Reichs-]Rates« und »mit Zustimmung der Stände« (Reichstag) regieren durfte,[71] hatte 1576 im lutherischen Klerus eine neue Liturgie durchgesetzt. Noch schwerer aber wog in den Augen des ehrgeizigen und krypto-calvinistischen Herzogs und späteren Vaters von Gustav Adolf, daß Johan III. die Anordnung gegeben hatte, von Jesuiten eine Theologie lehren zu lassen, die sich im wesentlichen auf die Kirchenväter berief, um von dieser Grundlage aus die Reformatoren kritisieren zu können. Diese und andere Maßnahmen sollten wohl eine Rekatholisierung Schwedens einleiten, die der kämpferische Herzog unter keinen Umständen dulden wollte. Mit seinen Gegenschlägen aus dem gut organisierten Herzogtum Södermanland und der wachsenden Verfolgung des Klerus im übrigen Reiche Schweden stieg die Gefahr eines Bürgerkrieges, der nur mit Mühe abgewendet werden konnte.[72]

Die Annäherung Johans III. an das katholische Lager in Europa hatte neben privaten und religiösen Gründen aber auch politische Ursachen. Vor allem lockte die Verbindung zwischen Vasa-Schweden und Polen-Litauen, um »den Moskowiter« – Ivan den Schrecklichen – von der Aufteilung eines Nachlasses fernzuhalten, dessen Besitz für jeden Anrainer der Ostsee von unschätzbarem Wert war – von den baltischen Landen des Teutschen Ordens.

In diesem schweren Ringen mit dem Moskauer Zartum, mit Polen und auch Dänemark, dem die strategisch wichtige Insel Ösel gehörte, hatte es Schweden verstanden, sich durch den Erwerb der Hansestadt Reval und Estlands einen mächtigen Brückenkopf zu bauen. Damit besaß Schweden eine gute

Ausgangslage für den folgenden Kampf um die Vorherrschaft im Ostseeraum – um das »Dominium Maris Baltici«[73] –, der zunächst durch den epochalen und unter teutscher Vermittlung geschlossenen Frieden von Stettin zwischen 1570 und 1610 beruhigt blieb. In den Auseinandersetzungen mit Polen um Livland zeigte sich aber auch, daß Schweden bei einem großen Konflikt stets jener Gefahr begegnen mußte, der alle Gemeinwesen Europas ausgesetzt waren: Es blieb nach dem Urteil Gustavs I., dem das Mitternächtige Reich die Sicherung der Reformation seit 1527 und eine nationale Dynastie verdankte, ein »eingebundenes Land«.[74]

Was die Geschichtsschreibung bis heute gerne als Randlage Schwedens abgetan hat, erweist sich bei genauerem Hinsehen als ein Zustand der Einkreisung durch Dänemark-Norwegen,[75] Teutsche Hanse und Teutschen Orden, Polen-Litauen, sowie durch das Moskauer Zartum. Diesen Ring von Mächten durch Bündnisse und Abkommen zu durchbrechen oder zu schwächen, es also im Konflikt oder Kriegsfall nicht zu einer Zwei- oder Drei-Fronten-Situation kommen zu lassen, das war der nationale Imperativ der Sicherheits- und Außenpolitik Schwedens. Daher rühren auch die Beziehungen zu den Niederlanden, England, Frankreich und Portugal im Westen, während im Osten das calvinistische Siebenbürgen, die Tartarei und vor allem das Osmanische Reich immer wieder als Verbündete im Außenring umworben wurden. Die Republik Venedig und die Eidgenossenschaft verstärkten auf ihre Weise besonders nach 1630 das Sicherheitssystem Schwedens – von den zahlreichen Verbindungen mit Fürsten, Ständen und Städten des Heiligen Reiches soll hier noch nicht geredet werden: Wohl aber sollte etwas zum Einfluß teutscher Kultur in Schweden gesagt sein.

Neben der Übernahme der Augsburgischen Konfession im Rahmen eines libertären Staatskirchentums, das 1593 die Qualität eines »Fundamentalgesetzes« erhielt[76] und bis heute Geltung besitzt, wurden aus dem Fundus des Heiligen Reiches Methoden in Handel und Wandel, Bergbau und Heerwesen entnommen und erprobt. Auch der Teutschen Sprache zollte man hohes Ansehen, zumal sie im Wirtschaftsleben und Rechtswesen überall im Ostseeraum präsent war und damit politisch zu prägen verstand. Den besten Nachweis für ihren besonderen Einfluß lieferte in dieser Zeit Axel Oxenstierna. Er hatte im Heiligen Reich nicht nur an den Universitäten Rostock, Jena und Wittenberg Theologie, klassische Sprachen und Jurisprudenz studiert, sondern mußte auch als Reichskanzler seit 1612 einen dauernden Umgang mit der teutschen Welt pflegen. Im Teutschen Krieg sah er sich als Gouverneur in Preußen ab 1626 und nach Gustav Adolfs Tod als ein Hauptträger dieses Ringens bis zu dessen friedlichem Ende tätig. So merkte er 1622 in einem teutsch verfaßten Rechtsgutachten zur legitimen Absetzung und Vertreibung des katholischen Königs Sigismund III. an, daß dieser sich seit seinem Regierungsantritt im Jahre 1594 nicht recht dessen befleißigt hätte, was einer christlichen Obrigkeit geziemte – einer »Regierung des Rechts«.[77]

In dieser einzigartigen Formel teutscher Sprache liegt alles begründet, was Geschichte in ihrem strukturellen Wesen ausmacht, wenn sie dem Menschen Sinn für sein politisches Dasein in Freiheit vermittelt. Sie wurde von diesem »größten Staatsmann des Jahrhunderts«, wie ihn Hugo Grotius einmal nannte, mit einem Vertrags- und Herrschaftsmotto ergänzt, das König Gustav Adolf gerne auf Teutsch zitierte und dabei noch eine römische Erklärung hinzufügte: »Treu Herr – Treu Knecht. Obligatio reciproca.«[78]

Im Zeichen dieser fundamentalen Gegenseitigkeit und der aragonesischen Maxime vom Primat des Rechts in der Politik hatte sich seit 1442 mit dem unter König Christopher aus dem teutschen Hause Wittelsbach kodifizierten »Reichsrecht« (Landslag) das libertäre Verfassungssystem der »Trois Prérogatives« herausgebildet. Darunter verstand man in Analogie zu den »Tres Potencias« die staatliche Ordnung eines Gemeinwesens, die beim Regierungsantritt eines jeden Königs nach der Maßgabe von Herrschaftsverträgen garantiert werden mußte. Dieses trichotomische System als Ausdruck des Drittrechtes (Ius tertii) bestimmt in seinem Wesen auch die »Trois Pouvoirs«

in einer liberalen Verfassung und ist hier als Inbegriff einer libertären Constitution so angeordnet worden, daß »dem König die Majestät, dem Rat die Autorität und den Ständen ihr Recht und ihre Freiheit [Libertät] erhalten bleibt«.[79]

Diese Ordnung hatte mit dem oft bemühten Mythos vom »germanischen Staatsrecht« gar nichts zu tun.[80] Wohl aber zeigte es die strukturelle Wirkung einer depositären Vertragslage, aus der auch das seit 1544 geltende Erbfolge-Statut (Unio haereditaria) gestaltet worden war. Neben dem »Reichsrecht« von 1442 war dies ein weiteres Fundamentalgesetz Schwedens, das in seinem treuhänderischen Kern dem Salischen Erbfolge-Gesetz in Frankreich oder auch jenem für die Kurfürsten im Heiligen Reich seit der Goldenen Bulle von 1356 entsprach.[81] Bei der Analyse der konstitutionalen Lage in Böhmen, die Ferdinand 1617 in seiner patrimonialen Überzeugung nicht recht anerkennen wollte und deren Garantie durch die Stände viel zur »Rebellion« von 1618 beigetragen hatte, meinte einmal ein an Rechtsfragen weniger interessierter Historiker, daß diese Materie des Erbwesens im Staatsrecht Böhmens »zu dem am schwersten Begreiflichen in unserer an schwer Begreiflichem nicht armen Erzählung gehört«.[82]

Dabei ist der Sachverhalt recht einfach, wenn man die Substanz des Staatsrechts in Böhmen, Frankreich oder Schweden von der Vertragsnatur des *Erblehens* als einer Emphyteuse begreift. Davon allerdings wollten Juristen, Staatsgelehrte und Historiker besonders im deutschen Bereich und in späteren Zeiten wenig wissen. Deshalb mußte ihnen auch die Begründung der »Böhmischen Rebellion«, der Pfälzischen Frage, des Teutschen Krieges und endlich des Gerechten Reichsfriedens von 1648 oft fremd bleiben. Das Erblehen gesteht im Rahmen des Feudalrechts einer erbberechtigten Familie nur die treuhänderische Verfügung über ein bestimmtes Erbgut zu. Sie wird beim Tode des bisherigen Treuhänders auf einen volljährigen Nachfolger übertragen, wenn er die Idoneität besitzt, also vertragsfähig genannt werden kann. Mit der Anwendung dieses Verfügungs- und Rechtsmodells im libertären Staatsrecht Alteuropas wollte man die üblichen Bestechungsskandale bei einer

Königswahl vermeiden, ohne auf das Wahlelement als Ausdruck einer Kontrolle durch die Stände zu verzichten. Daher durfte ein erbberechtigter Nachfolger das Königsamt erst dann antreten, wenn er zuvor diese vertragliche Regelung bekräftigt und die übrigen Fundamentalgesetze einer libertären Constitution mit einem leiblichen Eid beschworen hatte: Aus der Natur des Erblehens leitete sich demnach eine Art Erbwahl ab und damit ein Herrschaftsvertrag auf Gegenseitigkeit.[83]

Ein Bruch dieser Absprachen und Eide konnte das Widerstandsrecht aktivieren und zur Absetzung eines »ungerechten Königs« führen. Erik XIV. hatte diese Konsequenz 1568 und Sigismund III. 1604 erleben müssen, aber auch die Vorteile dieser Regelung nutzen können. Denn es gehörte zum Wesen einer Emphyteuse, daß zwar die »ungerechte Herrschaft« des jeweiligen Treuhänders aufgehoben werden konnte, nicht aber die Rechtsansprüche seiner legitimen Erben. Daraus erklärt sich auch der säkulare Konflikt zwischen Polens und Schwedens Königen aus dem Hause Vasa, der ebenso wie der niederländisch-spanische Kampf und die dänisch-hansische Krise dauernd in den Teutschen Krieg hineinwirkte. Denn als nach dem Tode von Herzog Karl, der sich seit 1604 »auserkorener König« (Karl IX.) nannte, sein ältester Sohn Gustav Adolf aus der zweiten Ehe mit Christina von Holstein im Jahre 1611 an die Regierung kam, war das Erblehnsrecht der Söhne des abgesetzten Sigismund III. keineswegs erloschen. Darin lag eine der Ursachen, warum Vasa-Polen bis zum Abkommen von Altmark (1629) immer wieder den Krieg suchte und damit auch Vasa-Schweden vom Großen Krieg im Heiligen Reich fernhalten konnte[84] – den Machtinteressen Habsburgs, Wallensteins und der katholischen Reichsstände nicht unwillkommen.

Und doch war diese aufstrebende Macht des Nordens auf vielfältige Weise in dem beginnenden und sich ständig steigernden Ringen im Reich präsent. Bündnisse mit den Niederlanden und vor allem mit der Hansestadt Stralsund, Verwandtschaften und Heiratsverbindungen des Hauses Vasa mit der Kur-Pfalz, Baden, Württemberg, Hessen, Holstein, Mecklenburg, Pommern und Kur-Brandenburg haben Beziehungen und Verpflichtungen entstehen lassen, sich in die teutschen Reichshändel zu mischen. Allein die rechtliche Prädominanz der Krone Schweden hinderte Gustav Adolf als Repräsentant des Hauses Vasa bis 1630 daran, in den Teutschen Krieg einzutreten: Krone und Haus waren also nicht identisch, sondern aufgrund des Erblehens nur treuhänderisch verbunden!

Stand Schweden 1576 aus religiösen Gründen und wegen des »Bruderzwistes« im Hause Vasa vor einem Bürgerkrieg, der sich erst 1598 blutig entladen sollte,[85] so hatte es sich nach einer libertären Reformperiode bis zum Vorabend des *Teutschen Bürgerkrieges* in eine Position gebracht, die von zwei politischen Aufträgen gestützt wurde: einmal von der Imagination einer nationalen »gotischen« Größe und dann auch von der Idee beseelt, als Hort der Libertät und des Depotismus die Gegenkultur zum Patrimonialdenken und Despotismus des Hauses Habsburg zu verkörpern.

Die bisherigen Erfolge deuteten an, daß man in Zukunft noch mehr anstreben wollte, als bisher erreicht worden war. Denn mit dem Ewigen Frieden von Stolbova im Jahre 1617, der unter englischer und niederländischer Vermittlung geschlossen worden war, hatte Schweden wertvolle Landgewinne östlich von Estland und Finnland erzielt und damit das Moskauer Zartum ganz von der Ostsee abgeschnitten. Mit seiner Intervention in den *Russischen Bürgerkrieg* von 1609 – zur »Rettung der griechischen Religion« und der »Freiheit des Russischen Reiches«[86] – hatte man den Vorteil erkämpft, die eigene Ostgrenze gesichert zu haben.[87] Daraus ergab sich wiederum die Möglichkeit, künftig alle Kräfte auf Vasa-Polen zu konzentrieren, dann vielleicht auf das Heilige Reich und schließlich auf Dänemark. Dessen Überfall von 1610 als Bruch des Stettiner Friedens von 1570 war ja noch in schrecklicher Erinnerung und der 1618 anhebende Kriegslärm südlich des Sund war nicht zu überhören: Christian IV. von Dänemark bemühte sich sehr, um im Niedersächsischen Kreis des Heiligen Reiches oder in Hansestädten Bischofsstühle für seine Söhne zu finden – ein Wahlkönig auf der Suche nach Erbhöfen. Außerdem war er als Herzog von Holstein selbst ein Reichsstand, der im einsetzenden Kampf um

Kirchengüter seine Interessen zu wahren wußte. Das Werben Spaniens um eine Allianz gegen die Niederlande kam ihm dabei aber 1618 gar nicht so ungelegen. Der Nachbar und »Erbfeind« Schweden sollte erkennen, daß Dänemark von der ersten Großmacht der Zeit umworben wurde und in einem Bündnis nicht nur die Niederlande, sondern auch dessen Verbündeten Schweden bedrohen konnte. Trotz dieser Verlockung kam es aber zu keinem Abkommen mit Spanien.[88] Christian IV. hielt vielmehr engen Kontakt mit der von Calvinisten dominierten Union im Heiligen Reich und setzte bald alles daran, ihren Fortbestand zu sichern, von dem er für sich selber einiges an Macht und Reputation versprach.

Dieser Dänen-König aus dem teutschen Hause Oldenburg – wie Friedrich V. von der Pfalz oder Johann Georg von Sachsen ein Trinker und Spieler – hatte 1596 durch eine Wahl der Stände das Königsamt erworben und nahm bis zu seinem Tode im Jahre 1648 ununterbrochen die Regierungsgeschäfte wahr. Von Ehrgeiz und eitler Berechnung getrieben, hatte er nach vierzig Jahren Frieden mit Schweden das Abkommen von Stettin gebrochen. Gegen die Einreden im Reichsrat und ohne genügende Absicherung im Reichstag erzwang er 1610 die Belagerung der Stadt und Festung Kalmar, des südlichen Eingangstores nach Schweden, und begann damit den kurzen, aber grausamen Kalmar-Krieg: In der irrigen Annahme wohl, er hätte mit dem todkranken Karl IX. und dem blutjungen Gustav Adolf ein leichtes Spiel, zumal sich ein Großteil des Schweden-Heeres gleichzeitig in Livland mit Polen und um Novgorod mit Moskowitern herumschlagen mußte.[89]

Trotz heftiger Gegenwehr der in Schweden verfügbaren Truppen gelang es ihm, den »Erbfeind« im Frieden von Knäröd 1613 schwer zu demütigen und den Nachbarn mit einer Lösesumme für die Festung Älvsborg am Zugang Schwedens zum Teutschen Meer fast an den Rand des Staatsbankrotts zu treiben. Er ahnte jedoch nicht, daß er gut dreißig Jahre später in Brömsebro für diesen Knebelfrieden überaus bitter zu zahlen haben würde. Denn Axel Oxenstierna, der in Knäröd seine erste Feuerprobe als Reichskanzler, Friedensstifter und Diplomat zu bestehen hatte, sollte gegen Ende des Teutschen Krieges im Jahre 1645 die Gelegenheit nutzen, dem »Hund vom Sund« mehr als nur die Beute aus dem Kalmar-Krieg abzujagen und damit gleichzeitig den Verhandlungen in Münster und Osnabrück einen substantiellen Schub zu geben: hin zum Universalen Frieden, im unerschütterlichen Glauben an die Macht des Rechts und von einer Freiheits-Maxime geleitet, die Habsburg 1648 auf der Ebene des Heiligen Reiches nach dreißig Jahren Krieg in die libertären Schranken weisen sollte. »Nun besteht die Sicherheit [securitas] darin«, erläuterte der Kanzler 1646 den zur Beratung versammelten Senatoren, »daß Teutschland nicht absolut wird, sonst gehen die Schweden, Dänen und andere Nationen unter. [. . .]«[90]

Unrast im Reich

Von den Greueln des seit 1576 in immer neuen Schüben tobenden Bürgerkrieges zwischen Liga-Katholiken und Hugenotten angewidert, trat Monsieur de Montaigne, dem ein Teutscher das Latein beigebracht hatte, im Jahre 1580 von Bordeaux aus eine Reise in den Norden an. Dorthin, wo laut Tacitus, dessen Schriften jetzt wieder in ganz Europa eifrig studiert wurden,[91] dichte Wälder das Land bedeckten, Freiheit die politischen Gemüter beherrschte und unter den Leuten noch reine Sitten gelten sollten – ins Römische Reich der Teutschen.

Bereits beim Durchqueren der Schweizer Eidgenossenschaft verspürte der Gelehrte etwas vom gediegenen, über Generationen hin gesicherten Wohlstand in den Städten, diesen eigentümlich abgekapselten, oft wehrhaften und doch unter sich korporativ verbundenen Gemeinwesen einer libertären Kultur. Die Toleranz zwischen den einzelnen Konfessionen, besonders in Gestalt anscheinend sehr verträglicher Mischehen, imponierte ihm nicht minder. Nur das Waffentragen in aller Öffentlichkeit als ein Zeichen der Freiheit und Eigenbestimmung fand er übertrieben, weil er es in diesem ritualisierten Ausmaß von

Frankreich her nicht gewohnt war. Nein, eine Lanze für den teutschen Spieß-Bürger wollte Montaigne nicht brechen, obgleich sich darin der Freie Mann ausdrückte, ehe er von einigen Patrimonial-Fürsten entwaffnet und entpolitisiert wurde. Auch die Frauen gefielen ihm nicht. Dafür war er während seiner Reise an den Rhein und zum Schwarzwald hin, am Bodensee entlang bis hinauf zur Donau in die Gegend um Ulm und dann nach München hinab des Lobes voll, wenn er auf die guten bürgerlichen Gasthöfe zu sprechen kam. Die Speisekultur dieser Teutschen hatte ihn geradezu entzückt: Das herrliche Brot mit Fenchel gebacken, der wunderbare Geschmack von Suppen aller Art, die üppigen Fleisch- und Fischgerichte, der helle Wein und vieles Köstliche mehr ließen ihn schwärmen und sagen, daß eine Adelsküche in Frankeich diesem Aufwand und seiner Qualität nicht gewachsen wäre.[92]

Montaigne durfte noch bei seinen Beobachtungen von 1580 das sichere Gefühl haben, die südlichen Regionen eines Reiches zu erleben, das sich nach dem Bauern- und Bürgerkrieg eine Generation zuvor trotz Türkengefahr und lokaler Konflikte recht gut erholt hatte, indem es Land und Leuten die dafür notwendige Ruhe im Recht vergönnte. Die *Reichs-Polizei-Ordnung* von 1577 war der sichtbare Ausdruck für dieses Bemühen, die innere Befriedung auf gütlichem oder rechtlichem Weg ständig zu befördern.[93] Allerdings konnte diese Ruhe überaus trügerisch sein.

Denn nur zwei Jahre nach Montaignes Besuch erregte der Versuch des Kölner Kurfürsten Gerhard von Waldburg, mit seiner Konversion die Kur und das Erzbistum der Römischen Kirche zu entfremden, die religiösen und politischen Gemüter im Heiligen Reich und in dessen Nachbarschaft. Nur mit Mühe konnte der »Kölner Krieg« von 1583 begrenzt gehalten und schließlich gütlich beigelegt werden – zugunsten des aufstrebenden Hauses Wittelsbach.[94] Auch der verwickelte »Streit von Straßburg« um die rechte Nutzung von reichen Kirchenpfründen wurde trotz erheblicher Aufregungen zwischen den papistischen und protestantischen Interessen im Domkapitel der Reichsstadt nach über zehn Jahren Auseinandersetzung und

Verhandlungen 1604 auf eine Weise geschlichtet, daß ein Großkonflikt in dieser Rheinregion verhindert werden konnte.[95] Weit schwieriger war es jedoch, die Stimmverweigerung für protestantische Stände in verschiedenen Reichsorganen zu bewältigen. Sie wurde vor allem 1582 von katholischer Seite geprobt, als der lutherische Administrator des Erzstiftes Magdeburg – Joachim Friedrich von Brandenburg – auf dem Reichstag zu Augsburg sein vermeintliches Recht auf Sitz und Stimme im Fürstenrat gegen den »geistlichen Vorbehalt« durchsetzen wollte und scheiterte. Die Vertreter der katholischen Reichsstände hatten mit dem Verlassen des Reichstages gedroht, wenn sich der Administrator an Abstimmungen beteiligen dürfte. Eine Wahrnehmung des Stimmrechtes wurde auch in der Visitationskommission für das Reichskammergericht im Jahre 1588 abgelehnt, weil angeblich einem Lutheraner die Rechtsqualität zur Reichsstandschaft fehlte![96]

Mit dieser Auslegung und Anwendung der Reichsverfassung bahnte sich bereits der kriegstreibende Streit um die Geltung des Passauer Vertrages von 1552 an, auf den sich das katholische Lager zur Begründung des Restitutionsediktes von 1629 vehement berufen sollte. Kein Wunder, daß mit den Händeln um Kirchengüter und Erbanteile zunehmend Unrast und Ungeduld über viele Gemüter kamen, zumal sich in der verbreitenden Endzeitstimmung die religiöse Frage erneut zuspitzte: nicht nur zwischen den Kräften der Gegenreformation, sondern auch zwischen den beiden Hauptbekenntnissen des Protestantismus. So stürmten 1591 lutherische Prediger zusammen mit aufgeputschten Studenten und gemeinem Volk in Leipzig die Häuser von Calvinisten – wider alle Bestimmungen der Haus- und Landfrieden seit 1495.[97]

Dieser Zwischenfall belegt wie viele andere bis hin zum berüchtigten *Fettmilch-Aufstand* (1612–16) in Frankfurt am Main,[98] daß Freiheit und Eigenrecht als Teutsche Libertät nur gesichert bleiben konnten, wenn das Wissen darüber bewahrt blieb und eine konsequente »Erziehung zur Verfassung« (Aristoteles) nach Maßgabe des Depotismus oder Treuhandwesens in allen Ständen erfolgte.

An Gelehrsamkeit und Lateinkunst mangelte es in den zahlreichen Gymnasien, Akademien und Universitäten dieses weitläufigen Reiches nicht, ebensowenig am Angebot von Büchern aller Art. Dafür sorgten schon die jährlichen Fasten- und Herbstmessen besonders in Frankfurt am Main, Leipzig oder Nürnberg, sowie die zahlreichen Heimstätten der »Teutschen Kunst«, wie das wachsende Druckgewerbe in Europa noch immer genannt wurde.[99] Aber eine gewisse Trägheit der politischen Sinne gegenüber dem Heiligen Reich als Ganzem ist manch einem sensiblen Beobachter aufgefallen, nachdem die Toleranz-Generation von 1555 mit dem Tode Albrechts von Bayern 1579 oder Augusts von Sachsen 1586 geschwächt worden war. Dazu stellte der eifrige Fynes Moryson, der zwischen 1591 und 1597 fünfmal dieses eigenartige Teutschland kreuz und quer bereist hatte, kurz und bündig fest: »Das Reich ist heutzutage ermattet – wie ein Funken von Asche umhüllt.«[100]

Eine schmerzhafte Vorstellung steigt bei dem Gedanken auf, wie aus diesem Funken erst ein Feuer hochgeblasen wurde und dann ein Flächenbrand entstehen konnte. Bei dessen Eindämmung und Löschung durch die Hauptmächte der Christenheit – Schweden und Frankreich – mußte von außen der nachwachsenden Generation streitsüchtiger Fürsten und Stände mühsam wieder beigebracht werden, was im Inneren an politischer Kultur zu verfallen drohte: die »teutsche Redlichkeit«, das vertragliche »Kaiserrecht« und der föderative Geist der »teutschen Libertät«. Man lese nur einmal nach, wie noch Machiavelli die Bewahrung der Freiheit in den zahlreichen Städten des Heiligen Reiches als ein Vorbild für das gesamte Abendland preist,[101] um zu erfahren, was die Vorfahren der oft blutjungen Machthaber im Reich für die Gestaltung dieser Libertät geleistet haben.

Machiavelli war sich dabei insbesondere des Niedergangs der libertären Verfassungen in wichtigen Stadtstaaten Italiens bewußt, vor allem in seiner Heimatstadt Florenz, wo die Medicis mit ihren Staatsstreichen eine Haus-Diktatur errichtet und ihre Untertanen von jeder politischen Betätigung abgedrängt hatten.[102] So weit war es in den meisten teutschen Städten jedoch noch nicht gekommen. Immerhin hatte bereits seit 1463 das Vizedom-System in Mainz, dem Sitz des *Reichs-Erzkanzlers über Germanien,* die Selbstverwaltung dieser Haupt-Stadt des Heiligen Reiches ersetzt, das erst wieder einer libertären Ordnung weichen sollte, als die Schweden 1631 die Stadt eroberten und Axel Oxenstierna mit seinen Reformen zu wirken begann.[103] Und die Wirren von 1602 in Braunschweig, der Bürger-Aufstand in Greifswald 1604, der Hader in Paderborn 1606 oder 1612 die erste große Krise um Stralsund – diese Stadt sollte bald im Großen Krieg ein Symbol teutschen Patriotismus werden – signalisierten erhöhte Spannungen zwischen freien Städten und Landesherren; die Schwächen der Hanse als einstiger Schiedsmacht und die Abnahme der kaiserlichen Rechtsautorität zeigten das nicht minder.[104]

Gewiß, der 1593 ausgebrochene Türkenkrieg hatte Aufmerksamkeit und Kraft des im eigenen Hause heftig bekämpften Kaisers Rudolf II. von den Verhältnissen im Reich selbst zeitweise abgelenkt. Aber gleichzeitig wurde doch im bedrohten Ungarn und in Böhmen das politische Ständewesen erheblich gestärkt, d. h. Bekenntnis- und Besitzrechte in den Schutz neuer Garantien gestellt.[105] Im Heiligen Reich hingegen verstanden es die verfeindeten Stände nicht, den »Bruderzwist« im Hause Habsburg so auszunutzen, daß dessen Verfassungsorgane nach Maßgabe der Libertät funktionsfähig gehalten werden konnten. Rechthaberei, Standesdünkel und Eigennutz blockierten zunehmend eine gedeihliche Arbeit vor allem in den höchsten Gerichten.[106]

Der Rechtsstreit um Donauwörth von 1608 machte aller Welt deutlich, wieviel Sprengkraft sich bereits zwischen einzelnen Reichsständen angesammelt hatte. Die katholische Minderheit dieser umkämpften Stadt hatte aufgrund eines Urteils des Reichshofrates in Wien wieder einmal obsiegt und ihren Status durch die militärische Vollstreckung der verhängten Reichsacht zeitweilig gefestigt. Der Exekutor dieses Urteils aber war Herzog Maximilian I. von Bayern, bald eine Hauptfigur des Teutschen Krieges. Die heftigen Proteste evangelischer Reichsstände gegen dieses Vorgehen – vor allem von seiten der calvinistischen Kur-Pfalz, aber auch durch das lutherische und oft um Vermittlung bemühte Kur-Sachsen – konnten auf dem Reichstag zu Regensburg nicht mehr gütlich gedämpft werden, so daß es am 14. Mai 1608 zur Gründung der *Union* kam:[107] zu einem Schutz- und Trutzbündnis auf Gegenseitigkeit, wie es nach den Traditionen des Konföderations- und Konventwesens im Rahmen der cumulativen Reichsverfassung möglich war, und zwar auf zehn Jahre – bis 1618. Die Antwort auf diese Demonstration politischer Kampfbereitschaft zur Wahrung des Augsburger Religionsfriedens, bedrohter Eigenrechte und zur Wiederherstellung »guter Justiz« folgte kurz darauf im Jahre 1609, als Maximilian von Bayern vor allem mit den geistlichen Kurfürsten von Mainz, Köln und Trier die *Liga* als Kampfbund der Katholiken ins Leben rief.[108]

Auf Kosten dieser dramatischen Spaltung der Reichsstände in zwei Interessenverbände, neben denen es noch die Gruppe der »Neutralisten« gab, stärkten zwei äußerst ehrgeizige Reichsfürsten aus dem religiös zerstrittenen Hause Wittelsbach ihren Status als Rechtsbewahrer. Auf dem Reichstag von 1613 – der nächste sollte erst wieder knapp vierzig Jahre später stattfinden – wurde ein zweites deutlich sichtbar: Friedrich V. und Maximilian I. ging es im Streit um die von Habsburg geforderte »Türkenhilfe« vor allem um Güterinteressen und Positionssicherungen.[109] Gleichwohl gab es bei all diesen Konflikten und inneren Schwächungen gewichtige Stimmen, die das Heilige Reich der Teutschen Nation in dieser schweren Zeit nicht genug rühmen konnten: Es sei »the Queen of all other Provinces, the Eagle of all Kingdoms and the Mother of all Nations«.

Coryat, der Oxford-Professor und Hofnarr Jakobs I. von England, hatte im Krisenjahr 1608 das Heilige Reich von dessen Vormauer an der Mündung des Rheins (Nijmwegen) bis zu dessen Vormauer am Oberlauf des teutschen Stromes (Basel) bereist und sich von der Lebenslust in Dörfern und Städten der »Pfaffengasse«[110] anstecken lassen. Sein Urteil war deshalb ganz im Geiste des wiederbelebten Goticismus abgefaßt.[111] Zu ähnlichen Einschätzungen kamen auch andere Reisende aus dem Inselreich: Dessen König ließ sogar trotz starker Affinitäten zu Habsburg-Spanien im Jahre 1613 die Prinzessin Elisabeth nach Heidelberg auf das märchenhafte Schloß der kurpfälzischen Wittelsbacher ziehen. Diese ausnehmend schöne Frau, die angeblich am liebsten Gustav Adolf von Schweden geheiratet hätte,[112] wurde in diesem turbulenten Jahr dem calvinistischen Kurfürsten Friedrich V. angetraut, ohne zu ahnen, welche Drangsal und Not auf sie zukommen würde.

Elisabeth aus dem Hause Stuart war in ein Land verehelicht worden, das in manchen Städten und Schlössern an Reichtum überquoll, dessen Wege und Straßen aber kaum eine Befestigung kannten. Die Reisekutschen fuhren selbst im strengen Winter offen, und die zahlreichen Flüsse hatten nur stellenweise Sicherungen gegen Überschwemmungen erhalten, was das Reisen über Holzbrücken oder mit Fähren oft zu einem gefährlichen Abenteuer machte. Andererseits wurde die Ehrlichkeit des Hauspersonals in den unzähligen Gasthöfen des weiten Reiches zwischen Donau und Belt, Maas und Oder hoch gelobt. Viele Ausländer hoben auch die Unsicherheit auf den Wegstrecken durch seine dichten Wälder hervor. Mit diesen trieben die Teutschen geradezu einen Kult, nicht anders als mit den Schweinen, die unter allen anderen Haustieren bevorzugt würden. Uhren jeder Art und Glocken, Orgelspiele und Goldschmiedekunst, scharfe Waffen und Kinderspielzeug fanden zu dieser Zeit höchstes Interesse der Reisenden. Desgleichen die alten und neuen Befestigungsanlagen um Schlösser, Marktflecken und Städte, die oft nach niederländischer Manier angelegt worden waren und teils als uneinnehmbar galten – allen voran das reiche und stolze Magdeburg an der Elbe, bald eine brennende Fackel des Bürgerkriegs im Heiligen Reich.[113]

Wer sich in seiner Neugierde, der unstillbaren Curiositas,[114] nicht nur an das aufblühende Zeitungswesen halten – seit 1604 erschien in Frankfurt am Main der »Mercurius« und erst ab 1611 der berühmtere »Mercure français« in Paris[115] –, sondern selber diese teutsche Welt in Augenschein nehmen wollte, der konnte das Heilige Reich in Ruhe und Wohlstand erleben. Aber die schlimmen Zeichen der Unrast und Armut waren auch ohne nähere Kenntnis der Zerwürfnisse zwischen den oberen Ständen kaum zu übersehen. Berichte von Reisenden am Vorabend des Großen Krieges erwähnten in diesem Zusammenhang immer häufiger die schrecklichen Schädelstätten vor den Stadtmauern oder die Schelmenäcker am Rande der Dörfer. Auf ihnen wurden die Verbrecher hingerichtet und zur Abschreckung an Stangen, Galgen oder auf Rädern dem Wetter ausgesetzt. Als schauerliche Mahnungen, Recht und Gesetz zu genügen, faulten sie dahin und waren doch nur ein Ausdruck sinnloser Bestraferei fortwuchernder Sünden.

John Taylor, der literarische Gegner des Coryat, gibt uns im Jahre 1617 von einer Reise nach Hamburg und in die Nordregionen des Heiligen Reiches einige wichtige Eindrücke zu dieser Seite einer ständisch angelegten Gesellschaft, deren staatlicher Strafvollzug mit Härte zu regulieren suchte, was durch Erziehung nicht mehr zu leisten war – die Fähigkeit zu Kompromiß und gütlichem Vergleich. Die Schilderung eines Scharfrichters, der die zahlreichen Hinrichtungen zu vollziehen hatte, macht deutlich, wie mechanisches Rache- und Vergeltungsdenken die »mangelhafte Justiz« steuerte und nicht Nächstenliebe, Verhältnismäßigkeit oder das Ringen um Versöhnung im Geiste der Clementia-Lehre.[116]

Der »Scharfrichter« wurde in dieser Hanse-Stadt als »eine Art von Halbpapst« angesehen, beginnt Taylor seinen farbigen Bericht von der Schattenseite des Lebens an der Elbe: Er läßt sich mit Atlas, Sammet und anderen kostbaren Kleiderstoffen ausstaffieren. Gold- und Silbertressen zieren sein Überkleid, und seine Beine stecken in seidenen Strümpfen. Spangen und Rosetten am Strumpfband liebt er über alles. Mit fülligem Hut und wehender Feder an der Krempe kommt er daher, begleitet von vier oder fünf stattlich aufgeputzten Knechten in Livreemänteln. Er allein hat das Recht, einmal im Jahr eine *Hundesteuer* zu erheben, darf Abtritte und Kloaken der Stadt säubern und dem verendeten Vieh die wertvolle Haut abziehen – zu seinem Unterhalt.

Vor allem aber mußte der Scharfrichter die »wunderlichen Folterqualen und Todesarten« ausführen, die »sie hierzulande pflegen«. Im Falle eines Gänsediebes hatte dieser aufgeputzte Kerl sogar das »Rädern« auszuüben: Zu dieser Quälerei des Delinquenten packte er ein Wagenrad »bei den Speichen, hob es in die Luft und schlug mit einem mächtigen Stoß eines der Beine des armen Wichtes in Stücke, worüber dieser entsetzlich aufbrüllte. Dann zerbrach er das andere Bein auf dieselbe Art und zerstieß schließlich seinen ganzen Brustkorb zu Splittern. Alsdann nahm er den verstümmelten Leichnam und breitete ihn auf dem Rade aus [...].«

Alles nur wegen einer gestohlenen Gans! Schauder überfielen den empfindsamen Literaten Taylor bei diesem unmenschlichen Anblick und veranlaßten ihn zu einem makabren Vergleich der Vollzugssysteme: »Die mannigfachen Arten von Folterung, so über Missetäter in diesen Landen verhängt werden, lassen mir unsere englische Art des Hängens lediglich als einen Flohbiß erscheinen.«[117]

Ob die Betroffenen auf den Schädelstätten Englands oder im Tower zu London auch dieser Meinung gewesen sind? Tatsache bleibt, daß nicht nur im republikanischen Hamburg, sondern im gesamten Heiligen Reich täglich Grausamkeit und Menschenverachtung öffentlich inszeniert wurden, die freilich die Gemüter eher abstumpften, als daß sie die Menschen abschreckten, ein Recht zu brechen, das ihnen mitunter nicht einmal das nackte Leben erlaubte. Selbstverständlich mußten Mord und Brandstiftung, Diebstahl und Hochverrat, Ehrabschneidung und Betrug, Vertragsbrüche und Erbschleicherei gesühnt werden. Das forderten schon das Strafprinzip der Vergeltung (Ius talionis) und die Anwendung der ausgleichenden Gerechtigkeit (Iustitia commutativa). Dabei wurde jeder Rechtsbruch als Sündenfall gewertet, als eine Beleidigung Gottes und damit auch der Obrigkeit, die an seiner Stelle auf Erden das Richtschwert zu führen hatte. Aber über der Härte des Gesetzes und der unmittelbaren Vergeltung gab es als Emanation göttlicher Macht und Barmherzigkeit mit der sündhaften Natur des Menschen auch das Prinzip »Gnade vor Recht«, sowie das aristotelische Gebot der Verhältnismäßigkeit.

Die stärkere Verankerung dieser menschenfreundlichen Vollzugsbedingungen in der *Peinlichen Halsgerichtsordnung* Kaiser Karls V. – der Carolina von 1532 – hätte wahrscheinlich mehr zur Festigung der Rechtskultur nach unten beigetragen als die Versteifung auf die »Schärfe« im Sinne alttestamentarischer Strenge, sowie auf Methoden aus der kirchlichen Inquisition. Im Gegensatz auch dazu hatten die Niederländer bald erkannt, wie nützlich doch für ein Gemeinwesen die Vorstellung von Belehrung und schrittweiser Besserung war. Im Geist des guten Wirkens von »Milde« (Clementia) und Verständnis richteten sie die »Raspelhäuser« ein und hielten Straffällige zur Abarbeitung ihrer Sünden an – ein wichtiger Schritt weg von spanischer, ja panischer Rohheit, die den Strafvollzug nur als eine andere Form des Krieges erscheinen ließ.[118]

Solche Anstalten fand Taylor in Hamburg nicht vor. Dafür aber staunte er über den zügigen Ausbau der neuen Wehranlage, die wie in anderen Städten diesem Gemeinwesen über zweihundert Jahre hin Frieden und Sicherheit nach außen verbürgen sollte. Vor allem zu Beginn des Teutschen Krieges, als Dänemarks König Christian IV. immer wieder mit militärischer Macht versuchte, diese Hanse-Stadt unter seinen dauernden Einfluß zu bringen.[119] Der Engländer nannte Teile dieser Anlage denn auch »uneinnehmbare und unbesiegliche Wälle« und vermerkte darob zum besonderen Charakter Hamburgs, daß diese bedeutende Stadt »weder dem Kaiser unterworfen noch irgendeinem Fürsten« untertan sei.[120]

Mochte diese Auffassung zum Selbstverständnis urbaner Autonomie gehören, so war doch die Teutsche Hanse bei aller Eigenständigkeit ihrer Glieder ein integraler Bestandteil des Heiligen Reiches und somit dem Kaiser zugeordnet. Vieles spricht sogar dafür, daß der Niedergang des Kaisertums unter den Habsburgern und derjenige der Teutschen Hanse beinahe synchron stattfanden, weil es in seiner Schwäche die universale Wirkung als Schutzmacht dieser »Kaufleute des Reiches« (Mercatores imperii) im Rahmen der Habsburgischen Haus-Politik immer weniger wahrzunehmen wußte. Hielten sich einst die *Herren der Hanse* Könige von England, Dänemark und Schweden wie Abhängige, so hatte sich seit der Entdeckung Amerikas, der Verstärkung des Afrika- und Asienhandels, sowie mit den Veränderungen durch die Reformation in der Binnenstruktur vieler Hanse-Städte die Handelslage mit ihren Warenwegen verschoben.[121]

Lissabon, Amsterdam und London hießen seit zwei Generationen die aufstrebenden Städte in Europa. Selbst Kopenhagen und Stockholm, vom nationalen Königtum gefördert und durch Zölle geschützt, vermochten es jetzt, an die Stelle der zerfallenden Hanse zu treten, die nur noch mit Mühe und Not ihre eigene Schutz-Konföderation von 1604 bis zum Großen Hansetag im Jahre 1618 unterhalten konnte:[122] Schickte das grandiose Danzig, das sich seit 1576 gegen Angriffe des Nachbarn Polen gewehrt, sein lutherisches Bekenntnis bewahrt und die libertäre Verfassung gesichert hatte,[123] im Jahre 1453, als Konstantinopel in die Hand der Türken fiel, über tausend Getreideschiffe nach England, so will Moryson im Jahre 1592 kaum noch vierzig gezählt haben.[124]

Licht und Schatten, Ruhe und Aufruhr, Gemeinsinn und Standesdünkel, Rechtskultur und Machtsprache: Sie lagen in diesem weiträumigen, dezentralisierten und föderativen Reich der Teutschen Nation auf höchster Ebene, in seinen Kreisen oder in den Städten schon immer eng beieinander, ohne daß daraus ein Groß- oder Dauerkrieg entstand. Seit einer Generation mehrten sich jedoch die Zeichen der Unruhe, des Zerbrökkelns festgefügter und bewährter Ordnungen, sowie der Verselbständigung seiner Teile. Manchmal hat es in den Quellen den Anschein, als steigerte sich von Jahr zu Jahr eine quälende Unrast zu einer martialischen »Lust am Unrat« (Heraklit): Vielen begüterten Bürgern in allen Ständen zur Sorge, anderen gar zu einer trügerischen Hoffnung auf geraubten Reichtum oder schnellen Kriegsgewinn. Und manch einem bravem Mann kam der seit der Gründung von Union und Liga verstärkt einsetzende Wirbel um Gottesbegriffe, Himmelszeichen und Erdengüter wie der Aufschrei von Verzweifelten vor – die bisherige Ruhe war dahin.

Da tobte sich bald ein böser Traum aus, in dessen Verlauf das Heilige und einst Herrliche Reich der Teutschen Nation in zuckende Stücke zu zerbrechen drohte: Blühende Dörfer und ungeschützte Städte verglühten über Nacht in Feuerstürmen. Die Pest und andere Pfeile des erzürnten Himmels durchbohrten Verbliebene und Vertriebene, die sich vor Gram und mit verwirrten Gedanken in den Schwarzfluß stürzten – von Gryphius, einem Rechtsgelehrten und Poeten, beobachtet. Er tastete sich durch rauchende Trümmer und überließ auf zerschundenen Lippen ein wehmütiges Lied dem unruhigen Wind: Das von einer »Wiesenblum, die man nicht wieder find't« und die uns dennoch unter den Schlagschatten der Geschichte in jeder Generation neu zum Suchen verlockt.

ERSTES BUCH

Ihr feuervollen Brüder

(1618–1629)

Schwarze Tage

Venedig in Gefahr

Von der Nordsee her, dem Teutschen Meer, peitschten zu Beginn des Jahres 1618 heftige Winterstürme über das Reich. An der Küste brachen wieder einmal die Dämme, vom Rhein wurde hoher Eisgang gemeldet, und die Donau trat über ihre Ufer. Halb Nürnberg, eine der besonderen Haupt-Städte des Heiligen Reiches, war von der Pegnitz unter Wasser gesetzt worden,[1] während in anderen Gegenden vom Baltischen Meere aus klirrende Kälte alles Leben zum Erlahmen brachte.[2]

Aus Klagen geschädigter Bürger konnte man den Wunsch heraushören, diese unverkennbaren Zeichen des Zornes Gottes endlich zu beherzigen, mit denen die Naturgewalten wegen der angehäuften Missetaten das anmahnten, was Machiavelli das »Erlöschen der Erinnerung« genannt hat.[3] Ein Übel, von Gott verhängt, damit die übervolle Welt zusammen mit der Menschheit von allem Unrat befreit werde und ihre weitere Geschichte in ein neues Stadium trete. Im Gefolge dieser reinigenden Kräfte schlug dann oft auch die Pest noch zu – der Schwarze Tod. Von diesem konnte sich fast jedermann in Stadt und Land ein elendiges Bild machen: eine Erinnerung daran, wie binnen weniger Tage die eigene Lebensgeschichte eine schauerliche Wendung nehmen konnte, wenn Körper, Geist und Seele unfähig zur Umkehr waren.

Die Erreger dieser Geißel lauerten im faulenden Fleisch der unbestatteten Toten, sprangen wie Wegelagerer in den hitzigen Atem der Lebenden und unterschieden nicht zwischen hoch und niedrig, arm und reich, Bestatter oder Fledderer. Unsichtbar schwebten sie auch in der vergifteten Luft und drangen wie Racheengel in der Nacht auf Mensch und Tier ein. Brennenden Pfeilen aus dem Himmel gleich, bohrten sich diese Todeskeime in die Leiber von jung und alt. Diese entfachten bald ein inneres Feuer, das an Armen und Beinen wieder einen Weg ins Freie suchte und schlugen auf ihren zuckenden Wegen schwärende Brandbeulen. Die verzerrten Münder der Getroffenen liefen bald von erhitztem Blut über, ihre glasigen Augen zitterten vor Fieber, und der auf den Tod erschrockene Sohn rannte vor dem eiternden Vater davon, die Tochter in Panik vor dem Wundgestank der Mutter. Bruder und Schwester kannten einander nicht mehr. Alle Freundschaft unter den verzweifelten Menschen war nur noch Schall und Rauch, bis die Verwirrten und scheinbar Geretteten auf ihrer Flucht selbst nach drei Tagen ihrem schwarzen Würgeengel begegneten – »Gottes gerechtem Erzürnen zu unserer Besserung«.[4]

Als diese große Not das Heilige Reich und andere Länder in der weiten Christenheit heimsuchte, innerhalb kurzer Zeit Städte und Landstriche entvölkerte, während Haus und Hof unversehrt blieben, und sich manch ein geläuterter Überlebender den *Narrenbruderschaften wider die Todesfurcht* anschloß,[5] da schrieb man nach Julianischer Zeitrechnung das Jahr 1348.

Denkwürdig für alle Zeiten besonders in der Republik Venedig: Dieses gedeihliche Gemeinwesen ist zwar auch von dieser Krankheit entsetzlich heimgesucht worden, aber mit der Erfindung der Quarantäne (40 Tage Isolierung) und anderen wirksamen Maßnahmen ist es dort mit der Zeit gelungen, die Ursachen der Pest zu bekämpfen, von der man damals glaubte, sie sei aus dem Orient eingeschleppt worden.[6] Verständlich, daß diese Seuche ihre Auswirkungen auch auf das öffentliche Leben hatte, gar als Ausdruck geistigen und politischen Verfalls galt[7], und mancherorts eindringlich beklagt wurde, wie doch durch diese Krankheit »das ehrwürdige Ansehen göttlicher und weltlicher Gesetze fast völlig gesunken und vernichtet« worden sei.[8]

Venedig hatte nach 1348 eine starke Einwanderung aus den Südregionen des Heiligen Reiches erlebt und bemühte sich in den kommenden Generationen, auch in diesem Bereich seines Gemeinwesens Abhilfe zu schaffen. Dabei leuchtete seine Nation als Inbegriff von rechtlich gesicherter Freiheit, gelenktem Markt und sorgfältig gehegtem Geist im ganzen Abendland hervor. Mochte auch der Brand des Dogen-Palastes im Jahre 1577 das Sinken seines Sternes als Muster-Republik andeuten – als Ausdruck innerer Schwächungen –,[9] so reichten sein Genius und guter Ruf als solventer Staat immer noch aus, von der Batavischen Republik zur Jahreswende 1617/1618 etwa 4000 Mann Kriegsvolk zu erhalten, darunter ungefähr hundert adlige Offiziere. Über zwei Monate sollen sie zu Schiff gelegen sein. Von Seeräubern im Mittelmeer belästigt und von zahlreichen Krankheiten geplagt, hatten sie sich durchgeschlagen und Venedigs Gegnern – Habsburg und den räuberischen Uscoccen – gezeigt, daß es unter den gefährdeten Republiken eine ernstzunehmende Solidarität geben konnte.[10]

Diese Kriegshilfe, verstärkt noch durch die Absicherungen bei der Schweizer Eidgenossenschaft,[11] brauchte aber nicht mehr eingesetzt zu werden. Denn unter der geschickten Art des Kaiserberaters und Kardinals Khlesl als »Mittelsdirector« war es gelungen, den drohenden *Krieg um Friaul* zwischen Habsburg und dieser Republik zu verhindern und in Friedens-Absprachen münden zu lassen. Die Kraft zum Kompromiß vermochte es in Wien noch einmal, mit Verhandlungen in dieser Krisenzone Europas die Gefahr eines »weitaussehenden Krieges« zurückzudrängen, der »nit allein in Italien, sondern auch consequenter im Reich Teutscher Nation Verderben über Land und Leute« gebracht hätte.[12]

Friede also mit der Habsburg-Macht, die sich seit dem Einvernehmen von *Zsitva-Torok* mit dem Osmanischen Reich zusätzlich die Süd-Ost-Flanke für Jahrzehnte gesichert hatte.[13] Aber wie lange sollte diese Absicherung dauern? Eine Antwort darauf, wie wenig Habsburg gewillt war, seine Versprechen zu halten, wenn es die Chance eines Machtzuwachses erkannte, bekamen die Venetianer bereits Anfang Mai, als durch Verrat »eine schreckliche Verschwörung des Spaniers gegen Venedig« aufgedeckt wurde.[14]

Schenkt man den einschlägigen Berichten Glauben, dann war zum Umsturz der libertären Republik in der Lagunenstadt folgendes geplant: Ungefähr 60 Oberste und etwa 700 »meuchelmörderische Soldaten« – teils Spanier, teils Franzosen – hatten zu einer bestimmten Stunde von ihren Quartieren aufzubrechen und sich des Regierungssitzes zu bemächtigen. Es war vorgesehen, »den Dogen aus dem Fenster zu stürzen und die Häupter des Rates dazu, um der spanischen Armee ein ernstes Zeichen zu geben, welche nahe an der Lagune auf der Lauer lag«. Der gewaltsame Sturm auf das Zentrum der Signoria sollte von einer Besetzung der Münzstätte begleitet werden, während mit »künstlichem Feuerwerk« das Zeughaus und ein Arsenal mit fünfzig Gewölben zu sprengen waren, in denen Leinöl, Pech und Holz gelagert wurden. Brannte erst einmal das innere Prunkstück Venedigs, das Herz der stolzen Republik, sollte noch ein dritter Streich ausgeführt werden – die Zerstörung der Brücken. Denn den näheren Gemeinden und ihren wehrhaften Bürgern durfte so gut wie keine Möglichkeit geboten werden, den brennenden Kern der mächtigen Stadt zu löschen.[15]

Einem der spaniolisierten Verschwörer ging dieser verderbliche Plan ins Gewissen. Er soll ihn an den Rat der Republik verraten haben und dafür belohnt worden sein. Als seine rettende Tat ruchbar wurde, suchte ein Großteil der Konspirateure in Diensten der Habsburg-Politik das Weite. Wem aber die schnelle Flucht nicht gelang, und wer von den erbosten Venetianern ergriffen wurde, der mußte an einem makabren Rache-Schauspiel teilnehmen und den versuchten Umsturz mit dem Leben bezahlen.[16]

Diese Aufregungen fielen mit dem Ableben des alten Dogen zusammen. An dessen Stelle wurde der Friedens-Kommissar an der Friaulischen Grenze unter dem Jubel der erschreckten Stadt gewählt, der kluge Anthoni Priuki.[17] Ihm und anderen konnte dieses seltsame Zusammenspiel von Spaniern und Franzosen gegen Venedig auch als ein gezielter Schlag gegen die Batavische Republik an der Nordsee und gegen die Alpenpässe der Eidgenossenschaft im Veltlin vorkommen. Bei einem Erfolg wäre dieser Schwarze Tag in der Geschichte des libertären Republikanismus eine ernsthafte Warnung an den »neuen Großtürken« *Osman II.* gewesen, die Unterstützung der Niederländer im Mittelmeer und bei kriegerischen Aktivitäten in Habsburgs östlichem Vorhof aufzugeben – in den Ländern um das calvinistische und doch überaus tolerante Siebenbürgen.[18]

Neben dieser machtpolitischen Konstellation und der vor allem in Frankreich entfachten Stimmung für einen *Kreuzzug gegen die Türken* zur Rückgewinnung Ostroms zugunsten des Herzogs von Nevers[19] vermerkte die europäische Öffentlichkeit, daß dieser neue Sultan »die Söhne, so dem vorigen Großtürken von den Kebsweibern geboren worden, hat strangulieren lassen«.[20] Ein recht archaisches Verfahren, um künftige Mitbewerber um die Macht auszuschalten. Es erinnert stark an das Tötungsritual aus Instinkt bei Pavianen nach dem Pascha-Wechsel in der Horde, verweist aber auch auf die Vernichtungslust einiger Habsburg-Fürsten, die um eines echten oder vermeintlichen Erbrechtes willen jedes Friedensbemühen in den Wind schlugen. Dabei ließen sie nicht weniger erbarmungslos als die Sultane die Köpfe jener rollen, die ihren patrimonialen und somit die Libertät vernichtenden Erbansprüchen im Wege standen – dem Gebot christlicher Feindesliebe zum Trotz und bald an libertären Böhmen als ein Schauerstück europäischer Geschichte grausam vollzogen.

Fenstersturz

Das Heilige Reich glich einem Haus mit vielen Wohnungen, in denen es sich nicht nur materiell gut leben ließ, sondern auch ohne größere Gewissensnot. Eine Grundbedingung für diese Kultur der Toleranz bestand allerdings in der Achtung vorhandener Verfassungen, deren friedenstiftender Geist viele Menschen auch dann duldete, wenn ihre Konfession nicht ausdrücklich garantiert worden war: den Calvinisten zumal und auch manch einem *Morisken,* den der religiös-rabiate Eifer Philipps III. ins Heilige Reich getrieben hatte, wo er in Ruhe, Selbstbestimmung und Gewissensfreiheit zeitweise leben durfte.[21] Allein schon aufgrund seiner inneren Friedensordnungen war dieses ehrwürdige Reich der Teutschen Nation ein Vorbild für andere Gemeinwesen der Christenheit, sich in Toleranz zu üben und in der Vielfalt der Konfessionen nicht eine Schwäche zu sehen, sondern eine Stärke, die auf gegenseitiger Achtung und Vertrauen beruhte.

Dieser Sinn liegt im Vertragswesen der so oft beschworenen und doch immer wieder von »friedhässigen Leuten« verletzten *Teutschen Libertät,* deren besonderem Schutz auch die Stände in den Ländern der Wenzelskrone zugeordnet waren – im Hauptland Böhmen, dann in Mähren sowie in Schlesien mit seinem Sonderstatus samt der Lausitz.[22] Zur freiheitlichen Substanz dieser alten Krone der Christenheit[23] im Herzen Europas gehörte nicht nur das Recht der landtagsfähigen Stände, nach Maßgabe der Verfassung »Innata Cordi« aus dem Jahre 1348 bei der Wahl des eigenen Königs konstitutiv mitwirken zu dürfen,[24] sondern auch das Recht, seit 1356 mit einer Kurstimme von sieben an der Kaiser-Wahl beteiligt zu sein.[25] Diesem Verfassungsbestand aus vorreformatorischer Zeit gesellte sich jetzt noch die Garantie der *Böhmischen Konfession* hinzu, die im berühmten *Majestätsbrief* von 1609 von Habsburg bestätigt worden war. Darin wurde auch die Erlaubnis erteilt, zur Abhaltung des eigenen Kultus Kirchen bauen zu dürfen.[26]

Gerade dieses Recht aber, das die Verfügung über Grund und Boden einbezog, wurde den Böhmen beim Kirchenbau in *Braunau* und *Klostergrab* von seiten der Römischen Kirche heftig bestritten. Wortwechsel steigerten sich dabei zu Handgreiflichkeiten, und das Einbringen von Verfassungsbeschwerden führte in Prag gar zur Verhaftung der dazu abgesandten Ständevertreter.[27] Allein dieser Streit, der eine der größten Katastrophen in der Geschichte auslösen sollte, vermittelte aller Welt, wie eng Religio und Regio, Bekenntnis und Besitz, ineinander verschränkt sein konnten, und wie stark diese Verbindung das Bewußtsein einer *nationalen Identität* bestimmte. Nicht umsonst hatte der Landtag von 1615 in Prag unmißverständlich klargemacht, daß die bestehende Konstitution in ihrer kumulativen Anlage und die Nation zusammengehörten, wobei die Landessprache als unabdingbares Kriterium der Rechts-, Gerichts- und Landesbefähigung gefordert wurde. »Künftig und zu ewigen Zeiten«, hieß es dazu im Beschluß dieses historischen Landtages, dürfe »kein Ausländer, welcher der *böhmischen Sprache* nicht kundig ist und sich in derselben bei Gerichtshöfen nicht gehörig auszudrücken weiß, zu einem Einwohner des Landes oder zum Bürger einer Stadt angenommen werden«.[28]

Sollte Jan Comenius, diese tragische Gestalt des kommenden Krieges, seine Ganzheitsmethode für das Sprachenlernen in Tschechisch, Latein und Teutsch abfassen,[29] das noch 1595 unter die »Fünf edelsten Sprachen« der Christenheit gezählt wurde,[30] so manifestierte sich in diesem Beschluß ein zeitweiliger Sprach-Purismus mit politischer Stoßrichtung: gegen die »teutsche Sprache«, gegen »teutsche Pfarrer« und auch gegen die »teutsche Gemeinde« in Prag.[31] Die Abwehr alles Fremden und die Übersteigerung des Eigenen verschlechterten zusehends das Verhältnis zur Römischen Kirche mit ihren Besitzinteressen, belasteten die sonst guten Beziehungen zum überwiegend protestantischen teutschen Bürgertum vieler Städte[32] und vertieften den Haß gegen das Haus Habsburg. Dieses konnte als tyrannische und ungerechte Fremdherrschaft verschrien werden, wenn der jeweilige König aus dieser Dynastie den Majestätsbrief oder andere Verfassungen samt Landtagsbeschlüsse in seinem gegenreformatorischen Eifer verletzte.

Im Falle des katholischen Widerstandes gegen den Kirchenbau vor allem in Braunau sah man in den Reihen der beunruhigten Stände »unter beider Gestalt« (sub utraque), wie sie wegen ihres Abendmahls mit Brot und Wein oft genannt wurden, den Rechts- und Verfassungsbruch für gegeben an. Als Begründung für die eigene Position eines libertären Widerstandes zog man sich auf die fundamentale Drittwirkung im Staatsrecht zurück, wie sie sich aus der vertraglichen Natur des *Ius tertii* ergab. So waren alle Klöster mit Grund und Boden Königliches Kammergut, über welches der König »die Superiorität und das plenum dominium hat«. Aufgrund dieser Rechtslage durfte kein Prior eines Klosters »ohne Bewilligung des Königs etwas von den Conventen und Klöstern verpfänden, verkaufen, hinweggeben, noch verändern«. Besaß demnach der legitime König von Böhmen die *volle Verfügung* (dominium plenum) über diese Kirchengüter, dann stand der Römischen Kirche selbst lediglich eine Art *Nießbrauch* (dominium utile) zu, ohne daraus wiederum eine feudale Standschaft und Repräsentation als politischer Stand im Landtag ableiten zu können. Diese Regelung erlaubte dem König, »ohne Bewilligung einer geistlichen Person von diesen geistlichen Gütern den Einwohnern dieses Königreichs etwas zu verkaufen, *erblich zu machen* und in die Land-Tafel nach seinem Willen und Wohlgefallen einverleiben zu lassen«.[33]

Bei diesem Verfahren aber mußte stets das Recht des vertraglichen Dritten zwischen *König* und *Ständen* (Landtag) berücksichtigt werden, und das war die *Krone* im Sinne eines absoluten Obereigentümers. Der König war also trotz seiner starken Stellung nichts anderes als ein Treuhänder des vorhandenen Staatseigentums und hatte in dieser Position eines Depositärs die Rechte der Stände zu wahren – des Adels und der Städte, nicht aber des katholischen Klerus! Eine solche Verfassungsinterpretation setzte freilich voraus, daß das Königtum in seiner vertraglichen Substanz den Bedingungen und Bindungen eines Erblehens (Emphyteuse) folgte und somit auch in der Frage der Kirchengüter das Mitwirkungsrecht der Stände forderte.[34] Daran aber war Habsburg nach der erzwungenen Annahme Ferdinands II. als Erbe von Matthias nicht interessiert, nachdem es das Königtum in Böhmen nicht mehr *libertär* im Verständnis von 1348, 1547 und 1609 auffaßte, sondern *patrimonial*. Was das im Zeichen des Habsburgischen Hausschreis – »Pfaffenhab ist mein Kammergut« – bedeutete, hatte Ferdinand in der Steiermark bereits vorgeführt: Er nahm für sich die Qualität eines »natürlichen Erbherrn« an und verfügte somit über Land und Leute, als wären sie ein Patrimonial-Eigentum, das ihm eine »unumschränkte Gewalt« erlaubte – ein »dominium absolutum«, wie es der Sultan und der Moskauer Zar wahrnehmen durften.[35]

In einem derartigen System des patrimonialen Absolutismus war für das bisherige Beratungs- und Bewilligungsrecht der politischen Stände kein Platz mehr. An ihre Stelle trat eine Haus-Diktatur mit einer Bürokratie, welche zusammen mit dem verfügbaren Heer einen Zustand des fortgesetzten Kriegsrechtes sicherte und jede weitere Vertragsbasis mit den Ständen ablehnte. Manche haben in diesem kriminellen Vorgehen die Entstehung des »modernen Staates« gefeiert.[36] Die Verteidiger (Defensores) der libertären Verfassung Böhmens hingegen erkannten in den Rechtsbrüchen und Gewalttaten Ferdinands II. nichts anderes als eine steigende Besitzgier sowie einen Akt der kämpferischen Gegenreformation. Was sich dieser Habsburger hinter dem Rücken seines hinfälligen Adoptivvaters und Kaisers Matthias in rechtskränkender Weise zuschulden kommen ließ, wollten diese Stände Böhmens nicht mehr länger dulden. Seit 1611 hatte sich der Konflikt um Braunau hingezogen, und alle Versuche eines gütlichen Vergleichs oder eines anderen Wegs waren fehlgeschlagen: Jetzt aber schien das Maß voll zu sein.[37]

So ließen denn die betroffenen Stände und die Herren Defensoren des Majestätsbriefes von 1609 am 20. Mai 1618 zu Prag von allen Kanzeln »in Teutsch und Böhmischer Sprach« verkünden, daß sie für den folgenden Tag eine lebenswichtige Versammlung anberaumen würden. Dabei gelte es zu beraten, wie jenen »heimlichen Listen und Praktiken« wirkungsvoll zu begegnen sei, die »in diesem Königreich den heilsamen Frieden, alle Liebe und Einigkeit zwischen uns zu zerstören« drohen. Diese Kräfte scheuten sich auch nicht, die »mit großen Unkosten erbauten Kirchen zu Hohn und Spott unserer christlichen Religion feindselig zuzusperren und bis auf den Grund niederzureißen«. Sie seien sogar in der Lage, »die Leute mit Gefängnis zu beschweren, zum Abfall von der göttlichen Wahrheit mit Gewalt zu nötigen und in Summa [uns] zur gänzlichen Vernichtung und Aufhebung des Majestätsbriefes und (der) Religionsfreiheit auf das höchste zu beschweren und zu bedrängen«.[38]

So äußert sich religiöse und politische Gewissensnot aus Verzweiflung darüber, daß alle Rechtseinreden, Erklärungen und Bitten um Einhaltung von Substanzartikeln der libertären Verfassung nichts gefruchtet haben. Demnach waren alle legalen Mittel ausgeschöpft worden, um den inneren Frieden zu bewahren und den Beginn eines aktiven Widerstandes hinauszuschieben.[39] Es wäre zu einfach, im Kreise um den Grafen Thurn lediglich Repräsentanten einer »vagen Rittervolksjustiz« zu sehen.[40] Denn diese politischen Menschen verteidigten mit ihrem Einsatz die konstitutionalen Errungenschaften der Libertät und damit ein Selbstverständnis, das ganz aus der Drittwirkung fundamentaler Herrschaftsverträge lebte – der Grundbedingung auch des liberalen Verfassungsdenkens.[41]

Mit dem Singen von Psalmen, wie es die Niederländer in Zeiten ihres nationalen Widerstandes gegen Habsburg-Spanien getan hatten, machten sich die Ständevertreter Mut. Sie waren entschlossen, Bekenntnis und Besitz mit Leib und Leben zu verteidigen. Am 23. Mai 1618 drangen sie mit Pistolen und Degen in den Hradschin ein. Dort verlangten sie vom Grafen Slawata, dessen Bruder sich unter den Widerständlern befand, genaue Aufklärung darüber, wer der wirkliche Verfasser der schlimmen Antwort des Kaisers vom März dieses Jahres gewesen sei. Man sei, so sprachen die Aufständischen, vom fernen Wien aus so anmaßend und schändlich mit der Freiheit und den Ständen Böhmens umgesprungen, daß es die Ehre und der gute Ruf nicht länger duldeten, diese Schmach und Ungerechtigkeit ungesühnt zu lassen.

Ein Wort gab das andere, Drohungen wurden ausgestoßen, und die Gemüter erhitzten sich zusehends. Doch eine erhellende Auskunft erhielten die erregten Widerständler von den anwesenden Räten der Zehn-Männer-Regierung Böhmens nicht. Und so vollzog sich das, was bereits am Tage zuvor im Palast des freiheitsbewußten Albrecht Smiřický für den Fall fauler Ausreden und falscher Anschuldigungen zwischen den Ständen beschlossen worden war: Defenestration (Fenstersturz). Bei diesem Handgemenge mußten jedoch nur Slawata, ein eifriger Verfechter des Patrimonialismus,[42] Martinitz und ein Sekretär die Wut der Frondeure ertragen: Sie wurden kurzerhand »auf böhmische Art« (po staročesku) aus einem Fenster der Prager Hauptburg in die Tiefe gestürzt – zur handfesten Erinnerung daran, wer die wahren Herren im böhmischen Hause waren und auf welche Weise man mit Friedensstörern umzugehen hatte, wenn die libertär festgefügte Welt nicht aus den Fugen geraten sollte.

Dem Vorwurf der *Selbstjustiz* konnten sie mit der Berufung auf ein Widerstandsrecht begegnen, das sich aus dem Herrschaftsvertrag ergab und durch Habsburgs Verfassungsbruch provoziert worden war. Auf der gegnerischen Seite aber wurde als ein besonderes Zeichen des Himmels der Umstand gedeutet, daß alle drei Opfer des ständischen Zornes mit dem Leben davongekommen waren. Wie auf Engelsschwingen oder auf dem Mantel der Gottesmutter Maria fühlten sie sich während des Sturzes getragen; tatsächlich aber verdankten sie ihr Leben wohl eher einem Misthaufen unter dem Burgfenster. Wien wollte jedoch lieber an ein Wunder glauben: besonders Ferdinand II., der keine Gelegenheit ausließ, sich der Amtskirche erbötig zu zeigen und sie auch für seine Machtziele zu mißbrauchen. Er soll einmal geäußert haben, daß er zuerst den Priester begrüßen würde, wenn er diesem zusammen mit einem Engel begegnen dürfte. Verständlich, denn die Verfügung über den Kirchenapparat war jetzt wichtiger als ein Wesen, das noch keiner gesehen hatte. Diesem machtbewußten Habsburger aus der steirischen Nebenlinie machte es deshalb auch nichts aus, vor einem Gottesmann im Straßenkot zu knien, wenn dieser auf offener Straße das Allerheiligste vorbeitrug, und bei Prozessionen scheute er sich nicht, solange ein Windlicht zu tragen, bis ihm der Arm anschwoll.[43]

War das nun Demut vor seinem Gott und einer Kirche, der beinahe jedes Mittel recht war, um Haus und Hof, Leib und Seele der Ketzer habhaft zu werden, oder nur eine der vielen Finten dieses Machtmenschen, die Belange der Gegenreformation mit den eigenen Besitzwünschen besser verbinden zu können? Fest steht jedenfalls, daß er über Leichen gehen konnte, um sich die Aufnahme in den Himmel zu erdienen. Und bei der Nachricht vom Fenstersturz der Räte zu Prag stieß er unheilvolle Worte hervor, die bei ihrer realen Anwendung ganz Mitteleuropa auf lange Zeit ins Unglück stürzen mußten: »*Die böhmische Krone ist nichts wert, wenn das Regiment nicht geändert wird.*«[44]

Wacht am Rhein

Während sich die Nachrichten vom »brennenden Zorn« der Böhmen in alle Himmelsrichtungen verbreiteten,[45] die zum Kampf entschlossenen Stände ihr Militär in Gestalt des *Landaufgebotes* in Bereitschaft brachten und bereits am 2. Juni 1618 den Jesuiten den Landesverweis »binnen acht Tagen« verkündeten,[46] spielte sich am Rande der Kur-Pfalz ein bemerkenswerter Vorgang ab.

Kurfürst *Friedrich V.,* über den gemunkelt wurde, er wolle sich bei Gelegenheit um die Krone entweder von Polen oder Böhmen bewerben, hielt sich zu dieser Zeit bei Herzog Maximilian in München auf. Dort versuchte er mit seltsamen Angeboten, den verwandten Wittelsbacher als Gegenkandidaten zu Ferdinand II. zu gewinnen. Dahinter stand die Überlegung, daß mit dem Erwerb der Krone von Böhmen die Wahl zum Kaiser vorherbestimmt war. So verlockend diese Status-Erhöhungen dem ehrgeizigen Herzog angesichts des todkranken und erblosen Kaisers Matthias erscheinen konnten, sie waren ihm nicht genehm, was immer auch Christian von Anhalt – Friedrichs wichtiger Berater – annehmen mochte. Abgesehen davon, daß Maximilian zusammen mit Ferdinand bei den Jesuiten in Ingolstadt gelernt hatte, was ihm als katholischem Fürsten ziemte, so erschien ihm dieser Plan vor allem politisch als zu riskant. Es war nämlich ein unberechenbares Unternehmen, sich ganz Habsburg zum Feinde zu machen und gleichzeitig dem ideologischen Gegner bei aller Verwandtschaft und Hausinteressen im Ernstfall nicht voll vertrauen zu können, sollte es zu einer militärischen Kraftprobe kommen.[47]

Diese Mission in München war für den jungen Kurfürsten und die Union ein Fehlschlag. Obgleich von Ludwig Camerarius und anderen Mitgliedern seiner Regierung sonst gut beraten,[48] widerfuhr Friedrich V. hier ein ähnliches Pech wie schon der Union vier Jahre zuvor. Damals hatten sich die Stände Böhmens erfolglos an Kur-Sachsen gewandt, um Johann Georg als Gegenkandidaten zu Ferdinand gewinnen zu können. Dieser lutherische Kurfürst suchte die Wahrung seiner eigenen Interessen eher in der Nähe Habsburgs als in der Verbindung mit einer Union, die von Calvinisten beherrscht war und damit auch von Leuten, die sich stets als etwas Besseres und von Gott auserwählt dünkten. Die Vertreter dieses Schutz- und Trutzbundes hatte Friedrich V. nun im Anschluß an die Münchner Begegnung nach Heilbronn berufen, wo er sich mit ihnen für den kommenden Kurfürstentag abzustimmen gedachte. Kaiser Matthias indessen hatte ihn ausschreiben lassen, um im Falle seines Todes die Wahl Ferdinands zu seinem Nachfolger abgesichert zu wissen und ebenso der steigenden Unruhe unter den Hauptständen im Heiligen Reich entgegenzuwirken – auf den 28. Mai in Regensburg.[49]

Dieses Treffen der höchsten Würdenträger und wichtigsten Stände im Reich wurde von den Ereignissen in Prag und Böhmen überholt, während sich für die Kur-Pfalz noch eine weitere Herausforderung ergab. Der Bischof von Speyer, ein besonders Habsburgtreuer Kirchenfürst, hatte nämlich in *Udenheim am Rhein* das Schloß derart stark ausbauen lassen, daß es künftig als Festung benutzt werden konnte. Baumaßnahmen dieser Art jedoch verstießen gegen bestehendes Recht und waren für die kurpfälzische Regierung in Heidelberg politisch wie militärisch völlig untragbar. Wie leicht konnte dieses wehrhafte Schloß von Spaniens Truppen unter General *Spinola* als Basis benutzt werden, um nicht nur die Gebiete auf dem linken Rheinufer zu beherrschen – seit altersher die Kernlande des Heiligen Reiches –, sondern um auch eine Besetzung der rechtsrheinischen Pfalz von dort aus vorzubereiten! Eine solche Befürchtung war kein Hirngespinst, wenn man an die Spanier am Niederrhein dachte.[50]

Wachsamkeit war also geboten. Die gescheiten Herren um den Juristen Camerarius, diesen Patrioten und tragischen Staatsmann des Teutschen Krieges, fanden auch gleich die rechte Begründung für ein gerechtes Vorgehen gegen die Bauwut des Bischofs. Sie beriefen sich nämlich auf den Grundsatz: »Es ist besser, vorhandene Rechte zu bewahren, als nach einer Rechtsverletzung das Heilmittel zu suchen.« In diesem Sinne bemühte sich die kurpfälzische Regierung, mit dem Speyerer Kirchenfürsten eine Einigung zu erzielen. Laut Rechtslage durfte im Umkreis von drei Meilen keine Festung in der Nähe Heidelbergs errichtet werden. Nun hatte aber Friedrichs V. Vorgänger das Schloß Udenheim an den Bischof verschenkt! Und dieser meinte, er müsse rechtzeitig die Bausubstanz der gesamten Anlage sichern. Also erteilte er den Auftrag, dort die Sümpfe trockenzulegen, damit die Pest und andere Krankheiten abgewehrt würden und dieser »Ort gegen den auslaufenden Rhein verwahrt sein möchte«.[51]

Im *Abkommen von Wersau* vom 4. Mai 1618 gab Friedrich V. – durch den Heilbronner Unions-Tag rechtlich und politisch gedeckt – den vorgeschobenen Begründungen des Bischofs nach,[52] um einen offenen und militärischen Konflikt zu vermeiden. Als aber die Bautätigkeit fortgesetzt wurde und die Befürchtung wuchs, daß hier ein habsburgisch-spanischer Brükkenkopf entstünde, von dem aus die gesamte »Pfaffengasse« kontrolliert werden könnte, drängte Christian von Anhalt auf Gegenmaßnahmen. Er traf sich deshalb am 4. Juni in Stuttgart mit den Markgrafen von Anspach und Baden sowie mit dem Herzog Friedrich von Württemberg. Nach umfassenden Beratungen der Lage beschlossen diese Fürsten, im Einvernehmen mit der Union die Schloßfeste Udenheim niederzureißen.[53]

Die Exekution dieses weitreichenden Beschlusses wurde nach altem Herkommen dem nächstliegenden Mitstand übertragen, der auch unmittelbar betroffen war, nämlich der Kur-Pfalz. Heinrich Dietrich von Schönberg übernahm den militärischen Oberbefehl für die Aktion. Bereits am 15. Juni zog dieser mit 4000 Mann zu Roß und Fuß, mit Geschütz und Petardenmaterial samt 1200 Schanzgräbern vor Udenheim. Die Besatzung des

Schlosses nebst Bauarbeitern ergab sich sogleich kampflos den Unions-Truppen und mußte nun zusehen, wie sämtliche Befestigungen abgerissen wurden.[54]

In einer wortreichen Apologie, gestützt von Rechtfertigungsschreiben an die protestantischen Höfe, Stände und an den Kaiser in Wien, erklärten Heidelberg und die Union dieses Vorgehen aus der bestehenden Rechtslage, zu der auch das besondere Regalrecht des Geleits und Durchmarsches gehörte. Neben dem widerrechtlichen Ausbau des Schlosses sah man vor allem in der Verletzung dieses Fundamentalrechtes den gemeinen Reichsfrieden bedroht. Man hoffte, daß aufgrund des Abrisses und mit dem »Beistand des Allmächtigen bei diesem betrübten gefährlichen Wesen in unserem geliebten Vaterland Teutscher Nation das zwischen den Ständen des Reiches leider fast zerfallene Vertrauen wieder aufgerichtet und also Fried, Ruhe und Sicherheit erhalten werden möchten«.[55]

Schon diese Stellungnahme erhellt die Lage in der ersten Phase des Krieges: Nicht mehr das Vertrauen in bisherige Verträge beherrscht die Gemüter und die Regierungen, sondern das Mißtrauen gegenüber einem Machtgebrauch, der nicht hinreichend legitimiert scheint. In der Sprache der pfälzischen Apologeten las sich dies so: »Es halten auch die Doktoren, die sich über das Kriegsrecht [de iure belli] auslassen, gemeiniglich dafür, daß auch eine gerechte Furcht vor dem Krieg ein legitimer Grund für den Krieg sei. Diese Furcht erscheint dann gerecht, wenn es sichere und nahe Anzeichen gibt, welche uns Angst machen« und darauf verpflichten, zur »Fürsorge am Volk« (cura populi) in Bereitschaft und Wachsamkeit allen andringenden Bedrohungen zu begegnen: In diesem Auftrag bestehe auch der rechte Sinn angewandter Freiheit eines Fürsten.[56]

Wo die Angst zur Aufrüstung treibt und die Machthaber beherrscht, dort sind auch Verdächtigungen, Wunschdenken und Spekulationen nicht weit. Fehleinschätzungen des Gegners und der eigenen Lage werden damit Tür und Tor geöffnet. Die Anfragen bei Moritz von Oranien, ob denn die Batavische Republik im Falle eines spanischen Angriffs in Richtung Udenheim (das spätere Philippsburg!) und auf den Kern der Kur-Pfalz zu Beistand leisten würde,[57] deuteten bereits in diesem Stadium auf ein verbreitetes Verhalten hin: nämlich aus Furcht vor großem Schaden in der Zukunft mit einem kleineren Schlag in der Gegenwart vollendete Tatsachen zu schaffen. Oder: zuerst die Präventiv-Maßnahmen zu ergreifen und danach die Absicherung des Erreichten durch Mächte von außen zu suchen.

Nicht anders verhielten sich die Widerständler in Böhmen, die von Wien und Habsburg schon überall in der Christenheit wie einst die Niederländer als »Rebellen« verschrien wurden.[58] Denn nach dem Fenstersturz und der inneren Mobilmachung aller Verteidigungskräfte schickten sie den Pfälzer Diplomaten Balthasar von Schlammersdorf von Prag nach Heidelberg. Er sollte dort um Hilfe bitten und guten Rat bei der kurpfälzischen Regierung und bei der Union einholen, welche eine Aufnahme der protestantischen Stände Böhmens in ihren Schutzbund stets abgelehnt hatte.[59] Als der Gesandte mit dem Grafen Albrecht von Solms, der für Friedrichs V. Regierung die Verhältnisse in Böhmen zu sondieren hatte, nach sechs Tagesreisen am 8. Juli in Prag eintraf, da fand er eine Situation höchster Spannung vor. Denn die Widerständler um Thurn stellten sich trotz aller Friedensbemühungen mehr und mehr auf einen harten Kampf mit Ferdinand II. ein: An seinem Verhalten hing es vornehmlich, ob in Böhmen und im Heiligen Reich der äußerst gefährdete Rechtsfriede erhalten bleiben könnte.

Schwarz Rot Gold

Die Unruhe in Böhmen und die Klagen der Vertriebenen waren keine gute Empfehlung für diesen Habsburger, der sich mit stattlichem Gefolge von Wien aus auf den Weg gemacht hatte, um von Mitte März in Preßburg mit den Ständen Ungarns vornehmlich über seine vorgezogene Nachfolge im Königsamt zu verhandeln. Doch ehe er sich diesem schwierigen, einem Verfassungsbruch gleichkommenden Geschäft widmen wollte, gab er sich erst einmal als großer Friedensfürst aus. Dabei bediente er sich, wie in anderen Bereichen auch, eines verdeckten Verfahrens: Er lobte den König und Kaiser Matthias über alle Maßen, bevor er sich selbst ins Spiel brachte.

Ungarn, erläuterte er vor den Ständen, sei ein Land, das »mit immerwährenden und schweren Kriegslasten beschweret« worden wäre. Jetzt sei es aber durch Wien dem Türken als »dem mächtigen Erbfeind aus dem Rachen gerissen und von allen innerlichen Empörungen befreit, sowie von dem vor Augen schwebenden Untergang mit starker Hand errettet und restituiert« worden. Absicht und Ziel seines regierenden Hauses habe stets darin bestanden, »innerer Unruhe, bürgerlichen Zwiespaltungen, Uneinigkeit und Faktionen« ausgleichend entgegenzuwirken, zumal sich derartige Zustände »einer starken Wasserflut gleich auch in die benachbarten Lande ergossen« hätten. Schon aus diesem Grunde müsse jeder darauf bedacht sein, die errichteten Dämme nicht unnötig zu gefährden oder beim baldigen Tode des Königs die Gefahren eines *Interregnums* nicht zu unterschätzen. Obgleich ihr König Matthias auch leibliche Brüder hätte, die ihm in diesem hohen Amte nachfolgen könnten, so habe er sich doch für ihn entschieden. Der König und Kaiser habe ihn »wegen seiner sonderlich heroischen Tugenden an Leib und Gemüt [...] zu einem Sohn aufgenommen«, auf daß er in seinem rechten Alter und mit guten Kräften »von den getreuen Ständen dieses Königreiches Ungarn zum König in Ungarn proklamiert, erkannt, aufgenommen und gekrönt werde«.

Was also im Jahre zuvor nur in Böhmen unter Mühen gelungen war, sollte jetzt auch in Ungarn zur Sicherung des Habsburgischen Machtbereichs verwirklicht werden: die Bestätigung Ferdinands II. als einzigen »Successor und Nachfolger dieses Königreichs«.[60] Die Stände hörten sich dieses Ansinnen mit gemischten Gefühlen an und ließen sich sehr viel Zeit, ehe sie sich zur vorläufigen Annahme dieses Habsburgers entschließen konnten. Denn sie wußten zu gut, was sie sich mit diesem Jesuiten-Fürsten einhandelten. Allein schon seine »Wahl« zu Lebzeiten von König Matthias glich einer unerhörten Herausforderung Gottes als Herr über Leben und Tod. Darüber hinaus hatte dieses Verfahren eine verblüffende Ähnlichkeit mit der »Wahl« von »Koadjutoren«. Das waren Anwärter auf einen Bischofsstuhl, die von Fürstenhäusern gestellt wurden, um die freie Wahl der Domkapitel zu unterlaufen.[61] Angesichts der Auffassung in Wien, daß man Ungarn »gleichsam erblich« besitze, wuchs die Gefahr, mit Hilfe einer patrimonialen Deutung dieser Erb-Position von Habsburg vereinnahmt zu werden – der Freiheit des Landes und seiner Stände zu dauerndem Schaden.[62]

Hinzu kam noch ein anderes Problem. Konnte es nicht sein, daß Habsburg mit Venedig und der Hohen Pforte nur deshalb Frieden geschlossen hatte, um die freigesetzten Truppen im Bedarfsfall zur Durchsetzung der Gegenreformation einzusetzen – erst in den Erbländern, dann in Böhmen und schließlich im ganzen Heiligen Reich? Und mußte nicht auch ein neuer Krieg gegen die Niederlande sogleich den Calvinisten Bethlen Gabor von Siebenbürgen auf den Plan rufen, hinter dem im Ernstfall der Sultan stand? Wurde also nicht mit der Annahme dieses machtbewußten Habsburgers ein großer Krieg auf den blutgetränkten Boden Ungarns gezogen, der wie das Gebiet der benachbarten Kronen Polen und Böhmen von allen Seiten her angegriffen werden konnte, von Türken und Tartaren zumal?[63]

Erst drei Monate nach seiner Ankunft ließen sich die beunruhigten Reichsstände Ungarns dazu bewegen, diesen Ferdinand II. als Nachfolger des siechen Königs Matthias zu akzeptieren, nachdem er sich bereit erklärt hatte, die libertäre Verfassung des Landes in ihrer Vertragssubstanz anzuerkennen und zu beschwören. Zur feierlichen Krönung trat er dann am 1. Juli 1618, mit dem »roten ungarischen Kleid angetan«,[64] vor die versammelten Stände, die sich eine besondere Zeremonie ausgedacht hatten: Dem Habsburger wurden königliche Fahnen vorhergetragen, auf denen die Namen jener Länder standen, die vor Zeiten zur Krone Ungarn gehört hatten und von ihm zurückgewonnen werden sollten. Ähnlich wie in den *Pacta conventa,* die nach der Königswahl in Polen beschworen werden mußten,[65] wird von ständischer Seite gefordert, daß der neue

König ein »Mehrer des Reichs« zu sein habe und im Notfall für den Erwerb verlorener Gebiete sogar Krieg führen dürfe, ja müsse, wenn seine künftige Politik auf einen gerechten Verfassungsvollzug gerichtet sein solle. Auch das Schlußritual der Krönung deutete an, daß Ferdinand II. nicht nur aus Hausinteresse zum Krieg gedrängt werden konnte, sondern auch durch Verfassungsverpflichtungen. Denn nach dem Eid vor dem *Palatinus,* der eine ähnliche Mediator-Funktion besaß wie der Kurfürst von der Pfalz im Rahmen des *Judicium Palatinum,*[66] und nach der Krönungsmesse zog Ferdinand II. das kostbare Reichsschwert, um damit zum Zeichen seiner gerechten Herrschaft nach innen und außen »drei Kreuzstreiche in die Luft« zu schlagen.[67]

Was er hier im Zeichen der göttlichen Trinität vor aller Augen vollführte, sollte aber nicht zu der Annahme verleiten, daß sich sein Machtbegehren in Zeremonien erschöpfte. Wie handlungsstark er sein konnte, hatte er schon mehrfach bewiesen. Auch jetzt, nach der geglückten Übernahme des Königsamtes in Ungarn, setzte Ferdinand II. alle denkbaren Mittel ein, um sich jener Kräfte zu erwehren, die seiner aggressiven Stände- und Religionspolitik im Wege standen. Allen voran Kardinal Khlesl, dem beim Salvenschießen zu Ehren Ferdinands II. in Preßburg eine Drahtkugel ganz nah am Kopf vorbeigeflogen sein soll.[68]

War das ein Omen? Vielleicht sogar ein Attentat auf den nächsten Berater des äußerst leibesschwachen Kaisers Matthias, der eher zu Kompromissen mit den Ständen neigte, als zu unberechenbarer Konfrontation? Wer sich in dieser hektischen Zeit solch bange Fragen stellte, sollte recht bald eine Antwort erhalten, die ein bezeichnendes Licht auf Ferdinand II. wirft: Kaum war er von Preßburg nach Wien zurückgekehrt, verließ er sich nicht lange auf den Glanz der ehrwürdigen Stephanskrone, sondern verwandelte seine Friedenstöne in mächtiges Kriegsgeschrei gegen die »unruhigen Beschädiger des Vaterlandes« in Prag und Böhmen. Sie waren in seinen Augen nichts anderes als hassenswerte »Zerstörer des Friedens«, wie sehr sie auch auf Recht und Gesetz pochen, sowie nach Ansicht der Monarchomachen zum Widerstand gegen seine patrimonialen

Pläne (Oñate-Absprachen) berechtigt sein mochten.[69] Und eine ihrer Stützen am Wiener Hof war eben dieser Khlesl – einfacher Leute Kind, Konvertit und Kardinal der Römischen Kirche –, von dem jeder wußte, daß er in Sachen Libertät und bei konfliktgeladenen Verfassungsfragen ein empfindsamer Geist war. »Ich habe immer zum Frieden geraten«, vermerkte er einmal, »und nie gegen des Kaisers Handschrift und Siegel. Ich bin auch nicht mehr so jung, daß ich das Schwert wollte an die Seite hängen. Ich rate daher nicht zum Blutvergießen, sondern zum Frieden, wenn er mit des Kaisers gutem Ruf aufrechterhalten werden kann.«[70]

Wer auf diese Weise mit den Ständen Böhmens redete, der war für Ferdinand II. untragbar geworden und gehörte einer Generation an, die nicht verstehen wollte, daß die Macht jetzt auf die Durchsetzung des Patrimonialstaates zielte. Was kümmerten ihn Ruf und Reputation dieses Kaisers, den er verachtete und dessen Tod er ungeduldig herbeisehnte, um seine absolutistischen Absichten verwirklichen zu können – das ungehinderte Verfügen über ein »Dominium absolutum«?[71]

Damit niemand an seinem männlichen Willen zweifeln konnte, schaffte sich Ferdinand in einem verdeckt vorbereiteten und erfolgreichen *Staatsstreich* denn auch diesen lästigen Kirchenfürsten und Kaiser-Intimus vom Hals. Während eines Höflichkeitsbesuches von Khlesl in der Wiener Hofburg ließ Ferdinand diesen kurzerhand gefangen nehmen. Der Graf Tampiere, Collalto und Montecuccoli – bald klingende Namen im Kampf um Böhmen und im Teutschen Krieg – waren bei diesem Unternehmen in einem Vorgemach behilflich, während Ferdinand hinter einer spanischen Wand zusammen mit dem spanischen Gesandten Oñate beobachtete, wie der Kardinal auf entwürdigende Weise genötigt wurde, das rote Gewand eines Kirchenfürsten mit der schwarzen Soutane eines einfachen Priesters zu vertauschen.[72]

Es darf angenommen werden, daß dem Gestürzten nur deshalb das Leben gelassen wurde, weil er unter dem besonderen Schutz einer Kirche stand, deren Nuntius in Wien aber nichts dagegen hatte, den zur Mäßigung neigenden Khlesl fallen zu sehen. Auch wollte sich der Abgesandte Roms nicht lange darüber aufhalten, ob denn Ferdinands Rechtfertigung dieses Verfahrens gegenüber Matthias seine Richtigkeit habe: der Vorwurf eines üblen Hofregiments und das angebliche Bestreben des Kardinals, »die Erzherzögliche Brüderliche Lieb und Einigkeit zu trennen«.[73]

Auf Schloß Ambras in Tirol konnte Khlesl, der Jahre später wieder in die Gunst Ferdinands gelangen sollte, über vieles nachdenken. Vielleicht sogar darüber, daß die Farbe ROT nicht nur ein Zeichen in der kirchlichen Hierarchie war, sondern auch der Flagge des Heiligen Reiches mit dem weißen Kreuz den Grund gab. Eine Verbindung, die sich in der Fahne der Schweizer Eidgenossenschaft bis auf den heutigen Tag erhalten hat und in der Bundesfahne Österreichs ebenso zu erkennen ist wie in vielen Städtefahnen (Frankfurt am Main oder Augsburg). ROT, das war auch die Farbe der Fahnenstange des Reichssturmbanners, auf dem in der Regel ein schwarzer Adler mit doppeltem Kopf auf goldenem Grund prangte. Dazu ging die Legende, daß dieses Wappentier der Teutschen immer dann SCHWARZ sei, wenn die Heiligen Stätten in Palästina von den Ungläubigen besetzt gehalten werden, und GOLDEN, wenn sie befreit wären.[74]

Auf diese Befreiung hoffte in dieser Zeit manch ein Anhänger des Herzogs von Nevers, der sich schon als Kaiser von Byzanz wähnte.[75] Was geschah aber, wenn die kriegerischen Energien in den fürstlichen Gemütern Europas nicht gegen das Osmanische Reich gerichtet, sondern sofort auf den nächsten christlichen Nachbarn umgelenkt wurden? Die Friedensinitiative der Stände Ober-Österreichs zur Beilegung des Konfliktes zwischen Habsburg und den Widerständlern in Böhmen versuchte, darauf eine Antwort zu finden. Habsburg und vor allem der junge Ferdinand sollten zur Bewahrung des Friedens endlich aus der Geschichte lernen und den hochgespielten Übermut ablegen. Hatte nicht einst der machtverdorbene Herzog Alba geraten, daß »der Kaiser die Teutschen, so er schon gedemütigt hätte, nimmer zu den vorigen Freiheiten sollte kommen, sondern mit Ernst und Schärfe regieren lassen«? Und wie hatte sich der rechtsbewußte Obrist Castaldo im gleichen Fall verhalten? Aus

Vernunft und historischer Erfahrung war er dafür, der »zur Moderation und zur Freiheit geneigten Teutschen Nation etwas nachzugeben«![76]

Hätte Kaiser Karl V. auf diesen Ratgeber gehört, dann hätte er mit seinen scharfen Maßnahmen gegen die protestierenden Stände nicht seinen guten Ruf ruinieren müssen.[77] Mehr noch: Seine unkluge Politik der Stärke führte am Ende dazu, daß die bekämpften Reichsfürsten und Stände »viel mehr Freiheiten sowohl in der Religion als in weltlichen und politischen Sachen erhielten, als sie je begehrt und erwünscht haben«. Vom gleichzeitigen Verlust der durch Alba so erniedrigten Niederlande hier gar nicht näher zu reden![78]

Diese vaterländisch gestimmte Ermahnung der oberösterreichischen Stände unter der Führung des greisen Patrioten und Freiherren Tschernembl[79] gehört zu den erregenden Stücken des beginnenden Kriegstheaters, in dessen Verlauf sich diese Lehre der Geschichte auf beinahe gespenstische Weise bewahrheiten sollte. Selbst einem Zyniker müßte anhand nur dieses historischen Falles aufgehen, welchen Wert die Kenntnis des Vergangenen für die reale Politik haben konnte, wenn die Verantwortlichen in ihr zu lesen verstanden hätten und bereit gewesen wären, aus Krisen zu lernen, wie man Kriege verhindert und dennoch im Frieden die eigenen Interessen wahren konnte.

Aber wie so oft in der Geschichte verdrehten junge Machthaber, die nach Kriegsruhm trachteten, den Auftrag des Francis Bacon in sein Gegenteil und trieben nach ihrem Motto »Macht ist Wissen« eine Politik, die oft nur noch ROT sah – Blut – und SCHWARZ dazu – Pulver. Betroffenen Dritten jedoch erschien ein Schlachtensieg keineswegs so GOLDEN wie das Morgenrot, wenn sie die Opfer sein mußten. Was Wunder, wenn manch einem unter diesen und anderen Zeichen träumte, daß dem doppelköpfigen Reichsadler die Hälse umgedreht wurden, und sich die gereizten Häupter mit gesträubten Federn haßerfüllt angifteten? Geradeso, als wollten sie ein teutsches Symbol für Bürgerkrieg sein und vergessen machen, daß SCHWARZ, ROT und GOLD die Farben der Freiheit waren, der Teutschen Libertät!

»Feuervolle Brüder«

Zu derselben Zeit, als Concini stürzte, weil er in seinem Machtrausch maßlos geworden war, Lerma in Madrid gehen mußte,[80] weil er mit seiner Mäßigung jüngeren Kriegstreibern im Wege stand, Khlesl fiel, weil er in seinem Rechtssinn maßvoll bleiben wollte, und auch Coke in London dem Machtdruck des Hofes zu weichen hatte,[81] machten die Niederländer wieder einmal von sich reden.

Es gab zunächst ihre Tätigkeit in Westindien zu bestaunen, die bald dazu führen sollte, daß sie an der Küste Brasiliens einen Brückenkopf nach dem anderen errichteten, um damit zum ersten Male in der Geschichte Europas Diversionen in Übersee zu erproben: Sollte doch auf diese Weise die Republik vom Druck Habsburgs entlastet werden.[82] Aber noch mehr als diese äußeren Aktivitäten versetzten im August 1618 innere Vorgänge die politischen Gemüter in eine unerträgliche Spannung: Prinz Moritz von Oranien hatte nämlich Oldenbarnevelt und Grotius neben anderen überraschend verhaften lassen,[83] um ihnen einen Schauprozeß zu machen.

Welch eine Imagination im Sinne des Paracelsismus! Wandelte sich doch mit einem Schlag aus dem Hinterhalt der bisherige Status bedeutender Staatsmänner, wurden unvorhersehbare Ereignisse provoziert und veränderte sich das Wesen vorhandener Strukturen. Die Repräsentanten von Recht, Toleranz und libertärem Republikanismus standen plötzlich vor dem Gericht einer Macht, die spätestens ab 1621 wieder den offenen Krieg mit Habsburg-Spanien wollte. Gewiß, dieser Staatskrise in der Batavischen Republik war ein langer Religionsstreit zwischen *Arminianern* (Vertreter des »freien Willens« in allen Menschen) und *Gormanianern* (Verfechter einer »Auserwähltheit« bestimmter Menschen) vorausgegangen. Aber die Entscheidung für den Staatsstreich lag bei Moritz von Oranien allein, der als Militär nach Krieg verlangte: »Ich bin ein Soldat, meine Herren!«[84]

Ein Blick auf die drohende Anwesenheit spanischer Truppen von Rheinberg bis Wesel, denen die Sicherung eines schwerwiegenden Zolls oblag, – er verteuerte auch die Lieferungen von

Eichenholz aus dem oberteutschen Raum, das zum Schiffsbau benötigt wurde[85] – könnte die Ungeduld des machtbewußten Oraniers verständlich machen. Doch auch ihm dürfte kaum entgangen sein, wie sehr sich Spanien durch die »Austreibung der Moren« personell und im vergangenen Jahrzehnt strukturell selbst geschwächt hatte. Ja über weite Gebiete hin – um Granada, Valencia oder Murcia herum – war dieses Land zur Einöde geworden, nachdem »vier oder fünf mal hunderttausend Seelen ausgerottet« werden durften![86] Woher sollte Spanien, dessen Silberflotten aus Südamerika besonders von niederländischen Freibeutern abgefangen werden konnten, die notwendigen Geldmittel nehmen, um einen neuen großen Krieg zu finanzieren, zumal seine eigene Währung von gefälschten Münzen aus der »Rebellen«-Republik in Spanien selbst untergraben wurde? Hätte Philipp III. nicht auf die Vorschüsse portugiesischer Kaufleute zurückgreifen können, wäre seine Insolvenz offenkundig geworden – mit verheerenden Folgen.[87] Und was nützten alle Visionen des einflußreichen Grafen Olivares von der künftigen Mission der *Gotischen Monarchie* Spaniens in Europa und in der übrigen Welt, wenn er neben der materiellen Verwüstung des Mutterlandes noch die geistige Dürre der jungen Generation konstatieren mußte: »Die Ansicht ist unwiderlegbar, daß die Erziehung der Jugend Kastiliens die schlechteste auf der ganzen Welt ist... Diese Jugend ist voller Sünde und mit nichts anderem beschäftigt, als die Zeit in Müßiggang und luxuriösem Aufwand totzuschlagen?«[88]

Frage jetzt noch einer nach den Gründen des Niedergangs dieser ersten Globalmacht der Geschichte! Sie hatte im Geiste des aragonesischen PRO LEGE ET GREGE geistig und materiell in Europa eine Führungsrolle übernommen. Rechtsgelehrte und Dichter wie Cervantes, Lope de Vega oder Calderón bewiesen noch die Kraft dieser Vision,[89] aber mit der Annahme Habsburgs als Dynastie waren Generation um Generation mehr die vorhandenen libertären Verfassungen und die politischen Stände verkommen. Im Zeichen der Inquisition als Gesinnungsjustiz wurde überdies die Substanz jener Rechtskultur zerrieben, aus der bisher die Batavische Republik ihre Kraft gewonnen hatte und mit der bald das libertäre Schweden gegen Spanien zur Großmacht aufsteigen sollte: das Vertrauen in Verträge.

Lerma wußte etwas von dieser besonderen Staatskraft und hatte in Wien entgegen den dauernden Forderungen Oñates, nämlich spanische Truppen aus Italien in Richtung Erblande und Böhmen zu beordern,[90] vor einer militärischen Aufladung Mitteleuropas gewarnt. Er verstand es noch, neben den materiellen Belastungen der Monarchie auch die möglichen Kettenreaktionen in der protestantischen Welt zu berücksichtigen, wenn Kur-Pfalz und Habsburg wegen der baldigen Kaiserwahl aneinandergeraten sollten. Vergebens. Aber Zúñiga vermochte es immerhin, Philipp III. im Staatsrat die Konsequenzen einer Kriegspolitik drastisch vor Augen zu führen, ganz im friedensgerichteten Sinne Lermas. »Die Niederländer«, führte er zur Entwicklung dieses Konfliktfalles aus, »und alle protestantischen Fürsten werden sich mit ihrer ganzen Macht zur Wehr setzen, vielleicht auch Frankreich. Und das riefe in Teutschland einen Religionskrieg hervor, den man schon immer für äußerst verderblich gehalten hat.«[91]

Gegen Ende dieses ereignisreichen Jahres 1618 hatte in wichtigen Ländern Europas eine *jüngere Generation* erheblich an Einfluß gewonnen und eine vorherrschende Tendenz verstärkt, nämlich religiös angelegte Konflikte und andere Vorhaben im Zeichen des Patrimonialismus mit Gewalt zu lösen. Schon trafen erste Truppen des Grafen Tampier und des Generals Bucquoy in den Grenzgebieten Böhmens ein, während die Widerständler, zu denen sich jetzt auch katholische Teile der Stände gesellt hatten, ihre militärische Bereitschaft vor Budweis und anderen Orten demonstrierten. In dieser zunehmenden Düsternis leuchtete Anfang November ein Komet auf und ließ über Heidelberg den Himmel brennen. Erschrockenen Menschen kam dies wie ein Spiegelbild dessen vor, was diese böhmische Erde nach den Schwarzen Tagen der Libertät an weiterer Not ertragen sollte – die Kriegsfackel »feuervoller Brüder».[92]

Friedenswege

Abwiegeln und Aufrüsten

Für den inneren Frieden eines libertären Gemeinwesens war es unabdingbar, daß die königliche Kunst des Gesetzgebens im Sinne einer *konkurrierenden Gegenseitigkeit*[1] den ständischen Gesetznehmern deutlich machen mußte, wie gerecht und gemeinnützig jede Maßnahme im Rahmen des Rechts oder in der Not zu sein hatte, wenn sie ohne Widerstand angenommen werden sollte. Das Verhalten nach der Vernunft als dem rechten Maß hatte demnach alle Politik zu bestimmen. Kam es dennoch vor, daß aus falscher Einschätzung der Lage oder wegen mangelhafter Informationen das gesteckte Ziel verfehlt wurde, dann konnte ein guter Rat samt Korrektur den beginnenden Unfrieden beenden. Zur Lösung solcher Konflikte kannte die politische Kultur der Libertät vor allem die *Gravamina* der vom Unrecht geschädigten Stände, d. h. Beschwerden mit Rechtsbelehrungen der Regierenden samt Bitten um gütliche Berichtigung falscher oder ungerechter Maßnahmen. Hatte sich das gestörte Verhältnis zwischen Land (Stände) und Herrschaft (Fürst) schon zu einer Krise größeren Ausmaßes entwickelt, dann konnte die *Interposition* bemüht werden. Das war eine Schlichtung oder Vermittlung, für die in der Regel Angehörige der vorhandenen Räte (Senat) eingesetzt wurden, um einen Vergleich zwischen den Interessen auszuhandeln.[2] Gelang es, sich auf diesem Wege zu einigen, dann brauchten weder die ordentlichen Gerichte eingeschaltet zu werden, noch mußten die Waffen sprechen. Die Streitenden wurden im Kompromiß verträglich, eingedenk der ernsten Mahnung aus dem Umkreis der Stoa: »Innert zehn Tagen wirst du ihnen als Gott erscheinen, denen du jetzt als ein Raubtier oder ein Affe vorkommst. Vorausgesetzt, daß du zu den Leitsätzen und zur Verehrung der Vernunft zurückkehrst.«[3]

Auf diese Rückkehr zu Vernunft und Vertrauen hatten beide Seiten bei aller Aufrüstung seit dem Sommer 1618 gehofft und auch einiges unternommen, um den offenen Krieg zu verhindern. Kaiser Matthias, dem Tode nah, hatte in seiner Not und Bedrängnis Kur-Sachsen um eine Interposition gebeten. Der Kurfürst Johann Georg, bald eine Schlüsselfigur im Theater des Teutschen Krieges, wurde auch deshalb für das »vergleichend Werk« in Pilsen vorgesehen, weil er dem föderativen Herkommen gemäß der »nächstbenachbarte« Hauptstand des Heiligen Reiches war, einige Ansprüche auf die Lausitz hatte und als Habsburg-treuer Protestant galt. Ihm wurden noch Kur-Mainz, Kur-Pfalz und Maximilian von Bayern als unterstützende *Mediatoren*[4] empfohlen. Die Aufgabe dieser Friedensmittler hatte nach einer verbreiteten Lesart vornehmlich darin zu bestehen, die böhmischen Widerständler zu der Einsicht zu bringen, daß allem »Unwesen [...], unverantwortlichen Exzessen, Verbrechen und Übertretungen [von Gesetzen] unsere angeborene Milde und Sanftmütigkeit dem wohlverdienten Ernst und [der] Schärfe vorzuziehen« seien.[5]

Die Sprache Habsburgs war selbst in diesem Schlichtungsangebot nicht nur unnötig aggressiv, sondern schon so stark vom patrimonialen Erbdenken geprägt, daß selbst eine der wichtigsten Tugenden im Umgang mit der Macht als besonderes Erbgut des Erzhauses ausgegeben werden konnte. Was als »Milde« nach der stoischen Clementia-Lehre mühsam durch Beispiel und Bestätigung erlernt werden mußte, glaubten die Habsburger von Natur aus ererbt zu haben. Neben der drohenden Machtsprache mußten derartige Selbstüberschätzungen das Allerschlimmste befürchten lassen, tobte doch nach aller Erfahrung die Kriegsfurie dann am meisten, wenn mit guten und gerechten Gründen bestritten werden konnte, was andere als ihr Erbe und Eigen betrachteten.

Kurfürst Johann Georg war es sicher nicht sonderlich angenehm, daß er von Torgau aus den zum Kampf entschlossenen Ständen mitteilen mußte, was in der Hofburg selbst vom Kaiser erwartet wurde: »Gebührliche Subjektion und Untertänigkeit [. . .], damit einstmals wiederum Fried und Ruh gestiftet [und] die Benachbarten vor Gefahr gesichert« würden.[6] Die Erfüllung dieser Hauptforderung wäre den Ständen wahrscheinlich nicht allzu schwer gefallen, hätten sie nur nicht den begründeten Verdacht hegen müssen, daß »unter dem Vorwand und Schein pflichtschuldiger Demut und Gehorsam von unseren Feinden und Widersachern etwas ganz anderes gesucht« werde. Denn das Verhalten Habsburgs laufe doch darauf hinaus, daß das berechtigte Gravaminum, nämlich die Verfassungsbeschwerde wegen ungebührlicher Hinderungen der Religionsfreiheit für die Böhmische Konfession, gegen sie selbst als Unrecht gewendet werde: Ursache und Wirkung würden auf den Kopf gestellt, um damit ganz Böhmen unter eine patrimoniale Botmäßigkeit zu zwingen.

Das war Prags Haupteinwand in der Substanz. Aber auch zum Akzidens der versuchten Schlichtung hatten die Widerständler etwas zu sagen. Denn das katholische Pilsen mit seinen bekannten Abneigungen gegen alle Nachfahren des Hussitismus konnte ihnen als »evangelischen Ständen [nur] verdächtig« vorkommen. Und mußte außerdem nicht befürchtet werden, daß die Anwesenheit der eigenen Verhandlungsführer in Pilsen von Habsburg zu einem Überfall auf Prag genutzt würde? Den Patrimonialisten in Wien war doch alles zuzutrauen. Nein, wenn es eine Versöhnung geben sollte, dann nicht auf der Grundlage von Drohung und einseitiger Vorleistung, sondern nur nach Maßgabe der Gegenseitigkeit. Das sei der wahre Sinn einer Interposition im Geiste der Libertät: ein »freies Werk, so auf Beweis und Gegenbeweis beruhet«![7]

Daran aber war Ferdinand II. nicht mehr interessiert. Das geht auch aus der Stellungnahme eines *Konsultationstages* der Union hervor, der in Rothenburg ob der Tauber abgehalten wurde. Dort hatte man sich intensiv bemüht, in einem Schreiben an Kaiser und König Matthias, den drohenden Krieg abzuwehren. Die Union wolle alles Rechtmäßige unternehmen, damit nicht »durch dieses Feuer eine größere Brunst entstehe«. Denn allem Anscheine nach müßte durch ihre schnelle Ausbreitung befürchtet werden, »daß derselben zu wehren hernach allzu schwer, wo nicht unmöglich fallen« dürfte. Die Stände der Union wüßten gar wohl, »was auch der werte und edle Fried in einem Königreich und Land für eine große Gabe Gottes sei, dessen Oberhaupt und Glieder genießen können«. Aber allen Herzenswünschen und Vernunftgründen zum Trotz sei es doch eine Tatsache, daß die Generale Tampier und Bucquoy in die Grenzlande Böhmens beordert worden wären, wo ihr Kriegsvolk »mit Brennen, Sengen, Plündern, Rauben und unschuldigem Blutvergießen« gar übel und unmenschlich gehaust hätte.

Bemerkenswert an dieser Haltung der Union ist das offenkundige Bemühen der Stände, den Kaiser und König Matthias »für seine Person bei uns entschuldigt« zu sehen. Stattdessen werden in Wien jene Kreise für die schwere Krise verantwortlich gemacht, die »zu Unruhe und Unfrieden geneigt sind, und welche aller Vermutung nach mehr auf fremde ausländische, sodann auf ihre eigenen Interessen und Nutzen sehen als auf den des Königreichs Böhmen und consequenter des ganzen Heiligen Reichs Autorität und Wohlfahrt«.[8]

Es ist bezeichnend, daß bei dieser Argumentation nicht der höchste Amts- und Entscheidungsträger für die destruktive Politik Habsburgs verantwortlich gemacht wird, sondern die nächsten Ratgeber des Königs und Kaisers. Die Vorstellung, daß er selbst qua Amt kein Unrecht tun kann – »the king can do no wrong« –, spielt in diese Überlegung hinein, mit der Ferdinand II. getroffen werden sollte. Er durfte zwar als Quasi-König von Böhmen nach den Verfassungsabsprachen nicht in die Regierungsgeschäfte eingreifen, solange Matthias am Leben und damit vertragsfähig blieb: In Wirklichkeit jedoch zog Ferdinand bereits die Fäden und diktierte die Marschrichtung!

Und noch ein zweiter heftiger Vorwurf an dieselbe Adresse wurde von der aufgebrachten Union lanciert: Mit steigendem Mißtrauen hatte man beobachtet, wie sich Wien mit der Hohen Pforte zu arrangieren suchte. Hatte es nicht die »Vormauern der

Christenheit in Ungarn« vorsätzlich aufs Spiel gesetzt, indem die »Entblößung der ungarischen Grenzhäuser« betrieben wurde? Das alles nur, um das frei werdende Kriegsvolk samt Artillerie und Munition »wider die Böhmischen Stände zu gebrauchen«? Wurde also nicht dem Türken in diesem wichtigen Vorfeld der Sicherheit ganz Europas »Tür und Tor zu seinem Vorteil aufgetan«?[9]

Habsburg als Handlanger der Hohen Pforte? Ganz abwegig war dieser Vorwurf nicht. Denn die relative Ruhe an der Grenze zum Osmanischen Reich, das sich weit im Osten der Perser zu erwehren hatte,[10] trug sicher dazu bei, immer drängender auf »Abrüstung und Niederlegung der Waffen« bei den böhmischen Widerständlern zu dringen, »ehe man zur Friedenstraktation schreitet«.[11] Diese Forderung wurde gestellt, obgleich auch in Wien bekannt sein mußte, daß die Böhmen mittlerweile etwa 30000 Mann zu Roß und Fuß in Bereitschaft stehen hatten – darunter Reiterei aus der Batavischen Republik und Fußvolk aus dem Heiligen Reich[12] –, also darauf gar nicht eingehen konnten. Was die Hofburg mit ihrem Ansinnen betrieb, war nichts anderes als eine neue Provokation und weitere Anheizung der Krise. Die Widerständler sollten dem wahren Rechts- und Friedensbrecher wohl eine Vorleistung in Gestalt *einseitiger Abrüstung* zugestehen, ohne daß dieser die Gewähr bieten wollte, ihnen Bekenntnis und Besitz in voller Anwendung des Majestätsbriefes zu sichern.

Ferdinand hat, in seiner diktatorischen und zuweilen kriminellen Energie, mit seinen Allmacht-Visionen und seinem zunehmendem Hazardieren, wie es Spielernaturen eigentümlich ist, das Feuer mit solchen Maximalforderungen nur geschürt. Dabei kamen ihm außer der Passivität der Hohen Pforte noch zwei andere Umstände sehr gelegen. Erstens verhielt sich die ausgehobene und angeworbene Armee der Böhmen der eigenen Notwehr gemäß defensiv,[13] und zweitens zahlte sich jetzt die leidliche Befriedung Italiens aus. Denn dort konnte erfahrenes Kriegsvolk angeworben und über die Erbländer nach Böhmen beordert werden. Das war auch militärisch dringend nötig, um die Tampier- und Bucquoy-Kontingente vom Hinterland her zu decken. Denn es gab schon Aktivitäten der Widerstands-Truppen im protestantischen Ober-Österreich, vor allem in den Gebieten der Stände Ob-und-unter-der-Enns, die in Wien manche Beschwerde zu führen hatten und offen mit den gedemütigten Böhmen sympathisierten.[14]

Habsburg versprach eine Interposition und den inneren Friedensweg, um Zeit zur Aufrüstung zu gewinnen. Gleichzeitig wurde die Krise von außen her verschärft, um bei Gelegenheit eine günstige Lage nutzen zu können. Diese zweifelhafte Kunst der Konfliktbewältigung durch Täuschung und gar durch Gewalt fand zwar bei »spanisierten Kaiserlichen und kaiserlichen Spanisierten« (Khevenhiller) steigenden Anklang, aber München und Madrid hielten sich bei aller Nähe der Interessen auffallend zurück – vorerst.

Maximilian von Bayern, als Führer der Liga und zu Böhmen hin benachbarter Reichsstand einem erheblichen Entscheidungsdruck ausgesetzt, beließ es nämlich in seinen Bemühungen während der tastenden Interposition zunächst bei einer strengen Ermahnung, der eine Rechtsbelehrung zugrundelag. Die böhmischen Widerständler wurden darin auf den Umstand hingewiesen, daß die Ausweisung der Jesuiten nicht rechtens gewesen sei. Denn sie hätten es nicht unterlassen können, diese Ordensleute »mit bewaffneter Hand [armata manu] anzugreifen – ohne ordentlichen Prozeß, Verhör, Defension, ohne Untersuchung und Richterspruch«, seien demnach mit einer »nicht bald erhörten Exekution verfahren«.

Ein solches Verhalten widerspreche neben allen anderen Übergriffen den bisherigen »Wohltaten des natürlichen Rechtes« (beneficia iuris naturalis). Nach dessen Maßgabe als friedlicher Grundlage menschlichen Zusammenlebens dürfe niemand verurteilt werden, ohne zuvor gehört und auf dem Rechtswege gerichtet worden zu sein. Der Hinweis auf den *Fenstersturz* als Akt der Selbstjustiz und nicht der Notwehr ist kaum zu überhören; und schon gar nicht die ernsthafte Aufforderung, sich auf dem »ordentlichen, natürlichen und bei allen Völkern gebräuchlichen Weg [zu] halten und also dem gemeinen Recht nach [zu] procedieren. Wie denn kein Richter darum eine

Ungerechtigkeit begehen sollte, weil der vorige [Richter] Unrecht gehandelt [hat] – vielmehr solle er vermittels seiner Tat [facto suo] das vorige [Urteil] reparieren und anstatt des Unrechts Recht tun«.[15]

Schöne Worte im Geiste des Sokrates und nicht bar einer gewissen Berechtigung. In der hier notwendigen Güterabwägung aber war den gedemütigten und geschädigten Ständen Böhmens die Garantie ihrer verfassungsmäßigen Bekenntnisfreiheit und der zugehörigen Besitzrechte wichtiger als der angeforderte Rechtsschutz für einen Orden der Römischen Kirche, der sich als Werkzeug des gegenreformatorischen Umsturzes gebrauchen ließ. Hatten nicht die freiheitlichen Fürsten und Stände des angegliederten Schlesien gerade von den Jesuiten vernommen, daß »jetzt die Zeit wäre, das Königreich Böhmen und die Länder [der Wenzelskrone] zu überziehen – sie um die Majestätsbriefe, Freiheiten und Privilegia zu bringen«?[16]

Der energische Herzog – später einer der Hauptgewinner des Teutschen Krieges –, dem selbst kein Machtmittel zu schade war, um das politische Ständewesen in seinen Herrschaftsbereichen abzuschaffen und dafür die eigene Haus-Verwaltung auszudehnen,[17] hatte trotz dieser Kritik am Widerstand in Böhmen erkannt, wie grob und fahrlässig der ehemalige Jesuitenzögling Ferdinand II. die Krise zu meistern suchte. Außerdem war es für Maximilian eine Sache, die Sicherung und Ausbreitung des katholischen Glaubens zu betreiben, wozu er sich auch Frankreich als Partner vorstellen konnte.[18] Eine ganz andere Sache aber war es, die Machtposition des Hauses Habsburg in verschiedenen Ländern abzustützen. Die kluge Maxime des gestürzten Kardinals Khlesl, derzufolge die »Theologie mancherlei Verfahren erheischt, was in der Politik nicht anwendbar wäre«,[19] hatte auch Maximilian in Kenntnis der Averroës-Traditionen nicht überhört, so wenig er sich der Möglichkeit des Umkehrschlusses dieser Maxime verschließen wollte. Im Widerstreit all dieser Meinungen war er aber entschlossen genug, Madrid eine folgenschwere Empfehlung zu geben. Im Ernstfall sollte das gewagt werden, was in der sich zuspitzenden

Krise als ultima ratio gefordert schien, um der Casa de Austria eine fundamentale Herrschaft zu erhalten – Spaniens Intervention in Böhmen.[20]

Hierzu waren schon von Erzherzog Albert in Brüssel Pläne ausgearbeitet worden. Ein Heer von ungefähr 30000 Mann sollte im Elsaß aufgestellt werden, wo Habsburg einige Patrimonialländer besaß. Davor aber warnte der vorsichtige Zúñiga im Staatsrat zu Madrid, als man Ende Februar 1619 Gewißheit über die komplizierte Lage im Heiligen Reich hatte. Es steht dabei für diesen friedlichen Staatsmann fest, daß dort die Protestanten noch keine »Feindseligkeiten gegen die katholischen Stände begonnen haben. Wenn man jedoch dieses Heer im Elsaß zusammenzieht«, fährt Zúñiga in seinen Bedenken fort, dann »ist anzunehmen, daß die Fürsten und Stände der calvinistischen Liga [gemeint ist die Union], also der mächtigste Teil im Reiche, mit Hilfe der häretischen Schweizer Kantone und der Holländer ein ebenso mächtiges Heer aufstellen werden, das zumindest der Verteidigung dienen soll. [...]«[21]

Ein Zug nach Böhmen: Das schien dem spanischen Ratgeber Philipps III. zu riskant zu sein, schon wegen der unwägbaren Entfernung. Zu den militärischen Bedenken gesellten sich noch die politischen Probleme eines derartigen Unternehmens, dessen Ausgang niemand vorhersagen konnte. Denn ein Heer dieser Größenordnung, und dazu noch im Elsaß zusammengezogen, mußte in der unmittelbaren Nachbarschaft zu Gegenmaßnahmen führen. Vornehmlich die Kur-Pfalz würde diese Bedrohung kaum ungerührt hinnehmen, auch Lothringen müßte fast zwangsläufig reagieren und selbst der Erbfeind Frankreich, mit dem Spanien im Augenblick die Politik im Schweizer Veltlin und gegen die Hugenotten zum gegenseitigen Vorteil abstimmen durfte.[22] Doch all diese Hindernisse konnten im vorherrschenden Kriegsklima schnell beiseite geräumt werden, wenn sich die Lage in und um Böhmen herum verschlechtern sollte, allen Friedensbemühungen zum Trotz. Und für eine solche Entwicklung gab es untrügliche Zeichen, vor denen sich nicht nur die unmittelbar Betroffenen ängstigten: Viele Papisten in der gefährdeten Schweiz oder auch im benachbarten Vasa-Polen erschraken ebenso wie Protestanten über den Kometen, der in »Gestalt eines Besens« über den unheilvollen Himmel zuckte und von einem furchtbaren Krieg kündete.[23]

Im Zeichen des Kamels

Mit jedem Mahnschreiben aus Wien und der entsprechenden Gegenschrift aus Prag wurde im Jahre 1619 von Monat zu Monat deutlicher, wie genau doch Jan Hus, der Märtyrer eines nationalen Widerstandes gegen die Römische Amtskirche und gegen die Fremdbestimmung durch eine teutsche Dynastie, mit seiner Bewertung des Königsamtes die Versuchungen der Macht eingestuft hatte. Unter Berufung auf den Heiligen Augustinus erkannte er im »König einen Stellvertreter Gottes. Dieser Stand«, fügte er seiner Warnung an, »ist aber in dreifacher Hinsicht gefahrvoll. Denn er neigt dazu, von Überheblichkeit, weltlicher Begierde und entnervender körperlicher Lust überwältigt zu werden.«[24]

Bei dieser zeitlos wirkenden Bewertung spielte die Erfahrung im Umgang mit den Königen aus dem Hause Luxemburg mit und auch die Beobachtung, daß diese Dynastie aus Eigeninteresse das Bündnis mit dem katholischen Klerus suchte und oft ihre Haus-Politik darauf richtete, »das Römische Reich zu entzweien«. Hus, vom Gesetz und der Gerechtigkeit Gottes nicht weniger durchdrungen als die Anhänger Wiclifs und die Religiösen vom Berge Tabor, hatte nicht nur mit seinem Feuertod während des Konstanzer Konzils (6. Juli 1415) ein mutiges Zeugnis seines Glaubens abgelegt,[25] sondern auch seinen missionarischen Kampfeswillen für die eigene »böhmische« Überzeugung weitergegeben. Während der *Hussitenkriege* unter der militärischen Leitung von Ziska und den beiden Prokop bewiesen seine Anhänger, daß sie Gut und Blut daransetzen konnten, um das eigene Bekenntnis gegen römische und teutsche Bedrängnisse zu sichern. In den berühmten Schlachten bei Prag,

Aussig, Mies und Taus besiegten sie die Heere Kaiser Sigismunds. Sie erreichten sogar vom Konzil zu Basel im Jahre 1433 das Zugeständnis des Laienkelchs, weshalb sie in der Folgezeit auch *Utraquisten* genannt wurden.[26]

Einen Mißerfolg aber mußten die hussitischen Widerständler in diesem Jahr des Triumphes hinnehmen. Es trotzte ihnen nämlich jene Stadt, die jetzt in einer ähnlichen Krise mit dem Hause Habsburg und der Römischen Kirche als Ort ihrer Unterwerfung vorgesehen war – Pilsen. Den Bürgern dieses immer noch katholischen Gemeinwesens war es damals gelungen, das Belagerungsheer der Hussiten zu ermatten und sogar zum Abzug zu zwingen. Bei einem Ausfall hatten sie einmal ein Kamel erbeutet, weshalb sie dieses Symbol der Standhaftigkeit und Treue fortan ins viergeteilte Stadtwappen aufnehmen durften: als dauerndes Mahnmal auch für kommende Generationen, sich ihrer Freiheit und alten Religion gegen jene zu versichern, die sich als Hussiten wie die Niederländer von Gott und aller Geschichte für besonders erwählt halten konnten.[27]

Wurde Pilsen aber jetzt erobert, dann durfte dieser Erfolg als Beweis für gerechten Widerstand ausgegeben werden und manchen Zweifler überzeugen. Leicht war dieses Unternehmen jedoch nicht. Dreimal sollen die zum Kampf entschlossenen katholischen Böhmen den *Accord* des Grafen Ernst von Mansfeld, eines enterbten Konvertiten zum Protestantismus, zurückgewiesen haben, d. h. die *friedliche Übergabe* der Stadt an den kommandierenden General der Widerstands-Armee. Mehrmaliges Stürmen war erforderlich, um die erste große Belagerung dieses Krieges mit einem Sieg beenden zu können. Beim letzten Ansturm auf die Wälle, die nur mit fünf Kanonen beschossen, jedoch mit zahlreichen Petarden (Hohlminen) aufgerissen worden waren, kam den Angreifern ein besonderer Umstand zu Hilfe, der als Zeichen Gottes gedeutet werden konnte: Die Pilsener Verteidiger hatten nämlich ein Feuer gelegt, um die Mansfeld-Truppen aufzuhalten. Nach Berichten von Augenzeugen soll es »grausam und erschröcklich« gewesen sein. Doch der Himmel öffnete bald die Regenschleusen und löschte die Brunst, so daß sich beim entscheidenden Stürmen die »teutsche

Mann- und Standhaftigkeit« trotz gewisser Verluste auszeichnen konnte.

Nach der Einnahme dieser wichtigen Stadt erhielten die großenteils teutschen Kampftruppen auch ihren gerechten Lohn, als die evangelische Predigt in Sankt Bartholomäi beendet und die Danksagung an den gnädigen Gott mit dem Absingen des 118. Psalms erfolgt war: *Dies ist der Tag, den der Herr macht. Laßt uns freuen!* Während dieser Feier wurde auch an einem der dreißig Altäre des katholischen Gotteshauses das Abendmahl in beiderlei Gestalt (Brot und Wein) gereicht, um den Besiegten zu zeigen, daß die Utraquisten seit den hussitischen Taten das religiöse und kämpferische Erbe der Vorväter nicht vernachlässigt hatten. Als die Erbauungen in der Kirche zu Ende waren, schritten die Widerständler, Generäle und Gemeine, zu einem großen Bankett, bei dem es nicht mehr fromm, dafür aber feucht und fröhlich zuging.[28]

In die Freude über diesen ersten Erfolg, mit dem man den steinigen Weg zum Frieden abzukürzen gedachte, mischten sich jedoch bald düstere Nachrichten, die dem guten Ruf des böhmischen Widerstandes als Verfechter einer Gerechten Sache manchen Abbruch tun konnten. Denn zu Beginn dieses Kriegstheaters folgten – wie der Schweif dem Kometen – Mordbrenner und Straßenräuber den Kontingenten des *Gehegten Krieges,* wie das Streiten ordentlicher Kampfverbände später genannt wurde.[29] Es half wenig, daß diese Brandstifter und Wegelagerer »in Prag abscheulich hingerichtet« worden waren.[30] Der Schmutzige Krieg im Schatten des *Kleinen Krieges,* wie er zusätzlich von Heiducken und Kosaken im Umfeld der Hauptheere vor allem gegen die Zivilbevölkerung mit großer Grausamkeit geführt wurde,[31] sollte sich für die gesamte Dauer der Auseinandersetzung bis 1648 nicht abstellen lassen.

Hier war etwas entfesselt worden, was im Zeichen von Faustrecht und Selbstjustiz einen fortgesetzten Kampf aller gegen alle befürchten ließ, sofern es nicht gelingen würde, die Selbstsucht den Bindungen der Selbstzucht zu unterwerfen und dem Recht seinen Weg zu bahnen. Wer aber brachte in diesem Stadium der militärischen Bedrohungen und der zu erwartenden Kraftproben die Autorität auf, dieser Zerrüttung mit überzeugender und friedenssichernder Macht zu begegnen? Die Habsburger in der Hofburg vielleicht? Sie taten jetzt alles, um die eigene Kriegsbereitschaft zu stärken. Dabei wurde zu einem konstitutionalen Mittel gegriffen, dessen Wirksamkeit in dieser Lage mehr als zweifelhaft sein mußte – die *Verhängung der Reichsacht* über Ernst von Mansfeld.

Zu diesem Schlag holte Wien ein gutes Vierteljahr nach der Eroberung Pilsens aus. Nach Maßgabe der geltenden Landfriedensrechte seit 1495 und vor allem aufgrund der Reichstagsbeschlüsse von 1559, 1564 und 1566, die nach dem Bürgerkrieg dabei helfen sollten, »damit hinfüro im Heiligen Reich Teutscher Nation Ruhe, Fried und Einigkeit desto beständiger erhalten und gehandhabt werden mögen«, wurde Mansfeld mit der Acht belegt. Darunter verstand man einen Rechtsakt, durch den der Geächtete vom »Frieden in den Unfrieden gesetzt« und »sein Leib, Hab und Gut« für vogelfrei erklärt wurden: Jedermann durfte ihn töten, ohne dafür belangt werden zu können. Die Entscheidung für diesen äußersten Schritt, den die Reichsverfassung einem Kaiser in der Funktion als Friedensrichter in Übereinstimmung mit den Kurfürsten gegen offenkundige Rechtsbrecher gestattete, wurde aus der Kriegshandlung gegen Pilsen getroffen, deren Ursachen aber in der Achtserklärung nicht näher aufgeführt waren. Die dehnbare Formel »auch ohn einige fernere Erklärung«[32] mußte von dem Betroffenen und jedem Außenstehenden unter den gegebenen Umständen als eine Ausrede und ein Eingeständnis zugleich empfunden werden. Denn die Hofburg unterlief damit den rechtstaatlichen Geist der erwähnten Reichsabschiede, die für die Acht eine genaue Erklärung und eingehende Begründung voraussetzten, um einem Mißbrauch vorzubeugen.[33]

Der Kreis um Ferdinand II. glaubte wohl, mit diesem Angriff auf die Ehre und das Leben Mansfelds dem Widerstand der Böhmen einiges von der rechtlichen Begründung nehmen und damit auch den politischen wie militärischen Kampfwillen entscheidend schwächen, wenn nicht sogar brechen zu können. Doch Habsburgs Handhabung der Reichsverfassung wirkte in diesen »geschwinden und gefährlichen Zeiten«, von denen die Achtserklärung sprach, so unglaubwürdig, wie auf der anderen Seite zur gleichen Zeit die Klagen eines Mannes zu Herzen gehen konnten, der am grausamen Verhalten von Christen gegenüber Christen und an allem Unfrieden schier verzweifeln wollte.

Was sich allein die *Armenier* nach ihrer Gefangennahme als Sklaven im Abendland gefallen lassen mußten, empörte einen der großen Reisenden dieser Zeit, den Italiener *de la Vallé*. Er berichtete Einzelheiten darüber aus dem fernen Isfahan in Persien, das zur Zeit dieser Eskalation der Böhmischen Unruhen in Europa bereits zum Greifen nahegekommen war. Denn dem Perser-König Abbas hatte nicht nur die Römische Kurie, sondern auch der König von Spanien, der Doge von Venedig und der Großherzog Cosimo II. von der Toscana ein Sendschreiben nach dem anderen zukommen lassen. Diese sind in der Absicht verfaßt worden, die Einkreisung des Osmanischen Reiches zu beschleunigen und die Truppen des Sultans weit im Osten zu binden, um auf dem Balkan und im Mittelmeer für diese europäischen Mächte eine dauerhafte Entlastung zu erreichen.

Schien dieser Versuch einer Ablenkung (Diversion) des »Erbfeindes der Christenheit« strategisch geboten zu sein, und wurde mit diesen Beziehungen zu Persien hin einmal mehr erhellt, wie stark das Sicherheitsnetz für Europa außerhalb seiner natürlichen Grenzen verankert sein konnte, so zeigte sich auch eine dunkle Kehrseite. Vallé zitierte sie ungeschminkt: »Beachten Sie doch bitte, wie man heute mit dem Mantel der Gerechtigkeit – des gerechten Krieges gegen die Ungläubigen – eigentliche Seeräubereien verhüllt, die man an armen Kaufleuten, und oft genug an christlichen, verübt. [...] Die Korsaren mögen sich bedecken, soviel sie wollen; das Mäntelchen der Religion ist mit alledem nie so lang, daß nicht untendran zwei Spannen Banditenbeine hervorlugten.« Diese Art des *Verdeckten Krieges* richtete sich vielfach gegen armenische und andere Ost-Christen, die ohnehin des »Türken harte Tyrannei« zu ertragen hatten und nun auch noch »von ihren Mitchristen ausgeplündert und versklavt« wurden.[34]

Dieser emsige und umsichtige Orient-Reisende, dem bald Hercule de Charnace und neben anderen Thomas Roe folgen sollten – am Ende des Jahrzehnts einflußreiche Diplomaten und Wegbereiter der Eindämmung Vasa-Polens durch Schweden[35] –, beschrieb damit zweierlei: Einmal den grassierenden Patrimonialismus unter Europäern, der später nicht zu Unrecht »Sultanismus« genannt wurde,[36] als ein bisher kaum bekanntes Ausspielen absoluter Verfügung über Eigentum an Sachen und Menschen. Und zweitens seine Mahnung als Christ und Verfechter der Toleranz, »derartigen Ungerechtigkeiten Abhilfe zu schaffen«. Sein großes Ziel war es, in Isfahan nicht nur einen Petersdom, wie ihn »Michelangelo angeordnet hat«, als Zentrum der katholischen Mission im Orient zu errichten, sondern auch ein Kapitol als Ausdruck republikanischer Rechtsgesinnung. Christentum und Freiheit ergänzten sich bei ihm zu einer Ordnung des Gerechten und des gesicherten Friedens. Die Europäer sollten demnach auf jede Erniedrigung verzichten, stattdessen ihre Freiheitskultur verbreiten und dabei den Einsatz armenischer Christen nutzen – zur dauerhaften Eindämmung des Türken![37]

Dieser Warnruf eines Christenmenschen aus der Welt des theologisch vielfach gespaltenen und auch politisch zerstrittenen Islam[38] läßt so unmittelbar an die Verhältnisse in der Christenheit und insbesondere an Böhmen denken wie jener Notschrei zur gleichen Zeit, den die hart bedrängten Arminianer in den mit dem Sultanat so eng verbundenen Niederlanden ausstießen: Sie wurden – wie vorher Mansfeld vom Kaiser – nun von einer *Nationalsynode* in Dordrecht mit Acht und Bann bedroht, nur weil sie sich der Lehre von der auswählenden Prädestination nicht ohne Widerstand beugen wollten.[39] Wer aber konnte all diese Klagen gedemütigter Menschen hören oder gar erhören und die Bedrücker auf den Weg des inneren Friedens zurückbringen?

Die Auserwählten

Si deus pro nobis... Wenn Gott für uns ist. Das schrieb der hessische Gelehrte *Paulus Steinius* aus dem calvinistischen Kassel – bald ein Zentrum des libertären Widerstandes gegen Habsburg im Reich – in das Stammbuch des Baseler Theologen Wolfgang Meyer, als er sich mit der Schweizer Delegation in Dordrecht traf.[40] In diesem Zuspruch, aus dem sich ein gutes Jahrzehnt später der Kampfruf aller protestantischen Heere »Gott mit uns« herleiten sollte, schwang Anfang März 1619 Skepsis mit. Gerade diese Unsicherheit aber wollte die anberaumte Nationalsynode endgültig für die Theologie des Calvinismus beseitigen. Sie wurde von Gelehrten und Gottesleuten aus Schottland, England, Hessen, der Kur-Pfalz (deren Vertreter hatten den einflußreichen *Heidelberger Katechismus* zu verteidigen) und aus der Schweizer Eidgenossenschaft beschickt. In diesem europäischen Rahmen bildete die niederländische Kirchenversammlung eine Art Geistesgericht und Friedensforum zugleich. Von ihren Beschlüssen hing es auch ab, ob stärkende Toleranz oder schwächende Militanz den Mitbrüdern gegenüber die nächste Zukunft bestimmen und auf das Heilige Reich einwirken würde.

Dordrecht konnte also auf Generationen hinaus zum Symbol einer Gotteslehre werden, die auch politisch zu wirken verstand. Die einladenden Kirchenmänner hatten sich diese Stadt geschickt ausgewählt. Sie war berühmt für ihre unbeugsame Haltung der rauhen Natur gegenüber, die 1421 eine verheerende Sturmflut geschickt hatte. An deren landfressenden, geradezu leviathanischen Folgen litt dieses Gemeinwesen noch jetzt. Inzwischen war man jedoch durch ein ausgeklügeltes System von Dämmen der ständigen Bedrohung von außen Schritt für Schritt Herr geworden, und man hoffte, nach weiteren dreißig Jahren Kampf mit dem Seemonster endlich Sicherheit für alle Zeit zu bekommen. Diese Einschätzung ließ sich in bestimmter Hinsicht auch auf die politische Lage der gesamten Batavischen Republik übertragen. Denn Prinz Moritz war mit glühendem Eifer dabei, sich mit Eindämmungen besonderer Art vor der

Arminianischen Flut zu schützen. Die Ratsgremien zu Leiden, Rotterdam und Gouda hatte er bereits vor Beginn der Synode »reformiert«. Und das bedeutete bei ihm die gewaltsame Absetzung ordentlicher Magistrate. »Hernach«, so berichtete der eidgenössische Beobachter Meyer, »habe er aus ihnen von neuem wieder angenommen, die in der Religion gesund gewesen... und seien alle Abgesetzten jedermanns Zeigefinger worden.«[41]

Eine Säuberungswelle demnach. Sie schien dem machtbewußten Statthalter notwendig geworden zu sein, um die Aufrüstung für den möglichen Krieg von 1621 an nicht durch friedensgerichtete Städte zu gefährden. Daneben hatte die *Seuche des Arminianismus* angeblich schon so stark um sich gegriffen, daß selbst die Pferde davon kopfscheu geworden waren und sich immer halsstarriger gebärdeten. Meyer hielt diesen Zustand in einem bezeichnenden Bild fest: Das Pferd eines Fuhrmannes wollte plötzlich wie aus heiterem Himmel nicht mehr den beladenen Wagen ziehen und stellte sich an wie ein störrischer Esel. Da begann der Herr dieses Gefährts zu schimpfen und zu schlagen: »Ich sehe wohl, was dir brüstet. Du bist auch arminianisch und willst deinen freien Willen haben! Ich aber will dir denselbigen mit guten Streichen vertreiben...«[42]

Diese Straßenszene beleuchtet vorzüglich die dunklen Seiten des einsetzenden Synodentheaters. Wie oft hatte der tolerante Londoner Theologe Thomas Goadus die batavischen Brüder gebeten, die vor der Synode angeklagten Arminianer oder Remonstranten, wie sie auch genannt wurden, bei allem Feuereifer für die theologische Wahrheit mit christlicher Milde zu behandeln?[43] Es ging zuweilen in den einzelnen Sitzungen so »verwirrt und stürmisch« zu, daß Balcanquallus, der umsichtige Vertreter der wichtigen Kirche Schottlands, einmal seufzte: »Es sind so viele Meinungen als Köpfe. Diese Menschen wissen nicht, daß solche Geschäfte zuerst einigen Auserlesenen zur Untersuchung anvertraut werden müßten. Dann wären deren Ansichten der ganzen Versammlung vorzulegen, damit sie von derselben entweder gebilligt oder verworfen würden – wie solches von jeher üblich gewesen.«[44]

Er konstatiert demnach eine Verwilderung der korporativen Kultur, der sachlichen Beratung und des vertraglichen Umgangs miteinander. Eine wesentliche Voraussetzung für diese Rechtsrituale in Körperschaften und Ständen bestand in der Anerkennung jedweden Mitglieds, sowie dessen selbständigem Urteil. Dieses aber war vom Freien Willen des Individuums abhängig, über den sich Erasmus gegen Luther so geschickt ausgelassen hatte, um die Eigenverantwortung des einzelnen Christen vor Gott zu sichern.[45] Die Gomarianer jedoch, die auch Contra-Remonstranten hießen, wollten als Anhänger des Leidener Theologen Gomarus diese besondere Qualität nur dem dreieinigen Gott in den Wesenheiten von VATER, SOHN und HEILIGEM GEIST zugestehen. Er allein, der von Ewigkeit her besteht – noch vor Erschaffung der Welt und vor dem Sündenfall im Paradies (Supralapsarismus) –, vollzieht sein Wesen im »freien Wohlgefallen seines Willens«. Bei dieser theologischen Grundhaltung wird vorausgesetzt, daß Gott »alle seine Werke [selbst] von Ewigkeit her bekannt sind«, so daß für den einzelnen Menschen im Grunde keine Möglichkeit besteht, von sich aus auf Gott einzuwirken. Ihm allein steht es zu, »nach dem Ratschluß seines Willens [...] die Herzen der Auserwählten, wiewohl sie hart sind, gnädiglich zu erweichen und zu beugen, damit sie glauben. Aber diejenigen, so nicht erwählet sind, lässet er nach seinem gerechten Urteil in ihrer Bosheit und Hartnäckigkeit« verharren.[46]

Das Höchste Wesen drückt im Gomarianismus mit dieser fundamentalen Unterscheidung von *Erwählten* und *Verworfenen* das distributiv Gerechte aus: Gott verfährt also nach Maßgabe zugeteilter Heilsqualitäten und bildet mit seinem auserwählten Kreis einen besonderen Gnadenbund. Seiner eigenen Trinität gemäß bedarf Gott aber auch hier einer Dreiteilung nach Maßgabe des Ius Tertii. Christus wurde deshalb »von Ewigkeit zu einem Mittler und Haupt aller Auserwählten und zu einem Fundament oder Grund der Seligkeit gestellet«.[47]

Gottes irdisches Gerüst. Es wird hier nach erfolgter Erwählung (Iustitia distributiva) zusätzlich in den Kategorien des Vertragswesens gefaßt und damit nach Maßgabe des kommutativ Gerechten geordnet. Innerhalb des Gnadenbundes findet jedes Mitglied »ohne Ansehen der Person« (sine respectu personarum) seinen göttlichen Sinn und Status.[48] Die »gnädige Erwählung« Gottes besteht also »nicht darin, daß er gewisse Qualitäten oder Tüchtigkeiten und Werke der Menschen aus allen möglichen Bedingungen zum Bedinge oder Ursache der Seligkeit auserkoren hat, sondern darin, daß er etliche gewisse Personen aus dem gemeinen Haufen der Sünder [. . .] zu einem Eigentum angenommen hat, wie geschrieben ist: Der Größte soll dem Kleinsten dienen [oder] Ich habe Jacob geliebet und Esau gehasset«.[49]

In der Verbindung von aristokratischer Erwählung (more geometrico) der Einzelnen und dem demokratischen Gottesbund vollzog sich dieser gomarianischen Theologie gemäß die ständig bemühte »Gerechtigkeit Gottes« auf Erden.[50] Daraus mußten sich zwangsläufig weitreichende Konsequenzen ergeben. Denn der christliche Einzelmensch wurde unter diesen Bedingungen zum Gnadensubjekt Gottes, dessen vorbestimmte Werke er auszuführen hatte. Dieser göttlichen Vorsehung (Praedestinatio) unterworfen, konnte sich auch ein ganzes Volk in der Christenheit auserwählt fühlen und daraus Kraft für eine historische Mission als Gnadenauftrag des Höchsten Wesens ziehen.

Diese Auffassung, einem von Gott begnadeten Bund der Erwählten und Gerechten anzugehören, vermochte stets besondere Kräfte freizusetzen. Der Hussitismus in Böhmen, der Goticismus Schwedens und Spaniens oder der Puritanismus Englands mit seinen Visionen vom »Neuen Jerusalem« und dem »Auserwählten Volk Gottes«[51] hatten als Variationen der Vorsehungslehre den Eliten dieser Völker Legitimationen ihrer Kriegstaten geliefert und den Nationalismus zu einer großen historischen Kraft werden lassen.[52] Die Grundlage dafür fand der Gomarianismus in der Überzeugung, daß sich in den Niederlanden die Leute von einem natürlichen Menschen zu einem besonderen Gnadengeschöpf Gottes gewandelt hätten. Überlegenheitsdünkel und Großmannssucht gehörten aber auch dazu. Selbst die Ideologie der *Apartheid* resultiert aus dieser Theologie der Erwählung, in der vom Wert der eigenen Nationen ausgegangen wird, um von der Verworfenheit der Naturvölker reden zu können, die angeblich nicht in den Stand der Gnade gekommen sind.[53]

Verständlich, daß unter solchen Voraussetzungen die Arminianer vor der Synode trotz ihres Geschicks im Umgang mit der Bibel weder Recht noch Gnade finden konnten. Ein kaum vorstellbarer Haß schlug ihnen von den Gormanianern entgegen, so daß sich viele ausländische Gäste und Beobachter angewidert von diesen Synodalen abwandten, denen ein Türke oft genehmer sein konnte als ein Arminianer. Kein Wunder auch, daß sich diese gemäßigten Calvinisten gegen die Beschlüsse der von Prinz Moritz berufenen Nationalsynode wehrten und mit guten Gründen davon sprachen, daß sie »kein freies, sondern [ein] erzwungenes Werk« sei.[54] Selbst die Unterstützung durch den »gemeinen Pöbel« bis hin zu einem Aufstand in Alkmar (Nord-Holland) nutzte den verzweifelten Anhängern des Arminius nichts: Prinz Moritz schickte kurzerhand Truppen aus Den Haag und ließ jeden Widerstand gegen die Vertreibung der arminianischen Prediger brutal niederschlagen.[55]

Die selbsternannten Auserwählten waren im Bündnis mit dem Militär und den expandierenden Handels-Kompagnien bei der Sicherung ihrer ideologischen und materiellen Positionen nicht zimperlich. Alle Arminianer wurden gewaltsam aus ihren Kirchenämtern entfernt, nicht anders als ihre Anhänger unter den Gelehrten der Universität Leiden. Am Ende dieser Kirchenversammlung, die nach eigenem Bekunden »zur Beförderung der Ehre Gottes, Wohlfahrt der Stände dieser Lande, zusampt der Ruhe und Frieden der Kirchen« getagt hatte,[56] ließ das Staatsgericht den Rechts-Syndicus von Leiden – Hugo Grotius – lebenslänglich ins Gefängnis sperren, während Oldenbarnevelt am 13. Mai 1619 der Kopf abgeschlagen wurde[57] – Prinz Moritz zu Willen.

In diesen schweren Tagen des libertären Republikanismus und des politischen Calvinismus wurde manchem, der noch auf eine Versöhnung in Vernunft gehofft hatte, das Gemüt von dem Gedanken verdüstert, daß sich wieder ein Friedensweg in eine Kriegsbahn verwandelt hatte und sich im Banne entfesselter Mächte ein Unglück größten Ausmaßes anzubahnen begann – am Rhein entlang und damit ins Heilige Reich hinein.

Aufladungen

Ferdinand II. wird Kaiser

Das *Petardieren* galt im Rahmen der Kriegskunst (Ars militaris) als eine hohe Fertigkeit. Denn die bei einer Belagerung verwendeten Hohlminen mußten überaus genau mit Pulver geladen und so gezielt gesetzt werden, daß sie Festungsringe an Schwachpunkten aufsprengen konnten, ohne die ganze Wehranlage zu zerstören. Ihr Einsatz sollte für Sturmtruppen Eingänge schaffen, die zum weiteren Schutz wieder schnell geschlossen werden konnten, wenn der äußere Ring und der innere Kern (Festung oder Schloß) vollständig erobert waren. Diese Petarden galten als taktische Waffen im Dienste einer Strategie des Stürmens und Sicherns besetzter Räume.

Den »Politici«, wie die Staatsdenker genannt wurden, ist ebenso wie den Juristen aufgefallen, daß diese militärischen Instrumente verblüffende Entsprechungen in der Machtpolitik besaßen. Denn es wurden bei Verfassungsinterpretationen oder vor Gericht bestimmte Worte wie Sprengmittel eingesetzt, um erst die Gesetze und dann das Recht selbst um jede Wirksamkeit zu bringen. Dieses Verfahren zur Unterminierung der Politik als Friedens- und Vertragskunst[1] bildete neben Belagerungen, Scharmützeln und Feldschlachten den wichtigsten Kriegsschauplatz überhaupt, der sich von 1619 an ständig erweitern sollte und hier ein erhöhtes Interesse verdient – als War of Words.

Nachdem bereits am 14. Dezember 1618 die Kaiserin Anna gestorben und ihr Herz in einem vergoldeten Silbergefäß bestattet worden war,[2] nahm auch Kaiser Matthias am 10. März 1619 in der »Österreichischen Hauptstadt Wien« Abschied von diesem irdischen Jammertal. Mit den Sterbesakramenten seiner Kirche versehen, starb er morgens zwischen acht und neun Uhr. Er soll, 62 Jahre alt, bis zuletzt noch »bei gutem Verstand und Andacht« gewesen sein. Die damals übliche Öffnung des Leichnams ließ aber Anzeichen erkennen, daß er an Leib und Seele zermürbt war. Kinderlosigkeit und die ständigen Angriffe Ferdinands II. hatten ihre Spuren hinterlassen.[3] Dieser war beim Ableben des Kaisers und Königs von Böhmen und Ungarn zugegen, ohne sich groß in Trauer und Schmerz zu ergehen. Er ordnete auch eine Bestattung des Toten an, die in ihrer düsteren Einfachheit entweder auf Geldmangel schließen ließ oder auf eine Gier, die sich für die Zukunft etwas ausrechnete und nicht unnötig in Erinnerung bringen wollte, was auf dem weiteren Weg zur *absoluten Macht* hinderlich sein konnte – allzu deutliche Hinweise auf das Überzeitliche des Heiligen Reiches.

Wie anders hatte dagegen der allerchristlichste König Ludwig XIII. das Hinscheiden des Kaisers als »Oberhaupt der Christenheit« begehen lassen. In der Kathedrale Notre Dame zu Paris wurde der ganze schwarze Pomp aufgeboten, zu dem die Römische Kirche in solchen Todesfällen fähig war. Die schwere Trauerpracht verhinderte aber nicht, daß jedem Teilnehmer an der Sterbemesse nach Tridentinischem Ritus das farbenfrohe Hauptwappen des Heiligen Römischen Reiches Teutscher Nation ins Auge leuchtete – vom kaiserlichen Doppeladler (vergoldet auf schwarzem Grund!) gekrönt.[4] Mit der Ausstellung dieser geschichtsmächtigen Symbole wurde bedeutet, daß die Kaiser als endliche Personen niemals das Reich als »ewige Republik« überleben konnten und in ihrem Amt ersetzt werden mußten. Das aber hatte durch eine ordentliche Wahl zu geschehen, und dabei konnte im Prinzip auch ein französischer Kandidat zum Zuge kommen, zumal einer wie Ludwig XIII., der seit kurzem mit der Habsburgerin Anna von Österreich verheiratet war und auf das steigende Sendungsbewußtsein Frankreichs als Garant der Gerechtigkeit in der Christenheit zu achten hatte.[5]

Diese Wahl-Monarchie des Heiligen Reiches jedoch, die von den Habsburgern ähnlich wie Böhmen und Ungarn beinahe als Haus-Erbe betrachtet wurde, weil es seit Generationen die

Bewerber und Inhaber des Kaiseramtes stellen durfte, hatte Eigentümlichkeiten wie kaum ein anderes Gemeinwesen im libertären Alteuropa. Zunächst ging es nach dem Tode des bisherigen Kaisers um »die künftige Wahl eines Römischen Königs«, der danach als Oberhaupt der Respublica Christiana angenommen wurde. In diesem Sinne berief der Reichs-Erzkanzler über Germanien Johann Schweickhard die Kurfürsten oder ihre Vertreter nach Frankfurt am Main – »auf Samstag, den 20. Juli« 1619.[6]

Mit diesem Datum wurde gleichzeitig darauf hingewiesen, daß sich das Heilige Reich in einem *Interregnum* befand, in einem königslosen Zustand. Für diesen Fall sahen die Reichs-Constitutionen ein besonderes Vikariat oder Verweser-Amt vor. Es sollte von Kur-Pfalz und Kur-Sachsen so lange ausgeübt werden, bis ein neuer Römischer König als Oberhaupt gewählt, vereidigt und gekrönt war. Dieses Verfahren offenbarte eine Besonderheit im Verfassungsleben der Teutschen, war doch ihr Reich seit alten Zeiten in zwei Rechtsbereiche geteilt. Die »Lande des Rheins, Schwaben und [des] Fränkischen Rechts« machten die ältesten Teile aus, die nun von Friedrich V. als dem ranghöchsten weltlichen und regierenden Kurfürsten von der Pfalz (einst die Germania prima!) verwaltet werden mußten. Für die übrigen Gebiete des Heiligen Reichs, vor allem für die Lande des *Sachsenspiegels,* meist jenseits von Saale und Elbe,[7] war aber Kurfürst Johann Georg an des Kaisers Statt zuständig.[8]

Wie schwer das Amt eines Vikars in diesen »gefährlichen Zeitläuften« sein konnte, mußten besonders Friedrich V. und seine Regierung sehr bald erfahren, wirkte doch die Böhmische Frage auf doppelte Weise in die anstehende Kaiserwahl hinein: Erstens fochten die Stände Böhmens in Schreiben an Kur-Pfalz und an Kur-Sachsen die Rechtswirksamkeit der Nachfolge Ferdinands II. im Amt des Königs von Böhmen an und baten den Reichs-Vikar am Rhein in dieser schwierigen Angelegenheit um Hilfe. Und zweitens pochten die Stände mit ihren regierenden Direktoren vehement darauf, daß die Qualität des Königreiches Böhmen als »vornehmes Kurfürstentum des Reichs« gehörig in Acht genommen werde. Diese Forderung untermauerten sie mit einer Rechts- und Verfassungsbelehrung, die deutlich macht, was für ein Wert die *transpersonale* Auffassung vom Amt des Kaisers und eines Königs im libertären Staatsdenken besaß. Die *Krone Böhmen* galt demnach als *Res publica* und kommutative, überzeitliche Substanz.

»Das Wahlrecht«, klärten die kundigen Böhmen nach Maßgabe der Monarchomachen ihre zahlreichen Gegner auf, sei »nicht ein ius personale, sondern reale und auf jegliches Kurfürstentum tamquam in rem gewidmet. Also, daß niemand ohne wirklichen ruhigen Besitz des Kurfürstentums salvis imperii legibus solche iura können gegönnet werden – laut der Goldenen Bulle Caroli IV.« von 1356.[9] Im Klartext sagten die Widerständler damit nichts anderes, als daß die Kurstimme Böhmens bei der Kaiserwahl der *Krone an sich* (tamquam in rem) gehörte und bei ihren jeweiligen Repräsentanten lediglich im transpersonalen Sinne Rechtsgeltung besaß. Dieses hohe Recht der libertären Verfassung Böhmens *auf die Person des Königs allein* zu beziehen, widersprach dem Herrschaftsvertrag zwischen ihm und den Ständen. Anders ausgedrückt: Eine solche Haltung entsprach dem Personalismus des Patrimonialismus. Und dagegen verwahrten sich die Widerständler im Namen der »löblichen Kron Böhmen«, die durch Ferdinand II. »nicht wider den klaren Buchstaben der Goldenen Bulle [...] graviert und benachteiligt werden« durfte.[10]

Von dieser eindeutigen Rechtslage abgesehen, konnte der Habsburger Kandidat für das Kaiseramt noch weniger behaupten, daß er Böhmen in »wirklich ruhigem Besitz« hätte. Die Truppen Tampiers und Bucquoys zeigten jedem, daß Ferdinand II. in einigen Grenzgebieten Böhmens angetreten war, um sich wie ein Militär-Diktator zu gebärden und nicht wie ein Friedensfürst, daß er sich demnach selbst von der Krone Böhmen und allen Verträgen losgesagt hatte.[11]

Dieser Einspruch der Kur-Delegation Böhmens belastete die Wahl Ferdinands II. nicht wenig. Rechnerisch standen den katholischen Wahlmännern aus Mainz, Köln und Trier die beiden calvinistischen aus Heidelberg und Berlin gegenüber, zu denen sich noch zugunsten der Protestanten der lutherische

Kurfürst von Sachsen gesellte. Bei einer strikten Bindung jeder Kurstimme an die jeweilige Konfession wäre also eine Pattsituation eingetreten, in welcher Böhmen den Ausschlag gegen Ferdinand gegeben hätte. Verständlich, daß dieser Habsburger alle Hebel in Bewegung setzte, um ihre Zulassung zu verhindern. Der Reichs-Erzkanzler Schweickhard konnte in seinem ablehnenden Bescheid vom 9. August aber nicht umhin, sich auf die Begründung der Böhmen einzulassen, die in Hanau Quartier bezogen hatten. Hierbei machte er aller Welt offenkundig, daß die Widerständler befürchteten, Ferdinand II. könnte mit der Wahrnehmung der böhmischen Kurstimme bei seiner eigenen Wahl gleichzeitig seine Königsposition anerkannt sehen und in den Ländern der Wenzelskrone das einführen, was ein »ausländisches Servitut« genannt wurde – eine patrimoniale Diktatur.[12]

Diese Gefahr aber wollten weder der Erzkanzler noch die anwesenden Kurfürsten erkennen. Also ließen sie noch am selben Tag der Ablehnung dieses Einspruches nach altem Brauch die gesamte Stadt Frankfurt von Fremden räumen, »sie seien, was Qualität sie wollten«. Dann schritten sie nach verschiedenen Wahlsitzungen im Römer zur eigentlichen Wahl des *Römischen Königs* im Dom St. Bartholomäi: Das war am 18. August 1619. Und gleich nach dieser Proklamation wurden besondere Gesandte nach Aachen und Nürnberg geschickt, um dort »die Kron, Szepter und andere Ornamente zur Krönung« des »künftigen Kaisers« abzuholen.[13]

In diesem Rechtsritual zeigte sich einmal mehr, daß das Heilige Römische Reich Teutscher Nation seiner dezentralen und föderativen Struktur gemäß keine Hauptstadt im üblichen Sinne besaß, sondern nur Haupt-Städte mit besonderen Hoheitsfunktionen. Dieses kumulative System der konstitutionalen Stückelung mochte in gewissen Situationen schwerfällig wirken, dafür war es aber der beste Garant im Hinblick darauf, daß ein Kaiser dieses Wahlreich und seine in Feudalverträgen gebändigte Machtmasse nicht für sein Haus-Interesse mißbrauchen konnte. Auch als Basis für einen *Universaldominat* über ganz Europa war dieses Schachtelsystem der erwähnten Rechtskreise, Regionen, Reichskreise, Territorien und Reichsstädte samt anderen Gemeinwesen bis hinab zu den selbstverwalteten Reichstälern (Gemeindeverbände)[14] denkbar ungeeignet. Was spätere Generationen in der Staatsvergötzung der Habsburg- oder Hohenzollern-Diktaturen als »Flickenteppich« oder gar »Sandhaufen« verachteten,[15] war in Wirklichkeit eine rechtsstaatliche Friedensordnung – die »herrliche Reichsstruktur« der Teutschen Freiheit mit ihren Fundamentalgesetzen.[16]

Zu dieser cumulativen Constitution des Heiligen Reiches zählte auch die Goldene Bulle von 1356. Nach deren Anordnungen wurde nun am 30. August der Habsburger Ferdinand II. als Kaiser vereidigt, gekrönt und inthronisiert. Bei dieser feierlichen Zeremonie im Dom zu Frankfurt am Main setzte sich wiederum das Reich in seiner additiven Anlage hochpolitisch in Szene. Denn Kur-Pfalz trug den Reichsapfel, das Zeichen dafür, daß der Kaiser Land und Leute nach Recht und Gesetz zu regieren hatte; Kur-Brandenburg mahnte mit dem Szepter an, Gerechtigkeit im Kaiseramt walten zu lassen, und Kur-Sachsen bedeutete mit dem Schwert Karls des Großen, daß es im Dienste all dieser Forderungen zu stehen hatte und zum Kriegen nur benutzt werden durfte, um einen gestörten Frieden wieder herzustellen, wenn alle anderen Mittel nichts ausrichten konnten.[17] Am Hochaltar angelangt, händigte der Reichs-Erzkanzler diese Herrschaftsinsignien Ferdinand aus und nahm dessen leiblichen Eid auf die Verfassung des Heiligen Reiches entgegen.

In seinem Schwur gelobte dieser Habsburger dem »heiligen überkommenen Glauben mit allen Kräften *[catholicis viris]* und gerechten Werken zu dienen«. Mit dieser Kompromißformel konnten sich auch die Lutheraner gesichert wähnen. Doch wie mußte den Calvinisten zumute sein? Und was geschah, wenn diese Jesuitennatur von Kaiser allen Lippenbekenntnissen zum Trotz die Formel »catholicis viris« nicht im angegebenen Sinne verstehen wollte, sondern das »catholicus« auf die Römische Kirche allein bezog? Geradeso wie der König Spaniens seinen von Rom verliehenen Titel »Katholische Majestät« nicht nur auf diese Konfession anwandte, sondern das »katholikos« auch in der Weise deuten konnte, daß es »über die ganze Erde hin« galt und damit als Auftrag, eine *Universalmonarchie* zu errichten![18] Diesem Habsburger war selbst »protestantische Buchstabsgläubigkeit« (Novalis) zuzutrauen, wenn sich daraus ein Machtzuwachs herleiten ließ. Beim zweiten Punkt des Kaiser-Eides bestand dafür eine noch größere Gefahr, wenn im Konfliktfall Geist und Buchstabe der Verfassung brutal gegeneinander ausgespielt wurden. Darin hieß es, daß der Kaiser »den heiligen Kirchen und den Dienern der Kirchen ein zuverlässiger Treuhänder [tutor] und Beschützer [defensor] sein« wolle. Die Pluralform signalisierte, daß sich die Alt- und Neugläubigen zwar in ihren konfessionellen und materiellen Besitzständen gesichert fühlen durften. Doch nur solange, wie Ferdinand II. nicht versuchte, sein Tutorenamt als Emanation des vertraglichen Treuhandwesens rigoros im Sinne einer kompromißlosen Einziehung von Kirchengütern zu gebrauchen, deren rechtliche Besitztitel zweifelhaft waren. Schließlich gab ihm der dritte Punkt eine verfassungskonforme Möglichkeit in die Hand, die »Güter des Reiches«, sofern sie »ungerecht verteilt« worden waren, »wieder zu erlangen [recuperare]«[19] – demnach konnte er die distributiv gehandhabte Gerechtigkeit seiner Vorgänger im Kaiseramt überprüfen!

Das waren eindeutige Absprachen und Begriffe, wenn sie im libertären Geist der Reichs-Constitutionen angewandt wurden. Davon gingen auch die drei geistlichen Kurfürsten aus und setzten Ferdinand II. die Krone des Rechts und des Reichs auf. Wer sich aber an dessen dubioses Vorgehen in der Steiermark erinnerte, die Einsprüche der Widerständler in Böhmen ernstnahm und daran dachte, wie sich dieser Habsburger über den Rechtsschutz selbst eines Kardinals der Römischen Kirche hinweggesetzt hatte, dem mußte bei der Krönung in Frankfurt Böses schwanen. Denn mit Hilfe eines patrimonialen Interpretierens von Schlüsselbegriffen in zweideutigen Texten der Reichs-Constitutionen konnte wie beim Petardieren Zug um Zug das gesamte Schutzsystem für Bekenntnis und Besitz aufgebrochen und auf eine neue Machtlage umgepolt werden.

Reichte dieses Verfahren nicht hin, die *absolute Macht* in Gestalt des Dominium absolutum zu erringen, dann blieb noch die Verhängung des Ausnahmezustandes (Casus necessitatis) und als letztes Gewaltmittel der offene Krieg.

Königswahl in Prag

Wie groß diese Gefahr schon geworden war, teilten die Kurfürsten und ihre Vertreter im Bemühen um eine Interposition zwischen Böhmen und Habsburg den Widerständlern in zwei sorgenvollen Mahnschreiben mit. Das erste vom 20. August wurde noch vom kur-pfälzischen Repräsentanten *Albrecht Graf Solms* mitunterzeichnet, das zweite vom 3. September aber nicht mehr. Darin war schon Ferdinands Sprachregelung übernommen worden, daß er seiner »angeborenen Sanftmut nach die Gelindigkeit vorsetzen und billigerweise erträgliche Friedensmittel annehmen« wolle,[20] was immer er damit auch meinte.

Noch ehe diese zweite Ermahnung zu Ausgleich und Frieden aber in Prag eintreffen konnte, fanden sich die Widerständler um den Grafen Thurn bereits zur eigenen Wahl eines neuen Königs zusammen. Denn ihrer begründeten Meinung nach hatte sich Ferdinand II. »durch eigene Tat [facto proprio] selbst entbunden« und sich des Königsamtes als unwürdig erwiesen. Seine anti-nationale Besetzungspolitik der hohen Kronämter, dann das Verhalten in der zentralen Kirchengüterfrage und seine militärischen Besatzungsmaßnahmen wurden als so schwerwiegende Verfassungsbrüche aufgefaßt, daß der 1617 unter Vorbehalten geschlossene Herrschaftsvertrag für die Widerständler dadurch aufgehoben worden war.[21] Bei ihrem Wahlakt sollen »sämtliche Vota und Stimmen einhelliglich« auf den Kurfürsten Friedrich V. von der Kur-Pfalz gefallen sein, worin auch »die göttliche Vorsehung lauter und klar erkannt« wurde.[22] In Wirklichkeit aber stimmten einige der ältesten und vornehmsten Geschlechter Böhmens nicht für diesen calvinistischen Reichsfürsten, sondern fühlten sich weiterhin Ferdinand II. verpflichtet, so daß sich bei der »ordentlichen rechtmäßigen Wahl zum Königreich Böhmen« 36 Stimmen im Herrenstand, 91 im Ritterstand und fast alle Stimmen der vertretenen Städte für Friedrich V. als König entschieden.[23]

Ein Ergebnis, das Anlaß zu großer Unruhe gab. Denn mit der Election des Pfälzers war ja die Exclusion des Habsburgers verbunden. Und dieser schien nicht geneigt, kampflos das Feld zu räumen. In der Einschätzung dieser Lage waren sich das interponierende Kur-Sachsen und der auf Ausgleich und künftigen Frieden bedachte Palatinus Ungarns völlig einig.[24] Selbst zu Heidelberg soll es im Kreis um die Mutter Friedrichs V. heftigen Widerstand gegeben haben. Denn die Gefahr einer Intervention Spaniens in der Kur-Pfalz wuchs mit jedem Tag, den der Kurfürst als König in Prag zubrachte. Am Ende aller Diskussion jedoch hatte sich der junge und ehrgeizige Wittelsbacher in calvinistischem Glauben an eine besondere Erwähltheit und Gnadengabe des Himmels in den »Willen Gottes ergeben« und die Entscheidung der Böhmen angenommen.[25]

Seine Wahl bedeutete ohne Zweifel eine Bestätigung und eine gewisse Stärkung des bisherigen Widerstandes gegen die Versuche Habsburgs, mit Hilfe des Patrimonialismus Böhmen von innen her zu einer absolutistischen Diktatur zu machen. Gleichzeitig aber mußte diese Entscheidung eine ungeheuere Belastung für das Ständewesen werden, weil man sich in der unmittelbaren Nachbarschaft außer bei Bethlen Gabor kaum abgesichert hatte.[26] Die Patrioten um Friedrich V. begnügten sich vorerst damit, ihr Recht als *Gerechte Sache* zu betrachten und defensiv zu bleiben. Die Patrimonialisten um Ferdinand II. hingegen drangen darauf, im Sinne einer vorgegebenen Erbmacht den Angriff zu suchen. *Vater-Land* (patria) oder *Vater-Erbe* (patrimonium)? Das war jetzt die Frage für alle Zukunft.

Von dumpfen Ahnungen der Älteren am Heidelberger Hof begleitet, machte sich Friedrich V. im Beisein des jungen Erbprinzen, seiner englischen Frau Elisabeth, des jüngeren Bruders Ludwig und des Fürsten Christian von Anhalt, der nachdrücklich zur Annahme dieser Krone geraten hatte,[27] mit einem stattlichen Gefolge auf den Weg. Über Amberg und Waldsassen gelangte er am 21. Oktober 1619 nach Prag, von Vertretern der Stände und Militärs aller Ränge festlich in die Goldene Stadt geleitet. Dort war zur gleichen Zeit ein General-Landtag anberaumt worden, auf dem sich die Utraquisten um die weitere Unterstützung durch die Stände »Unter einer Gestalt« (sub una), also die Katholiken, bemühten. Als Zeichen ihres Mutes wurde aus dem Hauptwappen Böhmens das österreichische Wappen gelöscht und dafür das kurpfälzische eingesetzt. Nachdem noch sichere Nachrichten eingetroffen waren, daß die eigenen Truppen mehrere Orte von Winterberg bis Wodia genommen hatten,[28] stieg die Stimmung unter den Widerständlern in der Hoffnung auf künftige Siege und Wohlergehen.

Ähnlich wie in Frankfurt oder zwei Jahre zuvor in Uppsala bei der Krönung Gustav Adolfs wurde nun am 4. November in einer pompösen Inthronisation Friedrich V. als König von Böhmen auch zeremoniell bestätigt.[29] Die zahlreichen Gebete nahmen während dieses feierlichen Aktes immer wieder die

Krönung Friedrichs V. in Prag – 1619 (Ausschnitt) (Sammlung UB FFm).

Bitte an den Allmächtigen auf, er möge doch in Zukunft »Krieg und Aufruhr von uns wenden«. Und für den neuen König erflehte das anwesende Gottes- und Stände-Volk den »Göttlichen Segen, Moses Gerechtigkeit, Davids Sanftmut, Phineas Eifer, Samsons Stärke und Salomons Weisheit«.[30] Tugenden und Qualitäten, die man diesem gekrönten Kurfürsten ebenso zutraute wie die Fähigkeit, mit seinen persönlichen und politischen Beziehungen in halb Europa den Widerstand gegen Habsburg abzustützen. In ihm allein vermuteten die Frondeure um Thurn eine Art Sicherheitssystem für das eigene Land[31] und zeigten mit dieser Haltung, wie sie für die militärische Aufladung ein hohes Maß an Verantwortung trugen, ohne sich vorab Klarheit darüber verschafft zu haben, ob dieser Reichsfürst überhaupt in der Lage war, den Erwartungen zu entsprechen.

In der wortreichen Rechtfertigung seiner Wahl deutete Friedrich V. an, daß er bei den verbalen Angriffen auf Ferdinand II. ihr Sprachrohr sein wollte. Diesem rechnete er vor, warum sich Böhmens Stände von ihm abgewandt hätten: Er habe es nämlich zugelassen, die »Fundamentalgesetze und Landesprivilegien und deren Observanz, darauf doch das rechte Fundament aller Verpflichtungen gegründet [ist], beiseite zu setzen [und] die Länder, welche auf freier Wahl bestehen, als Erbländer unter das Joch zu bringen«. Diesem Vorwurf, durch patrimoniales Interpretieren einen inneren Umsturz versucht zu haben, wurde noch ein zweiter, außenpolitischer hinzugefügt: Ferdinand II. habe sich ganz bewußt mit dem Türken als dem Erbfeind des christlichen Namens auf dem Balkan arrangiert und dabei Ungarn als eine »Vormauer der Christenheit« von Geschützen und Munition entblößt. Angesichts dieser Maßnahme mußte sich nicht nur die »ungarische Nation« in ihrer »Wohlfahrt und Conservation« gefährdet fühlen, sondern auch ihr unmittelbarer Nachbar im Norden. Denn das, was »wider den Türken gerichtet [war], solches [wurde] wider die Böhmische Nation gebraucht«.[32]

Obgleich es auch seitens der Widerständler Kontakte mit der Hohen Pforte und der Batavischen Republik gab, Bethlen Gabor von Siebenbürgen sogar mit einem militärischen Aufgebot zur Grenze nach Mähren hin marschierte, um Prag zu decken und Wien zu beunruhigen,[33] wurde dennoch das Sultanat als Schrecken aller Christen ausgegeben. Auch Friedrich V. verstand es, mit Vorwürfen und Wort-Attacken so umzugehen, daß sie den eigenen Interessen dienten. Habsburg sollte aufs neue in der europäischen Öffentlichkeit und den eigenen Anhängern gegenüber als wortbrüchige und hinterhältige Herrschaft diskreditiert werden. Ferdinand II. aber war in dieser kritischen Zeit seines aufreibenden Lebens alles andere als ein »Faulpelz«[34] oder ein entschlußloser Betbruder. Vielmehr bemühte er sich mit Feuereifer um eine Abwehrfront aus Casa de Austria, Römischer Kurie und katholischen Reichsständen (Liga), die bald zu wirksamen Gegenschlägen ausholen konnte – von schier unersättlicher Besitzgier, von Seligkeitsstreben und Bekehrungswut getrieben.[35]

Lektion aus Schlesien

Wer neben den materiellen Bedingungen und äußeren Verbindungen des anhebenden Krieges auch die geistigen Leitbilder der Kämpfenden verstehen will, der muß sich stets vergegenwärtigen, was beide Seiten mit dem Fundamentalbegriff der *Ordnung* verbunden haben. In seiner diktatorischen Anlage und Begründung für die »unbegrenzte Autorität eines einzelnen« Machthabers oder einer erbversessenen Dynastie[36] wird er seit Generationen von beamteten Historikern und Juristen immer wieder zur Legitimation des »modernen Staates« angeführt. Dabei spricht man gerne beschwichtigend von der »Sozialdisziplinierung« der Stände,[37] um nicht einen destruktiven Despotismus bei seinem rechten Namen nennen und anerkennen zu müssen, daß auch und gerade die Stände Alteuropas in hohem Maße »staatsfähig« waren.[38]

Wie sich schon anhand der Vertragsnatur von Königswahlen und Erblehen zeigen ließ, hatte das libertäre Ständewesen seinen Ordnungs- und Staatsbegriff auf das Prinzip der Gegenseitigkeit und Treuhänderschaft bezogen. Und dessen Strukturen (Ratsgremien und Landtage) waren unter den gezielten Schlägen der Patrimonialisten nun in höchste Gefahr geraten. Nicht allein in Böhmen, sondern auch in Schlesien wurden sich *Fürsten und Stände* von Tag zu Tag mehr bewußt, welche Zerstörungen der Habsburg-Absolutismus im Schilde führte und mit Verdrehungen herkömmlicher Worte oder mit Gewalt durchzusetzen suchte.

Besonders in diesem »zehnfach interessanten Lande« (Goethe), wo Böhme, Czepko, Gryphius oder Opitz den Nachweis führten, daß Dichter oft Rechtsgelehrte waren und die Juristen Dichter, wurde Wiens Machtpolitik deshalb so empörend empfunden, weil sich die Leute in diesem »Paradies der Stände« (Croon) mit ihrer Selbstverwaltung wohlfühlten.[39] Allerdings hatten sie bisher vergeblich darum ersucht, von den separatistisch gesonnenen Habsburgern als politischer Stand des Heiligen Reiches anerkannt zu werden. Als sie sich nämlich im Jahre 1604 darum bewarben, um in den Genuß und Rechtsschutz des Augsburger Religionsfriedens zu kommen, soll ihnen Kaiser Rudolf II. gesagt haben, »daß Fürsten und Stände in Schlesien ein Land und Glied des Römischen Reiches sein sollten, davon wissen wir weniger denn nichts. Tun ihnen auch dieses nicht eingestehen«.[40]

Es war somit ein autonomes und »teutsch« geprägtes Land mit einem Sonderstatus. Ähnlich wie Preußen der libertären Krone Polen verbunden war,[41] so fühlten sich auch die Schlesier in der Wahrnehmung ihrer Libertät nach außen an die Wenzelskrone gebunden. Ihr föderatives System von »unteren« und »oberen Ständen« samt Einzelfürsten wurde in dieser Beziehung nicht personalistisch aufgefaßt, sondern im Geist der Gerechtigkeit als Inbegriff echter Politik transpersonal verstanden: ganz im Sinne der damaligen Terra-Vorstellung – die Stände sind das Land.[42]

Unter diesen transpersonalen und auf ein überzeitliches Recht gerichteten Bedingungen gestalteten sie ihre Realpolitik. Sie hatte nichts mit dem Machtgebaren späterer Generationen zu tun und lehnte jeden Personenkult ab. Für diese Haltung zur

Bewahrung der eigenen Libertät gab es gute Gründe. In einer Stellungnahme zur Wahl Friedrichs V. und zur Konföderation mit den Patrioten Böhmens zwecks Sicherung von Bekenntnis und Besitz – beides hatte Rudolf II. auch Schlesien 1609 mit dem »Majestätsbrief« garantiert[43] – verwiesen sie denn auch auf die Substanz ihrer Staatlichkeit. In Übereinstimmung mit den Widerständlern betrachteten sie beim Ableben des Königs und Kaisers Matthias den 1612 mit ihm geschlossenen Herrschaftsvertrag für gelöst. Die Anerkennung Ferdinands II. als Nachfolger von Matthias im Jahre 1617 mußte demnach unter Vertragsbedingungen erneuert werden, weil sie nur die Rechtsqualität einer *Option* besaß. Denn im Todesfall des bisherigen Landesherrn galten nicht mehr seine »brieflichen Konfirmationen«, sondern allein die »Real-Assecuration und wirkliche Unterhaltung« der vorhandenen Landesverfassung – und diese lag jetzt bei Fürsten und Ständen der Landschaft Schlesien allein.[44]

Trotz dieser Einstellung – »Respublica est aeterna« – war man von ihrer Seite geneigt, die »Aufhebung allen Mißtrauens« zu betreiben. Doch sollte dabei, so gab man zu bedenken, nicht vergessen werden, was »die bösen friedhässigen Räte« in der Umgebung Ferdinands II. »mit ihren Passionen« bisher schon in den Landen der Wenzelskrone angerichtet hätten – »die Antretung der Regierung mit Krieg, Feuer, Schwert und unwiederbringlicher Landesverwüstung« sei von ihnen »stabiliert« worden. Und was habe Wien bisher an Schadensersatz geleistet? Nicht den geringsten Versuch einer Real-Satisfaction für diese ungeheuerlichen und unchristlichen Schäden an Land und Leuten!

Mehr noch: Man denke nur einmal an die »hoch präjudizierlichen Pacte [Verträge] mit dem Hause Spanien« vom Jahre 1617. Die Patrimonialisten in Madrid und Wien hatten diese über die Köpfe der Stände hinweg so angelegt, »damit diese Länder aus deren Freiheit, in welche sie die Natur selber gesetzt und in deren [Stand] sie zum Teil an das Königreich Böhmen [. . .] aus freiem und ungezwungenen Willen gekommen«, kurzerhand und brutal gerissen werden sollten. Als Gegenleistung für diese

Untat biete man ihnen an, sich »in die äußerste Servitut [Knechtschaft] und unter einen absoluten spanischen Dominat [Gewaltherrschaft]« zu begeben, den »alle Nationen der Christenheit ohne Unterschied der Religion einhellig verabscheuen«.[45]

Freiheit und vertragliche Wahl statt Folter und diktatorische Qual! Das ist die libertäre Botschaft dieser Schlesier, die genau wußten, welche strukturellen Wirkungen das von Habsburg betriebene Erbwesen zeitigte, wenn es nicht nach den vertraglichen Bedingungen des Erblehens als Emphyteuse gehandhabt wurde, sondern nach den abschottenden Bindungen eines Allods oder Patrimoniums – schloß diese Besitzform doch die Treuhänderschaft oder das Tutorenwesen der Lehnsbeziehung aus. Deren Gegenseitigkeit aber war unabdingbar für das Vertrauen zwischen Obrigkeit und Untertanen. Mit Recht und unterm Hinweis auf eine lange Tradition zogen sie denn auch als Patrioten den Patrimonialisten die Grenze: Es »ist nichts neues, daß der Gehorsam ipso iure [vom Recht her] aufhört, wann die Privilegien und Verpflichtung des Königs nicht in Acht gehalten werden«.

Aus diesem Strukturgesetz einer gerechten Ordnung folge zwingend, daß den Untertanen »der Schutz und die Defension der Religionsfreiheit mit dazugehörigen Privilegia von der Obrigkeit abgetreten und eingeräumt worden« seien. Es stand demnach fest, daß Wien mit seinem Verhalten die Grundlagen jedes gerechten Gehorsams zerstört hatte und mit der »spanischen Erblichkeit« nichts anderes beabsichtigt war als der bewußt geplante »Untergang aller Freiheiten« – das erklärte Ziel des Patrimonialismus und seiner Kriegstreiber. Wer glaubte denn im Ernst, daß Schlesiens Fürsten und Stände aufgrund alter Unionen, Incorporationsakte und anderer »Pacte« mit der Krone Böhmen eine derartige »Subjection« (Unterwerfung) gestattet hätten, wie sie jetzt von Wien gefordert wurde? Jeder wußte, daß selbst jene »Politici [Staatsdenker], welche in der Diskussion über den monarchischen und tyrannischen Staat rigoros« zu dessen Gunsten das große Wort führten, dort auch eine Schranke sahen, wo es um »den Umsturz der Fundamentalgesetze« ging. Wurde er von machtlüsternen und besitzgierigen Leuten betrieben, dann waren die Stände und Untertanen »zu keinem Gehorsam mehr verbunden« und berechtigt, »sich einen anderen Herrn [zu] suchen«.

Es gehörte zur Substanz des libertären Standesbewußtseins und dessen Staatsverständnis, daß unter den Bedingungen der beschworenen Gegenseitigkeit »versprochener Gehorsam und geleistete Pflicht« stets dem Recht von Land und Leuten nachgeordnet bleiben mußten. Vom *Fetischismus der Pflicht* als Ausdruck absolutistischer Einseitigkeit ohne Rechtsgarantie wollten diese Stände nichts wissen. Es war daher »niemand glaubhaft zu machen, daß den Contrahenten in König Ferdinandi Ansehung jemals in den Sinn gekommen [wäre], Pflicht und Gehorsam auf bloßem Papier, Brief und Siegel ohne Real-Prästation einzugehen oder mit dergleichen Mißdeutung zufrieden zu sein«.[46]

Vertreter des »Deutschen Idealismus«, der »Deutschen Staatslehre« und des Rechtspositivismus als vertragsverneinende Staatsideologie haben es allerdings besonders nach 1806 bis auf den heutigen Tag verstanden, fortgesetzte Mißdeutungen zu kultivieren und das politische Ständewesen Alteuropas in Mißkredit zu bringen.[47] So wird der Fundamentalbegriff »Contrahenten« heute im Sinne von »Gegner« oder »Feind« gebraucht – sogar von Innenministern und Verfassungschützern –, weil der Terminus von »contra = gegen« abgeleitet wird. Recht verstanden, meint er aber »Vertragspartner«, weil er auf »contrahi = vereinigen« zurückgeht – im Sinne von Kontrakt und Anerkennung des Dritt-Rechtes (Ius tertii).

Nur unter Berücksichtigung dieses Zusammenhangs wird in den Quellen die häufige Formel von den »Pacta mutua« verständlich, von den »Verträgen auf Gegenseitigkeit«, und auch einsichtig, warum sich Schlesiens Fürsten und Stände der Konförderation mit den widerständigen Böhmen angeschlossen haben, ja ihren Bund mit den libertären Nachbarn »als eine lex publica und fundamentalis« betrachteten. Bei deren Anerkennung und Verteidigung, so meinten sie, würde sich zeigen, wie sich »treue Patrioten von den untreuen unterscheiden«. Patrioten waren also dem Staatsdenken der Libertät gemäß Verfassungsfreunde und Vertragsgenossen, denen das Real-Werk der eigenen Freiheit und Selbstbestimmung mehr wert war als das Personal-Werk einer Machtpolitik, die nur ein einziges Ziel verfolgte, nämlich »dieses Königreich [der Wenzelskrone] ganz und gar wiederum unter das Päpstliche Joch und einen ABSOLUTEN DOMINAT zu bringen«.[48]

Es sollte sich jedoch in Wien, Rom und Madrid ja niemand täuschen. Denn die destruktiven Kräfte – allen voran der Jesuiten-Orden, der aus Schlesien bereits »bannisiert« worden war[49] – hätten mit ihrem wuchernden Macht-Mißbrauch und andauernden Rechtsbrüchen nur erreicht, daß »die evangelischen Stände aus lange getragener Geduld zu Erhaltung des Majestätsbriefes und anderer ihrer Freiheiten einen Weg finden müssen«: den des Naturrechts mit der Berechtigung zum aktiven Widerstand und letztlich der Kampf für eine »Restitution durch die Waffen«.[50]

Diese letzte Formel aus dem Konföderationseid von Böhmen und Schlesiern wirkte wie ein zweischneidiges Schwert. Auch Ferdinand II. benutzte es, um ein Vorgehen zu begründen, das die Kultur des libertären Legalismus mit ihrer Friedensordnung erst stornieren und dann zugunsten einer Hausdiktatur zerstören mußte – den Teutschen in Schlesien und in allen betroffenen Landen zum Schaden auf Generationen hin.

»Der neue Mensch«

Wie doch das »neue Lernen« seit dem Humanismus nach antiken Mustern und im Geist der Kritik an der Bedeutung des »reinen Wortes« in seiner Ursprache die Christenheit verändert, gespalten und gar zum Krieg getrieben hat![51] Was aber auch immer die Gottes-, Schrift- und Rechtsgelehrten auf ihren Wegen des strebenden Zweifels suchen mochten, sie kamen nicht an jener Forderung vorbei, die den Ursprung alles Politischen ausmacht – am Gestalten von »Recht und Gerechtigkeit«.

Darauf drangen die Unions-Stände am Ende des Jahres 1619 während ihres Korrespondenztages, den sie in Nürnberg abhielten. In ihrer Stellungnahme zur Lage im Reich ließen sie keinen Zweifel daran aufkommen, daß der neue Kaiser Ferdinand laut Reichsverfassung stets gehalten war, »in allen Religions- und Prophan- auch Fiscali-Sachen gleichmäßige unparteiische Justitia ohne Respekt der Religion und Person administrieren« zu lassen.[52]

Allein mit der Formel »sine respectu« bedeuteten sie jedem Rechtskundigen und politisch interessierten Menschen, daß sie zur Gesundung des zerrütteten Justizwesens vornehmlich darauf sahen, wie das kommutativ Gerechte und damit die Einhaltung transpersonaler Rechtsprechung wieder in die Gerichtshöfe einkehre und der Personalismus in Gestalt der Bestechlichkeit von Richtern und Geschworenen künftig abgestellt werde. Dem habsburgischen Schranzenwesen wollten diese Unions-Stände unter Berufung auf die Nikomachische Ethik des Aristoteles, wie sie an Gymnasien und Universitäten überall im Heiligen Reich gelehrt wurde, begegnen, um das »bereits allzuviel eingewurzelte Mißtrauen« abzubauen und einen Bürgerkrieg zu verhindern.[53]

Trotz der Anwesenheit des Johann Georg von Hohenzollern, der zu dieser Zeit Präsident des Reichshofrates war und sich im Auftrag des Kaisers zu informieren hatte, konnten sich die Standpunkte nicht entscheidend annähern. Im Gegenteil: Die Positionen in dieser und anderen dringenden Reformfragen schienen mittlerweile schon so verhärtet zu sein, daß die Unions-Stände veranlaßt wurden, »die Sach Gott dem gerechten Richter [zu] befehlen und mit desselben Hilfe und Beistand ihre notdrängig angestellte billigmäßige Gegenverfassung und von Gott und der Natur zugelassene Defension keineswegs einzustellen, sondern continuieren werden«.[54]

Diese »monarchomachische« Auskunft konnte nur eines bedeuten – die Waffen sprechen zu lassen und damit den Krieg für die »gerechte Sache« zu führen. Da sich die habsburgische und ligistische Gegenseite mit patrimonialen Argumenten eingedeckt hatte und ebenso entschlossen war, Hausinteressen gegen das Stände- und Reichswohl durchzusetzen, mußte bald eine Lage entstehen, die Jakob Böhme auf seiner Suche nach dem »neuen Menschen« in schlimmer Vorahnung empfunden hatte. In seiner erbauenden Schrift »De tribus principiis« aus diesem Jahr griff er zum Gleichnis von der Distel als dem tiefverwurzelten Unkraut des Ungerechten und Bösen, der die Lilie als Zeichen der Hoffnung gegenübergestellt wurde. »Denke niemand«, so mahnte er in dieser Zeit der wachsenden Kriegsfurcht, »der wird siegen, so der Streit angehet, nun wird's gut werden; und der unten liegt, denke nicht: Ich bin also *ungerecht* erfunden worden, du mußt auf jene Meinung treten und diesen Haufen verfolgen helfen. Nein, es ist nicht der Weg, und ist nur ein Babel. Gehe ein jeder in sich selber, und mache einen *gerechten Menschen* aus sich selber, und fürchte GOTT und tue recht. [. . .] So grünet die Lilie GOTTES, und stehet die Welt in seinem saeculo.«[55]

Halten wir hier inne: Was immer auch der Mensch an Rechtfertigungen für seine Kriege beischleppen mag, stets wird er sich in seinem Besitztrieb auf das Gerechte berufen, in dessen Namen er zu kämpfen vorgibt. Im Gewand des *alten Menschen* wird er dabei auf der Vergeltung bestehen und entsprechend seine Rüstung betreiben. In Gestalt des *neuen Menschen,* der durch Christus ein »erleuchtetes Gemüt« (Böhme) hat, sollte er nach Maßgabe der Vernunft handeln und sich das aristotelische Denken von der Verhältnismäßigkeit[56] zu eigen machen, – das politische Handeln nach der Goldenen Regel der Bergpredigt richten.

Im Sichern dieser rationalen Substanz vollzieht sich Aufklärung als das Heranführen des Menschen an seine politische Mündigkeit und religiöse Einsicht, daß »alles Treiben in der Geschichte ohne GOTTES Geist nur ein verwirret Babelisch Werk ist, davon Zank und Streit in eigener Hoffart kommt«.[57] Und daraus darf geschlossen werden, daß das Aufspüren des gerechten Geistes GOTTES in der Geschichte wie ein Feuer zur Erleuchtung der »alten Menschen« gehegt werden muß: Es soll die

Menschen nicht verzehren, sondern wie der brennende Dornbusch ihre Wege in der Finsternis erhellen.

»Alles Feuer hat einen Glanz.«[58] Verstehen wir dieses Bild in Böhmes Theosophie recht, das aus dem Widerschein des Paracelsismus seine Kraft gewinnt, dann ist bei all seiner Skepsis gegenüber der Geschichte[59] dieser Glanz ein Abbild von ihr. Aus Sprachstücken, Wortresten und glimmenden Gedanken zusammengefügt, empfinden wir es als eine sich stets erneuernde Imagination, die um einen festen Kern kreist. Und sie allein läßt es wie in einem Traum zu, daß uns »gar wunderliche Dinge« vor dem inneren Auge begegnen, »welche doch im Anfang alle aus einem Brunnen gegangen sind. Denn wir befinden Böses und Gutes, Leben und Tod, Freude und Leid, Liebe und Feindung, Traurigkeit und Lachen: und befinden, daß es alles aus einem Wesen sich urkundet«.[60]

Die Fähigkeit zum Dialog, Bereitschaft zu einem ausgewogenen und nicht faulen Kompromiß, sowie das willige Anerkennen vertraglicher Regeln, die bei einem Streit die Schlichtung ordnen – das macht zu allen Zeiten das Friedenswesen der Menschen aus.

An einer dieser drei lebenswichtigen Tugenden oder Verhaltensweisen fehlte es in diesen Wochen und Monaten des ausgehenden Jahres 1619. Nicht wenige Akteure und Anheizer des kommenden Kriegsfeuers hätten ohne Zögern dem Eingeständnis des Descartes zustimmen können: »Larvatus prodeo« oder »Ich trete mit einer Maske auf.«[61] Er, der sich zu dieser Zeit nach einer langen Reise über Kopenhagen und Danzig nach Böhmen begeben haben soll, um die Verhältnisse im nördlichen Europa kennenzulernen und der gar die Kaiserkrönung Ferdinands II. in Frankfurt erlebt haben will,[62] mußte Gemüt und Körper zeitweise als eine Maske empfinden, weil sich sein Geist auf der Suche nach den Geheimnissen GOTTES in der Natur umtat. Dort spürte er den Substanzen nach und stieß dabei auf Widersprüche der Scholastiker, die bisher als Wahrheit ausgegeben, aber von ihm als solche nicht mehr nachvollzogen werden konnten.

Die Spannungen zwischen eigener Erkenntnis und äußerer Anerkennung kann man sich in dieser aufs Dogma versessenen

Zeit lebhaft vorstellen. Besonders bei einem guterzogenen Adligen wie Descartes, der auf der Rückkehr zur Armee des Herzogs Maximilian von Bayern vom Winter überrascht worden war und sich in der Nähe von Ulm in einer teutschen Stube auf sich selbst zurückzog. In materiellen Dingen genügsam bis zur Askese und als Soldat an Entbehrungen gewöhnt, suchte er nach den Grundlagen einer neuen Philosophie. Und dies unter den Bedingungen der Mathematik und der Proportionen-Lehre, ohne die Aristoteles niemals das Gerechte in seiner universalen und zeitlosen Rationalität hätte denken und beschreiben können.[63]

Im Verlauf dieser Arbeit, die einen ersten Schritt zur »wundersamen Wissenschaft« bedeutete, erlebte Descartes eines Nachts drei besondere Träume. Sie kamen ihm wie Funken des Göttlichen im Dunkel menschlicher Irrtümer vor und offenbarten ihm gar Wesensstücke des wahren und neuen Menschen: In einem wilden Sturm erkannte er das BÖSE, in einer schwebenden Melone begriff er sich selbst als Individuum und Verkörperung des EINSAMEN, und in einem Dichtwerk (Corpus Poetarum) rutschten seine Finger auf die Frage aller Fragen, die den Menschen dem Ernst des FREIEN WILLENS überläßt: »Was für einen Lebensweg soll ich einschlagen?«[64]

Anders und in Anspielung auf Calderón, Böhme und Gryphius gefragt, die ebenfalls nach der wahren Gestalt des Menschenbildes suchten: Ist der Traum ein Raum, in dem der alte Mensch lediglich in einem neuen Licht erscheint oder erhellt er in den Gängen der Nacht Entwürfe eines ganz anderen Menschseins, die am Tage verborgen bleiben müssen?[65] Descartes war davon überzeugt, daß ihn der Geist der Wahrheit bei allen Versuchungen in die Nähe der letzten Möglichkeit getrieben hatte, um ihm »durch diesen Traum die Schätze aller Wissenschaften [zu] eröffnen«.[66]

Wie sehr dieses Traumerlebnis Wirklichkeit geworden ist, dies gehört zu den Eigenheiten und Traumata dieser Kriegsepoche, die zuerst die schlimmste Menschenverachtung zu Gesicht bekam und dann ein Bemühen um die Emanzipation des Individuums vom Joch kirchlicher Dogmatik erlebte, das noch heute nicht zum Stillstand gekommen ist.[67] Bezeichnend auch, daß Descartes vor allen anderen Zeitgenossen einer Frau gestattete, an seinen Schätzen teilhaben zu dürfen. Sie war im selben Jahr zur Königin von Böhmen gekrönt worden und sah einer neuen Niederkunft entgegen – Elisabeth von England.[68]

Diese ungewöhnlich schöne und sinnliche, dabei hochgebildete und an den Wissenschaften interessierte Frau brachte am 27. Dezember 1619 im goldenen und rauschhaften Prag einen gesunden Jungen und Erben zur Welt. Er wurde bald auf den Namen Rupertus oder Ruprecht getauft, wobei Vertreter der Unions-Stände Pate standen. Ein neuer Mensch, der noch nichts davon ahnte, wie mühselig er sein Leben als Alptraum der hohen Politik zu bewältigen haben würde. Denn er war schon ein gewisser Trumpf in der Hand seines Vaters Friedrich V., der jetzt einen Gesandten nach London abfertigte, um Jakob I. nicht nur anzuzeigen, daß er wieder einmal Großvater geworden war, sondern auch um Hilfe gegen Habsburg zu erbitten. Gerüchte gab es bereits genug, daß die Stände Englands und Schottlands auf eigene Kosten eine Armee von 30000 Mann aufgestellt hätten – bereit zur Invasion in Böhmen.[69]

Wenn das nur kein Wunschtraum war! Eine jener Einbildungen, von der sich schon manche Politik genährt hatte, die eher den Dünsten aus dem Reich des Bösen traute, als sich am klaren Wasser des Guten zu erquicken. Jedes hinterhältige Vorgehen, dem auch Friedrich V. nicht abgeneigt war,[70] bestätigte den alten Menschen, in dem die Unvernunft wie ein Unkraut wucherte. Böhme nannte diesen Zustand das »Aufsteigen der Hoffart in Geiz, Neid und Zorn«. Und all dies zusammen »macht einen Schwefel, darinne das Feuer brennet und sich immer mit dieser Materia entzündet. Denn es ist eine große Bitterkeit, in welcher des Lebens Beweglichkeit stehet. [. . .]«[71]

Was immer auch an ökonomischen und sonstigen Gründen angeführt werden mag, um die Entfesselung des kommenden Dauerkrieges zu erklären,[72] an dieser Beschreibung der Passionen und Affekte, die des Menschen Gemüt beherrschen können, sollte keiner achtlos vorbeigehen. Denn sie trifft nicht nur das Los Wallensteins, sondern auch den Lebensplan Maximilians:

Seit 1356 durften die Wittelsbacher in Heidelberg allein die Kurwürde tragen,[73] während der Münchner Zweig mit der geringeren Herzogwürde Vorlieb nehmen mußte. Dieses »Unrecht« ließ Maximilian wie ein Feuer des Neids in sich brennen, bis sich jetzt die einzigartige Gelegenheit bot, die Bitterkeit in eine Belohnung für »Kaisertreue« umschlagen zu lassen. Denn während eines Besuches von Ferdinand II. in München entwikkelte ihm Maximilian einen Plan zum Erwerb der pfälzischen Kurwürde. Die Rechtsnatur des Erblehens machte dieses Projekt möglich, wenn Friedrich V. mit der Reichsacht belegt würde. Der neue Kaiser fand an diesem kühnen Unternehmen Gefallen, zumal er dringend Hilfe gegen die erstarkenden Böhmen brauchte. Die Gründung der »neuen Liga«, in der Maximilian für das eigene Kontingent das absolute Direktorium und damit den uneingeschränkten Oberbefehl erhalten hatte,[74] kam in dieser Lage gerade rechtzeitig, bedeutete sie doch für Wien eine erhebliche Absicherung nach Böhmen hin, auf die Oberpfalz und die Rheingebiete zu.

Aufladungen waren also im vollem Gange, Kriegsziele wurden abgesteckt und vor allem Besitztitel im geheimen gehandelt – der besondere Treib-Stoff, aus dem die meisten politischen Träume stiegen und die halbwegs wachen Sinne der Mächtigen schwächten. Schon verbreitete sich die Kunde über ein schreckliches Chasma (Zeichen) am Firmament über Groningen in den nördlichen Niederlanden, wo die göttliche Vorsehung angeblich ihre auserwählte Heimstatt hatte. Dort wurden in der Nacht am Himmel »zwei gewaltige Kriegsheere« wahrgenommen, »eins aus dem Süden und das andere aus dem Norden«: Sie stritten lange und heftig miteinander, bis das »aus dem Süden kommende Heer geschlagen und zertrennt worden« war.[75]

Es durfte auf allen Standesebenen über den Sinn dieses Alptraumes spekuliert werden. Im Wind des harschen Winters schlugen schon die Regimentsfahnen, und mit dem *Münchner Vertrag*[76] stärkten sich auch in Brüssel um Erzherzog Albert die kriegerischen Gemüter, von den katholischen Niederlanden und dem habsburgischen Elsaß aus eine *Diversion in die Pfalz* zu unternehmen – in Friedrichs V. Stammlande.

Entladungen

Versuch einer Einkreisung

Die Krise zog ihre Kreise. Jedoch auf ganz andere Art, als sie später »aus Utopia« berichtet wurde. Von dort erzählte ein kurzweiliger Kerl, daß man »einen großen Kessel mache, daran dreihundert Schmiede ringsumher und zwölf in der Mitte arbeiten. Und einer stehe vom anderen so ferne, daß, wenn sie gleich aufs lauteste klopfen, dennoch einer den anderen nicht vernehmen könne«.[1]

Das Hämmern im Herzen Europas wurde aber im dritten Kriegsjahr bis zu den Ländern am Rande der Christenheit vernommen und schallte schon darüber hinaus. Mancherorts wurde es bereits so verstanden, als ob Habsburg zwar nicht einen Kessel, wohl aber Ketten für eine universale Sklaverei schmiedete: Für eine politische Entmündigung des libertären Ständewesens und die Abschaffung rechtlicher Errungenschaften. Ehe sich nun die aus allen Richtungen bedrohten Patrioten von diesen gütergierigen Leuten in der Hofburg oder im Escorial zu »Erbsklaven« machen ließen, wollten sie für ihre Freiheiten kämpfen. Dabei war ihren Führern bewußt, daß sie um Prag und Böhmen als dem substantiellen Kern des Widerstandes einen äußeren Ring zu legen hatten, der in einer doppelten Staffelung die Sicherheit vor der Habsburg-Macht erhöhen sollte.

Das Einbeziehen der Fürsten und Stände Mährens in die Konföderation verstärkte nicht nur die Deckung nach Ungarn hin, sondern konnte auch zur Bedrohung Wiens von Osten her aktiviert werden, um gleichzeitig Tampiers Truppen zu binden.

Beziehungen zu den protestantischen Ständen Ober-Österreichs ergaben außerdem die Möglichkeit, Wien von Westen her unter Druck zu setzen und Bucquoys Kontingente davon abzuhalten, längs des Güldenen Stiegs und von Budweis aus Prag mit dem böhmischen Kernland zu bedrohen. Mit der Einbeziehung der Stände in der Ober- und Niederlausitz wurde gegen das Habsburg-orientierte Kur-Sachsen ein zusätzlicher Puffer errichtet, während man die militärische Aufrüstung von seiten der Fürsten und Stände Schlesiens als weiteren Garant dafür betrachten konnte, die Nordostgrenze gegen Vasa-Polen hin verteidigt zu sehen.

Mit dem zügigen Ausbau dieses Schutzringes von Vormauern wollte man sich in Prag aber nicht begnügen, zumal einige von diesen bereits unter Beschuß geraten waren. Vor allem Mähren und Schlesien hatten sich wiederholter Kosakeneinfälle zu erwehren, die von Vasa-Polen zu einer Entlastung Wiens und Habsburgs gefördert wurden. Nachdem auch Bethlen Gabor von Siebenbürgen am 16. Januar 1620 mit Ferdinand II. einen »Anstand« geschlossen hatte, der bei gegenseitiger Besitzgarantie bis zum 29. September eingehalten werden sollte,[2] kam der Verstärkung des Außenringes eine steigende Bedeutung zu. Der Landtag von Prag erkannte sehr wohl den Ernst der entstandenen Lage und bemühte sich um eine zusätzliche Absicherung des begonnenen Widerstandes bei den geschworenen Feinden Habsburgs.

Besonders die Niederlande sollten mit Geld und Kriegsvolk unmittelbare Hilfe leisten, demnach mit der verstärkten Bindung spanischer Truppen im Westen für Ferdinand II. und Maximilian von Bayern das Risiko erhöhen, gegen diese Böhmen militärisch vorzugehen. Eine ähnliche Unterstützung erwartete man von Christian IV. aus dem Nordwesten. Denn er konnte als Reichsstand und Oberster des Niedersächsischen Kreises erheblichen Druck auf Kur-Sachsen ausüben und Johann Georg von kriegerischen Übergriffen auf die beiden Lausitz abhalten. Die Auseinandersetzung um die Hansestadt Hamburg und die Belagerung von Stade durch den Dänenkönig[3] dämpften aber diese Erwartung. Auch mit dem Einsatz Vasa-Schwedens wurde in Prag gerechnet; vermochte es doch König Gustav Adolf – mit Friedrich V. verwandt und hohen Häusern im Reich verbunden –, Vasa-Polen und Sigismund III. im Nordosten mit einer wertvollen Diversion zu beschäftigen[4]. Ihre Bedeutung für die böhmischen Widerständler würde noch wachsen, wenn es gelingen sollte, die Hohe Pforte unter Osman II. gleichzeitig zu einem Angriff auf Kosaken und Polen zu bewegen, während Bethlen Gabor mit einem Kriegszug den Fürsten Graziani von der Moldau ausschaltete. Damit wäre Habsburg im Osten völlig isoliert worden.[5]

Eine Gesandtschaft Friedrichs V. in Konstantinopel mußte aber erleben, daß der polnisch-türkische Konflikt eine Sache war und die gezielte Diversion der Hohen Pforte für den neuen König von Böhmen eine ganz andere. Mehr noch, die energischen Vorstellungen des habsburgischen Gesandten Molart bei Osman II., den geschlossenen Frieden zu halten, und seine Bestechungsgelder aus der spanischen Kasse zeitigten bald die gewünschte Wirkung. Wien und Madrid hatten in diesen schwierigen Monaten erkannt, daß der Casa de Austria von Prag her eine tödliche Gefahr drohte, wenn sich die Widerständler in fast ganz Europa absichern und Habsburg in eine globale Umklammerung manövrieren konnten.[6].

Trotz dieses Erfolges bei der Hohen Pforte, sich nicht für die »Rebellen« Böhmens zu verwenden, wären aber die Prager Pläne erheblich gestärkt worden, wenn nur Jakob I., Friedrichs V. Schwiegervater, die erwartete Hilfe geleistet hätte. Doch wie sollte er dies in seiner dauernden Geldnot anstellen?[7] Zwar war er von der religiösen Widerstands-Begründung der Böhmen nicht überzeugt, doch davon eingenommen, überall in Europa als Friedensstifter zu gelten. Hatte nicht sein Einfluß 1617 zum »ewigen Frieden« zwischen Vasa-Schweden und dem Moskauer Zartum geführt? Und war er nicht eifrig bemüht, auch im Südwesten der Christenheit für Entspannungen zu sorgen, indem er Spaniens Botschafter Gondomar dabei unterstützte, eine Heirat zwischen dem Prinzen von Wales und einer spanischen Habsburg-Prinzessin zu arrangieren? Selbst wenn sich dadurch Frankreich und die Niederlande gefährdet fühlen mußten?[8]

Die Politik dieses empfindsamen Stuarts, der den Aufbau des Heeres und den Ausbau der Flotte vernachlässigte, trug alle Zeichen einer Beschwichtigung fundamentaler Konflikte und anhaltender Krisen, die mit Heiratsplänen kaum zu lösen waren. Dieses sonderbare Verfahren des *To appease as base to a peace* mußte in einer Lage verhängnisvoll wirken, die von offenen politischen Aufladungen gekennzeichnet war und nach kriegerischen Entladungen drängte. Während sein Schwiegersohn durch die bedrohten Lande der Wenzelskrone zog, um sich nach alter Lehnstradition von Fürsten und Ständen huldigen zu lassen[9], und den politischen Überlebenskampf organisieren half, schien es Jakob I. und seinem Günstling Buckingham wichtiger zu sein, Spanien und damit Habsburg bei Hochzeitslaune zu halten und sich selbst schmeicheln zu lassen.[10]

Das war die eine Seite einer Außenpolitik, die nicht wahrhaben wollte, wohin die destruktive und patrimoniale Haltung der Casa de Austria führen mußte, wenn sie Erfolg hatte. Auf der anderen Seite verschloß sich aber auch das Parlament einer libertären Solidarität mit den Patrioten in Böhmen: Es wollte vorerst weder Geldmittel noch Soldaten bewilligen. Verständlich wird das Zögern der Stände Englands wegen ihres Mißtrauens gegen diesen Stuart, weil er dem Parlament eine Reihe von Fundamentalrechten wie Redefreiheit und ungehinderte Themenwahl streitig machen wollte. So war denn auch eine Hilfe für die Pfälzische Sache in Böhmen bei diesem König nicht vor Mißbrauch gefeit. Hegte er doch selbst eine Affinität zum Absolutismus, nachdem ihm der »dreiteilige Vertrag« mit den Lords und Commons mehr als einmal hinderlich vorgekommen war.[11]

Im Ernstfall durften die Patrioten Böhmens in ihrem Kampf gegen die patrimonialen Habsburger aus dieser Ecke Europas keine offizielle Hilfe erwarten. Doch ihre Initiativen zur Aktivierung der Sicherungsringe zeigen, wie eng und verschränkt alle Gemeinwesen des Abendlandes in ihrer sekurativen Struktur angelegt waren, und wie sehr sie aufeinander angewiesen blieben, wenn sie ihre innere Freiheitsverfassung erhalten wollten. Das bedeutete im äußersten Falle auch, daß Anrainer oder befreundete Mächte aus einer politischen Notwehr heraus gezwungen werden konnten, zugunsten der Libertät zu intervenieren, um nicht selbst unter die Diktatur des Patrimonialismus zu geraten.

Das zeigte sich unmißverständlich zu Beginn des Jahres 1620, zumal von seiten der Hofburg alles unternommen wurde, um der Wirksamkeit einer Einkreisung durch die libertären Kräfte begegnen zu können. Ferdinand II., der in allen Finten der hohen Politik und in den Verfahren des Erwerbens durch Ererben geübt war, wußte, wie er künftige Bundesgenossen zu ködern hatte. Dem ebenso ehrgeizigen wie besitzgierigen Bayern-Herzog Maximilian stellte er bei einem Erfolg gegen die »Rebellen« eine heiß ersehnte Beute in Aussicht: die Kurwürde Friedrichs V. und möglicherweise sogar den Besitz der gesamten Kur-Pfalz![12] Johann Georg von Kur-Sachsen konnte den Erwerb der Ober- und Niederlausitz sichern, wenn er ihm zu Willen war, und sogar auf die Überschreibung einiger Stifter im Niedersächsischen Kreis hoffen.[13] Und Sigismund III. stellte er für seine Hilfe Schlesien als Lehen für den Fall in Aussicht, daß der Kampf um Böhmen gewonnen werden sollte.[14] Doch das war nach Lage der Dinge jetzt im Frühjahr 1620 so sicher nicht, zumal neben allen Gespanntheiten zwischen Wien, München und Dresden auch die Beziehungen zwischen Erzherzog Albert in Brüssel und dem todkranken Philipp III. in Madrid äußerst störanfällig waren.[15]

Khevenhiller, der Gesandte Ferdinands II. am spanischen Hof, soll in dieser sich zuspitzenden Krise gedroht haben, daß sich der Kaiser dazu hinreißen lassen könnte, den Status quo zu akzeptieren, d. h., Böhmen dem Pfälzer zu lassen, Ungarn dem Bethlen Gabor zu vermachen und die Reichslehen Flandern samt Mailand den spanischen Habsburgern zu entziehen, wenn sie nicht unverzüglich Hilfe leisteten.[16]

Man wird diese Drohung des Gesandten nicht überbewerten dürfen. Sie vermittelt jedoch etwas von der steigenden Nervosität der Hofburg und läßt gleichzeitig erkennen, daß der spanische Zweig des Hauses Habsburg nicht nur mittels Burgund ein Stand des Heiligen Reiches war. Philipp III. oder Erzherzog Albert konnten demnach militärisch auf teutschem Reichsboden auftreten, ohne sofort als auswärtige Interventoren verschrien zu werden: ein rechtlicher Umstand, der sich bald auszahlen und in der Zukunft wirklichen Interventoren erhebliche Legitimationsprobleme bereiten sollte.[17]

Was immer auch Khevenhiller dramatisiert haben mochte, so ließ es sich doch nicht leugnen, daß aus dem spanisch regierten Mailand etwa 8000 Mann »wohlgerüstetes Volk« über den Sankt-Gotthard-Paß und Tirol ins Bistum Passau gelangt waren, um gegen Böhmen in Marsch gesetzt werden zu können.[18] Außerdem wurden Geldanweisungen nach Wien getätigt: zunächst 200000 Dukaten und dann immer mehr. Silberflotten aus Südamerika machten es möglich, wie ein kaltes Feuer Spaniens Eigenwillen zu schwächen und in der Pfalz und Böhmen einen heißen Krieg zu nähren.[19] Ein eigenartiges Zusammenspiel von Kräften außerhalb Europas, die nun alle militärischen Aufrüstungen in Kernlanden der Christenheit abstützten und die Explosion vorbereiten halfen – die Eindämmung der »türkischen Gefahr« und die Schübe des »indianischen Goldes«. Fielen beide Stützen weg, dann konnte Habsburg in seinem Hegemoniestreben ernsthaft gefährdet, erfolgreich bekämpft und zu einem Frieden auf Dauer genötigt werden.

Diese Einsicht zu Beginn der ersten großen Kampfphase des Teutschen Krieges muß in der weiteren Erschließung dieses Bürgerkrieges stets bewußt bleiben, um verstehen zu können, warum sich Habsburgs Kriegspolitik so lange in Szene zu setzen vermochte. Zur Erklärung dieses Phänomens einer sich ausweitenden Militärdiktatur in Mitteleuropa müssen aber neben diesen wichtigen Außenfaktoren auch bestimmte Innenkräfte beachtet werden, die entscheidend zur Destruktion des politischen Ständewesens und der libertären Vertragskultur beigetragen und somit den Krieg als Intervention nach innen erst entfacht haben.

Wallenstein und Gustav Adolf

Soldaten aus dem Reichslehen Mailand konnten ohne größere Zwischenfälle herangeführt werden; die Strategen in Wien und München mußten allerdings erleben, daß der Marsch der Einheiten aus Flandern am Rhein aufgehalten wurde. Der Markgraf von Baden-Durlach hatte sich ihm, unterstützt von Schweizer Kontingenten, bei Freiburg (Breisgau) in den Weg gestellt und verweigerte in Absprache mit der Union den geforderten Durchmarsch. Man wollte mit dem Stau von Habsburg-Truppen, die vom Elsaß aus weiter nach Böhmen ziehen sollten, Zeit gewinnen, damit sich die Patrioten verstärken konnten.[20] Tatsächlich wurden aber durch diese Maßnahme nur jene Kräfte in Madrid ermuntert, die zur Entlastung Wiens eine *Diversion auf die Pfalz* planten: Damit sollten Unions- und andere Stände-Truppen so lange gebunden werden, bis der Kampf um Böhmen zugunsten der Casa de Austria entschieden war.[21]

Bei diesem Kampf hatten fast zur selben Zeit die »Rebellen« bei Langenloys einen kräftigen Dämpfer hinnehmen müssen. Habsburgs kampferprobten Einheiten war es gelungen, einen ersten militärischen Erfolg gegen die Widerständler zu erringen.[22] Außerdem erfuhren sie, was es hieß, wenn sich ein Böhmischer von Adel nach seiner Konversion als »Erzpapist« empfand und im ungehemmten Drang nach Macht keinen rechten Sinn im Kampf für ständische Freiheiten erkennen wollte. Denn diese zwangen ihn unter die Herrschaft des Rechts und begrenzten damit viele Möglichkeiten auf dem Wege in die zweifelhaften Höhen einer Machtgeschichte. Kepler hatte bereits 1608 in einem Horoskop für den »lichtscheuen Unmenschen« Wallenstein auf eine solche Gefahr der Machtgier hingewiesen.[23]

Von einer unstillbaren Hoffart getrieben, vor welcher der »Teutsche Philosoph« Böhme gewarnt hatte, weil sie einen Menschen zur »freien Lust des Nichts« verführen konnte und damit zur Narretei der Gott-Gleichheit,[24] machte dieser Wallenstein mit einer spektakulären Hoffahrt nach Wien die Probe aufs Exempel.

Im selben Jahr wie Hugo Grotius und Axel Oxenstierna geboren (1583), hatte er in der Jugend zu Altdorf und vielleicht in Padua[25] nicht lernen wollen, daß die politische Kultur der Libertät auf der Gegenseitigkeit von Geben und Nehmen (Do ut des) beruhte. Nur dann konnte Friede herrschen. Und bei Georg Bastas, des Kaisers General in Ungarn, der ein glänzendes Werk zur Kriegskunst verfaßt hatte, schien er als Fähnrich so wenig aufgepaßt zu haben wie sein flandrischer Kollege Tilly. Seine Unfähigkeit, das rechte Maß zu erkennen, verhinderte nicht nur vernünftiges Handeln im Umgang mit Soldaten und Untertanen, sondern minderte auch die Einsicht, daß zeitweilige Macht allein noch nicht den Staatsmann macht. Denn Krieg als Akt der Notwehr hat eine Kunst im Dienst der Gerechtigkeit zu sein, wenn er politisch auf einen Frieden in Freiheit wirken soll.

Wie sich dieser »Hundsbube« im Vertrauen auf die Sprache der Sterne seinen Weg zu einer Zentralfigur des Teutschen Krieges rücksichtslos zu bahnen verstand, bewies er der Welt am 30. April 1619. Noch immer im Dienst der Widerständler, schickte er an diesem Tag den Offizier Khuen mit neun Kompanien von Olmütz aus zur Grenze nach Ungarn hin – ohne nähere Begründung und ohne die üblichen Quartierbriefe. Als Khuen unverrichteter Dinge gegen Abend wieder zurückkehrte, kam es zu einem heftigen Wortwechsel mit Wallenstein über den Unsinn dieses Militärzuges ins Leere. Da zog der befehlende Obrist zu Roß mitten im verbalen Schlagabtausch den Degen und durchbohrte den ahnungslosen Khuen, der tödlich verwundet vom Pferd stürzte.

Diese Untat allein bestätigte Keplers Ansicht vom unbarmherzigen, lieblosen und betrügerischen Wesen dieses Machthungrigen,[26] der in der Geschichtsschreibung immer wieder Verteidiger finden konnte.[27] Nach Lage der Dinge aber war dieser Todesstoß von Olmütz nichts anderes als Mord, und zwar unter Mißbrauch des gerechten Gehorsams durch den Befehlshaber, durch Wallenstein. Er hatte Khuen bewußt getäuscht, und als er sich ertappt sah, hatte er ihn sofort getötet, um gleich danach noch eine dritte Schandtat zu begehen. Er verlangte nämlich in der selben Nacht vom Schatzmeister der Stände

Mährens, dem ehrbaren Herrn Biryta, unter Androhung des Hängens die sofortige Auslieferung der Kriegskasse mit insgesamt 96000 Talern. Diesen Schatz ließ er dann zusammen mit der vorhandenen Munition, schwer bewacht, auf mehreren Wagen erst zur ungarischen Grenze und dann nach Wien in die Hofburg bringen.[28]

Ein Einstand bei Hofe nach Maß! So glaubte er. Und tatsächlich kam es Ferdinand II. – in seinem Rechtsbewußtsein so korrupt wie Wallenstein selbst – nicht einmal in den Sinn, den Mord an Khuen zu ahnden. Von Fürst Eggenberg – auch er ein Konvertit – immer wieder gedrängt, wollte er anfänglich sogar das geraubte und blutbesudelte Geld behalten: hatte es doch seinen erklärten Feinden, den »Rebellen« gehört. Für dies eine Mal aber beugte er sich der Mehrheit in seinem Rat und ließ das Geld heimlich zurückgeben. Er war jedoch entschlossen, bei Gelegenheit das Vielfache dieser Summe einzustreichen und mit ganz Böhmen wie mit einem patrimonialen Eigentum zu verfahren.[29]

Den betrogenen Böhmen und Mähren blieb zunächst nur die erfolglose Verfolgung des Wagenzuges und die Wut über diesen Verrat ihres Infanterie-Obristen Wallenstein, der seine libertäre Lektion nicht lernen wollte. Graf Thurn, die glühende Seele des Widerstandes, schrie sie ihm wie eine Verfluchung hinterher: »Was für eine große und augenscheinliche Strafe der gerechte Gott auf den hoffärtigen von Wallenstein kommen lassen, indem er einen solchen Fehl über ihn verhängt, desgleichen von einem Kavalier nit bald erhört worden, das wird unzweifentlich in der ganzen Welt erschallen und von vielen Tausenden geurteilt werden. Denn wer seine geschworene Pflicht vergißt, ohne Anweisung seiner Vorgesetzten den anvertrauten Paß verläßt, seine untergebenen Soldaten, soviel ehrliche Gemüter, mit falschen und betrüglichen Persuasionen überführet, flüchtig abzeuchet und sich des Landes Geld gewalttätiger, ja räuberischer Weise bemächtigt, der sündigt an Gott, verletzt die Ehr und handelt wider sein Gewissen. [...]«[30]

Das war ein libertäres Bekenntnis zur Idee des Gerechten und der vertraglichen Gegenseitigkeit, die Wallenstein, von einem

Tag auf den anderen aus eigenem Willen und von einer kriminellen Energie getrieben, aufgekündigt hatte. Den aufgebrachten Ständen Mährens blieb gar nichts anderes übrig, als diesem Rechtsverächter, der unter dem destruktiven Einfluß des Saturn und Jupiter gestanden haben soll,[31] Hab und Gut abzuerkennen und ihn vom Landtag offiziell ächten zu lassen.[32]

In dieser Situation bedeutete Wallenstein, »dem gemeines menschliches Wesen nicht gefallen« wollte und der stets »nach neuen, unversuchten oder doch seltsamen Mitteln trachtet«,[33] für Ferdinand II. eine Belastung. Aber wie schnell konnte sie in eine Trumpfkarte umgewandelt werden, wenn sich die Gelegenheit dazu bot! Kein Mensch ist zu Schandtaten entschlossener als derjenige, den der Verlust seines Besitzes nicht ruhen läßt. Durfte sich diese Kraft austoben, indem sie das Kriegen zum Selbstzweck verkommen ließ, dann waren Böhmen und das Heilige Reich in zehn Jahren nicht wiederzuerkennen, weil der »Weg hinauf« zur Macht gleichzeitig der »Weg hinab« ins Verderben war. Wer aber konnte dann noch den Krieg aufhalten, die der Macht Verfallenen dämpfen und gar einen gerechten Frieden erkämpfen?

Die Geschichte sollte auf diese fundamentale Frage eine denkwürdige Antwort geben. Denn ein Jahr nach Wallensteins Mord- und Terroraktion in Olmütz ging Schwedens König Gustav Adolf an Bord eines Kriegsschiffes. Es sollte ihn über die Ostsee an die Küste des Heiligen Reiches bringen, damit er von dort aus »auf die Freierei« gehen konnte. Das Schiff trug den Namen »Jupiter« und war geringer bestückt als das Begleitschiff mit dem Namen »Szepter«, auf dem 38 Kanonen bereitstanden, um den König vor jedem Angreifer zu schützen.[34]

»Szepter«: welch eigenartige Bezeichnung für ein Kriegsschiff dieses Ausmaßes! Achtet man jedoch darauf, daß die weiteren Flaggschiffe der Marine Schwedens »Krone«, »Schwert«, »Apfel« und »Schlüssel« hießen, dann erschließt sich der libertäre Gehalt dieser Bezeichnungen im Hinblick auf die Krönungsinsignien. Sie waren auf besondere Weise ein Symbol für den Auftrag aller Politik, in diesen Zeichen das Gerechte zu gestalten. Der König war gehalten, diese Schiffe als sichtbaren Ausdruck einer souveränen Krone zum Schutz der Rechte und Freiheiten Schwedens gegen innere und äußere Feinde einzusetzen, wenn die unabdingbare Not es gebot. Es war ihm aber nicht erlaubt, sie zu ungerechten Kriegszügen zu mißbrauchen.[35]

Dies beabsichtigte Gustav Adolf auch nicht. Er kam im Frühling 1620 als Freier ins Heilige Reich und konnte noch nicht ahnen, daß er zehn Jahre später als dessen Befreier mit etwa siebzig Schiffen vom Kriegshafen Älvsnabben aus aufbrechen sollte. Doch nun, auf seiner Reise von Rügen auf Berlin zu, erlebte er nicht wenige Zeichen des Zerfalls privater und öffentlicher Sitten, obgleich die meisten Länder, durch die er kam, noch nicht von Krieg überzogen waren. Das herrische Wort »Bescheid oder ich schlag dir in die Augen« wurde im Umkreis des inkognito reisenden Königs ebenso vermerkt,[36] wie der Zustand von Wehranlagen der Städte oder der Wege und Dörfer eifrig registriert wurde.[37]

Als der König am 19. Mai mit seiner kleinen Gefolgschaft Berlin erreichte, um dort persönlich seine Brautwerbung um Maria Eleonora zu gutem Ende zu bringen, wurde er von der heftigen Stimmung am Hof überrascht. Denn auch Sigismund III. ließ für einen seiner Söhne um die Hand der schönen Prinzessin anhalten. Er war Brandenburgs Nachbar und gleichzeitig Lehnsherr des jungen Kurfürsten Georg Wilhelm hinsichtlich des Herzogtums Preußen, das kein Glied des Heiligen Reiches war, sonder der Lehnshoheit Polens unterstand.[38] Und darauf mußte in Berlin einige Rücksicht genommen werden, zumal sich in Böhmen ein Kriegstheater aufbaute, das den Calvinisten im Reich zu doppelter Vorsicht riet. Von Gerüchten aller Art begleitet und mit Warnungen des Obristen Arnim[39] versehen, setzte Gustav Adolf alias »Adolf Carlsson« seine Reise nach Westen fort. Bald gelangte er über Dessau, Erfurt und Hanau unbehelligt nach Frankfurt am Main, wo er ein wertvolles Diamant-Halsband als Brautgeschenk erstand. Er hielt sich dort nicht lange auf, sondern drängte, schnell Heilbronn zu erreichen. Dort wollte nämlich die Union eine Tagung zu ihrer Lage und zu den Verhältnissen in Böhmen abhalten. Als dieser Bundes-Tag jedoch nach Worms verlegt werden mußte, entschloß sich der König, Heidelberg aufzusuchen – die Heimat der ersten Frau seines Vaters. Während dieses Besuches nutzte er die Gelegenheit zu einem Abstecher in den Breisgau, wo das Heer der Union die Habsburg-Truppen aus Flandern und dem Elsaß am Übergang des Rheins hindern wollte. Unter den Augen des Freiers aus Schweden gelang es aber der feindlichen Armada, die Blockade der Union zu umgehen, deren Truppen nicht militärisch tätig werden durften, weil eine Zustimmung »anderer unierter Fürsten« für solch ein Vorgehen fehlte.[40]

In diesem Zögern kann eine Schwäche der nicht immer einigen Union gesehen werden. Auf der anderen Seite beweist das abwartende Verhalten die defensive Anlage dieses Verfassungs- und Schutzbundes, sowie das Bemühen, alle Aktionen konstitutional abzusichern. Das bedeutete nichts anderes, als die vertraglichen Aufträge und Absprachen der Libertät beim eigenen Vorgehen ernstzunehmen und damit auch die politische Gegenkultur zu Habsburgs Patrimonialismus und Dezisionismus vorzuleben, das sich von einer Mitsprache der Stände fast völlig gelöst hatte.[41]

Diesen libertären Weg hatte Gustav Adolf in seinem mitternächtigen Reich zum Nutzen von Land und Leuten selbst beschritten. Aber es war ihm aus der Kriegspraxis seit etwa zehn Jahren geläufig, daß selbst ein ständisches Heer im Ernstfall ein »absolutes Direktorium« brauchte, das die oberste Befehlsgewalt koordinieren und ausführen konnte. Daran fehlte es zu diesem Zeitpunkt im Südwesten des Heiligen Reiches ebenso wie in Böhmen, wohin Gustav Adolf nach einem geheimen Plan ziehen sollte, um sich an Ort und Stelle ein Bild von der Lage machen zu können. Er unterließ es aber, sich dieser Gefahr auszusetzen, und besuchte statt dessen zu Pfingsten 1620 seine Halbschwester Catharina im elsäßischen Kleeburg. Sie war mit dem Calvinisten Johann Casimir von Zweibrücken verheiratet. Diese Verbindung allein deutet an, welche Besitzinteressen Gustav Adolf in dieser Krisenzone Europas zu wahren hatte,[42] von den Beziehungen zu Baden-Durlach, Hessen-Kassel, Friesland, Holstein und Mecklenburg ganz zu schweigen. Kam jetzt noch seine eigene Heirat mit Maria Eleonora aus dem Hause Brandenburg zustande, dann verstärkten sich die familiären Bande mit weiteren hohen Häusern des Heiligen Reiches, zu deren Schutz vor Habsburg Schweden irgendwann einmal gezwungen sein könnte.

Am Berliner Hof aber wollte man Gustav Adolf noch keine endgültige Zusage für eine Heirat geben, so daß er recht deprimiert nach Schweden zurückkehrte. Dort konzentrierte er sich darauf, beim Ablauf des zweijährigen Waffenstillstandes mit Vasa-Polen zu Michaelis (29. September) verteidigungsbereit zu sein.[43] Erst dem Verhandlungsgeschick des Reichskanzlers Axel Oxenstierna verdankte es der König, daß der Heiratsvertrag unter Dach und Fach gebracht werden konnte. Georg Wilhelm verlangte dafür jedoch eine umfassende Sicherung Brandenburgs, wenn dieses Kur-Land wegen des »christlichen Ehestandes« von Vasa-Polen her in Bedrängnis gebracht werden sollte. Dafür erhielt er auch entsprechende Zusagen.[44]

Das war ein hoher Preis für diesen Heiratshandel. Er wurde von den Niederlanden eifrig gefördert, um mit dieser Verbindung die eigene Absicherung im Norden zu stärken, deren Grundlage in der Allianz von 1614 mit Schweden bestand[45]: 1621 eine Voraussetzung dafür, den Unabhängigkeitskampf gegen Habsburg-Spanien wieder aufnehmen zu können. Und wer vermochte in diesem Fall zu garantieren, daß das Heilige Reich verschont blieb? Oder mußte es gar mit einer Invasion Schwedens und Frankreichs rechnen, weil Habsburg nicht einsichtig wurde? In dieser Hinsicht durfte mit allem gerechnet werden.

Aufmärsche am Rhein

Die Befürchtung des Kurfürsten Ferdinand von Köln – ein Bruder Maximilians von Bayern –, daß die Absetzung Ferdinands II. und die Annahme Friedrichs V. als König von Böhmen »einen zwanzig-, dreißig- oder vierzigjährigen Krieg«

verursachen könnten,[46] erhielten auf dem Kurfürstentag zu Mühlhausen im März 1620 neue Nahrung: Der Kaiser hatte sich seine geplanten Maßnahmen gegen Friedrich V. von den drei geistlichen Kurfürsten, Kur-Sachsen, dem Herzog von Bayern und dem Landgrafen von Hessen-Darmstadt absichern lassen.[47] Diese Reichsstände waren im Zweifelsfalle bereit, für Besitzerwerb Macht vor Recht ergehen zu lassen oder wie der Hesse auf eine Belohnung seiner Neutralität zu hoffen.

Den Ablauf des geplanten Feldzuges gegen den »rebellischen« Kurfürsten hatte man sich so gedacht, daß Maximilian mit dem Heer von Bayern aus durch die Länder Österreichs nach Böhmen ziehen sollte. Johann Georg von Sachsen hingegen erhielt den Auftrag, von Nordwesten her eine Diversion mit der Besetzung der Ober- und Niederlausitz zu beginnen. Eine dringende »Abmahnung« Christians IV. jedoch ließ Dresden so lange zögern, daß der für den Sommer geplante Zangenangriff auf Böhmen unterbleiben mußte.[48] Der Warnruf aus dem Niedersächsischen Kreis und aus Dänemark hatte den Patrioten Böhmens noch einmal eine Galgenfrist und Atempause beschert, um das eigene Defensionswerk zu verbessern. Diese nachdrücklich formulierte Rechtseinrede hinderte also die Patrimonialisten, jetzt schon die Entscheidung in Böhmen zu suchen. Dafür aber konzentrierte sich nun ihr militärisches Interesse auf die Stammlande Friedrichs V. in der Pfalz und beiderseits des Rheins.

Es ist bemerkenswert, daß sich unter den zum Krieg entschlossenen Parteien jetzt immer noch genügend Kräfte fanden, die auf einer akzeptablen Rechtsgrundlage jeden militärischen Vorgehens bestanden. So bemühte sich Erzherzog Albert von Brüssel aus, die seit langem geplante Diversion spanischer Truppen in die Kur-Pfalz von der *Reichsacht* abhängig zu machen, die über Kurfürst Friedrich V. verhängt werden sollte. Gelang dieses Rechts-Manöver, dann konnte der Erzherzog als Oberster des Burgundischen Kreises den Auftrag des Kaisers übernehmen, die Reichsacht zu vollstrecken. Die Diversion bekam somit den Charakter eines Gerichtszuges, der im Namen des Rechts und der Reichs-Verfassung gegen einen offensichtlichen Rechtsbrecher und Reichsfeind durchgeführt werden mußte. Damit konnte der Vorwurf der Intervention von außen, des Friedensbruchs und der Machtpolitik abgefangen werden, was im Hinblick auf die öffentliche Meinung und auf die neutralen Reichsstände von einiger Bedeutung war.[49]

Auch Maximilian von Bayern kamen zu dieser Zeit bei aller Kriegsbereitschaft alte Rechtsbedenken. Er bestand Ferdinand II. gegenüber auf der Zusage, daß eine »Erklärung der Acht gegen die Rebellen« dem Vorgehen in der Pfalz zugrunde gelegt werden müsse.[50] Das aber war eine Bedingung, die ohne eklatante Rechts- und Verfassungsbrüche unter den gegebenen Umständen kaum zu erfüllen war. Denn das Herkommen hatte seit 1519 vorgeschrieben, daß diesem äußersten Rechtsmittel, einen Reichsstand »fried- und rechtlos« zu erklären, ein ordentlicher Prozeß vor dem Reichshofrat oder dem Reichskammergericht vorausgehen mußte.[51] Das war in diesem Falle nicht geschehen, so daß sich Friedrich V. immer noch unter dem Rechtsschutz der Reichs-Verfassung fühlen konnte, die Ferdinand II. im Jahr zuvor feierlich und »im Angesichte Gottes« beschworen hatte. Einen Ausweg bot allerdings der Reichs-Abschied von 1559. Denn zur Einhaltung des Landfriedens im Heiligen Reich konnte der Kaiser die Wirkungen der Acht – Entzug des Rechtsschutzes für die betroffene Person und ihres Vermögens an Fest- und Fahrhabe – eintreten lassen, ohne vorher den sonst üblichen Rechtsweg beschritten zu haben.[52]

Daß eine solche Maßnahme gefährlich werden mußte, wenn sie von einem Kaiser angeordnet wurde, der unter dem Deckmantel des Landfriedens seine eigenen Besitzinteressen verfolgte, lag auf der Hand. Und Ferdinand II. bestätigte die schlimmsten Befürchtungen. Obgleich der Landfriedensbruch durch Friedrich V. nicht erwiesen war, wurde eine Achtserklärung ausgefertigt und nach Brüssel geschickt. Dabei blieb es dem Erzherzog Albert anheimgestellt, wie er im einzelnen verfahren wolle.[53] Schändlicher hat selten ein Kaiser Verfassungseid und Acht-Kompetenz mißbraucht, um seine Haus-Interessen zu wahren, wie sehr er sich auch formal bemüht haben mag, sein rechtswidriges Vorgehen vom Konvent in Mühlhausen und dem willfährigen Reichshofrat in Wien absichern zu lassen.[54]

So leichtfertig Ferdinand II. mit Recht und Verfassung umging – was nicht heißen soll, daß sich die Gegenseite stets mustergültig verhalten hätte –, so freigebig war Madrid mit guten Worten. Erzherzog Albert hatte für die Pfalz-Diversion »ein Heer von 30000 Infanteristen und 5000 Reitern« veranschlagt und als Unterhalt 1600000 Dukaten vorgesehen.[55] Eine Summe, die nicht üppig bemessen war, aber von Madrid nicht überwiesen werden konnte. Trotz einiger Geldanweisungen aus Italien war dieser marode Zustand ein Zeichen mehr dafür, wie erschöpft Spanien bereits sein mußte und in welchem Maße dem senilen Philipp III. die Entscheidungsfähigkeit entglitten war.[56] In dieser Lage sah sich Erzherzog Albert gezwungen, das Diversionsheer erheblich zu reduzieren und unter dem Kommando des Generalkapitäns Spinola marschieren zu lassen.[57]

Dieser brach am 9. August 1620 von Brüssel auf und traf nach einem Zug über Aachen am 18. August in Koblenz ein. Dort musterte er sämtliche Kontingente seines Heeres: Er zählte 17905 Soldaten zu Fuß und 6300 zu Roß, die alle in die legendären Tercios (Sollstärke 3000 Mann) eingeteilt waren und von spanischen wie vor allem von teutschen Offizieren befehligt wurden. Unter ihnen gab es einen Grafen von Berg, einen Grafen von Isenburg, einen Markgrafen von Baden und einen Grafen von Nassau.[58] Ihre Haus- und Territorialnamen deuten bereits an, welche Zwistigkeiten um Erbe und Ehre in vielen Familien der oberen Reichsstände herrschten, die in Bekenntnis und Besitz gespalten waren und nun auf einen günstigen Ausgang des Kriegens hofften.

Spinola hatte den Zeitpunkt seiner Diversion nicht ungeschickt gewählt. Mochten die Zahlungen aus Madrid – »dinero necessario« – auf sich warten lassen, so fand sein Heer doch nach der Ernte »einen vollen Stadel und einen reichen Herbst und Proviant« vor.[59] Bei seinem Marsch gab er sich als Achtsvollstrecker des Kaisers aus und forderte die Unions-Mitglieder in der »Pfaffengasse« auf, entweder neutral zu bleiben oder auf die Seite des Kaisers zu treten. Diese »Anmahnungen« stützte er mit einer Sicherung des Stroms zu beiden Seiten und mit Mainz als Zentrum. Als sich ihm aber Unions-Truppen bei Oppenheim in den Weg stellten und sogar eine offene Schlacht anboten,[60] wich er aus. Geschmeidig zog er sich in die Nordpfalz zurück und erweiterte die Sicherungszone seines Hinterraums von Alzey[61] über Kreuznach bis an die Mosel. Nachdem sich das Unions-Heer in Worms festgesetzt hatte, stieß er wieder bis in den Rheingau vor, nahm Oppenheim mit Accord und schlug eine Brücke über den Strom:[62] Er zielte auf Heidelberg, das er bedrohen wollte.[63]

Ehe sich Spinola jedoch auf dieses Unternehmen einlassen konnte, mußte er sich zahlreicher Störversuche der Unions-Truppen erwehren, die es vorerst verstanden, einen großen Angriff auf Heidelberg zu verhindern. Dabei kam ihnen Prinz Heinrich von Oranien am 13. September zu Hilfe, der mit einer stattlichen Anzahl niederländischer Reiterei und 2400 Freiwilligen aus England (unter dem Kommando von Horace de Veer) den Rhein aufwärts zog – was Spinola und seinen General Cordova erheblich beunruhigte – und sich mit dem Heer der Union bei Worms vereinigte.[64] Diese Verstärkung der Gegenseite wurde aber durch einen etwa gleich großen Hilfszug (Sukkurs) für Spinola wieder ausgeglichen. Der Feldmeister Motteria hatte ihm nämlich am 26. Oktober frische Truppen zugeführt.[65] Doch auch diese Hilfe konnte den Generalkapitän nicht veranlassen, jetzt eine Entscheidung im Felde herbeizuführen. Es begann nun eine für diesen Groß-Krieg typische Phase, die als *Beat for battle* bezeichnet werden könnte: Von festen und befestigten Plätzen aus – die Union in Worms, die Engländer in Frankenthal und die Habsburg-Truppen in Oppenheim – wurden Ausfälle ins flache Land unternommen, *Scharmützel statt Schlachten* gewagt und damit eine materielle Ermattung angestrebt.[66]

Mochte Brüssel ob des »siegreichen Marsches durch die ganze Pfalz« jubeln[67] und auch der Gesandte Venedigs aus London an den Dogen melden, daß »der Vormarsch des Spinola in der Pfalz alles übertrifft, was man sich in dieser Sache vorstellen konnte«,[68] so sollte doch die Eroberung Heidelbergs noch ausbleiben. Spinola kannte die Grenzen der spanischen Kriegskunst: Langwierige Belagerungen waren nicht ihre Stärke, wohl aber die Schlagkraft der Tercios in offener Schlacht und in weitem Raum. Wurde dieser durch Festungen oder Diversionen zerstückelt und damit auf kompakte Kerne verengt, war der Zerfall eines spanisch strukturierten Heeres nur eine Frage der Zeit. Dieses System verstand es meisterhaft, Truppen *offensiv einzusetzen* und damit Krisen einzudämmen. Es war aber selten in der Lage, einen Dauer-Konflikt »nach niederländischer Manier« *defensiv auszusitzen* und damit einen langwierigen Krieg zu gewinnen.[69] Außerdem gehörte es zu den Schattenseiten dieser Militärordnung, daß vor allem ehrgeizige Gouverneure den Mangel an Defensivvermögen dadurch auszugleichen versuchten, daß sie *Stöße nach innen* planten und ausführen ließen, wenn *Schläge von außen* nicht den erhofften Erfolg erbracht hatten: Sie zettelten Verschwörungen an und deckten politische Mordanschläge, wo immer sie nützlich schienen.

Anders ausgedrückt: Man ging mit aller Macht über das Recht hinaus, wenn sich die Interessen der Casa de Austria nicht anders durchsetzen oder zumindest kurzfristig sichern lassen wollten. Ein solches Gewaltrezept mußte die libertäre Friedensordnung des Reichs und seiner Vormauern Zug um Zug schwächen, bis von außen gestützt werden konnte, was nach innen stürzen sollte – des Heiligen Reiches »heilsame Verfassungen«.

Eidgenossen unter Druck

Die Utopien dieser Zeit wollten mit ihren Idealbildern des Politischen die Menschen nicht der mühseligen Welt entheben, sondern ihnen erläutern, wie sie sich in ihr bewahren können und bewähren müssen. Deshalb durfte ein König namens Don Rodrigo bei Cervantes sagen: »Gestern war ich noch Herr von Hispanien, und heute gibt es keine Mauer mehr, die ich mein

Eigen nennen könnte.« Der Magier Pedro legte diese Worte einem Mächtigen in den Mund, um das Nichtige der irdischen Güter vor Augen zu führen. Aber gleichzeitig wurde dieser Belehrung im Geiste des *Memento mori* der Hinweis auf ein Leben in Gerechtigkeit hinzugefügt, in der allein der Sinn aller Geschichte liege. So mußte sich der Ritter von der traurigen Gestalt anhören, was für eine schlechte Figur er abgibt, wenn er im Wahn ein Vermögen zerstört und bei klarem Verstand nicht einsehen will, daß jeder Schaden nach Maßgabe der Gegenseitigkeit einen billigen Ausgleich verlangt: »Denn der kann nicht selig werden, der das Eigentum eines anderen gegen dessen Willen behält, ohne es ihm zu erstatten.«[70]

Darin äußerte sich auch der Mut, selbst dem Mächtigsten im Namen der Freiheit und des Rechts die Stirn zu bieten. Gerade dazu fühlten sich die Graubündner im Süden der Schweizer Eidgenossenschaft berufen, zumal sie sich als Nachfahren der alten Rhätier betrachteten. Von diesen, so berichteten manche Bündner dem englischen Reisenden Burnet, sei auf dem Paß nach Italien lange Zeit ein Gedenkstein in Ehren gehalten worden, auf dem Caesar zwei Inschriften habe anbringen lassen. Auf der einen Seite stand geschrieben: »Omitto Rhetos Indomitos« (»Ich lasse von den unbezwingbaren Rhätiern ab«). Und auf der anderen war zu lesen: »Ne plus ultra« (»Nicht darüber hinaus«).[71]

Eine Anekdote nur? In diesen herausfordernden Zeiten wuchs auch sie über ihr herodotsches Maß hinaus und legte sich einen thukydideischen Ernst bei, ging es doch in und um Graubünden wie in einem Tollhaus zu. Spanische Militärs hatten sich in den Kopf gesetzt, die Herrschaften Habsburgs von Österreich bis Italien derart mit dem bündnerischen Veltlin zu verbinden, daß ein freier Durchmarsch für ihre Truppen gewährleistet war. Der bisherige »Camino español« über Savoyen und Burgund nach Flandern sollte ersetzt und der seit 1604 benutzte »Camino de Suizos« über den Gotthard-Paß zum Bodensee hin entlastet werden. Schließlich mußten die Durchmärsche den Eidgenossen für teures Geld abgekauft werden. Und wer konnte schon sicher sein, daß dieser Weg ins Heilige Reich offenblieb, wenn unter ihnen ein Bürgerkrieg ausbrechen sollte?[72]

Man braucht sich nur die Illustration zu dem politischen Gedicht »Der alte und der neue Prophet des Schweizerlandes« anzusehen und erkennt sofort, wie eingekreist die Eidgenossen ihr republikanisches und libertäres Dasein zu pflegen und zu sichern trachteten.[73] Bei dieser religiösen und besitzmäßigen Gemengelage zwischen katholischen und vornehmlich calvinistischen Orten und Ständen, die sich innerhalb eines engen Gebietes belauern und belagern konnten – das römische Rapperswil und das zwinglianische Zürich waren da nur ein Fall unter anderen –, waren Spannungen unvermeidbar. Und dies besonders dann, wenn sie von den umliegenden Mächten ausgingen und ökonomisch wie ideologisch in die Eidgenossenschaft hineinwirkten.

Die Rivalität zwischen Frankreich und Spanien hatte schon während der Regierungszeit Heinrichs IV. um die Beherrschung des Veltlin zu mancherlei Krisen geführt, die für den Frieden in Europa zuweilen bedrohlicher wurden als die Aufladungen zwischen Union und Liga im Heiligen Reich.[74] Auch jetzt wieder spitzte eine provokative Maßnahme die brisante Lage in diesem religiös durchmischten Gebiet in erschreckender Weise zu. Auf Veranlassung des Gouverneurs von Mailand wurde nämlich am Comer See eine Festung gebaut, mit der den Bündnern der bisher freie Handel nach Mailand abgeschnitten werden konnte. Außerdem betrachteten ihre Stände dieses Herzogtum in seiner Rechtsqualität (Reichslehen) als einen besonderen Garanten ihrer eigenen Verfassungen.

Diese libertäre Koppelung eidgenössischer Freiheit an die vertragliche Friedensordnung des Reiches ist so bemerkenswert wie das absolutistische Verhalten des spanischen Gouverneurs von Mailand. Denn dieser verstand die Rechtsbeziehung – nicht immer mit Wissen und Willen Madrids – in einem patrimonialen Sinne und drang darauf, endlich das unruhige Veltlin für die Casa de Austria zu erwerben, um dessen Pässe unter der Kontrolle Habsburgs zu halten. Gegen alle Störmanöver Frankreichs und Venedigs konnte es dieser Politik gelingen, im

Mailänder Vertrag einflußreiche katholische Kreise der in drei Hauptbünde gespaltenen Veltliner an Habsburgs Haus- und Sicherheitsinteressen zu binden – vorläufig.[75]

Mit diesem Stoß ins komplizierte politische Innenleben Graubündens und des Veltlin war nun genau das eingetreten, was schon über ein Jahrzehnt zuvor Paschal, der Botschafter Frankreichs, während seiner Gesandtschaft in diesem unruhigen Gebirgsland befürchtet hatte: Daß nämlich über kurz oder lang »das gallische Bündnis angegriffen, das venetianische aufgehoben, die Eidgenössische Macht in die Helvetischen Grenzen eingeschränkt und den Rhätiern ihr größter Vorzug genommen würde. Das Recht, einem jeden, dem sie wollen, den Durchmarsch zu gestatten oder [...] zu verweigern. Daß [also jetzt] diese ganze Gewalt den Spaniern in die Hände gespielt werde...«[76]

Einem Spanien, dessen habsburgische Könige als Ersatz für das aragonesische »Pro lege et grege« jenes Motto als Macht- und Expansionsmaxime angenommen hatten, das die Rhätier seit Roms Zeiten mit Gut und Blut zu bekämpfen wußten – »Plus ultra«. Dieses Wort galt als eine der größten Herausforderungen der europäischen Menschheit. Es verlangte nach einem Wagemut, der notwendig schien, um den Raum jenseits von Gibraltar und damit über die Säulen des Herkules hinaus zu erkunden, bis hin zur Eroberung Westindiens, der Neuen Welt.

Nicht umsonst ließ Francis Bacon, der in diesem krisengeschüttelten Jahr 1620 die Machtlaunen Jakobs I. zu spüren bekam,[77] seiner »Instauratio magna« ein Schiff unter vollen Segeln als Symbol für die neue Erfaßbarkeit der Erde voranstellen: als ein Raum, der noch in großen Teilen auf seine Aneignung durch europäische Mächte und auf eine Erschließung wartete, wie sie der Jesuiten-Orden in Argentinien (Errichtung der Universität Cordoba 1621) und in Paraguay mit dem Gerechtigkeits-Staat auf seine Weise betrieb.[78] Bacon bestätigte mit seiner Vision diesen spanischen Griff nach dem Ganzen, der im Zweifelsfall auch über die Grenzen libertären Rechts hinauswirkte und dabei in Europa auf erbitterten Widerstand stieß.

So hatte sich das »Ne plus ultra« in manchen Bündnerköpfen angesichts der religiösen Spaltung zu einem politischen Programm verdichtet. Nach außen sollte es den spaniolisierten Kräften Einhalt gebieten und nach innen an ethischem Verhalten von jedem Bürger in seinem Stand das einfordern, was Inbegriff jeder Freiheits-Kultur sein muß: das »Ne quid nimis« (»Nur nichts im Übermaß«) als Ausdruck eines guten und gerechten Lebens.

Wer sich an dieser Kardinaltugend der Mäßigung vergreift und nicht den Wert der damit verbundenen »Moderación del poder«[79] begreift, sich also nicht zum Kompromiß erziehen läßt, der ist dem Untergang näher, als er in seinem Übermut glaubt. Diese Mahnung hatte nicht nur Cervantes in seinem »Don Quichote«, dem größten Staatsroman dieser Zeit, mit Hilfe von Übertreibungen in die politisch erschlaffenden Gemüter dringen lassen,[80] sondern zuvor schon Huldrych Zwingli in seinem republikanischen Eifer für die »gerechte Sache« der Freiheit unermüdlich gepredigt.

Kraft für dieses schwierige Amt eines Lehrers der Libertät holte er sich dabei nicht allein aus der Bibel und insbesondere aus der Bergpredigt. Vielmehr wurde ihm Flavius Josephus mit seinem »Judaischen Krieg« eine unerschöpfliche Quelle der politischen Erziehung seiner Eidgenossen, unter denen es auch schon Leute gab, die nicht recht einsehen wollten, daß die Freiheit als Eigenbestimmung unweigerlich »abgeschlagen wird, so man sie mißbraucht«. Das Gegensystem konnte demnach nur eine Tyrannis mit ihrem zerstörerischen Unrecht sein. Deshalb, so schärfte er allen Schweizern ein, sollte die »Freiheit niemand zu Schalkheit und Ungerechtigkeit dienen. Sie ist eine Gabe Gottes, die nicht mißbraucht werden soll. Wir Eidgenossen meinen jetzt, das sei Freiheit – huren, ehebrechen, kriegen, bescheißen, betrügen. Und, so man uns das wehrt, so sprechen wir, man will uns die Freiheit [...] nehmen«.[81]

Die Allmacht Gottes aber wiederholt immer wieder ihr besonderes Strafgericht im Gang der Geschichte und schickt Tyrannen. Ob sich viele in den gescheiten und oft auch gescheiterten Geschlechtern aller autonomen Orte und Stände der

Eidgenossenschaft daran erinnert haben, als sich nach Jahren zermürbenden Drucks von seiten der Großmächte die Spannung im engeren Veltlin blutig und schauerlich entlud? Und dies ausgerechnet in einer Stadt mit dem Namen Tirano? Am 19. und 20. Juli 1620, als Angehörige der katholischen und spaniolisierten Partei über ihre evangelischen Glaubens- und Eidgenossen herfielen? Dem Mailänder Machtkreis um den Gouverneur Feria zum kurzfristigen Jubel über dieses geglückte »sacro marcello« – das »heilige Gemetzel«![82]

Es überstieg schon damals, in diesen turbulenten Zeiten den menschlichen Verstand, wie Neid, Haß und unstillbare Besitzgier einzelne Gemüter enthemmen konnten, um auf bestialische Weise ehrbare Mitbürger abzuschlachten; oder wie protestantische Prediger die Lehre vom »reinen Wort« im Stiche ließen, um, vom Glanze indianischen Goldes geblendet, katholische Condottieri zu werden: Aber was ist wendiger als ein machtsüchtiger Mensch?

Jürg Jenatsch steht für solch einen dramatischen Wechsel von der Kanzel zum Krieg. Später jedoch in der schweren Krise von 1635, als Frankreich gegen Spanien und für die »Teutsche Libertät« ins Feld zog, vermochte er wieder das Religiöse mit dem Veltliner Patriotismus zu verbinden. »Wie lange noch bleiben wir in dieser Knechtschaft?« Das sollen Jenatschs Werber überall in Graubündens Tälern und Dörfern die Gedemütigten und Entrechteten gefragt haben. In der Art Ciceros gegen Catilina lieferten sie gleich auch die Antwort mit: »Festungen fesseln uns, und wir sind das Gespött der Nachbarn, die sich über unsere Feigheit lustig machen. Anstatt wiederzugewinnen, was wir verloren haben, bringen wir es fertig, [alles] zu verlieren, was wir noch besitzen.«[83]

Ein Echo dieser Mahn- und Anfeuerungsrufe schallte jetzt bis nach Böhmen, wo nach dem Blutbad von Tirano und der Diversion in die Pfalz die papistischen Heere für eine Entscheidung vorbereitet wurden, die wie kaum eine andere die Geschichte bis zu den Revolutionen von 1848 und 1918 mitgestaltet hat – die Zeit nationaler Erniedrigung, des »Temno« oder der »Finsternis« und des Patrimonialismus.

Weißer Berg

Das Cannae-Syndrom – eine Schlacht zu gewinnen und politisch zu verlieren – hatte sich mit dem Ulmer Vertrag vom 3. Juli 1620 umgekehrt. Liga und Union waren darin übereingekommen, sich an einen unter spanischem und französischem Einfluß ausgehandelten Gewaltverzicht zu halten und die eigenen Streitigkeiten nicht auf teutschem Reichsboden auszutragen.[84] Mit dieser aufschiebenden Abmachung bekamen Johann Georg von Kur-Sachsen und Maximilian von Bayern politisch freie Hand, um Ferdinand II. gegen die Patrioten Böhmens militärisch unter die Arme greifen zu können. Diesem Sieg von Ulm mußte jetzt nur noch der Triumph im Felde folgen, um das unverhoffte Glück der Tüchtigen vollkommen zu machen.

Die Zeichen dafür, daß »Tyche« als Göttin des Glücks diesen Tüchtigen überaus hold sein könnte, standen recht günstig. Denn Maximilian, der treibenden Kraft hinter diesem Feldzug gegen den eigenen Verwandten in Prag, war es allem Anschein nach gelungen, die beiden Voraussetzungen zu erfüllen, welche die »Tyche« von einem Menschen forderte: die »Techne« als umfassende Ausbildung des Individuums zu seinem Beruf und die »Gnome« als Wahrnehmung des planenden Verstandes aufzufassen, um in ihrer Verbindung das ganze Leben zu meistern – im Vertrauen auf göttliche Gnadengaben.

Zur Wirkung dieses antiken und aktiven Menschenbildes hatte Maximilian an sich selbst und für sein Haus einiges geleistet. Lange vor Ausbruch des Teutschen Krieges war es ihm gelungen, das politische und libertäre Ständewesen in seinem Herzogtum rabiat zurückzudrängen und dessen Institutionen durch eine patrimoniale Haus-Verwaltung zu ersetzen.[85] Sein Macht-System sicherte er mit einer Art Stehendem Heer und einer Landwehr in zwölf Gestellungs-Bezirken, so daß sich ein regionaler Machtfaktor entwickeln konnte, mit dem bei Konflikten in der Nachbarschaft gerechnet werden mußte.[86] Möglich war diese innere Destruktion der Libertät aufgrund der Schwächen des Adels. Ähnlich erschlafft wie jener in Frankreich, ungebildet und politisch desinteressiert, leistete er dem energischen Wittelsbacher auf dem Weg zur Diktatur des Patrimonial-Staates kaum nennenswerten Widerstand. Und die wenigen Städte auch nicht.[87]

Seine militärischen Taten gegen Donauwörth (1608) und gegen den Erzbischof von Salzburg (1611) hatten schon aufhorchen lassen. Jetzt aber stand er im Begriff, mit einem Schlag all das zu erwerben, was er rechtlich und konstitutionell noch nicht ererben durfte – die Kurwürde Friedrichs V. samt dessen Ländern und Leuten.[88] Also setzte er am 13. Juli 1620 von Dillingen aus sein Heer aus 24500 Mann zu Fuß und 5500 Mann zu Roß (3400 Mann schwere Reiterei = Kürassiere und 2100 Mann leichte Reiterei = Arkebusiere) in Marsch. Es wurde die Donau abwärts zunächst in Richtung Passau geführt, dann über Braunau auf Budweis zu.[89]

Nicht unweit dieses Zentrums im »Güldenen Stieg«, das den Kaiserischen als Basis diente,[90] erlebte die Vorhut des Ligistischen Heeres eine Überraschung: Aus »der Stände Armada« der Patrioten wurden gut ausgebildete Soldaten mit Sold entlassen, die sich sogleich in Höhe von fast zwei Regimentern dem Herzog für neuen Sold zur Verfügung stellten.[91] Konnte Maximilian darüber eine gewisse Freude empfinden und auf den Zustand in den Reihen der Widerständler schließen, so setzten Meutereien, Seuchen und mangelhafte Versorgung seinem eigenen Heer so heftig zu,[92] wie ihn das Zögern, Verlangsamen und dauernde Absichern von Bucquoy verärgerte. Denn er hatte mit diesem erfahrenen Berufsmilitär für den 3. September bei Neupölla eine Vereinigung beider Heere abgesprochen. Doch erst fünf Tage später sollte diese Konzentration der Kräfte unweit Oberndorf in der Nähe des Schlosses Greilenstein gelingen. Was der Generalität der Patrioten unter dem Grafen Thurn und dem Herzog Christian von Anhalt oft vorgeworfen wurde, nämlich Eifersucht der Ränge und Ehrgeiz aus Eigennutz,[93] stellte sich auch hier ein. Denn der Graf Bucquoy aus der Picardie wollte angeblich »Ruhm und Ehre für sich allein in Anspruch nehmen«.[94]

Nach zähen Verhandlungen zwischen Maximilian und dem Habsburg-General konnte man sich nicht auf einen gemeinsamen Oberbefehl oder auf ein »absolutes Direktorium« einigen, was nötig gewesen wäre, sondern lediglich auf eine gegenseitige Abstimmung des Einsatzes beider Heere. Am 11. September brachen sie zum Weitermarsch in Richtung Pilsen auf, »daß man sollt gemeint haben, es wäre nur ein Heer und ein Volk oder Nation«.[95] Diese äußere Geschlossenheit währte freilich nicht lange. Denn Wien fühlte sich bedroht, als die Nachricht eintraf, daß sich Bethlen Gabor in Preßburg zum König von Ungarn gemacht habe und im Anmarsch auf Österreichs Hauptstadt sei.[96] Die Hofburg forderte deshalb Verstärkung der Schutztruppen Wiens an und erhielt auch von jedem Heer ein Regiment. Trotz großer Bedenken und wachsender Unruhe konnte diese Abstellung verantwortet werden, hatte doch der Obrist Maradas mit seinen Spaniern und Wallonen in Budweis einen hohen Kampfwert demonstriert. Außerdem wurden aus Bayern 7000 Mann und aus dem Bistum Würzburg weitere 3000 Mann an Verstärkung erwartet. Daneben stand jetzt auch das Polen-Kontingent von König Sigismund III. in Höhe von 4000 Mann zur Verfügung. Schließlich war noch die sichere Nachricht eingetroffen, daß Johann Georg die geforderte Diversion auf die beiden Lausitz befehligte.[97]

So imponierend sich diese Zahlen im strategischen Kalkül anhören mochten, so deprimierend war die Lage in Wirklichkeit. Maximilian bemühte sich zwar zusammen mit dem General Tilly, die eigenen Einheiten unter der Manneszucht »christlicher Krieger« zu halten, aber schauerliche Übergriffe auf die Zivilbevölkerung kamen immer wieder vor. Besonders Bucquoy's Truppen kannten beim Rauben, Vergewaltigen und Morden keine Hemmungen und brachten mit ihren Untaten des »Kaisers Heer« zusätzlich in Verruf.[98] Nein, dieser Feldzug gegen die »Rebellen« hatte nichts mit einer glaubwürdigen Befreiungsaktion im Dienst des Rechts zu tun, sondern nahm von Tag zu Tag mehr den Charakter eines Todesmarsches an. Von Seuchen dezimiert, durch Hunger überaus geschwächt und dem Feind in seiner Hauptmasse immer noch nicht begegnet, schleppten sich die beiden Heere mühsam an Pilsen heran, das Ernst von Mansfeld für die Widerständler als eine starke Vormauer von Prag hielt. Eine langwierige Belagerung dieser Stadt hätte das gesamte habsburgisch-ligistische Strafunternehmen mehr als gefährdet, zumal der Winter früh einsetzte – mit Sturm und Schnee. Maximilian, dem der illustre Kreis seiner adligen Bewunderer auf diesem Kriegszug Woche um Woche kleiner wurde, spielte bereits mit dem düsteren Gedanken, diese Hölle in Böhmen zu verlassen und nach München zurückzukehren: selbst dann noch, als ihm »Tyche« eine zwar schäbige, aber günstige Gelegenheit zum Durchhalten bot, wie sie in der Geschichte weitreichender Entscheidungen immer wieder vorkommen konnte.[99]

Das Unvorstellbare war eingetreten. Bucquoy hatte nach seiner Ankunft am 11. Oktober in Stienowitz geheime Verhandlungen mit Mansfeld in Pilsen aufgenommen und erreicht, daß sich der General Friedrichs V. und der Patrioten für 100000 Forint aus der Kriegskasse des Bayern-Herzogs bestechen ließ und für den weiteren Zug der beiden Heere Neutralität zusagte![100] Man kann sich denken, wie dem Böhmen-König bei dieser Nachricht zumute war, als ihm auch noch der Wunsch abgeschlagen wurde, sich mit seinem Vetter Maximilian treffen zu dürfen. Dieser wollte dem letzten Friedensversuch nur zustimmen, wenn Friedrich V. auf die Wenzelskrone verzichtete: Und das war natürlich unannehmbar.[101]

Zum Zeitpunkt der Mansfeldschen Schandtat hatte Christian von Anhalt unter großen Schwierigkeiten sein Widerstands-Heer herangeführt. Am 27. Oktober ließ er es auch bei Senomat auf den Gegner treffen. Dabei vermied er in niederländischer Manier auch jetzt noch eine offene Feldschlacht. Der Bayern-Herzog verhielt sich während des heftigen Scharmützelns weitaus unvorsichtiger. Obgleich Bucquoy mit seinem Heer noch nicht herangekommen war, inszenierte er eine Reihe ernster Angriffe gegen das Böhmen-Heer. Dieses leistete jedoch solch starke Gegenwehr, daß seine Einheiten fliehend zurückwichen und nur mit größter Mühe bei der schwankenden Stange gehalten werden konnten. Plötzlich einsetzender Nebel verhinderte gar eine Katastrophe des Ligistischen Heeres, dem Anhalt geschmeidig in die Nähe von Rakonitz auswich, um seine weniger erschöpften Truppen an einem »sehr rauhen und unebenen Berg« zu konzentrieren. Mit seinen Generalen Thurn, Hohenlohe, Schlick und Dohna vermochte er aber wegen Unterlegenheit in Mannstärke und Artillerie nicht, erneuten Schlägen Maximilians hier standzuhalten. Deshalb zog er sich zurück und verschanzte sich westlich in einem Hügelgebiet von Rakonitz so geschickt, daß auch der gemeinsame Angriff von Habsburg- und Liga-Heer wenig ausrichten konnte – und »hätten sie Jahr und Tag dafür gelegen«.[102]

Die Einsicht in das Aussichtslose dieser Lage fiel Maximilian und Bucquoy nicht allzu schwer. Sie verständigten sich auch darauf, daß die Entscheidung in Prag gesucht werden müsse. Als sie sich durch Nachschub an Proviant und frischen Truppen gestärkt glaubten und durch Wallensteins Eroberung der Stadt Laun (4. November) den Rückraum nach Nord-Westen ebenso gesichert wähnten, wie sie von Maradas Hilfe erwarten durften, brachen sie am 5. November auf und marschierten unbehelligt nach Osten.[103]

Im Lager der Widerständler verursachte dieser Abzug eine Verwirrung besonderer Art. Während des Kriegsrates, den Friedrich V. als Nicht-Militär mit der Generalität abhielt, prallten nämlich die Meinungen über das Ziel dieses sonderbaren Schwenks heftig aufeinander. Anhalt verstand das Unternehmen nur so, daß der Feind das ungedeckte Prag erobern wolle: Er drängte auf Eilmärsche, um diese Stadt zu sichern. Thurn hingegen schloß aus seiner Kenntnis des Bucquoy, der Prag für uneinnehmbar gehalten haben soll,[104] daß nicht die Stadt selbst Zweck dieser Operation sei, sondern lediglich die Besetzung des Umlandes: Darauf habe sich der Einsatz des verfügbaren Heeres jetzt zu konzentrieren.[105]

Wertvolle Zeit verstrich. Am Abend erst bestätigten ungarische Kundschafter, daß das Habsburg- und Liga-Heer auf Prag zumarschiere. Und sofort setzten die Widerständler alles daran, in Gewaltmärschen durch schwierige Waldgebiete ihre Hauptmasse als Sperre vor Prag in Stellung zu bringen. Dieses Vorhaben sollte ihnen tatsächlich gelingen. Noch vor Eintreffen des Feindes schlug das erschöpfte Heer der Patrioten Böhmens unter vornehmlich teutschem Oberbefehl zwei Meilen vor der Hauptstadt auf einem Höhenzug das Lager auf. Man schrieb den 7. November 1620, spät abends. Mondlicht lag auf dem Weißen Berg (Bílá Hora). Manch einem der Ermatteten mag es schon wie ein Leichentuch vorgekommen sein. Flüche und Gebete stiegen zum Himmel, und die Feuerstellen zeigten dem Feind die Richtung für den Anmarsch. Ohne rechtes Schanzzeug gelang es den Widerständlern nicht, diesen Höhenzug mit seinen drei Bruchzonen als eine natürliche Festung auszubauen. Statt kräftig zu graben und künstliche Hindernisse ins Gelände zu treiben, verharrte das Heer die ganze Nacht hindurch kampfbereit an den Hängen des Berges. Dabei konnte es aber nicht verhindern, daß Bucquoy mit einem Überfall aus dem Dunkel auf teutsche und ungarische Einheiten eine Reihe von Vorteilen für den kommenden Kampf zu sichern verstand.[106] Unruhe kam auf. Sie soll sich auch nicht gelegt haben, als bald danach der Aufmarsch des Feindes über das Flüßchen Scharka so erfolgreich von den eigenen Kanonen des Linken Flügels gestört wurde, daß Bucquoy Mühe hatte, seine Truppen am Fuß des weitgestreckten Berges günstig zu postieren.

Der Tod hielt schon reiche Ernte, noch ehe die Schlacht so recht begonnen hatte, über deren Anlage ein heftiger Streit in beiden Generalstäben entbrannt war. Anhalt, Thurn und Hohenlohe konnten sich gerade darauf einigen, ihre gut 20000 Mann in *zwei* Treffen aufzustellen. Dabei gingen sie von der Überlegung aus, daß sich die anfängliche Dichte ihrer Aufstellung vom Berg herab in der Tiefe des Raumes lockern und die innere Beweglichkeit der Einheiten erhöhen würde.[107] Zwar wurde auch die Möglichkeit eines Rückzuges nach Prag erwogen und selbst weiß-blaue Armbinden als Erkennungszeichen der Patrioten ausgegeben. Aber das wichtigste Mittel der richtigen Einstimmung auf den Kampf in dieser ersten Entscheidungsschlacht des Teutschen Krieges wurde aus Unruhe und Hast vergessen – eine Losung. Oder glaubte man, das *Diverti nescio* (»Vom Weichen weiß ich nichts«) im riesigen gelben Samtbanner des Königs, auf dem noch ein grünes Kreuz prangte,[108] würde in diesem Ringen genügen, bei dem nicht nur die Freiheit Böhmens auf dem Spiele stand? Nicht einmal die Feldprediger sollen ihrem Auftrag nachgekommen sein, die Soldaten mit Fürbitten und Ermahnungen zur Tapferkeit auf die Schlacht vorzubereiten. Außerdem mußten viele Einheiten ihre kommandierenden Offiziere entbehren, die irgendwo in Prag ein warmes Quartier bezogen hatten.[109]

Stellt man noch die Erschöpfung vom Gewaltmarsch in Rechnung, dann darf der Kampfwert des Patrioten-Heeres zu diesem kritischen Zeitpunkt nicht zu hoch angesetzt werden. Und dennoch gab es am Morgen des 8. November 1620 eine Überraschung: Als sich nämlich der Nebel gelichtet hatte und das Feldgeschrei »Maria« der Gegner erscholl, deren Generalität sich auf *vier* Treffen geeinigt hatte,[110] da gelang der Ketzer-Armee vom Linken Flügel her gleich ein erster Erfolg: Die Reiterei hatte es verstanden, auf ihrem Weg hinab die feindlichen Arkebusiere und »wohlgewappneten Kürassiere« Schlag um Schlag »mit der Hilfe Gottes« zu trennen und aufzureiben. In der kalten Morgenluft glaubten Kommandierende wie Thurn, Bubna oder Solms bereits an einen herrlichen Sieg, zumal sie vom böhmischen Fußvolk, das einen guten Ruf genoß, tatkräftige Unterstützung erwarten konnten. In dieser Hoffnung wurden sie aber bitter enttäuscht. Denn als die tapfere Bubna-Reiterei plötzlich hart bedrängt wurde und auf Entlastung wartete, drehte ein Teil des erprobten Thurn-Fußvolkes ab, schoß in die Luft, feuerte gar gegen die eigenen und nachrückenden Leute am Berg, warf auch die Musketen weg und ergriff Hals über Kopf die Flucht.

Es ist bis heute ein Rätsel, warum sich das älteste und würdigste Regiment der Patrioten Böhmens dem Feind nicht stellen wollte und binnen kurzer Zeit den gesamten linken Flügel in ein brodelndes Chaos verwandelte. Auch Bubnas angeschlagene Reiterei geriet in den Sog dieser Bewegung, nicht anders die Königs-Kompanie und drei weitere Kompanien der Stände Böhmens. In dieser kritischen Phase entspann sich ein Wettlauf mit dem Tod, »daß wann Alexander Magnus, Julius Caesar oder Carolus Magnus dabei gewesen, sie dies Volk zu keinem Stand wieder bringen können«.[111] Die Folge dieser reißenden Unordnung von den Böhmen her war ein verzweifeltes Aufbäumen der übrigen Einheiten *auf eigene Faust* (ex proprio arbitrio). Und dort, wo sie noch eine gewisse Stütze in der wankenden Schlachtordnung fanden, erkämpften sie manch einen Vorteil: So Christian von Anhalt, der Sohn des Generalissimus. Er ritt gegen die Kürassiere des spanischen Regimentes Maradas eine schneidige Attacke und schlug sie so vernichtend, daß in seinen Reihen sogar »Viktoria« geschrieen wurde. Selbst das restliche Fußvolk der Böhmen fand wieder Tritt und kam »wie ein Blitz« über die gegnerische Infanterie. Bucquoy wankte und drohte, in der eigenen Aufstellung allen Halt zu verlieren, weil Maximilians Armee immer noch nicht unmittelbar einzugreifen und ihn abzustützen vermochte.[112]

In dieser entscheidenden Phase der Schlacht erzwangen die Polen unter *Stanislaw Rusinowski* eine Wende bei ihrem ungestümen Angriff auf die ungarische Reiterei, welche den Kern der Böhmen-Armee zu decken hatte. Es wird berichtet, daß die Polen – darunter viele Kosaken – in beiden Händen einen Säbel geführt und den Zaum fürs Pferd zwischen den Zähnen gehalten hätten. Unermüdlich im Niederhauen und mit enthemmtem Kampfhaß im Herzen sollen sie gerufen haben »Ihr Luther-Schelme«, »Lotterböcke« oder »Daß euch der Schlag treffe!«[113]

Was nutzte da der Mut eines Wilhelm von Weimar, der einige böhmische Einheiten zu äußerster Standhaftigkeit trieb? Was bewirkte auch die Tapferkeit des Heinrich von Schlick, der in spanischen Diensten gestanden hatte und in dieser Schlacht seinem einstigen Waffenbruder Wilhelm Verdugo Auge in Auge gegenüberstand und mit seinen Mährern alle Ehre einlegte?[114] Denn als sich Bucquoy wieder gefangen hatte, machte seine leidlich geordnete Übermacht die Grenzen einer Gefechtsanlage vom Berg herab deutlich: Dichte in der Höhe wurde zur Schwäche auf der Ebene, wenn sich die Einheiten nicht flexibel genug stützen konnten und gleichzeitig auf eine gegnerische Kombination von Abfangen, Aufnehmen und Attacke trafen.

Am Ende dieses Ringens, das gegen 14 Uhr in seiner Hauptphase mit einem Sieg der Invasoren beendet wurde, stellte sich als weitere Überraschung heraus, daß nur etwa 8000 Mann von

Bucquoys Seite aktiv am Kampf beteiligt waren und die Armee Maximilians lediglich 250 Tote zu beklagen hatte. An der Quantität der Heere allein konnte es also nicht liegen, daß diese Schlacht einen derartigen Verlauf nahm, wohl aber an einem Zusammenspiel von besonderen Qualitäten: Darunter war die *Manier des massierten Schlages* aus der Spanischen Kriegskunst nicht die geringste, um im geweiteten Raum am Fuß des Weißen Berges der Oranischen *Art des gelockerten Griffs* wirkungsvoll zu begegnen.[115]

Wer es vermochte, beide Kampfanlagen zu verbinden, wer es außerdem verstand, seine Armee auch politisch zu motivieren, dem gehörte die Zukunft. Wie sehr es aber daran in den Reihen der Widerständler, bei allem Pathos für die Libertät, gemangelt haben mußte, beweisen nicht nur die Umstände der Flucht Friedrichs V. mit Weib, Kindern und Hofstaat nach Breslau,[116] sondern auch die Übergabe des Goldenen Prag. Geiz hatte den vollmundigen Adligen die Einsicht versperrt, daß für Freiheit mehr Einsatz geleistet werden mußte als nur goldene Worte. Die überreiche Beute der Sieger, die am 9. November Prag besetzten und sich zwei Tage später huldigen ließen, zeigt an, daß das berechtigte Anliegen der Libertät und ihres Friedensgehaltes nicht von allen Widerständlern verstanden wurde: vor allem nicht das Kostbare am vertraglichen Feudalismus, daß nämlich *Eigentum verpflichtet,* d. h. ganz im römischen Sinne des »Tua res agitur« im Notfall Leib und Leben, Hab und Gut zu wagen. Wo dieser fundamentale Bezug nicht hergestellt werden kann und das libertäre Handeln bestimmt, dort wird unweigerlich das Gegenteil in Gestalt patrimonialen Verhaltens eintreten – unter dem nie so erwähnten, aber furchtbar wirksamen Motto: *Eigentum vernichtet!*

In der Sprache der Landstörzerin Courage ausgedrückt, die zu dieser Zeit als »Jungfrau Libuschka« ihre Ehre nur dadurch retten konnte, daß sie sich als Mann verkleidete und damit auch den Wesenswandel Böhmens vom Rechtsstaat der Libertät zur Militär-Diktatur des Patrimonialismus andeutete: »Das, so mir manglet, ist die Reu, und was mir mangeln sollte, ist der Geiz und der Neid. Wann ich aber meinen Glumpen Gold, den ich

Allegorie. Böhmisches Glücks- und Unglücksrad – 1620 (Sammlung UB Ffm).

mit Gefahr Leib und Lebens [...] mit Verlust der Seligkeit zusammengeraspelt, so sehr haßte, als ich meinen Nebenmenschen neide, und meinen Nebenmenschen so hoch liebte als mein Geld, so möchte vielleicht die himmlische Gabe der Reue auch folgen.«[117]

Waren die Tränen der Stände-Vertreter um den Kanzler Lobkowitz bei der Huldigung vor Maximilian von Bayern das erste Zeichen dafür? Das durfte bezweifelt werden. Denn bald deutete ein Widerstandswort an, daß man in diesen Kreisen das von außen erwartete, was im Inneren auch durch eigene Schwäche am Weißen Berg verloren gegangen war: »Kdyz prijde král svedsky/ to porovna vsecky« (»Kommt der König von Schweden/ wird er allem Ordnung geben«).

Seltsam: Während Soldaten aus fast allen Nationen Europas – außer regulären Schweden und Dänen – vor den Toren Prags ein grausames Fest des Todes feierten, wobei sich Nationalhaß – besonders beim Zusammentreffen von Polen und Ungarn –

schauerlich entladen konnte, bereitete sich Gustav Adolf auf sein Fest der Liebe vor. Noch ehe die unheilvolle Nachricht vom Ausgang der Schlacht in Stockholm eingetroffen war, heiratete er die teutsche Prinzessin Maria Eleonora.[118] Nach all seinem Leid (Eris) durfte er nun doch noch die Freuden der Liebe (Eros) erleben. War das in diesem irdischen Kessel, der jeden Ton auffangen und weiterleiten konnte, vielleicht ein Zeichen der Hoffnung auch für die Patrioten Böhmens, die nun zu Tausenden aus ihrer Heimat ins Heilige Reich und bis nach Schweden getrieben wurden?

Wandlungen

Nach dem Sieg

Es gibt eine Bitterkeit des Siegens, die alle Not des Scheiterns übertrifft. Aus Niederlagen kann neue Kraft für künftiges Handeln gezogen werden, wenn der Glaube an die »gerechte Sache« nicht über Gebühr gelitten hat. Das Gefühl des Sieges jedoch bekämpfen und die nackten Tatsachen des zähen Verhandelns anerkennen zu müssen, ehe die erfochtenen Früchte den ungehinderten Genuß erlauben, das kann wie die Verdammung des »Aktaion« empfunden werden: Wurde doch dieser Unglückliche nach dem verbotenen Blick auf die nackte Göttin Diana mit dem Wandel seines Wesens bestraft – vom Menschen zum Tier, vom Jäger zum Gejagten.

Giordano Bruno hat in seiner Schrift »Heroische Leidenschaften« diese unerwartete Qual der Wandlung als einen Akt der Befreiung gedeutet, als eine neue Ganzheit des Sehens und eine Möglichkeit des Seins.[1] Ob es Friedrich V. auf seiner Flucht durch das Heilige Reich in die Niederlande auch so empfunden hat? Jetzt, wo seine Gegner nach dem Schaden vom Weißen Berg unzählige Spottlieder anstimmten und ihn einen »Winterkönig« hießen, weil er nur von einem Winter zum anderen die widerständischen Böhmen regieren durfte?[2] Es steht fest, daß sich nach dem Fenstersturz, der Kaiser- und Königswahl sowie nach dieser bedeutenden Schlacht die hohe Politik und das Leben manch eines Untertanen als ein überaus schmerzhaftes Stück Geschichte vollzogen hat, an dessen Spätfolgen die Nachfahren der libertären Böhmen noch heute leiden.[3]

Niederländische Wahrsager hatten für das Jahr 1621 nicht umsonst dieses gewaltsame und urplötzliche Umschlagen der Sinne, Gemüter und Zustände in ihren Vorhersagen betont. Im Geist des Paracelsismus sahen sie, wie leicht sich »Protectores und Schutzherren« in »Devoratores und Zerstörer« verwandeln konnten.[4] Anschauungsunterricht wurde ihnen dafür genug geboten. Moritz von Oranien, der seinen Machtlaunen gemäß gerne die *Sicherheit des Ganzen* vorschob, um die *Rechte des Einzelnen* aufzugeben und dabei Arminianer von heute auf morgen zu »Verrätern« stempeln konnte, verhielt sich nicht anders als Maximilian von Bayern, der »Protector etiam devorator papatus« genannt wurde. In holprige teutsche Verse übersetzt, gestaltete sich daraus eine Anklage und Hoffnung zugleich, der großen Gefahr eines römischen und habsburgischen Universaldominats zu entgehen: »Nimmer wird so verschonet werden/ Das Papsttum hier auf Erden/ Die Schuld schreibens ihm nur selber zu/ Weil sie nicht lassen ihren Nachbarn Ruh/ Und wird gerächt der Christen Blut/ Und fällt den Pfaffen ihr stolzer Mut.«[5]

Für die Erfüllung dieses Wunsches gab es aber bei der Rückkehr der Jesuiten nach Böhmen noch keinen Hinweis. Und selbst Maximilian beeilte sich, kurz nach seiner Ankunft in München aller Welt zu zeigen, welch demütiger Knecht er vor Gott und der Römischen Kirche war. In zahlreichen Gottesdiensten wurde des Sieges über die »Rebellen« und »Ketzer« gedacht. Damit die Nachwelt bis in alle Ewigkeit davon ein Zeugnis hatte, ließ er Jahre später auf dem Marienplatz vor dem Rathaus eine *Mariensäule* errichten. »Zwo große Kisten, alles von Gold und Silber«, die er neben anderer Kriegsbeute aus Prag mitgebracht hatte,[6] mögen für die Deckung ihrer Kosten recht nützlich gewesen sein. Aber um die weitere Ersetzung seiner großen Kriegsausgaben für diesen Feldzug mußte er mit Wien und vor allem Madrid härter ringen, als er nach all seiner Mühe und Drangsal im Feld erwartet hatte. Auch die Kurwürde ließ auf sich warten; selbst die erhoffte und schnelle Nutzung der gesamten Unterpfalz oder der Oberpfalz mit ihrem Zentrum Amberg, wo Christian von Anhalt für Friedrich V. vor dem

Abenteuer in Böhmen residiert hatte,[7] blieb ihm verwehrt. Es konnte also leicht geschehen, daß sich Maximilian von Wien und Madrid, ja von Rom abwendete, um sich Paris zu nähern, wo unter Fancan – dem besten französischen Kenner der »teutschen Dinge« – die Entwicklung im Heiligen Reich mit steigender Sorge beobachtet wurde.[8]

Die Anzeichen eines solchen Gesinnungswandels in München nahmen zu. Selbst mit Ernst von Mansfeld, der von Pilsen kommend mit seinem Heer in Amberg eingetroffen war,[9] gab es mittels des Gefangenen-Austausches wichtige Kontakte und das Bemühen, nach erlebten Machtausbrüchen jetzt auf das zu achten, »was dem Kriegsrecht [droit de la guerre] geziemt«.[10] Nach den politischen Aufladungen der letzten drei Jahre und den militärischen Entladungen von Pilsen bis Prag scheint die Rückbesinnung auf das Recht eingesetzt zu haben, ohne dessen Bekräftigung und Sanktion in einem echten Friedensschluß kein Kriegsgewinn von Dauer war. Der Sieg in einer Schlacht mit Hilfe der »Tyche« war eine Sache, eine ganz andere Sache aber war es, wie die »Waffen der Macht« als Ausdruck des Tierischen von den »Waffen des Rechts« als Zeichen des wahrhaft politischen Menschen ersetzt werden konnten – oder wie sich ein reißend Monster in einen friedlichen Menschen verwandelt.[11]

In solchen Situationen der geschwinden Metamorphose, zu der ja auch die religiöse Konversion aus materiellen Gründen gehörte, mußten die politischen Sinne doppelt wachsam sein, um das Überleben zu sichern. So horchten auch die zum Krieg bereiten Generalstaaten auf, als ihnen von Brüssel das Angebot gemacht wurde, »daß alle Parteien und Einwohner der Niederlande wieder zu einem Leib und unter ein allgemeines Haupt ... gebracht werden« sollen. Anders ausgedrückt: Der auf den Tod erkrankte Erzherzog Albert bot mittels seines Kanzlers Peckius den Gegnern und »Rebellen« einen »beständigen und festen Vertrag unter dem Gehorsam ihres natürlichen Fürsten« an. Die Generalstaaten aber lehnten ab. Sie kannten das Doppelbödige in dieser Forderung eines Habsburgers[12] und wollten als eine freie Republik in der Welt geachtet bleiben. Denn ein solcher Vorschlag hätte nur zum Ziel, daß »das Feuer des

Krieges dadurch angezündet werden möchte«, weil er mit seinem Ansinnen der »Freiheit und Hochheit dieser Lande entgegen [...] und wider die Fundamentalgesetze der Staaten gerichtet« sei.[13]

Ein Wandel von der Freien Republik in eine Erb-Diktatur Habsburgs erschien nach über vierzig Jahren Kampf absurd, wie sehr auch Moritz von Oranien den »Abweichlern« im eigenen Lager oder den verbliebenen Katholiken und Lutheranern die politischen und religiösen Rechte verweigern mochte. Und als von allen Festungen des Landes das Feuer der Kanonen ankündigte, daß man den von Oldenbarnevelt 1609 geschlossenen Waffenstillstand nicht verlängern wollte, da nahm fast auf die Stunde genau Philipp III. am 31. März 1621 Abschied von diesem irdischen Jammertal. In seiner schweren Sorge um den künftigen Bestand der Monarchie Spaniens und der Casa de Austria soll er seinem erst sechzehn Jahre alten Nachfolger Philipp IV. das gute Regieren des »Teutschen Wesens« ans Herz gelegt haben: »Es ist gewiß«, mahnte er, »daß man Flandern und Italien, also die beiden Säulen, auf denen diese Monarchie ruht, für verloren halten muß, wenn man Teutschland verliert.«[14]

Auf diesen Rat wollte der junge König schon hören. Doch unter dem Einfluß des Grafen Olivares erfolgten kurz nach dem Tode dieser Katholischen Majestät »unterschiedliche Mutationen«, Veränderungen im inneren Machtgefüge, bei denen der Habsburger »etliche Herren degradieren, teils in Haft nehmen und ihre Güter einziehen« ließ: Der Kreis um Lerma war in Ungnade gefallen und hatte den üblichen Preis verbrauchter Macht zu zahlen – die ohnmächtige Hinnahme des Wandels in einem königlichen Gemüt.[15]

Nicht viel anders erging es fast zur gleichen Zeit den Erben und Nachkommen der geschlagenen »Rebellen« in Prag und Böhmen. Sie wurden von den neuen Behörden Ferdinands II. aufgefordert, sich bei ihnen einzustellen, um dort zu erfahren, daß man ihre »Güter, fahrende und liegende, Ihrer Kaiserlichen Majestät Fisco zu Gutem alsbald wirklich zu confiszieren und einzuziehen« gedächte: Worauf sie sich erklären könnten.[16]

Das war der Beginn einer radikalen Wandlung der bisherigen Eigentums-Ordnung und Lebensverhältnisse, die fast einem ganzen Volk die materielle und politische Daseinsgrundlage entzog. Aber mit der Vertreibung von Haus und Hof nicht genug: Bald mußten auch einige führende Köpfe des Widerstands für ihre militärische Erfolglosigkeit zusätzlich mit dem Leben büßen. Unter den 27 Delinquenten, die am 11. Juni 1621 auf dem Altstädter Ring zu Prag den Tod fanden, waren drei aus dem Herrenstand, sieben aus dem Ritterstand und siebzehn aus dem Bürgerstand. Von ihnen allen wurde Joachim Graf Schlick am scheußlichsten behandelt. Zuerst schlug ihm der Henker die rechte Hand ab, dann hatte er die Vierteilung zu ertragen, schließlich warf man seine Körperteile auf die Straße – den Hunden zum Fraß. Sein Schädel aber und die abgeschlagene Hand wurden an den Brückenkopf genagelt, zur täglichen Warnung, ja nicht mehr für die Chimäre einer Böhmischen Freiheit aufzumucken.

Das war in dieser Zeit nichts Ungewöhnliches: Gustav Adolfs Vater ist im »Blutbad von Linköping« gegen verfassungstreue Senatoren im Jahre 1600 nicht anders verfahren.[17] Die Erinnerung daran, daß Menschen die freiheitliche Kraft aufbringen, den Mächtigen im Namen des Rechts noch im Angesicht des Todes in nichts nachzugeben und ihre »gerechte Sache« zu vertreten, vermag diese zur Raserei zu treiben und in blutrünstige Monster zu wandeln: Hier um so mehr, als es sich beim Grafen Schlick um den Obersten Landrichter Böhmens gehandelt hat.[18] Jeder unter den kundigen Republikanern und Patrioten erinnerte sich bei seinem Tod für die Kultur der Libertät an das Vorgehen Ferdinands I. fast genau hundert Jahre früher. Auch damals hatte sich ein Richter gegen den Patrimonialismus Habsburgs und der Hofburg gewehrt: der Bürgermeister Siebenbürger von Wien, ein aufrechter und rechtstreuer Mann, der unter den Schlägen des absolutistischen Terrors 1522 im »Blutbad von Wiener-Neustadt« sein Leben lassen mußte.[19]

Hatten die Kaiser Maximilian II. und Rudolf II. auch als Könige und Landesfürsten eingesehen, daß die »Mäßigung der Macht« im Recht ihre Stände und Völker gedeihen ließ, so war diese Lehre der Geschichte bei Ferdinand II. wieder in Vergessenheit geraten. Und es war nach diesen grauenhaften Vorgängen bei Ferdinands II. geradezu manischen Besitzgier nicht abzusehen, wozu seine kriminelle Energie noch fähig wäre.

Widerstand aus Dänemark

Im Beschwören des »geliebten Vaterlandes teutscher Nation«, dessen System der Libertät in der ganzen Christenheit gerühmt wurde, ließen sich die Angehörigen der Union nicht gerne übertreffen. Aber nach dem Verlust Böhmens, den die Union mit dem Ulmer Vertrag in hohem Maße zu verantworten hatte, waren ihre demoralisierten und oft marodierenden Heerhaufen kaum noch in der Lage, die gewünschten Sicherungsaufgaben im Heiligen Reich wahrzunehmen. Die kritischen Stimmen gegen Mansfeld und dessen enthemmte Kriegsführung in der Oberpfalz wurden immer lauter.[20] Aber auch die in der Unterpfalz verbliebenen Einheiten Friedrichs V. hausten im Operationsgebiet am Rhein entlang zuweilen noch schlimmer als der flandrische Feind. Mit Recht mußten sie sich von der Öffentlichkeit vorhalten lassen: »Sind also die Verteidiger der Pfalz ihre Verwüster.«[21]

Es gab in dieser Lage untrügliche Zeichen dafür, daß die Union aus eigener Kraft nicht mehr fähig war, dem Druck der Liga und Habsburgs so lange standzuhalten, bis Friedrich V. seine Stammlande wieder in Ruhe und Frieden regieren konnte. Ein ehrbarer Reichsstand, der gleichzeitig Träger einer souveränen Krone war und im Entfesseln von Kriegen in seiner Nachbarschaft Erfahrung besaß, machte sich denn auch bald nach der Katastrophe am Weißen Berg Sorgen über den »seltsamen Zustand, in den das Römische Reich nunmehr geraten ist«.

Christian IV. ließ sich in dieser Form vernehmen, als er dem Reichsrat der Krone Dänemark die entstandene Situation besonders in der »Pfaffengasse« erläuterte und vor »der großen Gefahr« warnte, »worin die Mitverwandten der wahren christlichen Religion nun gesetzt sind«. Es sollte nur niemand annehmen, daß er in seiner Standschaft als Herzog von Holstein und auch als König von Dänemark im weiteren Anheizen des Krieges besonders von den Niederlanden her völlig verschont bleiben könnte. Deshalb sei es hochnötig, sich nach geeigneten Verbündeten umzusehen, zumal der Nachbar und Erbfeind Schweden zum Kampf um die Oberherrschaft in der Ostsee (Dominium Maris Baltici) rüste und es auf Riga abgesehen habe, demnach im eigenen Lager als unmittelbarer Bundesgenosse vorerst ausfallen müsse. Aber er sei sicher, daß sich »die meisten und vornehmsten Fürsten des Niedersächsischen Kreises mit uns einlassen wollen«. Auch das Mißtrauen, das bedeutende Städte der Teutschen Hanse und die Generalstaaten der Batavischen Republik lange gegen ihn und Dänemark gehegt hätten, wäre im Laufe der wachsenden Bedrohung aus dem Süden im Schwinden begriffen. Selbst mit Jakob I. und England sei der Abschluß eines Abwehr-Bündnisses denkbar: Alles Maßnahmen und Möglichkeiten, um Dänemarks Sicherheit zu gewährleisten und die weitere Entwicklung im Heiligen Reich nachhaltig zu beeinflussen.[22]

Das hörte sich überlegt an. Aber die Senatoren Dänemarks wußten zu gut, daß erstens ihr »Lutheranismus« mit dem Calvinismus der meisten Unions-Stände wenig zu tun hatte, und zweitens Christian neben dänischen Sicherheitsanliegen vor allem sein Haus- und Herzog-Interesse im Heiligen Reich wahrnehmen wollte. Sein Eifer, die reichen Kirchenstifte von Bremen und Halberstadt für seine Söhne zu erwerben, war ja kein Geheimnis.[23] Schon aus diesem Grunde konnte sich jeder im Senat ausrechnen, daß der König wie 1610 gegen Schweden oder vor kurzem gegen Hamburg und Stade eine Gelegenheit nutzen würde, dafür die Armee und gar die Flotte einzusetzen.

Christian IV. war zwar eine Spielernatur, aber sein früheres Hazardieren war vorbei. Auch er wußte, daß hier nur dann Erfolg winkte, wenn die Interessen abgestimmt wurden. Deshalb berief er in der Absprache mit dem Reichsrat für den Monat März einen *Fürstentag* nach Segeberg ein. Dessen offizielle

Begründung erläuterte er dem englischen Gesandten Anstruther so, daß es in der gegenwärtigen Lage der Union und der anderen Mächte des Protestantismus nur zwei Möglichkeiten gebe: entweder eine »Übereinkunft mit dem Kaiser«, was auch heißen müsse, dessen bisherige »Maßnahmen anzuerkennen«, oder aber den Abschluß eines »Bündnisses mit Groß-Britannien, den teutschen Fürsten und den Niederländern. Das letzte ist der sicherste und beste Ausweg. Soll etwas für Teutschlands Freiheit und die Sache der Religion getan werden, dann ist jetzt die Zeit dazu«.[24]

Seine Strategie ist klar: in Zukunft keine Sicherheit *mit* Habsburg, sondern *vor* dessen wachsender Macht. Das aber mußte zwangsläufig und nach der inneren Natur des Vergeltungsdenkens militärische Aufrüstung und intensive Bündnispolitik bedeuten. Zu beiden Grundforderungen war England nicht bereit. Denn für die Rüstung fehlte das Geld, und die Heiratspläne mit Spanien geboten Vorsicht, schließlich konnte jedes Bündnis dieser Art zu einer unberechenbaren Bürde werden. Außerdem hielt sich Schwedens Reichsleitung bei diesen Plänen zurück, hatte es doch genug mit Vasa-Polen zu tun und war daher nur zu einer Diversion bereit, wenn Christian IV. sich in »dieser gefährlichen Zeit der Evangelischen Sache annimmt«[25] und womöglich militärisch gegen Liga und Habsburg vorzugehen gedachte.

Ohne Zusagen oder Unterstützung von England und Schweden, das auf dem besten Wege war, zur ersten Militärmacht Europas zu werden, mußte auch dieser Segeberger Fürstentag scheitern. Dies um so mehr, als ja immer noch die Chance bestand, Friedrich V. die Kur und die Stammlande zu bewahren, wenn Londons Heiratsverhandlungen mit Madrid zu einem Erfolg führten.[26] Damit war dann auch nach dem Kalkül Jakobs I. die große Gefahr eines reichs- und europaweiten Krieges gebannt. Aber nur dann, wenn Ferdinand II. und vor allem Maximilian mitspielten: Doch darauf durfte zu diesem Zeitpunkt niemand ernsthaft setzen.

Die »niederen Stände« in Straßburg ahnten da mehr als manch hoher und auf Beschwichtigung eingestimmter Potentat, als sie bei den Feierlichkeiten zur Verleihung des »neuen kaiserlichen Privilegs« an ihrer Universität eigenartige Theaterstücke aufführen ließen. Vor Tausenden drängender Zuschauer aus nah und fern zeigten die Schauspieler aufwühlende Themen wie »Erwürgung und Ertränkung der Israelitischen Kinder in Ägypten«. War das nicht eine Anspielung auf den religiösfanatischen Eifer des Kaisers gegen die Universität und die überwiegend lutherische Reichsstadt am Rande des Elsaß? Und Szenen zum »Starken Frondienst der Israeliten« konnten da an das Ende der Teutschen Freiheit und an die beginnende Erb-Sklaverei unter Habsburg gemahnen! »Die Verwandlung des Stabes von Moses in eine Schlange und die Verwandlung der Schlange in einen Stab« jedoch verwies nicht ohne Hintersinn an die aufkommende Hitze des Krieges, in der selbst das lang Gewachsene vergehen konnte, oder auch daran, wie der Eiseshauch einer Diktatur die Herzen und Sinne der Stände zum Erkalten und alles libertäre Leben zum Erstarren brachte.[27]

Der Kanzleienstreit

Nach der verheerenden Niederlage am Weißen Berg hatte auch der Versuch von Segeberg deutlich werden lassen, daß der politische Protestantismus zu einer militärischen Einigung nicht fähig war. Fürstliche Besitzinteressen und ideologische Bindungen blockierten immer wieder die notwendige Zusammenarbeit. Während sich nun Lutheraner und Calvinisten gegenseitig lahmzulegen drohten und das Ende der Union bereits abzusehen war, arbeitete die Liga mit Nachdruck an einem Projekt, dessen Wirkung ihren militärischen Triumph vom 8. November 1620 noch übertreffen konnte. Es mußte dabei allerdings gelingen, die Union als Verfassungs- und Schutzbund der Teutschen Libertät in der Öffentlichkeit herabzusetzen und ihr damit das Recht abzusprechen, für eine »gerechte Sache« einzutreten.

Dieses Projekt bestand nur aus Worten und hatte zum Ziel,

den Gegner der Liga endgültig zu entwaffnen. Maximilians eifriger Kanzler Jocher teilte dem Reichs-Vizekanzler Herrn von Ulm bereits vier Wochen nach der gewonnenen Hauptschlacht die Stoßrichtung dieses publizistischen Unternehmens mit: »Man hat etliche Schriften [aus Prag] mithergebracht, daraus sich ersehen läßt, wie diese ehrvergessenen Leute von guter Zeit her nach der Krone [Böhmens] getrachtet; wie sie auch das Haus Österreich und die geistlichen Stifte gänzlich ausrotten und besetzen, auch die Römische Krone Einem nach ihrem Gefallen aufsetzen wollen.«[28]

Damit meinte er nichts anderes, als daß es unstatthaft oder gar ungesetzlich war, die Habsburger daran zu hindern, das *libertäre Wahlrecht* zu einer Krone – auch in der Rechtsform des Erblehens (Emphyteuse) – zu unterlaufen, um es dann mit einem *patrimonialen Erbsystem* und der zugehörigen Haus-Diktatur zu ersetzen. Allein die Erinnerung daran, daß Rudolf I. von Habsburg als Schweizer Graf zum Kaiser gewählt wurde, hätte genügt, um diesen Vorwurf zurückzuweisen. Auch nach der »Goldenen Bulle« von 1356 war im Prinzip jeder adelige Reichsstand königs- und kaiserfähig. Nichts anderes galt in Böhmens Verfassung, die von Ferdinand II. in der nun offiziell erfolgten Reichsacht gegen Friedrich V. mit einer Rechtsverdrehung und Wortfuchserei ohnegleichen patrimonialistisch ins absolutistische Gegenteil verkehrt wurde.

So wurde in diesem makabren Dokument dem »Winterkönig« der Vorwurf gemacht, er hätte sich unterstanden, »unsere durch Land- und Erbhuldigung verpflichteten Untertanen durch einen vermeinten nichtigen Eid von uns [. . .] ab und an sich zu ziehen«. Dann wäre es ihm eingefallen, »mit ihnen wider uns feindlich [zu] conspirieren« und »unseren Königlichen Titel, [unser] Wappen und Kleinod [zu] usurpieren«. Damit jedoch nicht genug: Der Wittelsbacher aus der Pfalz habe sich mit der Wahl zum König von Böhmen auch gegen des Heiligen Römischen Reiches »und desselben Kurfürstentümer-Verfassungen« vergangen, weil die Wenzelskrone den Habsburgern als »königlicher Stamm« schon so lange als »Erbe erblich zustehet« und »den Einwohnern eine Wahl nicht gebührt«. Zu allen

Verfassungsbrüchen hätte dieser Kurfürst auch noch den Türken um Hilfe gebeten, den »Erbfeind christlichen Namens« und sich des Fürsten Bethlen Gabor von Siebenbürgen bedient, um »unsere Erbländer« zu bedrängen.[29]

Erbwütiger ging es nicht mehr: Ganz abgesehen davon, daß dieser Kaiser seinen eigenen Eid auf die Verfassung des Heiligen Reiches gebrochen hatte, indem er erst die Exekution der Acht erzwang und dann das Urteil als Begründung nachlieferte, demnach Macht vor Recht ergehen ließ. Er gab in seiner diktatorischen Absicht auch zu erkennen, daß *Wahl und Vertrag* unter dem Gebot des gegenseitigen Dritt-Rechtes ein Ende haben mußten, *Erbe und Dominat* aber nach Maßgabe des »blinden Gehorsams« von nun an absolute Geltung beanspruchen durften. Die weitere Verhängung der Reichsacht über Christian von Anhalt, den Markgrafen von Jägerndorf oder den Grafen von Hohenlohe[30] begründete den Anfang einer Politik des partiellen Ausnahmezustandes, mit dem bestimmte Unions-Angehörige und Reichsstände außerhalb von Recht und Verfassung gestellt wurden. Hatten sich die Calvinisten schon nicht in den Schutz des Religionsfriedens von 1555 begeben können, obgleich sie als politische Stände erhalten blieben, so wurden die Hauptträger ihres Schutzbundes jetzt zusätzlich für recht- und friedlos erklärt.

Dieses Vorgehen Habsburgs und der Liga war der Auftakt zu dem erwähnten Projekt, das als *Anhaltische Kanzlei* aller Welt den sicheren Beweis liefern sollte, daß sich besonders die Führer der Union »schwerer Verbrechen« (enormia crimina) schuldig gemacht hätten.[31] Tatsächlich aber laufen in dieser Publikation alle Argumente darauf hinaus, die ständischen Vertreter der Libertät zu kriminalisieren und die patrimonialen Erbansprüche Habsburgs zu legitimieren. Wie unsicher die Hofburg dennoch war, beweist auch eine Dokumentation, die zur Fastenmesse in Frankfurt am Main erscheinen sollte und Habsburgs »Ius haereditarium oder Erbgerechtigkeit und rechtmäßige Succession in dem Königreich Böhmen« zusätzlich zu begründen hatte.[32] Sicher aber war, daß allein schon die Formel »in Böhmen« die Wirkung des Patrimonialismus verriet, wie er auch unter Mithilfe Wiens später von den Hohenzollern mit der Machtformel »König in Preußen« bestätigt wurde.[33]

Wer in diesen Dokumenten zu lesen verstand, der wußte, daß jetzt in einigen Ländern der Christenheit die Lichter der Libertät ausgingen und die Vertragskultur des Feudalismus zerschlagen wurde. Die halsstarrigen Bündner in der Eidgenossenschaft bekamen die Welle der Gewalt aus Wien in dieser Zeit besonders hart zu spüren. Als »boshafte leichtfertige Leute« wurden sie beschimpft, die »ihrer Grobheit und Unruhe wegen mit dem Schwert und Krieg zu zwingen« seien. »GOTT der Allmächtige« wurde von den Patrimonialisten angerufen und um Beistand gebeten, »daß anietzo ein solcher Friede gemacht werde, damit man diesen groben bestialischen Leuten nicht so viel Freiheit zulasse. [...]«[34]

Nach unten, zu den Ständen hin, wurde die Freiheit beschnitten und nach oben in kaum vorstellbarer Weise erweitert. Während Christian IV. in Wien für Friedrich V. und dessen Erben das Erblehns-Recht dieses Hauses anmahnte, um mit dessen Garantie »das alte teutsche Vertrauen unter dem Haupt und den Gliedern« wieder herzustellen,[35] und der englische Gesandte John Digby die Aufhebung der Reichsacht und die Restitution der Pfalz forderte,[36] gebärdete sich Ferdinand II. wie der Zar oder der Sultan: Er verfügte über Land und Leute ohne Zustimmung der Reichs- oder Landstände. So hatte er die Landschaft Ober-Österreich an Maximilian verpfändet und tauschte sie jetzt gegen die Ober-Pfalz ein, als sei es nur Privateigentum: Außerdem gestattete er dem Bayern-Herzog am 28. August 1621 in einer Art Geheim-Investitur die Übernahme der Pfälzer Kurwürde und leistete sich damit einen erneuten Verfassungsbruch.[37]

In dieser Situation, als sich von England und Dänemark her trotz aller Widrigkeiten eine neue Front gegen Habsburg aufbaute und damit den begrenzten Konflikt auszuweiten drohte, war Ernst von Mansfeld ein einzigartiger Coup gelungen. Er hatte nämlich Briefe und andere Dokumente abfangen können, die von Wien aus nach Madrid unterwegs waren und Philipp IV. die Überschreibung der Pfälzer Kur an Maximilian schmackhaft machen sollten. Schrieb Camerarius kurz nach der Schlacht am Weißen Berg nach Heidelberg, daß »der Verlust der Acten [in Prag] [...] viel größer sei als alles andere«, weil sie vom Gegner mißbraucht werden konnten, so durfte er jetzt Genugtuung erleben. Denn aus den erbeuteten Schreiben wurde das Gegenstück zur »Anhaltischen Kanzlei« der Liga angefertigt – die *Spanische Kanzlei* einer Union, die sich am 12. April 1621 im Mainzer Accord aufgelöst hatte.[38]

Es war eine Aufklärungsschrift, die mit peinlicher Genauigkeit das politische Lügenspiel nachzeichnete, wie es ein rechtsvergessener Kaiser aus selbstverschuldeter Not inszeniert hatte. So schrieb Ferdinand II. eigenhändig an den einflußreichen Zúñiga: »Ferner können wir ihm zu vermelden keinen Umgang nehmen, daß nachdem wir dem Herzog in Bayern wegen seiner uns erzeigten Dienste dermaßen obligiert [verpflichtet] sein, wir ihm auch mündlich als in Schriften zu unterschiedlichen Malen wegen besagter Translation [Übertragung] der kurfürstlichen Pfalz das Wort gegeben und die Zusage getan. Wir daher kein Mittel finden, wie wir ohne Verursachung GOTTes Zorn und ohne Verletzung unserer Ehren wieder zurückgehen können.«[39]

Die Rechts- und Ehrverletzung anderer Reichsstände, zum Beispiel der Erben Friedrichs V., schien ihn nicht so zu bedrükken wie die Rechtfertigung eines Betruges, dessen gewaltsame Fortführung Pater Hyacinth – der Gesandte des neuen Papstes Gregor XV. in Wien – mit Fanatismus forderte: »Continuation des Kriegs wider die Ketzer, unserer heiligen Mutter schädliche Feind«.[40] Dazu aber war Madrid trotz des gemeinsamen Interesses der Casa de Austria noch nicht bereit, obgleich Spinola große Teile der Kur-Pfalz besetzt hielt. Denn man wußte aus leidvoller Erfahrung, daß Maximilian von Bayern »nicht die Rechnung eines Bundesgenossen macht, sondern [nur] seine eigene«.[41]

Das aber konnte bedeuten, daß er beim Erwerb der Ober- und Unterpfalz zusammen mit seinem Bruder, dem Kurfürsten von Köln, zum mächtigsten Reichsstand werden mußte. Gelang ihm dann noch zusätzlich ein Bündnis mit Frankreich, was war dann für die Casa de Austria im Heiligen Reich an Sicherheit gewonnen? Nein, die wirkliche Kanzlei Spaniens in Madrid war weitaus vorsichtiger und zum Restituieren der Pfalz geneigter, als es sich Camerarius und andere führende Calvinisten denken konnten, denen die Doppelbedrohung – »päpstliches Joch« als konfessionelle und geistige Knechtschaft sowie das »spanische Dominat« als Abschaffung der Libertät[42] – mehr als einmal in den vergangenen Jahren den Schlaf geraubt hatte. Madrids abwartende Haltung schloß aber nicht für alle Zukunft aus, daß diese Not doch noch über die patriotischen Teutschen kommen würde. So gesehen hatte der *Kanzleienstreit* den Zerfall der Union zwar nicht aufhalten können, aber die politischen Sinne dafür geschärft, wie schnell das Recht in Unrecht umschlug, wenn es der Machtsprache unterworfen wurde: jenem eigenartigen Trieb, der auf das Besetzen gerichtet ist, um bei einem Erfolg das Besitzen genießen zu können.

Kettenreaktionen

Das erheblich gestörte Vertrauen zwischen »Haupt und Gliedern« des Heiligen Reiches,[43] die Vergiftungen des öffentlichen Lebens mit immer neuen Rechtsbrüchen und Gewaltaktionen, sowie die Erschlaffungen beim Zusammenbruch der Union entsprachen auf seltsame Weise manch einem anderen Mißstand in diesem weitläufigen Gemeinwesen: den vielen Seuchen. Sie machten den Menschen sehr zu schaffen. Selbst wenn ein guter Medicus, Apotheker oder Physicus neben den Ordensleuten seinen Dienst pflichtgemäß und voller Aufopferung im Geiste des Hippokrates versah, so war das Ende einer Krankheit meist nicht die erhoffte Gesundung, sondern der schauerliche Tod.

Vielerorts wurde er in diesen Zeiten der Entfesselungen und eiligen Wandlungen der Gemüter als ein Gnadengeschenk Gottes empfunden, was nicht wenige veranlaßte, den körperlichen Schmerz und leiblichen Verfall zu lobpreisen. Statt Klagen und Jammern wurde ein hohes Lied auf die Prüfungen des Himmels angestimmt und der unabwendbare Tod als eine Erlösung begrüßt. »Ihr alle sollt wissen«, hatte Paracelsus aus Köln schon vor einiger Zeit verkündet und damit auch jetzt seine wachsende Schar unter Gelehrten und Ärzten gestärkt, »daß GOTT in den Krankheiten ebenso hoch gelobt ... will werden in seinen meisterlichen seltsamen Werken als zum Beispiel in den Blumen des Feldes, obwohl die Krankheit dem Menschen widerwärtig ist.«[44] Als ein Geschöpf Gottes stand der Mensch in dieser neuplatonischen Denkweise nicht vereinzelt da, wie bei Descartes: Auch im Kampf mit seinen Gebrechen war er nicht allein, sondern stand in Verbindung mit seiner Umgebung und der Außenwelt.[45] Wer demnach »den Ursprung des Donners, der Winde, der Wetter kennt, der weiß [auch zugleich], von wo die Kolik kommt und die krampfhaften Verdrehungen. [...] Der da weiß die Coniunctiones der Gestirne und die Finsternis, der weiß den jähen Tod, den Schlag und all seinen Anhang«.[46]

Diese Außenwelt wirkte auf das Innenleben wie der Geist auf den Leib des Menschen, der vom Anfang seines Daseins aus »Zerbrechlichkeit und Zerstörung geschaffen ist, so daß ihn seine eigenen Substanzen hassen und sie wieder in ihre Materia zu gelangen begehren [...] zu Erde und Staub. Denn aus dem ist der Mensch gemacht«.[47]

Das Leben als eine Krankheit zum Tode und der Tod als der Beginn ewiger Freuden: Das war eine Haupt-Botschaft des verbreiteten Paracelsismus, die einiges an der Grausamkeit von Soldaten dieser ersten Kriegsphase erklärt. Fügten sie in ihrer eigenen Angst anderen Schmerzen zu, dann spürten sie erst, daß sie noch am Leben waren. Vor allem das »Raideln« war unter ihnen beliebt. Mansfelds zuchtlose Haufen taten sich dabei besonders hervor: Mit festen Schnüren und einem Drehholz oder Gewehrschloß zerdrückten sie bei dieser Marter den Kopf der Opfer wie die Finger in den Daumenschrauben. Darüber hinaus verstanden sie sich auf den kurzen Prozeß, daß »es einen Stein erbarmen möcht«.[48]

Bei jedem Scharmützel, jeder Belagerung oder Schlacht selbst dem Ende ausgesetzt und von ihren Befehlshabern oft um Sold und Proviant betrogen,[49] preßten sie den noch Schwächeren in Stadt und Land einen irdischen Lohn ab, wie schnell er auch verpraßt sein mochte. Eine Kettenreaktion von oben nach unten war das, die eine Ansicht des Aristoteles bestätigte, der ein Lehrmeister Alexanders des Großen war: Ist der Heerführer verdorben, dann ist es auch bald jeder Soldat seiner Armee.[50]

Rasten die göttlichen Pfeile des Verderbens von außen nach innen und zerstörten die menschlichen Laster alle Kultur von den korrupten Obrigkeiten zu den Untertanen, dann konnte aus der wechselseitigen Durchdringung beider Übel eine Art Gesetzmäßigkeit oder Kreislauf abgeleitet werden – zumal dann, wenn sich beim Wiederholen solcher Erscheinungen gleiche Symptome einstellten. Der Physicus Rhumelius aus Neumarkt in der geplagten Oberpfalz hatte sich diese Überlegung zu Herzen genommen und den Versuch gewagt, den Ursachen des *Petechialtyphus* auf die Spur zu kommen, der mit der Pest zu den schlimmsten Geißeln der Zeit gehörte.

Der Name dieser schrecklichen Krankheit leitete sich von den Petechien ab. Das waren kleinere, oft nur punktförmige Hautblutungen, die sich zu größeren Blutergüssen erweitern konnten. Sie wucherten auch oft zu einem Hautbrand aus und wirkten in Verbindung mit steigendem Fieber und sinkender Lebenskraft wie ein Symbol für den von Mißtrauen infizierten politischen Corpus im Reich.[51] Bei seinen Kombinationen fand Rhumelius auch bald eine Erklärung für den Weg dieser Typhus-Infektion in seiner Heimat, die neben den Menschen auch Pferde befallen konnte, wenn das nähere Umland dauernd vergiftet war. Die Ursache dieser Heimsuchung lag für ihn weniger im Himmel als in den von Schmutz starrenden Lagern der Mansfelder Scharen. Denn mit ihrem Dreck wurden die Ackerböden, Wiesen und Gärten durchsetzt. Bei ihrer Bearbeitung mit Hacken (rastra) und anderen Berührungen gelangte diese Seuche in die Münder (rostra) von Vieh und Mensch, bis Haus und Hof von ihr erfüllt wurden ... Die Sommerhitze verstärkte mit dem schnellen Verwesen von allerlei Kadavern die Vergiftung von Boden und Trinkwasser zusätzlich. Proteine wandelten sich in Ptomaine, wie später gesagt wurde. Aus Lebensgeistern entstanden Leichengifte, die den Infektionsprozeß bei Mensch und Tier beschleunigten und oft mehr Opfer forderten als die unmittelbaren Kriegshandlungen. In Rhumelius schauerlicher Wortkette ausgedrückt: »Ex castris ad rastra, a rastris ad rostra, ab his ad aras et focos [...] anno 1621.«[52]

Wohl dem unter den Teutschen, dessen Körper, Geist und Seele das innere Gleichgewicht fanden, um sich auch auf diese Weise vor aller Unbill zu schützen. Denn »so die drei Ding einig und nicht zertrennt« waren, hatte der Mensch wenig zu befürchten. Sobald sie sich aber stritten, wurden sie ein Opfer von Krankheiten.[53]

In diesem paracelsistischen Sinn argumentierte auch Friedrich V. von seinem Exil in den Niederlanden aus, um sich gegen Wien und München zu wehren. Seine im Reich verbliebenen Anhänger sollten ja nicht annehmen, daß er sich politisch aufgegeben hätte. In einem besonderen Schreiben zur Lage hoffte er auf ein »besseres Vertrauen« zwischen Kaiser, Kurfürsten und Kurien-Reichstag und wollte »zu weiterer Trennung und also endlich gänzlichem Ruin des Reichs nicht Ursache« sein. Neben einer »Generalamnestie« forderte er zur Gesundung des am Krieg erkrankten Vaterlandes aber auch die »völlige Restitution des Unsrigen« und verlangte für sich und seine Erben »diejenigen Mittel, die dem geringsten Bauern nicht abgestrickt werden könnten«: demnach einen gerechten Prozeß, was in diesem Falle nur mittels eines Reichstags oder eines Friedenskongresses möglich war.[54]

Ein Vorhaben, das kühn vorwegnahm, was erst zwanzig Jahre später unter großen Anstrengungen auswärtiger Mächte gelingen sollte, nachdem sich die machtpolitischen und militärischen Kettenreaktionen Zug um Zug wieder unter eine vertragliche Rechtskontrolle nehmen ließen. Das erhoffte sich auf einem anderen Gebiet auch eine Reihe von Reichsständen zu dieser Zeit, war doch die bisher so »gerechte Münze« im Heiligen Reich an vielen Orten außer Rand und Band geraten. Von Braunschweig aus wurden der Norden und von Bayreuth her der Süden mit Kupfermünzen versorgt, die als *Kipper und Wipper* gefürchtet waren. Einer Sturzflut gleich verteilte sich dieses Falschgeld auf vielen Märkten und drohte die »gute Münze« so zu untergraben, wie das wuchernde Mißtrauen in der Politik den weiteren Bestand der »herrlichen Reichsstruktur« gefährdete – mit einem Kupferkrieg.

Im Rausch des üppigen Geldes glaubten einige Fürsten und Städte mit Münzrecht ernsthaft daran, sie könnten mit dem »Verkupfern« ihrer Gold- und Silbermünzen die reißende Inflation aufhalten. Mit ihrer sogenannten »Hecken«-Methode des Wertgaukelns verstärkten sie nur die innere Auszehrung einer Währung, der plötzlich abverlangt wurde, die Forderungen und Wirkungen voraufgegangener Kriegslasten abzufangen. Das aber war nur mit Ausdünnungen der bisherigen Substanz möglich. Ging man davon aus, daß Geld nichts anderes als auf Gold und Silber gemünztes Vertrauen in die vorhandene Rechtshoheit des Reiches und seiner Stände war, dann bedeutete der in Böhmen geführte und nun ins Reich gezogene Krieg ein Höchstmaß an Mißtrauen in die politische Zukunft und in die ökonomische Stabilität. Bekanntlich aber schafft dieses Mißtrauen als Angst vor Verlusten keine Werte, sondern verzerrt nur die bestehenden und damit das gerechte Verhältnis (Proportionalität) zwischen Schrot und Korn, bis es wie in einem kalten Feuer verzehrt ist.

Geld als ein Vertrauensvorschuß, den die *Reichs-Münzordnung* seit 1559 in allem Handel zur Bedingung machte, wollten jene nicht wahrhaben, die sich von einem Tag auf den anderen reich wähnten und gar dem Irrsinn huldigten, ihre Kupfergeräte aus der Küche zu reißen, um sie zur nächsten Hecken-Münzerei zu bringen und damit den ehrlichen Nachbarn zu schädigen[55] – zwischen Braunschweig und Bayreuth vor allem Sachsen.

Kurfürst Johann Georg erkannte jedoch trotz seines Bier-Gemütes und aller Dickfelligkeit bald, daß mit dieser billigen Kupfermünze das Verhältnis von Nenn- und Realwert dramatisch verschoben und ein künstlicher Abfluß seiner guten Münzen in Gold und Silber bewirkt wurde. Damit waren nicht nur hohe materielle Verluste verbunden. Auch seine regionale Geld- und Münzhoheit wurde jeder Kontrolle entzogen, d. h. die »Fides publica« als das private Zutrauen in die Sicherheit öffentlicher Zusagen ging, in der Sprache der Zeit, wirklich zum Teufel – in Gestalt von Wucherern und schamlösen Wechselhändlern. Im Rückgriff auf die »heilsame Ordnung« von 1559 gelang es ihm schließlich, diese hausgemachte Inflation wieder einzudämmen.[56] Auch der Markgraf Christian von Bayreuth fand nach ein paar Experimenten mit diesem »schnellen Geld« bald zu den herkömmlichen Absprachen der »gerechten Münze« im Sinne der Proportionalität zurück. Mit Brief und Siegel stellte er wieder in Anwendung seiner Rechtsautorität und als ein Treuhänder des Münzregals das innere Gleichgewicht des Geldes nach »altem Schrot und Korn« her. Diese und andere Maßnahmen glichen die Preise für Lebensmittel den Arbeitslöhnen an, so daß die Unruhe in diesen Regionen des Reiches allmählich neuem Zutrauen wich. Selbst die von der Falschmünzerei aufgeschreckten Pastoren konnten ihr zorniges Predigen gegen diese »letzte Brut des Satans« dämpfen, wie sie das Verkupfern von Edelmetall gegeißelt hatten.[57]

Auch diese Kettenreaktion im ökonomischen Bereich zeigt, wie stark der innere Friede auf eine beständige Balance von Geben und Nehmen ausgerichtet wurde. Es genügte ein einzi-

Satire auf »Kipper und Wipper« und Ermahnung an den rechten Weg des Menschen im Geist der Gerechtigkeit (Sammlung UB Ffm).

ger Rechtsmißbrauch aus Eigennutz oder eine auf Täuschung gerichtete Eingabe in die mitunter sehr komplizierte Feinstruktur des Markt- und Vertragslebens, um einen mächtigen Wirbel zu entfachen, der viele Unschuldige ins Elend reißen konnte. Das Wissen um solche Wirkungen erklärt auch, warum auf allen Ebenen des öffentlichen und privaten Lebens dauernd um Vertrauen geworben wurde und das Mißtrauen als Ursache allen Übels galt.[58]

Erstaunlich ist daher, daß nach dieser heftigen Inflationswoge, die auch mit schweren Folgen bis in die Schweiz geschwappt war,[59] trotz regionaler Zusammenbrüche infolge von Kriegsüberlastung der Leitwert des Reichstalers und die Preise während des gesamten Krieges ziemlich stabil gehalten werden konnten.[60] Ein Befund, der auch nach dem Scheitern der Union für das Fortbestehen der Staatlichkeit des Heiligen Reiches gilt. Es ist, als hätte bei allen Wandlungen das Recht als Kern der »herrlichen Reichsstruktur« selbst das größte Unglück überstanden, um in den Alpträumen der Macht immer mehr Mächtige zu der Erkenntnis zu bringen, daß »niemals durch Unrecht [und] Rache des Geschickes Lauf gemeistert wird«.[61]

Todesspuren

Spanische Künste

Was konnte in der vertrackten *Pfälzischen Sache* dem jungen König nur geraten werden, um den Bestand der Monarchie Spaniens und des Hauses Habsburg in der Zukunft zu sichern? Sollte Philipp IV. den bayerischen und niederländischen Löwen wie einen Stier bekämpfen, gar nach den besonderen Regeln der Taurinischen Kunst? Vielleicht in der Manier des legendären Don Pero Nino, der beim Kampf mit diesem Tier »zu Fuß und Roß [...] derartige Schwertschläge austeilte, daß alle in Verwunderung gerieten«?[1] Also erneut die Waffen Spaniens einsetzen, mit Infanterie und Reiterei den Ketzern in den Niederlanden bis zu ihrer endgültigen Niederlage zusetzen? Dieser Rat ergab sich fast von selbst, war doch der 12-jährige Waffenstillstand nicht mehr erneuert worden. Die Frage stellte sich aber, ob ein offensives Vorgehen hier das richtige Konzept sein konnte, diesen zähen Feind in die Knie zu zwingen. Was gegenüber den »Ketzern« nachdenklich stimmte, galt nicht weniger für den Herzog von Bayern, der ja nicht nur mit seinen Ansprüchen auf die Kur-Pfalz das Projekt der »Englischen Heirat« gefährdete,[2] sondern auch bei einer möglichen Annäherung an Frankreich eine Konstellation vorbereiten konnte, in der Spanien plötzlich diesen unruhigen Nachbarn als Gegner bekämpfen mußte. Eine Offensive mit ihren Stößen zu Fuß und Roß war aber in dieser Lage schwierig, zumal nach dem Tode des Erzherzogs Albert und während der Regentschaft seiner Witwe Isabella, die sich in das komplizierte Machtgeschäft mit seinen Kriegstheatern erst noch einarbeiten mußte.[3]

War es unter diesen unwägbaren Bedingungen nicht doch besser für Spaniens Sicherungspolitik, die Kunst der »Lanzada« zu erproben, wie sie Don Ponce de León zur Zeit Kaiser Karls V. so meisterhaft auszuführen verstand? Dieser edle und überaus geschickte Herr legte vor Beginn seines Kunststückes in der Arena dem Kampfpferd ein dichtes Band aus Samt so geschickt um die Augen, »daß das Pferd nicht nach vorne sehen konnte, sondern nur dorthin, wo es die Hufe auf den Boden stellte«. Auf diese Weise abgerichtet und in seiner geschmeidigen Kraft versammelt, erwartete es »den Stier sehr ruhig, ohne ihn zu sehen«. Trieb nun Don Ponce seine Lanze in das anstürmende Tier, dann »lenkte er zugleich das Pferd nach links ab«. Das war eine hohe Kunst, in der es nicht darum ging, »in einem dynamischen Prozeß einer möglichen Vollendung entgegenzutreten, sondern in ruhigem Dastehen eine innere Kraft zu demonstrieren«.[4]

Gerade diese Möglichkeit der Sicherungspolitik hatte man zwischen Flandern und den Gebieten der »Pfaffengasse« mit Erfolg erprobt. So hatte die militärische Aufladung dieses Raums entscheidend zur Niederlage der Union beigetragen: Selbst wenn während dieser Machtkonzentration nicht jedes Unternehmen glückte, wie etwa die Belagerung von Frankenthal durch den General Cordova, bei der zum ersten Male in diesem Krieg spanische und englische Einheiten aufeinandertrafen.[5] Auf ähnliche Weise schien sich dieses Verfahren der »Lanzada« auch zu bewähren, als Spinola nach einem Zug den Rhein abwärts die Grenzfestungen der »niederländischen Rebellen« unter Feuer nahm: demnach aus einem konzentrierten Beharren kräftige Stöße vorbereitete, um dann in gezielte Bewegungen überzugehen.

Eine Variante dieses Vorgehens sollte Maximilian von Bayern auf dem diplomatischen Felde zu spüren bekommen, als Madrid in Abstimmung mit Brüssel den widerborstigen Herzog unter massiven Druck zu setzen suchte; ihn von Wien und auch von Rom her veranlassen wollte, auf die Kurwürde der Pfalz zu verzichten: zugunsten eines Friedens im Heiligen Reich.[6] Aber alle Kunstgriffe des Grafen Olivares und die üblichen Machtmittel der spanischen Diplomatie nutzten in diesem Falle wenig. Denn auch Maximilian wußte etwas vom Wert des gekonnten Beharrens und vom Einsatz einer Doppelstrategie, nämlich eine Verbindung mit Paris zu arrangieren und mit Erpressungen Wiens den mächtigen Olivares zu treffen. Gelang dieser Schachzug, ohne in den ruhigen Besitz der Kur-Pfalz zu gelangen, dann mußte damit gerechnet werden, daß dieser Herzog zur Erreichung seiner Ziele fähig war, »alle Provinzen des Kaisers aufs Spiel zu setzen und einen allgemeinen Krieg in Teutschland zu entzünden«.[7] Bereit, für sein vermeintliches Recht und aus Haus-Egoismus die libertäre Substanz des Reiches zu schwächen.

Soldatenwesen

Wird sich dieser furchtbare Verdacht von spanischer Seite noch erhärten, daß Maximilian von Bayern nach der Schlacht am Weißen Berg und dem politischen Ende der Union die vorhandenen Chancen zu einem Frieden ausgeschlagen hat? Und wird jene zeitgenössische Stimme recht bekommen, die in einem Gutachten meint, daß »der Beginn des Teutschen Krieges (Belli Germanici) von der Familie Wittelsbach und nicht vom Hause Habsburg entfacht worden ist«[8] – unter Mißbrauch von Recht und Soldaten?

An Verdächtigungen und Vermutungen war die Zeit überreich. Das allseitige Mißtrauen wollte kein Ende nehmen, weil die Arkan-Politik der Mächtigen in ihrer Geheimniskrämerei nur selten – wie im Kanzleienstreit – glaubwürdige Einblicke in die wahren Verhältnisse bot. Goldene Worte waren noch feiler zu haben als die Kupferlinge des »bösen Geldes« der Kipper und Wipper, die in dieser düsteren Zeit jede geriebene Silbermünze wie eine Hostie erscheinen ließen, als Labsal für gebeutelte Seelen, denen selbst ein Judaslohn willkommen war. Sogar altgediente Soldaten, die über alle Kriegsnöte hinweg noch einen Funken Ehre und Gewissen gerettet hatten, konnten in den Labyrinthen der Lüge vom Glitzerwerk des Geldteufels

(Diable d'argent) geblendet werden und sich für Todesstöße anwerben lassen: von Jesuiten beschwatzt, die für solche Taten den Einzug in den Himmel versprachen.

Pietro Russo, einem der vielen armen Teufel, die aus Kalabrien oder dem übrigen Italien stammten und sich aus nackter Not oder Lust dem Kriegs-Sold des Bayern-Herzogs verdingt hatten, wurde in diesem Sommer 1622 zugemutet, für »hundert Forint« Ernst von Mansfeld »mit einem Dolch zu erstechen«.[9] Das Vorhaben mißlang. Aber in seinem verderblichen Kern, solche Anschläge als politisches Mittel einzusetzen, führte dieser Fall bis zur Hinrichtung des gedungenen Attentäters der Öffentlichkeit ein Soldatenlos und das Verhalten einer Obrigkeit vor, wie es bereits in einer Rede der Thebaner bei Thukydides zur Sprache kommt: »Als Rechtsbrecher gelten doch die Anführer, nicht die Gehilfen.«[10]

Damit fällt die Verantwortung für ein Verbrechen wie diese »anbefohlene Mordtat«[11] auf jene, welche die Abhängigkeit eines Soldaten mißbrauchen, um sich bei einem schlechten Ausgang die Hände in Unschuld zu waschen. Es war schon immer die schwerste Belastung für einen Waffenträger, sofort einem Befehl gehorchen zu müssen, der ihn zum moralisch entfremdeten Todesbringer herabwürdigte: Hier bot sich ihm nach Maßgabe der Gegenseitigkeit keine Gelegenheit, die verlangte Tat mit den Normen einer universalen Ethik (Zehn Gebote, Goldene Regel der Bergpredigt) zu vergleichen und im gegebenen Fall die Ausführung zu verweigern. Dies mußte er tun, wenn er den ursprünglichen Auftrag des Soldaten als Bewältiger einer Notlage und damit auch als Lebenserhalter bewahren wollte.

Diese Vorstellung von einem Christlichen Krieger (Miles christianus) als Kämpfer aus gerechter Not hatte Zwingli nicht nur gepredigt, sondern auch aus seinem republikanischen Verständnis von Recht und Freiheit als einer »Gabe Gottes« vorzuleben versucht: In der Schlacht bei Kappeln 1531 schlug er dafür sein Leben in die Schanze.[12] Das war der Tod für eine gerechte Sache und eine Form des Gehorsams gegenüber dem Recht, für die der späte Luther und die Jesuiten kein Verständnis aufgebracht hatten und die dem Vertragswesen der Teutschen Freiheit entsprach – zur Verhinderung der üblen Auswüchse des Kadavergehorsams und des blinden Ausführens von Greueltaten.[13]

Auch die Oranische Heeresreform hatte mittels des Constantia-Denkens, wie es der Stoizismus der Zeit verlangte, das Soldatentum nicht an einen »blinden Gehorsam« gebunden. Vielmehr erwartete sie, den grausamen Tod nicht mit Hilfe von Waffen kunstvoll zu zelebrieren, sondern ihm mutig das Leben abzutrotzen. Nur diese innere Haltung und Verpflichtung erklärt die extreme Defensiv-Anlage der Oranischen Kriegskunst, die für offene Schlachten wenig geeignet war. Denn ihr Ziel bestand vornehmlich darin, mit kleinen Einheiten (Bataillon) überlegt zu verteidigen und nicht mit großen Massen überlegen zu erobern. Dieses *Spanische Spiel* beherrschte aber weitgehend das Kriegstheater auf der Schlachten-Ebene,[14] bis Gustav Adolf auf den Plan trat und vorführte, wie man eine Defensiv-Anlage offensiv gestalten konnte.

Nach längerem Studium der Römischen »Ars militaris« und insbesondere der Anschauungen des Vegetius betrieb dieser Schweden-König im Soldaten-Geiste Zwinglis und Wilhelms von Oranien eine Reform, die Konsequenzen aus der Katastrophe vom Weißen Berg zog. Erfahrungen aus den Feldzügen gegen Dänemark, in Rußland, Livland und gegen Polen sind neben der Defensiv-Taktik der »niederländischen Manier« und der Aktivierung einheimischer Aushebungstraditionen in diese Neu-Ordnung des Kriegswesens eingeflossen. Ihr wichtigster Auftrag galt dem gottesfürchtigen, rechtsautonomen und gerechten Soldaten, dessen Stand bisher »von allen so gehaßt und verachtet« wurde. Zur Behebung der Mißstände hatten sich die Offiziere gründlich in der Theorie und im Rechtswesen auszubilden, um den auch politisch motivierten Soldaten ein Vorbild zu sein.[15]

Die Grundbedingung für die innere Gesundung eines machtkranken und verwilderten Soldatenwesens bestand demnach in der Herstellung eines Rechtsverhältnisses auf Vertragsbasis zwischen König (Oberbefehlshaber), Offizieren und Mannschaften in Heer und Flotte – ob nun national gestellt oder auf Europas Soldatenmärkten geworben. Auf der Basis garantierter Rechte und Pflichten mußte in einem solchen Militärsystem auf allen Ebenen und in jeder Funktion Vertrauen in eine »gerechte Sache« herrschen. Nur unter dieser Bedingung hatte der Befehlsgehorsam einen ethischen Sinn, so daß eine Befehlsverweigerung unterbleiben konnte. Davon überzeugt, daß ein christlicher Soldat rechtlich geschult und politisch aufgeklärt zu sein hatte, ordnete dieser König in seinen berühmten Kriegsartikeln unmißverständlich an, daß »Respekt und Ehrerbietung, welche die Soldaten dem Befehlshaber erweisen sollen, sich nur zu des Königs und des Reiches Bestem zu erstrecken haben und zu nichts anderem. Wollte da einer auch etwas befehlen, das dagegen gerichtet ist, da sollen die Kriegsleute keine Folge leisten [...].«[16]

König und Reich. Diese Formel unterwarf wie jene von »Kaiser und Reich«[17] die Soldaten aller Ränge einer besonderen Vertragspflicht, die das Widerstandsrecht als Befehlsverweigerung einschloß. Verständlich, daß dieses auf eine hohe Verantwortung gerichtete Modell in der Praxis einige Probleme aufwerfen mußte, wenn Söldner angeworben wurden, die nicht im Geiste der Gustavianischen Reform geübt waren. Oder wenn der oberste Kriegsherr seinen eigenen Verpflichtungen nach Maßgabe des »gerechten Soldes« nicht nachkommen konnte und die Soldaten während eines Feldzuges darauf angewiesen waren, sich selbst zu versorgen – durch Rauben und Plündern.

Die große Bewährungsprobe stand diesem neuen, seit 1621 dauernd erprobten Militär-System und libertären Soldatentum des »gerechten Gehorsams« noch bevor, ehe es in Europa zu Nachahmungen anregen konnte. Aber allein schon diese Anfänge, die mit der Eroberung Rigas zusammenfielen,[18] galten nach dem Zerfall der Union als ein Zeichen der Hoffnung aus der Mitternacht. Nur aus dem hohen und angeblich »reinen« Norden erwartete manch ein empfindsamer und in seinem Glauben gedemütigter Geist in teutschen Landen eine gründliche Säuberung des Augias-Stalles: Auf daß die Teutsche Libertät den schweren Attentaten entkomme, die sie mehr und mehr an ihrer Entfaltung hinderten, weil einige Fürstenhäuser im Streit lagen und die Einhaltung feudaler Erbverträge untergruben.

Faust und Feder

Hatte sich der Kaiser trotz Rückfragen bei einigen Kurfürsten und anderen genehmen Reichsständen von der Einsicht entfernt, »daß die Macht nur Leihgut ist«,[19] ein Mandat auf Zeit also und dem Recht unterworfen, so schien sein destruktives Verhalten wuchernde Verbreitung zu finden: Das Faustrecht war jetzt gefragt. Was immer auch verschreckte Federn dagegen an Rezepten verschreiben mochten, die eingerissenen Mißstände und zunehmenden Verwilderungen im Rechtsverhalten waren in zentralen Gebieten des Heiligen Reichs kaum noch einzudämmen.

Landgraf Ludwig von Hessen-Darmstadt – als Lutheraner ein Habsburg-Freund wie Kur-Sachsen – bekam diese Veränderung im eigenen Haus zu spüren. Stets bemüht, seine Lande zwischen Main und Rhein von allen militärischen Bedrängnissen freizuhalten und vom Hause Hessen unnötigen Schaden abzuwenden, mußte er in dieser Zeit erleben, daß Herzog Christian von Braunschweig Truppen in den *Oberrheinischen Kreis* verlegt hatte – ohne Ludwigs Wissen und ohne die erforderliche Zustimmung.

Seinem »Erbbruder« Moritz in Kassel, einem eifrigen Calvinisten und glühenden Habsburg-Hasser, ließ er deshalb auch gehörig Bescheid sagen und dabei eine Rechtsbelehrung erteilen. Denn der Durchmarsch dieser Kriegsvölker aus braunschweigischem über hessisches Gebiet an den Rhein sei ein schwerer Verfassungsbruch, berührte doch diese Kriegsmaßnahme die libertäre Substanz des hessischen »Erbvertrages«: Ohne Konsens beider Landgrafen durfte ein derartiger Transit von Truppen nicht durchgeführt werden.[20]

Trotz des hausinternen Erbstreites, der bald vom Kaiser zugunsten Ludwigs entschieden werden sollte,[21] was diese Feindschaft gefährlich steigerte, seien Ludwig und Moritz als Hauptstände des Reiches verpflichtet, die Einhaltung des Landfriedens von 1555 zu gewährleisten: Und dagegen habe dieser rabiate und rechtsvergessene Herzog verstoßen. Der Nord-Hesse erwiderte darauf nur, daß diese Kontingente von Friedrich V. und den Generalstaaten der Niederlande ordentlich geworben worden seien, um die bedrängte Kur-Pfalz militärisch zu entlasten. Unter diesen Umständen wäre es also nicht besonders klug, sich beide zum Feinde zu machen. Außerdem stünde das Haus Hessen in unmittelbaren Lehnsbeziehungen zur benachbarten Kur-Pfalz. Und diese Beziehungen erforderten nun einmal, dem Lehnsherrn die vertragliche Lehnspflicht zu erfüllen, d. h. hier auch die Erlaubnis für einen solchen Transit zu erteilen. Überdies wisse doch Landgraf Ludwig, daß der Braunschweiger Herzog »ein Herr von der Faust und gar nicht von der Feder« sei und eine rechtzeitige Ankündigung seines Kriegszuges versäumt habe. Mehr noch, wenn sich Ludwig in Darmstadt über Christians Verhalten beschwere, dann wolle er, Moritz, einmal ganz genau wissen, was die Überfälle des spanischen Kriegsvolkes in seiner Grafschaft Katzenellenbogen zu bedeuten hätten.[22]

Dem »Erbbruder« in Süd-Hessen war diese Antwort aus Nord-Hessen überhaupt nicht recht. Denn Friedrich V. hätte auf den Rat seiner Nachbarn hören und nicht nach Böhmen gehen sollen. Und Kassel möge doch bitte nicht vergessen, daß das eigene Haus »nicht nur der Kur-Pfalz, sondern vor anderen allerhöchstgedachten Kais. M:t [...] wie auch Kur-Mainz, Würzburg und Fulda mit der Lehenschaft und Fidelität verwandt ist«.[23]

Das Kratzen der Federn ging hier dem Kämpfen mit Fäusten voraus und drückte in dieser den ganzen Krieg hindurch erbittert geführten Auseinandersetzung um Erbteile und Vorrechte die schwere Vertrauenskrise der Libertät und ihres Feudalsystems aus. Worte und Werke fanden nicht mehr zu einem Einklang. Die Vorwürfe häuften sich und schürten mit jedem unbedachten Wort den auszehrenden Krieg, der sich aus einer Kette von Hauskonflikten nährte. So mußte sich auch Johann Georg von Kur-Sachsen heftige Vorwürfe wegen der Lausitz-Besetzung gefallen lassen, und daß seine »blutdürstigen Leute« sich unchristlich an den »Patrioten« Böhmens vergriffen hätten. Natürlich verwahrte er sich gegen die Behauptung, eine »schreckliche tyrannische und barbarische Execution im Königreich Böhmen und dessen Hauptstadt Prag« zu decken, wo er sich doch als Mildtäter gegen offenkundige Missetäter empfand[24].

Neue Aufladungen waren auf protestantischer Seite heftig im Gange, was München und Maximilian nach der militärischen Besetzung der Ober-Pfalz ebenso recht war,[25] wie sie in Wien und bei Ferdinand II. die Hoffnungen stärkten, den geschwächten Gegner bald in die Knie zwingen zu können. Und damit niemand am Ernst der Hofburg zweifelte, wurde Ernst von Mansfeld in die Reichsacht erklärt. Wegen »stetig beharrlicher Anzündung und Aufblasung deren wider uns unbefugterweise aufgewiegelten Rebellion« und seiner in den Gebieten am Rheinstrom »ganz landfriedbrüchigen tyrannisch verübten Gewalttaten«. Jeder Stand des Heiligen Reiches fand sich damit aufgefordert, mit dem »allgemeinen Landverderber Ernst Mansfeld ein fleißiges Aufsehen zu haben«. Das konnte sich unter Umständen lohnen, wurde er doch gleichzeitig zur »Verlierung all ihrer Lehen, Hab und Güter, liegenden und fahrenden, jetzigen und künftigen Successionen [Erbberechtigungen]« verurteilt.[26]

Diese Bedrohung hatte ihn wenig angefochten. Sprachen die Geschütze, dann mußten die Gesetze schweigen. Was störten ihn die Federn, die der Kaiser kratzen ließ, wenn er seine schwere Faust während seines Kriegszuges durch die Pfalz und ins Elsaß bis nach Hagenau auf Land und Leute legen durfte? Es soll sogar ein Angebot aus Brüssel gekommen sein, ihn für die Infantin Isabella von Friedrich V. abzuwerben! Dabei hätte er dieses Hagenau mit der zugehörigen Landvogtei »als ein Lehen« übernehmen dürfen, »ihm und seinen Erben gelassen«. Außerdem war in diesem Projekt vorgesehen, daß er ähnlich Bethlen

Gabor von Siebenbürgen den Titel eines Reichsfürsten erhielt, alle in Flandern konfiszierten Güter des Prinzen Moritz von Oranien bis zu einem Friedensschluß übernahm und noch erkleckliche Geldsummen einstreichen durfte.[27]

Verlockende Aussichten! Aber wer garantierte, daß dieses Vorhaben keine Falle war? Er lehnte ab und blieb mit seinen Scharen dem »Winterkönig« treu, der in dieser Zeit alle Hebel in Bewegung gesetzt hatte, um weiterhin bei einigen Reichsständen Unterstützung für die Restitution seiner Kur-Pfalz zu finden. Man sieht, wie er mit seiner zarten, ringbesetzten Faust auf den Tisch haut und die flinke Feder des Camerarius zittert. Dieser hatte nun alle Hände voll zu tun, um die Rechtsansprüche aus dem Erblehens-Status dieses Hauses Wittelsbach zu sichern und bei vergeßlichen Ständen in Erinnerung zu halten.

Herrgott nochmal! War es denn nicht so, daß dieses ehrbare Haus aus »rechtschaffenem Eifer die so teuer erworbene Libertät und Religionsfreiheit ungeschwächt zu erhalten« trachtete? Hatte es jemals seinen Privatnutzen gesucht, um diese Errungenschaft zu schwächen? Und jetzt mußte man sich in »giftigen und verschlagenen Schriften« das Gegenteil anhören, sich von »passionierten Autoren« beleidigen lassen, sich »falscher Glossen« erwehren und die »grobe Unwissenheit der Sachen« feststellen. Wo doch der gesamte Einsatz dieses hohen Hauses nur der »Erhaltung des Reiches Libertät und Freiheit wider ein unerträgliches fremdes Joch und affectierte ABSOLUTUM DOMINATUM« gegolten hatte – wider alle Diktatur.

War dieses ganze Theater um die von Ferdinand II. verhängte Reichsacht über Friedrich V. nicht auch in Wirklichkeit ein scheinlegaler Akt zur Aushöhlung des Reichsrechtes? Es hatte keine »vorhergehende Citation« gegeben, wie es die Verfassung vorsah; »ohne Communication mit den sämtlichen Kurfürsten des Reichs oder anderen Ständen desselben« wurde diese der Exekution nachgeschoben, und ein »ordentlicher Prozeß« blieb versagt. Maximilians Vorgehen sei hierbei nicht vergessen: Er hatte sich »wider Gott und Recht« versündigt, den Ulmer Vertrag – »darinnen unser Kurfürstentum und Erbland ausdrücklich begriffen« – für seinen Haus-Eigennutz umgedeutet und nun dieses Kurland »mit feindlicher Gewalt wider alles Vermuten occupiert und eingenommen«.

An diesem konzentrierten Aufschrei der Pfälzer war vieles richtig. Auch die Berufung darauf, daß Friedrich V. mit den Maßnahmen von Wien, München und Brüssel »das Recht der Natur und aller Völker« entzogen wurde, nämlich wie jeder andere Stand vor Gericht seinen Besitzstand für die eigenen Erben zu wahren. Ob es freilich in dieser aufgeladenen Situation etwas nützte, den verängstigten Mit-Ständen die Augen für das fortgesetzte Unrecht zu öffnen? Sicher war nur, daß dieser Kurfürst und seine Berater genau erkannt hatten, welche Frage der Umschlag vom libertären Wahl- ins patrimoniale Erbprinzip nach sich ziehen mußte: »Wie es [nämlich] dabei mit des Reiches Eigentum und dahero gehendes Lehen eigentlich beschaffen sei?«[28]

Nun, mochte die politische Kultur im Heiligen Reich schon auf vielen Ebenen zerrüttet, die Libertät kaum noch zu orten sein, so konnte Ferdinand II. immer noch nicht ohne jedes Hindernis seinen Willen durchsetzen. In einem solchen Fall hätte sich schon Maximilian quer gelegt. Denn für die Kurwürde brauchte er doch nicht Krieg zu führen, wenn in Zukunft der Kaiser nicht mehr gewählt wurde! Und außerdem hatte Madrid ein Interesse daran, das Heilige Reich in seiner bisherigen Struktur zu erhalten, um damit die eigene Sicherheit zu erhöhen, mochte auch Pater Hyacinth der irrigen Meinung sein, daß die Verhandlungen mit England über eine Restitution der Kur-Pfalz an Friedrich V. und dessen Erben nichts anderes gewesen seien als »Blendwerk und Täuschung«.[29]

Die fleißigen Federn im Umkreis des »Winterkönigs« sollten sich bei aller Erbitterung über die Lage im Jahre 1622 nicht umsonst gemüht haben: Blieb doch dieses heiße Thema auf der politischen Tagesordnung des Reichs. Aber auch diese Schreiber konnten jetzt nicht verhindern, daß der »große Riß in dem Evangelischen Wesen«, den die Gegner verursacht hatten,[30] immer tiefer wurde. Denn zum Unglück der Rechtsbeugungen, die in Zukunft bei einem Friedenskongreß behoben werden sollten, kamen nun verstärkt militärische Erfolge des Feindes.

General Spinola hatte nämlich unerwartet Stadt und Festung Jülich am Niederrhein eingenommen. Damit wurde eine lebenswichtige Nachschublinie aus den Niederlanden in die Kur-Pfalz unterbrochen,[31] während Einheiten Maximilians Diversionen gegen den »tollen Christian« und dessen verwegene Haufen probten. Und weit im Osten wankte auch Glatz in Schlesien mit seiner Festung – eines der letzten Bollwerke des libertären Widerstandes gegen Habsburg.[32]

Das Reich in schweren Wehen

Trotz aller Bemühungen von außen, auf die Pfälzische Frage eine friedliche Antwort zu finden,[33] hatte dieser Krieg nach innen bereits eine Eigendynamik entwickelt, die schwer zu kontrollieren war. Der Vorwurf an Wien und Ferdinand II., man habe »aus dem Böhmischen Feuer den Brand genommen und mitten ins Reich und in desselben erste und edelste Provinz geworfen, fremdes Kriegsvolk darein geführt und demselben alles zum Raube preisgegeben«,[34] erscheint von der Seite Friedrichs V. nur zu verständlich. Auch die Klage des Christian von Braunschweig – des »tollen Bischofs« von Halberstadt und erklärten Freundes der »Winterkönigin«[35] – gegenüber den mächtigen Bischöfen von Würzburg und Bamberg entbehrt nicht einer gewissen Berechtigung. Denn diese beiden geistlichen Fürsten und Reichsstände hätten die »anerbotene Neutralität« ausgeschlagen. Außerdem bedrohten sie die »evangelische Freiheit«, indem sie den Versuch machten, die Beschlüsse des Tridentinischen Konzils im Heiligen Reich durchzusetzen. Diese Maßnahmen versteht er als Beginn einer Fremdherrschaft der »Spanischen Monarchie« mit ihrer »abscheulichen Inquisition«: Und das sei für einen freiheitsliebenden Teutschen nicht zu ertragen.[36]

Man könnte in dieser Haltung des Halberstädters einen Ausdruck des *Reichspatriotismus* sehen, der die libertäre Idee des Rechts- und Verfassungsstaates über den *Kaiserpersonalismus* stellte,[37] gäbe es dabei nicht eine wichtige Einschränkung: Herzog Christian koppelte das »teutsche Vaterland« unmittelbar an die Rechtsgarantie der »evangelischen Freiheit«, die seit 1555 Verfassungsrang besaß.[38] Es entsteht also der Eindruck, als ob »teutsch« und »evangelisch« zusammengehörten, während alles Katholische der Fremdherrschaft verdächtigt werden könnte. Ein Phänomen, das noch Generationen später aus Unkenntnis, Geltungsdrang und Unvermögen dort Verwirrung stiftete und gezielte Desinformation betrieb, wo die Klärung des nationalen Selbstverständnisses ein hohes Maß an Differenzierung verlangt hätte.[39] Hier ist es erforderlich, daran zu erinnern, daß die Calvinisten nach Artikel 17 des Augsburger Religionsfriedens nicht als »Confessio« anerkannt wurden und nun auch darum kämpften, die gleiche Rechtsqualität wie die Lutheraner zu erhalten.

Bei allem Eigeninteresse der reformierten Fürsten, Stände und Städte darf diese Dimension des Teutschen Krieges nie übersehen werden, daß nämlich die Sicherung von Bekenntnis und Besitz an die Teutsche Libertät gebunden war und damit an ein treuhänderisches Kaisertum. Diese Reichsstände waren ähnlich den Hugenotten in Frankreich, die gleichzeitig um das politische Überleben kämpften und dabei schwere Rückschläge hinnehmen mußten,[40] Verfechter des überkommenen Depotismus und allein schon von diesem Vertragsdenken her erbitterte Gegner des Patrimonialismus oder Despotismus. Mit ihren Forderungen nach Gleichberechtigung der Konfessionen, Rechtstaatlichkeit und verfassungskonformer Herrschaft des Kaisers vertraten sie eine Auffassung von Politik und Staatlichkeit, die den Monarchomachen der Zeit eigentümlich war – den libertären Wegbereitern des liberalen Verfassungsstaates nach der Zeit des Absolutismus.[41]

Was immer auch die kriegsbedingte Notwendigkeit in Gestalt des Ausnahmezustandes an unleidlichen Übergriffen und Gewalttaten gerade in und durch ihre Heerhaufen Land und Leuten zugemutet haben mag, an der Errichtung von dauerhaften Militär-Diktaturen und Patrimonial-Staaten in der Art Ferdinands II. in Österreich oder Böhmen und Maximilians in

Bayern waren sie in dieser Kriegsphase als Verfassungspartei nicht interessiert. Diese Calvinisten – die Mehrheit unter den Teutschen – haben sich immer wieder auf ihre Räte und Landstände gestützt und durften auch mit den Städten rechnen, trotz Zögerns und Zauderns in vielen Magistraten.

Ein Beispiel dafür, daß in den Reihen ihrer Armeen etwas vom Kampfgeist für die Libertät und die Religion lebendig gewesen sein muß, zeigt eine Episode aus der *Schlacht bei Wimpfen* am Neckar. Mansfeld hatte zuvor Tilly mit dem Liga-Heer bei Mingolsheim kräftig zugesetzt und es danach abgedrängt, ja diesen sogar genötigt, die begonnene Belagerung von Heidelberg abzubrechen.[42] Zusammen mit den Kontingenten des Durlacher Markgrafen und Generals Georg Friedrich, der auch mit Angehörigen seines Hauses in einem heftigen Erbstreit lag,[43] hätte Mansfeld in Abstimmung mit Herzog Christians Armee die Ligisten und Spanier in arge Bedrängnis bringen können. Aber der übliche Streit um den Oberbefehl verhinderte eine notwendige Abstimmung beider Heere und damit ein gemeinsames Vorgehen gegen Tilly und auch Cordova, der im Neckarraum die Spanier befehligte. So zog Markgraf Georg Friedrich seine eigenen Wege und kam Anfang Mai 1622 in die Nähe von Heilbronn, Biberach und Wimpfen – mit ungefähr 20000 Mann zu Roß und Fuß samt einer guten Artillerie.

Den Neckar im Rücken, errichtete er mit 1800 Fahrzeugen und 20 Geschützen eine Wagenburg in der Flußau. Er soll jedoch versäumt haben, diese Massierung seines Heeres durch Verschanzungen genügend zu sichern – eine Nachlässigkeit, die sich wie zwei Jahre zuvor am Weißen Berg bitter rächen sollte. Denn Tilly hatte sich mit den Truppen Cordovas vereinigt und konzentrierte seine Einheiten gegenüber der Wagenburg auf einem Höhenzug, der mit einem Waldstück einige Vorteile bot – neben der Deckung für die Soldaten spendete er in diesen heißen Tagen des 5. und 6. Mai reichlich Schatten, während die Gegner in der Au von der ungewohnten Hitze ermattet wurden. Und auch die wenigen Geschütze konnten von der Höhe herab wirkungsvoller eingesetzt werden als auf der Gegenseite, wo bergauf geschossen werden mußte.

Dem Kampf-Ritual der Zeit gemäß wurde erst einmal mit den Geschützen »gespielt«. Dieses Einschießen war notwendig, um die Stärke des Gegners herauszufinden. Es leitete nach dem Duell des Vortages auch den Hauptkampftag ein, während die Reitereien dauernd »tapfer miteinander scharmützelten«, sich Schaden zufügten, aber nicht zur vollen Attacke ritten. Erst nach einer Mittagspause hatte sich ab 14 Uhr »das Wesen zum rechten Ernst geschickt«, als die Ligisten zusammen mit spanischen Einheiten »mit solcher Furie und Behendigkeit aus dem Wald auf die Markgräfischen gewischt, daß es beim Volk keinen geringen Schrecken verursacht«, d. h. das Fußvolk auf eine harte Probe gestellt hatte.

War in der Schlacht am Weißen Berg die Reiterei vom Fußvolk behindert worden, als der Angriff vom Höhenzug hinab erfolgte, so ließ diesmal die Reiterei beim Vormarsch an den Berg das markgräfische Fußvolk im Stich. Wieder einmal war es dieser Kriegskunst als einer Variante der »niederländischen Manier« nicht recht gelungen, die Kavallerie und Infanterie so aufeinander abzustimmen, daß sie sich in der Defensive gegenseitig stützen und in der Offensive stärken konnten. Es ist, als dürften sich selbst im Feld und im gemeinsamen Kampf für die Teutsche Freiheit diese beiden Nationen als Geburtskreise – Adel und Unadel oder Hochgeborene zu Roß und »niedere Stände« zu Fuß – nicht recht finden, um sich in der Stunde der Not und angesichts des Todes die Hände zu reichen.

Ein eigenartiger Defekt, zu dem noch taktische Fehler kamen und eine »unsägliche Furie« des Gegners: also eine Kampf-Qualität, die kaum berechenbar war. Besonders das Napolitanische Regiment aus den Verbänden des Generals Cordova soll sie in ungewöhnlichem Maße eingesetzt haben. »Gleichsam mit dem Kopf« ist es während der Schlacht »an 9 halbe Carthaunen unmenschlicher Weis gelaufen, [hat] dieselbe erobert und gleich umgekehrt«, um sie auf den anstürmenden Feind zu richten. Dieser Handstreich – er sollte sich in der Schlacht bei Nördlingen 1634 auf sonderbare Weise wiederholen – machte den spanischen Einheiten »wunderlich großen Mut« und half dabei, die Schlachtordnung der Markgräfischen samt der Wagenburg Stück um Stück zu zerschlagen. Als dann noch deren Pulverwagen explodierten und der Kampf Mann gegen Mann entbrannt war, da entschieden die größeren Reserven der Tilly- und Cordova-Truppen, die mit ihren konzentrierten Massen jede neue Bresche erweitern und den Gegner zersprengen konnten.

Nur an einer Stelle der Wagenburg soll es von markgräfischer Seite Gegendruck gegeben haben, der dem Napolitanischen Regiment an Mut und Tapferkeit in nichts nachstand. Dort kämpfte nämlich das berühmte »Weiße Regiment« unter Oberst Helmstett »bis auf den letzten Mann«, so daß es selbst »etliche vornehme spanische Offiziere« verwundert haben soll, zu welchem Opferwillen diese teutsche Einheit fähig war. Nach Auskunft des zeitgenössischen Kampfberichtes habe man in diesem Kreis die Meinung vertreten, »wann sie anfangs ihrer Ankunft sonderlich bei Oppenheim solch ernstlichen Widerstand gehabt, würden sie so weit in Teutschland ihren Fuß nicht gesetzt haben.«[44]

War es eine Heldentat wie die des Leonidas an den Thermopy-

Eine Darstellung der Schlacht bei Wimpfen zum Zeitpunkt der explodierenden Pulverwagen. (Sammlung UB Ffm).

len? Eine unkritische Nachwelt wollte es so und verherrlichte den Einsatz der sogenannten Vierhundert Pforzheimer zur Rettung ihres Markgrafen.[45] Der junge Büchner hielt gar wie einst Perikles auf die im Kampf gefallenen Athener[46] eine flammende Totenrede in patriotischem Pathos, das sehr wohl den politischen Auftrag der Wimpfener Verlierer in seinem Kern erfaßt hatte: »Das Vaterland steht auf dem Spiele, Freiheit oder Knechtschaft ist die große Wahl, keiner weicht, keiner wankt ...«[47]

Bei diesem Aufruf aus der Zeit des Despotismus, den Büchner wie die Böhmen als »das Reich der Finsternis« empfunden hat,[48] gehen die Gedanken wieder zum Weißen Berg und zum Königsbanner Friedrichs V. zurück, aber auch zu dem unterschiedlichen Verhalten der Kämpfenden. Damals entlud sich vor den Toren Prags ein blinder Nationalhaß in unbändiger Tötungswut. Jetzt aber, so scheint es, hat ein aufgeklärter Patriotismus manch eine Kompanie und manch ein Regiment innerlich zum Aushalten veranlaßt, weil Offiziere und Mannschaften von ihrer »gerechten Sache« überzeugt waren. Hatte also ihr Opfer unter den etwa 5000 Gefallenen und Verwundeten[49] in dieser ersten Hauptschlacht des Teutschen Krieges auf Reichsboden seinen ideellen Sinn erfüllt und das »Evangelische Wesen« im Kampf gegen Habsburg gestärkt?

Die erneute Niederlage eines Protestanten-Heeres bald nach Wimpfen sprach noch nicht dafür: Herzog Christian war aus dem Westfälischen Kreis nach Süden geeilt und wurde in der Nähe von Hoechst bei Frankfurt am Main von Tilly und Cordova aufgehalten. Statt den bedrängten Glaubensbrüdern an Neckar und Rhein helfen zu können, erlitt er selbst einen empfindlichen Verlust,[50] der alles Politische dieser Heerzüge fragwürdig werden ließ, zumal das Morden, Rauben und Brennen Selbstzweck zu werden drohte. Ob nun Ludwig XIII. im Kampf gegen die Hugenotten vor La Rochelle und Montpellier gnadenlos zuschlug[51] oder Moritz von Oranien seine Angriffe auf Brabant und Brüssel mit Feuer und Schwert inszenierte,[52] ihre Todesspuren unterschieden sich nicht für denjenigen, der im Wege stand. Und wer in dieser Zeit vom blutigen und brennenden Kriegshandwerk verschont blieb, den konnte bald der unsichtbare »Würgeengel« der allgegenwärtigen Pest überfallen und um allen Lebenssinn bringen.

Der Arzt Ludwig von Hörnigk berichtete über diese schauerliche Seite des Krieges im Sommer 1622 aus Frankfurt, der Wahl- und Krönungsstadt der Kaiser: »Eine der Ursachen der Pest sind die Garnisonen und Lagerstätten der Soldaten, bevorab der Kranken, die [...] allerlei Unrat um und neben sich sammeln. Inmaßen wir allhie zu Frankfurt am Main nach der Schlacht bei Höchst [6. Juni] genugsam erfahren, da der verwundeten und kranken Soldaten so viel waren, daß sie auch hin und wieder in den Gassen, vor den Häusern auf dem Stroh lagen, dann auch weil es um Pfingsten und heißes Wetter [war], ein großer Gestank und darauf eine Pest entstand.«[53]

Es stand für die damalige Zeit fest, daß eine Ursache des Krieges mit all seinen Scheußlichkeiten die Sünde des Menschen war. Ihre Auswüchse in Gestalt von Völlerei, Habgier, Neid, Hochmut, Betrug oder Wucher und wie das Böse sonst noch genannt wurde, stanken zum Himmel und waren Ausgeburten der Hölle. Nur so erklären sich die unzähligen Aufrufe, Predigten und Strafandrohungen gegen wuchernde Mißstände oder die steigende Verachtung für den Tod und gleichzeitig die Sehnsucht nach einem Ende aller Leiden.

Das erhofften sich nicht wenige Menschen gegen Ende dieses Kriegsjahres, als Kaiser Ferdinand II. mit großem Gepränge am 24. November einen Kurfürstentag in Regensburg eröffnete und sich »unter einem gelben Atlas-Himmel, darinnen ein schwarzer Adler gestickt«, dem Volk zeigte.[54] Aber dann klagte er nur über den »unleidlichen, im Reiche Teutscher Nation [zu]vor niemals erhörten Ungehorsam, Widersetzung, Rebellion, Perduellion, die schlimmsten Majestätsverbrechen, vieler Land und Leute Verwüstungen [und über das] jämmerliche Blutvergießen«. Zur Behebung dieser Zustände, die er mit seiner destruktiven Politik verursacht hatte, wollte er nur den »schärferen in den Reichsverfassungen verordneten Weg«[55] beschreiten und mit militärischen Mitteln dort abhelfen, wo lediglich Vertrauen und der Glaube an »heilsame Constitutionen« die Not erst lindern und dann mit der »Geburt des Friedens« (Descartes) allmählich beheben konnten.

Mit Bestürzung mußte zu dieser Zeit Mathias Hoë feststellen, daß die Kaisertreue seines Kurfürsten Johann Georg von Sachsen die Lutheraner nicht vor Enteignung und Vertreibung aus Prag und Böhmen schützte – allen Verfassungen und Versicherungen zum Trotz. Angesichts der täglich steigenden Flut von Flüchtlingen sah er sich in einem Brief genötigt, all das zu bestätigen, was die Calvinisten im Reich früher als die Lutheraner erkannt hatten: Behielt nämlich Kaiser Ferdinand II. in seinem gegenreformatorischen Eifer »die Oberhand, würde es unserer Religion weit übler als unter ihrem, der Calvinisten, Regiment ergehen. Dagegen haben wir [...] stark widersprochen und Ihrer Kais. M:t ein anderes [...] zugetrauet. Jetzt [aber] müssen wir mit Schmerzen erfahren, daß diese Leute in diesem Falle allzuwahr prophezeit [haben] und gehet nit allein unserer im Reichs- und Religionsfrieden begriffenen Religion nicht besser dann den Calvinisten, sondern auch noch ärger als den Juden selbst.«[56]

Eine späte Einsicht nach mehr als zwanzig Jahren Machtausübung und Gewaltpolitik Ferdinands. Doch nach den empfindlichen Niederlagen dieses Jahres im Felde – die Übergabe von Stadt und Festung Mannheim am 22. Oktober an Tilly gehörte auch dazu[57] – wuchs langsam eine Opposition um den Kurfürsten von Sachsen heran. Die Treue zum Kaiser hatte nur dann einen Sinn, wenn dieser die beschworenen Verfassungen des Heiligen Reiches achtete und damit die Gegenseitigkeit wahrte. Sollte die Hofburg nicht einsehen, daß sie Jahr um Jahr den Bogen überspannte, dann konnte es geschehen, daß sich auch dieser betrogene Kurfürst gegen den Kaiser wandte. Da brauchte sich in Zukunft nur eine Militär-Macht anzubieten, welcher die Teutsche Libertät ein nationales Sicherheitsanliegen war: Auf daß sich die fortwährende Vergiftung des politischen und religiösen Lebens dieser Teutschen Nation eindämmen und die weitere Selbstzerfleischung abstellen lasse.

Ein Blick auf die neue Methode der »verbrannten Erde« im

Umkreis von Festungen und bewehrten Städten, bei der sich Mansfeld und der »tolle Christian«, Spinola und Cordova neben Tilly in nichts nachstanden,[58] ließ von Tag zu Tag deutlicher werden, wie Verwilderungen von den politischen Aufträgen der Heere ablenkten. Sogar die Hunde sind zu dieser Zeit von Raserei erfaßt worden. Sie suchten am Neckar, Main und Rhein entlang die Ufer nach angespülten Leichen und Kadavern ab, fraßen sich satt und infizierten sich mit Giften, bis ihnen das bluttriefende Maul schäumte und sie alle Scheu ablegten, lebendes Vieh anzugreifen: Menschen nicht weniger, um auch diese nach einem Biß binnen Stunden rasend zu machen. Die Tollwut grassierte sogar bis nach Siebenbürgen hin.[59] Wie lange konnte dieser Zustand noch anhalten, ohne die Nord-Regionen des Heiligen Reiches jenseits von Elbe und Saale in Mitleidenschaft zu ziehen?

Ermattungen

Grenzen des Patrimonialismus

Der harte Winter des Jahres 1623 zerrte mit Stürmen und anhaltender Kälte nicht nur an der Natur, sondern zehrte auch die Gemüter der Menschen aus. Überläufer, sonst immer willkommen, weil sie für Nachrichten sorgten und eigene Verluste ausglichen, sollten nach einer Order des Prinzen von Oranien sofort hingerichtet werden, wenn sie sich über zugefrorene Seen und Flüsse auf die niederländische Seite flüchteten: Ihre entseelten Körper durften nicht bestattet, sondern mußten durch Eislöcher ins Wasser gestoßen werden.[1]

Ein makabres Vorgehen, wie es sich nur die Kälte der Macht ausdenken kann, wenn sie ihre christliche Verantwortung vergißt oder um eines geringen Vorteils willen verdrängt – es besaß in der gegenwärtigen Interessenlage eine Entsprechung. Maximilian von Bayern war jetzt entschlossener denn je, sich all jene vom Leibe zu halten, die sich einer Übertragung der pfälzischen Kur auf ihn und sein Haus widersetzten. Es ist, als wollte er Ferdinand II. – nach den Siegen bei Wimpfen und Hoechst erst recht – den Kopf unters Wasser drücken, wenn dieser Madrid nachgeben sollte, das sich mit Rücksicht auf England für eine Restitution der Kur-Pfalz an Friedrich V. einsetzte.[2]

Und dieser Habsburger – mit den Vertreibungen der »Ketzer« aus Böhmen und Mähren, den Konfiskationen und sonstigen Forderungen beschäftigt – ließ sich vom Herzog ermatten. Er schlug alle Versuche aus, dem Heiligen Reich mit Hilfe seiner Lehnsverfassung die Pfälzische Frage zu lösen und damit den ersehnten Frieden zu bringen. Als er in Oedenburg mit den

Ständen Ungarns einen Reichstag abhielt, in dessen Rahmen seine zweite Ehefrau zur Königin gekrönt werden sollte, da wies er die angebotene Interposition Christians IV. zurück, dem klar geworden war, daß mit dieser Politik der Gewalt »ganz Teutschland auf die äußerste Extremität [...] geraten könnte«. Wie schon in der Böhmischen Frage die Stände Ober-Österreichs das scharfe Vorgehen der Hofburg gerügt und auf Milde hingewiesen hatten, so mühte sich auch der Gesandte des besorgten Herzogs und Königs um eine gütliche Behandlung der Pfälzischen Sache von seiten der Hofburg. Denn ungeachtet der gerechtfertigten Achtserklärung gegen Friedrich V. habe dieser »*vor* der entstandenen Unruhe« in Böhmen sein Kurfürstentum rechtmäßig »besessen«. Diese Rechtslage allein erzwinge die Restitution, wollte man die weitere Ausdehnung dieses Krieges verhindern. Zum Zwecke des dringend gebotenen Friedens sei es außerdem nötig, die Kriegspotentiale auf beiden Seiten »pari passu« zu reduzieren und endlich ganz abzuschaffen. Als zusätzliche Maßnahme wird eine Generalamnestie vorgeschlagen, um das Mißtrauen als größtes Friedenshindernis abzubauen.[3]

Diesen dänischen Plan konnte Ferdinand II. trotz ähnlicher Vorstellungen in Madrid und London kaum annehmen, wenn er Maximilian nicht in die Neutralität treiben oder gar zum erbitterten Feinde machen wollte. Deshalb lehnte er ihn mit der Begründung ab, daß er an den Unruhen in seinem »Erb-Königreich Böhmen« keine Schuld hätte. Und neben anderen »hohen Beleidigungen« durch Friedrich V. sei die Besetzung des Elsaß – »Ihrer Kais. M:t und dero löblichem Haus uralte Erb- und Patrimoniallande« – durch Mansfeld Beweis genug dafür, daß sein Gegner »ganz betrüglich wider alle teutsche Ehrbarkeit und Redlichkeit« gehandelt habe: Wer demnach zum Anhang des Pfälzer Kurfürsten gehörte, war in seinen Augen kein rechter Teutscher. Und überdies hätten die Siege am Weißen Berg und bei Wimpfen jedem gezeigt, über wen in dieser kriegerischen Sache Gott seine gnädige Hand halte.[4]

Die redlichen Anstrengungen des Gesandten aus dem Norden, die Böhmische von der Pfälzischen Frage zu trennen und das Vorgehen Maximilians zu brandmarken, der den Ulmer Vertrag nicht gehalten habe und Friedrich V. damit nötige, »sich in allen Rechten [der] erlaubten Defension zu gebrauchen«, verfingen wenig. Auch die Warnung, daß bei einem Scheitern der englischen und dänischen Friedensinitiativen »die schädliche Unruhe wie eine Brunst ihre Flamme in alle benachbarte Provinzen und Länder erstreckt [...] und ganz Teutschland in äußerstes Verderben bringen und gleichsam in die Asche legen wird«,[5] ließ Wien nicht einlenken.

Nachdem die Union als politischer Schutzbund militärisch zerschlagen war, sich die Verhältnisse in Böhmen günstig entwickelten und erste Unstimmigkeiten zwischen Madrid und London festgestellt wurden, konnte Ferdinand II. dem dänischen Druck widerstehen. Als sich auch noch eine Gesandtschaft der Hohen Pforte einfand, um seitens des neuen Sultans Mustafa den Frieden von 1606 zu bestätigen,[6] die Eroberung Heidelbergs gemeldet wurde[7] und schließlich die Heiligsprechung des Ignatius von Loyola als Begründer des Jesuiten-Ordens[8] sein religiöses Gemüt in eine neue gegenreformatorische Wallung gebracht hatte, fiel ihm die Entscheidung leichter, Maximilians Drang zur Kurwürde nachzugeben – allerdings mit einer überraschenden und den Krieg verlängernden Einschränkung.

All diese Ereignisse und für die Zukunft scheinbar günstigen Zeichen verstellten einen langfristig wirksamen Befund: Spaniens Stellung als Globalmacht mußte schwächer werden, je stärker es sich mit der Politik Wiens in diesen expandierenden Teutschen Krieg hineinziehen ließ. Die Truppen Spaniens waren zwar in der Offensive überlegen und eilten mit Hilfe des von Tilly geführten Liga-Heeres von einem Erfolg zum anderen; in Madrid aber machte man sich keine Illusionen. Olivares waren die Ermattung und innere Schwäche Spaniens nicht entgangen. Auch er wußte, daß eine Koalition oder Notgemeinschaft gegen die Entrechtung Friedrichs V., bestehend aus England, den Niederlanden, Dänemark und möglicherweise Schweden oder selbst Frankreich, auf die Dauer nicht zu besiegen war. Unter anderem deshalb nicht, weil das Ringen im Heiligen Reich schon eine außer-europäische Dimension bekommen hatte: Das Moskauer Zartum mußte sich zwar vom eigenen Bürgerkrieg erholen,[9] band aber Vasa-Polens Kräfte und sicherte Schweden ab; die Hohe Pforte litt ebenso an inneren Ermattungen, stützte jedoch die Niederlande, den Verbündeten Schwedens.[10]

Die Eroberung der *Festung Hormus* 1622 am Ausgang des persisch-arabischen Golfes und am Eingang zum Indischen Ozean durch Kommandos der englischen Ostindien-Kompagnie hatte bereits das Blut von Portugiesen gekostet. Mit dieser Offensive an einer strategisch wichtigen Meerenge meldete sich eine globale Herausforderung an. Aufgrund der Aktivitäten der Niederländer in Westindien, in Mittelamerika und vor allem an der Nordküste Brasiliens steigerte sich diese Bedrohung durch zwei Ketzer-Mächte zu der Gefahr, das eigene Weltreich Stück um Stück zu verlieren.[11]

Jeder Schritt am Frieden vorbei schwächte Spanien in seiner »katholischen« und damit weltumgreifenden Substanz. Im Zeichen des »Pro lege et grege« wurde sie ursprünglich libertär angelegt und hatte nach der Vertreibung Boabdils, des letzten Kalifen von Granada (1492), das aufstrebende Land in den Stand einer Globalmacht versetzt. Mit den Habsburgern jedoch, deren Staatskunst oft nur darin bestand, ständische Freiheit und Feudalität aus patrimonialen Hausinteressen zu verachten und abzudrängen, kam der Niedergang im Zeichen des »Plus ultra«: einer Hybris, die der Orient-Reisende Della Vallé in der Zeit des *Hormus-Krieges* erlebt hatte und die Licht auf die Ermattung Spaniens wirft.

Im wechselvollen Kampf der Engländer mit den Portugiesen um Hormus, in den auch die benachbarten Perser unter Schah Abbas seit 1620 mehrfach eingegriffen hatten, lernte jener Reisende aus nächster Nähe einige Verhaltensweisen der streitenden Parteien kennen. Dabei fiel ihm auf, daß die Portugiesen ein völlig anderes Verhältnis zu ihren Schiffen und Mannschaften besaßen als die Engländer. Waren diese sehr darum bemüht, zur Mittagsstunde die Sonnenhöhe zu messen, wobei ihnen der Jahre zuvor erfundene Davis-Quadrant eine unschätzbare Hilfe zur Orientierung leistete, so unterblieb derartiges bei den Portugiesen. Die Überlegenheit der englischen Schiffe resultierte für den Italiener aber nicht allein aus dieser und anderen technischen Neuerungen, sondern auch aus einer unterschiedlichen ideellen Einstellung: Die englischen Besatzungen wurden in alles eingeweiht und übten regelmäßig, was der Sicherheit und Einsatzstärke ihres Schiffes diente. Bei den Portugiesen hingegen wachten die Kapitäne und Steuerleute »eifersüchtig über ihre Kunst«, weil sie auf jedem ihrer Schiffe »die einzigen sein wollten, die alle notwendigen Berechnungen anstellen, und [dies] zumeist erst noch insgeheim, ohne sich mit irgendjemandem zu besprechen oder andere zuschauen zu lassen«.[12]

Diese Beobachtungen bestätigen nicht nur ähnliche Verhaltensweisen von Columbus während seiner Entdeckungsfahrt (1492),[13] sondern sie legen sogar den Kern patrimonialer Herrschaft frei: einer Besitz-Ideologie, die mehr als einmal die habsburgisch gesteuerten Staatsschiffe in schwere Not gebracht hatte, weil sie einer Arkan-Politik huldigte, das Abschotten von Interessenten und Vertragspartnern betrieb und eine Geheimniskrämerei duldete, wie sie nur Leute pflegen, die niemandem trauen können und deshalb »blinden Gehorsam« fordern müssen.

Zu dieser Form des Absolutismus im privaten Eigentumsbereich paßt auch die zweite Feststellung des Reisenden. Die portugiesischen Kapitäne nahmen vor Antritt ihrer Fahrt soviel Geld wie nur möglich für Zinsen auf, verwiesen aber die Kapitalgeber an den Vorbehalt des Risikos. Ging nämlich das Schiff verloren, dann brauchten sie das geliehene Geld nicht zu erstatten, das oft gar nicht für die vorgegebenen Handelszwecke eingesetzt wurde, sondern in Lissabon geblieben war. Daraus erklärt sich auch der hohe Verlust an Schiffsbestand, der in vielen Fällen vorsätzlich und mit Gewinn verursacht wurde. Vallé fand den Hauptgrund für dieses destruktive Verhalten darin, daß »die Portugiesen heutzutage keinen König mehr im eigenen Lande haben, der zum Rechten schaute. Vielmehr werden sie von Madrid aus regiert, wo die Verantwortlichen sich vielleicht mehr um ihre Privatinteressen als um das öffentliche Wohl kümmern ...«[14]

Dieser Vorwurf wurde Ferdinand II. gegenüber allenthalben dort erhoben, wo er in den militärisch besetzten Ländern der Wenzelskrone harte Anordnungen veröffentlichen ließ. In diesen wurde gefordert, daß »der wissentlichen Rebellen Hab und Güter [...] der Kais. M:t in der Straf anheimfallen«. Diese Konfiskation betraf aber nicht nur die Festhabe an Lehns- und sonstigen Erbgütern, sondern auch Schmuck, Silbergeschirr und andere Fahrhabe wie Geld oder Kleinodien.[15]

Der Patrimonialismus, gestützt auf das Kriegsrecht, hatte seine Stunde scheinlegaler Besitznahme und Plünderung in Böhmen und Mähren, die noch drei Jahrhunderte später von republikanischen Gegnern mit Gewalt rückgängig gemacht werden sollte, als Habsburgs Diktatur endlich abgeschüttelt werden konnte.[16] Doch all das Zusammengeraffte reichte nicht aus, um Ferdinands II. Kriegsschulden zu begleichen, die er bei Maximilian von Bayern gemacht hatte. Und dieser pochte als Ersatz für seine materiellen Leistungen immer stärker auf eine Übertragung der Pfälzer Kurwürde. Das gelang ihm auch im Laufe des Regensburger Kurfürstentages, aber nur »ad personam«, d. h. an seine Person gebunden und auf Lebzeiten: Eine Translation auf das eigene Haus und zu ewigen Zeiten erblich, wie es der Rechtsnatur des kurfürstlichen Erblehens gebührt hätte, konnte Ferdinand II. jedoch nicht gewähren.[17]

Daran hatten ihn einige Reichsstände gehindert, darunter Kur-Sachsen und Kur-Brandenburg, indem sie dem verfassungsvergessenen Kaiser eine gehörige Rechtsbelehrung erteilten. Sein Vorgehen in solch fundamentalen Staatsangelegenheiten müßte stets »billig mit Vorbewußt des Heiligen Reichs Kurfürsten nach Inhalt der königlichen Kapitulation« von 1619 abgestimmt sein und somit nach Maßgabe seines Herrschaftsvertrages mit dem Reich erfolgen, schließlich werde doch die von ihm feierlich beeidigte Kapitulation »pro lege fundamentali Imperii« gehalten – als Fundamentalgesetz des Reiches. Außerdem sei bei den vom Kaiser gewählten Verfahren nicht zu übersehen, daß Friedrich V. »wider Recht mit der Achtserklärung [declaratio banni] beschwert worden« sei – zumindest könnte dieser schwere Verdacht entstehen. Aus diesen Hauptgründen hätten sie die »Translation [Übertragung] und vorhabende Investitur [Einsetzung] der Kur-Pfalz« auf den Herzog von Bayern »lieber nit gesehen«. Sie fürchteten auch für sich und andere Reichsstände aufgrund der »noch immer zu scharf vorgenommenen Exekution« in Böhmen um alle Sicherheit, wenn diese Politik so weitergehe. Selbst die Gefahr »eines neuen Aufstandes« sähen sie voraus, weil »Ungeduld und Desparation« unter den protestantischen Ständen zunehmen könnten und jeder Betroffene mehr und mehr zu der Erkenntnis käme, daß dieses Vorgehen der kaiserlich-katholischen Seite nichts anderes sei als »ein Privatwerk . . .«.[18]

Anders ausgedrückt: Dieser Kaiser sollte laut Verfassung ein Treuhänder des Heiligen Reiches sein, betrieb aber im Geist der Gegenreformation den fortgesetzten Mißbrauch seiner Mandatsmacht. Wollte sich in diesen düsteren Tagen noch einer Illusionen über eine Besserung dieses Habsburgers machen, dann brauchte er sich nur kaiserliche Urteilsbestätigungen anzusehen, die zwei erbitterte Erbstreitereien beenden wollten und in Wirklichkeit den Bürgerkrieg anheizten: Im Fall *Baden contra Baden* erging im Zeichen des Schwertes als Ausdruck von »Recht und Gerechtigkeit« das Urteil zugunsten der »Eduardischen Erben« des Markgrafentums Baden, die katholisch waren. Die evangelische Gegenpartei wurde darin aufgefordert, ihre angeblich ungerechte Verfügung über dieses Erbteil »wiederum abzutreten und einzuräumen«.[19] Ein Schiedsspruch, der das badische Condominat zu einem der am meisten umkämpften Ansprüche dieses Bruderkrieges werden ließ und nachdrücklich bewußt macht, wie unmittelbar und brutal oft der jeweils militärisch obwaltende Besitz-Stand die Herrschaft seines religiösen Bekenntnisses durchzusetzen suchte.[20] Und in der *Hessischen Erbsache* hatte es sich für den lutherischen Landgrafen Ludwig auch gelohnt, diesen Kaiser gegen die Calvinisten in den letzten Jahren gestützt zu haben. Denn Landgraf Moritz wurde in dem zu Regensburg ergangenen Urteil angewiesen, daß er die widerrechtlich besetzten Erbgebiete seines Darmstädter »Erbbruders« in vollem Umfang und mit allen Rechten »zu restituieren schuldig« sei.[21]

Der hohe Grad dieses Erb-Treibens unter den oberen Ständen der Teutschen Nation macht die tödliche Bedrohung des Lehnswesens und der Libertät deutlich. Der Patrimonialismus war jetzt gefragt, die ungehinderte Verfügung über Land und Leute samt deren Vererbung: Als ob darin allein der Lebenssinn gefunden werden könnte – ohne Rücksicht auf Verluste.

Friedland

Vertraut man dem Dichter, dann »lachte er niemals«,[22] verläßt man sich auf einen der neueren Biographen, dann »lachte er selten«.[23] Tatsächlich hatte er im steigenden Elend der böhmischen und reichsteutschen Welt oft gut lachen, auf Kosten anderer: Albrecht von Wallenstein.

Mochte Maximilian von Bayern trotz der Zusage in einem Geheimabkommen, die Kurwürde auch für sein Haus zu erhalten,[24] von Ferdinand II. abrücken und gar schon in Madrid als ein »versteckter Feind« der Casa de Austria eingestuft werden,[25] so schien sich mit diesem abtrünnigen Böhmen ein gleichwertiger Ersatz einzustellen. Wie einst Khlesl, der jetzt wieder am kaiserlichen Hofe Gnade gefunden hatte,[26] oder die einflußreichen Räte Eggenberg und Trauttmansdorff, war er vom Protestantismus zur Römischen Kirche konvertiert.[27] Er hatte also schon eine religiöse und politische Kehrtwendung hinter sich, die radikaler gar nicht mehr sein konnte, als er die Nähe Habsburgs suchte, um aus dessen Lage Nutzen für die eigene Zukunft zu ziehen. Allein der spektakuläre Raubmord zu Beginn seines schnellen Aufstiegs zum Condottiere und späteren Capo Ferdinands II. erweckt neben seinen sonstigen Aktivitäten den Eindruck, daß er ein Mann des Coups war, des geschwinden Handstreichs, und kaum zu Innovationen fähig, die auf etwas dauerhaft Gutes und Gerechtes zielten.

Dafür verstand er sich jedoch auf einen sehr effektiven Eklektizismus, klaubte mit sicherer Witterung manch Erprobtes aus anderen Systemen, ob in der Kriegskunst oder bei der

Ökonomie, und steigerte es zum Staunen der Umwelt mit der Kraft eines Emporkömmlings.[28] Dabei nutzte er die neue Lage in Böhmen und Mähren wie kein anderer. Seit Ferdinand II. diese Länder als ein patrimoniales Erbland betrachtete und in seiner Geldnot einen beispiellosen Schacher mit konfiszierten »Rebellen«-Gütern zuließ, hatte er es neben Gütergierigen wie Dietrichstein oder Liechtenstein[29] verstanden, die fast diabolische Dialektik des grassierenden Patrimonialismus zu seinen Gunsten auszuspielen. Dabei ging es nicht nur darum, ehemalige Lehnsgüter jetzt wie ein Allod und Patrimonium zu verwalten, sondern auch darum, den zunehmenden Personalismus zu beherrschen. Es war demnach anzustreben, die unmittelbare Beziehung zum Erbherrn in Gestalt Ferdinands II. zu pflegen, sich unentbehrlich zu machen und auf diesem Grund und Boden wie ein absoluter Herr oder Patron zu walten und zu schalten – gleichsam als ein Abbild des Oberherrn und doch als Eigenmächtiger.

Mit der Erhebung in den Fürstenstand war Wallenstein im Herbst 1623 diesem Status schon sehr nahegekommen. Er sollte ihn während der kommenden Jahre in den Fürstentümern Friedland und Sagan (Nordböhmen) erheblich stärken, als ihm sogar eine Gerichtsbarkeit in diesen Gebieten zugestanden wurde, die seinen Untertanen keine Appellation an eine höhere Instanz gestattete als an ihn selbst.[30] Diese Qualität der Eigenjustiz im Sinne einer übergreifenden Patrimonialgerichtsbarkeit muß hier besonders beachtet werden, konnte doch mit diesem Instrument das libertäre Lehnswesen zusätzlich storniert oder auf Absolutismus umgepolt werden: Nur zwei Generationen später bot es dem »Soldatenkönig« Friedrich Wilhelm I. die Möglichkeit, seine Untertanen aus der feudalen Rechtshoheit des Heiligen Reiches zu lösen und damit den eigenen Haus-Separatismus bis zur Quasi-Souveränität zu steigern.[31]

Diesen Zustand hatte Wallenstein de facto bereits erreicht. Allerdings wurde er mit einem Vorbehalt versehen, der für den Patrimonialismus mit seinem Personalismus zu allen Zeiten typisch war: Ferdinand II. konnte als Oberhaupt der Casa de Austria den Besitzstatus Wallensteins wieder einziehen, ohne einen Gerichtshof, Landtag oder sonstige Institutionen fürchten zu müssen. Das war der fundamentale Unterschied zum vertraglichen Lehnswesen und dessen Libertät. Denn die Krone Böhmen mit ihren Treuhändern in Gestalt der hohen Landesämter oder des Landtages gab es im libertären Sinne nicht mehr. Und eine Klage beim Reichshofrat in Wien oder vor dem Reichskammergericht in Speyer, gar ein Anrufen des »Judicium Palatinum« der Kurfürsten oder des Reichstages war im Konfliktfall genauso aussichtslos wie das Bemühen Friedrichs V., gegen diesen machtbewußten und ausgefuchsten Habsburger sein gutes Recht als Reichsstand durchzusetzen. Der Schluß – »die Lehensträger sind seine Landsassen, so wie er der Sasse und Lehensmann des Kaisers ist«[32] – stimmt so nicht, weil mit der Patrimonialisierung Böhmens die feudale und libertäre Vertragslage abgeschafft worden ist. Wallensteins Machtsinn war auf eine effektive Haus- und Länderverwaltung gerichtet und wollte bis 1632 nichts von einer Repräsentation der eigenen »Lehnsleute« und Landsassen wissen.[33]

So eindrucksvoll das erfolgreiche Wirtschaften in seinem vom böhmischen Bürgerkrieg wenig betroffenen Friedland zunächst wirken mag und so sehr es ihn mit schnellem Reichtum prunken ließ, es war mit politischer Entmündigung erkauft. Und diese sollte ihn bei allem Einfluß auf Ferdinand II. selbst noch bitter treffen, nachdem er sich Maximilian von Bayern zum Feind gemacht hatte. Wallenstein vermochte es, sich auf Kosten des übrigen, gnadenlos ausgebeuteten und gedemütigten Böhmen zu »salvieren« und ziemlich weit zu »saturieren«. Er konnte es aber nicht erreichen, sich von Ferdinand II. völlig zu lösen. Die Gefährlichkeit seiner Abhängigkeit sollte er zu spät erkennen, weil er sich selbst überschätzt und den Machtinstinkt samt Beharrungsvermögen seines habsburgischen Oberherrn unterschätzt hatte. Anders und nach seinem sternengerichteten Selbstverständnis verfaßt: Er stieg nicht, weil er mit Habsburg kollaborierte, sondern er kollaborierte, um seine Eigenkraft zu steigern.

Darf man ihn einen Kometen im Krieg nennen? Er allein war der Kopf seines Haus-Imperiums, die absolute Verdichtung von

Besitzdenken, Machtbewußtsein und Beschlagenheit in ökonomischen, eben den häuslichen Dingen.[34] Eine seltsame Mischung aus Tugenden und Lastern, die hinter sich nur einen Schweif von Posten ertragen konnte und nicht ein System von kontrollierenden Ämtern oder Verfassungsorganen[35] – eine kostspielige Schleppe mit gestickten Sternen, deren Licht von ihm allein gespendet oder entzogen wurde. Nicht umsonst prangte an der Decke des Festsaales in seinem Prager Palast, den er im Stile italienischer Renaissance errichten ließ, ein bezeichnendes Gemälde: Auf einem Siegeswagen, der von vier Pferden gezogen wurde (Symbol der Kardinaltugenden?), stand ein Triumphator als Sonnengott.[36] Gleichsam eine Manifestation des Willens, aus eigener Kraft alle irdischen Dinge lenken zu können. Oder war es ein versteckter Hinweis darauf, das rauschartig gesteigerte Dasein als ein Komet zu empfinden, der in eine Sonnenbahn gezwungen werden mußte, auf daß er ein ewiger Stern werde?

Bei dieser Vorstellung gehen die Gedanken zu Campanellas Schrift und Utopie von der »Sonnen-Stadt«, die 1623 in Frankfurt am Main erschienen ist.[37] Darin läßt sich der kluge Dominikanermönch, dem es mit dem entworfenen Staats- und Gesellschaftsmodell um eine Demonstration des Gerechten in pythagoräischer und aristotelischer Art geht,[38] entsprechend vernehmen. Davon überzeugt, daß die Ursache allen Sündigens auf das Wirken eines fundamentalen Mangels im Menschen zurückzuführen ist, läßt er seine »Sonnenstädter« im Drang nach Vervollkommnung daraus schließen, daß der »Wille von Wissen und Können hervorgebracht wird und nicht umgekehrt«.[39]

Vieles in der weiteren Lebensbahn Wallensteins spricht dafür, daß ihm der Zugang zu dieser Einsicht Campanellas verwehrt blieb und daß er Bacons großen Auftrag an das sich selbst befreiende Individuum – »Wissen ist Macht« – oft nutzte, um daraus in der Umkehrung ein Verhalten abzuleiten, das die Richtigkeit der alten teutschen Redensart »Wer Geld hat, ist gescheit« mit aller Gewalt unter Beweis stellen wollte.

Jahr der »Endzeit«

Als Kepler für 1624 den Ständen der Steiermark sein »Prognosticon« erstellte, da begriff er dieses Jahr »als gleichsam einen neugeborenen Menschen«[40] und verknüpfte damit eine ernste Besinnung auf den Zweck des irdischen Daseins. Im Befragen der Sterne und ihrer Konstellationen stand für ihn fest, daß die Antriebe des Himmels auf Erden erspürt werden können. Aber auch die Materie und damit der einzelne Mensch hatten ihren Beitrag dafür zu leisten, wenn sich ein Leben in Harmonie vollziehen und im Tode erfüllen sollte: Wer demnach »das äußerliche Glück ohne Zutun des Menschen an den Himmel knüpfet«, der sündigt »wider die Natur und wider Gott selbsten«.

Eine solche Haltung entspräche nicht dem Wesen seiner Vorraussagen. Denn das Umwälzen (Revolutiones) der Gestirne durfte nicht mechanisch auf die Gehirne der Menschen und ihr künftiges Handeln übertragen werden. Derlei Ansprüche überforderten jeden ehrbaren Prognostiker, der im Buche der Natur zu lesen verstand. Wer da aber »gewinnen oder verlieren, Monarch oder Sclav, Bischof oder Bader werden soll«, darauf verstünde sich wohl »ein guter Politicus [...] besser als ich«. Was immer auch den Vorhersagen über das Trockene (der Mann) und das Feuchte (die Frau)[41] zuzutrauen sei, so entheben sie den Einzelmenschen nicht, sich seiner Verantwortung als Gottes Geschöpf bewußt zu werden und das »aus freiem Willen [zu] unterlassen«, was ihn von den Himmelszeichen her zu bösen Werken reizen mag.[42]

Es war eine beinahe katholische Einstellung, dem Menschen trotz aller Wirkkräfte von außen und Fliehkräfte von innen nicht den Lebenswert der persönlichen Entscheidung zu nehmen. Dabei hat sich Kepler gegen massive Versuche gewehrt, ihn als kaiserlichen Mathematicus zu einer Konversion zu bewegen. Und dies, obwohl er von seiner eigenen lutherischen Landeskirche seit 1616 vom Abendmahl ausgeschlossen worden war, weil er die Konkordienformel von 1577 nicht ohne Bedenken unterschreiben wollte: vor allem nicht die theologische Ansicht von der Transsubstantiation, der Umwandlung von Brot und Wein zu Fleisch und Blut Christi.[43] Selbst die strenge Ermahnung aus Stuttgart – »trauet eurem guten Ingenio nicht zu viel, und sehet zu, daß euer Glaube nicht auf Menschen Weisheit, sondern auf Gottes Kraft bestehe« – konnte ihn nicht umstimmen und gegen die Zwinglianer oder Calvinisten einnehmen. Er betrachtete auch sie, welche dieser Deutung nicht zustimmen konnten, als seine christlichen »Brüder« und wollte sie nicht aus der kirchlichen Gemeinschaft ausgeschlossen wissen. Dafür wurde er selbst vom Bann getroffen – wie zuvor schon Bruno und bald auch Galilei – und in seiner metaphysischen Not ins Abseits getrieben, das selbst im Angesicht des Todes nicht behoben werden sollte: ein einzigartiges Beispiel für die Willensfreiheit in Gestalt eines Protestanten[44] und »ein beschämendes Kapitel für die [...] Kirche Schwabens«.[45]

Nicht minder bedrückend mutet auch der Hexenprozeß gegen seine Mutter an. Sie wurde noch in hohem Alter einer »Territio« ausgesetzt, einer qualvollen Seelenfolter, um ihr Bekenntnisse des Bösen und der Verderbtheit zu entlocken. Ein elendiges Verfahren, bei dem auf bloße Verdächtigungen hin ein Mensch im Mißbrauch der Sprache um seinen Lebenssinn gebracht werden konnte. Was blieb denn diesen Geschundenen noch übrig, wenn sie mit solchen Verhören in den Wahnsinn getrieben wurden und bei ihren eigenen Familien keine Aufnahme mehr fanden? Es ist vorgekommen, daß Jüngere alte und ihnen lästige Leute als Hexen denunziert haben, um nicht mehr für sie sorgen zu müssen. Auch in dieser Hinsicht war Kepler ein Vorbild: Selbst mit dem Kirchenbann belegt und ins Außenseitertum gedrängt, ließ er seine Mutter nicht im Stich und erwirkte sogar kurz vor ihrem Tode einen Freispruch aus Beweisnot.[46]

Die Leidensgeschichte dieses teutschen Gelehrten, der in der Struktur einer Schneeflocke ebenso das göttliche Wirken der Proportionen erkannte wie in den Relationen der Sterne im All,[47] vermittelt Erschlaffungen im mentalen und sozialen Gefüge des Heiligen Reiches, die auf den grassierenden Religionshaß und auf das »Ätzwasser« des von Gott geschickten Krieges[48] zurückgehen. Da waren Erosionen am Werk. Urängste stiegen auf, deren Ausbrüche nicht nur Taten aus Verzweiflung waren, sondern auch Zeichen einer Sehnsucht nach der Endzeit aller Menschheit: Weg vom irdischen Taumeln mit all seinen leiblichen Nöten und der Seelenqual und hin zu einem himmlischen Traum, dem Vollzug einer inneren Vollendung durch die Ankunft des HERRN. Hier brach sich die Hoffnung Bahn, an einer ewigen Reinigung von der Sünde teilnehmen zu dürfen. Abseits vom kriegerischen Getümmel wurde nach der endlichen Einkehr in den Hafen einer unendlichen Stille gerufen, jenseits der Stürme eines aufgepeitschten Lebens, das nur täglichen Zank ums liebe Brot und nächtlichen Streit um sauren Wein kannte: Der Tod sollte seinen friedenstiftenden Sinn behalten.

In solche und ähnliche Gedankengänge, die das Streben zum Sterben als Lebensinhalt ausgaben, steigerten sich vornehmlich die Anhänger der *Idee vom Rosenkreutz*. Sie hatte sich von 1615 an besonders in Frankfurt am Main einiger empfindsamer Gemüter bemächtigt und zog als eine spirituelle Suchbewegung bald eigenartige Kreise. Es scheint, als ob der Fettmilch-Aufstand und seine grausame Niederschlagung[49] dazu beigetragen hätten, die vergiftete Luft in dieser Reichsstadt zu reinigen und mit neuen sinnlichen Kräften in das ermattende Gemeinwesen so hineinzuwirken, daß sich auch verstockte Gemüter wieder der »wahren und unverfälschten Philosophie« näherten – erst dem Einzelnen und dann auch dem Ganzen zum Guten.[50]

Diese eigenartige Bruderschaft vom Rosenkreutz gebärdete sich anfangs katholisch und militant. Als wäre sie dem neuen Kreuzzugsorden »Di Santa Militia« zugehörig, dessen Auftrag darin bestand, für Karl von Nevers das oströmische Erbe zu erkämpfen und Konstantinopel vom türkischen »Erbfeind« zu befreien.[51] Dann aber wurde sie zunehmend konfessionsneutral und fühlte sich nur noch dem Lebensziel verpflichtet, des Menschen Verlorenheit in der Welt durch die genaue Erkenntnis seiner Natur zu bekämpfen und in spirituelle Erfüllungen zu verwandeln: Dieses Vorhaben »begreifet, wenn wir auf unser Saeculum sehen wollen, viel von der Theologie und Medicin, wenig aber von Juristischer Weisheit«.[52]

Es war der Traum von einem Goldenen Zeitalter, der diese Bewegung in immer neuen Variationen besetzt hielt, aus der sich später das Freimaurer-Wesen entwickeln sollte.[53] Spekulationen über das Ende der Zeiten trieben ihre Anhänger zu phantastisch anmutenden Berechnungen: vom Paracelsismus chiliastisch aufgeladen und durch Böhmes Vorstellungen von einer Wiedergeburt des Menschen gestärkt. Bald jedoch erkaltete ein Zahlenspiel nach dem anderen, wie heiß es auch mit Hilfe der Kabbala errechnet worden sein mag.[54] Wurde das Öffnen des Goldenen Tores zur neuen Herrlichkeit für das Jahr 1620 felsenfest angekündigt, so lautete bald ein mit glühenden Sinnen verfaßtes Sendschreiben: »Ihr lieben Discipuli [Lehrlinge] des Rosenkreutzes und gute Freunde, gleich jetzo kommt mir Befehl zu von meinem gnädigen Herrn Obern, euch kundzutun, wie daß der Tag eurer Erlösung und Perfektion [Vollendung] aus beweglichen Ursachen und Motiven abermals geändert und auf den 24. Januar des Jahres 1624 verschoben sei.«[55]

Da leuchtete eine unstillbare Sehnsucht in die weite teutsche Finsternis hinein. Ein gieriges Verlangen nach der großen Reinigung aus dem hohen Norden meldete sich in den »Bekenntnissen« der Rosenkreutzer emphatisch zu Wort. Es war in diesen brennenden Herzenswünschen immer häufiger von einem »Löwen aus Mitternacht« die Rede, dessen Brüllen allein schon die Welt von zerfressendem Haß, nagendem Neid und ungezügelter Raffgier befreien werde. Diese Hoffnung erfüllte sich in diesem Jahr 1624 *nicht,* das allerdings nach weiteren vierundzwanzig Jahren Krieg eine besondere Qualität erhalten sollte: als *Normaljahr* für den materiellen Besitzstand der Katholiken, Lutheraner und Calvinisten im Heiligen Reich.[56] *Noch nicht,* dafür steigerte sich in den Rosenkreutzern als Verfechtern einer Pansophie der Widerwille gegen heidnische Autoritäten im Bereich der Wissenschaft wie Plato und Aristoteles. Besonders in jenen Gelehrtenkreisen, die sich der Alchimie verschrieben hatten, zu jeder Tag- und Nachtzeit »Gott und Kot« seufzen oder schreien konnten[57] und alle Wissenschaft auf das Experimentieren verlagerten: hin zum Buch der Natur mit ihren

Dämpfen und Essenzen, in deren Schwaden und Gerüchen sich die Allmacht in immer neuen Formen offenbarte.[58]

In diesem brodelnden Szenario scheint es zuweilen, als hätten jene Kreise geradezu auf die Entfesselung des Krieges im Heiligen Reich gewartet. Obgleich auf Frieden eingestellt und auch zu Toleranz geneigt, lauschten sie an allen vier Ecken seiner gebeutelten Welt der Sprache des Windes, lechzten nach Signalen der Sterne und ertrugen die Übel des stets neu entfachten Krieges wie eine geliebte Geißel. Je härter und blutiger ihre Schläge, desto gereinigter näherte sich der geläuterte Geist seinem inneren Frieden und ging als ein neuer Mensch in die Erscheinung, in die Imagination vom Gekreuzigten ein. Gemartert, aber lauter und rein wollte man die Reise zu sich selbst vollziehen – allen Rückschlägen zum Trotz und Thomas von Kempens »Imitatio Christi« im Gemüt.[59]

Was kümmerten diese Erleuchteten die spanischen Flüche in den Kernlanden des Reichs – das verächtliche »Muerte y mierda« –, wo ihnen doch Jakob Böhme von Tag zu Tag größere Klarheit darüber verschaffte, daß alle »weltlichen Geschäfte das Reich Gottes verhindern«. Also: Wozu über eine Pistole mit ihrer Kugel klagen, eine Muskete verlästern und Kanonen verteufeln, wo doch all diese Gerätschaften zu nichts taugten? Und was war schon die Obrigkeit in diesen zerfallenden Zeiten? Ein Übel, dem am besten aller Gehorsam verweigert wurde!

Schwärmer wurden diese Leute gescholten, Enthusiasten dazu und Wesen, in denen das »äußere Vernunftwissen« gänzlich abgestorben war bis hin zu der Weigerung, den bisherigen Brotberuf auszuüben: Böhme gab sein Schusterhandwerk auf und lebte nur noch in Erwartung spiritueller Verzückungen, von Zuwendungen seiner Anhänger aus dem ganzen Reich mit Hingabe unterstützt – einer Lilie gleich unter Disteln.[60]

»Fiat justitia . . .«

Gaben schon die Philosophen unter den Teutschen alle Bindungen als Bürger auf und lebten auf Kosten anderer in Erwartung des himmlischen Heils nur für sich selbst, wie konnte da von einem Soldaten erwartet werden, daß er sich Zucht auferlegte, wo er doch täglich im Dreck lag, verachtet wurde und für andere seinen Kopf hinhalten mußte, wenn die Trommel zum Streite rief? Dazu noch im Dienste von Offizieren und Generälen, die statt gerechten Sold meist goldene Worte aufboten, um ihre Heerhaufen bei der eigenen Fahne zu halten und dabei zwangsläufig scheitern mußten, wenn sie ihren Ansprüchen und Parolen nicht einmal annähernd genügen konnten.[61]

Die *Strategie der Ermattung* ist Wallenstein nur einige Zeit nach diesem »zornigen eifersüchtigen Jahr« (Kepler) 1624 als besondere Errungenschaft der Kriegskunst zugeschrieben worden, obgleich sie nicht neu war. Aber gleichzeitig gab es auch eine Ermüdung der sozialen Sinne unter den Teutschen, wie schon angedeutet wurde, und aufgrund fortlaufenden Mißbrauchs der politischen und rechtlichen Begriffe eine Krise der Kampflosungen obendrein.

Ernst von Mansfeld, der sich wegen eines Streites um das Vatererbe und aus anderen Gründen vom Katholizismus losgesagt hatte und zum Calvinismus übergetreten war,[62] hinterließ zu diesem wichtigen Kapitel unserer Reichs- und Kriegsgeschichte eine besondere Quelle. Sie ist in der bisherigen Historie kaum berücksichtigt und noch weniger analysiert worden, obgleich sich die Emblematik beim Deuten von Herrschafts- und Tugendzeichen der Neuzeit rühriger denn je zeigt.[63] Es sind fünfzehn Heeresfahnen, die sein Oberst Limbach bei dem Versuch einbüßte, mit seinem Regiment das Städtchen Friesen-Oyta im Münsterischen der spanischen und ligistischen Besatzung abzunehmen, um damit Mansfelds Position in Ostfriesland zu stärken.

Dorthin war er nach einem mühevollen Marsch gekommen, nachdem ihn Friedrich V. zusammen mit Herzog Christian wegen Geldmangels vorübergehend aus seinen Diensten entlassen mußte.[64] Davor hatte ihr Kriegszug vom Elsaß aus durch Lothringen hindurch bis nach Sedan König Ludwig XIII. aufhorchen lassen. Denn obgleich er Mansfeld nicht als Feind betrachtete, konnte sich eine unbequeme Lage ergeben: vor sich die kämpfenden Hugenotten und hinter sich eine Armee aus dem Heiligen Reich, die sich für den politischen Calvinismus zu schlagen hatte. Vorsicht war geboten, schon in Erinnerung an die Politik seines ehemals calvinistischen Vaters Heinrich IV. Aber wie die Interventionsarmee Christians von Anhalt damals nicht zum vollen Einsatz kam,[65] so ging jetzt von Mansfeld keine Gefahr aus. Er war nämlich genötigt, sich seinem spanischen Verfolger Cordova zu stellen, dem er trotz Meutereien in der Reiterei des »tollen Christian« in der Nähe des Klosters Fleurus eine empfindliche Niederlage bereitete,[66] um bald darauf Moritz von Oranien beizustehen. Dieser trotzte immer noch dem zwar entschlossenen, aber mit erschöpften Soldaten kämpfenden Spinola. Vergeblich hatte der spanische General in den vergangenen Wochen versucht, die Stadt Bergen op Zoom zu stürmen. Beim Anmarsch Mansfelds sah er sich sogar gezwungen, die Belagerung zu unterbrechen und das Feld zu räumen.[67]

Auch das war kein geringer Erfolg an seinen blutgetränkten Fahnen. Doch nach den Siegesfeiern und der Besoldung seiner Truppen mit Geldern vornehmlich aus London[68] gaben ihm die Hochmögenden in Den Haag schnell zu verstehen, daß er in den Niederlanden mit seinen ungezügelten Scharen nicht länger bleiben dürfte. Nachdem komplizierte Verhandlungen es möglich gemacht hatten, daß Mansfeld und der »tolle Christian« wieder in den Dienst Friedrichs V. treten konnten, um gegen den Kaiser, die Liga und Spanien anzutreten,[69] nahm ein Plan Gestalt an: Mansfeld sollte für die Generalstaaten zunächst die strategisch wichtige Grafschaft Ost-Friesland erobern, Hafen und Stadt Emden inbegriffen, in der Althusius einst Syndicus war: ein Gelehrter, der mit seiner »Politica« Maßstäbe für die politische Kultur der Libertät unter den Teutschen gesetzt hatte.[70]

Das Besondere an diesem friesischen Reichsstand waren einmal der Wechsel vom Calvinismus zum Luthertum – er begründete die Spannungen zu Den Haag und im Lande selbst zwischen den Grafen und Eigen-Ständen – und dann auch eine Habsburg- und Kaisertreue, wie sie nur noch bei Kur-Sachsen und Hessen-Darmstadt zu beobachten war. Man hatte also von Emden aus lebhafte Kontakte zur Wiener Hofburg, auch zu den Fürsten von Liechtenstein, die sich gerade in Böhmen an »Rebellengut« bereicherten. Zwei junge Grafen ließ man gar bei Spinola die Kriegskunst erlernen. Aber es gab auch Beziehungen nach Schweden zum Hause Vasa – war doch Graf Edzard mit der Vasa-Prinzessin Elisabeth verheiratet. So eng hatten sich die Familienbeziehungen schon in Europa gestaltet, daß selbst in einer solchen Grafschaft die Interessen von Großmächten unmittelbar aufeinanderprallen und zu einem Stellvertreterkrieg führen konnten. Auf diese verwobene Gemengelage jedoch nahm Mansfeld wenig Rücksicht. Mit Subsidien oder Stützgeldern aus England und Venedig gut versorgt, sowie mit Hilfstruppen aus Frankreich leidlich verstärkt, gelang es ihm, mit einem geschickt angelegten Überraschungszug seiner etwa 19000 Mann starken Armee diese »neutrale Provinz« des Heiligen Reiches fast ganz zu besetzen. Mit seinen stolzen Fahnen zeigte er dabei dem regierenden Grafen Enno, wer jetzt der faktische Herr in diesem Land am Teutschen Meer war.[71]

Über die entstandene Kriegs- und Machtlage hinaus stellte sich aber die Frage, was dieses Condottiere-Verhalten politisch wert war. Und: Wie sicherte man es ideologisch ab? In welchen Maximen fand es sein Selbstverständnis, gar seine historische Mission begründet? War Mansfeld wirklich nur ein Abenteurer, dem das blutige Handwerk in seiner Eigendynamik zum Selbstzweck wurde? Den Landständen Ost-Frieslands entdeckte er angebliche Pläne des Grafen Enno, nach denen dieser die Spanier ins Land holen wolle, um in ihrem Schutz die »Landesverfassung [...] über den Haufen zu werfen«.[72] Ob das nur eine Erfindung war? Der Bezug von äußerem Protektor und innerem Umsturz läßt jedenfalls an politische Kenntnisse des Generals denken, ja sogar an ein libertäres Bekenntnis, wie es einem rechten Calvinisten gut ansteht. Und auf seinen Fahnen prangte manch eine Überraschung, die zumindest vom Anspruch her jene verbreitete Meinung widerlegt, daß »es in der geschichtlichen Wirklichkeit dieses Dreißigjährigen Krieges [...] keine durchgehende ›Idee‹« gegeben habe.[73]

Die Anrufung der Allmacht in einem Heer aus christlichen Soldaten ist nichts, was überraschen könnte. »A & O vicit« heißt es auf einer Fahne – »Gott siegt«. Dabei schaut Jehova aus den Wolken auf einen Geharnischten, einen Adeligen. Diese Konfiguration versinnbildlicht die künftige Kampfparole »Gott mit uns«, wie sie bald auf Reichsboden im Schweden-Heer geläufig wurde.[74] Die Hoffnung auf den himmlischen Beistand drückt eine andere Fahne aus, die mit einem lorbeergeschmückten Schwert ankündigt: »Duce Deo, Ferro Comite«: Ist Gott der Führer und das Schlag- oder Schußeisen der tägliche Begleiter, dann läßt es sich gut und sicher kämpfen, zumal es in diesem Streit neben allen himmlischen Freuden, die erwartet werden, wenn der Tod seine Ernte hält, auch um handfeste irdische Dinge geht. Und zu deren Erwerb oder Bewahrung ist das Beste aus dem römischen Schatz des Patriotismus gerade gut genug – der so oft mißverstandene Auftrag des Horaz: »Pro patria mori, dulce et decorum est«.

Ein Küraß oder schwergepanzerter Reiter sprengt mit diesen republikanischen Worten daher: wiederum einer vom Adel, ein Wohlgeborener und damit Angehöriger der »Potentes« als Geburtskreis (Nation) der Begüterten oder »glücklich Besitzenden«. Für diesen Stand konnte »Patria« als das »Land besitzender Väter« kein leerer Wahn sein, sondern ein hochpolitischer Auftrag, den Schutz von Erbe und Eigen, Haus und Hof, Land und Leuten dann in die eigene Hand zu nehmen, wenn die Notwehr dazu zwingt. Der gesamte politische Lebenssinn der Patrioten als Verfassungsfreunde hat in diesem Horaz-Wort seine Erfüllung gefunden, rechtfertigt sich doch dieser Patriotismus der feudalen Libertät auch darin, daß »Eigentum verpflichtet« und aufs Gemeinwohl gerichtet sein muß, auf die Gegenseitigkeit des »Noblesse oblige«.[75]

Das Pelikan-Emblem auf einer anderen Fahne bestätigt diesen Bezug von Parole und Politik. Obgleich es im Urchristentum nach altägyptischem Vorbild ein Zeichen für den Opfertod und die Auferstehung Christi war,[76] galt es seit Alfons von Aragonien als Ausdruck gerechter Herrschaft in der Ordnung vertraglichen Rechts. Statt des dort üblichen »Pro lege et grege« steht auf Mansfelds Fahne die Aufforderung: »Quod in te est, est pro me«. Auf den Vogel bezogen, der sich die eigene Brust aufhackt, um seine Jungen zu erquicken, oder ihnen mit dem Blut das Leben sichert, kann diese Losung nur bedeuten, daß alles Blut für die Erhaltung des Bodens vergossen wird. Denn aus ihm und für ihn wird gelebt, sind doch alle Lehensgüter gleichzeitig Lebensgüter. Ohne besondere Mühe vermochte diese Losung dem kundigen Betrachter oder Soldaten, der unter ihr sein Leben wagte, den Bezug zum »Ius sanguinis« (Besitzrecht nach Maßgabe des Blutes) und zum »Ius soli« (Eigentumsrecht nach Maßgabe des Bodens) herzustellen. Daraus wird auch verständlich, warum der Adel und die anderen Stände Alteuropas in Zeiten nationaler Not immer wieder aufgefordert werden, »Gut und Blut« zum Schutz ihrer Rechte und Freiheiten zu wagen. Das war eine der wichtigsten Notwehr- und Widerstandsmaximen, deren Natur unmittelbar zu erkennen gab, wie politisch Lehnsbesitz zu sein hatte, wenn er gegen absolutistische Übergriffe in Freiheit erhalten bleiben sollte.

Wer den Sinn derartiger Kampfparolen zu entschlüsseln fähig war, den wunderte mit Blick auf Friedrichs V. unrechtmäßigem Verlust an Land und Leuten nicht, auf einer anderen Fahne zu lesen: »Fiat iustitia, pereat mundus«. Im Bewußtsein, einer gerechten Sache zu dienen, war es nach Maßgabe des Natur- und Widerstandsrechtes erlaubt, dem Feind und der materiellen Welt zur eigenen Sicherheit oder Rettung Schaden zuzufügen. Kam dann noch das Vergeltungsdenken des »alten Menschen« und die verbreitete Zweikampf-Mentalität hinzu, welche Mansfeld oft genug angefochten hatte, dann konnte die teutsche Welt zugrundegehen, wenn nur das Gerechte als Prinzip nicht von der Erde verschwand.[77]

Nimmt man noch die Fahne mit der Aufschrift »Pro Libertate« (Für die Freiheit) hinzu, die dem »tollen« und bei Fleurus verwundeten Christian von Braunschweig abgenommen und nach Brüssel gebracht worden ist,[78] dann rundet sich das Bild der ideologischen Motivationen in diesem Protestanten-Heer ab. Trotz allem Morden, Rauben und Brennen lebt eine Vorstellung vom Gerechten, auch wenn sie nur auf den farbenprächtigen Tüchern steht und in den kämpfenden Gemütern für Beruhigung sorgt, Verstellungen anrichtet und in Verzerrungen die Sinne dafür ermattet, daß alles Recht nicht vom Glück der Waffen abhängig ist, sondern von der Einsicht in die Geltung der Gegenseitigkeit.

Ein notwendiger Schritt in diese Richtung war stets ein Waffenstillstand. Dazu ließ sich Mansfeld auch bewegen. Er stimmte sogar einem Abzug seiner Truppen zu, die den Niederlanden alle festen Plätze in Ost-Friesland erkämpft hatten und dafür mit Sold entschädigt wurden.[79] Mit einer Fahrhabe, wie in der schönen teutschen Rechtssprache das bewegliche Eigentum

»Die Arbeit besiegt alles.«
Flugblatt zu Mansfelds Kriegszug und politischen Absichten 1622.
(Sammlung UB Ffm).

genannt wurde. Denn Habsburg als Casa de Austria und die Liga schienen stärker denn je zu sein. Der Sieg bei Fleurus hatte den beiden Condottieri geschmeichelt und der Marsch nach Ost-Friesland materiellen Gewinn gebracht. Doch der Sieg Tillys bei Stadtlohn über den »tollen Christian«[80] ließ aufhorchen und daran denken, daß es um die Kampfkraft im ligistischen Heer nicht so schlecht bestellt sein konnte. Wurde noch darauf geachtet, daß sich auch Bethlen Gabor von Siebenbürgen, der wiederholt in den Niederlanden um Hilfe nachgesucht hatte, nur mit wechselvollem Glück Habsburg bekämpfen konnte und nun auch in einem Waffenstillstand mit Wien begriffen war,[81] dann mußte festgestellt werden, daß sich der politische Calvinismus im bisherigen Krieg nahezu erschöpft hatte und der dringenden Regeneration bedurfte.

Dafür traten jetzt andere Mächte auf die verwirrende Bühne des Teutschen Krieges. In dessen Verlauf blieb den Menschen zwischen Oder und Rhein nichts an Leid und Not erspart. Es war, als wollte das Einschlagen der Geißeln Gottes wegen der aufgehäuften Sünden noch lange kein Ende nehmen und jene strafen, die Giordano Bruno als Volk der Zukunft ausersehen hatte. Und Jakob Böhme prophezeite kurz vor seinem Tod, daß »den mitternächtigen Ländern eine Lilie blühet«, ja daß eine »neue Reformation« von dort her schon begonnen habe und dieses geistige Kind kräftig heranwachse, »mit dem Europa schwanger ging«.[82] Wen er wohl damit meinte: Christian IV. von Dänemark oder Gustav Adolf von Schweden?

Trostzeichen

Das Weib als Ware

Erfüllte die Habgier, die laut Thukydides einst ganz Hellas in den Bürgerkrieg gestürzt hatte,[1] den krankhaften Drang nach dem Erwerben von Hab und Gut, so verlangte die ihr folgende Herrschsucht (Libido dominandi), das Erworbene durch Erben gesichert zu sehen. Es war, als ob in der Verwirklichung dieses irdischen Wunsches manch einer der Vergeßlichkeit der Welt entrinnen wollte und damit den entscheidenden Schritt zur Unsterblichkeit getan glaubte, sofern ihn Gott und die Natur mit einem fruchtbaren Weib beglückt hatten.

Dem Manneskult dieser Zeit des erneuerten Ritterwesens[2] gefiel es, sich am Weiblichen auf vielfältige Weise zu ergötzen, sich davon trösten zu lassen und ihm während eines Krieges die Bewahrung der Kinder anzuvertrauen. Nicht ohne Grund prangte auf einer der Mansfeld-Fahnen eine schöne Jungfrau mit goldenem Harnisch, der nur ein einziges Wort zugeeignet war – »Revirescit«. Damit sollte den marschierenden und kämpfenden Soldaten gesagt werden, daß das Weib allein den Mann wieder zu Kräften kommen läßt oder ihm gestattet, sich in der Not und mit allem Gemüt aufzurichten.[3] Das war alter Soldatenbrauch. Er konnte sogar ideologisch genutzt werden, indem man ganz bewußt auf Fahnen und in Kampflosungen die Heilige Jungfrau »Maria« bemühte: so war es 1620 am Weißen Berg geschehen und 1632 bei Lützen von Wallenstein im Schlachtruf erneut beschworen worden.

Es hat den Anschein, als brauchte die ständige und künstliche Nähe zum gewaltsamen und vorzeitigen Tod selbst in den rohesten Formen den Bezug zum Weib als Vergewisserung, daß das Leben weitergetragen wurde. Aller Kampf bekam nur dann einen Sinn, wenn mit Hab und Gut gleichzeitig Weib und Kind verteidigt wurden. Das galt aber nicht nur für das Kriegswesen und die Motivation von Söldnern, die häufig ihre Frauen und Kinder im Tross der Heere bei sich hatten und gleichsam vor deren Augen im Kampf das Leben wagten,[4] sondern auch für jene, die um ihres Glaubens willen verfolgt wurden. Und das waren auch Katholiken, die für ihre Treue zu Rom oft Furchtbares durchzustehen hatten. Ein Bericht der Jesuiten aus England vermittelt etwas von der Stimmung, die gütergierige Protestanten angeheizt haben: »Man kann sich kaum vorstellen, wieviele Katholiken die Erneuerung der Verfolgungsgesetze in freiwillige Verbannung treiben wird. [. . .] Kein schrecklicherer Sturm ist über die Katholiken in den letzten dreißig Jahren hereingebrochen als dieser. Bisher wütet er nur in einigen von den Grafschaften in der Umgebung von London, aber in wenigen Monaten wird er allgemein werden. Einstweilen sind die Katholiken in großer Furcht wegen ihres Besitztums; aber während einigen Vermögen und Freiheit lieber sind als ihr Glaube, so harrt doch der größere Teil in unerschütterlicher Standhaftigkeit aus trotz der Aussicht auf die Plünderung ihres Eigentums und auf Gefängnis und Ketten.«[5]

Wie hätten diese Leute ohne Gottvertrauen und ohne das Gebet zur Mutter Gottes diese Belastungen von Leib und Seele aushalten können? Das Beispiel des Thomas Morus mag in seiner hochpolitischen Anlage extrem sein,[6] aber ähnliche Belastungen wie er mußten auch spätere Generationen ertragen. Man denke nur an den Leidensweg der tapferen Mary Ward, die nach der Jesuiten-Regel den Schwestern-Orden der »Englischen Fräulein« gegründet hat, im Gotteserlebnis keinen Unterschied zwischen Mann und Frau anerkennen wollte und in aller Not eine gläubige Tochter der Römischen Kirche blieb.[7] Ebenso wird uns die teutsche Äbtissin Klara Staiger begegnen,[8] die in der anhaltenden Kriegszeit trotz schierer Verzweiflung an der Unmenschlichkeit des Menschen Trost aus einem Glauben ziehen konnte, für den das irdische Leben nur ein »Durchmarsch« war hin zum ewigen Frieden eines Himmels, der auch im Jahre 1624 auf eine menschliche Hölle blickte.

Wer jedoch solchen Prüfungen nicht ausgesetzt wurde und sich genötigt sah, durch Gebete und Gedanken das Kriegsdasein zu bewältigen, weil ihn ein gütiges Geschick noch verschonte, der mußte sich zumindest dafür wappnen, was die Erziehungsschriften in der paulinischen Auffassung vom Lebenskampf immer wieder den *Hauskrieg* nannten – eine lebenslange Ehe.

Diesen »Hauskrieg« besteht ein Mann am besten, wenn er »mit seinem Weib mehr den Verstand und Bescheidenheit als die Strenge und Gewalt gebraucht. Dann die Weiber sein dermaßen genaturet, daß sie nach den dreißig Jahren täglich ihre Eigenschaft und Art in allen Dingen pflegen zu verkehren«.[9] Ein Rat, der in gleicher Weise den Regierenden ans Herz gelegt wird. Sie sollen nämlich ihre inneren Haus-Kriege um das rechte Weib und das Erbteil nicht nach außen tragen und nicht einen militärischen Konflikt nach dem anderen vom Zaune brechen. In der Bitte um Milde und Einsicht bei den Mächtigen wird dabei auf die Gegenseitigkeitsforderung des Naturrechtes (Ius naturale) verwiesen, die christliche Nächstenliebe angemahnt, und es wird die Warnung ausgesprochen: »Ein böses Weib ist gefährlicher als ein zorniger Mann.«[10]

Der Abwertung des Weibes als ein Wesen beschränkter Vernunft und Einsicht, das nur ganz selten zum Herrschen fähig sei und dies nur um den Preis der Ehelosigkeit oder des Verlustes an Weiblichkeit im harten Männergeschäft der Politik,[11] steht eine Aufwertung der Frau entgegen, wenn sie neben reichen Gütern vor allem männliche und taugliche Erben zur Welt bringt. An dieser Leistung wurde sie in erster Linie gemessen. Konnte sie diesen Ansprüchen nicht genügen und blieb sie gar kinderlos, dann waren nicht nur Hauskonflikte zu erwarten, sondern bald auch Staatskrisen. Heinrich VIII. von England hatte wegen der erbenlosen Ehe mit Katharina von Aragonien nicht nur die Abspaltung der englischen Kirche von Rom erzwungen, sondern auch Thomas Morus und andere in den Tod getrieben.[12] So dramatisch war es jetzt beim Scheitern der Heiratspläne zwischen dem Prinzen von Wales, dem künftigen Karl I., und einer spanischen Prinzessin nicht zugegangen.[13] Aber gefährliche Auswirkungen auf die weitere Politik hatte diese Entscheidung schon, wenn man bedenkt, daß Jakob I. mit dieser Verbindung die Pfälzische Frage lösen wollte und nun nach dem Fehlschlagen seiner Pläne gedrängt wurde, mit den Niederlanden und Dänemark eine neue Allianz gegen die Casa de Austria zu bilden – für die Erbrechte seiner Enkel an der Kur-Pfalz.[14]

Zur Absicherung dieser Mächte-Konstellation, die auch davon mitbestimmt wurde, daß der Schwerpunkt des Teutschen Krieges jetzt im Nordwesten des Heiligen Reiches lag, verfiel man in London auf ein nicht weniger gefährliches Heiratsprojekt: Prinz Karl sollte sich mit der Bourbonen-Prinzessin Henriette Maria trösten. In England, wo Buckingham in fanatischem Ehrgeiz und in herostratischem Eifer unter Hintergehung des Parlaments die politischen Fäden zog, glaubte man, Frankreich desto genehmer zu werden, je mehr sich diese Macht mit Spanien in der leidigen *Veltlin-Frage* entzweite,[15] und weil es als ausgesprochene Landmacht über keine große Flotte verfügte. Und aus französischer Sicht bot sich als Vorteil an, den Hugenotten an der Atlantikküste die Hilfe Englands entziehen und mit einer Heirat auch den bedrängten Katholiken auf der Insel bessere Bedingungen verschaffen zu können.[16]

Das Weib galt als politische Ware, die allerdings zu einem hohen Preis gehandelt wurde; einem Preis, der manche Demütigung zu verschleiern hatte. Henriette Maria blieb zwar nach außen das erniedrigende Los der »Courasche« erspart, aber auch sie bekam noch zu spüren, daß ganz oben wirkte, was weit unten erbarmungslose Praxis war. »Etliche Offiziere hatte ich noch zu Freunden«, berichtete die Libuschka aus Böhmen, »die aber nicht meinen, sondern [bloß] ihren Nutzen suchten; teils suchten ihre Wollüste, teils mein Geld, andere meine schönen Pferde [...] und war doch keiner, der mich zu heiraten begehrte.«[17]

Hochzeit halten. Das wollte Karl von Wales schon mit der schönen Henriette Maria, einer Schwester König Ludwigs XIII. Als es aber bei den Heiratsverhandlungen zu Problemen kam, weil Paris die Sicherheit der katholischen Religion in England für die Prinzessin und alle anderen romtreuen Engländer in einem Vertrag festgeschrieben haben wollte,[18] da wurde diese Freierei kurzerhand eingestellt. Denn wie sollte das Parlament dazu gebracht werden, so viel Toleranz wegen einer Heirat im Königshaus zu sanktionieren? Die Brautwerber dieses Stuarts schwärmten nun in den teutschen »Stutengarten« aus, wie der Heiratsmarkt der oberen Stände im Heiligen Reich genannt wurde, und suchten nach einer protestantischen Prinzessin. Aber an allen Höfen bekamen sie eine Absage. Das Beispiel Friedrichs V. mit seinen bekannten Folgen schien zu übermächtig auf den Gemütern zu lasten, als daß man hier wegen der Statuserhöhung nachgeben wollte. Besonders in Dresden holten sich die Werber eine Abfuhr, wo Johann Georg gepoltert haben soll, er gebe keine lutherische Prinzessin an einen Calvinisten![19]

Landgraf Ludwig von Hessen-Darmstadt wird sich darüber gefreut haben. Und auch in Paris empfand man Genugtuung, daß der Stuart-Prinz wieder um Henriette Maria anhalten mußte und das hochpolitische Spiel so zu einem glücklichen Ende gebracht werden konnte. Denn man hoffte dabei auch, mit englischer Hilfe im möglichen Krieg mit Spanien Ernst von Mansfeld an sich zu binden, der in London nach dem Abenteuer in Ost-Friesland als Freiheitsheld gefeiert wurde.[20] Die Chancen zu einer solchen Koppelung der Interessen standen gar nicht so übel, seitdem es aus Rom ernsthafte Signale dafür gab, daß sich der neue Papst Urban VIII. aus dem Geschlecht der Barberinis zum Schutz der Katholiken Englands bereitfinden könnte, für diese Ehe eine Erlaubnis (Dispens) zu erteilen.[21]

Dieses kitzlige Spiel, in dem sich Hausinteressen, Religionsansprüche und Staatssicherheit mischten, wurde jedoch von dem rührigen und zuweilen eigenmächtigen Premier La Vieuville erheblich gefährdet, als er London gegenüber auf einen Vertrag zu dieser Heirat und Religionssicherung verzichtete. Dieses Zugeständnis war aber Ludwig XIII. zu viel. Denn er wußte sehr wohl, daß Jakob I. über England nicht wie über ein Patrimonium verfügen durfte, sondern nach Maßgabe der Verfassungen dieses Landes an die Institutionen des Erblehens gebunden war und bei einer solchen Heirat das protestantisch gestimmte Parlament zu befragen hatte. Macht und Staatsräson allein genügten hier nicht, auch das Recht mußte berücksichtigt werden. La Vieuville hatte diese Haltung seines Königs, der sich gerne »Louis le juste« nennen ließ – »Ludwig der Gerechte« –, unterschätzt und mußte seinen Platz räumen.[22] Er tat dies zugunsten eines Kardinals, der zur Sicherung des Staates, wie er ihn verstand, neue Maßstäbe setzte, die für den Verlauf des Teutschen Krieges und dessen friedliches Ende im Arrangement eines Europäischen Gleichgewichts von Bedeutung werden sollten – Armand Richelieu du Plessis.

Richelieu im Zentrum der Macht

Als sich in der Nacht vom 28. April 1624 eine verhüllte Gestalt auf die Wälle des Schlosses Compiègne zubewegte, um dann in die königlichen Gemächer eingelassen zu werden, da glaubte manch einer der zufälligen Beobachter, es sei Ernst von Mansfeld gewesen: Den Gerüchten zufolge sollte er mit dem König über ein Generalat verhandeln. Tatsächlich aber hatte sich Kardinal Richelieu auf den Weg gemacht, um in die höchsten Dienste der Krone Frankreich zu treten und diese Stellung bis zu seinem Tode 1642 nicht mehr aufzugeben, wie hart und gnadenlos dieses politische Geschäft zeitweise auch sein mochte.[23]

Er wurde 1585 in unruhige politische Verhältnisse hineingeboren und in ein Erbsystem dazu, das ihn als Kadetten oder Nachkömmling von den Vorrechten des Erstgeborenen völlig ausschloß. Aufgrund dieser überkommenen Eigentums-Ordnung wurde er auf einen Lebensweg verwiesen, der fast zwangsläufig ins geistliche Amt führte. Dies um so mehr, als sich sein leidgeprüftes Geschlecht aus dem Poitou genötigt sah, aus rechtlichen Gründen den Bischofsstuhl von Luçon zu besetzen. Dazu wurde im Familienrat der erst siebzehnjährige Armand im Jahre 1602 bestimmt. Ein von Krankheiten geschwächter junger Mann, der bereits im Alter von fünf Jahren seinen leidenschaftlichen Vater durch ein Fieber verloren hatte und unter der Fürsorge einer überaus geschickten Mutter in einem Frankreich heranwachsen durfte, das vom Duellieren zermürbt und vom Bürgerkrieg zerrüttet war. Schwer lasteten die schaurigen Schatten von Mord und Totschlag um Erbteile und Ehrabschneidungen auch auf seiner Familie. Der eigene Vater hatte Angehörigen eines benachbarten Adelsgeschlechtes aufgelauert und sie aus einem Hinterhalt heraus brutal erschlagen. Für dieses Wüten gegen verschwägerte Standesgenossen war er als Parteigänger des Königs straffrei ausgegangen, um bald danach Jacques Clément, den Mörder Heinrichs III. eigenhändig zu verhaften.[24]

Das Gewaltsame im »alten Menschen« des Vergeltungsdenkens und der Blutrache, die enthemmende Lust des Faustrechts und das Grassieren der Selbstjustiz sind Richelieu früh als zerstörerische Laster begegnet und haben ihn in seinem moralischen Empfinden als Christ tief verletzt. Aber neben dem Weg der Gewalt, den verschlungenen Pfaden der List und aller Verschlagenheit der Sünde lernte er auch die Mittel des Rechts, die Bindungen der Ethik und die Tröstungen des Glaubens kennen: erst in der Familie, dann am Collège de Navarre, der Fürstenschule in Paris, die er besuchen durfte, schließlich auch in Rom, wo er Ostern 1607 zum Bischof geweiht wurde.[25] Durch diese Weihe gehörte er der universalen Kirche ebenso an wie als Adliger der nationalen Krone Frankreich. Als Geistesaristokrat strotzte er geradezu vor Selbstbewußtsein, glaubte er doch zu Beginn seiner Laufbahn, der beste Lateiner Europas zu sein und stellte dabei die provozierende Frage: »Quis erit similis mihi?«[26]

Die Antwort auf diese unerhörte Herausforderung eines jungen Klerikers aus dem niederen Adel sollte ihm erst fast dreißig Jahre später gegeben werden, als er 1635 auf Hugo Grotius und vor allem auf Schwedens Reichskanzler Axel Oxenstierna traf, um mit ihnen den Krieg gegen Spanien im Heiligen Reich abzustimmen. Auch diese historische Begegnung der drei größten Staatsgelehrten dieses Jahrhunderts fand in der Sommerresidenz der französischen Könige statt, in

Compiègne.[27] Dort soll Maria di Medici gejubelt haben, als sie die Nachricht von der Aufnahme Richelieus in die Regierung Ludwigs XIII. bekam. Denn das war auch ihr glücklicher Sieg nach all den zähen Kämpfen seit 1618: und was für eine Genugtuung.[28]

Wie sich dieses Glück aber binnen weniger Jahre in ein grausames Gegenteil verkehren konnte, das zu erleben sollte der Italienerin und Königinmutter nicht erspart bleiben. Denn Richelieu war entschlossen, gegen alle Sonderinteressen, auch gegen diejenigen der Medici mit ihren riesigen Ländereien und Einkünften, das heruntergewirtschaftete Land von innen her zu reformieren, um es nach außen schlagkräftiger zu machen. Er wußte dabei zu gut, wie schwer es war, das vorhandene Gewaltpotential unter Kontrolle zu halten, besonders den politischen Calvinismus im eigenen Land. Der »Weg der Milde« schien ihm bei aller Strenge der Gesetze angebrachter zu sein als eine Lösung mit Gewalt, die immer neue Gewaltakte nach Ruhepausen auslösen mußte, solange der Gerechtigkeitssinn auf Vergeltung gerichtet wurde: Ein echter Friede für den Einzelnen und das Ganze konnte deshalb nur dann gedeihen, wenn mit der Anwendung des Prinzips von Geben und Nehmen sämtliche Vorbehalte in Vertrauen umgewandelt worden waren.

Genau das aber wollte beim Ehevertrag zwischen Henriette Maria und Prinz Karl nicht recht gelingen. Der Prinzessin wurde zwar gestattet, daß ihre zu erwartenden Kinder und das Gefolge die Ausübung des katholischen Bekenntnisses wahrnehmen durften, auch wurden den bisher so drangsalierten Katholiken in Groß-Britannien einige Zugeständnisse gemacht, doch all diese Absprachen waren über den Kopf des Parlamentes getroffen worden. Das war von Stuart-Seite ein wesentlicher Vorbehalt, der bei Gelegenheit ausgeschlachtet werden konnte. Die Versicherung Ludwigs XIII. gegenüber Papst Urban VIII., daß man von seiner Seite aus alles dafür tun wolle, um Jakob I. und Karl von Wales die Einhaltung dieses Familien-Vertrages zu ermöglichen,[29] durfte auch von ihm aus als Vorbehalt gehandhabt werden – als Vorstufe eines »Hauskrieges der Eheleute«, der Armeen und Flotten mobilisieren und einsetzen konnte.

An diesen strukturellen Zwängen oder Vorgaben kam auch Richelieu trotz Clementia-Gebot in aller Politik nicht vorbei. Und wie schnell er sich in diesem Labyrinth des Raffinements zurechtfand, das bestätigte allein schon das Absegnen seines Sicherheitssystems durch Urban VIII., das sich langfristig gegen Spanien richten und im Teutschen Krieg zuspitzen mußte. Im einzelnen betrachtet: Frankreichs Verbindung mit dem Ketzerstaat England und die gleichzeitige Annäherung an die calvinistischen Niederlande erklärte Richelieu der Kurie gegenüber als notwendige Antwort darauf, daß Spanien entgegen seiner »katholischen« Grundauffassung nicht gezögert habe, die Hugenotten in Frankreich zu unterstützen. Also müsse man zur künftigen Sicherheit deren Hauptverbündete an sich binden, um sie im Inneren zur Vernunft zu bringen. Und was die Vertreibung der päpstlichen Truppen aus dem Veltlin betraf, die dort als eine Art Friedensmacht einmarschiert waren,[30] so habe der eigene General Coeuvres angeblich seine Instruktionen überschritten, als er die befreiten Festungen und das umliegende Land den Graubündnern eigenmächtig zurückerstattete.[31]

Was sollte die Römische Kurie in diesem Verwirrspiel noch glauben? Sie spürte nur, daß mit Kardinal Richelieu eine neue Energie die französische Politik bestimmte, die sich Schritt für Schritt den Mächten des Nordens und des Ketzerwesens näherte, um dem Druck der Casa de Austria widerstehen zu können – selbst um den Preis einer Belastung des Gewissens und einer Gefährdung der Seligkeit. Es durfte von Skrupeln gesprochen werden, die jene gerne beim Namen nannten, denen nicht die Verantwortung der Macht oblag. »Wir sehen heutigen Tags«, klagte Antonio de Guevara in seinem »Güldenen Sendtschreiben«, einem der verbreitetsten Erziehungsbücher der Neuzeit, »schier anderes nicht, als daß ein Christ wider den anderen krieget, und hergegen die Türken und Ungläubigen in guter Ruhe leben und zunehmen. Und eben dies ist bei mir so eine weitläufige Sache, daß ich gleichwohl davon reden, aber sie nicht genugsam begreifen kann, sondern sage noch einmal, daß kein Krieg unter den Christen geführt wird, der so gerecht wäre, daß nicht dabei ein Scrupulus vorhanden sei.«[32]

Gewiß, so eindeutig, wie die Kriege aus vermeintlichen Erbrechten und konstruierten Vorbehalten begründet wurden, waren die wirklichen Ursachen selten. Im Notfall, wenn das Erwerbs- und Besitzinteresse obsiegt hatte, konnte ein Bündel von Rechtfertigungen beigebracht werden, um einen Marsch von Söldnertruppen legitim erscheinen zu lassen: weg vom »Weg der Milde« und des Verständnisses. Was blieb da Urban VIII., der neben den religiösen Aufgaben der Universalkirche verstärkt die Besitzinteressen des Kirchenstaates (Patrimonium Petri) wahrnahm, schon um den Ausbau des Petersdomes unter der Leitung Berninis vollenden zu können,[33] anderes übrig, als Trost in einem »Vierzigstündigen Gebet« zu suchen?[34] Das war eine geistige Quarantäne, um die Gläubigen im Gemüt zu reinigen und darauf zu hoffen, daß die eigene Kirche im Kampf der beiden katholischen Hauptmächte Spanien und Frankreich nicht zuschanden kam. Ihren Primat in geistlichen Dingen hatte Richelieu in der Regel anerkannt, auch die Vorrechte des Papstes gegenüber den Konzilien – schon um die Kompetenzen des Königs vor Patrimonialoffizieren, Generalständen und Parlaments zu sichern[35] –, aber in den weltlichen Aufgaben der souveränen Krone Frankreich wollte er sich von Rom nicht behindern lassen.[36]

Dort schlug am Weihnachtsfest 1624 Urban VIII. mit einem silbernen Hammer dreimal gegen die Heilige Pforte im Petersdom. Dabei verkündete er den Anbruch des Heiligen Jahres 1625, in dem besondere Ablässe gewährt werden konnten, was zahlreiche Pilger aus der ganzen Christenheit anlocken sollte.[37] Einer unter ihnen, von dem die Römische Kurie in Zukunft viel erwartete, weil er bisher Türken und Tartaren erfolgreich bekämpft hatte, war Wladislaus, der älteste Sohn Sigismunds III. von Polen, der bald bereit sein sollte, seinem schwedischen Verwandten Gustav Adolf das Tor nach Teutschland zu öffnen.[38]

Schweifte zu dieser Zeit der politische Blick noch weiter nach Osten – und Richelieu hielt sich in diesen Dingen schon durch das Missionsinteresse der »grauen Eminenz« des Kapuzinerpaters Père Joseph[39] auf dem laufenden –, dann war das gute

Einvernehmen der Wiener Hofburg mit der Hohen Pforte nicht zu übersehen[40] und Keplers Hoffnung für das vergangene Jahr, daß es keinen *Türkenkrieg* bringen möchte,[41] war in Erfüllung gegangen. Dies aber konnte nur bedeuten, daß Habsburg im Heiligen Reich offensiv bleiben wollte, um Frankreichs lange Ostgrenze zu beunruhigen. Zur Heilung dieser fortwuchernden Krankheit des Teutschen Krieges genügte es aber nicht, Reliquien von Heiligen um Hilfe bei Migräne oder Hämorrhoiden anzuflehen.[42] Hier wurde die Kenntnis der »juristischen Weisheit« gefordert und der Rückgriff auf die »heilsamen Reichs-Constitutionen« verlangt, die ein in den Bürgerkrieg verstricktes Stände-Volk zur Sicherheit seiner Nachbarn nur dann von innen her gesunden lassen konnten, wenn zu ihrer freiheitlichen Durchsetzung von außen ein paar stützende Hände gereicht wurden.

Richelieu, der sich noch immer vom Separatismus des politischen Calvinismus im eigenen Land herausgefordert und durch die äußere Machtlage angeregt fühlte, sollte sich bei allen Verlockungen zu einer Gewaltlösung immer noch an den »Weg der Milde« und Vernunft halten. Denn ein solcher führte, wie die Geschichte zeigte, eher zum Ziel des Friedens als der scharfe »Weg der Tyrannei«, den nur die Mittelmäßigen beschreiten.[43] Und zu denen wollte er, einer der gelehrtesten Staatsmänner, ja nie gehören.

»Wunder der Teutschen«

Die Erschütterungen dieses Krieges – nun schon im siebten Jahr – wirkten sich, wie wir gesehen haben, nicht nur im Münzwesen als Vertrauenskrise aus. Auch die Gemeinwesen von den Reichstälern bis zu den Reichsstädten oder die Organe der Reichskreise litten unter den Gewalttätigkeiten der Ausnahme-, Belagerungs- oder Kriegszustände mit ihren Entrechtungen und Lockerungen ehemals gerechter Ordnungen. Jeder einzelne sah sich angesichts dieser Behinderungen in den Durchmarsch-, Quartier- oder Kampfgebieten immer mehr herausgefordert, nach dem Sinn dieses Daseins zu fragen. Dabei mußte der Auftrag des »Erkenne dich selbst« seltsame Blüten treiben, wenn er nicht auf die Beziehungen des Individuums zur Gemeinschaft bezogen wurde.

Konnte der »Weg zu Christus« als eine Verpflichtung auf die Ordnung einer Konfession empfunden werden, geradeso wie die Rechts- und Staatsgelehrten einen Vertrag auf Gegenseitigkeit mit einem »Ius ad rem« (Recht zu einer Sache) in Verbindung brachten, so ergab sich aus dem »Weg in Christo« eine völlig andere Seinslage. Denn dieser schottete einen Gläubigen von seiner Kirche ab und entsprach dem Rechtsmodell des »Ius in re« (Recht als Inhabe der Sache), der ungehinderten Ausübung eigenen Gottesverständnisses, das keine andere Autorität duldete. Wer sich demnach auf den Weg machte, den Sinn des eigenen Seins zu erfassen, der tat gut daran, sich auf die Wirkungen des Besitzdenkens zu besinnen: So die Seele sich der Weisheit »zum Eigentum ergibt, so durchdringt sie die Seele mit ihrer feuerflammenden Liebe und schließt ihr alle Geheimnisse auf«.[44]

Es wäre überaus reizvoll, diese possessive Position bei Jakob Böhme in seiner Philosophie der »Freien Lust des Nichts« mit dem Patrimonialismus des aufkommenden Absolutismus der Fürsten zu vergleichen. Mit ihrem oft unersättlichen Drang, sich aus den Vertragsbindungen der Lehnsverfassungen zu lösen, um mit dem Haus (Maison souveraine) ein Eigenherr zu werden, der nur noch das als Recht erkennt, was seine Haus-Macht stützt. Selbständig philosophieren, um zur Selbstverwirklichung zu gelangen, sich im Geiste Senecas dadurch »adeln« zu lassen und König zu werden,[45] das übte in diesen wirren Zeiten nicht weniger Faszination aus als jeder erfolgreiche Akt von Selbstjustiz, wie sie die Soldaten aller Streitparteien und viele ihrer Führer in unzähligen Varianten des Raubens und Liquidierens vollzogen, als ewiges Ritual der Vergeltung aus Angst vor dem Verlust der Selbstgewißheit.

Böhmes Drehen am »Angstrad« vermittelt in einer überschäumenden Lust an der freien Verfügung des Wortes und in der eigenen Ent-Bindung als geistig wiedergeborener Mensch auf einzigartige Weise jene Haltung teutscher Geister, die sich mit Hilfe philosophischer Vorgaben gerne einer bedrückenden Realität entziehen. Es war auch kein Wunder, daß solche Wege in die Innerlichkeit das Entpolitisieren von Gemüt und Geist förderten und zur Apathie führten. Den Lockungen Böhmes mit seiner wortmächtigen Sinnlichkeit, der fiebrigen Sehnsucht nach Vollendung im Gnadenerleben Gottes und mit seiner ausufernden Denkmagie sind nicht nur viele Zeitgenossen erlegen, sondern auch spätere Geister, die sich mit den politischen Verhältnissen nicht abgeben mochten.[46]

Ganz anders hat sich Descartes verhalten. Wie weit er sich in seiner Erkenntnislehre auch vorgewagt haben mag und mit seiner traumbewegten Natur nicht weniger als Böhme mit seinen Verzückungen zu kämpfen hatte, so fühlte er sich trotz Kriegsdienst in den Niederlanden oder im teutschen Liga-Heer und im schwedischen Exil als ein Untertan der Krone Frankreich. Nicht viel anders als Corneille, der angesichts der Seelennöte und Zerrüttungen in seinem Land, die denjenigen im Heiligen Reich in nichts nachstanden, immer ein »treuer Diener der Gesetze und des Königs« sein wollte: Im Geiste dieses Auftrags hatte er auch seine Stücke für das Theater angelegt, als Tröstungen der Geschichte auf dem Wege zu einer gerechten Ordnung.[47]

Davon hatte der häufig verfolgte Görlitzer Schuhmacher Böhme auch geträumt, aber seine Vorstellungen nicht an ein »äußeres Vernunftwissen« gebunden, an die libertäre Verfassung Schlesiens, sondern an seine persönliche Inbrunst: an eines seiner »Liebesspiele« als Tanz der Gegensätze, die sich in Wohlgefallen auflösen, wenn nur reichlich vom »Brunnquell aller Gnaden« getrunken wird. Ja, trunken will er jeden Menschen bei sich selbst sehen. Das gelingt aber nur, wenn dieser in sich gegangen ist und der eitlen Welt abschwört, sie wie ein schwärendes Geschwür ausbrennt und sich damit als Gemeinschaftswesen verabschiedet.

Jeder politische Mensch wird dieses Abschotten bedauern, das dem Luthertum eigen ist,[48] und darin etwas von einem

»teutschen Wesen« entdecken, das lieber dem Kult der Tiefe huldigt, als sich um die Kontrolle hoher Politik zu kümmern.[49] Aber jeder Empfindsame aus anderen Konfessionen, der sich diesem »teutschen Philosophen« nähert, wird die funkelnden Bilder seiner emphatischen Sprache als einen großen Trost annehmen, zumal wenn er auf seinem »Weg zu Christus« dem Bedürfnis nach Geborgenheit nicht entraten will: als wäre er über die andere Seite seines Denkens, hin zur Vereinzelung aller Menschen, erschrocken. In einem Gebet spricht er aus der Not des Teutschen Krieges zu uns: »Klopfet an, so wird euch aufgetan (Matth. 7:7). Jetzt komme ich armer Sünder auf dein Wort geladen und fasse mir deine Zusage in meine Seele und Herze, und lasse nicht von dir, du segnest mich denn mit Jakob. Und obgleich meiner Sünden viel sind, so bist du doch der allmächtige GOTT und die ewige Wahrheit, die nicht lügen kann, da du im Propheten Esaias versprochen hast: So wir umkehren und Buße tun, so sollen unsere Sünden schneeweiß werden als Wolle. Auf deine Zusage traue ich und ergebe mich dir ganz und gar, und bitte dich herzlich, nimm mich in Gnaden an. Und führe mich zu deinen Kindern, die da wandeln auf dem Wege des Lebendigen, und laß mich mit ihnen wandeln und in deine Gebote treten. Gib mir ein recht demütiges und gehorsames Herze, das sich allezeit vor deinem Zorn fürchte und nicht mehr sündige.«[50]

Bald nach dieser Bitte um Rückkehr ins Gesetz trat Böhme den Weg der leiblichen Finsternis an und starb am 16. November 1624. Ein sonderbarer Todestag, an dessen Wiederkunft im Jahre 1632 über das Evangelische Wesen hinaus Trauer die Christenheit erfüllte: Ein König aus der Mitternacht würde dann sein Leben für die Teutsche Freiheit hingegeben haben, und die Lilie würde ihr nicht mehr leuchten, für die Böhme einst so empfänglich gewesen war.[51]

Ein jüngerer Gelehrter aus dem kriegsbeschwerten, aber immer noch vitalen Schlesien hatte da die Notwendigkeit des Politischen besser verstanden: Martin Opitz war vom Wert einsehbarer Ordnung überzeugt und sah im Ausufern der Gedanken eine gefährliche Schwäche, wenn sie nicht streng in

Wort und Satz gebunden wurden. Dafür war die »Deutsche Poeterey« als Zuchtmittel gegen die eingerissenen Verwilderungen gerade richtig und ihr Verfasser ein Mann, der als Jurist und Poet wußte, welche Verantwortung jedem Begriff oblag.

Er wurde 1597 in Bunzlau geboren, war begüterter Leute Kind und genoß in Breslau eine Gymnasial-Bildung nach der humanistischen Anlage des Trotzendorf. Sie widmete sich vor allem der intensiven Pflege des Latein und vermittelte auf diese Weise dem jungen Opitz einen geschärften Sinn für die Möglichkeiten der Ordnung und des rationalen Systems in einer Sprache. Eine erste Probe seines Bemühens, von der Klarheit des Latein zum poetischen Wesen der teutschen Sprache vorzudringen, gab er mit seiner Schrift »Aristarchus« kurz vor Ausbruch des Krieges. Nach Studien in Beuthen und Frankfurt an der Oder wandte er sich bald nach Heidelberg, jenem berühmten Orte, der als Zentrum des reichsteutschen Calvinismus und damit politisch im Brennpunkt des europäischen Interesses stand und ebenso wegen der Universität mit ihrer einzigartigen Bibliothek – der Palatina – einen grandiosen Ruf genoß.[52]

Es war Opitz noch vergönnt, diesem Prunkstück humanistischer Gelehrsamkeit zu begegnen und sich im Kreise um Janus Gruter oder Tobias Scultetus von ihr belehren und als Teutscher universal bilden zu lassen, ehe die Bibliothek als Kriegsbeute nach Rom geschafft wurde. Laut Kriegsrecht war eine derartige Verfügung über Fahrhabe (in diesem Falle Bücher und Handschriften) gerechtfertigt. Gleichwohl gehört dieses Vorgehen Maximilians von Bayern nicht zu seinen Ruhmestaten. Es war der kulturell verheerende und auch separatistische Akt eines Herzogs, der gerne selbstgerecht über andere Stände im Heiligen Reich herzog, jedoch wenig Sinn dafür hatte, daß in Heidelberg mehr als nur calvinistische Ketzerei betrieben wurde: Seine »Palatina« war ein geistiges Herzstück der Teutschen Nation und gehörte demnach allen Konfessionen.[53]

Von der beginnenden Düsternis des Krieges in dieser heiteren, weltoffenen Stadt am Neckar gewarnt, zog sich Opitz in die Niederlande zurück. Dort traf er zu Leiden mit dem großen

Humanisten Daniel Heinsius zusammen, der gute Beziehungen nach Skandinavien unterhielt. Vornehmlich nach Schweden und zu einem Geistesverwandten: keinem Geringeren als dem Reichskanzler Axel Oxenstierna,[54] den der schlesische Gelehrte Jahre später ebenfalls kennenlernen sollte. Opitz durfte an der Dichtung des Heinsius erfahren und lernen, daß in seiner teutschen Muttersprache mehr Kräfte schlummerten, als er schon erahnt hatte. Sie mußten nur geweckt werden, um auch mit Hilfe der Poesie einer Politik begegnen zu können, deren Zerstörungen in Geist und Gemüt ihm bitter zu Herzen gingen. Während eines längeren Aufenthaltes im Winter 1620/21 bei seinem einstigen Heidelberger Freund, dem Dänen Albert Hamilton, entstand in einer jütländischen Stube aus politischer Not und poetischem Drang das berühmte »Trostgedicht in Widerwärtigkeit des Kriegs«.

Mochte Heinsius das Niederländische als die »Fürstin aller Sprachen« nennen und in dieser Einschätzung auch ein nationales Selbstverständnis ausdrücken – den Aufstieg seines Landes zu einer großen Macht –, und der in Köln geborene Dichter Jost van der Vondel, ein Gesinnungsfreund des Grotius, dieses Empfinden einer nationalen Mission elegant ergänzen[55] –, es genügte einem Opitz nicht. Doch diese Begegnung schien ihm geholfen zu haben, die 1617 beklagte »Verachtung der teutschen Sprache« im »Aristarchus« in eine gewisse Bewunderung umschlagen zu lassen. Dabei fand er im abgelegenen Jütland, unter ärmlichen Verhältnissen lebend, zu einem neuen Reichtum und einer bis heute unverbraucht anmutenden Reimfreude: »Wir haben viel erlitten / Mit andren und mit uns selbst unter uns gestritten. / Das edle teutsche Land mit unerschöpften Gaben / Von Gott und von Natur auf Erden hoch erhaben / Dem Niemand vor der Zeit an Kriegestaten gleich / Und das viel Jahr her an Friedenskünsten reich / In voller Blüte stand, ward und ist auch noch heute / Sein Widerpart selbst selbst und fremder Völker Beute...«[56]

Die nationale Not als Gegenstand der Poesie enthebt ihn so wenig der Forderung nach einer Besinnung auf den Aristokratismus – die ehemaligen Qualitäten von Land und Leuten in

Krieg und Frieden –, wie sie seinen Landsmann Czepko gehindert hat, vom Vaterland als Inbegriff von Freiheit und Recht auf die Faulheit der Teutschen zu kommen. Sie pflegten zurückgezogen nur den eigenen Narziß, abhold auch der Vorstellung von der überzeitlichen Wirkung einer universalen Ethik. In Gestalt des Naturrechtes, des Dekalogs, der Nikomachischen Ethik oder der Bergpredigt darf sie vor keinem Fürstenschloß, keiner Ritterburg, Klosterzelle, weder vor einem Bürgerhaus noch vor einer Bauernkate Halt machen und die Menschen der Willkür des jeweiligen Hausherrn überlassen. Der Jurist Opitz war mit dieser Forderung der Aufklärung gut vertraut und wußte, daß sich die Sprache in ähnlicher Weise verhalten mußte, wenn die Erziehung zum Recht und zu einem menschenwürdigen Dasein gelingen sollte. Dazu hatte er sich das Kompendium von der »Deutschen Poeterey« ausgedacht, das 1624 publiziert wurde.[57]

Mit diesem Buch sollten nicht etwa nur Dichter gebildet werden. In der Begegnung mit den poetologischen Bedingungen einer rational geformten Sprache hatte sich Ordnungsdenken einzustellen, um das Empfinden dafür zu stärken, daß das Teutsche nicht etwas Ungehobeltes und Ungebildetes sein mußte. Es war vielmehr das Redliche im Umgang mit Menschen, das Rechtliche nicht weniger, was einen jeden auf eine gediegene Erziehung zum Patriotismus verpflichtete. Dieser durfte sich »von der Zubereitung und Zier der Worte« so wenig dispensieren, wenn er sich in republikanischer Rede erging, wie der Dichter selbst, der sich an den von Opitz erstellten Regeln wie an einem Gesetzbuch ausrichten sollte, um den richtigen Weg zu finden.[58]

Die teutsche Sprache war ihm nicht grob und tumb, wie sehr sie auch von einigen Landsleuten verachtet und in ihren Schwächen gedemütigt werden mochte. Aber sie konnte nur das Feine und Sinnige, ihre Kraft für Poesie und edlen Ausdruck lediglich dann gewinnen und zur eigenen Würde gelangen, wenn sie sich an den klassischen Sprachen schulte, lernfähig blieb und an ihrem inneren Reichtum nicht irre wurde. Damit wollte er seinen verwilderten Teutschen auch sagen, daß ein jeder, der die

Sprache mißbraucht, ihre Macht falsch und in betrügerischer Absicht anwendet. Er beugt so alles Recht und begreift nicht, daß er erst mittels des Wortes ein wahrhafter Mensch wird und bleibt – selbst in den Wirren des Krieges, bei aller Not und vor dem Tod.

Friedrich von Logau war sich nicht zu schade, den Geistesadel des bürgerlichen Opitz angemessen zu würdigen und die Dialektik von Römischem und Teutschem ins rechte Licht zu rücken: »Im Latein sind viel Poeten, immer aber ein Vergil, Teutsche haben einen Opitz, Dichter sonst eben viel.«[59]

Dieser Jurist und Poet ist im anschwellenden Kriegslärm, in der Atemnot der Sprachlosen und in der Verdrossenheit der Ohnmächtigen nicht immer gehört oder verstanden worden. Aber manch einer, wie der Königsberger Dichter und Professor der Poesie Simon Dach, hat ihn nicht zu Unrecht das »Wunder der Teutschen« genannt. Er wollte damit auch ausdrücken, daß es selbst in der bittersten Not nationaler Ohnmacht manchmal ein Licht gibt, das nicht blendet, sondern die erkalteten Sinne wärmt und an ein neues Leben glauben läßt.

Die schrecklichen Wunderzeichen über Schlesien, wo in den Wolken zwei Heere gekämpft und sich riesige Schwärme von Raben in der Luft zerfleischt haben sollen,[60] standen diesem Trostzeichen trotz schwerer Prüfungen nicht entgegen.

Freibeuter

Für Aristoteles, den »Lehrer des Menschengeschlechts«, und für den Kirchenvater Augustinus durfte die Politik eines Gemeinwesens erst dann Legitimation und allgemeine Anerkennung finden, wenn sie im Dienste des Menschen als Ausdruck des Gerechten gehandhabt wurde. Fehlte dieses Bemühen, dann war nur eine Räuberbande am Werk: Widersacher einer politischen Kultur des Vertrages und der Verträglichkeit nach Maßgaben des Naturrechts, in dessen Dienst nach Grotius echte Politik zu stehen hat.[61]

Diese ethische Vorgabe sollte in ihrer universalen Anwendung stets beachtet werden, wenn es um die Bewertung der Sicherheitspolitik auswärtiger Mächte geht, die am Teutschen Krieg bis zum »gerechten Reichsfrieden« 1648 beteiligt waren. Denn in unserer Darstellung kann es nicht um eine bloße Synthese des militärischen Geschehens gehen oder um Studien zu einem Aktionismus, wie ihn Clausewitz aus der Spannung von »reinem Sinn« und »rohen Staatskräften« gefiltert hat.[62] Vielmehr steht der schwache und durch geistige wie materielle Enteignungen gedemütigte Mensch aller Konfessionen im Mittelpunkt des Interesses. Schließlich verdanken wir dem Widerstand der Gepeinigten und ihren Schutzmächten die Wiederherstellung von Würde und Recht, aus deren Geltung der freiheitliche Verfassungsstaat seine Legitimation zieht. Der Einzelmensch darf demnach nicht zum Eigentum eines Staates werden, sondern dieser hat als Treuhänder alle Fundamentalrechte des Individuums zu schützen – Haus- und Landfrieden zumal.

In dieser Gegenseitigkeit liegt die Substanz und Berechtigung des »modernen Staates« und nicht in der Annahme, daß die »patrimoniale Entartung« im Absolutismus mit ihrer diktatorischen »Kriegsverfassung« den Staat erst geschaffen habe.[63] Jede Enteignung in Böhmen zeigt, wie aus freien Besitzständen und Untertanen einer libertären Obrigkeit nichts anderes wurde als »Erbsklaven« von »absoluten Erbherren«: Das Haus-System des Patrimonialismus beendete die ständische Autonomie und behandelte Land wie Leute als recht- und friedlos gewordene Subjekte, die seinem jeweiligen Gutdünken unterworfen waren.[64]

Diese Form der Verfügung über herrenlos gewordenes Gut wurde aber auch in einer Variante von libertären Staaten zugelassen, wenn sie Sicherungsaufträge außerhalb ihres Hoheitsgebietes an Kompagnien oder andere Privatunternehmen vergaben. In diesen Bereich der Aneignung von Menschen und Gütern durch eine gewaltsame Kaperaktion meist auf offener See fällt vor allem das *Freibeuterwesen* als Sonderform des Kleinen Krieges und damit außerhalb des Einsatzes regulärer Truppen. Spätestens seit

Francis Drake gehörte diese Art des Umgangs mit Fremdgütern zur Geschichte von Terrormaßnahmen (bis hin zu den Todesschwadronen der Gegenwart), die den Heimatstaat im Rechtssinne unbelastet ließen, aber hochwirksam sein konnten, um dessen politische Ziele zu unterstützen.[65]

Meister in diesem Verhalten waren längst die Niederländer geworden, die auf diese Weise den nationalen Unabhängigkeitskampf ihrer jungen Republik gegen Spanien zur See sicherten, dabei nicht selten überreiche Beute machten und sich um die Rechtseinreden ihres besten Juristen, Grotius, wenig scheren wollten.[66] Sie bekämpften zwar das »Seeräuberwesen« der Türken im Mittelmeer und vor Nord-Afrika – ähnlich den Spaniern –, doch die gnadenlosen wie gierigen Einsätze eigener Kaper-Kommandos wurden als legitime Schutzmaßname für sich selbst und für das verbündete Venedig ausgegeben.

Mit diesen Kaperfahrten im Mittelmeer, bei denen einmal das gesamte »Küchenwerk und [der] köstliche Hausrat« des Vize-Königs von Spanien samt kostbaren Teppichen und Schmuck der Vize-Königin von Kommandos aus Holland und Seeland erbeutet wurden,[67] begnügte man sich aber längst nicht mehr. Denn die 1621 gegründete *West-Indische Kompagnie* operierte mit ihren schnellen Seglern bereits an der Nordküste von Südamerika. Sie war jetzt sogar im Begriffe, den Portugiesen und damit der Weltmacht Spanien das reiche Brasilien abzunehmen[68] und unterhielt eine eigene Kaper-Flotte im Golf von Mexiko. Während sich Spaniens General Spinola verzweifelt bemühte, die seit Monaten vergeblich belagerte Stadt und Festung Breda zu erobern,[69] gelang den niederländischen Freibeutern manch spektakulärer Erfolg gegen die Schiffe Spaniens. So wurde zu dieser Zeit eine Ladung aufgebracht, die 1600 Kisten Indigo, 3000 Ochsenhäute, 22 Geschütze, viele Platten Silber und andere wertvolle Waren umfaßt haben soll – »auf 14 Tonnen Gold geschätzt«.[70]

Es waren Güter, die nicht selbst produziert zu werden brauchten. Trotz einiger Verluste war die Freibeuterei mit ihren politischen Nebeneffekten ein lukratives Geschäft. Dieser *Kaper-Kapitalismus,* der kaum noch etwas mit der »christlichen

Seefahrt« zu tun hatte und bald auch zum *Sklavenhandel* von Afrika nach Süd-, Mittel- und Nordamerika ausgeweitet wurde – ganz im Sinne des Patrimonialismus als absolute Verfügung über Menschen als Fahrhabe[71] –, besaß in Europa selbst eine eigenartige Entsprechung.

Einmal ähnelten ihm die Beutezüge der Kosaken an der Donau entlang bis zur Schwarzmeerküste und gegen Konstantinopel oder auch diejenigen der Uscocken in der Adria gegen Venedig. Vor allem findet sich die Verhaltensweise der Freibeuterei aber bei einigen absolutistisch gesinnten Fürsten – allen voran Ferdinand II. Wollte er nämlich seine materielle Machtbasis nach dem Bedürfnis seiner militärischen Stellung erweitern, dann war das weniger mit Eroberungen fremder Länder möglich als vielmehr mit gewaltsamen Beutezügen und Aneignungen fremden Eigentums im Inneren: Man könnte ihn einen fürstlichen Freibeuter nennen, der seine eigenen Untertanen beraubte und diesen unerhörten Vorgang mit der Gegenreformation begründete.

Die lutherischen Stände in der Landschaft »Unter und ob der Enns« bekamen seine Form von Kaperwesen im Herbst 1624 erbarmungslos zu spüren. Er hatte ihnen nämlich untersagt, jede Art eines »uncatholischen Exercitiums« ausüben zu lassen. Ob Singen in der Gemeinde, Predigen, Verheiraten, Kindtaufen oder sonstige Seelsorge: Alles stand von einem Tag auf den anderen unter strengstem Verbot. Die Drohungen mit Verhaftung, der üblichen Güter-Konfiskation und der Emigration ohne jegliche Entschädigung begleiteten die Kampagne dieses unersättlichen Habsburgers, der sich wieder einmal auf seine patrimoniale Position des »Erbes« stützte.[72] Die betroffenen Stände dieser Landschaft Österreichs wehrten sich mit ausführlichen Rechtsbelehrungen: War nicht erst 1611 die Ausübung ihres Augsburger Bekenntnisses von Wien garantiert worden? Und wurde dieser fundamentale Rechtsschutz nicht auch 1620 bei der »Erbhuldigung« feierlich erneuert? Gewiß, aber die Verhältnisse hatten sich nach der Schlacht am Weißen Berg eben geändert und verlangten in dieser Landschaft nach Maßnahmen wie einst in der Steiermark. Alle friedlichen Eingaben der schwer geprüften Stände auch hinsichtlich der «Restitution des abgenommenen Kelches«[73] wurden strikt abgelehnt und mit der Warnung versehen, sich ja nicht mehr, »so viel die Religion betrifft, hinfüro ferner einzumischen«.[74]

Ehrbare Menschen, die darauf vertraut hatten, daß dieser Habsburger seine eigenen Verträge halte und gemäß der Natur des Erblehens die Treuhänderschaft über Land und Leute pflegen würde, wurden nun mit »Geld- und Gutsstrafen« bedroht, wenn sie nicht ihr Bekenntnis wechselten. Die Gewissensnot dieser Österreicher kann man sich vorstellen und verstehen, daß sie nicht kampflos aus ihrer angestammten Heimat vertrieben werden wollten: Es organisierte sich gerechter Widerstand[75] gegen einen Landesfürsten, der das Staatsschiff nach Piratenmanier befehligte.

Ein Geheimnis dieser Prisen-Politik entdeckte wiederum Kepler. Er war zu dieser Zeit noch in Linz ansässig und als Mathematicus der bedrohten Stände tätig. Überaus bekümmert sah er das Los einer zweiten Enteignung, Demütigung und Ausweisung auf sich und seine leidgeprüfte Familie zukommen, als ihn Wallenstein erneut bat, ihm das Horoskop zu stellen. Der politisierte Mörder und Landräuber wollte Gewißheit aus den Sternen haben, wie er seine friedländische Prise für alle Zeiten am besten anlegen könnte und was er in den Diensten der Casa de Austria noch zu erwarten hätte. Auch diesmal verwahrte sich Kepler gegen den kindischen Glauben, daß im Leben die Konstellation der Gestirne alleine ausschlaggebend für irdisches Treiben sei. Dafür folgerte er aber aus seiner Deutung zum Wesen Wallensteins: »Wenn dem Geborenen gleich alles glückte, würde er sich doch nicht vergnügen, sondern sich selber fressen. [...]«[76] Darin drückt sich die wahre Natur eines Patrimonialisten aus, den Eigentum nicht treuhänderisch verpflichtet, sondern der es handhabt, um andere Eigentümer zu vernichten.

Schon nahmen Pläne Ferdinands II. Gestalt für eine Kommission an, die eine »Verneuerte böhmische Landes-Ordnung« abfassen sollte. Und dies ohne jede Rücksicht auf die libertäre Verfassungslage vor 1618. Das neue Machtsystem hatte ganz im Zeichen des patrimonialen Erbdominats zu stehen, der uneingeschränkt alle denkbaren Hoheitsfunktionen allein und ohne substantielle Einreden von Stände-Organen ausüben wollte: sei es nun aufgrund des Erbrechts, sei es mittels des Ausnahme-, Belagerungs- oder Kriegszustandes.[77]

Innerhalb von zwei Jahren sollte der Kreis um Liechtenstein bis 1627 die erste große Manifestation des Absolutismus in der Geschichte Europas erarbeitet haben, damit Ferdinand II. allem Schein von Recht zum Trotz in Böhmen und Mähren »sultanisch« oder »moskowitisch« walten konnte: als ein Fürsten-Pirat, dessen Gerechtigkeit unterm Deckmantel der Zwangskatholisierung in Vergeltungs- und Vernichtungsschlägen gegen Schwache und Minderheiten bestand.

Grotius – Größe im Kleinen

Hat Opitz mit seiner »Deutschen Poeterey« bis Klopstock gewirkt, gleichsam als stiller, aber wirksamer Begleiter des »ewigen Friedens« von 1648, so findet sich der entfaltende Geist von Böhme noch in den Forderungen des Deutschen Idealismus gegen Ende des Heiligen Reiches. In seinem Systemprogramm verlangte diese Geistesströmung nichts Geringeres, als daß die Geschichte der Menschheit auf völlig neue Grundlagen gestellt werden müßte. Das Hauptziel dieser fundamentalen Erneuerung sollte sein, »das ganze elende Menschenwerk von Staat, Verfassung, Regierung, Gesetzgebung bis auf die Haut [zu] entblößen«.

Den Rosenkreutzern zur Zeit des Teutschen Krieges nicht unähnlich, müßte sich das Leben fern aller Institutionen und der rechtlichen Ordnung in seinen eigenen und ästhetischen Grenzen vollziehen, wobei die Poesie zur »Lehrerin der Menschheit« werde. Sie sei angeblich allein berufen, als höchster Akt der Vernunft den Nachweis zu erbringen, »daß Wahrheit und Güte nur in der Schönheit verschwistert sind«. Durchdrungen von dieser platonischen Vorstellung, sollte ein Zustand erreicht werden, in dem es »keine Philosophie gibt, keine Geschichte mehr – die Dichtkunst allein wird alle übrigen Wissenschaften und Künste überleben«.[78]

Mehr noch. Sie wird künftig so überlegen sein, daß ihre Schaukraft stets aufs neue mit dem »Sonnenblick des Genies« (Schiller) zusammentrifft und dieses in der Geschichtsschreibung so zur Darstellung bringt, daß im Überhöhen des Einzelnen jedes rechte Maß bewußt verlorengehen soll. Denn nur auf diesem Wege kann die Natur eines Helden als Überwindung alles elenden Menschenwerks begriffen werden: Handelt es sich nämlich »hier um das Wesen der Größe, so müssen wir uns vor allem dagegen verwahren, daß im Folgenden sittliche Ideale der Menschheit sollten geschildert werden. [...] Das große Individuum ist ja nicht zum Vorbild, sondern als Ausnahme in die Weltgeschichte gestellt.«[79]

Auf solche Vorgaben bezieht sich seit Generationen eine deutsche Geschichtsschreibung, die im Ausblenden der Ethik und des Rechts historische Größe nur auf den zeitweise erfolgreichen Machtmenschen reduzieren will, um in hegelianischer Absicht das Verdichten der Geschichte in einem einzigen Menschen gebührend feiern zu können.[80] Dazu gehört ein Willens- und Personenkult, wie ihn nur der Patrimonialismus als Besitz-Ideologie gerade auch im National- oder Staats-Sozialismus hervorgebracht hat. Von Strukturen gelöst, verengt sich alle Größe im Politischen darauf, daß »das große Individuum bei höchster Anstrengung der Intelligenz deutlich einen Willen vollzieht, der über sein Erdendasein weit hinausreicht. Dies ist die Größe [...] des Kardinals Richelieu. Letzterer war kein Engel und seine Staatsidee keine gute, aber die damals einzig mögliche.«[81]

Politik in ihren höchsten Formen wird demnach nicht mehr als eine Gestaltung des Gerechten und im Rahmen des Rechts verstanden, sondern als eine »Kunst des Möglichen«, wie es Machthabern bei Gelegenheit genehm und opportun erscheint. Occasionalismus, Dezisionismus und Aktionismus setzen demnach die Maßstäbe der Bewertung für historische Größe.[82] Diese Haltung erklärt, warum Diktatoren wie Caesar[83] oder Friedrich II. von Preußen unter deutschen Historikern immer wieder Biographen finden.[84] Hugo Grotius jedoch oder auch Axel Oxenstierna werden mehr als dürftig behandelt,[85] obwohl gerade sie die teutsche Reichsgeschichte in einem hohen Maße geprägt und in einer einzigartigen Zusammenarbeit mitgeholfen haben, das Toben der Mächtigen zu bändigen und den Teutschen Krieg mit einem dauerhaften Frieden zu beendigen.

Eine Geschichtsschreibung, die immer wieder historisierende Legitimationen für die Haus-Diktatur der Hohenzollern oder für Groß-Preußen in Gestalt des Zweiten Reiches zu erstellen hatte, dabei gerne von der »normativen Kraft des Faktischen« (Jellinek) ausging und mit dem Zukunftsauftrag »Macht, Macht und noch einmal Macht« (Treitschke) fertigwerden mußte, konnte historische Größe nicht im Kleinen erkennen. Daher auch die Abwertung der dezentralisierten, auf Selbstverwaltung gerichteten und föderativen Reichsstruktur vor 1806, sowie der Verzicht auf ihre Friedensgeschichte.[86] Obwohl dieses System der »wohlüberschaubaren« politischen Einheiten ein Hauptgrund dafür war, daß das Heilige Reich dreißig Jahre Krieg durchleiden konnte, ohne daran zu zerbrechen, wie groß die Gefahr auch sein mochte. Diese Leistung war nur möglich, weil das Reich aus dem Kleinen große Kraft zu schöpfen verstand und es bei allen Verwilderungen des Rechts- und Gerichtswesens jene Qualität von Stadt zu Stadt, von Kreis zu Kreis nicht vollständig untergehen ließ, aus der seine Staatlichkeit lebte – aus Treu und Glauben als »teutscher Redlichkeit«.

Darauf bezog sich auch Hugo Grotius in einem Kompendium, das in einer kritischen Phase des Teutschen Krieges zur Frankfurter Herbstmesse 1625 angekündigt wurde[87] und bei seinem Erscheinen im verwirrten Europa Aufsehen erregte. Unter dem Titel »De iure belli ac pacis« (Vom Kriegs- und Friedensrecht) gestaltete er aus den Bedingungen des Natur- und Völkerrechts eine Anleitung zum gerechten Verhalten in der Politik, die ganz bewußt die Ethik mitdachte und in der Geschichte eine wesentliche »Lehrmeisterin« für alle verantwortungsbewußten Staatsmänner erkannte.

Am Oster-Sonntag (10. April) 1583 in Delft (Holland) geboren, wuchs Hugo de Groot in einer Juristen- und Gelehrtenfamilie auf und bezog bereits mit elf Jahren die Universität in Leiden, wo ein Onkel Professor der Rechte war. Seine ungewöhnliche Begabung und sein Arbeitseifer stehen außer Zweifel, nicht weniger seine glückliche Beziehung zu Jurisprudenz und Poesie, auch hier wieder als Ausdruck einer besonderen Verpflichtung gegenüber der Sprache. Es verwundert daher nicht, daß Oldenbarnevelt den fünfzehnjährigen Grotius – das »miracle de la Hollande« – in seiner Gefolgschaft mitreisen ließ, als er 1598 eine Gesandtschaft nach Paris anführte. Während dieser hochpolitischen Reise wurde der junge Gelehrte an der Universität Orléans wegen seines Könnens mit der Promotion zum Doktor beider Rechte geehrt.[88] Seine weitere Tätigkeit als Rechts- und Steueranwalt von 1599 an hinderte ihn nicht, sich gleichzeitig an der Theorie zu versuchen, ohne die jede Praxis schal sein und rauh werden mußte.

Vor allem das noch heute aktuelle »Seebeuterecht« beschäftigte ihn sehr, gehörten doch Kaperfahrten der eigenen Landsleute zur Ökonomie und Politik der im Krieg mit Spanien stehenden Generalstaaten der Niederlande. Dabei drang er mit aller Entschiedenheit auf die Einhaltung des kommutativ Gerechten im Sinne der vertraglichen Gegenseitigkeit und forderte die Einhaltung dessen, was *Entschädigungs-Ethik* genannt werden kann. Den Kaper-Gesellschaften aber und anderen Beutegierigen behagte diese Haltung nicht sonderlich, weshalb auch seine Schrift darüber erst 1609, im Jahr des Waffenstillstandes mit Spanien, gekürzt erscheinen durfte – unter dem Titel »De mare libero«.

In diesem Fundamentalwerk, das heute noch das Bemühen um eine Seerechtskonvention beeinflußt, verweist Grotius auf die strukturbildende Kraft des Marktes und der damit verbundenen Gegenseitigkeit. Für ihn besteht die »erste und gewisseste Regel des Völkerrechts« darin, daß »jedes Volk ein anderes aufsuchen und mit ihm Geschäfte machen kann«. Aus diesem Befund wurde die Freiheit der Meere und des Handels abgeleitet, womit sich Grotius vor allem gegen das päpstliche Edikt »Inter caetera« von 1493 wandte. Darin hatte die Römische Kurie in einem Schiedsspruch zu den überseeischen Besitzständen von Portugal und Spanien die Verhältnisse so geregelt, daß die Lehnsnatur als Treuhandwesen für diese Gebiete zwar nominell gewahrt blieb, in Wirklichkeit aber eine patrimoniale und damit hermetische Handhabung ermöglichte, also andere Handelsnationen der Christenheit von der Nutzung dieser Länder in der Neuen Welt ausschließen konnte.

Vor diesem Hintergrund gelingt es Grotius, auch um den Freihandel der Niederländer in Ostindien rechtlich abzusichern, mit Hilfe des Feudalnexus die Ozeane der Erde als ein Gemeineigentum (Communio) der ganzen Menschheit auszugeben. Seiner Meinung nach, die vom intensiven Studium der damals führenden spanischen Rechtsschule und der antiken Klassiker – vornehmlich Seneca – geprägt wurde,[89] »leitet sich alles Eigentum aus der Besitznahme ab«. Und diese grundsätzliche Bedingung und Bindung zugleich kann nicht auf die Meere übertragen werden, weil jeder Ozean »eher uns besitzt, als wir ihn besitzen«. Außerdem – und in diesem Gedankengang ähnelt er zunehmend Grundpositionen bei Campanella[90] – liegen diese Ozeane in ihrer universalen Qualität als »Gemeinbesitz aller Menschen [...] außerhalb des Handels und gehören zu jenen Vermögensbereichen, die nicht Eigenbesitz werden können«.[91]

Ein wunderbarer Gedanke, der dem Lehnswesen eigentümlich ist und den Menschen darauf hinweist, daß er der Natur gehört und diese nur zu treuen Händen für sich nutzen darf, d. h., diese auch für spätere Generationen in ihrem Wert erhalten muß. Um diesen libertären Nutzungsvorbehalt kümmerten sich nach 1493 weder Portugiesen noch Spanier, und noch weniger die Engländer. Sie wollten mit der Forderung nach einem »Mare clausum« von 1636 den Spaniern nacheifern, um für die offene See und den Freihandel im nationalen und dynastischen Besitzinteresse das durchzusetzen, was Habsburg als eine Art geschlossene Gesellschaft in Böhmen mit aller Gewalt absicherte – den Patrimonialismus.[92]

Nicht, daß Grotius in seiner Systematik das Allod oder das Patrimonium in Gestalt eines freien Eigenbesitzes (Dominium proprium) abgelehnt hätte. Er wollte nur, daß es nicht zu einem rechtsfreien Raum umfunktioniert wurde, zum Selbstzweck verkam, und daß die ungehinderte Verfügungsgewalt dazu mißbraucht wurde, Raubbau und Erschöpfung von Land und Leuten ohne Rücksicht auf die Gemeinschaft zu betreiben. Auch ein vererbter Eigenbesitz unterlag demnach der Verantwortung für die Zukunft zugunsten der vorhandenen Erben, die auf die staatlich garantierte Einhaltung dieses Generationenvertrages vertrauen mußten, wenn der Staat nicht zu einer »Räuberbande« verkommen sollte.[93]

Dieses Treuhänder-Denken auf Gegenseitigkeit hat Grotius auch auf das Verhältnis von Kirche und Staat übertragen, wobei er sich für den Vorrang des Staates aussprach und der Kirche eine gesicherte, aber dienende Funktion zuwies.[94] Dieses reziproke System mochten jedoch die Gormanianer und Moritz von Oranien nicht übernehmen. Sie wollten vielmehr eine klare Trennung von weltlichem (Staat) und geistlichem Regiment (Kirche) kultivieren.[95] Aus diesem Grunde gibt es in den Niederlanden im Gegensatz zu Schweden keine Staatskirche, wie eng auch beide Organisationen zeitweise zusammengearbeitet haben mochten.[96]

Auch diese Haltung trug 1618 zur großen Krise bei, in der Grotius erleben mußte, daß man seine eigenen Güter konfiszierte und seinen Kindern aus Gründen der Sippenhaft deren Nutzung verweigerte. Die Besitzergreifung der Staatsorgane spürte er auch, als man ihn vom 5. Juni 1619 an in der Festung Loevestein »lebenslänglich« einsperrte. Er verdankte es nur seiner energischen Frau Maria van Reigersberch, daß er am 22. März 1621 – in einer Bücherkiste versteckt – aus der Einzelhaft fliehen und in Paris untertauchen konnte. Dort durfte er im Ehrensolde der Krone Frankreich seine Studien zu Krieg und Frieden beenden, um dann – von Wallenstein vergebens für die Akademie Sagan umworben – ab 1635 Botschafter Schwedens am französischen Hof zu werden und es bis zu seinem Tod 1645 zu bleiben.[97]

Grotius hat seinen Lesern immer wieder eingeschärft, daß man sich der Achtung eingegangener Verträge befleißige und damit das kommutativ Gerechte (ohne Ansehen der Person) in Ehren halten, sich der Bedeutung des römischen »Do ut des« stets gewiß bleiben möge. In der Herrschaft des Rechts mit seinen Drittwirkungen (Gerichte) sollten seine Leser ihr wahres Menschsein als politische Wesen begreifen.[98] Nur in dieser Rechtsdisziplin konnte der innere und äußere Friede zum Wohl der Menschen gedeihen. Deshalb bindet er auch einen »gerechten Krieg« an die nachprüfbar vorhandene Notwehrsituation als das äußerste Mittel der Selbsterhaltung eines bedrohten Staates. Selbst in diesem Falle bietet er alles an Autoritäten aus der Geschichte auf, um die Handelnden daran zu erinnern, daß es oft besser für die Zukunft ist, ein Unrecht zu erleiden, als neues Unrecht zu begehen. Ein sokratischer Gedanke, den Grotius durch den Kirchenvater Ambrosius ergänzen läßt: »Es ist für den rechtlichen Mann nicht nur anständig, sondern meist auch zweckmäßig, wenn er etwas von seinem Recht nachläßt.«[99]

Derartige Belehrungen waren in diesem Jahre 1625 nötiger denn je. Denn die Machiavellisten verachteten und verfolgten jeden, der sich gegen ihre Besitzgier und Machtübergriffe mit der Berufung auf das »gute alte Recht« zur Wehr setzte. Ähnlich dem Juristen Opitz, der im Jahre zuvor mit seiner »Deutschen Poeterey« den zunehmenden Verwilderungen seiner Muttersprache entgegenwirken wollte, versuchte Grotius den Entfesselungen des Krieges einen Rechtsriegel vorzuschieben. Seine Größe besteht denn auch darin, den Mächtigen ins Gewissen geredet und ihnen klargemacht zu haben, daß ein gerechter Krieg nur zur Herstellung eines dauerhaften Friedens geführt werden dürfe.[100]

In diesem Heiligen Jahr mußte die Hoffnung eines einzelnen gegen die aufgebotenen Armeen noch ohnmächtig erscheinen. Aber sein historischer Sinn und der Glaube an den Sieg des Gerechten waren auf die Dauer dem Machtrausch der Kriegstreiber überlegen und für jeden Erschöpften in dieser Zeit mehr als nur ein Trostzeichen: ein Fanal des Großen, das allmählich aus dem Kleinen wuchs.

Feuerwerke

Nord gegen Süd

Der Ansicht, daß »während der ersten sieben Monate des Jahres 1625 eine diplomatische Krise der Art über Mitteleuropa lagerte, wie sie seit Thukydides einem großen Krieg vorauszugehen pflegte«,[1] darf zugestimmt werden. Denn der ersten Ermattung folgten jetzt neue Aufladungen mit einer erweiterten Dimension: Der innere Ring der teutschen Kriegsparteien erweiterte sich und aktivierte über die belagerten oder eroberten »Vormauern« des Reichs – Niederlande, Schweiz, Preußen und Böhmen – hinaus veschiedene Mächte des Außenrings.

So war es der Stuart-Diplomatie von London aus tatsächlich gelungen, Christian IV. von Dänemark für eine Allianz gegen Habsburg im Heiligen Reich zu gewinnen. Der Gesandte Anstruther hatte mit seiner Mission nach Kopenhagen, Berlin und Dresden einiges erreicht. Georg Wilhelm, der zaudernde Neutralist, hatte noch nicht wie Johann Georg den Kurfürsten-Titel des Bayern-Herzogs Maximilian anerkannt und zeigte sich geneigt, den politischen und militärischen Druck auf Habsburg und Liga zu verstärken.[2] Dazu war der Dänen-König und Herzog von Holstein aber erst bereit, als sich mit der Gesandtschaft von Sir James Spence nach Stockholm herausstellte, daß der aufstrebende Nachbar Gustav Adolf den Oberbefehl in der geplanten Groß-Offensive der vereinten protestantischen Mächte beanspruchen könnte.[3] Eine Aussicht, die Christian IV. schon aus Ehr- und Statusgründen nicht ruhen ließ. Er näherte sich damit den Stuart-Wünschen, die Schweden aus dieser Koalition herauszuhalten.[4]

Die ständigen Querelen um den Oberbefehl lähmten die militärische und politische Koordination der vorhandenen Kräfte und führten auch zu Fehleinschätzungen der Möglichkeiten im aktiven Kriegseinsatz. Forderte Stockholm mit seinem ausgeprägten Realismus 33000 Allianz-Soldaten, um eine Chance gegen die Habsburg-Heere zu haben, so wollte sich Kopenhagen mit 7000 Mann begnügen. Damit konnte man zur Not eine Stadt belagern, auch eine Diversion unternehmen oder aber drohen, jedoch nicht eine Intervention im Heiligen Reich bestehen.[5]

Es scheint, als wollte Christian IV. seine Erfahrungen aus dem Kalmar-Krieg von 1610 gegen Schweden auf den Teutschen Krieg übertragen, der freilich ein völlig anderes Ausmaß hatte. So glaubte er, daß schon die Gesandtschaft, die Richelieu zu ihm schickte, die sofortige Unterstützung Ludwigs XIII. bedeutete. Aber so schnell ließ sich diese Macht mit ihrem eigenen Hugenottenproblem nicht in die teutschen Dinge hineinziehen.[6] Es sollte noch zehn Jahre dauern, ehe sich Frankreich an der Seite des verbündeten Schweden mit einer Kriegserklärung an Spanien in die teutschen Händel mischen würde. Aber Positionssicherungen waren dennoch möglich, ja sogar Diversionen, um Interessen in der unmittelbaren Nachbarschaft zu wahren. Der Kriegszug nach Genua – unter der Mithilfe des Herzogs von Savoyen und Venedigs – zeigte, daß Spanien mit dem bisherigen Verbündeten künftig als Feind rechnen mußte.[7]

Diesem Kriegsunternehmen entsprach im Spätherbst 1625 die schlecht vorbereitete Durchführung des *Buckingham-Planes*. Danach sollte eine englisch-niederländische Flotte in Spanien einen Stützpunkt erobern, von dem aus das Mittelmeer und der Atlantik gleichzeitig kontrolliert und die Silberflotten aus Südamerika abgefangen werden konnten. Was später Gibraltar werden sollte, wurde jetzt mit Cadiz versucht, wobei das gesamte Projekt unter pfälzischer Flagge ablief.[8] An ihre Aufträge wurden auch Ernst von Mansfeld und der »tolle Christian« nachhaltig erinnert. Mit ihren in England geworbenen Söldnern zu Fuß und zu Roß sollten sie nämlich zur gleichen Zeit ein neues Kriegstheater gegen Spinola und Tilly eröffnen, gar mit einem gewaltigen »Marsch ins Reich« die Restitution der Pfalz militärisch erzwingen. Heftige Stürme behinderten jedoch die Überfahrt von Dover auf den Kontinent, schlechte Quartiere verleiteten zu Desertionen, und aufkommende Seuchen dezimierten die Söldner-Scharen so stark, daß mit dieser Streitmacht militärisch wenig und politisch fast gar nichts zu erreichen war.[9]

Wie sehr diese Aktivitäten von London aus die Casa de Austria auch beunruhigen und Christian IV. in seinem Vorsatz bestärken mochten, seinen Kriegszug ins Heilige Reich zu betreiben – ob nun für Friedrichs V. Ziele in der besetzten Kur-Pfalz oder für die Verbesserung seiner eigenen Interessen im Niedersächsischen Kreis –, er mußte mit energischem Widerstand der südlichen Gegner rechnen.

Denn Ferdinand II. war nicht untätig geblieben. Während sich das Erzhaus in Spanien immer mehr bedroht sah, horrende Mittel aufbringen mußte, um die Truppen im unruhigen Neapel, in Mailand, in der Pfalz und vor Breda zu unterhalten, ja sogar in Mexiko durch innere Unruhen geschwächt wurde,[10] hatten sich die Habsburger von Wien aus erheblich verstärkt. Bethlen Gabor – von den Planern der neuen Anti-Habsburg-Allianz des Nordens stark umworben[11] – konnte von Vasa-Polen, Rest-Ungarn und sogar von der Hohen Pforte aus kontrolliert werden. Die Gefahr eines Aufstandes der lutherischen Stände »unter und ob der Enns« behinderte keineswegs die Planungen der Hofburg, eine neue Armee aufzustellen. Sie sollte vorläufig nur 24000 Mann umfassen und drei wesentliche Aufgaben erfüllen: nach innen als weitere Sicherung des Erbdominats in Böhmen und Mähren, dann als Gegengewicht zu der von Maximilian beherrschten Liga mit ihrem von Tilly befehligten Heer und schließlich als Abwehr gegen jeden denkbaren Angreifer. Auf eine Machtformel gebracht: »Ihre Majestät halten alle die für Feind, so die Arma [Waffen] wider Ihre Majestät genommen oder nehmen oder nit ablegen werden.«[12]

In dieser militärischen Maßnahme meldete sich ein neues Selbstbewußtsein zu Wort. Man konnte sich noch durch die gute Nachricht von der Eroberung Bredas gestärkt fühlen und auch eine gewisse Erleichterung darüber empfinden, daß Moritz von

Oranien gestorben war. Seinem Nachfolger und Bruder, dem umgänglicheren Friedrich Heinrich von Oranien, traute man die Härte und das Durchhaltevermögen der letzten Jahre nicht recht zu. Wien hatte dafür aber besonders auf Karl I. von England zu achten, der seinem verstorbenen Vater Jakob I. im März dieses Jahres 1625 auf den Thron gefolgt war und mit Nachdruck das Werk einer Nord-Allianz gegen Habsburg betrieb.[13]

Der Versuch von Marradas, zwischen Madrid, Wien und München eine Art Süd-Allianz gegen diese protestantische Gefahr zu gründen, scheiterte an Maximilians Mißtrauen gegenüber der Befriedungsabsicht Madrids im Heiligen Reich, die ihn den Erwerb der Kur-Pfalz kosten konnte. »Es ist eine Unmöglichkeit«, tönte es aus dem Kreis um Olivares, »daß Bayern allein danach trachtet, mit dem immerwährenden Schutz E.M. das zu behaupten, was es jetzt besitzt.«[14] Die weitere Sicherung dieses bedeutenden Zuwachses für sein Haus war aber zu Maximilians Lebensziel und Kriegszweck geworden, und dafür konnte er sich eine Annäherung an Frankreich vorstellen[15]: Er konnte gar ins Lager der reichsständischen Neutralisten übergehen und Habsburg sich selbst überlassen.[16]

Noch war es nicht soweit, aber die Aktivitäten Wallensteins ließen in München einige Nervosität aufkommen. Denn der neue »starke Mann« zog alle Register des freibeuterischen Patrimonialismus, um Geld und Güter zu mobilisieren, die ihm eine Armee von bald 50000 Mann unterhalten sollten – für den Kampf gegen Mansfeld und Christian IV. im Norden.[17] Aber ehe der Rivale aus Böhmen zum Zuge kam, hatte Maximilian von sich aus die militärische Initiative ergriffen und Tilly Marschbefehl gegen den Niedersächsischen Kreis erteilt. Wieder einmal wurde von der Liga eine Reichs-Exekution vorgegeben, um Christian IV. als »Herzog von Holstein« und Obersten Befehlshaber dieses Reichskreises bekämpfen zu können, ohne die Verfassungsorgane des Heiligen Reiches um Einwilligung in diesen Rechts- und Befriedungsakt genügend befragt zu haben. Darum kümmerten sich die Patrimonialisten jetzt nicht mehr:

Die »Heuchelei der Habgier« beherrrschte ihre enthemmten Gemüter.[18]

Von London aus mußte Karl I. als Schwager Friedrichs V. von der Pfalz diese rechtsvergessenen Machthaber, deren »selbstische Gier jeder Beschreibung spottet«,[19] in einem besonderen Manifest daran erinnern, wie fundamental die Garantie der Teutschen Libertät für den Frieden im Heiligen Reich und damit auch für die gesamte Christenheit war. Deren Wiederherstellung sei eines der Hauptziele der von ihm geförderten Anti-Habsburg-Allianz.[20] Karl I. war ja selbst starken Versuchungen ausgesetzt, jene Freiheit (Liberty and property) in England zu stornieren, die er im Heiligen Reich gesichert sehen wollte. Außerdem litt er unter ständigem Geldmangel.[21] Er besaß auch nicht die Kraft eines Friedensstifters. Dazu bedurfte es Staatsmänner von ganz anderem Format, die im eigenen Lande die Errungenschaften der Libertät politisch erprobt hatten, militärisch präsent blieben und dem Ernst eines Friedens in Freiheit zu jeder Zeit gewachsen waren. Konnte man das von einem König sagen, der seinem gedemütigten Parlament in dieser Frage zurief: »Ich bitte Euch. Die Augen von ganz Europa sind auf mich gerichtet, der sich der Lächerlichkeit preisgibt..., wenn ihr mich im Stiche laßt. Bedenkt, es ist mein erster Versuch!«[22]

Die Augen von ganz Europa sahen aber nur, wie eine Reihe von neuen Feuerwerken vorbereitet wurde, ohne recht zu wissen, wie das Kriegstheater der Mächtigen, der Aufsteiger und Täuscher beendet werden konnte. Denen lag alles am Herzen, nur das nicht, was den wirklichen Frieden in die teutschen Lande bringen konnte – die Achtung vor dem Recht.

Durchmärsche nach Dessau

Enttäuscht kehrte Kepler ins kriegsbedrohte Linz zurück. Seine Reise durch süddeutsche Städte war nur zum Teil erfolgreich gewesen. Als er im August beim Nürnberger Magistrat vorsprach, um die 3966 Gulden von dieser Stadt zu erhalten, welche

Ferdinand II. zum Druck der »Rudolfinischen Tafeln« zu zahlen angewiesen hatte, da beteuerte man die Zahlungsunfähigkeit.[23] Sie durfte den betrübten Stadtvätern geglaubt werden. Denn der unerbittliche *Capo über alles kaiserliche Volk,* wie sich *Wallenstein* seit dem 7. April 1625 nennen durfte,[24] hatte kurz zuvor diese mächtige Haupt-Stadt des Heiligen Reiches um die Summe von 100000 Gulden erleichtert. Das war der Preis dafür, daß Nürnberg nicht Werbe- und Musterplatz für die neue Armee Ferdinands II. werden mußte: Und für weitere 15000 Taler stellte er dieser Stadt einen Garantiebrief zur Befreiung von Einquartierungen aus.[25]

Auf seinem Durchmarsch nach Norden verfuhr er nicht anders: im Fränkischen Kreis, im Hessischen, am Thüringischen vorbei aufs Braunschweigische zu. Er hatte nicht nur Geld eingetrieben, sondern seine Armada hatte unterwegs auch furchtbar gehaust. Wallenstein bemühte sich zwar, durch exemplarisches Abstrafen, bei dem selbst Buben aufgehängt wurden, die Manneszucht einigermaßen zu erhalten, aber großen Erfolg hatte er damit nicht.[26] Was half schon Brutalität als Abschrekkungsmittel, wenn er außer der Forderung nach »blindem Gehorsam« für schmalen Sold und die Erwartung des Todes nichts Ideelles zu bieten hatte und im Grunde eine Räuberbande befehligte. An den religiösen Aspekt in diesem Krieg glaubte er ohnehin nicht recht,[27] und wenn er bald von der »gerechten Sache« Ferdinands II. sprechen sollte, dann war dieser Auftrag kaum in wirkliche Kampfkraft umzusetzen, zumal das Liga-Heer unter seinem Rivalen Tilly ja auch im kaiserlichen Namen operierte.[28]

Diese neue Armada unter Wallensteins Befehl war trotz des Capo-Titels eine Privat-Armee. Denn der zugestandene Titel war im Ernstfall rechtlich nichts wert und konnte sogar gegen seinen Träger ausgelegt werden. Solche Spitzfindigkeiten waren möglich. Und da sich Wallenstein wenig um die »juristische Weisheit« kümmerte, obgleich er sich später um die Dienste des Hugo Grotius bemühen sollte,[29] konnte ihm von der Hofburg bei passender Gelegenheit ein Strick gedreht werden. Denn selbst im schlimmsten aller Kriege, den die Menschheit bisher in

Europa erlebt hatte, suchten die Mächtigen immer dann nach Absicherungen im Recht, wenn es ihnen opportun erschien.

Die Haager Allianz vom 9. Dezember 1625 zwischen England, den Generalstaaten und Dänemark bediente sich auch in ihrem Bündnisvertrag des Rechts, um den weiteren Kampf zur Restitution der Pfalz und der Sicherung von Christians IV. Standesinteresssen im Niedersächsischen Kreis legitimieren zu können. Dort bewegte sich dieser bereits mit einer zu selbständigen Operationen fähigen (d. i. bastanten) Armee, die von dieser Allianz finanziert werden sollte. Karl I. hatte dabei den Löwenanteil übernommen, ohne jedoch recht zu wissen, woher er die zugesagten Gelder nehmen sollte.[30] Ein seltsames Verhalten in seiner Politik, die halbherzig ein Feuerwerk inszenierte, um es dann vorzeitig verglühen zu lassen.

Auf dänischer Seite ging es auch recht merkwürdig zu. Laut Bündnisvertrag hatten sich Mansfelds verbliebene Truppen mit denjenigen Christians IV. zu vereinigen.[31] Aber aus rechtlichen Gründen mußte eine Verbindung auf Reichsboden unterbleiben, wollte sich Christian IV. nicht dem Vorwurf aussetzen, seine Interessen als Reichsstand mit einem Geächteten zu verteidigen. Außerdem weigerte sich Mansfeld, sich dem Oberbefehl des Herzogs und Königs unterzuordnen.

Wieder einmal ergab sich in diesem Teutschen Krieg eine eigenartige und folgenreiche Konstellation: Da lassen die Protestanten als Verfassungspartei zwei ansehnliche Armeen auf engem Raum operieren, können sie jedoch nicht so koordinieren, um gemeinsam den Feind aus dem Süden zu schlagen. Sollte sich die Situation vom Weißen Berg wiederholen, in der sich das Hauptheer einer Schlacht nähert und sich dann auch stellt, während Mansfeld auf eigene Faust agiert und den notwendigen Entsatz verweigert?

Dieses militärische Unvermögen des politischen Protestantismus ist schon damals heftig beklagt worden, obgleich dies nicht außergewöhnlich war. Denn die Rivalitäten um den Oberbefehl bei gemeinsamen Aktionen von Liga-Heer (Tilly) und Habsburg-Armee (Wallenstein) haben nicht weniger den Erfolg im Feld verhindert. Ihre bis zum Aberwitz betriebene Ignoranz, die auch durch Mahnschreiben Maximilians und Ferdinands II. nur wenig gedämpft werden konnte, war Ausdruck der »absoluten Totenstille«, die Wallenstein in seiner Umgebung fordern konnte. Sie läßt erkennen, daß er als Patrimonialist zu einem Dialog oder Kompromiß nicht fähig war.[32] Das zeigen die Schreiben der beiden Befehlshaber an die Stände des Niedersächsischen Kreises überdeutlich. Dabei hat auch Tilly kein Verständnis dafür aufbringen wollen, warum sich diese Stände der »hergebrachten Teutschen Libertät zufolge in eine Defensionsverfassung« gegen sein und Wallensteins Heer gestellt hatten. »Was ist das denn für eine Freiheit«, soll Tilly einmal mit Verachtung ausgerufen haben, »die im Namen der Fremden, der Holländer, der Engländer, der Franzosen, die geächteten Rebellen dem Teutschen Reiche bringen? Sie haben ganze Provinzen geplündert, zerrüttet und verwüstet. Sie haben durch ihre Bündnisse gegen uns in allen anderen Völkern Mut und Hoffnung erweckt, sich zum Spott und zur Schande der Teutschen mit des Römisch-Teutschen Adlers kostbaren Schwungfedern zu erhöhen.«[33]

Wie recht er damit hatte – und doch war er auch im Unrecht. Noch waren die Niederländer trotz der Quasi-Anerkennung durch Spanien als »freier und souveräner Staat« nicht ganz aus dem Rechtsverband des Heiligen Reiches ausgeschieden, und England sah sich gezwungen, mittels des Hauses Stuart in der Pfälzischen Frage zu intervenieren. Was aber die Reichsacht betraf, so hatte sich Kaiser Ferdinand II. Rechtsakte angemaßt, die ihm allein nicht zustanden. Tilly selbst hatte in einem Schreiben an den einberufenen Friedensconvent der Stände in Braunschweig die Bedeutung eines Reichtstages für die »Wiederbringung des Edlen Frieds« erwähnt[34] und damit auf die unabdingbare Gegenseitigkeit verwiesen, die bei den Achtserklärungen mißachtet worden war, so daß in Habsburg einer der Hauptverursacher dieser sich ausweitenden Tragödie gesehen werden mußte.

Es verwundert in diesen aufreibenden Wochen und Monaten nicht, daß Tilly (sein Hauptquartier Ahlefeld lag im Operationsgebiet zwischen Weser und Leine) keinen Zugang zum legalen

Widerstandsrecht der bedrohten Reichsstände fand und ihr naturrechtliches Beharren auf der Notwehr mißachtete. Erstaunlich ist vielmehr, daß immer noch von seiten dieser Stände jedes militärische Unternehmen als »den Rechten und Reichs-Constitutionen gemäß justifiziert« betrachtet und abgesichert wurde.[35] Ein Vorgehen, daß geradezu typisch für die gesamte Dauer des Teutschen Krieges war, aber auch bei Wallenstein auf Unverständnis traf, der die Elbe von Dessau bis Magdeburg kontrollierte und seinen im Überfluß schwelgenden Hof in Halberstadt beließ, während Tilly und seine Truppen am Hunger beinahe verzweifelten.[36]

Ein makabres Szenario, wie Wallenstein den Tilly regelrecht »absaufen« läßt. Dessen Soldaten soll in den elenden Winterquartieren das Lederzeug von den zerrissenen Uniformen weggefault sein. Tillys Not und seine Last mit dem Geiz Maximilians in München waren so groß, daß er, der Graf aus Brabant, der Infantin Isabella nach Brüssel berichtete, wie man ihn hier am Flüßchen Leine fast um den Verstand bringen möchte.[37] Seine Liga-Armee erscheint so erschöpft, daß er zu Beginn der neuen Kampfphase im Frühjahr 1626 zunächst nicht in größere Bewegung zu bringen ist. Mansfeld hingegen darf sich gleichzeitig östlich der Elbe mit Hilfe der Mecklenburger Herzöge verproviantieren und Werbungen für neue Truppen abhalten. Bald steht er sogar vor Alt-Brandenburg und streift mit seinen Scharen durch die Mark, als wäre es Feindesland, von dem er ungefragt Kontributionen erheben dürfte – allen Protesten aus dem halb-neutralen Berlin zum Trotz.[38] Eine große Diversion auf Wallensteins kriegsverschonte und reiche Patrimonialgebiete in Nordböhmen wagte Mansfeld aber nicht. So versuchte er auch nicht, Schlesien zu sichern und mit dem Siebenbürger Fürsten Bethlen Gabor einen Sternmarsch auf Wien zu unternehmen, um so auch die Ennser Aufständischen zu entlasten: Statt dessen schwenkte er wieder nach Westen auf Wallenstein zu und stand, durch Christians IV. Armee (ihr Hauptquartier lag in Rothenburg an der Wümme) leidlich gedeckt, am 1. April 1626 vor dem Bollwerk Dessau.

Konnte dieser überaus stark befestigte Brückenkopf genommen werden, dann verbesserte sich nicht nur Mansfelds Lage schlagartig, sondern die der Haager Allianz insgesamt. Denn Herzog Johann Ernst von Weimar hatte bereits für Christian IV. die wichtige Stadt Osnabrück eingenommen, um dort den ältesten Sohn des Königs als Koadjutor des Bischofs einzusetzen.[39] Der dynastisch-politische Hintergedanke Christians IV. war also, die reichen Kirchen-Stifte im Niedersächsischen Kreis des Heiligen Reiches für seine eigenen Söhne zu vereinnahmen, wofür andere zahlen und bluten mußten. Die Freude über diesen und andere Erfolge sollte aber nicht lange währen, lag es doch nicht in der Natur von Tilly und Wallenstein, sich so schnell geschlagen zu geben und das Feld zu räumen.

Mansfeld sollte erleben, wie ausgeklügelt Wallenstein sein eigenes Kriegstheater inszenierte, mochte er auch bei den Gegnern und selbst im Habsburger Lager als »unberechenbar« gelten. Mit gutem Blick hatte sich der Capo die Elbe hinaufgearbeitet und bis nach Zerbst im Anhaltischen das Land unter seine Gewalt gebracht. Dessau mit seiner strategischen Brücke hatte er unter dem Befehl Aldringens zurückgelassen. Diesem standen 1500 Mann Badener Fußvolk, dazu 3350 Berittene unter Colloredo und Piccolomini samt Altsächsische Kavallerie und Croaten-Reiter zur Verfügung, um die Stadt zu verteidigen. Nicht weniger als 86 Geschütze verschiedenen Kalibers waren außerdem an der Brücke eingegraben worden. Mit dieser Kombination war es Aldringen gelungen, Mansfelds Sturm vom 1. April abzuwehren. Der Condottiere der Haager Allianz mußte bittere Verluste hinnehmen, die jedoch mit Ergänzungen aus dem Truppenbestand seines Kampfgefährten Christian von Braunschweig bald wieder ausgeglichen werden konnten, so daß er zehn Tage später erneut vor Dessau erschien – mit 20000 Mann und 30 schweren Geschützen.

Wie sehr er sich aber auch mühte, Sturm auf Sturm ansetzte, um Aldringen und die Verteidiger zu vertreiben, es wollte ihm nicht gelingen, diese Besatzung zu ermatten oder gar zu zermürben. Am 25. April sah sie dann dem Hauptsturm entgegen, hatte jedoch leidlich Gewißheit, daß Oberst Graf Schlick mit Reiterei im Anzug war und über eine geschützte Schiffsbrücke Verstärkung heranbringen konnte. Wallenstein selbst, der mit einer Diversion nach Wolfenbüttel Christians IV. Marsch auf Thüringen zu ablenken wollte, fand sich durch die Hilferufe Aldringens genötigt, sein eigenes Unternehmen abzubrechen und mit dem Fußvolk Entsatz zu leisten. Er kam auch gerade recht. Es schien schon, als ob Mansfelds unablässige Stürmerei das Unmögliche greifbar machen würde – da schob sich Wallenstein mit seinen Truppen in die tobende Schlacht.

Die Erde soll so furchtbar von den Einschlägen der Kugeln aus mehr als hundert Kanonen gebebt und die Luft von den anhaltenden Explosionen gedröhnt haben, daß ihn diese Kriegsfurie zu dem Gelübde gezwungen haben soll, ein Kloster zu stiften, wenn sich das Kriegsglück von den Reichs-Rebellen und dem Haager Heer auf seine Seite wenden würde. Und so kam es auch. Wallensteins Sperrfeuer, Aldringens unerhörte Beharrung, Schlicks Reiterangriffe und das Explodieren der Mansfeldschen Pulverwagen (ähnlich wie bei Wimpfen und später bei Nördlingen) im Rücken der Stürmenden trotzten den schon siegestrunkenen Angreifern einen verlustreichen Rückzug ab. Mansfeld jedoch, der wie die meisten Offiziere unermüdlich selbst am Kampf Mann gegen Mann beteiligt war und viele seiner besten Leute fallen sah, konnte diesen Rückzug gerade noch organisieren und entkam mit einem bastanten Kern seiner Armee nach Zerbst und von dort aus ins Brandenburgische.[40]

Als die Pulverdämpfe abgezogen waren, mußte Wallenstein resigniert feststellen, daß es wieder nicht gelungen war, den Hauptgegner Mansfeld zu fangen oder zu töten. Ohne ein einziges Wort für den tapferen Aldringen zu verlieren, vermochte der Capo an Erzherzog Leopold nur zu berichten, daß er den Mansfeld an der Dessauer Brücke »geschlagen und [ab-] getrennt« habe.[41] Das aber genügte weder Wien noch München. Für das Entkommen Mansfelds durfte der böhmische General heftige Kritik einstecken. Sogar sein Schwiegervater Graf Harrach wurde skeptisch: »Er fürchte, sein Eidam möchte unter den schwierigen Verhältnissen, wie sie gegenwärtig in Niedersachsen bestünden, seinem hohen Amte nicht gewachsen sein. Es wäre wohl besser, wenn die gesamte Kriegsmacht dem Grafen Tilly untergeben würde, der sich der Liebe seiner Soldaten erfreue und dem an Kriegserfahrung kein anderer sich gleichstellen könne.«[42]

Auf der anderen Seite sparte Mansfeld nicht mit Kritik am Verhalten Christians IV. und des Generals Fuchs, der ihm frische Truppen hätte zuweisen können. Der alte Haudegen im Solde der Haager Allianz und Frankreichs hatte nun das erleben müssen, wozu er selbst am Weißen Berg und bei Wimpfen nur in spärlichem Maße bereit war: Man hatte ihm einen substantiellen Entsatz versagt, der am kritischen Punkt einer Schlacht für den Sieg notwendig gewesen wäre.[43] Bald sollte Christian IV. bei Lutter am Barenberge etwas Ähnliches durchstehen müssen, als er dem Liga-Heer Tillys begegnete, mit erheblichen Verlusten das Feld räumen[44] und zusehen mußte, wie sich Gustav Adolf anschickte, sich dem Teutschen Kriegstheater zu nähern. Denn während Mansfeld schon wieder dabei war, seine Verluste (etwa 3000 Gefallene)[45] auszugleichen, Wallenstein über seinen Rechtfertigungen grübelte und Tilly dem Dänenkönig auf den Fersen blieb, hatten sich am Unterlauf der Weichsel und am Oberlauf der Donau zwei neue Kriegsfeuer entzündet. Von diesen beiden war das eine mehr als nur ein regionales Aufflackern und ein schwaches Leuchten aus dem Reich der Mitternacht – es war die Fackel von Markscheidern, die im Dunkel des ausufernden Krieges nach Grenzen der Gewalt suchten.

Scharen zu Schwertern

Bestätigt Heraklit fast mit jedem seiner »Urworte« die innere Anlage des »alten Menschen« als Kampf mit sich selbst und seinen Nächsten,[46] so liest sich das Buch Micha im Alten Testament wie ein Kommentar zu dem, was diesen auf vielen Ebenen entbrannten Krieg in seinem Besitz-Wesen ausmacht. Der Habgierige ist keine billige Erfindung ohnmächtiger Geschichtsschreiber, sondern eine Realität tobender Enthemmung. Und tritt er in Scharen auf, dann ist es um die materielle und ideelle Kultur eines Volkes geschehen, welchen Namen es auch immer tragen mag: »Gelüstet es sie nach Feldern, sie rauben sie, nach Häusern, sie nehmen sie weg, bemächtigen sich des Mannes und seines Hauses, des Besitzers und seines Eigentums.«[47]

Besitzstreben als das gewaltsame Erwerben von Lebenssinn, das war auch in dieser Zeit ein starker Antrieb zum Kriegführen, wenn andere Mittel das geforderte Wachstum nicht einbringen konnten. Wurde dann noch eine Ideologie als Legitimation dieses Erwerbstriebes herangezogen, um das Gewissen hinsichtlich des Zehnten Gebotes zu beruhigen, dann ergab sich aus dieser Mischung ein Gift, das die *Spanische Krankheit* verursachte. Von dieser berichteten die politisierten Apotheker Europas, nachdem sie das abgeschlagene Wasser des spanischen Königs aufgefangen und dessen »Urin in einem diamantenen Glas« zu Beschau und Untersuchung freigegeben hatten: Sie sei in Wahrheit nichts anderes als eine »alte Erbsucht«. Nur eine geharnischte und gemeinsame Abwehr, so raten sie, die von England, Dänemark, Schweden und vom Schweizerland aus auf das Heilige Reich angesetzt werde, könne die Teutsche Nation vor der weiteren »spanischen Infektion bewahren«.[48]

Dieser schier unstillbaren Besitzgier war schon die protestantische Steiermark zum Opfer gefallen. In Böhmen und Mähren hatte sie Ferdinand II. im Namen der Gegenreformation noch einmal erprobt und damit Erfolg gehabt. War es daher verwunderlich, daß all seine Erwerbssinne darauf gerichtet wurden, »das Reich erblich zu machen«[49] und über die protestantische Bauernschaft im Lande an der Enns herzufallen?

Angesichts dieses neuen Feuerwerks bittet ein Chronist die Allmacht um Erbarmen für das »geliebte Vaterland Teutscher Nation«. Es habe »nunmehr so viel Jahr hero das Feuer der Uneinigkeit und grausam schrecklichen Kriegs« ertragen müssen – alles »wegen unserer Sünden« –, daß es nicht länger gepeinigt werden solle. Denn Ende Mai 1626 hatte sich eine »hochgefährliche, schädliche und weit aussehende Conspiration und ein Aufstand entsponnen«, der Böses befürchten ließ: Vor allem die Oberennserischen Bauern hatten sich gegen den Kaiser und ihren »angeborenen Landesfürsten entschieden und gerottiert«.[50]

Ihr geharnischter Protest richtete sich zunächst gegen den Terror des habsburgischen Statthalters Adam von Herberstorff. Es war nicht genug damit, daß die evangelischen Prediger gegen alles verbriefte Recht aus dem Land getrieben wurden und immer mehr Angehörige der Augsburgischen Konfession dazu. Die Bauern hatten von einem Tag auf den anderen selbst »das Erdreich für die Verstorbenen über die Maßen teuer kaufen müssen«, unerträgliche Steuern wurden ihnen ohne Befragen auferlegt und so abgedrungen, daß »gar viel mit Weib und Kind das Bettelbrot essen müssen«. Verhaftungen waren an der Tagesordnung. Vertreibungen und sogar Ermordungen kamen hinzu, nur weil sie ihre Religion nicht aufgeben wollten. All das hätte sie in Verzweiflung getrieben und in nackter Notwehr zu den Waffen greifen lassen. Auf einer ihrer Fahnen stand denn auch der ehrliche Kampfspruch: »Weil es gilt die Seel und auch das Blut/ So geb uns Gott ein Heldenmut.«[51]

Den haben sie auch bei der Belagerung von Linz bewiesen. Aber ohne Hilfe oder Deckung von außen, wie sie von Mansfeld zugesagt, jedoch nicht geleistet worden war, konnte dieser aktive Widerstand gegen Habsburg nicht von Dauer sein. Maximilian von Bayern schickte bereits Truppen ins Aufstandsgebiet, und die Guerilla-Basis um das Mühlviertel zerbröckelte im gleichen Maße, wie die Belagerungen fester Plätze mißlangen. Die wesentliche Schwäche dieser Landes-Defension der Bauernschaft, so gut sie auch von unten her organisiert war und selbst ideologisch gefestigt schien,[52] lag darin, daß sie aus den Wäldern und vom Land auf Städte übergreifen wollte und damit das eingekreiste Rückzugsgebiet entblößen mußte. München und Wien nutzten diese Lage und verstanden es, bis zum Spätsommer 1626 die Militäraktionen der beinahe 70000 aufständischen Bauern mit ihren 40 Kanonen abzufangen[53] und sie in den »schuldigen Gehorsam« zu zwingen, den sie als »Erbuntertanen« zu leisten hatten – militärisch entwaffnet, rechtlich herabgewürdigt und politisch entmündigt.[54]

Wieder einmal hatte der Patrimonialismus gesiegt und Ferdinand II. darin bestärkt, die Gegenreformation erneut zu intensivieren. Und das hieß: Zwangsbekehrung oder Enteignung mit anschließendem Landesverweis ohne jede Entschädigung. Zu diesen Triumphen über die Libertät lutherischer Stände gesellte sich auch noch der Erfolg des Siegeszuges gegen Christian IV.: Schlug Tilly ihn doch bei Calenberg und bei Lutter,[55] ohne ihn jedoch gleich zu einem »Frieden« zwingen zu können. Zwei andere Nachrichten bestätigten Ferdinand II. außerdem seine Ansicht, der Gnade Gottes in besonderem Maße teilhaftig zu sein: Christian von Braunschweig, der in der letzten Zeit viel mit seinen Fliegenden Einheiten und den Versuchen eines Volksaufgebots von sich reden gemacht hatte, soll an den »schwarzen Blattern« gestorben sein, die auf ein »altes Gift« zurückgeführt wurden.[56] Was den bigotten Habsburger in diesem Jahr aber am meisten freute, war das vorzeitige Ende des Teutschen Ulysses, wie Ernst von Mansfeld nicht ganz zu Unrecht genannt wurde.

Nach seinem Rückzug von Dessau hatten sich die Pläne dieses Condottiere zerschlagen, »rasch über die Gebirgskämme nach Böhmen einzubrechen, dort das Panier des Widerstandes von neuem aufzupflanzen, sowie [. . .] die ganze Schar der Geächteten, ihrer Habe Entsetzten, an sich zu ziehen und gegen Bayern, Franken, Schwaben wieder nach dem Elsaß durchzudringen«.[57] Dort wollte er ein eigenes Herzogtum von Friedrichs V. Gnaden und aus dem Patrimonialbesitz Habsburgs errichten. Aber dänischer Einfluß, Eigenwilligkeiten anderer Heerführer und der ständige Druck der Wallenstein-Armee drängten ihn in die Karpaten ab. Dann fühlte sich Mansfeld wieder zu einem Schwenk nach Westen verlockt, widerstand Wallenstein an den Ufern der Waag im Ungarischen und bot sogar vor Preßburg dem Capo die offene Schlacht an. Dieses Ringen ging jedoch unentschieden aus. Und was Mansfeld danach noch an Kriegstaten gelang, die Wallenstein mehr und mehr zum Gespött der Wiener Schranzen machten,[58] es reichte nicht mehr, seine schwierige Lage zu wenden, zumal auf Bethlen Gabor nicht immer Verlaß war.

Von einer fiebrigen Krankheit gezeichnet, übergab Mansfeld dem aus Schlesien herbeigeeilten Weimar-Herzog Johann Ernst den Oberbefehl über seine verschlissenen Truppen und wollte sich mit zwölf Getreuen erst nach Venedig und dann nach London durchschlagen, um neue Geldmittel für seine heruntergekommene Armee zu beschaffen. In dem bosnischen Dorf Urakowitz oder Rackau mußte er jedoch seinen Marsch wegen Leibesschwäche unterbrechen. Es gelang ihm nur noch, das Heeresgerät und das Eigentumsrecht an seinen Kanonen Bethlen Gabor zu überschreiben – auf ihn als Fortsetzer des Kampfes gegen Roms und Wiens Despotismus zu hoffen.

Als dann der Morgen des 20. November 1626 graute, da verlangte es ihn noch einmal nach dem Genuß des täglichen Wunders dieser Welt. Vom offenen Fenster aus richtete er seinen ermüdeten Blick zum Himmel, um dessen aufgehendes Feuerwerk wahrzunehmen. Dabei fand Mansfeld Worte, wie sie der »Ilias« entnommen sein könnten, und stimmte einen Abgesang auf sein bitteres und manchmal süßes Leben an, das er 46 Jahre lang ertragen hatte. Gegen Ende wurde er dann sogar poetisch: »[...] daß mich noch einmal die Morgenluft erquicke. Nicht auf weichem Pfühle soll mich der Tod treffen, der auf allen Schlachtfeldern mich verschont – stehend will ich dem Herrn der Heerscharen meine Seele zurückgeben. Dort über den Felsenhöhen leuchtet sein Frührot, den kommenden Tag zu bescheinen, dem ihr [teure Freunde], dem nicht mehr ich angehöre. Ja, der kommende Tag, an dem ihr berufen, den Kampf wieder aufzunehmen, dem ich hier schmählich erliege – seid einig, einig, haltet mannhaft aus!«[59]

Die Heirat Bethlen Gabors mit Katharina von Brandenburg, einer Schwester der Königin Maria Eleonora von Schweden,[60] deutete bereits die Richtung an, aus der die neue Mannhaftigkeit kommen sollte. Denn Gustav Adolf war in seinem Kampf um Anerkennung als rechtmäßiger und libertärer Erbe der Krone Schweden mit einer See-Land-Operation in Preußen eingedrungen, um Vasa-Polen zu einem Frieden zu bewegen. Dabei war ihm bewußt, was dieses Festsetzen in Reichweite des teutschen Kriegstheaters in Zukunft bedeuten konnte: nach innen eine unerhörte Anstrengung seiner Stände, vornehmlich des Adels, der in diesem Jahr 1626 sein Ritterhaus als libertärer Kern des Reichstages erhalten hatte.[61] Nach außen aber meldete er einen Anspruch an, der auf Gleichberechtigung zielte, d. h. Schweden endlich die Diskriminierung durch Habsburg als Ketzer- und Rebellenstaat zu nehmen, sowie gleichzeitig das drohende Universaldominat der Casa de Austria zu verhindern.

Mochten sich Ferdinand II. und die Schranzen um Fürst Eggenberg in den Erfolgen dieses Jahres sonnen, so sollten sie bald erleben, daß sich von Norden her ein Feuerwerk in Gang setzte, das ihre Finsternis vertreiben konnte. In den Worten Axel Oxenstiernas ausgedrückt, der seinem Bruder Gabriel, einem einflußreichen Senator im Reichsrat, eine Vision ausmalte und dabei auf die Stärke im Kleinen hoffte: »Geht I.K.M:t mit gutem Willen und aller Macht zur Hand und sucht nicht allzu sehr nach Spitzfindigkeiten, sondern laßt das öffentliche Wohl Euer höchstes Gesetz und Vorrecht sein [...], damit wir dann mit Gottes Hilfe wo nicht unter Feigenbäumen, so doch unter unseren Linden und Eichen sitzen dürfen und unseren Geschäften in aller Ruhe nachgehen können; und damit auch anderen Völkern gleich werden und einen Namen wie die Mächtigen in der Welt erhalten und nicht länger aller Leute Spott und Fußabstreifer bleiben, die wir leider bis heute zu sein pflegen.«[62]

Es sind Worte aus dem Buche Micha, die dieser so rechtssinnige Patriot aus Schweden anruft. Dort heißt es in den Verheißungen an Zion, daß Jahwe als Richter auftreten wird, um »zwischen vielen Völkern und über mächtige Nationen Recht [zu] sprechen. Und sie werden ihre Schwerter umschmieden zu Pflugscharen und ihre Speere zu Winzermessern. [...] Es wird ein jeder unter seinem Weinstock sitzen und unter seinem Feigenbaum, ohne daß ihn jemand stört. [...]«[63]

Axel Oxenstierna, der 1617 den »ewigen Frieden« mit dem Moskauer Zartum aushandeln ließ, ahnte an jenem Herbsttag 1626 kaum, daß er mehr als zwanzig Jahre auf diesen ersehnten Frieden warten mußte, während er, sein König und abertausend Patrioten das Leben für die Teutsche Freiheit und gegen Habsburgs Diktatur zu wagen hatten.

Fürstenhochzeit in Sachsen

Klagte Abraham a Sancta Clara zur Zeit des Türkensturms (1683), daß es in der Wiener Hofburg »wenig Metall, aber viel Erz« gebe, demnach »viel Erz-Diebe, Erz-Schelme, Erz-Betrüger« in den Behörden säßen,[64] so war dieser Zustand nur das Ergebnis des Personalismus im Patrimonial-System der Habsburger. Schon zu Wallensteins Zeit wucherte dieses Schranzenwesen im Umkreis Ferdinands II., dessen Vorstellung von politischer Kultur einzig darin bestand, den Nutzen seines Erz-Hauses zu mehren, Schaden von ihm abzuwenden und Selbstgerechtigkeit gegen jedermann zu üben, der sich ihm in den Weg stellte. An diesem Verhalten der Habsburger sollte sich bis Leopold II. wenig ändern. Dieser aber war ehrlich genug, den Patrimonialismus seit Ferdinand II. als ein »bankrottes Geschäft« zu schelten und die Enteignung wie Entmündigung der Stände als ein gemeines Lügenstück zu empfinden.[65]

An Wichtigtuern und Hochstaplern mangelte es in den ineffektiven Behörden des Hofkriegsrates oder der ewig insolventen Hofkammer wahrlich nicht. Dabei wirkte das Gift des fortgesetzten Neides und der Eitelkeit in eine Haus-Politik hinein, die bald sogar Wallenstein anwiderte und in den Herbstmonaten des Jahres 1626 gar auf den Gedanken brachte, seinen Capo-Posten aufzugeben.[66] Wie ernst es ihm damit war, läßt sich nicht mit letzter Sicherheit sagen, aber diese Absicht scheint zumindest Fürst Eggenberg zum Nachdenken angeregt zu haben, zumal Madrid und vor allem München durch die militärischen Erfolge des Liga-Heeres unter Tilly immer schwieriger zu hantieren waren.[67] Dieser Eggenberg traf sich nun mit Wallenstein in Bruck an der Leitha zu einer Geheimkonferenz. In deren Verlauf ging es um den Standort der Winterquartiere, die Erhöhung der Armada auf 70000 Mann und um die Verfügung über die »Böhmische Kontribution«. Das war eine besondere Kopfsteuer zum Unterhalt dieses Heeres, das Wallenstein künftig als *Generalissimus* führen wollte, um mit Maximilian und Tilly wenigstens im militärischen Rang gleichziehen zu können. Hielten sich diese Absprachen trotz erheblicher Spannungen im Rahmen des Nötigen,[68] so kursierte bald eine Art Brucker Papier, das die Absicht des Patrimonialismus in seiner diktatorischen Energie unverhüllt erkennen ließ.

Diese neue Armada sollte nämlich von den Erblanden und Böhmen aus ins Heilige Reich geschickt werden und so stark sein, »daß sie der Schrecken von ganz Europa wäre. Dieses Heer darf, da es nicht die Bestimmung hat, etwas in Besitz zu nehmen, um es Seiner Majestät [Ferdinand II.] zuzueignen, unter keinen Umständen einer voraussichtlichen Gefahr ausgesetzt, geschlagen oder in Belagerungen oder ähnlichen Unternehmungen aufgerieben werden«. Es hatte ein Bollwerk der Beharrung zu sein, das auf die gegnerischen Stände des Heiligen Reiches durch seine bloße Anwesenheit so bedrohlich zu wirken hatte, daß sie sich ohne weitere Kriegshandlungen bequemten, ihren bisherigen Widerstand aufzugeben. War das Reich erst einmal politisch in seiner Libertät völlig ermattet und damit unfähig, weiterhin ein gleichberechtigter Partner zu bleiben, dann konnte man ihm nicht nur den eigenen Willen aufzwingen, sondern auch daran gehen, mit dem übrigen Europa und mit der ganzen Christenheit in ähnlicher Weise zu verfahren.[69]

Für diese Machtvision eines Universaldominats wurde der Vergleich mit einem Vampyr gewählt.[70] Die Zeit selbst hat aber gerne das Bild vom Kraken benutzt: Scheinbar unbeweglich verharrt er, läßt aber seine Fangarme nach allen Seiten zucken, um selbst gepanzerte Krebse zu zerdrücken und mit seinen Saugnäpfen zu entleeren. Dazu paßten die Tintenschwaden als vernebelndes Rauchwerk einer Arkanpolitik, die keine Aufklärung darüber dulden wollte, welch zerstörerische Wirkung das *Dominiüm absolutum* eines Patrimoniums haben konnte, wenn es aus seinen Rechtsbindungen gelöst und zum Selbstzweck wurde. Es war ein seltsamer Eigensinn, der sich mit diesem Machtdenken in Szene setzte. Was in Dessau mit dem massierten Beharren militärisch vorgeführt wurde, hatte auch für das Patrimonial-System nach innen als *Festungsmentalität* hohe Bedeutung. Dabei wurde von den Betroffenen nicht mehr wie im libertären System danach gefragt, *was* befohlen wird (Vorbehalt eines Drittrechtes), sondern *wem* sie blind zu gehorchen hatten.

Die Vertreter eines feudalen Amts-Begriffs auf Gegenseitigkeit[71] hatten jetzt Postenjägern zu weichen, für die es den Ausdruck »Kreatur« gab: der Inbegriff eines entpolitisierten Befehlsempfängers und Vollstreckers.[72]

Die Kälte der Macht beherrschte zunehmend alle Maßnahmen der Hofburg im Namen Ferdinands II., dessen Jagdleidenschaft und steigende Verschwendungssucht[73] immer mehr offenbarten, wie skrupellos er seine kaiserlichen Kompetenzen und fürstlichen Rechte mißbrauchte. Wer ihn aber der Faulheit zeiht,[74] unterschätzt seine Gestaltungskraft im Ungeist des Haus-Absolutismus und der Destruktion feudaler Freiheit. Sie nährte sich aus der Energie, ein »natürlicher Erbherr« zu sein, dem sämtliche Machtbefugnisse über Land und Leute ohne Einschränkungen durch die Stände zustanden und diese auch unmittelbar wirken ließ.

Kraken erdrücken Krebse.
Satire auf die verschlungenen Wege der Machthungrigen
(Sammlung ZBZ).

Das bekamen die Ennserischen Bauern und ihre oft adligen »Rädelsführer« hautnah zu spüren. Pappenheim hatte für Maximilian, dem dieses Gebiet an der Enns von Ferdinand II. für den Kriegszug gegen die aufständischen Böhmen verpfändet worden war, während des ganzen Herbstes 1626 den letzten Widerstand gebrochen.[75] Dabei kamen Hinrichtungen vor, bei denen die Gewährung »kaiserlicher Milde« wie ein Hohn gewirkt haben mußte.[76] Nein, der aufs Besitzen versessene und vom Zwangskatholisieren besessene Habsburger schreckte im Vollgefühl seines Patrimonialismus vor nichts zurück und sollte bald ein Werk durchsetzen, das fast dreimal so lange Bestand haben sollte wie Keplers berühmte Rudolfinische Tafeln.

Doch ehe dieses Ferdinandeische Feuerwerk eines scheinlegal inszenierten Erbdominats über Böhmen und Mähren wie der Flammenstoß eines Drachen Land und Leute traf, wurde im sächsischen Torgau ein besonderes Feuerwerk abgebrannt. Es warf ein bezeichnendes Licht auf eine Fürstenwelt, in der trotz Hunger und Elend im übrigen Land die materielle Not beim Abfeiern der eigenen Großartigkeit ein Fremdwort war und Solidarität im Glaubenskampf ganz klein geschrieben werden konnte. Während in Linz adlige und unadlige Lutheraner zum Katholizismus gezwungen wurden oder für ihren verfassungskonformen und religiös motivierten Widerstand gegen den Patrimonialismus Wiens den Kopf hinhalten mußten,[77] zog der Lutheraner und Landgraf Georg von Hessen-Darmstadt nach Torgau an die Elbe. Dort sollte er nämlich mit dem lutheranischen und kursächsischen Fräulein Sophia Eleonora das »Fürstliche Beilager« halten.

Schon an der Grenze dieses reichen Kurfürstentums zeigte sich dessen Ritterschaft von einer glänzenden Seite, als sie dem Landgrafen das übliche Hochzeits-Geleit gab: Die Aufzäumung ihrer Pferde war vergoldet, und auf ihre kostbaren Küraßröcke hatte man goldene Posamente genäht. Mit Gold überzogen blinkten auch ihre Degen und Sporen. Auf den Hüten wippten gelbe Federn, die sich schmuck vom Sammetschwarz der Dienermäntel abhoben, auf die ebenfalls gelbe Streifen gestickt waren. Schwarz und Golden oder Gelb. Das waren die Grundfarben des Heiligen Reiches neben Rot und Weiß, die auch im Hause Habsburg bei offiziellen Anlässen gezeigt und sogar im Hause Vasa neben Blau und Gelb (Reichsfarben Schwedens) getragen wurden.

Schwarz mußte deshalb dominieren, weil immer noch Hoftrauer herrschte, die aber den frohgestimmten Hochzeitern und den adligen wie fürstlichen Statisten dieses Festes nicht sonderlich die Lust nehmen konnte, sich an »allerlei kurzweiligem Freudenspiel« zu ergötzen. Was bedeutete in einem solchen Leben schon der Tod? Mochte draußen im Heiligen Reich auch der Streit als ERIS schauerliche Szenen veranstalten, hier hatte die Liebe als EROS das gestaltende Wort. Und Doctor Hoë von Hoënegg, der noch vor einiger Zeit über den Flüchtlingsstrom aus Böhmen und die Verfolgung der Lutheraner geklagt hatte, fand jetzt vor den Brautleuten zu »einem schönen Sermon«, ehe beide unter einer stattlichen Aufwartung »christlich copuliert« wurden. Teutsch und als Verbindung von EROS und THANATOS ausgedrückt: in einem »Bett beigesetzt«[78] zur Zeugung von streitbaren Erben.

Der Rahmen dieser Fürstenhochzeit war so überaus reich ausstaffiert worden, daß ein Chronist meinte, sie sei »fast königlich anzusehen« gewesen. Ein Attribut, das sicher auch auf die »treffliche Musica« zutraf, für die kein Geringerer zuständig war als Heinrich Schütz, der sich neben vielen anderen Beiträgen mit seinem Stück »Daphne« verdient machen durfte: einem Singspiel im konzertanten Stil, wie es Peri in Florenz schon ähnlich aufgeführt hatte, und das als erste teutsche Oper gilt.[79]

Diesem EROS-Fest zu Ehren waren zahlreiche Fürsten in Torgau erschienen, die sich sonst eher aus dem Wege gingen. Nun aber bestaunten sie gemeinsam über Tage hin die kaiserlichen, kurfürstlichen und sonstigen Geschenke für die Brautleute, ergötzten sich an Comedien und mußten während der zahlreichen Bankette beweisen, daß sie hinter dem Humpen ihren Mann stehen konnten – dem durchlauchten und hochwohlgeborenen »Bier-Jörgen«, wie der Brautvater und Kurfürst Johann Georg im ganzen Reich verächtlich genannt wurde, zur Freude.

Bei einer Versammlung so vieler »Hoher Tiere«, die vom Kriege draußen ebenso verroht waren wie durch eine mangelhafte Erziehung, durften die üblichen Tierhatzen nicht fehlen.[80] Eine Bärenjagd war arrangiert worden, dann auch eine Wolfsjagd auf offenem Feld, und drinnen im geräumigen Torgauer Renaissance-Schloß kam noch ein Bärenspektakel hinzu. Dabei benahm sich dieser Kurfürst weitaus tapferer als später in der Schlacht bei Breitenfeld: Es hatte ihm gefallen, die armen Tiere in aufgestellte Fässer zu hetzen, um sie dann aus einem sicheren Hochstand mit Bolzen zu beschießen, damit sie wieder aus den Fässern sprangen und von Jagdhunden angefallen werden konnten.

Auch ein Ringrennen fand statt, bei dem jeder Mitspieler mit einer fest eingelegten Lanze im gestreckten Galopp einen aufgehängten Ring zu durchstechen hatte, um nach geglücktem Stoß von den anwesenden Herzdamen mit einem Geschenk belohnt zu werden. Ein Narr, wer hier nicht an die Defloration dachte, und ein Schelm, wer sich anschließend beim großen Feuerwerk nicht mehr ausmalte als ein unschuldiges Spektakel der kurfürstlichen Pyrotechniker. Denn was sich die Meister der feuerspeienden Illusionen hier ausgedacht hatten, entsprach ganz dem Galgenhumor des »Bier-Jörgen«. Er hatte anscheinend nichts dagegen, daß man von einer Schanze aus das Heilige Römische Reich in seinen äußeren Grenzen mit dem doppelköpfigen Adler als Hoheitssymbol darstellte, umgeben von den sieben kurfürstlichen Wappen, unter denen allein drei dem Hause Wittelsbach gehörten. Dieses »Kunstwerk« ließen die Feuerwerker mit Knallen, Zischen und Krachen flüssig abbrennen, um dann aus seinen sprühenden Resten den guten Ritter Georg im Kampf mit dem Lindwurm als sprühendes Funkenbild in Erscheinung zu bringen. Dieses Schauspiel aus Zündschnüren und Pulver steigerte sich noch in das lodernde Brennen des Ritterschwertes, das auf den Drachen loszuckte und diesen mit heftigen Feuerstößen zum Verbrennen brachte. Trommeln wirbelten während dieser Flammenorgie, und Trompetenstöße schmetterten über die Elbe ins Land. Vierzig besondere Feuermörser öffneten dann ihre glutspeienden Mäuler, und fünfzehn Wasserkugeln wurden so lange in die Elbe gesenkt, bis sie den betäubten Zuschauern wie ein brennendes Meer vorkam.

Doch nicht genug mit all dieser Verschwendung: Die Weiterreise des Landgrafen mit seiner jungen Frau und der Empfang in Leipzig sollen die Torgauer Pracht noch übertroffen haben. Vor allem der Brautwagen, mit Gold und Silber beschlagen und von Cupido-Figuren geziert, mit dem kurfürstlichen Wappen und einem großen Adler geschmückt, ließ manchem, dessen Armut zum Himmel schrie, die Augen übergehen. Doch wen unter diesen »hohen Tieren« kümmerte die materielle Not von Untertanen, wo doch der Reichtum auch von Lutheranern als sichtbares Zeichen der Segnungen des Allerhöchsten angesehen wurde?

Auf der Rückreise nach Darmstadt bereitete die Universitätsstadt Marburg dem jungen Ehepaar einen prächtigen Empfang,[81] der manchen Hinweis darauf gab, wie des Heiligen Reiches Herrlichkeit als Friedensordnung genossen werden konnte, wenn die »hohen Herren« und »niederen Stände« im Rahmen ihrer libertären Verträge verträglich blieben und einen jeden in seinem Eigenwert schätzten. Der Rausch der ritterlichen Farben und die Freude am Leben verdeckte aber nur kurz, was das Torgauer Feuerwerk als Abglanz der Wirklichkeit vorgeführt hatte: die Feuerketten des Teutschen Krieges an den Flüssen und Strömen des Reiches entlang. In ihrem Widerschein verstärkte sich in vielen Gemütern eine Weltflucht, weg von den langen Fingern der Öffentlichen (Staat) oder der Toten Hand (Kirche) und auch der schrecklichen »Wahl« enthoben »zwischen einer Stadt, die schon zerstört ist und einer, die noch zerstört wird«.

Was also blieb den flüchtenden Menschen im brennenden Reich? Die verzweifelte Suche nach kriegsverschonten Gegenden fürs nackte äußerliche Überleben und der mitunter vergeistigte Blick über den Tag und über die Sterne hinaus: »Wenn der Sturm wütet und der Schiffbruch des Staates droht, können wir nichts Würdigeres tun, als den Anker unserer friedlichen Studien in den Grund der Ewigkeit zu senken.«[82]

Teufelskreise

Böhmens »Verneuerte Landesordnung« von 1627

Zu jeder Verfassung gehört eine Eigentumsordnung, aber nicht jede Eigentumsordnung besitzt eine Verfassung. Wer die Geschichte anders sieht und den Menschen von Leib und Leben oder Hab und Gut trennt, um ihn nur als Ideenwesen historisch gelten zu lassen, der muß überzeugende Gründe beibringen, warum Ferdinand II. im Mai 1627 eine »Verneuerte Landesordnung für das Erbkönigreich Böhmen« oktroyierte.

Ist der »Boden des Rechts überhaupt das Geistige«, wie seit Hegel unter den Deutschen geglaubt und verkündet wird,[1] dann brauchen Staatsrechtler nicht mehr nach den Grund-Verhältnissen des Politischen zu fragen, um dabei zu erkennen, daß der Boden des Rechts der Erdboden ist, d. h. Regelungen über die Verfügbarkeit von Grund und Eigentum. Diesen Juristen und Historikern genügt es demnach, eine erfolgreiche Idee und die »normative Kraft des Faktischen« auszumachen, um die Augen vor den materiellen Wirkungen des Erbwesens zu verschließen, das nach Tocqueville stärker als alle anderen Kräfte die Geschichte Europas gestaltet hat.[2]

Gestützt auf Ausnahme-, Belagerungs- und Kriegszustand, deren Anwendung noch heute von deutscher Seite als der Beginn des »modernen Staates« angesehen wird,[3] war diese patrimoniale »Verneuerung« der libertären Verfassung Böhmens allzulange erfolgreich. Man kann sie in gewisser Weise mit den Rudolfinischen Tafeln vergleichen, die Kepler im Herbst 1627 erneut drucken und auf der Herbstmesse in Frankfurt zum Verkauf anbieten durfte. Dem Urteil eines Kenners zufolge bildeten diese Tabellen, zu denen Tycho Brahe fundamentale Vorarbeiten geleistet hatte, »für mehr als hundert Jahre die Grundlage aller Berechnungen im Sonnensystem. Es griffen nach ihnen die Astronomen, die ihre Theorien prüfen wollten, die Horoskopsteller, die Konstellationen zu irgendeinem Zeitpunkt brauchten, die Kalendermacher, die den Stand der Wandelsterne angeben wollten, und nicht zuletzt die Seefahrer, die geographische Ortsbestimmungen zu machen gezwungen waren.«[4]

Nicht viel anders erging es ab 1627 bis zu den Revolutionen von 1848 und 1918 all jenen, die genötigt waren, auf den Kurs des patrimonial gesteuerten Staatsschiffes in Böhmen zu achten, um die Chancen des eigenen Überlebens in diesem Machtsystem rechtzeitig orten und sich selbst auf Kurswechsel einstellen zu können. Dabei mußten drei wesentliche Änderungen der Verneuerten Landesordnung dauernd beachtet werden.

So gefällt es in der Präambel dieser Eigentums-Ordnung für das Erbland Böhmen, die im folgenden Jahr in etwas milderer Form auch für Mähren erlassen wurde, dem »natürlichen Erbherrn«, sein als »Verfassung« oder »Constitution« ausgegebenes Machtsystem[5] von einer einzigen, aber substantiellen Vorgabe abzuleiten: »Nachdem Wir durch Hilfe und Beistand der göttlichen Allmacht Unser Erbkönigreich Böhmen wiederum mit dem Schwert unter Unsere Gewalt und Gehorsam gebracht . . .«[6] Unter dieser Voraussetzung war es möglich, daß der Erbherr im Falle einer Abweichung, einer Kritik oder gar einer rechtlichen Einrede seitens der Erbuntertanen nicht nur sein patrimoniales *Dominium absolutum* wirken lassen konnte, sondern auch das *Dominium eminens* aus dem Kriegsrecht (ius belli) als einem übergesetzlichen Notstand. Mit beiden Machtinstrumenten konnte fortan gegen alles bestehende libertäre Recht zentralistisch vorgegangen werden, sobald von einem Einzelfall her das Ganze bedroht schien. Alles, was das Lehns- und Verfassungswesen in Jahrhunderten an Rechtssicherheit und politischer Kultur der Gegenseitigkeit geschaffen hatte, galt nicht mehr und mußte vom Liberalismus mehr als zwei Jahrhunderte später revolutionär erkämpft werden.

Die zweite wesentliche Änderung erfolgte mit der Aufhebung der reziproken Rechtslage zwischen »Herr« und »Knecht«.[7] Sie ist vor allem in der Korrektur der »Iura privatorum« auszumachen, demnach im Bereich des Privatrechtes mit seiner überwiegend materiellen Anlage.[8] Die dritte Verschiebung bestand in der *Degradierung des Landtages zu einem mechanischen Erfüllungsorgan* des herrschenden Erbwillens: Sofern dieses Ständeorgan überhaupt einberufen wurde, was erst wieder 1848 geschehen sollte. Jeder Versuch, dieses Verfassungsorgan aus der Zeit der Böhmischen Libertät »ohne Unsere oder Unserer Nachkommen und Erben zum Königreich vorgehende gnädigste Bewilligung« zu aktivieren, wurde daher kriminalisiert und als ein Kapitalverbrechen gegen das Erzhaus Habsburg und dessen Zwing-Ordnung mit den härtesten Strafen belegt: »So hätte derselbe dadurch das Laster des Beleidigens höchster Majestät begangen, und sein Leib, Leben, Ehr, Hab und Gut mit der Tat verwirkt.«[9]

Was allein mit dieser Drohung an konstitutionalen Errungenschaften unterbunden und gnadenlos zerstört wurde, entsprang dem Gewaltsystem einer Eigenmacht, die im Votčina-Modell des Moskauer Zartums mit seiner Selbstherrschaft eine strukturelle Entsprechung hatte. Nicht umsonst legte sich nach dem Scheitern der Reformpläne Leopolds II. dessen Nachfolger Franz II. in unmittelbarer Anleihe bei der russischen Zar-Tradition 1804 neben dem Wahlkaiser-Titel des Heiligen Reiches den Erbkaiser-Titel über Österreich und Böhmen zu.[10] Die Begründung dafür lag im Patrimonialismus der »Verneuerten Landesordnung« von 1627, die dem Haus-Staat der Habsburger die Rechtsqualität eines Fidei-Commiß innerhalb der Dynastie verschafft hatte, aber gegenüber Ständen und Untertanen als Patrimonium gehandhabt wurde. Eine geradezu höllische Angst, die entmachteten Stände könnten wieder ihre Gravamina (Beschwerden) aktivieren und damit den Erbherrn an das libertäre Treuhandwesen erinnern, spricht denn auch aus dem Artikel VII. Darin wird von einer möglichen Handhabe der Vota oder Abstimmungen der Stände während eines Landtages gehandelt und jeder Versuch einer internen Abstimmung der gefürchteten Landesvertreter mit schwerster Strafe bedroht: »[...] von Uns oder denen nachkommenden Königen und Erben zum Königreich, mit allen Ungnaden ernstlich, je nach Beschaffenheit des Verbrechens, auch als Rebellen und Beleidiger der Höchsten Majestät, an Leib, Ehr und Gut gestraft, und hierinnen niemand, was Würden, Standes oder Wesens der auch sein mag, verschonet werden.«[11]

Damit war der Landtag Böhmens nur noch eine Hülse ohne jeden libertären Gehalt. Es war ein Überrest der Verfassungen von 1348, 1547 und 1609, den man für kommende Krönungen dulden konnte, bei denen jedoch die Stände nur noch eine zeremoniale Staffage bildeten. Und damit es künftig keinem Böhmen einfiele, vielleicht aus der Nennung der Landtage und ihrer Vota die Meinung abzuleiten, daß er weiterhin etwas Substantielles zu sagen hätte, wurde im Artikel VIII unmißverständlich erklärt, was der Sinn dieser Erb-Diktatur zu sein hatte: »Wir behalten auch Uns und Unseren Erben, nachkommenden Königen, ausdrücklich bevor, in diesem Unserem Erb-Königreich Gesetz und Recht zu machen, und alles dasjenige, was das Ius legis ferendae [Gesetzgebungsrecht] so Uns als dem König allein zustehet, mit sich bringt.«[12]

Das war der Todesstoß für eine politische Kultur des Vertrages auf der Basis einer universalen Ethik und nach Maßgabe des Erblehens mit seiner Treuhänder-Ordnung. Zu diesem fundamentalen Bruch der Verfassungstradition in Böhmen paßt auch ein weiteres Kennzeichen dieser Diktatur im Hermelin. Den verbliebenen Erbuntertanen wurde zwar der »Schutz eines gleich-durchgehenden Rechtes« zugesichert, aber da die Appellation an den obersten Richter gleichzeitig an den Erbherrn selbst gelangte, war dieses Zugeständnis im Zeichen der Gewalten-Verbindung eine Illusion und eine Gleichheit unter der Knute. Deutsche Staatslehrer, Juristen und Historiker haben bis heute die Vereinheitlichung des Rechts im Absolutismus als Fortschritt sehr laut gepriesen, aber meist die Tatsache unterschlagen, daß es sich dabei um eine diktatorische Gleichschaltung gehandelt hat, die überdies willkürliche Ausnahmen von der Regel vornehmen konnte und damit jede Rechtssicherheit unterlaufen durfte.[13]

Das Bemühen Ferdinands II. um eine »einträchtige Religion« – die dritte Säule seiner Erb-Diktatur – scheint noch immer die Holoten (Einheits- und Ganzheitsfanatiker) zu faszinieren,[14] ohne daß diese den unmenschlichen Preis für die gnadenlose Gegenreformation genügend in Rechnung stellen. Wer sich heute angesichts der Demütigungen des tschechischen Volkes unter dem Patrimonium des Staats-Sozialismus fragt, warum die katholische Kirche im Gegensatz zum benachbarten Polen hier eine so geringe nationale Rolle spielt, der wird sich der Zwangskatholisierung von 1620 an vergewissern müssen und den Artikel XXIII aufmerksam zu lesen haben.

Für den siegreichen Habsburger hatte die »Spaltung der Religion [...] große Kriege und Unheil verursacht«, wobei die »Stände unter beider Gestalt«, also die Angehörigen der Böhmischen Konfession seiner Meinung nach die Haupt-Kriegstreiber waren. Sein historisches Gedächtnis ist hier aber so kurz, daß er wie manche in der Nachwelt zwei wesentliche Tatsachen außer acht läßt: Trotz der Böhmischen Abspaltung und der Hussitenkriege hatte es lange Friedensperioden gegeben, in denen die Unkatholischen keine schlechteren Stände und Untertanen der Wenzelskrone waren als die Katholischen. Außerdem zeigte doch das Gezänk und Gezerre zwischen Frankreich und Spanien um das Veltlin oder der neue Kampf gegen den politischen Calvinismus,[15] daß die Einheit der Religion die Staaten nicht davor bewahrte, Krieg gegeneinander zu führen.

Der Geschichte, dem vertraglichen Recht und selbst jeder ökonomischen Vernunft zum Trotz setzte Ferdinand II. jetzt in Böhmen das durch, was Richelieu und Ludwig XIII. gegen die Hugenotten noch nicht gelingen sollte, obgleich sie das »Fundamentalgesetz« von der Katholizität Frankreichs darauf verpflichtet hatte:[16] Daß nämlich alle »Majestätsbriefe, Landtags-Beschlüsse, Reversalien, Resolutionen, Privilegien oder andere Satzungen und Ordnungen, welchen Namen sie auch haben mögen, [...] jetzt und zu ewigen Zeiten cassiert sein und bleiben« – sofern sie der Katholischen Religion zuwider sind.

Und alle »diejenigen, so solches wiederum auf die Bahn bringen und movieren wollen, für öffentliche Zerstörer des gemeinen Friedens ipso facto gehalten werden, und Leib, Ehr und Gut verloren haben sollen. Wie dann auch hinfüro keiner ins Land oder in den Städten, er sei dann Unserer H[eiligen] Katholischen Religion zugetan, angenommen werden soll.«[17]

Die Wiedereinsetzung des *Prälaten-Standes,* der ja politisch auf den Landtagen seit der Hussitenzeit nichts mehr zu sagen hatte, als den »ersten und vornehmsten unter anderen Ständen«,[18] konnte diese Maßnahmen zur Sicherung des Erbdominats und der Katholizität Böhmens nicht aufwiegen. Überdies wurde die bisherige Landes-Administration in eine Haus-Bürokratie umfunktioniert, in der Korruption und Vetternwirtschaft – untrügliche Zeichen des Personalismus – das Schranzenwesen förderten, auf Kosten eines verfolgten und verbitterten Stände-Volkes.

Einer der Hauptverfasser dieser Verneuerten Landesordnung, der Fürst von Liechtenstein und Vize-König von Böhmen, war zwar am 12. Februar dieses Jahres 1627 gestorben[19] und konnte den Erfolg dieser »patrimonialen Entartung« (O. Hintze) nicht mehr genießen. Ferdinand II. jedoch war mit diesem Macht-Werk zufrieden und empfahl es »anderen Potentaten« zur Nachahmung[20] – ohne Rücksicht darauf, daß er den Katholizismus als Despoten-Religion denunziert hatte. Und dies, obgleich die benachbarten Polen mit allem Nachdruck zeigten, daß sich Katholizismus und libertäre Verfassung nicht ausschließen mußten, ja beide einem korporativen Vertragsdenken und Treuhändertum verpflichtet sein konnten. Wie gefährdet diese Traditionen allerdings waren, hatte das Tridentinische Konzil mit der absolutistischen Erhöhung des Papstes im »Patrimonium Petri« vorgemacht[21] und der habsburgtreue Wahlkönig Sigismund III. um 1607 nachgeahmt, als er das libertäre Polen in ein Erbsystem des »Dominium absolutum« verwandeln wollte: Der Adel als Szlachta hat es aber zu verhindern gewußt.[22]

Nicht die Spaltungen der Religion verursachten die Kriege, sondern die gleichzeitig anhängige Eigentums-Frage, aus der wiederum einige Fürstenhäuser in Krisenzeiten ihren besonderen Nutzen zogen, indem sie den Patrimonialismus probten. Jene Besitz-Ideologie, die Ferdinand II. erst in der Steiermark und jetzt in Böhmen rücksichtslos durchgesetzt hatte, während in Preußen Schwedens Reichskanzler Axel Oxenstierna daran arbeitete, für das Mitternächtige Reich auf der Basis seiner bisherigen Fundamentalgesetze eine Gesamt-Verfassung zu entwerfen. In deren Präambel sollte es 1634 in Analogie zu Aristoteles, der Römischen Republik, Venedigs Verfassung, Polens Rechtsbestand und den Konstitutionen des Heiligen Reiches heißen, daß »ein ordentliches Regiment« nur dort besteht, wo »dem König die Majestät [Exekutive], dem Senat die Autorität [Judikative] und den Ständen ihr Recht und Libertät [Legislative] [...] garantiert werden«.[23]

Im Vergleich des politischen Selbstverständnisses beider Systeme wird jetzt erst so recht verständlich, was die bisherige Geschichtsschreibung oft bewußt ausgeblendet hat, um die Diktaturen des Absolutismus als Inbegriff des »modernen Staates« ausgeben zu können: Der Kampf für die Libertät war eine historische Entscheidung gegen den Patrimonialismus und dessen Bestreben, das Treuhandwesen des Feudalismus radikal zu beseitigen.

Dieser Teufelskreis mußte unbedingt durchbrochen werden, um die Anrainer und die weiteren Nachbarn davor zu bewahren, daß der fortgesetzte Mißbrauch der teutschen Machtmasse durch Habsburg ihre eigene Freiheit über kurz oder lang beendete. Schon reiften in Wien, Madrid und Warschau Pläne zum Bau einer großen Flotte, mit der vor allem Schweden auf der Ostsee bekämpft und am Ende erobert werden sollte.[24] Außerdem wußte ein jeder, daß hinter solchen Vorstellungen »äußerst gierige Menschen« am Werke waren. Jan Comenius sprach einmal von diesen Kriegstreibern bei einer Betrachtung des Naturrechtes.[25] Er sollte ihre Habgier, ihre Verachtung und ihren Haß zur Genüge kennenlernen, als er im kommenden Jahr 1628 sein geliebtes Mähren verlassen mußte, um sich dann nach einem Aufenthalt in Polen dem fernen Hort der Hoffnung auf ein friedliches Leben in Freiheit zu nähern – Schweden.[26]

Wallensteins Machtrausch

Als sich Wallenstein in einer Korrespondenz mit dem Obristen Arnim vertraulich dazu äußerte, daß er »den Schweden gerne zum Freunde haben will, aber daß er nicht gar zu mächtig ist«,[27] da hatte er bereits das Hauptziel des Feldzugs von 1627 erreicht: Im Zusammenwirken mit diesem Arnim und dem Corps eines Grafen Schlick, gedeckt auch durch Tillys Liga-Heer, mit dem er sich jetzt besser verstand,[28] hatte er Christian IV. vom Reichsboden vertrieben, bis nach Jütland verfolgt und auf dessen Hauptinseln abgedrängt.[29]

Das riesige Heilige Reich war von der Etsch bis an den Belt fast ganz von Widerständlern einer Habsburg-Macht gesäubert, deren geheime Wünsche Wallenstein in seltener Offenheit beim Namen nannte: »Der König muß gedenken, daß er Monarch der Welt werden und nicht für sein Patrimonium allein [die Fürstentümer] Schweinitz und Jauer haben soll, wovon er ohnedies kein Einkommen hat. Ich habe kein Interesse dabei, betrachte allein I. Kais. M:t Dienst, denn dero Glück und Ruin consistiert in guter oder böser Affektion der Armee. [...]«[30]

Ein Universaldominat als Militär-Diktatur und Patrimonial-System zugleich: Das war das Ziel der tobenden Kriegerei. Es konnte aber erst dann verwirklicht werden, wenn »wir Kur-Bayern recht auf unserer Seite haben«. So sinnierte Wallenstein und zog aus dieser Verbindung gleich den auftrumpfenden Schluß: In diesem Fall »sind wir Patroni [die Herren] nicht allein von Teutschland, sondern von ganz Europa«.[31] Und für die Verwirklichung dieser Macht-Vision war ihm, dem »Unmenschen«, der »niemand achtet, nur sich und seinen Wollüsten ergeben« ist, »hart über die Untertanen« herrscht, »geizig, betrüglich [...] auch streitbar« sich gebärdet und dennoch »unverzagt« bleibt,[32] jedes Mittel recht. Die übrigen Stände und Kurfürsten im Heiligen Reich aber wurden bei Ferdinand II. während des *Kurfürstentages* zu *Mühlhausen* (Thüringen) auch deshalb vorstellig und beschwerten sich über den reichsweiten Terror dieses Friedländers: Ihr Erfolg war freilich gering.[33]

Denn es war nach dem Triumph in Böhmen doch jedem Beobachter dieses Szenarios klar, daß Wallensteins Militär-Diktatur im Felde nicht nur die Haus-Diktatur Habsburgs nach außen sicherte, sondern auch den Boden dafür bereitete, sie auf das Heilige Reich auszudehnen. Die Klagen des Pommern-Herzogs über die »äußerste Not«, in die seine Länder und Stände geraten seien[34], drückten aus, was den übrigen Reichsständen zugemutet werden konnte.

Der Krieg galt als Mittel des Zerstörens aller Libertät, um dann den Erwerb von Land und Leuten im patrimonialen Sinne zu festigen. Hier liegt die Ursache allen Übels dieser teutschen Tragödie, die mit dem Wiener Konkordat von 1448 begonnen hatte, 1555 im Augsburger Religions- und Landfrieden nach dem Bauern- und Schmalkalden-Krieg eingedämmt und jetzt wieder entfacht wurde. Mit der von Wallenstein geforderten Überlassung der pommerschen Häfen bestand sogar die Gefahr, daß Schweden in diesen Konflikt gezogen würde und damit aller Schaden nur noch größer wurde.[35]

Konnte es den gedemütigten Konfessionen Teutscher Nation ein Trost sein, daß eine Handvoll Staatsterroristen in ihrem wuchernden Erbwahn das mit grausameren Waffen nachvollzog, was Thukydides fast zweitausend Jahre früher als »Pathologie des Krieges« angeprangert hatte? Im zehnten Kriegsjahr erinnerte in England der Gelehrte Thomas Hobbes mit der Übersetzung des »Grecian War« nicht nur an eine ähnliche Leistung des teutschen Reformators Melanchthon,[36] sondern auch an eine Wiederholung des hellenischen Traumas auf dem Boden des Heiligen Reichs. Ob es sich um die »Calvinisten-Tyrannei« in Ostfriesland unter Mansfelds Scharen handelte[37] oder um die »Ligisten-Barbarei« während der Feldzüge Tillys,[38] stets fügten zuchtlose Soldaten dem Leidensbuch der Geschichte neue und abscheuliche Kapitel hinzu: der Griff nach der Fahrhabe (Geld) friedlicher Menschen als Ersatz für ausstehenden Sold, das Zerstören der Festhabe (Güter) aus Wut über geleistete Notwehr und all die Tätlichkeiten gegen wehrlose Kinder, denen man dic Köpfe abschlug, oder gegen Frauen, denen nach einer Vergewaltigung die Brüste abgesäbelt wurden.[39] All das waren Untaten, wie sie Thukydides selbst erlebt und als Geschichtsschreiber angeprangert hatte: eingedenk des Macht-Fiebers enthemmter Männer, denen »untereinander weniger das göttliche Recht die Treue verbürgte als [vielmehr] gemeinsam begangenes Unrecht«.[40]

Nichts kennzeichnet Wallensteins Machtrausch in Pommern, in Mecklenburg und in der Mark Brandenburg genauer als die Einsicht, daß Verdorbenheit ins Verderben führt und ungerechte Mittel auf die Dauer nicht gerechten Zielen dienen können. Seine Anordnungen, das Rauben, Brennen und Morden einzustellen, fruchteten wenig, weil er selbst doch allen Soldaten und Untergebenen vormachte, wie maßlos er mit seiner Generals-Gewalt umging. Mit seinem Verhalten verdunkelte er nicht nur den kaiserlichen Namen, sondern zerstörte auch das »gute teutsche Vertrauen« der Stände untereinander und zum Oberhaupt des Heiligen Reiches. Dabei folgte er stets dem scheinbar so erfolgreichen Macht-Programm: »Wir müssen das für eine Maxime halten, daß wir schier keinem Menschen nicht trauen dürfen.«[41]

Die Überlegung, daß Dukaten nichts nützen, wenn in einem Gemeinwesen, einer Korporation oder Familie das Vertrauenskapital verspielt ist, kam ihm nicht in den geschäftigen Sinn. All sein Streben war jetzt darauf gerichtet, sich als Patrimonialherr über Mecklenburg zwischen Elbe und Ostsee einzurichten. Das demütigende Vertreiben der bisherigen Herzöge Adolf Friedrich I. und Johann Albrecht II., die 1621 das väterliche Erblehen in eine Schweriner und Güstrower Linie geteilt hatten, aber die Landesorgane wie Consistorium, Hof- und Landgericht samt Landtag und Universität zu Rostock gemeinschaftlich unterhielten,[42] deckt Wallensteins Raffgier ebenso auf wie die Vergehen an der Verfassung des Heiligen Reiches durch Ferdinand II. – nur, um der Machtsucht eines Condottiere zu genügen.

Nach außen wurde die Investitur Wallensteins in Mecklenburg mit dem »Verrat« der beiden Herzöge begründet, die sich dem Bündnis des Niedersächsischen Kreises angeschlossen und damit auch Christian IV. unterstützt hatten. Außerdem erhielt diese »Veränderung« den Rechtstitel eines »Pfandes«, das der

Kaiser seinem General ähnlich überließ wie Ober-Österreich dem Bayern-Herzog Maximilian. Daraus konnte der Schluß gezogen werden, daß diese Übereignung an Wallenstein zeitlich begrenzt und damit widerrufbar sei. Zur Täuschung der aufgebrachten Öffentlichkeit war der Mißbrauch dieser Worte gut genug. Nach innen aber bediente sich die korrupte Hofburg eines Lehns- und Kaufbriefes – allen Einreden des Grafen Khevenhiller zum Trotz, dieses Schandgeschäft nicht abzuschließen[43] –, mit dem sich Wallenstein als realer Eigner dieses Herzogtums fühlen durfte.[44] Barsch wies er denn auch seinen Statthalter San Julian in Mecklenburg an, »daß beide Fürsten aus dem Lande sich begeben per amor o per forca [freiwillig oder mit Gewalt]; denn da muß man alle Courtoisie [Höflichkeit] auf die Seit setzen, weil das Eigenwohl dazu rät«.[45]

Johannes Kepler, der sich in seiner großen Not hatte überreden lassen und in Wallensteins Dienste getreten war, bestätigte diese Brutalität seines jetzigen Brotherrn. Aus Sagan, wo er Ende Juli, von Regensburg kommend, eingetroffen war und sehr unter der Einsamkeit dieser abgelegenen Akademie zu leiden hatte, schrieb er seinem Freund Bernegger zu den »Umtrieben« einer gnadenlos durchgeführten Zwangskatholisierung: »Ich sah üble Beispiele, wie Bekannte, Freunde, Menschen meiner nächsten Umgebung vernichtet wurden, und wie der persönliche Verkehr mit den erschreckten Menschen aus Angst abgebrochen wird und anderes mehr.«[46]

Noch eine Spur also im Teufelskreis von Enteignung und Entrechtung zugunsten nackter Macht, die sich zum Schein in Formen des Rechts kleiden konnte und von vielen Menschen als Faszinosum empfunden wurde, wenn ihre Verfechter aus Schlauheit triumphierten: Heißt doch »im allgemeinen der Mensch lieber ein Bösewicht, aber gescheit, denn ein Dummkopf, wenn auch anständig; des einen schämt und mit dem anderen brüstet er sich«.[47] An dieser Einschätzung des Thukydides hatte sich bis zum Teutschen Krieg nichts Grundlegendes geändert. Es sei denn, daß sich die Anständigen aus Patriotismus und Angst vor eigenen Verlusten ein Herz fassen konnten und in ihrer Notwehr einen kühlen Kopf bewahrten, um im Bewußtsein des Gerechten der Welt und den Nachfahren zu zeigen, daß auch ein gescheiter Peiniger scheitern kann. Oder, daß sie sich eines anderen teutschen Teufelskreises erinnerten, »wie abscheulich es sei, daß ein Evangelischer wider das Evangelium diene und fechte, und wider das Evangelium fürs Papsttum, und wider sein Vaterland für einen fremden Tyrannen, und als ein Teutscher wider Teutschland für Spanien. [...]«[48]

Wallenstein, der bewußt viele lutherische Offiziere in seiner Privatarmee beschäftigte,[49] sollte noch erleben, daß dieser Aufruf des »Hansischen Weckers« keine leeren Worte waren. In ihnen drückte sich vielmehr ein Patriotismus aus, der wie bei Czepko in Recht und Freiheit das Vaterland erkannte und seine Anhänger befähigte, wie einst bei Wimpfen das »Weiße Regiment« gegen Tilly, jetzt gegen Wallenstein das eigene Leben in die Schanze zu schlagen.

Rostock und Stralsund

Während sich die beiden Mecklenburger Herzöge in ihr Los schickten, mit ihren Familien und etwas Fahrhabe ein Fürstentum verließen, das mehr als 800 Jahre im Erblehnsbesitz treu und redlich dem Heiligen Römischen Reich ein ehrbarer Stand gewesen ist,[50] erinnerten sie sich der nahen Verwandten im benachbarten Dänemark und Schweden: Zu Christian IV. waren sie von ihrer Mutterseite her Vettern und Gustav Adolf dadurch verbunden, daß seine Mutter Christina aus dem Hause Holstein stammte und die Schwester der Mutter beider Herzöge war.[51]

Trotz dieser Verwandtschaft durften die politischen Erwartungen aber nicht zu hoch angesetzt werden. Denn Dänemark war ein Wahlreich, in dem der Reichsrat mit dem Reichstag sehr darauf sah, daß die Krone Dänemark nicht für die Hauspolitik Christians IV. mißbraucht wurde. Es verwundert daher nicht, daß man sich in Schweden über Nachrichten sorgte, der Nachbar könne »eine Veränderung im Regiment« vornehmen, d. h.

angesichts seiner schweren Lage das libertäre Wahlkönigtum abschaffen und eine Erb-Diktatur einrichten:[52] Eine »Staatsumwälzung«, die erst 1661 nach dem verlorenen Krieg gegen Schweden gelingen sollte.[53] Auf dänischer Seite wiederum gab es immer noch Befürchtungen, Gustav Adolf würde jetzt die Schwäche seines Nachbarn und »Erbfeindes« ausnützen, um harsche Vergeltung für die Verluste im Kalmar-Krieg vor fünfzehn Jahren zu üben. Die schwedische Reichsleitung beabsichtigte dies freilich noch nicht. Sie bemühte sich vielmehr um eine »royale Konjunktion« der beiden nordischen Mächte gegen den neuen und gemeinsamen Rivalen im Kampf um die Oberherrschaft über die Ostsee. Dazu hieß es in einem Gutachten des Reichsrates zur sicherheitspolitischen Lage unmißverständlich und wegweisend, daß das Dominium Maris Baltici »seit unvordenklichen Zeiten (hedenhös) der Krone Schweden gehört habe«.[54]

An diesem Anspruch alleiniger Verfügung über das Baltische Meer stieß sich mit einigem Recht der dänische Nachbar. Denn schließlich gehörten ihm die strategisch wichtigen Inseln Bornholm, Gotland und Ösel (Livland gegenüber), die zu einem Gegenanspruch berechtigten. Schon aus diesem Grunde und Vorbehalt wollte Christian IV. trotz Bedrängnis von Tilly und Wallenstein nur bedingt auf das Angebot aus Stockholm eingehen.[55] Noch war ja seine Flotte einsatzfähig, und mit dieser versuchte er sogar eine Blockade des Hafens von Rostock.

Bedeutung hatte diese Hanse-Stadt, in der es im Gegensatz zum benachbarten Stralsund einen starken Rat und eine schwache Bürgerschaft gab, durch die Bergen-Fahrt und den Handel mit Norwegen sowie durch die Universität erlangt. An ihr wurden seit 1419 viele Schweden ausgebildet, darunter Axel Oxenstierna und Adler Salvius, einer der späteren Chefunterhändler Schwedens beim Friedenskongreß in Osnabrück.[56] Eine Blockade im Sund und des Hafens selbst hätte beide Grundlagen ihres Gedeihens empfindlich getroffen, worauf Christian IV. in seiner eigenen Bedrängnis jetzt keine große Rücksicht nehmen wollte. Denn vor der Stadt wurde bei Warnemünde eine Schanze angelegt, und außerdem hatten die Rostocker die angerückten Wallenstein-Truppen mit Proviant zu versorgen: Das Fernhalten einer kaiserischen Garnison allein genügte also dem Dänenkönig nicht als Beweis strikter Neutralität in diesem gnadenlosen Ringen auf Leben und Tod.[57]

Verständlich, daß sich Rostock in dieser Zwangslage nach allen Seiten umsah und Hilfe suchte. Sogar bei Gustav Adolf, der sich schon 1625 für eine Überlassung des Nachbarhafens Wismar sehr interessiert hatte.[58] Diese Kontakte mißfielen Christian IV., so daß sie in Stockholm nicht sonderlich forciert wurden. Nachdem nun an der Schanze Warnemünde weiterhin gebaut wurde, schlug der Dänenkönig Anfang März 1628 zu. Bergen-Fahrer aus Rostock wurden im Sund angehalten und nach Kopenhagen gebracht. Anfang April gelang es sogar, unter dem Feuerschutz von drei Kriegsschiffen die Hafeneinfahrt mit zwei Schuten zu sperren. Sie waren mit Steinen beladen und gezielt versenkt worden – eine Maßnahme, die das Wirtschaftsleben der rührigen und nun geprüften Hanse-Stadt fast lahmlegte[59] und in Schweden, das vor allem große Mengen Bier aus Rostock bezog, wenig Zustimmung fand. Dennoch kamen die beiden nordischen Könige überein, sich gegen die drohende Gefahr aus dem Süden abzustimmen, sich gegenseitig genügend zu informieren und darauf zu bestehen, daß bei möglichen Friedensschlüssen beide Mächte einbezogen wurden.[60]

Dieses Abkommen nutzte jedoch den Rostockern in ihrer prekären Lage gar nichts, denn Christian IV. wollte trotz schwedischen Drucks die begonnene Blockade nicht abbrechen.[61] Auch der in Lübeck tagende Hansetag vermochte in dieser Angelegenheit wenig auszurichten.[62] Dafür mußte die Stadt widerstrebend die *Erbhuldigung* an Wallenstein leisten, der zu diesem Machtakt seinen Statthalter San Julian geschickt hatte.[63] Und vom Monat Mai an kaperten die Schiffe der Dänen in der offenen See sogar Rostocker Schwedenfahrer, die nicht nach Kopenhagen, sondern nach Stralsund dirigiert wurden. Dort erwartete auch Schwedens Reichsleitung die kommende Entladung im Konflikt mit Wallenstein und betrachtete Christians IV. Blockade als eine Teil-Diversion, an deren Ende im

Oktober Rostock doch noch eine kaiserische Besatzung bekam.[64]

Stralsund hingegen wehrte sich gegen eine solche Demütigung mit ganz anderen Mitteln. Wie Rostock als Mediat-Stadt an die Herzöge von Mecklenburg als Reichsstände gebunden war, so befand sich auch Stralsund in einem Vertretungsbündnis mit dem Herzog von Pommern. Beide Hansestädte waren demnach nicht reichsfrei – wie Lübeck oder Hamburg – und mußten Außenbeziehungen oder Verbindungen zu »Kaiser und Reich« mittels der herzoglichen Stände wahrnehmen: eine rechtliche Konstellation, die bald den Friedenskongreß in Osnabrück und Münster zeitweilig blockieren sollte.[65] So kam es auch, daß der Herzog Bogislaus XIV. bereits am 20. November 1627 mit dem Obersten Arnim einen Vertrag aushandeln konnte, der für alle ummauerten Städte Pommerns eine kaiserische Garnison vorsah.[66] Als sich aber Stralsund weigerte, dieses Abkommen zu erfüllen, wurde ihm die Forderung von 150000 Talern Ablösesumme zugestellt und das Beispiel Rostock vorgehalten, das sich widerstrebend für 140000 Taler die zeitweilige Befreiung von einer derartigen Garnison erkauft hatte.[67]

Der Rat dieser Hanse-Stadt war nach weiteren Drohungen auch bereit, sich in einem Kompromiß mit Arnim freizukaufen. Was aber darin ausgehandelt worden war, mißfiel Wallenstein und fand auch nicht die Zustimmung der Bürgerschaft, so daß kaiserische Truppen den Dänholm (eine Halbinsel) vor den wehrhaften Mauern etwa zur gleichen Zeit besetzten, als San Julian in Warnemünde die Schanze anzulegen begann. Und sofort kam es zu Übergriffen und Sabotageakten der Bürgerschaft. Sie verstand es sogar, Kanonen für Arnim in der Stadt festzuhalten, als diese vom Rat geliefert werden sollten, und setzte mit gezielten Kommandos der Besatzung auf dem Dänholm so hart zu, daß diese schließlich kapitulieren mußte.[68]

Das waren unter der patriotischen Führung des Advokaten Jusquinus von Gosen erste Schläge auch gegen den Bürgermeister Lambert Steinwich. Dieser fühlte sich ebenso »wohlintentioniert für die Verteidigung der Freiheit und der Privilegien dieser Stadt, wie des ganzen evangelischen Wesens«, suchte aber eher den Verhandlungsweg als die militärische Kraftprobe.[69] Dazu mußte es aber in erhöhtem Maße kommen, als Wallenstein von Böhmen herüber Arnim die strenge Anweisung gab, diese widerspenstige Hanse-Stadt »mit Ernst anzugreifen«. Denn man könne nicht wissen, wohin das führe, wenn sie sich mit Erfolg gegen ihn und damit die kaiserische Macht wehre. Ist seine Schärfe zunächst noch mit Vorsicht gemischt, so bricht Ende Mai 1628 wieder seine unbarmherzige Härte durch: »Ich traue den Städten so ganz und gar nicht.«[70]

Dafür trauten sich die Stralsunder um so mehr zu. Sie wollten lieber sterben, als sich einer Diktatur zu unterwerfen.[71] Das war friesisch und polnisch zugleich gedacht, venezianisch nicht minder, und nahm man das schweizerische und niederländische Feiheitsdenken dazu, dann ergab sich in dieser teutschen Form, gestützt auf den Vertragsgeist der Libertät im Heiligen Reich oder im nahen Schweden, eine Manifestation des Patriotismus gegen den Patrimonialismus. Stralsund wurde in seinem Überlebensdrang, Opferwillen und seiner Todesbereitschaft für seine Stadt-Autonomie zu einem Fanal dafür, was Bürger leisten können, wenn sie einig sind und auf dem Weg des Rechts nicht vergessen, daß zu seiner Herrschaft der ganze Mann einstehen muß.

Angst, Kleinmut und Zagerei sind deshalb aber noch nicht verschwunden. Sie gehören vielmehr dazu, um sich in kritischen Phasen und bei andringender Not der republikanischen Tugenden erneut zu vergewissern. Das ist die Dialektik des wahren Patriotismus, in dessen historischen Sternstunden aus Schwächen eine ungewohnte Stärke wachsen konnte. Die lauten Herren »Saufaus«, »Sprichgroß«, »Pumpsack«, »Ganzweis« oder »Halbtoll« tanzten trotz der steigenden Not ihre Reigen außerhalb der Reihe, und die Wehrhaufen um die Herren »Stehfest« hatten mit diesen verqueren Brüdern ihre Mühe und Last.[72] Aber gerade das Zucken dieser Schatten in der leidgeprüften Stadt trieb die übrigen libertären Sinne zur Einsicht in die Notwendigkeit der Gegenseitigkeit – des »mutuum respectum« – als Ausdruck des vertraglich Gerechten. Und jedem, der die Zustände jetzt im Heiligen Reich mit seiner faktischen

Militär-Diktatur und politischen Friedhofsruhe kannte, schien klar, was die Stunde geschlagen hatte, wenn diese Belagerung nicht durchgestanden würde: »Statuieren einer absoluten Gewalt mit einem mehr als tyrannischen Dominat.«[73]

Es ging darum, dem Verrat dieses Kaisers an den Verfassungen des Heiligen Reiches und seiner Stände mit Gut und Blut zu widerstehen. Das ist auch der Grund dafür, daß man erst nach schwerem inneren Ringen im Zustand übergesetzlicher Not dänische und schwedische Hilfe annehmen konnte. Dabei hatte wahrscheinlich Rasches »Hansischer Wecker« einige Gemüter an die Forderungen des Naturrechts erinnert und Propaganda für die Teutsche Freiheit geleistet, deren Kraft Wallenstein bald erleben sollte.[74]

Als er nämlich nach einer langen Winterpause in Böhmen Anfang Juli im Arnimschen Lager vor Stralsund eintraf, da war er schon der Popanz, mit dem keine vertragliche Einigung mehr möglich schien und der zum Abzug gezwungen werden sollte. Dafür standen die Zeichen gar nicht so schlecht: Christians IV. Truppen unter dem Obersten Holk, der später unter Wallenstein befehligen sollte, jetzt aber etwa tausend Soldaten aus Schottland in die belagerte Stadt gebracht hatte, und die schwedischen Spezialeinheiten unter Rosladin und Duval hatten die Hoffnung der Stralsunder gestärkt. Der Kampf gegen die Vertreter der »Babylonischen Hure«, die mit ihren feuerspeienden Eisenköpfen die dicken Mauern der Stadt beleckte, konnte nun erneut entbrennen.[75] Der Beistandspakt mit Schweden und einer vorläufigen Laufzeit bis 1648 (!) stützte zusätzlich den Defensionswillen. Er signalisierte aber auch, worum es Gustav Adolf und Axel Oxenstierna in ihrer Sicherheitspolitik ging, die von Preußen aus mit Spannung den Fortgang dieser Belagerung beobachteten: mittels dieser Stadt und des Herzogtums Pommern schrittweise jene Qualität zu bekommen, die der mißtrauische Nachbar Christian IV. mit dem Herzogtum Holstein schon besaß – die Reichsstandschaft als bestem Mittel zur eigenen Sicherheit.[76]

Das war eine weitreichende politische Strategie, die sich bereits ein Stück erfüllte, als Wallenstein am 25. Juli 1628 abzog.

Ein zweitägiges Brescheschießen und nächtliche Sturmangriffe auf die Mauern Stralsunds, Schein-Verhandlungen und Wolkenbrüche, hohe Verluste an Mannschaften und Material sowie die steigende Gefahr einer dänischen Diversion auf Mecklenburg zwangen ihn, einen ähnlichen Rückzug anzutreten wie Mansfeld vor Dessau. Vom Hohn und Spott der erleichterten Stralsunder begleitet, die ihm noch eine lebensnahe Prophezeiung hinterherriefen: »Wer allzu schnell steigt über sich, / Der fällt gewiß bald unter sich / Gleich wie ein Eierkuchen. [...]«[77]

Vaterländer in der Fremde

Wer wollte der Einsicht widersprechen, daß die Zerstörung eines Bauernhofes ein Unglück ist? Muß man aber dagegen den »Untergang des Vaterlandes« gleich als Phrase abwerten?[78] Es kann auch tröstlich sein, einen verbrannten oder ausgebombten Hof wieder aufzubauen und auf diese Weise zur inneren Gesundung eines Vaterlandes beizutragen. Die Sicherung von Grund und Boden läßt dabei im Rahmen eines Haus- und Landfriedens an eine bessere Zukunft glauben.

Auf solch ein Glück mußten unzählige Menschen verzichten, die wegen ihres Glaubens von Haus und Hof getrieben oder gar des Landes verwiesen wurden. Und nicht jeder von ihnen wurde so glücklich wie der Moriske Ricote, der nach seiner Vertreibung aus Spanien in die Nähe von Augsburg kam, sich dort ein Haus gekauft haben soll und Toleranz wie ritterlichen Sinn der Teutschen lobte: »Ich kam nach Teutschland und hier, schien es mir, könne man mit mehr Freiheit leben. Denn seine Einwohner mischen sich nicht in anderer Leute Angelegenheiten: Jeder lebt da, wie er möchte, denn in seinem größeren Teil lebt man in Gewissensfreiheit.«[79]

Innerhalb der vergangenen zehn Jahre hatte sich dieses schmeichelhafte Bild besonders dort gewandelt, wo Habsburg die Menschen in Böhmen, Mähren, Schlesien und in den eigenen Erblanden vor die grausame Alternative stellte, entweder das bisherige evangelische Bekenntnis aufzugeben und sich zur Römischen Kriche zu bekehren oder den Besitzstand ohne Entschädigung zu verlassen. Dabei traf diese Zwangskatholisierung oder Emigration nicht nur Bauern, sondern auch alle anderen Berufsstände in Stadt und Land.[80]

Gott und Gut unter einen Hut! – Im Sinne dieser Maxime ging Ferdinand II. ohne Rücksicht auf die militärische Lage im Norden des Heiligen Reiches seit 1628 verstärkt vor. Haus für Haus wurde in seinem Machtbereich durchsucht, damit nicht einmal im Gesinde die protestantische Ketzerei eine Chance hatte oder von Handwerksburschen verbreitet wurde. Kardinal Dietrichstein ging ihm dabei in Mähren eifrig zur Hand. Selbst durch Güterkonfiskation reich geworden und in vielem ein erbitterter Gegner Wallensteins,[81] betrieb er die gewaltsame Ausweisung von Angehörigen der Böhmischen Konfession und der Mährischen Brüder.

Unter den Vertriebenen war auch Jan Comenius. Er begab sich nach Polen und durfte am berühmten Gymnasium zu Lissa als Lehrer tätig sein – ein halbwegs erträgliches Los, wie schmerzhaft auch der gewaltsame Abschied von der geliebten Heimat gewesen sein muß. Aber sogar in der Fremde fühlte sich Comenius in ihrem Dienst stehend. So begründete er seine heimliche Arbeit an einer neuen Didaktik zur lateinischen Sprache mit dem innigen Wunsch, daß es bei einer »Rückkehr in unser Vaterland Hilfsmittel gäbe, damit die Schäden, welche den Schulen und der Jugend zugefügt worden sind, schneller behoben werden könnten«. Wie er ironisch anmerkt, konnte er dieses Geheimnis nicht für sich behalten und fand sich bald von seinen polnischen Kollegen gedrängt, die »Didactica Magna« schon in seinem Zufluchtsland zu veröffentlichen. Nach eigener Angabe soll sich Comenius dabei ein wenig geziert und geantwortet haben: »Dieses Werk ist nur meinem Vaterland zugedacht.« Darauf aber erwiderten die neuen Freunde schnell: »Das Vaterland liegt dort, wo es einem gut geht.«[82]

Die *Patria* wird hier in der Aristophanes- und Cicero-Tradition universal auf den Menschen und das »gute Leben« bezogen, dessen Gestaltung und Sicherung im Zeichen des Gerechten von

Aristoteles als das Ziel aller Politik empfohlen worden ist.[83] Dieser kosmopolitische Gehalt der Patria war Comenius nicht unbekannt, so wenig wie ihre Bestimmung als »das Land besitzender Väter«, die jetzt enteignet auf der Flucht durch halb Europa hetzten und nur noch die schwache Hoffnung hatten, daß es nach dem Scheitern der Haager Allianz dem aufstrebenden Schweden gelingen könnte, den Böhmen und Mähren die Freiheit in Bekenntnis und Besitz zurückzugewinnen. Daran dachte auch Comenius, wenn er mit dem brennenden Herzen eines Patrioten im Exil vom »Vaterland« sprach: Er ahnte jedoch nicht, daß ihm selbst sein Freund Axel Oxenstierna nach zwanzig Jahren unentwegten Kampfes mit den Habsburg-Mächten das Glück der Freiheit in den Landen der Wenzelskrone nicht sichern können würde.[84]

Obgleich auch in Frankreich der Bürgerkrieg tobte und Richelieu alle Kräfte auf die Eroberung von La Rochelle, der Hugenottenfeste, konzentrierte, um endgültig den politischen Calvinismus zu zerbrechen,[85] waren die Beweggründe von René Descartes, in diesem Jahr 1628 sein Vaterland zu verlassen, trotz ihrer eigenen Dramatik nicht unbedingt politischer Natur. Er suchte Ruhe und fand sie zunächst in Amsterdam. In einer Stadt, die mit ihrer mächtigen Börse für Kapital und Waren ein europäisches Zentrum war und wegen ihrer religiösen Toleranz und Weltoffenheit ähnlich Danzig im Osten größere Bedeutung hatte als manch eine Hauptstadt weitgestreckter Reiche. Guez de Balzac, später einer der streitbaren Schreiber im Umkreis des Pariser Hofes, bemerkte einmal vom Amsterdam jener Tage: Hier »gibt es außer mir niemanden, der nicht Handel treibt. Jedermann ist so scharf auf seinen Profit, daß ich mein ganzes Leben dort verweilen könnte, ohne jemals von irgendjemandem bemerkt zu werden.«[86]

Das war genau die Umgebung, die sich Descartes in seinem Bedürfnis nach Sammlung wünschte und in der er es auch über zwanzig Jahre lang aushielt, ehe er wie Comenius nach Schweden ging, um dort bei einer der wunderlichsten Konversionen zum Katholizismus behilflich zu sein.[87] Zu einer Religion also, deren weltliche Mächte in dieser Epoche geradezu eine Völkerwanderung in Europa auslösten und damit auch Leute zusammenbrachten, die sich sonst kaum getroffen hätten. So wurde Descartes in seinem niederländischen Exil der Freund von Abraham Heidanus. Ein Professor für Theologie an der Universität zu Leiden, der aus einer reformierten flämischen Familie stammte, die vor der Verfolgung durch Habsburg nach Frankenthal in der Pfalz geflohen war.[88] An diesem befestigten Ort ließ jetzt die Besatzung aus England manchen Teutschen nicht nur an den vertriebenen Kur-Fürsten Friedrich V. denken, sondern auch an das wahre Vaterland, das mit den gerechten Waffen der Notwehr das Leben zu sichern hatte und Gewissensnot erst gar nicht aufkommen lassen durfte.

Nach England, wo sich König und Parlament nach harten Auseinandersetzungen rüsteten, »die Seeküste wie auch die Ströme, so aus Teutschland ins Meer fließen, nach Notdurft zu verwahren«,[89] floh 1628 auch Samuel Hartlib: ein teutscher Universalgelehrter aus Elbing in Preußen, der 1641 Comenius nach England holen sollte. Er war eines der wichtigsten Mitglieder der einflußreichen »Invisible Society«, der Vorläuferin der »Royal Society«, begeisterte sich für alchimistische Heilmittel und bemühte sich sehr, mit dem »Geheimnis des Salpeteranbaus« oder der Solinger Stahlherstellung seinem neuen Vaterland zu nützen.[90] Es war allerdings ein Vaterland, in dem Putschgerüchte des Königs täglich neue Nahrung bekamen und die Katholiken so wenig zu lachen hatten wie anderswo die Protestanten. Ein Land, das dennoch Kräfte entwickelte, die für Verständigung und Befriedung des allseits wuchernden Chaos wirken wollten. Zu diesen Kräften gehörten auch John Durie, der in diesem dramatischen Jahr Seelsorger in Elbing geworden war und dort am Hauptsitz der aufstrebenden schwedischen Macht nicht nur englische Kaufleute betreute, sondern auch für sein Friedenswerk im zerstrittenen Protestantismus Axel Oxenstierna zu interessieren suchte.[91]

Dem Kanzler war das Los von Flüchtlingen aus religiösen und politischen Gründen nicht unbekannt. Er hatte es beim Kampf um Danzig aber von einer ganz anderen Seite zu spüren bekommen. Denn Gabriel Posse, einer der zahlreichen Adligen

Schwedens, die katholisch und Sigismund III. treu geblieben waren, baute in der von Gustav Adolf belagerten Stadt eine kleine Flotte, die dem König nicht wenig Sorgen bereitet haben soll.[92] Ja, es gab auch solche Exilanten, die sich vom Land des lutherischen Staatskirchentums entrechtet fühlten und ihrem alten römischen Bekenntnis nur in der Fremde treu bleiben konnten. Und dies, obgleich Axel Oxenstierna in Übereinstimmung mit dem Reichsrat und dem Reichstag, sowie in Absprache mit Gustav Adolf selbst bei dessen Verfassungseid 1617 vor Gott und den Menschen bestätigen ließ, daß keine Obrigkeit eine Gewalt über das Gewissen hätte.[93]

Diese Einsicht kam in Schweden vornehmlich calvinistischen Fachleuten zugute. Sie durften in ihren Privathäusern ihr Bekenntnis weiter pflegen. Die Niederlassung des Industriellen und »Kanonenkönigs« dieser Zeit – Louis de Geer aus den Niederlanden, der in Finspång Schwedens Militärpotential von Jahr zu Jahr steigerte – ist für diese tolerante Haltung ebenso ein Beispiel[94] wie die Aufnahme des Calvinisten Johann Casimir aus dem Hause Pfalz-Zweibrücken als Schwager Gustav Adolfs[95] oder wie die sicherheitspolitischen Bündnisse und Beziehungen zu vornehmlich reformierten Fürsten (Siebenbürgen) und Mächten (Niederlande). Natürlich waren diese Zugeständnisse nicht ganz problemlos, faßte sich doch Schwedens Klerus als eine »Ecclesia militans« auf, welche die Theologie des Calvinismus ebenso heftig bekämpfte wie den »Papismus«.[96] Aber sie hatten den Boden für ein Manifest bereitet, das Gustav Adolf schon am 12. November 1627 erlassen hatte. Darin bot er seine Reiche und Länder all jenen zu Schutz und Aufenthalt an, die aus den Nachbargebieten »so heftig bedrängt und verfolgt werden, Haus und Hof zu verlassen«. Bei ihm, der sich schon von Jugend an gerne als Schutzherr der Schwachen empfunden und sich die »Nachfolge Christi« im Geist des Thomas von Kempen zu Herzen genommen hatte,[97] sollten die Mühseligen und Beladenen »ihr Refugium« finden. Sie dürfen nach seiner Bewilligung »ohne Beschwerung ins Land mit sich führen, was sie an Gut und fahrender Habe mit sich nehmen wollen. Danach auch, daß sie hier im Reich [Schweden] frei und unbeschwert sitzen sollen«, ohne dafür besonders besteuert zu werden. Nehmen sie allerdings ein Gewerbe oder sonstige Tätigkeit auf, dann möchte er sie »als unsere eigenen Untertanen« nach Recht und Gesetz Schwedens behandelt wissen.[98] Dieses Angebot wurde bereits praktiziert. Zahlreichen fremden Handwerkern, Bergleuten und selbst Gelehrten wie Johannes Loccenius aus dem Dithmarschen wurden Anstellungen ermöglicht[99] und dann auch eine Heimstatt gegeben, um am Ende das Mitternächtige Reich zum Vaterland werden zu lassen.

Den Gelehrten brachte das Exil nicht selten schon im ersten Jahr das Brot, den Handwerkern und anderen Fachleuten manchmal noch im zweiten Jahr die Not, den landesverwiesenen Bauern aber und dem Gesinde bald schon nach dem Verlassen von Grund und Boden den elendigen Tod. Was konnte diesen armen Menschen im Zustand von Hunger, Krankheit und Seelenpein das Vaterland noch wert sein, wenn es von »hohen Tieren« aus Habgier zerstört wurde? Mit diesem mentalen Bruch in all seiner Brutalität ist in der Teutschen Nation über Generationen hinweg viel an Gemeinsinn zerschlagen worden. Was wurde jetzt auf den belagerten Reichsstraßen und auf holperigen Wegen ins Elend für ein »garstig Lied« gegrölt? »Der Krieg ist mein Vaterland, der Harnisch mein Haus und allzeit Streiten mein Leben.«[100]

Der gemeine Mann, sein jammernd Weib und die wimmernden Kinder haben diese Strophe leidend vernommen, zumal wenn sie in die Bistümer Bamberg oder Würzburg kamen, in denen von 1628 an der Hexenwahn tobte und dabei das »Ius confiscandi« raffgierig mißbraucht wurde. Es ist von den dortigen Kirchenmännern so gnadenlos gehandhabt worden, daß selbst Ferdinand II. nicht mehr umhin konnte, in diesen schlimmsten aller Teufelskreise ein Halt zu rufen: »Was aber die höchst schmutzige Konfiskation in diesen Crimina [Strafsachen wegen Hexerei] anbelangt, können Wir diese [. . .] durchaus nit und unter keinerlei Vorwand mehr gestatten.«[101]

Der räuberische Bischof durfte sich trösten. Denn Ferdinand II. arbeitete bereits an Plänen, sich selber, den Bischöfen und anderen katholischen Ständen mit einem besonderen Edikt reichlich Kirchengut der Protestanten zu verschaffen.

Vom Elend falscher Frieden

Der Fetisch »Besitz«

Von seinem König darüber belehrt, daß selbst ein Waffenstillstand auf fünfzig Jahre nicht einen echten Frieden ersetzen könnte,[1] erläuterte Axel Oxenstierna in Preußen einigen Unterhändlern aus Vasa-Polen, was die Grundlage einer dauerhaften Sicherheit mit Vasa-Schweden ausmachen müßte: »Wollen wir uns mit Ernst der Streitsache annehmen und auf einen guten Ausgang hoffen, dann müssen wir, wie es bei allen Verträgen Brauch ist, erst einmal die Ursache und Wurzel des Krieges entfernen und an ihrer Statt eine rechte und stetige Freundschaft zwischen unseren Königen und Reichen in eine gehörige Verfassung bringen.«[2]

Bekanntlich ist dieses Vorhaben nicht gelungen. Denn mit französischer und englischer Vermittlung konnten sich beide Mächte im *Abkommen von Altmark* 1629 nur auf einen Waffenstillstand bis 1635 einigen, der allerdings Schweden zwei unschätzbare Vorteile einbrachte. Zum einen war damit die Ostflanke der geplanten Invasion ins Heilige Reich strategisch gesichert, und zum anderen durfte Schweden die preußischen Zölle einnehmen, die zur Kriegsfinanzierung willkommen waren.[3] Polen hingegen wurde davor bewahrt, das Aufmarsch-Gebiet der Royal-Armee Gustav Adolfs und damit zum Einfallstor nach Schlesien, Böhmen und ins Heilige Reich zu werden.[4]

Wieder einmal wurde ein Waffenstillstand durch einen anderen ersetzt, verschafften sich zwei Kriegsgegner nur eine Atempause. Sie einigten sich auf das Einfrieren des Status quo, ohne die beiderseitige Kriegsursache zu bereinigen, die vor allem im Erbanspruch Sigismunds III. auf die Krone Schweden lag. Diesen hatte er zwar durch Verfassungsbrüche verwirkt, konnte ihn aber aufgrund der Erblehns-Struktur des Reiches Schweden für seinen ältesten Sohn Wladislaus weiterhin rechtmäßig verfechten.[5] Das war einer der Hauptgründe für die zahlreichen Klein- und Großkriege in der Frühen Neuzeit, dem Machiavelli noch zwei weitere, ähnliche Ursachen hinzufügte. In seinem Bemühen, mit Hilfe der Geschichte die Moral der Macht in ihrer Dialektik zu erschließen, hat der Florentiner die Frage gestellt, »welche Menschen in einem Staatswesen schädlicher sind. Diejenigen, welche etwas erwerben wollen, oder jene, welche das Erworbene zu verlieren fürchten«? Die Antwort auf dieses Kernstück aller Politik und Staatskunst läßt die Besitzenden an Umwälzungen eher schuldig werden als die Habenichtse. Denn »die Menschen glauben doch, ihren Besitz nur dann sicher zu haben, wenn sie von anderen etwas hinzuerwerben«.[6]

Vor diesem Fetisch Wachstum, der das Erwerbsdenken nicht zur Ruhe kommen läßt und damit eine fundamentale Bedingung des echten Friedens nicht erfüllen will, hat bereits das Buch Jesaia im Alten Testament gewarnt. Denn der maßlose Boden- und Besitzerwerb verlängert das unselige Kriegen und entfremdet den Menschen sich selbst: »Wehe denen, die Haus an Haus und Acker an Acker rücken, bis kein Platz mehr ist und sie allein Besitzer sind.«[7]

Diese uralte Mahnung erreichte zur Zeit des Teutschen Krieges all jene nicht, die ihre Haus-Politik auf das oft gewaltsame Aneignen von vermeintlich zu Unrecht verlorenen Gütern richteten und dafür einen großen Krieg in Kauf nahmen. Die Politik Spaniens gegenüber den »rebellischen« Niederlanden nach dem Tode Moritz von Oraniens bestätigt diesen Befund und den Versuch, statt eines echten Friedens ohne jeglichen Vorbehalt hinsichtlich der Souveränität den faktischen Zustand (rebus sic stantibus) mit kosmetischen Korrekturen festzuschreiben. Bei Sondierungen zu einem Waffenstillstand zwischen beiden Kriegsparteien erklärte der Maler und Unterhändler Peter Paul Rubens dem dänischen Vermittler im Hinblick auf die Niederlande, daß der spanische König »nichts anderes prätendiert als einen Titel, der mehr zur Reputation als zur Substanz gehört«.[8] In dessen Ansinnen, über die Generalstaaten ein »ewiger Protektor« sein zu dürfen,[9] zeigte sich aber ein Rechtsvorbehalt für die Zukunft. Darauf konnte Den Haag nicht eingehen, wenn es das bisher Erreichte nicht gefährden und auf voller Souveränität bestehen wollte. Als es dann noch im Oktober 1628 Piet Heyn gelingen sollte, fast die gesamte Silber- und Goldflotte Spaniens zu kapern und den Feind in arge Zahlungsprobleme zu bringen,[10] da wurde nicht nur die eigene Erschöpfung gemildert, sondern auch der Gegendruck erhöht.[11] Dies, zumal Spanien mit der schweren Krise um die *Erbfolge von Mantua* ein neuer Großkonflikt ins Haus stand, der wertvolle Kräfte vom niederländischen Kriegsschauplatz abziehen mußte.[12]

Restitutionsedikt

Das Tauziehen um die wertvollen Fürstentümer Mantua und Montferrat hatte ja schon 1616 beim Tode des Herzogs Franz II. europaweit für erhebliche Spannungen gesorgt. Es drehte sich im Kern nur darum, daß jeder Fürst »in dem sicheren Besitz seiner Staaten« bleiben konnte.[13] Das war aber jetzt nach dem Tode des Herzogs Vincenz (26. 12. 1627) nur möglich, wenn alle Beteiligten und Erbberechtigten die Kompetenzen des Kaisers achteten, der hier als Oberlehensherr zu fungieren hatte. Denn vor allem das Herzogtum Mantua war in seiner Rechtsqualität ein Erblehen des Heiligen Reiches und mit dem Ableben des letzten männlichen Erben im Hause Gonzaga an dieses zurückgefallen. Wie nur wenig später im Falle Pommerns, wo das Herzog-Haus ebenfalls ohne Erben geblieben war,[14] kam hier das *Heimfallsrecht* zum Zuge und das *Vergaberecht* des Kaisers, d. h. die Bestätigung einer Fortsetzung dieses Erblehens mittels der weiblichen Erblinie wurde zu einer Probe des distributiv Gerechten.

Zur Präjudizierung dieses Erbrechts und zur Sicherung der beiden Fürstentümer war der Sohn Karl von Nevers', der Herzog von Rethel, nach Mantua geeilt, um dort die Tochter von Franz II. zu heiraten. Außerdem ließ er sich auch noch von den Ständen huldigen und glaubte, mit der militärischen Besetzung Mantuas hinreichende Garantien eines Dauerbesitzes erreicht zu haben.[15] Spaniens Interessen aber, die vom Kaiser mit Hilfe eines »Sequester« wahrgenommen werden sollten,[16] kollidierten mit den Erbrechten der Familie Nevers und mit denjenigen des Herzogs von Savoyen, Karl Emmanuel, hinter denen wiederum die Großmacht Frankreich stand, das nicht hinnehmen wollte, daß Ferdinand II. – selbst mit einer Mantua-Herzogin verheiratet – hier zum Schiedsrichter würde.[17]

Während sich diese Krise um Mantua Zug um Zug auflud, kaiserische Truppen aus dem Norden des Heiligen Reiches trotz der Gefahr einer Invasion durch Schweden abgezogen wurden, um in Mantua Erblehnsrechte zu sichern,[18] hatte Ferdinand II. auf Druck der katholischen Kurfürsten und aus Eigeninteresse eine zusätzliche Krise ausgelöst. Es sollte nämlich bald möglich werden, durch ein besonderes kaiserisches Edikt Kirchengüter aus protestantischer Hand in katholische Verfügung zu bringen! Die Pläne dazu waren mittlerweile abgeschlossen worden.

Gelang deren Umsetzung in die Tat, dann wurden unter den protestantischen Ständen die Calvinisten ins Mark getroffen und auch die Lutheraner vieler Lebensgüter beraubt, die sie sich nach dem *Passauer Vertrag* von 1552 – kaiserisch-katholischer Auslegung gemäß – widerrechtlich angeeignet hatten. Tatsächlich besaß dieser Rechtsanspruch der römischen Seite in Gestalt des *Geistlichen Vorbehaltes* einiges für sich. Denn die Verschiebung der Besitzbasis und des Verfügungs- wie Nutzungsrechtes über ehemals katholisches Kirchengut zugunsten der Protestanten wurde in der Hauptsache nach 1552 und nach dem Augsburger Religions- und Landfrieden von 1555 vollzogen. Bis zum Tode Kaiser Maximilians im Jahre 1576 waren nicht nur reichsunmittelbare Stifte in den Sächsischen Kreisen an protestantische Administratoren gefallen, sondern auch zahlreiche mittelbare Stifte und Klöster von protestantischen

Landesherrn zum eigenen Nutzen vereinnahmt und »reformiert« worden. Außerdem wurden in den Städten des Schwäbischen und Fränkischen Kreises die katholischen Minoritäten oft teilweise oder ganz vom städtischen Ämterwesen ausgeschlossen und hatten an manchen Orten sogar das alte Bürgerrecht verloren.[19]

Es besteht kein Zweifel, daß sich die protestantische Partei in Zeiten der Stärke kräftig auf Kosten der Römischen Kirche bereichert hatte. Unter dem Deckmantel des »Ius territorii« und des »Ius reformandi« schien es möglich und nützlich, für das Wohl der eigenen Häuser zu sorgen. Die protestantische Partei unternahm also im Grunde nichts anderes als Philipp II. in Spanien zur gleichen Zeit, als er sich mit »Amortisationen« Zugang zum Kirchengut verschaffte. Dabei benutzte er unsichere Rechtstitel, um der »Toten Hand« (Kirche) wichtige Güter zu entziehen und sie der »Öffentlichen Hand« (Staat) als Steuerträger nutzbar zu machen und dem Gemeinwohl zuzuführen.[20]

Eine Rechtsbegründung für dieses Vorgehen der Enteignung lieferte oft der Vorwurf einer *Usurpation,* einer angeblich widerrechtlichen Aneignung von Besitz, welcher der Verfügung durch den Obereigentümer (König und Krone oder Kaiser und Reich) mediatisiert oder entzogen worden war. Mit diesem Mittel arbeitete auch Richelieu im Kampf gegen die »Patrimonialoffiziere«. Diese betrachteten ihre öffentlichen Ämter und zugehörigen Pfründen als ein patrimoniales Eigentum, dessen erbliche Vergabe und Nutzung dem König und damit der Krone Frankreich entzogen war. In Verbindung mit der zunehmenden »Käuflichkeit der Ämter«[21] mußte diese Form des Patrimonialismus die fundamentalen »Kompetenzen des Königs« im Bereich des distributiv Gerechten erheblich schwächen, d. h. in der individuellen Güter- und Ämterzuweisung für geleistete Verdienste.[22] Diese Herabsetzung des Königtums wollte Richelieu nach 1624 nicht mehr dulden, weil dadurch Ludwig XIII. in seinen öffentlichen Aufgaben der Sicherung Frankreichs nach außen und der Sicherheit nach innen so wenig nachkommen konnte wie den Forderungen nach Gerechtigkeit.[23]

In der Substanz nicht anders sah sich Ferdinand II. auf der Höhe katholischer Macht im Heiligen Reich aufgefordert, die »Beschwerden« (Gravamina) der römisch ausgerichteten Stände endlich abzustellen und die Usurpationen von Kirchengut durch die Protestanten aufzuheben. Gedeckt durch den »Geistlichen Vorbehalt«, der Ausdruck eines falschen Friedens war, weil er die anstehenden Streitfragen nicht abschloß, sondern offenhielt, hatte man vor allem seit dem Reichstag von 1594 darauf gedrungen, Abhilfe zu schaffen. Aber schon der Reichstag von 1603 ließ deutlich werden, wie kompliziert es war, eine durchgehende Restitution eingezogener Kirchengüter zu verwirklichen. Besondere Schwierigkeiten ergaben sich, wenn nicht der Passauer Vertrag, sondern der Augsburger Religionsfriede bemüht wurde, dessen Auslegung die Protestanten begünstigen konnte.[24] Mit der Drohung, den Reichstag zu sprengen, hatten es vor allem die Calvinisten unter der Führung von Kur-Pfalz verstanden, diese Existenzfrage immer wieder zu vertagen und den Status quo zu bewahren. Schließlich war gerade dieser vornehmste und wichtigste Reichsstand 1613 vorzeitig vom Reichstag in Regensburg – neben der »Türkenhilfe« – wegen der Güterfrage abgereist und hatte deshalb eine Lage mitzuverantworten, die viel zum Ausbruch und Fortgang des Teutschen Krieges beigetragen hatte.[25]

Auf eine Formel gebracht: Die Protestanten hielten für unabdingbares Recht, Kirchengüter nach Maßgabe des zugestandenen »Ius reformandi« dauernd einziehen zu dürfen, während die Katholischen sich nicht weniger berechtigt fühlten und auf ihrer Position beharrten, »um künftige Usurpationen zu verhüten«.[26] Diesem Zweck sollte das *Restitutionsedikt* vom 6. März 1629 dienen, dem schon eine Reihe von Restitutionssprüchen durch den vom Kaiser gesteuerten Reichshofrat in Wien vorangegangen waren.[27]

Aus dieser äußerst komplexen Rechts- und Besitzfrage soll nur ein Kernpunkt erwähnt werden, der ein bezeichnendes Licht auf das historische Verständnis der Zeit wirft und das Problem von Dauer und Wandel zur Sprache bringt. So machten die Vertreter der umstrittenen Rechts-Kontinuität[28] die Fundation oder Gründung eines Klosters und Stiftes geltend, spielten also das »Ius fundandi« vor der Reformation und den protestantischen Kirchenverfassungen gegen das »Ius reformandi« danach aus. Ein anschauliches Beispiel für die Wirkung dieser Deutung und Ansprüche führt der Bischof von Speyer vor. Nach dem Abzug Mansfelds und des »tollen Christian« aus der Kur-Pfalz bemächtigte er sich einiger Klöster und Stifte, die auf dessen Territorium lagen. Sie waren demnach unter das »Ius reformandi« des Calvinisten Friedrich V. geraten. Dessen Bekenntnis aber war im Augsburger Religionsfrieden von 1555 nicht als »Confessio» anerkannt worden und galt immer noch nicht als rechtsfähig. Schon aus diesem Grund konnte sich Bischof Philipp bei seiner militärischen Besetzung im Recht fühlen. Der Kirchenfürst argumentierte aber noch von einer anderen Seite her. Die betroffenen Kirchengüter seien nämlich früher unter »einem Donationstitel teils mit reinem und uneingeschränktem Verfügungsrecht (pure et absolute iure dominii), teils in einer ewigen Lehnshabe (per modum advocatiae perpetuae) von den römischen Kaisern und Königen erlangt« worden.[29]

Gründungsrecht bricht Güterbesitz. In diesem Sinne ist auch das Restitutionsedikt weitgehend verfahren, wobei die protestantischen Gütereinziehungen »vor dem Passauer Vertrag (1552) [...] gelassen«, während alle anderen Veränderungen »hernach erst und seithero dem Religionsfrieden (1555)« verworfen wurden. Ständen und Fürsten der Augsburgischen Konfession mußte dabei noch bescheinigt werden, daß sie »daran gar kein Recht [hätten], dieselben [Güter] zu reformieren oder einzuziehen«. Mit Nachdruck wird darauf verwiesen, daß es »niemand gebührt, einem anderen das Seinige [Hab und Gut] zu entwehren, [noch] dergleichen geistliche Gestift und Güter zu verändern, welche zumal Divini iuris [Göttlichen Rechtes] und allein Gott und der Kirche nach Inhalt ihrer Fundation zugehören«. Mit dieser apodiktischen Feststellung wird auch die besondere Rechtsqualität der heftig umstrittenen »mittelbaren geistlichen Güter« definiert, daß diese nämlich »von weltlichem Gebiet und Regiment diesfalls exemt und frei sein« sollen.[30]

Aufgrund dieser Rechtsauslegung glaubten die katholischen Besitzstände, »im Reiche wieder die Ruhe herstellen« und die herrschende »Zwietracht« abstellen zu können. Doch genau das Gegenteil war der Fall, weil sich Ferdinand II. mit diesem Edikt zusätzlich eine Position angemaßt hatte, die ihm nach dem libertären Verständnis der Reichs-Verfassung nicht gebührte. Er behauptete darin, ihm stünde »als dem Oberhaupt und Handhaber aller Ordnung und Gesetze, auch [als] Beschirmer und Beschützer der Bedrängten alle vollkommene Gewalt und Macht zu, Ihr Kaiserliches Amt zu interponieren«. Er wollte damit gesagt haben, daß er qua Amt als eine Art Schiedsrichter in Streitfragen auftreten dürfe und »vorigen Reichssatzungen gemäß« zum Erlaß derartiger Verordnungen berechtigt sei.[31]

Auf diese Weise vermeintlich abgesichert und von den katholischen Kurfürsten gestützt, betätigte Ferdinand II. im Frühjahr 1629 die Macht als Kaiser wie keiner seiner Vorgänger. Von Maximilian zu diesem unheilvollen Edikt ermuntert, verdrängte er im Gefühl der augenblicklichen Machtfülle, daß Wallenstein davon gar nicht begeistert war, weil durch diese Güteraktion die Zahl seiner Feinde im Heiligen Reich anwachsen mußte.[32] Selbst so kaisernahe lutherische Reichsstände wie Hessen-Darmstadt und auch Kur-Sachsen durften sich wie viele oberteutsche Reichsstädte in ihrem lebenswichtigen Besitzstand extrem bedroht fühlen, wenn die kaiserischen Kommissare auftauchten, um die Eigentumslage zu prüfen und im Sinne des neuen Ediktes zu ändern, das freilich einen fundamentalen Mangel hatte: Es fehlte ihm die notwendige Bewilligung eines Reichstages.

In dieser Situation warteten einige Mächte gespannt darauf, diese Expansion des Hauses Habsburg und anderer Fürstenhäuser im Inneren des Reiches ausnutzen zu können, um einen weiteren triftigen Grund für eine Invasion ins Heilige Reich zu finden. So war Axel Oxenstierna dieser Machtzuwachs der kaiserischen Seite nicht entgangen, den der römische Nuntius Carafa schon am 23. September 1628 im Vorgriff auf den kommenden Wandel feierte: »Nach so vielen Monaten von Streit und Mühe ist mit dem Kaiser und seinen Räten eine

Auskunft gefunden, das Erzbistum Magdeburg, ohne weitere Rücksicht auf den Kurfürsten von Sachsen und Andere im Reich, den Ketzern zu entreißen.«[33]

Entreißen, das war eine Sache. Eine ganz andere aber war es, einen derartigen Besitz für alle Zukunft zu sichern. Und das ging eben nicht allein mit einer Militär-Diktatur, mit einseitiger Rechtsauslegung oder gar mit Ständen, die sich plötzlich in ihrer materiellen Existenz gefährdet sahen und hautnah zu spüren bekamen, daß ein Universaldominat nach ihnen griff. Oxenstierna beschrieb von Preußen aus diese verzweifelte Lage dem Reichsrat in Stockholm bereits am 30. November 1628 als ein Dauer-Problem für die Zukunft: »Der Plan des Kaisers, Wallensteins und der Catholischen Liga besteht darin, alle teutschen Fürsten und Städte zu unterdrücken und unter des Kaisers ABSOLUTUM DOMINIUM zu bringen, um damit auch teils durch List, teils mit Gewalt die Catholische Römische Religion einzuführen und alle Evangelischen zu unterdrücken. [...] Teutschland ist nun meistenteils gedämpft, und sie arbeiten einzig und allein an dessen Deformation. Aber sie bemerken auch, daß ihnen die beiden Königreiche Schweden und Dänemark im Wege sind, und deshalb lassen sie alles andere beiseite und trachten mit Macht und allen Ränken danach, daß sie sich erst Dänemarks und des Sundes bemächtigen – und dann Schwedens.«[34]

Der »Friede« von Lübeck

So hatte es der Kanzler am Eingang des Winters gesehen. Mit steigender Unruhe hatte er aber auch vermerkt, daß sich Christian IV. nicht etwa enger mit Schweden verbündete, sondern mit Wallenstein, Tilly und Ferdinand II. einen »Frieden« vorbereitete, der für die Teutschen elendiger nicht sein konnte und Schweden in einen bösen Zugzwang bringen mußte.

Ein diplomatischer Eklat bei den Friedensverhandlungen in Lübeck deutete an, welche Belastungen, Demütigungen und

Herausforderungen den Vertretern Schwedens in der Begegnung mit Habsburg über fast zwei Jahrzehnte hin bevorstehen sollten. Adler Salvius – ein hochgelehrter Jurist, der nach glänzender Schulung durch Oxenstierna selbst in vielen schwierigen Missionen seinen Mann stehen konnte –, war unter ziemlich schändlichen Umständen mit der schwedischen Friedensdelegation abgewiesen worden. In seiner Reaktion soll er die kaiserischen Unterhändler an den löblichen Brauch von »barbarischen Völkern« erinnert haben, die »nicht allein die Abgesandten zum Frieden ehrlich und wohl empfangen, sondern auch die Herolde, welche ihnen abgesagt und Krieg angekündigt« hätten. Der schwedische Diplomat und spätere Chefverhandler in Osnabrück zeigte sich erstaunt darüber, daß sich »teutsche und christliche Gemüter« auf diese unflätige Weise verhalten konnten, wo es der ganzen Welt offenkundig sei, wie wenig es doch an ihnen – den Teutschen – liege, »daß der edle Frieden durch billige Mittel im Römischen Reich nicht wieder angerichtet werde«.[36]

Was Adler Salvius, der 1648 als Unadliger sogar Senator werden sollte, zu dieser Zeit übersehen hatte, war die Tatsache, daß es sich in Lübeck nicht mehr um redliche Teutsche handelte, sondern um eine Handvoll Macht- und Besitzinteressenten, die nicht an Recht und Verfassung des Heiligen Reiches mit seiner Teutschen Libertät erinnert werden wollten. Außerdem hatte er in der Frage seiner Ausschließung vom laufenden Friedens-Kongreß seinen Grotius noch nicht eingehend studiert oder nur nach einer Rechtfertigung gesucht, um das Gesicht zu wahren. Denn nach dem Völkerrecht war es nicht geboten, Friedensunterhändler anzunehmen, wenn sie aus einem Feindesland kamen: Und das war ja wegen Schwedens Bündnis mit Stralsund der Fall.[37]

Dieser Eklat allein läßt ahnen, wie wenig Christian IV. seinem zum Präventiv-Krieg entschlossenen Nachbarn trotz ihrer Absprache getraut haben kann. Er baute lieber auf seine eigenen Kräfte und brachte sich auch mit Hilfe des Generals Morgan in Schleswig und Holstein in eine so starke Position, daß er im Lübecker Frieden vom 27. Mai 1629 glimpflich davonkam.

Ohne jede Entschädigung wurde ihm darin all das zurückerstattet, was er vor Ausbruch der Feindseligkeiten »gehabt und besessen« hatte. Doch wurde das mit dem wichtigen Vorbehalt versehen, den der Kaiser und das Heilige Reich »im Herzogtum Holstein, Stomarn und Dithmarschen an Hoheit und Lehnsgerechtigkeit haben«. Damit wird nicht nur die Erblehnsstruktur dieses Herzogtums bestätigt, sondern auch Christians IV. Mitsprache an den »Sachen des Heiligen Römischen Reiches« als Rechtsqualität anerkannt. Allerdings muß er in diesem Bereich zwei Beschränkungen akzeptieren, die bereits Auswirkungen des Restitutionsediktes sind: Er darf sich nämlich der »Stifter für sich und dero geliebten Herren Söhnen unter welchem Vorwand und Schein auch immer [...] ferner nicht anmaßen« und Ferdinand II. »in dero kaiserlicher Regierung keinen Eintrang zufügen«.[38]

Mit der letztgenannten Regelung, sich nicht als Reichsstand in die Regierungsmaßnahmen der Wiener Hofburg zu mischen, die auch umgekehrt für Ferdinand II. zu gelten hatte, so weit Christians »souveräne Lande« gemeint waren (Dänemark mit Norwegen), wurde von diesem Herzog und König ein Abkommen gutgeheißen, dessen Qualität von Czepko mit Recht ein »falscher Frieden« genannt wurde. Denn er hatte nicht darauf bestanden, wie es nach dem Natur- und Völkerrecht samt aller Billigkeit geboten war, daß der Kaiser mit dem Frieden zur libertären Regierungsweise zurückkehrte. Vielmehr wurde diesem eine Diktatur zugestanden, nur um selbst aus dem Krieg herauszukommen. Für die Krone Dänemark blieb allerdings deren Besitzstand gewahrt, außerdem ersparte sich Christian IV. auch Kriegsreparationen und befreite sein Reich von kaiserischen Besatzungstruppen. Auf der anderen Seite konnten die Mecklenburger Herzöge nicht zurückkehren, und er selbst gab mit seinen Zugeständnissen als Reichsstand Holstein die Teutsche Libertät auf. Zum Heiligen Reich wollte er nur gehören, wenn ihm Holstein für Dänemark von Nutzen war, ohne recht zu sehen, daß mit seiner Hinnahme des *absoluten Dominats* durch Habsburg die künftige Bedrohung nur wachsen konnte, indem Schweden in den Teutschen Krieg getrieben wurde.[39]

Nachdem alle Verhandlungen zwischen Habsburg und Schweden gescheitert waren[40] und auch die letzten Versöhnungsversuche des Schwäbischen und Fränkischen Kreises in Wien zu keinem Erfolg geführt hatten,[41] fragte es sich nur noch, wann die Invasion zur Rettung der Teutschen Libertät in politischen und religiösen Dingen erfolgen würde und wie sie durchgeführt werden solle. Darüber war seit Jahren zwischen Axel Oxenstierna und Gustav Adolf ausgiebig korrespondiert und gesprochen worden. Seinem Rechtssinn und Freiheitsgeist gemäß hatte der König »nach Schwedens Gesetz« das gewagte Unternehmen immer wieder im Reichsrat wie bei einer akademischen Disputation nach den Regeln von »Pro« und »Contra« diskutieren lassen: vor allem die Frage, ob man sich dabei auch billig und gerecht verhalte, es vor Gott und den Menschen verantworten könnte. Dabei fand er während einer dieser Senatssitzungen Ende 1629 zu dem Bekenntnis, das diametral zu Wallenstein und der Wiener Diktatur mit ihrem Personalismus stand: »Eine Monarchie besteht nicht aus Personen, sondern aus Gesetzen.«[42]

ZWEITES BUCH

Des Himmels Raum erbebet

1630–1635

Eingriffe

Abstecken der Vorfelder

In den Lauf der irdischen Dinge greift Gott erst dann mit Strafen ein, wenn er die Sünder zuvor gewarnt hat. Viele Zeichen am Himmel schienen am Beginn des neuen Jahrzehnts diese Ansicht des Origenes zu bestätigen. Prophezeiungen kündeten die Ankunft eines »Gideons des Nordens«, der den verrottenden Süden der Christenheit reinigen werde. Und Weissagungen über den »Löwen aus Mitternacht« häuften sich eingangs des zweiten Aktes zum Teutschen Kriegstheater von Monat zu Monat.[1] Im Fiebern nach Erlösung von der steigenden Gewissensnot und der zunehmenden Bedrohung der Lebensgüter durch die Exekution des »Restitutions-Ediktes« verstärkten sich die Warnungen an Wien, in dieser Lebensfrage der Protestanten nicht den Bogen zu überspannen.

Mit allem Nachdruck war Ferdinand II. von Reichsständen an die eidlichen Verpflichtungen »regierender Kaiser« erinnert worden. Schwere Eingriffe in die Reichs-Constitutionen wie mit dem Restitutions-Edikt und die Klärung strittiger Gesetze oder Verfassungsartikel stünden »nicht bei ihnen alleine«. Das Bemühen von »Kaiser und Reich« (Caesar et Status) hatte doch seit dem Reichstag zu Regensburg im Jahre 1576 bei den Rechtskundigen kaum einen Zweifel darüber gelassen, daß die »Zustimmung der gesamten Reichsstände notwendig« war, wenn »aus einem kontroversen Recht ein sicheres und allgemeines Recht gemacht werden soll«.[2] Diese Regelung einer vertraglichen Zusammenarbeit betraf auch die Veränderungen in der Verfügung über Kirchengüter, die seit dem Passauer

Vertrag aus dem Jahre 1552 von Protestanten eingezogen worden waren und laut Altem wie Neuem Testament sehr wohl der »weltlichen Obrigkeit untertan sein können«. Vermochte es also dieser Kaiser trotz seiner Beteuerungen, dem Heiligen Reich den inneren Frieden zu erhalten,[3] aus Gründen einer Rechtsanmaßung nicht, in diesen fundamentalen Fragen zur Sicherung von Bekenntnis und Besitz den Reichstag zu bemühen, dann brauchte sich niemand zu wundern, wenn betroffene wie bedrohte Stände eine militärische »Gegennotdurft« betrieben.[4]

Der Ruf nach »Gegenwehr«, der besonders durch die Südregionen des Reiches hallte, war aber mit vielen Unsicherheiten erfüllt. Die Angst vor Enteignung und Vertreibung, wie sie gerade Augsburg als Hauptstadt des lutherischen Konfessionalismus mit Schrecken und Demütigungen aller Art erlebt hatte,[5] trieb zu erhöhter Vorsicht. Während der Diskussion über die letzte Petition an Wien empfahlen die Stände des Fränkischen Kreises, sich »mit fremden oder ausländischen Potentaten nicht im geringsten einzulassen«. Noch immer hoffte man, auf dem Rechtsweg oder durch gütlichen Vergleich den Religionsfrieden bewahren zu können. Dabei griffen die Stände zu der »hohen Beteuerung bei Gott und Ehren, daß Württemberg noch zur Zeit mit Frankreich nichts traktieret«. Damit sollte Wien beschwichtigt werden. Denn König Ludwig XIII. habe durch einen Gesandten nur die »Rochellische Eroberung« anzeigen wollen: den endgültigen Fall der Festung La Rochelle, des Hauptsitzes der Hugenotten.[6]

Ein seltsames Verfahren: Protestantische Stände im Heiligen Reich werden von der Niederlage der Calvinisten im Nachbarland unterrichtet, um damit anzuzeigen, daß in Zukunft das Eingreifen Frankreichs zur Rettung der »Teutschen Libertät» möglich wird. Aber noch war diese Macht im Inneren durch die »spaniolisierten« Verschwörungen der Anna von Österreich und der Maria di Medici zu stark geschwächt,[7] um den Kampf mit Habsburg im Reich aufnehmen zu können. Seine ganze Kraft reichte gerade aus, beim Krieg um Mantua die Südost-Flanke gegen Savoyen hin zu sichern und Spaniens Militärmacht in Schach zu halten.[8] Allein diese Anstrengung kostete dem Bourbonen-Staat erhebliche Mittel, die oft gegen den Willen der Stände und gegen die bestehenden Verfassungen erhoben wurden.[9] Das war eine weitere Besonderheit in der Politik Richelieus, der sich in diesem Epochen-Jahr 1630 zum ersten Male mit Mazarin als päpstlichem Gesandten treffen sollte,[10] seinem späteren Nachfolger im Amt des Ersten Ministers: Man will im Heiligen Reich die Freiheiten und Rechte der Stände gegen die Machtansprüche Habsburgs stützen, während gleichzeitig das eigene politische Ständewesen gehörig in Schach gehalten wird.

Welche Gefahren eine Haltung hervorrufen konnte, die mit Interventionen zugunsten ständischer Freiheit in der Nachbarschaft den eigenen Machtstaat zu stabilisieren suchte, hatte die europäische Öffentlichkeit 1629 nach dem Staatsstreich Karls I. von England beobachten können. Kamen teutsche Stände am Kaiserhof in Wien mit Petitionen ein, um Ferdinand II. an ihre Verfassungsrechte und an den Wert des Reichstages als Quasi-Gericht zu erinnern,[11] so hatte das Parlament in London 1628 etwas Ähnliches getan: Mit der berühmten *»Petition of Right«* hatten die Stände auf die Einhaltung aller »Freiheiten Englands« seit der Magna Charta von 1215 gepocht und sich gegen ungesetzliche Eingriffe ihres Königs verwahrt.[12] Das galt nach innen für den Bereich der Besitzstandswahrung im Zeichen von »Liberty and property« (Besteuerung) wie auch nach außen im Verhältnis zu den Calvinisten im Heiligen Reich oder den Hugenotten in Frankreich, die von Buckingham und Karl I. unterstützt wurden.[13]

Auf der ständigen Suche nach neuen Einnahmequellen zur Finanzierung dieser militärischen Unternehmen und Sicherungen ständischer Freiheit in Nachbarländern war Karl I. auf den Gedanken gekommen, wie sein Vater und Elisabeth I. Besitztümer einzuziehen, deren Rechtstitel seit der Reformation unsicher geworden waren. Mit diesen Maßnahmen am Parlament vorbei gefährdete er jedoch nicht nur die bestehende Eigentumsordnung, sondern bedrohte auch den »dreiteiligen Vertrag [tripartite indenture] zwischen dem König, den

Lords und den Gemeinen«: demnach die Treuhänderschaft über Land und Leute.[14] Als sich dann noch die Befürchtungen bestätigten, Karl I. könnte in England »Papismus und Arminianismus« als Ketzerlehren zulassen,[15] stand das Inselreich vor dem Bürgerkrieg. Die Ermordung des tyrannischen Bukkingham und Karls I. gelungener Versuch, das Parlament aus der Innen- und Außenpolitik zu drängen, verhinderten zwar dessen Ausbruch im Jahre 1629, aber mit einer Diktatur im Hermelin war die Gefahr des Bürgerkrieges noch nicht beseitigt. Der Brand des Aufbegehrens gegen den Absolutismus dieses Stuarts schwelte bis 1638, als Karl I. eine Intervention in den Teutschen Krieg vorbereitete und sich unversehens veranlaßt sah, seine Streitkräfte nicht für die Teutsche Freiheit und Pfälzische Sache einzusetzen, sondern gegen die eigenen Stände.[16]

Trotz lebhaften Interesses an den Vorgängen im Heiligen Reich fiel England während der »elf tyrannischen Jahre«, wie die Zeit des absolutistischen Regimes bis 1640 später genannt werden sollte,[17] als wirkliche Bedrohung für Habsburg aus – aber auch als wirksame Stütze für die um ihre Freiheit kämpfenden Reichsstände. Karls I. gewagtes Doppelspiel von 1629 deutete bereits an, wie wenig er verstanden hatte, mit der Stärkung des politischen Ständewesens in England dessen Sicherheit und Geltung in Europa zu erhöhen. Im Herbst dieses Entscheidungsjahres schickte er Cottington nach Madrid, um Philipp IV. eine Allianz gegen Frankreich anzubieten, falls sich dieser bei Maximilian von Bayern erfolgreich für eine Restitution der Pfalz an seinen Schwager Friedrich V. einsetzen würde.[18] Gleichzeitig aber war er nicht abgeneigt, die andere Karte auszureizen: ein Bündnis mit Frankreich, den Generalstaaten, Bayern und – nach dem Scheitern Dänemarks – auch mit dem aufstrebenden Schweden einzugehen, um auf diesem Wege die Pfälzische Frage zu lösen.[19]

Wie aber sollte der Bayern-Herzog nach allen rechtswidrigen Eingriffen in die Lehnsverfassung des Heiligen Reiches auf ein Besitztum dieser hohen Qualität verzichten können, um dessen dauerhafte Verfügung er seit zehn Jahren mit allen Mitteln gekämpft hatte? Als Feind der Spanier, die Englands wegen auf einer Restitution der Pfalz bestanden, blieb ihm jetzt nichts anderes übrig, als sich zur Wahrung seines Bestitzstandes am Rhein an Frankreich zu halten. Richelieu jedoch, dessen Gesandter Charnacé in Stockholm weilte, um dort eine Sicherheitsallianz mit Schweden auszuhandeln,[20] war um die Jahreswende zu 1630 nur bereit, dem ehrgeizigen Wittelsbacher aus München die persönliche und nicht die transpersonale Kurwürde der Pfalz zu bestätigen: Das aber bedeutete, daß die rechtlich garantierte Übernahme dieser Kur durch sein Haus von Paris her noch versagt wurde.[21]

Eine gewisse Isolierung Maximilians ist zu Beginn des Jahres 1630 unverkennbar und verweist bereits auf eine Position bewaffneter Neutralität, die nicht nur von Nachteil war. Denn im Gerangel der größeren Mächte und der damit verbundenen Ungewißheit schuf sie doch einen Spielraum, der manchmal mehr Nutzen brachte als eine verpflichtende Allianz. Eine ähnliche Politik des Abwartens, des fordernden Tastens und des geschickten Ausspielens von Gegnern betrieben auch Richelieu und die »graue Eminenz« Père Joseph zur Zeit des Mantua-Krieges. In diesem Ringen um die rechte Auslegung der Erblehns-Bestimmungen im Erbfall trat Frankreich als Schutzmacht des Herzogs von Nevers auf und machte Habsburg in Wien und Madrid klar, daß alle Eingriffe der Wiederherstellung gebrochener Vertragslagen und der Garantie eindeutiger Rechtsansprüche zu dienen hatten.[22]

Auch dieses Vorgehen in der unmittelbaren Nachbarschaft zeigt die juridische Dimension aller Sicherheitspolitik, mit der gleichzeitig ein neues Instrumentarium des Kriegseinsatzes im Rahmen des Rechts erprobt wurde. Verhandlungen in Richtung auf neue Allianzen hinderten nicht, eine gewisse Isolierung zu einem Präventivschlag im eigenen Vorfeld zu nutzen, wenn sich eine Gelegenheit dazu bot. Denn wer nach außen nicht gebunden war, brauchte keine Rücksichten zu nehmen, sofern im Inneren die Stände mitspielten, und der hatte auch nicht sofort die Schläge einer Gegen-Allianz zu befürchten. Dieses zeitweilige Isolieren entsprach einem anhaltenden Konzentrieren eigener

Kräfte. Und deren präziser Einsatz an einem strategisch entscheidenden Punkt hatte vollendete Tatsachen und Bedingungen zu schaffen, mit denen das vorläufig Erreichte im Rahmen neuer Bündnisse oder eines Friedensschlusses gesichert werden konnte.

An dieser hohen *Kunst des Schraubens,* von der Axel Oxenstierna einmal während des Kampfes um Stralsund gesprochen hat,[23] orientierte sich auch Schwedens Sicherungspolitik, seit dort die Erkenntnis herangereift war, »daß man dem Teutschen Krieg doch nicht ausweichen kann«, aber bei einer Intervention zunächst auf sich selbst gestellt sein würde. Zu dieser Einstellung paßte eine Strategie, die man als *Ride for Rid* bezeichnen könnte – als eine Befreiung oder Säuberung des Vorfeldes von Gegnern zur Sicherung eines bedrohten Mutterlandes. Sie drückte sich in der wegweisenden Empfehlung aus, daß »es besser ist, Krieg im Land des Feindes zu führen, als ihn im eigenen zu erwarten«.[24]

Eingriffe dieser Art wurden als legitime Abwehr einer Gefahr empfunden. Schwedens Staatsmänner, an Grotius und anderen Klassikern des Völkerrechts ebenso geschult wie durch die politische Praxis seit der eigenen Intervention in den Russischen Bürgerkrieg (1609) ungemein erfahren und kundig, hatten schon lange erkannt, daß die eigene Freiheit nur gesichert werden konnte, wenn die Teutsche Freiheit erhalten blieb. Im Gegensatz aber zu Frankreich, England und selbst Spanien, die mehr auf äußere Souveränität als innere Libertät bedacht waren, hatte sich dieses Mitternächtige Reich seit dem eigenen Bürgerkrieg besonders nach 1600 einer umfassenden Reform des Reichsrates (1602) und des Reichstages (1617) unterzogen: Sie stärkte wie in keinem anderen Land Europas im Geist der Monarchomachen und des Treuhandwesens das politische Ständetum[25] und machte Schweden als Schutzmacht der Libertät in hohem Maße glaubwürdig.

Die Verfassungsprinzipien der Verhältnismäßigkeit und Gegenseitigkeit verpflichteten den König darauf, mit äußerster Vorsicht zu Werke zu gehen und nichts zur Unzeit zu unternehmen. Deshalb wurden auch noch nach der Entscheidung, die

Invasion im Frühsommer 1630 zu versuchen, nicht nur Verhandlungen mit Habsburg gesucht,[26] sondern auch Sondierungen vorgenommen, um über die Haltung der protestantischen Fürsten im Heiligen Reich und in den angrenzenden Staaten größere Klarheit für den Fall einer Landung zu erhalten.

Sadlers Mission

Der gezielte Erstschlag aus eigener Kraft und für eine »gerechte Sache« hatte nichts mit haudegenhaftem Hazardieren zu tun, wie es Gustav Adolf gerne unterstellt wird.[27] Vielmehr galt dabei alle Aufmerksamkeit der Sicherung eines Brückenkopfes, von dem aus eine Invasion vorangetrieben werden konnte. Reval mit Estland, Novgorod mit seinem Umland, Riga mit Livland und Elbing mit Preußen hatten Schwedens Strategen die Möglichkeiten des Ride for Rid mit Erfolg vor Augen geführt. Jetzt aber nach dem Abdrängen des Moskauer Zartums durch den Frieden von Stolbova (1617) und mit der Eindämmung Vasa-Polens im Abkommen von Altmark (1629) richteten sie ihr Augenmerk neben Stralsund auf Stettin mit Pommern sowie auf Wismar mit Mecklenburg. Gab es eine Zeitlang die Überlegung, den »unziemlichen Dominat« Habsburgs von Vasa-Polen aus zu bekämpfen,[28] so konzentrierte sich das Sicherheitsinteresse nun auf den Norden des Heiligen Reiches als Landungsbasis und Einfallstor.

Kannte man in Stockholm, wo gerade die Pest gewütet und manch einen Menschen um den Verstand gebracht hatte,[29] die Küste an der Odermündung bis hin zur Insel Rügen ziemlich genau, und wußte man auch über das Hinterland mit seinen Festungen und Schanzen gut Bescheid, so wurde es doch als wichtig empfunden, ebenso über den Zustand der politischen Gemüter Auskunft zu erlangen. Zu diesem Zweck wurde Philipp Sadler an verschiedene Fürstenhöfe im Heiligen Reich, zur Eidgenossenschaft, nach Frankreich und zu den Generalstaaten geschickt.

Sadler gehörte, wie Paul Straßburg oder später die Gebrüder Pufendorf, zu den zahlreichen Teutschen im Dienste Schwedens, die ihrem alten Vaterland von außen her zu geben suchten, was in seinem Inneren von Habsburg und andern machtbewußten Häusern zerstört wurde: das »gute teutsche Vertrauen« unter allen Ständen als Grundlage eines Friedens in Freiheit. Er war in Kempten (Allgäu) als Sohn des Stadt-Syndicus geboren worden, hatte in Tübingen studiert und trat bald in den Dienst des Grafen Thurn. Nach der Schlacht am Weißen Berg rettete er dessen Familie vor der Verfolgung durch Habsburgs erbarmungslose Häscher. 1624 ließ er sich in Schweden nieder, um sich fortan in der hohen Politik nützlich zu machen. Mit seinen Gesandtschaften zum Calvinisten Bethlen Gabor nach Siebenbürgen (1626)[30] und nach Stralsund (1628)[31] hatte er das in ihn gesetzte Vertrauen gefestigt, was ihn für weitere, schwierigere Aufgaben empfahl.

Als er nun am 1. Januar 1630 in Dresden eintraf, da stellte er sehr schnell fest, daß Kurfürst Johann Georg nach dem Tode seines einflußreichen Ratgebers Kaspar von Schönberg vornehmlich den Einreden seines Hofpredigers Hoë von Hoënegg ausgesetzt war.[32] Das hohe Maß an Verärgerung des Kurfürsten über die Konfrontationspolitik Ferdinands II. im Reich – von dessen Beichtvater Lamormaini gesteuert[33] – war dem teutschen Diplomaten aus Schweden auch nicht entgangen. Schließlich hatte der Kurfürst auf seine persönliche Anwesenheit während des anberaumten Kurfürstentages in Regensburg verzichtet.[34] Dieser Entschluß bedeutete aber noch lange nicht, daß er jetzt unbedingt mit Gustav Adolf ein Bündnis eingehen wollte. Denn er war in all den Kriegsjahren mit seiner Schaukelpolitik als Lutheraner unter den meist calvinistischen Gegnern Habsburgs nicht schlecht gefahren, auch wenn ihm jetzt der Streit um Magdeburg nicht wenig zusetzte und die faktische Kriegsdiktatur Wallensteins im Reich Anlaß zu nachtschwarzen Gedanken geben konnte. Wie sehr er sich auch für die Mission Sadlers interessierte – die Audienz fand aus Angst vor zu viel Aufsehen im Pferdestall statt –,[35] so ließ er sich doch nicht zu Absprachen mit dem Schweden-König bewegen, was immer auch Wallenstein von ihm halten sollte: Eine »Bestia oder Verräter« wurde er von dem Condottiere gescholten, weil er »die Grenze des Reichs vor Schweden entblöße«.[36]

Trotz dieses Vorwurfs und der ständig wachsenden Bedrohung im Reich fühlte sich Johann Georg »so sehr nit umgeben, daß sie mit ihrer Defension nit aufkommen, zur Werbung greifen und in wenigen Tagen eine Armee richten könnten«. Käme es außerdem zu einer wirklichen »Impressa« oder zu einem Eingriff der Militärmacht Schwedens »auf teutschem Boden«, von dem er allerdings für das Evangelische Wesen recht wenig erhoffte, dann »wären die Gemüter [humores] durch das ganze Reich schon so disponiert, daß es nit viel Zeit und Consultierens bedarf, sondern da E. K. M: t [Gustav Adolf] nur die Waffen zeigen, [ihm] jedermann zufallen und einen General-Aufstand machen sollte«.[37]

Diese Ansicht wurde auch von Charnacé in Stockholm vertreten, fand aber keinen rechten Glauben.[38] Der König und die gut informierten Senatoren kannten die Stimmung besser. Sie wußten genau, welche Streitereien und politischen Blockaden unter den evangelischen Reichsständen herrschten. Gerade Kur-Sachsen war doch ein Beispiel dafür, daß man von den möglichen Gegnern Habsburgs im Ernstfall nicht viel zu erwarten hatte. Immer wieder war Johann Georg gegenüber den anderen Mitständen aus der Reihe getanzt, um sich auf deren Kosten mit Wien und München zu arrangieren. Konnte man ihm da bei einer Invasion wirklich etwas für die Teutsche Libertät abverlangen?

Zweifel an dessen Zuverlässigkeit hörte Sadler auch auf anderer Seite am Dresdener Hof. Dort glaubten die politischen Gemüter, daß es angesichts der steigenden Unruhe unter den Kurfürsten aller Konfessionen »nie gefährlicher um das Haus Österreich gestanden sei« als in diesem Jahr 1630: Dennoch »möchte man viel auf des Reiches innere Kräfte sehen und den äußeren wenig trauen«.[39] Die Politik der kommenden Monate und die Entscheidungen des Kurfürstentages von Regensburg stützten wohl diese Hoffnung auf die Selbstheilung des Reiches. Denn die Kurfürsten unter Führung Maximilians von Bayern veranlaßten Kaiser Ferdinand II., ähnlich wie in Mühlhausen (1627) eine Reihe von Maßnahmen zu treffen, die einer Ausweitung der Kriegs-Diktatur Wallensteins Einhalt gebieten sollten. Aber damit war noch keine Einheit mit den anderen Ständen erreicht worden, die zu einer dauerhaften Garantie der Reichsverfassung und zur Wiederherstellung des Rechtsstaates notwendig gewesen wäre.

Sadler hatte diese Entwicklung vorausgeahnt und dabei so argumentiert, wie es Juristen tun, wenn sie Person und Sache getrennt betrachten, demnach auch König und Krone in bestimmten Fällen zu unterscheiden wissen oder einem Kaiser erklären, was er dem Heiligen Reich schuldig ist. Sein König habe »niemalen weder in einem Bündnis noch einem Vernehmen nach wider das Reich« etwas unternommen, sondern sei »allzeit neutral verblieben«.[40] Mit dieser Distinktion zwischen der Person des Kaisers, der zum Eigennutz seines Hauses »private Aktionen« und Kriegshandlungen angestrengt hatte, um Gustav Adolf in Preußen zu bekämpfen, und den Ständen samt der Verfassung des Heiligen Reiches konnte es gelingen, die Vertragsbrüche Ferdinands II. als Rechtsgrund für die Intervention anzuführen. Sadler verstand es auch in guter Abstimmung mit seinem König und der Reichsleitung, diesen fundamentalen Mechanismus immer wieder zu entwickeln: Der Kaiser hatte ohne Not das Recht gebrochen und damit die betrogenen Stände gezwungen, im Namen der Gegenseitigkeit (Treu Herr – Treu Knecht) und mit der Verhältnismäßigkeit gebotener Defensionsmittel aktiven Widerstand zu leisten.[41]

Gelang es aber den Reichsständen nicht, Habsburgs Übergriffe auf den Rechts- und Religionsfrieden abzustellen, dann waren auch die Nachbarn unmittelbar gefährdet und hatten bald selber das traurige Los des »nunmehr fast unterdrückten Teutschland« zu gewärtigen. Nichts schien jetzt notwendiger zu sein, als den »friedhässigen Leuten« um den Kaiser und Wallenstein das Handwerk zu legen.[42] Ein Frieden in gegenseitiger Sicherheit war auf lange Sicht nur möglich, wenn die Kriegstreiber um Pater Lamormaini von den Patrioten und Verfassungsfreunden eingedämmt würden. Vor allem aber mußte der Kreuzzug zur Rückgewinnung verlorener Seelen und reformierter Kirchengüter unterbunden werden. War es den Böhmen mit ihrem Aufstand, Mansfeld und dem »tollen Christian« samt Dänemark mit mehreren Kriegszügen bisher nicht gelungen, die Politik des Jesuitismus abzustellen, so sei jetzt die Zeit gekommen, diesem Grundübel mit aller Macht zu Leibe zu rücken. Der »italienische und niederländische Krieg« binde im Süden und Westen des Heiligen Reiches wichtige Kräfte der Kaiserischen, und außerdem »fechte man nit mit Papier«, sondern von Norden her mit einer kampferprobten Militärmacht. Auf diese Darlegung der Lage soll der sächsische Kurfürst mit einer Klage über das »Mißtrauen der Stände« geantwortet haben. Darauf erwiderte Sadler: »Was im Reich mangelte, müßte man aus der Nachbarschaft holen. Erwähnte dabei, wie schmerzlich solches E. K. M:t [Gustav Adolf] zum öfteren bedauerte und diese Uneinigkeit beklagte. [...]«[43]

Sadlers weitere Berichte an Adler Salvius und an Axel Oxenstierna aus Nürnberg, Ulm und aus der Eidgenossenschaft bestätigten die Grundstimmung unter den betroffenen Teutschen: aufgestaute Angst und auch Wut über das diktatorische Regime Habsburgs und vor allem Wallensteins. Diese Zustände berechtigten aber nicht zu dem Schluß, daß im Falle einer Invasion zugunsten des Königs ein Generalaufstand losbrechen würde. Schwedens Sicherheit bestünde jetzt darin, daß Pommerns Küste »gesäubert« werde. Für die Militärs bedeutete dies eine Durchführung des Ride for Rid als aktive Bekämpfung kaiserischer Truppen unter dem Oberbefehl Wallensteins oder des ligistischen Heeres unter Tilly, dem »Heiligen im Harnisch«.[44] Von der politischen Seite aus gesehen, konnte aber diese Aktion nur darauf gerichtet sein, die teutschen Stände wieder in ihre Verfassungsrechte einzusetzen – so wie es in Schweden selbst der Fall war und libertärem Treuhanddenken entsprach.

Wallensteins Lage

Als zu Beginn des Jahres der schier allmächtige Hausökonom Wallensteins – der unermüdliche Niederländer Hanns de Witte – von Prag aus bei einem Freiherrn anfragte, was dieser »wegen Einbringung der Contribution in Schlesien erhalten haben werde«,[45] da ahnte wohl noch niemand in diesem Finanzimperium des Patrimonialismus und der Kriegswirtschaft, daß binnen weniger Monate sein Ende gekommen sein würde. Das skrupellose System der Zwangskontributionen zur Finanzierung der beinahe 150000 Mann zählenden Armee Wallensteins hatte doch in den vergangenen fünf Jahren recht gut funktioniert. Mit eigens dazu abgestellten Truppen trieb man die benötigten Gelder von den Reichsständen ein, unterlief bewußt mit einem willkürlich angewendeten Not- und Kriegsrecht die libertären Kreisverfassungen und rechnete exakt mit Lieferanten aller Art ab.[46] Warum sollte jetzt dieses Verfahren als eine Mischung aus Brachialgewalt und Buchhaltung nicht mehr die begehrten Millionen einbringen, um Wallensteins luxuriösen Hofstaat, seine Prachtbauten und die ganze Armee zu unterhalten?

Von ihrem Erfolg geblendet, hatten der Condottiere und sein Kontributions-Bankier bei steigendem Bedarf an Geldmitteln mehr und mehr übersehen, daß der Krieg nicht nur den Krieg nährt, sondern von einem bestimmten Zeitpunkt an sich selbst auffrißt. Der Umschlag in den Zustand der Selbstzerstörung tritt stets dann ein, wenn die erforderlichen Geldmengen nicht mehr über das vorgestreckte Vertrauenskapital, den Kredit, beschafft werden können. Geld war auch damals nichts anderes als eine gesicherte Absprache auf Gegenseitigkeit und somit ein Wertsystem, das auf Vertrauen basierte. Dieses aber war nach dem mühsamen Auffangen der Kipper-Inflation im Reich so gut wie aufgebraucht. Das riesige Privat-Heer des Kaisers zog noch aus der Münzordnung des Heiligen Reiches und den Naturalien den letzten Rest an Substanz, ohne den dringenden Gegenwert in Form von Rechtssicherheit zu bieten. Je umfassender also Wallenstein seine steigende Macht auf

Einseitigkeit erprobte, zu der auch die fortschreitende Monopolisierung der Ökonomie in seinen Fürstentümern gehörte,[47] desto schneller untergrub er die bisherige Ordnung des auf Gegenseitigkeit beruhenden Treuhandwesens und damit alle Libertät.

Sein verhängnisvoller Fehler lag also weniger in der Übersteigerung von Macht und Pracht, sondern in dem Mangel, diese angestaute und private Energie nicht in öffentliches Vertrauen umsetzen zu können. Von Eigenliebe (Amour propre) eingenommen, vom Haß auf die Freiheit anderer Stände getrieben und auf Ferdinand II. als Auftraggeber fixiert, hatte er im Glauben an die absolute und unumschränkte Macht des Patrimonialismus die Gegenkräfte unterschätzt: vor allem den weitgehend isolierten Bayern-Herzog Maximilian. Denn dieser spielte auf dem Kurfürstentag zu Regensburg plötzlich die libertäre Karte des »Reichspatriotismus« und schwang sich zum Sachwalter der »Teutschen Freiheit« auf, um nicht nur Ferdinand II. am weiteren Machtmißbrauch zu hindern, sondern auch um Wallenstein aus dem Generalat zu drängen und sich als Kurfürst bestätigt zu sehen.

Maximilian pflegte zwar auf der Ebene des eigenen Herzogtums ebenfalls den Patrimonialismus in Gestalt des Territorial-Absolutismus, aber auf der Ebene des Reiches wollte er dieses Machtsystem nicht gutheißen, solange dessen Verfassungen zur Sicherung des eigenen Besitzstandes und der Statuserhöhung als Kurfürst benötigt wurden. Und diese Rechnung ging nur auf, wenn der Erwerb der Kur-Pfalz von allen Reichsständen und den auswärtigen Interessenten dauerhaft garantiert werden konnte. Wer je an der Wirksamkeit des Rechts gezweifelt hat, der wird an der Lage Wallensteins und der Kurfürsten im Sommer 1630 seine historische Bedeutung erkennen müssen, wenn dort nach Legitimationen gesucht wird, wo Gewalt, Krieg und geraubte Reichtümer nichts mehr ausrichten können. Gewiß, Ferdinand II. wollte wieder einmal gegen den Geist und Buchstaben der Goldenen Bulle und nach Art der Koadjutoren-Wahl seinen Sohn Ferdinand III. noch zu Lebzeiten zum *Römischen König* gewählt sehen und konnte deshalb von den Kurfürsten unter Druck gesetzt werden. Und auch der Krieg um Mantua und die Pressionen Frankreichs auf dem Regensburger Tag[48] haben dem Habsburger mächtig zugesetzt, nicht weniger als die Forderungen der protestantischen Vertreter des Reichs, die Exekutionen des Restitutionsediktes einzustellen und die künftigen Kontributionen einer ständischen Mitsprache zu unterwerfen: Aber all dies war doch von seiten der Reichsstände nur möglich, weil sie sich auf das alte Herkommen, die Reichs-Constitutionen und auf die Teutsche Libertät berufen konnten.[49]

Wallenstein indessen, der seit dem 9. Juni in Memmingen aller Welt Reichtum vortäuschte, bald aber Bankerott und Selbstmord seines Hausmeiers de Witte hinnehmen mußte[50] und schließlich sogar seine Absetzung als General des Habsburg-Heeres mit gespielter Ruhe herannahen ließ,[51] konnte und wollte sich gerade nicht auf die Teutsche Libertät berufen. Als Herzog von Mecklenburg durfte er sich zwar als unmittelbarer Reichsstand bezeichnen, doch auf diesen Rechtsstatus konnte er sich jetzt nicht mehr beziehen. Galt doch vom Lehnswesen her diese Standeserhöhung als Usurpation und Verfassungsbruch. Sie war nicht mehr als der scheinlegale Akt eines Kaisers, der schlau genug war, Wallenstein mit Akzidentien handeln zu lassen – Heeresfinanzierung und das blutige Handwerk des Schlachtenbetriebs –, ihm aber das Substantielle vorzuenthalten: die Souveränität eines absoluten Patrimonialisten.

Wallensteins Sinn aber stand danach, sein eigener Herr zu werden. Ob nun dieser Kaiser unter dem massiven Druck der Kurfürsten und anderen Stände »die Kriegsdirektion bei seiner Armada ändern wolle«, das bestehende Heer zu verringern gezwungen wurde und Tilly den Oberbefehl übertrug, das alles schien ihm jetzt nicht sonderlich wichtig zu sein.[52] Was trotz der Geldnöte und einer aufkommenden Melancholie zählte, war nicht die Ergebenheit von »Kreaturen« und Glücksrittern wie Arnim,[53] auch nicht der Plan einer Eroberung Konstantinopels, den er mit Père Joseph in Memmingen besprochen haben soll.[54] Nein, es stand für ihn nur eines fest: »Zwei Hahnen taugen auf einem Mist nicht zusammen.«[55] Und das bedeutete für ihn nichts anderes, als alle Sinne auf das Eigene zu konzentrieren, von Prag und Gitschin aus den Besitzstand zu konsolidieren und die nächsten Weltläufte abzuwarten, bis in diesem, auch von ihm mitbewirkten Kriegstheater eine neue Chance käme, sich seinen innersten Machtwunsch zu erfüllen: endlich nur für sich selbst dazusein.

Eine vage Hoffnung nur und doch schon die Fühlung mit dem Kommenden. Als Torquato Conti von der Küste Pommerns her gegen Gustav Adolf dringende Hilfe anforderte, um damit auch das Herzogtum Mecklenburg zu sichern, da ließ sich der Condottiere ohne Armee vernehmen: »Ich kann ihm keinen Menschen schicken.«[56] Seine seit Jahren gehegte Befürchtung einer Intervention von Schweden aus hatte sich also erfüllt: Dieser Gegner, den er vor kurzem noch »zum Freunde haben wollte«,[57] drängte mit Macht ins Heilige Reich, war die neue Realität.

Invasionen zwischen Pommern und Pernambuco

Es gehört zu den seltsamen Ritualen der Machtgeschichte, eine »Blutprobe« darauf zu nehmen, wie eine Bedrohung von außen dazu benutzt werden kann, um gleichzeitig im Inneren eines Gemeinwesens eine Zwangspolitik durchzusetzen. Fichte hat diese Erscheinung in der Geschichte anhand der Machtlügen absolutistischer Patrimonial-Herren genau beim Namen genannt und aus der gezielten Irreführung ihrer Stände ein historisches Axiom abgeleitet. Mit Blick auf Habsburg und dessen Ausmalen der »Türkengefahr« oder der »Schwedischen Gefahr« durch Wallenstein[58] findet es hier ohne Einschränkung eine Bestätigung: »Die Unterjochung durch eine fremde Macht fürchtet ihr für uns, und um uns vor diesem Unglück zu sichern, unterjocht ihr uns lieber selbst.«[59]

Das war die große Sorge von Schwedens Staatsmännern während all der Jahre, seit Habsburg mit seiner freiheitsfeindlichen Politik unter Beschwörung der Türken-Gefahr die Stände Böhmens und dann des Heiligen Reichs zur Wahrnehmung eines aktiven Widerstandsrechtes genötigt hatte – zum Ergreifen von »Defensionswaffen«.[60] Alle Bitten um militärische Handreichungen aus der Mitternacht, die von der Union, den Böhmen und Pfälzern schon seit 1614 in Stockholm vorgetragen wurden, konnten Gustav Adolf und Schwedens Reichsleitung in ihrem Krieg mit dem Moskauer Zartum und Vasa-Polen nur mit Diversionen im eigenen Vorfeld oder mit Lieferungen von Kanonen und anderem Kriegsmaterial erfüllen. Jetzt erst, nach der Festsetzung in Preußen seit 1626 und der Bedrohung durch eine habsburgische Flotte, die von Wismar aus die Ostsee und damit auch das Mitternächtige Reich beherrschen sollte,[61] war man bereit, die bisherige Neutralität aufzugeben.

Das Ziel der Intervention sollte vornehmlich darin bestehen, die nationale Sicherheit der Krone Schweden im Rahmen einer universellen Sicherung auf Dauer zu gewährleisten. Die damit verbundene Invasion auf teutschen Reichsboden durfte sich demnach nicht allein auf eine »Eroberung Teutschlands« (Occupatio Germaniae) beschränken, sondern mußte gleichzeitig auf die Wiederherstellung der »Teutschen Freiheit« gerichtet sein: Neben der Garantie materieller Besitzstände (Abwehr des Restitutionsediktes) und der Anerkennung der religiösen Bekenntnisse gehörte dazu auch die Reaktivierung der »herrlichen Reichsstruktur«, vornehmlich des Reichstages und des hohen Gerichtswesens.[62]

Wer den sicherheitspolitischen Zusammenhang dieser drei Bereiche für die Anrainer nicht erkennt und im Geist der Machtgeschichte nur die militärische Seite dieser Intervention sieht, der verkennt die vorhandene Notwehrsituation und den politischen Willen, die teutsche Rechtskultur bewahren zu wollen. Anders ausgedrückt: Schweden konnte sich zurückhalten, wenn im Heiligen Reich nichts geschah, was den Frieden gefährdete. Das Gegenteil war aber eingetreten: Habsburg drängte mit dem Wallenstein-Heer und der geplanten Ostsee-Flotte auf eine Hegemonie und Destruktion des libertären Gleichgewichts in der feudalen Christenheit.

Davon mußte Gustav Adolf vor der Entlassung Wallensteins ausgehen, und er meinte auch, daß nur Frankreich, die verbündeten Niederlande und sein eigenes Land in der Lage wären, dieser massiven Gefährdung des Friedens in Europa wirkungsvoll begegnen zu können.[63] Vom Natur- und Notwehrrecht gedeckt, nach dessen Bedingungen und Bindungen ein jeder nicht nur sein eigenes, sondern auch fremdes Recht geltend machen kann,[64] wenn er sich nach reiflicher Überlegung zum Krieg genötigt sieht, erläuterte er den Ministern und Senatoren der Krone Schweden die schwerste Entscheidung seines an Mühen reichen Lebens: »Unserer Sicherheit, Reputation und [unserem] endlichen Frieden ist nichts dienlicher, als daß man den Feind beherzt angreift. [...] Denn ich verfolge mit der Intervention keine andere Absicht, als den Nutzen des Vaterlandes zu mehren. Wieviel Elend mich dabei selbst treffen wird, das sehe ich zur Genüge. So allein die Schwierigkeit, daß man aus Mangel an Geld nicht jederzeit jedermann zufriedenstellen kann, woraus ja Unzufriedenheit, Unwillen und Unbestand folgen müssen: Die Mittellosigkeit selber [und dann auch] der ungewisse Ausgang des Krieges. Wie könnte ich allein davon auf einen nichtigen leeren Ruhm hoffen? [...] Ich für mich sehe [dabei] nicht mehr, welche Ruhe ich zu erwarten habe, es sei denn die ewige Ruhe.«[65]

Großer Ernst liegt über diesen Worten. Er fühlte sich kommenden Generationen verpflichtet und hoffte deshalb, diese Herausforderung der Geschichte im Angesicht Gottes und im Geist der Freiheit anständig und ehrenhaft bestehen zu können. Als er dann am 19. Mai 1630 nach dem Reichstag in Stockholm von den vier Ständen Abschied nahm – von Adel (in drei Klassen), Klerus, Städte-Bürgern und Frei-Bauern –, um sich zur Invasions-Flotte zu begeben, die schon seit Monaten im Seehafen Utö ausgerüstet und vorbereitet worden war, da wollte er die Last des kommenden Krieges mit einem Aufruf an die Verteidigung der Freiheit eines Christenmenschen erträglicher machen.

In seiner letzten Rede auf schwedischem Boden beschwört er denn auch Freiheitsgeist und Rechtssinn des Goticismus, nachdem er seiner Christenpflicht genügt hat, das höchste Gut im Teutschen Krieg darin zu sehen, »daß unsere unterdrückten Religionsverwandten vom papistischen Joch befreit werden müssen«.[66] So ruft er besonders dem Adel zu, der fast alle Kommandostellen in Heer und Flotte besetzt hält, daß dieser den »ruhmvollen und unsterblichen Namen der alten Göter, unserer Vorväter, über die ganze Welt hin tragen möge. Dieser Name war seit langem vergessen und ist von den Fremden fast verachtet worden. Aber jetzt ist er aufs neue emporgestiegen und möge sich erneuern. [...] Ihr stammt vom Geschlecht der Göter und deren Nachfahren, die sich beinahe die ganze Welt mit vielen Königreichen unterworfen haben und ihre Herrschaft viele hundert Jahre lang auszuüben vermochten. Indem ihr euch weiterhin im Krieg für das Vaterland gebrauchen läßt, werdet ihr euch einen unsterblichen Namen erwerben. [...]«[67]

Dieser Abschied ging auch ihm, dem Stoiker,[68] zu Gemüte. Aber wie schnell das Erhebende der Banalität des Alltages weichen mußte, das erlebte er in den kommenden Wochen peinigenden Wartens auf günstigen Wind. Wäre seine Natur lediglich vom »heißen Vasa-Blut« bestimmt gewesen, das Unkundige am liebsten zur Erklärung seiner gelegentlich heftigen Art anführen, um dann auch für Wallenstein in Schillerscher Manier das Finstere in dessen Wesen farbig ausmalen zu können,[69] dann hätte er diese Geduldsprüfung vor der Invasion kaum durchgestanden und schon gar nicht die kommenden Belastungen.

Ein Blick in seinen intensiven Briefwechsel mit Axel Oxenstierna, der von Preußen aus die Invasion mit Menschen und Material zu sichern und zu stützen hatte, läßt an der Spannung von Anspruch und Realität teilnehmen, wie sie unerträglicher gar nicht mehr vorstellbar war. Gustav Adolf trumpfte nicht wie jener Hohenzollern-Kaiser der Klein-Deutschen auf, der sich gerne als sein Erbe betrachtete und angeberisch »Viel Feind – viel Ehr« rufen konnte.[70] Im Gegenteil: Am 2. Juni 1630 schreibt er dem Kanzler von Älvsnabben aus, die kritische Lage um Danzig überdenkend: »Je weniger Feinde wir hätten, desto besser wäre es. Denn alles läuft hier mit solch einer Beschwernis ab, daß uns selbst die Lust zu diesem Krieg vergeht. Wohin wir auch schauen, so finden wir die Untreue so groß, daß wir uns darüber nicht genug verwundern können. Die Offiziere lassen bei sich zu Hause mustern und erhalten die Gelder für ganze Regimenter, aber wenn sie eingeschifft werden, dann zählen sie statt 1200 kaum 800 Mann im Regiment. Und diejenigen, welche das Geld zu verwalten haben, treiben Unterschlagung und gehen so untreu damit um, daß wir [...] in eine Schwierigkeit nach der anderen fallen und kaum sehen können, wie dieses Verhalten geheilt werden dürfte. Sollte uns, was Gott verhüten möge, in Teutschland das Glück so widerwärtig ausschlagen, daß man dort irgendeinen Schaden leiden müßte, wäre das gesamte [Invasions]-Unternehmen einigen Schwierigkeiten ausgesetzt. [...]«[71]

Das war mehr als nur ein Dämpfer auf die hohen Erwartungen an das eigene, seit der großen Heeresreform von 1621 im Geist der Libertät geschulte Offizierscorps.[72] Allen widrigen Verhältnissen zum Trotz überstand der König aber die Zeit des zermürbenden Wartens auf günstigen Wind. Als dieser am 17. Juni 1630 die Segel der siebzig Kampf- und Lastschiffe straffte, da konnte Gustav Adolf endlich mit 10052 Soldaten zu Fuß, 2590 Mann zu Roß und 600 Artilleristen in See stechen.[73] Fast zur selben Zeit bestieg auch Ferdinand II. ein Schiff: Es sollte ihn von Wien aus und die Donau hinauf nach Regensburg bringen, wo er nicht weniger wichtige Entscheidungen zu fällen gedachte – über den Verbleib Wallensteins in seinen Diensten und über den Abbau des bisher größten Heeres in der Geschichte der Teutschen.

Nach leidlich guter Fahrt an der Küste Schwedens entlang und dann von Kalmar aus auf die Insel Rügen zu gelang Gustav Adolf, was Xerxes, Alexander oder Caesar bei ihren Kriegszügen nie recht glücken wollte. Am 26. Juni, dem längsten Tag im Jahr, leitete er die geplante See-Land-Operation und ging nicht weit von der Odermündung mit seinem Heer an Land. Einen Angriff kaiserischer Truppen unter dem Befehl von Torquato Conti, den der König zeitweise befürchtet hatte, brauchte er an diesem heißen Sommertag nicht abzuwehren, dessen Symbolwert in dieser für himmlische Zeichen so empfänglichen Zeit nicht mehr gesteigert werden konnte. Denn auf den Tag genau vor hundert Jahren hatte Kaiser Karl V. den Lutheranern unter den Reichsständen das vorläufige Recht bestätigt, der *Augsburgischen Confession* gemäß leben zu dürfen, die seit 1593 auf Beschluß des »nationalen Konzils« von Uppsala auch Schwedens erstes Fundamentalgesetz bildete.[74]

Mochten die Blitze und Donnerschläge eines Gewitters am Abend dieses denkwürdigen Tages ein paar Soldaten ängstigen, die meisten konnten darin auch das Brüllen des lange angekündigten »Löwen aus Mitternacht« heraushören.[75] Unbeeindruckt von solchen Zeichen ging Gustav Adolf daran, diesen Brückenkopf zu sichern und Zug um Zug das Vorfeld mit den Städten Stettin, Stralsund und Wolgast einzunehmen. Das gelang ihm zunächst ohne besondere militärische Mühen und Nöte. Denn seine bastante, selbständig operierende Armee bestand nicht aus dem oft bemühten Bauern-Häuflein, wie es die zählebige Legende will, sondern zum größten Teil aus teutschen und schottischen Söldnern samt schwedischen Mannschaften und Offizieren.[76] Kriegserprobt, im Belagern und Geländesichern ebenso geübt wie politisch motiviert, stellten diese gut 13000 Mann ein Kampfpotential dar, gegen das Conti keinen Angriff wagen konnte, wollte er sich selbst nicht gefährden.

Viel schwerer hingegen war es, den kranken Herzog Bogislaus XIV. und Pommerns Stände umgehend zu einer Defensions-Allianz zu bewegen, die gegen Ferdinand II. gerichtet sein mußte, um diese militärische Invasion und rechtlich-politische Intervention in den Teutschen Krieg zu legitimieren. Denn zu einer offiziellen Kriegserklärung von seiten Gustav Adolfs fühlte man sich nicht veranlaßt – eine Entscheidung, die durch das Völkerrecht in diesem Falle gedeckt schien –,[77] wohl aber zu einem *Kriegsmanifest* in teutscher und lateinischer Sprache. Es wandte sich an »alle aufrichtigen Teutschen« und versicherte, daß »dieser Krieg nicht wider das Römische Reich angefangen« wurde, »mit dem I. K. M:t [Gustav Adolf] keine Feindschaft habe, sondern einzig und allein darum, daß Ihrer eigenen, der Ihrigen und gemeiner Freiheit Schutz und Ihre Nachbarn in den Stand gesetzet [werden], worin die ganze Nachbarschaft so lange Zeit ruhig floriert [hat] und bis die Stadt Stralsund, die Ostsee und das Königreich Schweden ihrer Sicherheit mehr getrauen können.«[78]

Sicherheit durch Freiheit. Darum also warb der König mit all seinem Geschick. Zum einen mit Milde und mit der Bitte um Einsicht in die Rechtslage, nach welcher dieser Kaiser mittels Wallenstein und anderer Generäle eine unbillige Tyrannis und Verfolgung geübt und damit seinen Herrschaftsvertrag gebrochen hatte.[79] Zum anderen mit Drohungen besonders gegenüber Kur-Brandenburg, in diesem Kampf alle Möglichkeiten des Kriegsrechtes (Ius belli) auszunützen und auch gegen den Schwager im unbefestigten Berlin zu wenden, wenn dieser nicht zur Vernunft kommen und weiterhin seine zwielichtige Neutralität beibehalten wolle.[80]

Nein, mit offenen Armen war diese Invasions-Armee aus Schweden nicht auf teutschem Boden empfangen worden. Sie sah sich vielmehr genötigt, einen befestigten Platz nach dem anderen militärisch zu erobern und den Teutschen vor allem in den Magistraten und Verwaltungen klarzumachen, daß es sich bei dieser Intervention um eine libertär angelegte Befreiung handele: Nach allem Terror durch die Kaiserischen zielten die Aktionen des Schweden-Königs auf nichts anderes als auf eine freiheitliche Befriedung des Heiligen Reiches – gegen Habsburg und das »spanische Dominat«.

Der Bekämpfung dieses Dominats galt auch eine zweite, ebenso gewagte Invasion, deren Existenz und Wirkung bei der Behandlung des Teutschen Krieges in der Regel übersehen wird und die bereits am 14. Februar 1630 eingeleitet worden war: Admiral Hendrik Loncq war nämlich von den Generalstaaten beauftragt worden, mit 53 Schiffen und 7280 Mann Kriegsvolk von den Niederlanden aus zur Nordküste Brasiliens zu segeln. Dieses Gebiet war seit der Wiederaufnahme des Krieges mit Spanien von 1621 an immer wieder das Ziel von Diversionen und diente gleichzeitig der Westindischen Compagnie als Basis ihres Erwerbsstrebens und Handels mit den Reichtümern dieses Subkontinents.[81]

Als der Admiral an jenem Tage vor der befestigten Stadt Olinda (Pernambuco) aufkreuzte, genügte eine konzentrierte Beschießung aus den Schiffskanonen, um schon nach drei Tagen die Übergabe zu erzwingen. Bald danach war auch das südlicher gelegene Recife erobert. Alles deutete darauf hin, daß der Küstenstreifen zwischen beiden Brückenköpfen relativ zügig gesichert werden konnte. Der von den Portugiesen organisierte Widerstand jedoch, der auch von Indianer-Einheiten aus dem Hinterland gestützt wurde, setzte den Invasoren heftiger zu, als diesen recht war, zumal die Versorgung aus dem Mutterland nur mühsam aufrecht erhalten wurde.[82] Dennoch stabilisierte sich die Lage zugunsten der Niederländer, die gleich nach der Einnahme Olindas einen politischen Rat zusammentreten ließen, um dieses militärische Unternehmen ihrem libertären Staatsverständnis gemäß unter Kontrolle halten zu können.[83]

Diese Kombination aus possessiver Aneignung, politischer Sicherung und weitgehender Toleranz gegenüber den feindlich gesonnenen Katholiken erklärt zu einem guten Teil die weiteren Erfolge der Invasionen des schwedischen Verbündeten in Südamerika und Gustav Adolfs hierzulande. Denn die Armee aus Mitternacht verhielt sich auf teutschem Boden im Prinzip nicht anders, was im einzelnen noch zu sehen sein wird.

Neben dieser freiheitsgerichteten Dimension beider Landungsunternehmen, die schon erstaunlich genug ist und die Leistungsfähigkeit der Libertät erneut unter Beweis stellt, ergab sich noch eine andere, meist unbeachtete Qualität, die das künftige Staaten- und Sicherheitssystem in Europa auf Generationen hin bestimmen sollte: Mit diesem Doppelschlag libertärer Großmächte wurde allen Hegemonialisten unmißverständlich klargemacht, daß sie nicht nur regional bekämpft, sondern auch global eingedämmt werden konnten. Im Ernstfall mußten sie sogar damit rechnen, daß ihre patrimonialen Diktaturen von außen gestürzt wurden, wenn die jeweiligen inneren Kräfte der Libertät in den unterdrückten Ländern nicht hinreichen wollten.

Die Invasionen der verbündeten Niederländer und Schweden an der brasilianischen und pommerschen Küste führten zusammen mit der Krise um Mantua und Frankreichs Krieg gegen Habsburg Europa an den Rand eines Globalkonflikts. Mit ihrer politischen Stoßkraft stützten sie jedoch viele religiös bedrängte Gemüter, denen oft nur noch Gebete blieben, um die Gunst des Himmels vor allem für den »Gideon des Nordens« zu erflehen. Und dies im Bewußtsein, daß auch für seine kühnen Leistungen im Zeichen der Gerechtigkeit ein hoher Preis an Menschen und Material entrichtet werden mußte, ehe in teutschen Landen wieder der Friede einkehren konnte – an Blut, Schweiß und bitteren »Tränen des Vaterlandes«.[84]

Schattenseiten

Wie sehr auch der Eingriff in den Teutschen Krieg im Lichte der Libertät begründet sein mochte, an den Schattenseiten des Alltags in den Militärlagern konnte sich auch ein Gustav Adolf nicht vorbeistehlen. Es gehörte zwar zu seiner Fürsorge als oberster Kriegsherr, daß die Truppen neben Waffen und Munition, Kleidung und gerechtem Sold stets auch mit Bier und Brot versorgt wurden. Denn sollte der Soldat seine libertären Aufträge erfüllen, dann mußte er selbst in anständiger Form leben können und durfte nicht ein Opfer von Krankheiten und Seuchen werden, die mit Lederkanonen, Mörsern, »groben Stücken« (schwere Artillerie) oder Musketen nicht zu vertreiben waren. Traf ihn jedoch das Elend während eines Feldzuges, dann wurde diese gute Absicht zunichte gemacht und die hungernden Soldaten zum Plündern und Rauben gezwungen, allen harten Strafen zum Trotz.

Das hat der Schwedenkönig während des langsamen Vormarsches im Herbst und Winter dieses evangelischen Jubeljahres zu seinem großen Verdruß erleben müssen. Dabei durfte er mit gutem Grund auf die Einkünfte aus den preußischen Zöllen rechnen, die ihm seit dem Abkommen von Altmark verstärkt zustanden.[85] Auch die Erträge aus dem Verkauf von »russischem Getreide« an der Amsterdamer Börse konnte er mit Recht ins nähere Kalkül zur Versorgung seiner Armee ziehen.[86] Außerdem war ein dauernder Nachschub an Mannschaften, Zusatzgeldern und an Material aus Schweden selbst zu erhoffen:[87] Die Nahrungsmittel aus den bisher besetzten teutschen Gebieten gar nicht hinzugerechnet, auch wenn sie bescheidener ausfielen, als man bei den Planungen für die ersten Monate der Invasion angenommen hatte.

Auf dem Papier nahmen sich diese Hilfsquellen und Abstützungen imposant aus. Deshalb entwarf der König auf dem Weg in schlechte Winterquartiere und in Erwartung dieser Zulieferungen eine enorme Steigerung seiner Militärmacht in Gestalt von vier bastanten Armeen: Seine eigene sollte 21600 Mann zu Fuß und 6500 zu Roß umfassen. Die Kontingente von Gustav Horn, einem seiner besten Generale, wurden mit 15600 Mann zu Fuß und 2625 zu Roß veranschlagt. Feldmarschall Teuffels meist teutsche Einheiten sollten etwa 12000 Mann umfassen und Falkenbergs Truppen ungefähr 10000 Mann zu Fuß und etwa 1000 zu Roß.[88] Der König wollte nach der Sicherung seines territorialen Brückenkopfes in Pommern demnach fast 70000 Mann aufbieten, deren regelmäßige Versorgung erhebliche Probleme verursachte. Immer häufiger sandte er denn auch Schreiben nach Elbing in Preußen, um von Axel Oxenstierna Korn für Brot und Hafer für die Pferde zu erhalten.[89]

War es um die Verfügung über Getreide und Geld im Schweden-Heer gegen Ende des Invasionsjahres nicht besonders gut bestellt, so ging es der Gegenseite nicht viel besser. Auch wenn Gustav Adolf einmal meinte, daß der kaiserische Feind in seinen Quartieren einen »großen Vorteil« dadurch hätte, daß er »ganz Teutschland seinem Rauben unterwerfen« könnte,[90] so sah es doch im Umkreis von Tillys Truppen ziemlich elend aus. Denn mit dem Ausscheiden Wallensteins war auch dessen Zufuhr an Getreide, Kriegsmaterial und Geld aus seinen gut organisierten Fürstentümern Sagan und Friedland und selbst Mecklenburg gefährdet, wenn er sich nicht an die Absprachen zwischen dem Kaiser und den Kurfürsten halten wollte.[91] Und woher sollte im

Falle dieser *Heeressabotage* der notwendige Ausgleich kommen? Die Absicht, die Römische Kurie zum Unterhalt für die auf etwa 45000 Mann reduzierte Armee aus Liga-Einheiten und Habsburgischen Kontingenten heranzuziehen, hatte sich bald nach dem Kurfürstentag zu Regensburg als Schlag ins Wasser erwiesen.

Schon wegen seiner Bauwut im Petersdom unter der Leitung Berninis war Papst Urban VIII. ohnehin in dauernden Geldnöten[92] und wegen der Besetzung Neapels nicht gut auf die Habsburger in Spanien zu sprechen. Er fand sich daher nur bereit, Erträge von Kirchengütern besonders in der Oberpfalz für die Heeresfinanzierung verwenden zu lassen. Diese Verfügung Roms, das zu dieser Zeit zu Kaiser Ferdinand II. auch infolge des Mantua-Krieges auf Distanz gegangen war,[93] bestätigte den Protestanten nicht nur den flammenden Protest Luthers gegen die Ausbeutung teutschen Landes durch die Römische Kurie.[94] Sie war auch überaus weltfremd, warfen doch diese Güter so gut wie nichts mehr ab, und außerdem befanden sie sich außerhalb der Oberpfalz noch immer in protestantischen Händen.[95]

Tilly, der jetzt nicht nur auf den Bayern-Herzog Maximilian, sondern auch noch auf Kaiser Ferdinand II. samt der Wiener Hofburg zu hören hatte, war in dieser Lage nicht zu beneiden. Die Einschätzung des Obersten Wengiersky – Wallensteins Statthalter in Mecklenburg – war denn auch nicht überzogen, als er dem Landeshauptmann Taxis nach Friedland meldete: »Jezo empfindet die kayserl. Armee allererst, was sie an I. F. G. [gemeint ist Wallenstein] für einen Patronen verloren, zumal sie bis jetzt im Feld noch liegen und keine Quartiere, auch des Brots nicht satt haben. Es wünschen Offiziere und Soldaten, [...] daß I. F. G. das Generalat hinwiederum acceptieren möchten.«[96]

Ein Herzenswunsch, den der Kaiser erst unter dem Druck neuer Ereignisse und Zwangslagen in der Zukunft erwägen konnte, obgleich schon jetzt viele seiner Soldaten um Mantua und im Reich zu Schatten ihrer selbst geworden waren. Die Fühler zu Wallenstein blieben aber ausgestreckt, und bald sollte sich zeigen, daß der Einspruch der Kurfürsten gegen die bisherige Gewaltpolitik nur eine aufschiebende Wirkung hatte.[97]

Welch dramatische Formen der Kampf um gerechten Lohn und künftiges Brot annehmen konnte, zeigt auch ein Lebensweg, der am 15. November 1630 in Regensburg endete und dem Gedenken unserer Nation an ihre großen Söhne aller Ehren wert ist:

Johannes Kepler, der in Sagan an Wallensteins privater Akademie zwar ein gewisses Auskommen hatte, aber noch immer auf sein Einkommen als Mathematicus in kaiserlichen Diensten aus früheren Jahren wartete, hatte sich Anfang Oktober nach Leipzig begeben. Dort erneuerte er seine Freundschaft mit Philipp Müller, einem Mathematicus und Mediziner. Anschließend ritt er durch das kriegsverheerte Land einsam auf Regensburg zu, wo der Kaiser gerade zum Aufbruch nach Wien rüstete. Kepler wollte die Gelegenheit nutzen und bei der Hofkasse vorsprechen, um die Zahlung seiner Gehaltsrückstände zu erreichen. Sie beliefen sich samt Zinsen auf 11 817 Gulden – eine erkleckliche Summe besonders in diesen knappen Zeiten, aber ein gerechter Lohn für langjährige treue und unermüdliche Dienste. Als Kepler in Regensburg einritt, pochte bereits ein heimtückisches Fieber in ihm, und alle aufgebotene Kunst der Ärzte konnte ihn nicht mehr am Leben halten. Die 25 oder 30 Gulden, die ihm Ferdinand II. durch einen Boten auszahlen ließ,[98] brachten ihn angesichts seiner unversorgten Familie bald um den Verstand. In Anbetracht der habsburgischen Verschwendungssucht[99] war das angebotene Geld nicht nur ein Hungerlohn, sondern zugleich eine Beleidigung des Mannes, der dem teutschen Namen mehr Achtung und Ehre eingebracht hat als dieses »Erzhaus« in seiner ganzen blutigen Unterdrückungsgeschichte.

Doch was bedeuteten für Kepler, diesen gerechten und forschenden Geist, angesichts der nahenden Ewigkeit das elende Menschenwerk, die Sünden und Irrtümer dieses und anderer Häuser im Heiligen Reich? Von der eigenen Kirche nicht besser behandelt als bald der Kollege Galileo Galilei von der Inquisition,[100] sein Leben lang immer wieder der Vertreibung um seines evangelischen Glaubens willen ausgesetzt und doch stets aufs neue dem Hunger und sonstiger Not entkommen, glaubte der Gelehrte an die Erlösung durch Jesus Christus. Er starb nach einer oft stürmischen Lebensfahrt im Gottvertrauen einsam und allzeit der Erkenntnis bewußt, wie begrenzt alles menschliche Streben vor dem Auge der Allmacht bleibt: »Himmel hab ich gemessen, jetzt meß ich die Schatten der Erde [...].«[101]

Wendepunkte

Der Widerstand formiert sich

Der Machthistorie kommt es unbegreiflich vor, daß nach der Invasion des Schweden-Heeres der Kaiser die Entlassung Wallensteins samt einer Abrüstung seines Heeres veranlassen mußte. Ebendies kann aber der Freiheitsgeschichte wie eine höhere Fügung erscheinen. Tatsächlich bedeutete dieses Zusammentreffen zweier historischer Entscheidungen für die Teutsche Libertät den Höhe- und Wendepunkt dieses Krieges. Denn die »inneren Kräfte« haben sich aus Verzweiflung über die anhaltenden Zerstörungen ihrer Länder für die Rückkehr zu den »heilsamen Reichsconstitutionen« gegen die faktische Militär-Diktatur durchgesetzt.[1] Was ihnen zur Verwirklichung einer Rettung des Rechts noch fehlte, wurde von der libertären Großmacht des Nordens Stück für Stück ergänzt und Schlacht um Schlacht erkämpft, wenn Verhandlungen keine Aussicht auf Erfolg mehr versprachen.

Zu Verhandlungen schien Gustav Adolf immer wieder bereit gewesen zu sein. So ließ er auf dem Vormarsch nach Mecklenburg, wo er die ihm verwandten und von Wallenstein vertriebenen Herzöge wieder in ihre Rechte einsetzen wollte, ein umfangreiches Schreiben an Oxenstierna in Elbing abgehen. Darin bat er den Reichskanzler um Rat, wie er sich angesichts eines kaiserischen Friedensangebots verhalten sollte. Er selber könnte in dem unterbreiteten Vorschlag nichts Substantielles erkennen. Dennoch wollte er darauf hinarbeiten, zwischen den Kriegs-Parteien einen »Vergleich« herbeizuführen. Ein solcher müßte nach Ansicht des Königs vornehmlich darin bestehen, »daß über ganz Teutschland ein neuer Religionsfriede erhalten und konfirmiert werden möchte, und daß unsere Nachbarn und Anrainer in ihren vorigen Stand gesetzt werden, damit wir durch deren Sicherheit [trygghet] in unserem Vaterlande sicher sein möchten«.[2]

Mit dieser Begründung gab er das Wesen des *sekurativen Imperativs* seiner Politik zu erkennen: Die eigene Libertät ist abhängig von der Libertät des teutschen Nachbarn. Mit dieser Koppelung wurde der Machtmasse in der Mitte des Kontinents ein solches Gewicht beigemessen, daß sie im Rahmen ihrer inneren Constitutionen die Grundlage für das Gleichgewicht in ganz Europa bilden konnte. Gleichzeitig aber vermochte sie unter der Gewalt einer Diktatur, alle Nachbarn in Angst und Schrecken zu versetzen und diese damit zu Wachsamkeit und Mißtrauen zu nötigen. Diese Dialektik erscheint Gustav Adolf in seinem Schreiben an den Kanzler geradezu als historisches Axiom oder als Modellfall für die Gestaltung der eigenen Sicherheitspolitik. Die Erfahrung zeige ihm, »daß große Imperien, die aneinandergrenzen, sich nicht gerne allzulange unbelästigt lassen. Und deshalb kann es leicht geschehen, daß das Römische Reich, während wir diesen Krieg betreiben, mit dem Türkischen Imperium in Krieg geraten möchte, [...] was eine große Veränderung verursachen und uns umso eher zu einem genehmeren Accord verhelfen könnte.«[3]

In dieser Vorstellung von der Ausnutzung des Außenrings als einer Absicherung durch das Osmanische und auch Persische Reich – durch Asien also – sah der Schweden-König nicht einen Faktor, mit dem nach Lage der Dinge unmittelbar gerechnet werden durfte. Aber sein strategischer Blick machte ihm deutlich, wie mit dem militärischen Ausgreifen der Niederländer nach Südamerika und des Kupfers wegen auch nach Japan,[4] sowie mit dem Kampf zwischen England und Spanien um die Straße von Hormus dieser Teutsche Krieg das erste Ringen in der Geschichte der Res publica Christiana wurde, in das auch außereuropäische Macht- und Interessenkonstellationen als dritte Kraft hineinwirkten. Ohne die Ausbeutung der Gold- und Silbervorkommen sowie anderer Rohstoffe Südamerikas hätten

Spanien und die Niederlande kaum ihren eigenen Zermürbungskrieg anfangen und durchstehen oder gar denjenigen der verbündeten Mächte auf teutschem Boden mitfinanzieren können.[5]

Über diese Globalsicht hinaus lehrt das strategische Kalkül dieses Schweden-Königs, daß eine potente Mittelmacht schwere Krisen zwischen zwei Großmächten (Imperien) in günstiger Lage zum eigenen Sicherheits-Vorteil ausnützen kann, wenn ihr eine zweite Mittelmacht dabei behilflich ist und eine Politik des freiheitsgerichteten Gleichgewichts abzustützen versteht. Einen fundamentalen Schritt in diese Richtung hat Gustav Adolf dann auch in Absprachen mit Oxenstierna und dem Reichsrat in Stockholm unternommen, als er nach den Verhandlungen mit Charnacé den epochalen *Vertrag von Bärwalde* am 23. Januar 1631 unterzeichnete. Für Subsidien oder Stützgelder, die laut Machiavelli stets nur dem Starken bewilligt werden,[6] in Höhe von zunächst 300 000 Livres nahm Gustav Adolf das Angebot aus Paris an, Frankreichs Kampf gegen Habsburg im Heiligen Reich zu sichern, während der Mantua-Krieg in vollem Gange war. Schweden hatte damit Dänemark und England im protestantischen Lager den Rang abgelaufen, und Frankreich schickte sich an, mit diesem Verbündeten den Gegner und »Erbfeind« Spanien im papistischen Lager aus seiner Vorrangstellung zu drängen.[7] Auf dem Weg zur Großmacht war beiden Mittelmächten eines im Zeichen der Staatsräson und des kommutativ Gerechten gemeinsam: Ihre künftige Sicherheit hing davon ab, ob sie die Teutsche Libertät auf Dauer zu garantieren verstanden.

Mit der Zusicherung Schwedens, nicht nur die Neutralität Bayerns beim weiteren Vormarsch ins Heilige Reich zu respektieren, sondern auch Toleranz gegenüber der Römischen Kirche an allen noch einzunehmenden Orten zu üben,[8] wurde eine Grundlage geschaffen, von der aus der künftige Frieden als Kriegsziel gemeinsam mit teutschen Reichsständen erkämpft werden konnte. Vor allem die letzte Zusage bereitete Gustav Adolf trotz seiner Abneigung gegen die »Abgötterei des Papismus« auch deshalb wenig Sorge, weil sein Kriegszug nicht auf die Vernichtung der Römischen Kirche gerichtet war, sondern auf die Erhaltung der Teutschen Libertät als Garant schwedischer Sicherheit – ganz im Gegensatz zu den fanatischen Kräften der Gegenreformation und Habsburgs, denen es mit der Ausrottung und Vertreibung der Ketzer oder ihrer Missionierung blutiger Ernst war. Mit einer Garantie der Neutralität Bayerns konnte diese Energie gedämpft und allen Zauderern unter den Reichsständen demonstriert werden, wie die Libertät einer Territorialmacht auf Reichsebene von zwei auswärtigen Interessenten gegen Habsburg zunächst respektiert wurde – auch das ein Wendepunkt in diesem Krieg, einer mit Langzeitwirkung.[9]

Allein dieses Zugeständnis und die Betonung der Neutralität im »Kriegsmanifest« oder die Anerkennung der neutralen Haltung Kurlands[10] relativieren die oft zitierten Worte Gustav Adolfs an die Adresse seines Schwagers Georg Wilhelm in Berlin, als er von dessen Neutralität nichts wissen wollte.[11] Seine Heftigkeit, die ihm meist als Grundzug eines groben Wesens ausgelegt wird, gehörte in Wirklichkeit zur Verhandlungstaktik und Rhetorik, nämlich in Zweifelsfällen die Unterhändler hart anzufahren, um leichter hinter ihren Wortfassaden die Realität erkennen zu können. Sie entsprach ansonsten nicht seinem kontrollierten, abwägenden, ja oft zögernden Verhalten. Was man hier in der Begegnung mit Brandenburg herauslesen kann, ist eine gewisse Nervosität bei Gustav Adolf. Denn das aufreibende Zaudern seines calvinistischen Schwagers, mit ihm eine Defensiv-Allianz gegen den Kaiser einzugehen, hätte auch andere Reichsstände davon abhalten können, sich mit ihm zu verbünden. Diese Sorge war durchaus berechtigt, gab es doch gewisse Bestrebungen im protestantischen Lager, mit einer *Dritten Partei* hauptsächlich aus den bisherigen *Neutralisten* diesem Krieg eine Wende durch die »inneren Kräfte« des Heiligen Reiches zu geben.[12]

Diese Bewegung unter den Reichsständen, die zum Leipziger Bund führte,[13] empfand sich zwar als eine Schutzgemeinschaft gegen den besitzgierigen und diktatorischen Kaiser, wollte aber gleichzeitig nicht aktiv für den Schweden-König kämpfen. Vor allem das recht gute Einvernehmen zwischen Johann Georg von

Kur-Sachsen und Georg Wilhelm von Kur-Brandenburg seit ihrem Treffen in Zabeltitz[14] hatte dieser abwartenden Einstellung neue Nahrung gegeben und besonders den jetzt noch amtslosen General Arnim begeistert. Er stand einst im Dienste Schwedens und sollte für diese Macht 1614 sogar die moskowitische Festung Archangelsk im Eismeer erobern,[15] hatte sich aber bald vom Norden wieder ins Heilige Reich gewendet und sollte nun im Juli 1631 den Oberbefehl über die Truppen Kur-Sachsens antreten.[16] Zu einem Zeitpunkt, als ein wichtiges Ereignis schon Geschichte war und den Neutralisten vor Augen geführt hatte, daß man auch zur Verfechtung ihrer Haltung nicht davon verschont wurde, in den eigenen Landen massiv aufzurüsten, ohne die Gewähr zu bieten, Land und Leute wirklich nach allen Seiten hin vor den Kaiserischen Truppen und der Schweden-Armee schützen zu können: es war der Leipziger Convent.

Fast gleichzeitig zur Einberufung eines Compositions- oder Verständigungstages nach Frankfurt am Main, der einige Male verschoben worden war, hatten sich zahlreiche evangelische Stände am 6. Februar 1631 in Leipzig eingefunden.[17] Sie wollten dort die eigene Lage gründlich erörtern und sich auf eine *Gegenverfassung* einigen. Erinnerungen an die gescheiterte Union und selbst an den Schutzbund von Schmalkalden wurden wach. Der verfassungswidrige Zwang, dem Heer des Kaisers Kontributionen leisten zu müssen, und die anhaltende Einziehung von lebenswichtigen Kirchengütern samt der daraus folgenden Kriegsnot ließen es diesen Ständen geraten erscheinen, drei Armeen aufzustellen: Nach Maßgabe der Kreis-Verfassungen sollte das Hauptheer 25000 Mann umfassen; das zweite hatte mit 15000 Soldaten auszukommen und sollte vor allem die oberteutschen Städte und Stände schützen, während die dritte Armee mit 10000 Mann an der Weser entlang zu operieren hatte.[18]

Mit diesem Potential von 50000 Mann glaubte der Convent, ein Gegengewicht zu den kaiserisch-ligistischen Armeen unter Tilly und Pappenheim herstellen zu können, wobei man mit einer gewissen Absicherung von Nordosten her durch das

Schwedenheer rechnete. Dieses hatte mit der Eroberung von Garz und Greifenhagen die Mündungsgebiete und den Unterlauf der Oder in Besitz genommen und war dabei, wegen des Conventes in Leipzig die Belagerung Frankfurts an der Oder zu unternehmen.[19] Hätte man diese Pläne einer ständischen Aufrüstung und Widerstands-Armee zügig verwirklichen können – ein Defensionsbündnis zwischen Sachsen-Weimar und Hessen-Cassel bestand bereits –,[20] dann wäre dieser auch auf die Bewahrung der Libertät gerichtete Neutralismus wirklich eine dritte und ernstzunehmende Kraft im Teutschen Krieg geworden.

Allein, Johann Georg vermochte es wieder einmal nicht, den militärischen Aufwand, an dem er sich allein mit 9000 Mann zu Fuß und 2000 zu Roß beteiligen wollte, in eine politische Qualität umzusetzen. Dazu wäre es unabdingbar gewesen, Kaiser Ferdinand II. als Verfassungsbrecher und Feind des Heiligen Reiches sowie der Teutschen Libertät zu erklären und seine Streitkräfte zu bekämpfen. In seiner lutherischen Enge und Verquältheit, die aus dem Gehorsamsgebot des Römer 13 einen Fetisch gemacht hatte, fiel es ihm schwerer als dem calvinistischen Brandenburger nach dem Abdrängen des katholischen Ministers Schwarzenberg,[21] sein politisches Bewußtsein mit der libertären Verfassungspflicht zum Widerstand gegen eine vertragsbrüchige Obrigkeit abzustimmen. Er versuchte in dieser hochdramatischen Situation das Kunststück all jener, die den Frieden wollen, aber dessen militärische Sicherung gerne anderen überlassen: ähnlich Christian IV., der jetzt wieder von Gustav Adolf umworben[22] und mit dem Erwerb von Bischofsstühlen im Niedersächsischen Kreis gelockt wurde.[23]

Trotz des Convent-Beschlusses war mit den sächsischen Vorbehalten gegenüber Wien das Scheitern dieses Schutzbundes schon abzusehen, zumal das calvinistische Hessen-Cassel den unbedingten Anschluß an Schweden befürwortete und das lutherische Hessen-Darmstadt als eifrigster aller Neutralisten im Heiligen Reich die Nähe zum Kaiser suchte.[24] Wie sich der Leipziger Vertrag auswirkte, zeigt die Lage in Ostfranken. Der Markgraf Christian von Brandenburg-Kulmbach, ein überaus rechtsbewußter und auf Mäßigung bedachter Mann,[25] hatte den

Beschluß des Conventes in der Überzeugung angenommen, sich mit gerechten Defensionswaffen gegen weitere Demütigungen durch die Exekution des Restitutionsediktes zur Wehr setzen zu dürfen. Deshalb drängte er auch darauf, daß im Namen der evangelischen Stände des Fränkischen Kreises ein Regiment Fußvolk geworben wurde.[26] Gleichzeitig aber sah er sich genötigt, die auf dem Regensburger Tag genehmigten Contributionen in Gestalt der üblichen »Römermonate« an den Kaiser zu entrichten. Nach eingehenden Beratungen mit seinen Räten und den Ständen der Landschaft fand man in der Not einen Steuer-Modus, der auch die bisher steuerfreien Adligen, ja selbst die Judenschaft einbezog und somit der anstehenden Doppelbelastung begegnen konnte.[27]

Diese Aufrüstung löste verständlicherweise das Mißtrauen der katholischen Mitstände im Kreis aus. Vor allem Bischof Johann Georg II. von Bamberg wollte sich vom reinen Defensionswillen seines Nachbarn nicht überzeugen lassen. Die bewaffnete Neutralität des Bayreuther Markgrafen kam ihm sehr verdächtig vor, und so verbot er – gestützt auf die Gegen-Mandate des Kaisers zum Leipziger Beschluß – allen Untertanen Christians, die in seinem Bistum ansässig waren, »bei Leibs- und Lebensstraf und Verlust aller gemeinen Gerechtigkeit« Abgaben nach Kulmbach und Bayreuth zu entrichten. Mehr noch: Er rüstete in seinem Herrschaftsbereich selber auf.[28]

Damit bestand die Herausforderung zu einem Kampf auf Leben und Tod nicht mehr nur aus heftigen Worten, sondern fand sich je stärker ins Werk gesetzt, desto drohender die Gefahr aus dem Norden des Heiligen Reiches wurde. Es ist bemerkenswert, daß in dieser wachsenden Not Ferdinand II. neben seinen Kommissaren jetzt wieder verstärkt die verfügbaren Stände auf Kreis-Ebene bemühte und ihre Tagungen nutzte, wie jene der Liga in Dinkelsbühl.[29] Mit dieser Annäherung wollte er aber keineswegs die libertäre Substanz des politischen Ständewesens stützen, sondern lediglich unter dem Anschein des Rechts seine leere Kriegskasse füllen. Denn der verordnete Kreuzzug gegen die Ketzer hatte weiterzugehen. Man kann sich vorstellen, wie diese geradezu fanatische Politik der fortgesetzten Rechtsbeugungen, Verfassungsbrüche, Zwangskontributionen, Durchmärsche, Einquartierungen, Enteignungen, Rekatholisierungen, Landesverheerungen, Hexenprozesse oder die demütigenden Anweisungen zur Auswanderung ohne Schadensersatz für die Vertriebenen auf die Rechtskultur der Libertät des Treuhandwesens und eines »ordentlichen Regiments« gewirkt haben muß.

Nach all diesen diktatorischen Übergriffen Habsburgs standen den Teutschen im protestantischen Lager aber noch einige Steigerungen der entfesselten Macht-Energie bevor. Als besondere Staatskraft mißverstanden, bemühte man später vornehm und einschüchternd zugleich die *Idee der Staatsräson,* um dieses Vorgehen historisch abzusichern:[30] im Glauben auch, daß die konfessionelle Einheit im Rahmen der Katholizität die »Voraussetzung zur Entstehung einer deutschen Nation gewesen wäre«,[31] obgleich die Teutsche Libertät in ihrem kommutativen Vertragswesen konfessionsneutral angelegt war.

Magdeburgs Tragödie

Was würde die Geschichte wert sein, wenn sie es nicht verstünde, uns auf ihre Weise zu erläutern, welche Last Menschen auf sich nehmen, um lieber zu sterben, als in Knechtschaft und Gewissensnot leben zu müssen? Mit jedem Beispiel verweist sie stets auf die Bindungen an eine universale Ethik, die heute Menschenrechte genannt werden. Nur dann erhält das Vergangene für die Nachgeborenen einen Sinn, wenn diese zwar am Glauben zweifelnd und in ihrer Vaterlandsliebe (Amor patriae) erschüttert, aber doch voller Hoffnung im Gespräch mit der Geschichte an Taten erinnert werden, die stets des Nachdenkens wert sind.

Das stolze und reiche Magdeburg an der Elbe steht mit seinem traurigen Los im Teutschen Krieg für solch ein Beispiel, das einerseits die Sinnlosigkeit von Zerstörung bezeugt und andererseits die Sinne dafür schärft, wie Verstrickungen in einem

Gemeinwesen zu Entfesselungen und schließlich zum Untergang führen können: zu einem schauerlichen Ruin, den keiner der Beteiligten zu Beginn des Konfliktes gewollt hat, und der Schuldige wie Unschuldige zu Opfern eines Machtwahns werden läßt, der sich im Recht wähnt.

Mit dem römischen Sagunt auf spanischem Boden, das sich der Übermacht Hannibals nicht beugen wollte, ist diese teutsche Stadt verglichen worden, von der es hieß, daß sie »gleichsam der Schlüssel zu beiden sächsischen [Reichs-] Kreisen« sei.[32] Auch auf das brennende Moskau wurde später verwiesen, das dem Usurpator Napoleon Widerstand bis zum Äußersten leistete und mit seinem Brandopfer dessen Niedergang einleitete.[33] Die Mit- und Nachwelt tat recht daran, über alle Zeiten und Unterschiede der Meinungen hinweg das Gemeinsame in diesem Abwehrkampf und Bürgerkrieg so festzuhalten, daß die vorgelebte republikanische Tugend als Ausdruck des Patriotismus auch wie eine Mahnung aufgefaßt werden konnte, nämlich die »teutsche Constantia« hochzuhalten.[34] Denn bei aller

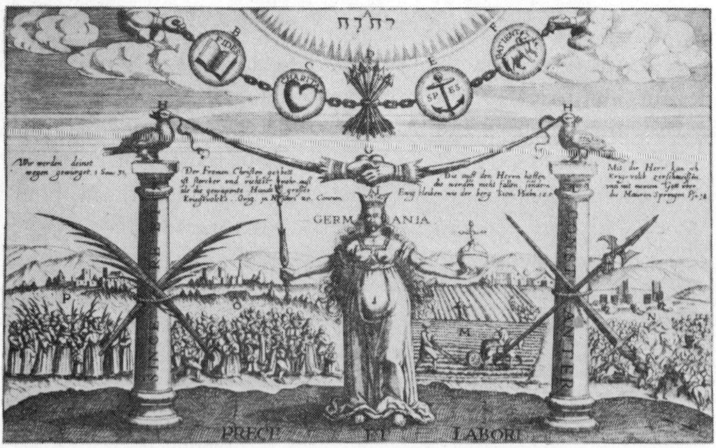

Allegorie und Aufruf, trotz Krieg »ehrlich« (sinceres) und »standhaft« (constanter) zu bleiben (Sammlung UB Ffm).

Standhaftigkeit eines Großteils der Magdeburger während der Belagerung durch Tilly und Pappenheim erscheint das Szenario in und außerhalb der Stadt auch heute noch wie ein Alptraum.

Allein schon das Verhalten des politisch überspannten, religiös fanatisierten und militärisch unfähigen Administrators von Dom und Bistum – Christian Wilhelm – hatte es in sich. Ein Blick in sein Lebenstrauma deutet bereits die Hitze des Kampfes um die Stadt an: Als Kind hatte man ihn zum Bischof dieses reichen Bistums »gewählt«, ohne freilich die rechtliche Anerkennung durch den Kaiser zu erhalten. Ferdinand II. verweigerte sie aber nicht nur wegen des Augsburgischen Bekenntnisses, sondern auch aus Gründen des Habsburgischen Haus-Egoismus, die im Zweifelsfall stets wichtiger waren als die Rechtsansprüche anderer: Der lukrative und ehrwürdige Bischofsstuhl sollte mit seinem Sohn Leopold Wilhelm besetzt werden, nachdem Christian Wilhelm 1628 verjagt worden war und bei Gustav Adolf um Hilfe ersucht hatte. Ganz so einfach, wie sich Habsburg dies vorstellen wollte, ging die hauseigene Investitur aber nicht vonstatten, fühlte sich doch der Sohn August des sächsischen Kurfürsten Johann Georg auch für diesen Bischofssitz bestimmt.[35]

Das war die personale Ausgangslage dieses schweren Konflikts dreier Interessenparteien, der durch eine Erzwingung des Restitutionsediktes von den strukturellen Bedingungen her noch verschärft wurde. Es nützte den Magdeburgern angesichts habsburgischer Besitzwut gar nichts, die Anwendung des Ediktes mit der Begründung zu verhindern, daß Bistum und Stadt bereits anno 1524, d. h. »lange vor dem Passauischen Vertrag [von 1552] reformiert« worden seien.[36] Solche Rechtseinreden schreckten die kaiserischen Kommissare keineswegs davon ab, ihre Macht- und Enteignungsmittel brutal einzusetzen. In einer Nacht- und Nebelaktion verlangten sie »bei Straf der Acht« die Herausgabe aller Fest- und Fahrhabe des Magdeburger Stiftes und versuchten unter Berufung auf den Artikel II des Ediktes, »beinahe den dritten Teil dieser Stadt zur katholischen Religion zu ziehen«.[37]

Schon im Sommer 1629 hatte Wallenstein die Hauptmasse seiner Militärmacht gegen die gut befestigte Stadt geführt, um sie demselben Edikt zu unterwerfen, dessen Wert ihm nie so recht einleuchten wollte.[38] Ein Erfolg seiner Belagerung war ihm freilich nicht beschieden wie zuvor auch nicht in Stralsund, weil er wieder einmal die »teutsche Constantia« unterschätzt hatte: den Durchhaltewillen eines Patriotismus, der selbst in der höchsten Not politisch und militärisch handlungsfähig bleiben konnte. So ist es der Bürgerschaft während der Belagerung durch Wallenstein gelungen, den bisherigen und kaisernahen Rat der Stadt abzusetzen und einen neuen Rat zu bestellen, in dem auch der gemäßigte Otto von Guericke wirken durfte.[39] Er, der später Bürgermeister dieser Stadt werden sollte und mit dem Nachweis des »leeren Raums« Descartes widerlegte,[40] hatte mit steigender Besorgnis die Folgen des militärischen Drucks von außen beobachtet und gleichzeitig den Gegendruck von innen gespürt. Eine republikanische Entschlossenheit, die darin bestand, daß Magdeburgs Bürgerschaft »gemeinet, ehe sie sich aus ihrem freien Stande weiter also wollten depossedieren [enteignen] entsetzen und ihnen hierdurch zugleich mit die Religion verändern, das Gewissen beschweren lassen, sie lieber alles daran setzen und den Ausschlag Gott und der Zeit befehlen wollten«.[41]

Was schon Kepler mit seiner Familie und andere Teutsche schmerzhaft erlebt hatten, wurde auch hier im Schein vermeintlichen Rechts mit aller Gewalt erprobt: die patrimoniale Enteignung. Dabei gab es nur drei Möglichkeiten: Die bisherigen Besitzer kehrten zur Römischen Kirche zurück und unterwarfen sich dem Edikt; sie weigerten sich und wanderten ohne Entschädigung ihrer Verluste aus; oder aber sie leisteten aktiven Widerstand und verteidigten auf Gedeih und Verderb mit ihrem Besitzstand das eigene Bekenntnis.

Für die letzte Haltung haben sich die meisten der etwa 20000 Einwohner Magdeburgs gegen eine kleine, aber einflußreiche Oberschicht entschieden, die katholisch und weitgehend kaisertreu geblieben war. Diese Konstellation erhöhte die Gefahr, daß sich auch im Innern selbst ein Druck entwickelte, ein fanatisierter Streit zwischen den »zwei Nationen« oder Geburtskreisen. Dies zumal, nachdem den »niederen Ständen« wie Fischern und Schiffern bei einer Sperrung der Elbe neben dem drohenden Verlust des Kirchengutes auch noch das private Einkommen abgeschnitten wurde. Von den kaiserischen Belagerern immer wieder »Lutherische Hunde« geschimpft und von den »Wohlgeborenen« der Stadt als »Rasichter Pöbel« verhöhnt, steigerten sich die Widerständischen von Monat zu Monat in blindwütigen Haß, nachdem auch der von Gustav Adolf geschickte Kommandant Dietrich von Falkenberg trotz politischem Geschick und militärischem Können den vom Schweden-König zugesagten Entsatz der Stadt nicht herbeizwingen konnte.[42]

Als Falkenberg Mitte August 1630 nach Magdeburg beordert wurde, da betrachtete Gustav Adolf seinen Einsatz als »Diversionswerk«, als Ablenkung und Bindung gegnerischer Truppen. Die Sicherung dieser Stadt sollte gleichzeitig den Feind von »den rechten Kornhäusern« Meißen, Anhalt, Mansfeld und selbst von Böhmen abschneiden. Mit der verstärkten Kontrolle über die Elbe sollte der Gegner so beschäftigt werden, um »uns allhier desto freier handeln zu lassen«. Damit meinte Gustav Adolf hier nichts anderes, als Tillys Streitkräfte im nordteutschen Raum zu zersplittern (distrahieren), damit der territoriale Brückenkopf der Schweden in Pommern Zug um Zug erweitert werden könnte. Als Hoffnung dieser gezielten Diversion von Magdeburg aus galt die Vorstellung, daß sich »die Unzufriedenen zusammentun oder zum wenigsten die Contributionsmittel [für den Kaiser und dessen Heere] erschweren, in summa: Dem Racket des Universalaufstands durch Teutschland hiedurch Feuer geben [...].«[43]

Dazu ist es aber auch entgegen den Ansichten Johann Georgs nicht gekommen. Denn dafür waren die kaiserischen und ligistischen Truppen doch zu stark und das Potential der zerstrittenen Protestanten noch zu schwach. Erst das Festsetzen und die Erfolge der Schweden-Armee bereiteten allmählich den Boden für einen Anschluß einzelner Reichsstände wie Sachsen-Weimar oder Hessen-Cassel vor. Das Zögern dieser Teutschen wurde für Gustav Adolf noch von einem anderen Feind verlängert, der viele gute Planungen zunichte machte: durch den Hunger. In seinem Bericht über den »herrlichen Sieg« bei der Eroberung von Frankfurt an der Oder, den er Oxenstierna nach Preußen schickte, kam der König mehrfach auf sich häufende Mängel zu sprechen. So fehlte es ihm an Geld für den gerechten Sold und noch mehr für eine gesunde Verpflegung. Ohne diese innere Rückenstärkung aber vermochte er es nicht, dem Feind auf den Fersen zu bleiben und ihn so massiv anzugreifen, wie es notwendig gewesen wäre, um Magdeburg in seiner Bedrängnis zu entsetzen.[44]

Nach dem Fall von Frankfurt und Landsberg war der Zustand der Invasions-Armee desolat geworden. Von 14000 Reitern waren noch etwa 5000 tatsächlich beritten. Kein Wunder auch, daß Raub und Plünderungen vorkamen, und sich die düsteren Ahnungen vom Unbestand zu erfüllen schienen. Gustav Adolf verabscheute dies alles, weil es nicht nur gegen Recht und Kriegsordnung gerichtet war, sondern auch »mehr schadete, als Hilfe gab«. In dieser Zeit vor Magdeburgs Belagerung war er einmal derart deprimiert über seine materielle Lage, daß er dem Kanzler wie erschöpft mitteilte: »Wäre ich nicht Eures Fleißes im Herbeischaffen von Mitteln so versichert, da wollten wir lieber Szepter und Krone ablegen, als in diesem Wesen fortzufahren.«[45]

Von der hehren »Lichtgestalt«, wie er aus Unkenntnis gerne geschildert wird,[46] ist in diesen zermürbenden Wochen und Monaten wenig zu spüren. Noch am 5. Mai klagt Gustav Adolf über die Untätigkeit der bequemen Administration in Schweden und spart nicht mit bitterer Kritik an den Schlafmützen und Lahmsäcken der eigenen Nation: »Von [dort] haben wir noch keinen Pfennig bekommen.« Er sieht sogar das ganze Invasionswerk in »größte Gefahr« geraten, obgleich ihm vor kurzem der Küstriner Paß und die Festung Spandau von Kur-Brandenburg eingeräumt worden waren und er sich in Absprachen mit dem General Gustav Horn bemühte, »auf irgendeine Weise Magdeburg zu entsetzen«.[47]

Dieses Vorhaben gelang jedoch nicht. Als die Kaiserischen und Ligistischen unter Tilly, Pappenheim und Wolf von Mansfeld die Stadt bereits erobert hatten, stellte der König in Spandau fest, daß »es uns von Tag zu Tag schwerer fällt, die Armee in ihrer Pflicht zu halten, und wir in größte Gefahr geraten können, wenn wir keinen Succurs [Unterstützung] bekommen. Denn Soldaten und Reitern geht die Geduld aus, und es steht zu befürchten, daß es leicht zu einer allgemeinen Meuterei kommen kann.«[48]

Statt Universalaufstand im Heiligen Reich gegen den Kaiser und für die »gerechte Sache« nun die Gefahr eines Aufruhrs in den Reihen der Invasions-Armee! Das war die Situation, weshalb damals Gustav Adolf zu einem Entsatz Magdeburgs bei allem guten Willen nicht fähig war. Dies wußten freilich die Belagerer nicht, die dauernd mit der Ankunft des Schweden-Heeres rechneten und alles daransetzten, diese strategisch so wichtige Stadt zu erobern. Dafür drohte ihnen von ganz anderer Seite eine unerwartete Gefahr. Nicht von einem niederländisch-englischen Corps von Westen her,[49] sondern aus dem eigenen Lager – von Ferdinand II. Berichte des Feldmarschalles Tiefenbach über den Fall Frankfurts (an der Oder) und den angeblichen Zug der Schweden-Armee auf Schlesien, Böhmen und schließlich auf Wien zu hatten den Kaiser in Panik versetzt. Er gab deshalb den Befehl, die Belagerung Magdeburgs sofort abzubrechen und Gustav Adolf den Weg nach Süden hin zu versperren.[50]

Wieder einmal stand diesem Habsburger und den Schranzen der Hofburg die Sicherung der Hausinteressen am nächsten. Mochte darüber das Heilige Reich in Flammen aufgehen, so galt es doch, den eigenen Besitzstand zu wahren und dafür das Äußerste zu wagen. Dazu war Tilly jedoch nicht mehr bereit, weshalb er sich zusammen mit allen kommandierenden Generalen den Befehlen aus der Wiener Hofburg widersetzte. Für diese Militärs stand nun fest, daß die Forstsetzung der Belagerung das Schweden-Heer eher von einer Invasion in die habsburgischen Erbländer abhalten konnte als die Teilung ihrer Streitkräfte oder gar der Abzug aller Truppen, um diese die Elbe aufwärts nach Schlesien und Böhmen zu werfen.[51]

Diese Überlegung in Tillys Kriegsrat war – militärisch gesehen – richtig. Es fehlte ihr jedoch die politische Dimension im

Gegensatz zum Schweden-König. Denn Gustav Adolfs Kriegsziel bestand nicht etwa darin, den Kaiser aus Wien und den Erblanden zu treiben, sondern die Libertät der Stände im Heiligen Reich wiederherzustellen: Und dies konnte auf Dauer nur mit dessen eigenen Landen und Leuten erreicht werden. Mochte die materielle Notlage des eigenen Heeres jetzt alles an Standhaftigkeit oder Constantia abfordern, was von Seneca bis Lipsius in Lebens- und Kriegsnöten beschrieben worden war, so mußten nun die Belastungen zur Erfüllung dieser fundamentalen Tugend ausgehalten werden, wenn der politische Auftrag der Intervention nicht zerschlagen werden sollte.

Auch Falkenberg, der energische Verteidiger Magdeburgs, war sich dieses Zusammenhangs bewußt und versuchte, mit dem Niederbrennen einiger Vorstädte ebenso Zeit für das Entsatz-Heer zu gewinnen wie in den letzten Verhandlungen mit Tilly, der immer drängender die Übergabe verlangte.[52] Als alle Bemühungen gescheitert waren und Falkenberg sich auf einen verzweifelten Ausfall einstellte, da entfesselte der ungeduldige Pappenheim überraschend einen Sturm von Süden her auf die Wälle der Stadt. Es war am späten Vormittag des 20. Mai 1631, als seine Soldaten endlich in die Stadt eindringen konnten, Tod und Verderben brachten und noch jetzt auf erbitterten Widerstand stießen: »Jung und alt, Mann und Weib, ja auch die Kinder von sieben und acht Jahren [hatten sich] mit Steinwerfen und Gießen heißen Wassers aufs äußerte gewehrt.« Als sie sich aber »ganz übermannt gesehen«, da haben sie begonnen, die Stadt an verschiedenen Stellen anzuzünden, womit sie die Kaiserischen noch mehr »erbittern« mußten.

So steht es in einem ersten und rechtfertigenden Bericht über das Ende der Belagerung, der nach Wien beordert worden war. Dort verbreitete sich wie auch in Brüssel, Rom und selbst in München große Freude über diesen Erfolg, und das Absingen des »Te Deum laudamus« in den Dankgottesdiensten wollte kein Ende nehmen. Die Gegenseite aber behauptete, daß die »kaiserliche Faction« in Magdeburg aus Haß gegen die Schweden-Partei um Falkenberg zuerst die Brandfackeln geworfen hätte. Schließlich gab es auch noch die Version, nach der

Falkenberg aus ohnmächtiger Wut über den »Verrat« der »gerechten Sache« den Befehl auszuführen erzwang – als er »alles verloren sah« –, zuerst das Zeughaus und dann noch andere Häuser anzuzünden.[53]

Wer könnte heute zuverlässig den Gang der Ereignisse vor dem Brand und die Schuldfrage klären, wo doch die verfügbaren Quellen stets den jeweiligen Partei-Standpunkt vertreten? In dem Inferno jener Feuersbrunst, die nur den Dom und 70 Häuser in seiner nächsten Umgebung verschont hat, werden aber zwei Verhaltensweisen erkennbar, die unabhängig von Zeit und nationaler Zugehörigkeit in extremen Kampfsituationen typisch zu sein scheinen: Nach dem Sprengen mit Minen oder Petarden und während des Feuerns der Kanonen genügte ein Funken Ungeduld, um die erbittert stürmenden Soldaten in einer Art *emotionalen Explodierens* die Salven der Verteidiger vergessen zu machen. Allen voran General Pappenheim selbst, der sich in dieser Stadt reiche Entschädigung für seinen Mut erträumte: von der »Jungfrau Magdeburg«, wie er sie nannte.[54] Und gleichzeitig bereitete sich mit jedem Zurückweichen und beim Verlust von Verteidigungszonen ein *mentales Implodieren* in den Reihen des Gegners vor: ein rasender Verfall der Gemüts- und Kampfesverfassung, sobald das letzte Fünkchen Hoffnung auf Hilfe verglüht ist. Wird nämlich eine vorhandene Kampfmoral bis zur Inbrust gesteigert und im Einsatz des Lebens betätigt, ohne sich durch eine Aussicht auf Erfolg bestätigt zu finden, dann kann sie nach innen und gegen sich selbst gewendet werden.[55]

So gesehen, erscheint die mögliche Verzweiflungstat Falkenbergs ebenso folgerichtig wie jene der kaisertreuen Magdeburger und der Widerständler selbst. Es ist, als wollte ein jeder Feuerleger mit der verbrannten Erde ein Stück Himmel erwerben oder zumindest für alle Zukunft ein Zeichen setzen, das die Überlebenden doppelt verpflichten sollte. Auf diese beinahe makabre Weise hatte sich Gustav Adolfs Wunsch doch noch erfüllt, nämlich von Magdeburg aus der »gerechten Sache« das rechte Feuer zu geben.[56] Obgleich er einen solchen Untergang der Stadt nicht gewünscht hatte,[57] brachte ihn dieses Ereignis zu einer ernsten Erkenntnis: Ein solches Brandopfer für die Freiheit der Teutschen Nation durfte sich nicht mehr wiederholen, wenn er Land und Leute auf seine libertäre Seite bringen wollte.[58]

Breitenfeld

Das Inferno Magdeburgs, in dessen Gebeten des Himmels Raum erbebet war, wirkte nach der ersten Lähmung auf die Stände des Leipziger Bundes wie ein heilsamer Schock und leitete eine folgenschwere Wende ein. Jetzt wurde nämlich auch den Zauderern unter den Neutralisten klar, daß die nächste Zukunft kaum noch erlaubte, nach diesem Schlag die eigene Haut dadurch zu retten, daß man sich einfach für neutral erklärte, während des Nachbarn Haus brannte. Es war an der Zeit, Stellung zu beziehen – politisch und in gleichem Maße militärisch.

Zunächst fand sich Hessen-Cassel unter dem rührigen und beständigen Landgrafen Wilhelm bereit, das Eventual-Bündnis von 1630 in eine wirkliche Defensions-Allianz mit Gustav Adolf zu verwandeln.[59] Dazu kam es allerdings erst Anfang August, nachdem er sein Heer erweitert hatte. Es bestand aus 5000 Mann Gestellter und Geworbener und sollte nun auf 12000 Soldaten mit hohem Kampfwert gebracht werden. Der Landgraf hatte sich diese Schutz- und Streitmacht 1628 zugelegt, nachdem Kroaten in Habsburgs Diensten während mehrerer Einfälle die südlichen Teile seines Herrschaftsgebietes verheert hatten[60] und er sich außerdem gezwungen sah, sein calvinistisches Bekenntnis und die Teutsche Libertät zu verteidigen: allerdings stets auch im Zeichen der Güter-Rivalität und Erb-Feindschaft mit Hessen-Darmstadt und nicht selten gegen die eigenen Landstände.[61]

Ähnliche Aktivitäten wie die des hessischen Reichsstandes zeigten keineswegs alle Mitstände. Kur-Brandenburg hatte sich zwar wie Pommern einige Zeit davor auf einen Bündnisvertrag mit Gustav Adolf eingelassen, aber Kur-Sachsen zögerte noch, den entscheidenden Schritt gegen Habsburg und die Liga jetzt zu vollziehen.[62] Und was sich der Oberst Schlammersdorf mit seinem Kriegszug aus Hessen in den Fränkischen Kreis an Übergriffen und Plünderungen Ende Juni geleistet hatte, war auch nicht gerade eine Werbung für die »gerechte Sache« der Libertät und der Protestanten.[63] Diese hatten schon im Bischof von Bamberg einen erbitterten Gegner, der unermüdlich auf der »unbedingten Reinigung des Bistums vom häretischen Geiste« bestand.[64] Als dann noch der hessische Ritter Franz von Hatzfeld Anfang August zum Bischof von Würzburg gewählt wurde, da durfte ein jeder mit einer zusätzlichen Aufrüstung in diesem strategisch so wichtigen Reichskreis rechnen,[65] d. h., aus diesem und anderen Teilen des Oberen Reichs hatte das Leipziger Bundheer zunächst so wenig Hilfe zu erwarten wie das Invasionsheer.

Dabei verschlechterte sich Gustav Adolfs Versorgungslage, obwohl Sommer war, von Woche zu Woche. Mit jedem Schreiben an Axel Oxenstierna forderte er dringender Nachschub an Geld und Brot, malte die nie sicher gebannte Gefahr von Meutereien aus und kritisierte die Verschlafenheit seiner in Sicherheit lebenden Schweden in der Heimat.[66] Er wußte zu gut, daß die Versorgung den Ausgang jeder Schlacht beeinflußte, wenn nicht entscheiden konnte. Wie sollte es also weitergehen, wenn hier keine wirkliche Besserung erzielt wurde?

Außerdem beunruhigte ihn die Sicherheitslage im Rückraum der Ostsee. Er traute seinem Nachbarn Christian IV. von Dänemark nicht und drängte auf eine Verstärkung der Flotte, um die eigene Oberherrschaft (Dominium Maris Baltici) nicht zu gefährden.[67] Dann beschäftigte ihn auch seine Kandidatur zur Königswahl in Polen, wo man auf das baldige Ableben Sigismunds III. gefaßt war, der dort seit vierundvierzig Jahren regierte. Das gespannte Verhältnis Vasa-Polens zum Moskauer Zartum bereitete Gustav Adolf zusätzlich Sorgen. Denn es ging bei dem sich anbahnenden Konflikt um die wichtige und häufig umkämpfte Stadt Smolensk, zu deren Eroberung der Schweden-König durch den Gesandten Monier in Moskau einen bizarr anmutenden Plan unterbreiten ließ: Der Großfürst sollte in den

Gebieten, die von der Schweden-Armee im Heiligen Reich kontrolliert wurden, eine »Armee aus Teutschen werben«. Mit dieser könnte er »auf dem schnellsten Weg von Teutschland aus nach Groß-Polen marschieren, um auf diese Weise die Kriegsmacht der Großpolen vom Smolensker Großfürstentum abzuziehen. [...]«[68]

So ernst es Gustav Adolf mit diesen Diversionen im Osten auch war, während er im Heiligen Reich operierte, so drang er doch auf die Abreise Oxenstiernas aus Preußen, den er jetzt in Reichweite haben wollte: nicht nur um das breite Feld der verwickelten Diplomatie und Sicherungspolitik besser als bisher bestellen, sondern auch um seinen unentbehrlichen Rat schneller einholen zu können.[69]

Als Gustav Adolf Ende Juni aus Stettin nach Alt-Brandenburg zurückgekehrt war, hatte sich seine überaus schwierige Situation noch immer nicht gebessert. Es müßte auch dem schärfsten Kritiker dieses Königs zumindest Respekt abnötigen, daß er trotz aller widrigen Umstände seine Constantia und stoische Geduld nicht verlor; daß er es mit Rhetorik und Charisma fertigbringen konnte, seine Soldaten bei der Stange zu halten, obwohl sie »seit 16 Wochen keinen Pfennig bekommen [hatten]«. Dies schrieb er am 31. Juli aus dem Kriegslager zu Werben, nicht ohne über die Plünderungen durch seine ausgehungerten Leute heftige Klage zu führen.[70] Denn schon sah er sich gezwungen, mit Kontingenten von Tilly und Pappenheim häufig und heftig zu »scharmützeln«. Seine berühmte Småländische Reiterei mußte mehrfach eingesetzt werden, um die beiden gegnerischen Feldherrn von einem Großangriff auf sein Lager abzuhalten, das nach allen Regeln seiner und der klassischen Kriegskunst verschanzt worden war.[71]

Angesichts dieser Lage sah Tilly ein, daß hier eine Schlacht aussichtslos sein mußte, und wartete auf weitere Anweisungen aus Wien oder München. Dort hatte sich die Hochstimmung nach der Einnahme Magdeburgs bald verflüchtigt, mußte doch Maximilian künftige Bedrängnisse für die Liga befürchten, zumal die von Rom versprochene Hilfe bisher ausgeblieben war. Papst Urban VIII. soll Tilly für seine Tat zwar überschwenglich gefeiert haben,[72] aber nach Ansicht des Bayern-Herzogs würde es die Heiligkeit »nicht ungern sehen, daß der Krieg in Teutschland continuieret werde. Einzig dahin gemeint, daß die Macht des österreichischen Hauses [potentia domus austriacae], wenn man Fried haben soll, nit zu weit ausgedehnt (extendieret) und hernach der Krieg nach Italien gezogen (transferiert) werden möcht.«[73]

In München war für Tilly also nichts zu holen. Stattdessen wurden aus Wien strikte Befehle erteilt. Ferdinand II., der die Invasion des Schweden-Heeres immer noch nicht wahrhaben wollte, hatte sich zu diesem Zeitpunkt in den Kopf gesetzt, den militärischen Widerstand des Leipziger Bundes zu brechen und die angelaufene Aufrüstung Kur-Sachsens zu unterbinden. Deshalb wies er am 8. August Tilly an, sein Heer gegen die Mitglieder dieses Bundes einzusetzen. Das aber bedeutete, Johann Georg mit dessen Armee von etwa 20000 Mann anzugreifen – und dies aus einer äußerst mißlichen Situation heraus. Er hatte nämlich Pappenheim nach Magdeburg geschickt, mußte immer noch auf Aldringens Italien-Corps warten und hatte damit zu rechnen, daß ihm Gustav Adolf jederzeit heftig zusetzen konnte. Darüberhinaus mußte er sich erst noch vergewissern, ob Johann Georg wirklich so feindlich gegen den Kaiser eingestellt war, wie die Hofburg glaubte, oder ob er sich nur aus taktischen Gründen in eine vorübergehende Defensionsverfassung begeben habe und ob es der Wahrheit entspreche, daß dieser bisher so genehme Kurfürst mit dem Schweden-König in eine Allianz treten wolle.[74]

Von diesen Zweifeln, die auch noch von Maximilian verstärkt worden waren, wurde Tilly am 1. September erlöst, als sich Johann Georg endlich zu einem Bündnis mit Gustav Adolf herbeiließ. Auch dieses Abkommen stand wie die Verbindung mit Wilhelm V. von Hessen und Georg Wilhelm von Brandenburg ganz im Zeichen einer libertären Strategie, nämlich mit vereinten Kräften »des Römischen Reiches Liberation, Restitution und Conservation« zu erreichen. Ziel dieses gemeinsamen Kampfes sollte es danach sein, »Stand, Wesen und Freiheit« der Reichsstände wieder so herzustellen, wie sie »vor der Zeit der

Böhmischen und Pfälzischen Unruhe gewesen« waren – vor 1618![75]

Ohne Zweifel, dies waren Maximalforderungen zur Erneuerung des Religionsfriedens von 1555 und zur künftigen Sicherung aller übrigen Reichs-Constitutionen, die das Vertragsverhältnis von »Kaiser und Reich« im Geist der Dritt-Wirkung regelten. Darin lag der rechtlich-politische Auftrag dieser Kriegsführung, mit der Grundlage des inneren Gleichgewichts im Heiligen Reich auch die äußere Balance zu Anrainern und Nachbarn herzustellen: Ein echter Frieden bestand demnach in der Rückkehr zum »heilsamen« Recht der Teutschen Libertät.

Nach all dem blauen Dunst und der zweifelhaften Kunst, sich ununterbrochen mit Zaudern und Zögern Sand in die Augen zu streuen, waren jetzt Georg Wilhelm von Kur-Brandenburg und Johann Georg von Kur-Sachsen vor allem entschlossen, im Kampf gegen die Heere Habsburgs und der Katholischen Liga »als ein Mann zu stehen«. Sollte es bald »zur vollendeten Rettung der unterdrückten teutschen Nation« kommen, indem sie wieder ihre libertären Rechte wahrnehmen durfte, dann mußten jetzt nach den politischen Beschlüssen militärische Taten folgen. Und dazu gehörte, daß Johann Georg nach langem Sträuben Gustav Adolf die alleinige und »absolute Direktion« im Oberbefehl der konjungierten Armeen zugestand, allerdings mit einem gewichtigen Beratungsrecht seinerseits versehen.[76] Als dann Leipzig an einigen Stellen tatsächlich zu lodern begann, nachdem Tilly die Belagerung dieser bedeutenden Stadt forciert hatte, da schwand auch der letzte Widerstand bei Gustav Adolf selbst, sein ganzes Heer – die Royal-Armee – zu »hazardieren«, hatte ihm doch Johann Georg auf Ehre und Gewissen versichert, im Kampf gegen Tilly »als Soldat zu handeln«.[77]

Was noch ein halbes Jahr zuvor kaum vorstellbar gewesen war, konnte nach dem Opfer Magdeburgs für die »gerechte Sache« und der gezielten Bündnispolitik Gustav Adolfs am 7. September 1631 bestaunt werden: Die Armeen der vereinten Protestanten, die seit mehr als dreißig Jahren keine Schlacht mehr gegen die Heere der Papisten und gegen die Spanische Kriegskunst gewonnen hatten,[78] marschierten in einer Gesamtstärke von etwa 42000 Mann – davon 22000 »Schwedische« – auf das *Breite Feld* zwischen Leipzig und dem Städtchen Lützen zu. Dort wollten sie Tilly, der sich bereits um eine Anhöhe herum mit seinen 32000 Mann aufgestellt hatte, eine offene Feldschlacht liefern, von deren Verlauf und Ausgang wohl kaum einer ahnte, daß sie in der Kriegsgeschichte den höchsten Ruhm erwerben sollte:

Staub. Nichts als Staub wirbelten die Marschsäulen der Konjungierten auf. Seit Wochen hatte es nicht mehr geregnet. Wiesen und Felder waren ausgetrocknet, von der sengenden Sonne zu Steinbrettern verbrannt worden. Wolken aus feinem Sand stiegen aus der Ebene, von Fußsoldaten, Pferden und Wagen in rhythmischen Wallungen weggestoßen. Die riesigen Fahnen der Regimenter zuckten wie Segel zwischen den Staubwogen auf, und im Glast der unbarmherzigen Sonne blitzten die Piken der Infanterie, die Stellgabeln der Musketiere und die Degen der Reiterei. Es klirrte das Geschirr der schnaubenden Pferde. Der Staub brannte in den Augen der Soldaten und trocknete ihre Kehlen aus wie einst dem Heere Alexanders bei Gaugamela.[79]

Nach Angaben Gustav Adolfs dauerte der gemeinsame Anmarsch vom Dörfchen Wölchau her, wo die beiden Heere die Nacht über gelagert hatten, »knapp anderthalb Stunden, ehe wir die Vorhut des Feindes zu sehen bekamen. Seine Artillerie hatte er auf einer Anhöhe postiert und dahinter stand die gesamte Streitmacht [...] in voller Kampfaufstellung. Dabei hatte er [noch] die Sonne und das Wetter zu seinem Vorteil – wegen des gewaltigen Staubes. [...]« Allein schon in dieser Beschreibung der natürlichen Gegebenheiten und der militärischen Ausgangslage kommt die Strategie dieser größten Schlacht des Teutschen Krieges seit dem Weißen Berg (1620) zum Ausdruck: Tilly soll den Weg in die Erblande versperren, Gustav Adolf aber will das Tor ins Heilige Reich aufstoßen.

Als die Konjungierten gegen 14 Uhr, vom Marsch und der mörderischen Hitze schon arg mitgenommen, auf Sichtweite herangekommen waren, ließ Tilly sofort ein Sperrfeuer schießen. Er leitete damit eine mehrstündige Kanonade auf den Gegner ein, dessen geschickt gruppierte Artillerie jedoch bald ebenso vehement und gezielt zu antworten verstand, so daß das Schußverhältnis 3 : 1 zugunsten der Konjugierten ausfiel. Der »ziemliche Schaden«, den ihre Feuerstellungen anrichteten, verweist mit einem Schlag auf die völlig veränderte Kampfanlage in diesem Protestantenheer. Hatte man sich bisher auf die Oranische Defensionskunst selbst in offenen Feldschlachten gestützt, und war man damit der Offensivkraft der spanischen Art nicht gewachsen, die mit ihren massierten Gewalthaufen (Tercios) in jeweiligen Größenordnungen von 3000 Mann allein schon von der Dynamik ihrer Masse her und mit ihrer Bündelung fast jeden Nahkampf für sich entscheiden konnte, so wurde jetzt der Wert einer lockeren Staffelung in Brigaden für jeden offenkundig: Tillys Kanonen schossen häufiger ins Leere, während die Geschosse des Gegners in die kompakten Abteilungen seines Heeres ohne Pause große Lücken rissen.

Doch die unablässigen Feuerstöße waren für den Ausgang dieser Schlacht nicht entscheidend, die zunächst auf dem linken Flügel entbrannte, den Johann Georg befehligte. Trotz redlichen Bemühens vermochte er es nicht, den gekonnten Schlägen des Gegners lange standzuhalten. Zuerst wurde seine Reiterei in Verwirrung gebracht, dann gaben die Kanoniere ihre eigenen Geschütze auf, und schließlich, als die verwegensten Kommandeure der Infanterie gefallen waren, verstärkte sich der Druck auf die »Sächsischen«, die samt Kurfürst und Leibkompanie in die Flucht geschlagen wurden. Der gemeinsame Kampfruf »Gott mit uns« nutzte in dieser Phase den Konjungierten nichts mehr, während die Papisten mit ihrer Losung »Wer kann wider Gott?« oder »Jesus, Maria« in Staub, Pulverdampf und Geschrei schon bald Siegesluft witterten: Sie sahen, wie sich die Ketzer aus Sachsen und Brandenburg Hals über Kopf aus dem Staube machten, auf Eulenburg zu.[80]

Was einst am Weißen Berg mit der Flucht des böhmischen Fußvolkes die Katastrophe eingeleitet hatte, wäre um ein Haar wiederholt worden, wenn nicht die Royal-Armee Gustav Adolfs, der den rechten Flügel befehligte, mit ihren schwedischen, teutschen und schottischen Brigaden stark genug gewesen wäre, um diesen Verlust aufzufangen, sich neu zu ordnen und in einer geschmeidigen Offensive den überlegen scheinenden Gegner Zug um Zug niederzuringen. Die Schlagkraft des weitausladenden rechten Flügels, auf dem neben dem König auch Gustav Banér befehligte, der sich mit Pappenheim schlug, konnte rechtzeitig nach innen umgeleitet und auf einen kompakten Kern konzentriert werden, womit die Stoßkraft der in der Bewegung schwerfälligen Tercios entscheidend geschwächt wurde. Als es dann noch gelang, die sächsische Artillerie zurückzuerobern, Tilly alle Kanonen abzunehmen und gezielt einzusetzen, da nahm das erbitterte Ringen Mann gegen Mann eine überraschende Wende, zeigte sich die Gustavianische Taktik des Umschaltens von Defensive auf Offensive und das Zurückgleiten von der Offensive in die Defensive als überlegener Durchbruch in der Kriegskunst: Tilly und Pappenheim mußten Gustav Adolf, dem »Begründer des modernen Krieges«,[81] das Feld überlassen und geschlagen die Flucht ergreifen – bis nach Halle.

Es war schon Abendzeit, als der Sieg feststand und Gustav Adolf seiner Reiterei erlaubte, den Feind bis in die Nacht hinein zu verfolgen und weiter zu schwächen. Tausende von Toten bedeckten kilometerweit die blutgetränkte Erde. Verstümmelte und Verletzte lallten nach Wasser und schleppten sich hustend durch den Staub. Schmerzensschreie von Mensch und Tier gellten über das zerwühlte Schlachtfeld, und unter den Gefangenen ballten sicher nicht wenige die Fäuste wider das Los der Niederlage. Doch schon bald wurden ihnen von der Royal-Armee und vom siegreichen König neue Kampfverträge angeboten: So wie vor der Schlacht am Weißen Berg Einheiten der Böhmen-Armee regulär abdankten, um sich dann umgehend in das Liga-Heer Maximilians einzuordnen, so konnte jetzt Gustav Adolf mit den Gefangenen seine »alten Regimenter komplettieren und ganz neue aufstellen«.[82]

Mit dieser Geste widerlegte er das Vernichtungsdenken in der Kriegskunst und bekannte sich zum Geist seiner eigenen Reform, die im Soldaten den Lebenserhalter erkannte und im

Krieg nicht die höchste Form der Politik, sondern deren Ende sah.[83] Noch erstaunlicher an diesem »herrlichen Sieg« war, daß es sich um die erste große Feldschlacht dieses Königs gehandelt hat, dessen Taktik des Beharrens und Bewegens selbst auf engstem Raum trotz der Flucht des Sachsen-Heeres seine Bewährungsprobe bestehen durfte und damit für Generationen richtungweisend werden sollte: für Cromwell nicht weniger als für die Revolutions-Armeen ab 1789.

Jetzt erst, nach diesem blutigen Tag, für dessen günstigen Verlauf Gustav Adolf in der Trauer um die Gefallenen seinem Gott dankte,[84] war der Weg frei in die Kernlande des Reichs: über Thüringen und Hessen auf den wichtigen Fränkischen Kreis und Würzburg zu, dann nach Frankfurt am Main und Mainz hin, Haupt-Städten des Heiligen Reiches. An dieser Stoßrichtung der siegreichen Royal-Armee nach der Schlacht bei Breitenfeld[85] wurde später Kritik geübt. Denn man erwartete wohl einen Marsch auf Wien und nicht, daß Gustav Adolf – wie einst Hannibal nach Cannae – die Gunst der Stunde versäumte, seinen militärischen Erfolg auch politisch zu nutzen. Diese Haltung übersah aber zwei wesentliche Faktoren,

Satirische Anspielung auf die »Niederlagen« (confect) der papistischen Heerführer in und nach der Schlacht bei Breitenfeld (Leipzig) – 1631 (Sammlung UB Ffm).

die Gustav Adolfs Strategie bestimmt haben. Erstens ging es ihm und seiner langfristigen Politik um die Sicherung der Libertät und des politischen Ständewesens im Heiligen Reich, mit dem Wien und die Erblande wenig zu tun hatten. Und zweitens war seine Armee wegen dieses Sieges – zu dessen Ruhm selbst in Moskau die Glocken geläutet wurden – und der voraufgegangenen Versorgungsnot völlig erschöpft. Ein Gewaltmarsch durch Böhmen auf Wien zu wäre unter diesen Umständen und dazu noch in ausgeblutete Gebiete nicht zu verantworten gewesen. Was dieses Heer jetzt brauchte, um auch seinen politischen Auftrag im Sinne der »gerechten Sache« erfüllen zu können, waren Regeneration und eine behutsame Führung in Gegenden des Heiligen Reiches, von denen eine gute Verpflegung erwartet werden konnte – und politische Unterstützung dazu.[86]

»Maikäfer flieg ...«

Auf mancherlei Weise wird in unserem Volk die Erinnerung an das große Feuer des Teutschen Krieges wachgehalten, das 1618 in Böhmen ausbrach, dann ins Heilige Reich übersprang und sich unter Mithilfe der eigenen Hitzköpfe und Feuerseelen zu einem Flächenbrand weitete, der nach der Invasion und nach Breitenfeld globale Ausmaße anzunehmen drohte – als »Kampf aller gegen alle«. Denn schon gab es nach diesem Sieg phantastische Pläne einer Befreiung der Griechen von der »Türkischen Tyrannei«,[87] und Befürchtungen wurden laut, diese neuen Goten könnten nach der »Weltherrschaft« greifen und damit einen Weltenbrand entzünden.[88]

Ob es nun die *Kinderzeche von Dinkelsbühl* in ihrer protestantischen und katholischen Form ist[89] oder der auch heute noch gern zitierte Spruch »Bet Kindle bet / Morge kommt de Schwed / Morge kommt de Ochsenstern / Der wird's Kindle bete lern«, stets wird damit an Krieg und Not erinnert, die nun auch die südlichen Regionen des Heiligen Reiches Jahr um Jahr mehr heimsuchen sollte. Und dabei hatten die Kinder in Angst und Schrecken die Zeche der verfeindeten Erwachsenen zu zahlen, die nicht nur im Zeichen des immer lauteren Waffengeklirrs den eigenen Nachkommen zusetzten. »Der Eheleute Hauskrieg« (Guevara) konnte von den Kindern dieser unruhigen Epoche genauso schrecklich empfunden werden wie der dröhnende Krieg des Männerkultes mit seiner anhaltenden Besitzgier und Zerstörungswut. Schließlich war das Prügeln vor allem der Jungen in allen Abstufungen von Kopfnüssen über Ohrfeigen bis zu schlimmeren Abschwartungen analog zum Malträtieren im inquisitorischen Strafvollzug an der Tagesordnung.[90]

Diesem kriegsähnlichen Zustand im Haus gesellte sich noch eine Militarisierung der Sprache hinzu, die viel zur später beklagten Verrohung dieser Generation der Teutschen beitragen sollte. Grimmelshausen hat dazu einen grimmig-witzigen Einblick gegeben, als er seinen *Simplicissimus Teutsch* im »zehenjährigen Alter« Dinge bekennen läßt, die im Schatten der Armeen und der zunehmenden Rechtsverwilderung ungehindert wuchern durften. In diesem Alter hatte sein »Held« bereits die Grundlagen aller wichtigen »adelichen Übungen begriffen«. Was darunter verstanden werden konnte, gewinnt unter der satirischen Patina einen hohen Grad an Alltags-Erlebnis und Realitätsbezug in teutschen Landen: »Die Rüst- oder Harnischkammer war mit Pflügen, Kärsten, Äxten, Hauen, Schaufeln, Mist- und Heugabeln genugsam versehen, mit welchen Waffen er sich täglich übet; dann Hacken und Reiten war eine disciplina militaris, wie bei den alten Römern zu Friedenszeiten. Ochsen anspannen war sein hauptmannschaftliches Kommando, Mist ausführen sein Fortifikationswesen, und Ackern sein Feldzug, Stallausmisten aber sein adeliche Kurzweil und Turnierspiel; hiermit bestritte er die ganze Weltkugel. [...]«[91]

Das feinsinnige Unterscheiden zur Kennzeichnung von besonderen Kulturen, daß nämlich »der Bauer vom Felde, der Soldat aber im Felde lebe« (Ortega y Gasset), hat hier zu einer Annäherung zweier Daseinsweisen geführt: die Verbindung bäuerlichen Tagwerks mit dem »adligen Werk« des Kriegens. Mehr noch, in den Tätigkeiten der Jungen als Arbeitskraft offenbart sich auch die patrimoniale Verfügung des Bauern über seine eigenen Kinder, von denen er ebenso absoluten Gehorsam erwartete wie sein adliger oder kirchlicher Grundherr von ihm selbst. Besaßen doch die Kinder keinerlei Persönlichkeitsrechte außer einer gesetzlichen Erbberechtigung und damit auch einen Schutz vor der Tötung. Verweigerten sie aber den geforderten Gehorsam, dann stand dem Vater oder anderen Erwachsenen ein umfassendes Züchtigungsrecht zu – das Ausführen eines »kleinen Krieges« in Haus und Familie.[92]

Auf solche Weise und in Anwendung des Vierten Gebotes wurde jedoch keineswegs nur in den niederen Ständen erzogen. Auch in den allerersten Kreisen verließ man sich auf den angeblichen Nutzen beim Abtöten der menschlichen Untugenden und im Kampf gegen die stets nachwachsenden Sünden. Wurde Gustav Adolf in einer überaus gelungenen Mischung aus Spiel und Ernst, ständigem Lernen und körperlicher Ertüchtigung von dem aufgeklärten Ramisten Johan Skytte auf sein hohes und schwieriges Amt als Fürst, Richter und Kriegsherr vorbereitet,[93] so mußte sich der fast gleichaltrige Ludwig XIII. bereits in seinem dritten Lebensjahr (1603) einer verbreiteten Zuchtmaxime beugen: »Nimm niemals die Rute vom Rücken eines Knaben weg!« Kam seinem Vater Heinrich IV. zu Ohren, daß sich seine Gouvernanten nicht der morgendlichen Peitsche bedient hatten, um den von der Erbsünde angegriffenen Kinderleib mit Schlägen zu reinigen, dann erhielten sie strenge Anweisungen: »Ich muß mich beschweren: Sie haben nicht bestätigt, daß Sie meinen Sohn gepeitscht haben. Ich wünsche und befehle ihnen, ihn jedesmal zu peitschen, wenn er ungehorsam ist oder sich schlecht benimmt. Denn ich weiß genau, daß es nichts in der Welt gibt, das besser sein könnte als das.«[94]

Die späteren Verhaltensstörungen dieses »Allerchristlichsten Königs«, seine Unwissenheit in rechtlichen und politischen Staatssachen und ein hoher Grad an Mißtrauen, ja Grausamkeit bis hin zur Planung und Durchführung politisch motivierter Morde gehen mit einiger Sicherheit auf diese brutale »Erziehung« der inneren und äußeren Abhärtung zurück. Diese Rohheit und Menschenverachtung übertrug sich auch auf das Militär, das am liebsten den »blinden Gehorsam« der Untergebenen erwartete und oft wider aller Vernunft erzwang. Ohne jedoch zu ahnen, was für Kräfte die Selbstachtung des »gerechten Gehorsams« in Soldaten weckte, um den sich Gustav Adolf seit Jahr und Tag bemühte – auch nicht immer mit Erfolg.[95]

Schon wurden in diesen unbarmherzigen Zeiten selbst von gottesfürchtigen und sonst mildtätigen Menschen die Kugeln von Kanonen in der »Größe eines Kindskopfes« geschätzt.[96] Schlimmer aber: Verwahrloste Trossbuben wurden zwecks Einhaltung der soldatischen Manneszucht gehängt, wie bei Wallenstein geschehen.[97] Oder junge Mädchen mußten – besonders auf Befehl der Bischöfe von Würzburg und Bamberg – in dieser Zeit auf die Scheiterhaufen steigen, um sich als Hexen verbrennen zu lassen, was den mutigen Jesuiten Friedrich von Spee in diesem Jahr 1631 zur Veröffentlichung seiner scharfen Kritik (»Cautio criminalis«) an seiner eigenen Kirche veranlaßte.[98]

Schauerliche Zeichen einer Destruktion und Ausübung organisierten Mordens aus Geld- und Besitzgier, die an der Wirkung christlicher Gebote mehr als nur Zweifel aufkommen lassen konnten, aber gleichzeitig die Dringlichkeit einer Erziehung zum menschlichen Menschen anmahnten. Aus diesem Chaos tobender Krankheiten, gegen die kaum ein Kraut gewachsen war, und des demütigenden Krieges wurde ein Erlebnis überliefert, in dem sich militärischer Ungehorsam, Gattenliebe und Kindernot auf eine einzigartige Weise mischten. Als sollte der Nachwelt gezeigt werden, daß Menschenwürde auch in der äußersten Bedrängnis möglich bleibt. Agneta Horn, die Enkelin des Reichskanzlers Axel Oxenstierna, hat dazu Erinnerungen hinterlassen, denen sich niemand entziehen kann, dem Ähnliches im Krieg widerfahren ist.

Das kleine Mädchen war mit dem jüngeren Bruder und seiner Mutter Christina Oxenstierna im Frühsommer 1631 von Stockholm nach Stettin gekommen, um mit ihrem Vater, dem Feldmarschall Gustav Horn, ein paar Wochen gemeinsam zu verbringen. Die Freude über das Familienleben im Rückraum der Invasionsarmee währte jedoch nicht lange, denn die erst 21 Jahre alte Ehefrau steckte sich mit einer pestartigen Krankheit an. Da sich die Ärzte weigerten, sie zu betreuen, übernahm Gustav Horn selbst ihre Pflege. Er riskierte dabei nicht nur die eigene Infizierung, sondern verweigerte in dieser Zeit dringende Befehle von Gustav Adolf, endlich mit seiner bastanten, einsatzbereiten Armee den weiteren Vormarsch der Royal-Armee zu sichern: Der König zeigte jedoch Verständnis für das Verhalten seines Generals.

Als sich der Zustand seiner jungen Frau überraschend besserte, verließ Horn das Krankenlager und die beiden Kinder, um in den Krieg zu ziehen. Christina Oxenstierna, die in schrecklichen Alpträumen den Schlachtentod ihres Mannes vor Augen gehabt haben soll und sich im Schlaf eine gerade geschlossene Wunde aufkratzte, infizierte sich aber erneut und starb im Fieber am 8. August 1631. Die »große Bestürzung und das Herzeleid« des Gustav Horn, dem Axel Oxenstierna einen wunderbaren stoischen Trostbrief schreiben sollte,[100] übertrugen sich auch auf die Kinder. Obgleich sie von je einem Kindermädchen betreut wurden und einen finnischen Adligen zur Aufsicht hatten, auch mit Geld leidlich versehen waren, begann für sie nach dem heftig beklagten Tod ihrer Mutter ein einziger Irrweg des Leidens durch das verbrannte Pommernland.

Statt den Jungen und das Mädchen nach Schweden zurückzubringen, schwängerte der Adelsmann die Kindermädchen, verjubelte in Stettiner Kaschemmen das anvertraute Geld und sperrte die Horn-Kinder in einen Verschlag, wo sie sich vor Hunger und Angst fast die Zunge aus dem Hals schrien. Ihre leibliche Not wurde dadurch noch gesteigert, daß sich ihnen niemand wegen der angeblichen Ansteckungsgefahr nähern wollte. Was Wunder, daß der völlig entkräftete Junge bald danach an Auszehrung starb. Das Mädchen Agneta jedoch hielt das Elend des Krieges und der Mitmenschen in ihrer Erinnerung fest,[101] wie dies Kinder tun, die einen unbändigen Überlebenswillen besitzen, mit dem sie dem Chaos einen Lebenssinn abtrotzen – allen Nachkommenden als Verpflichtung zum Frieden in Haus und Land.

»Der Kinderfresser« (1608):
Satire auf den schier übermächtigen Manneskult der Zeit
(Sammlung UB Ffm).

Nur drei Jahre zuvor ist einem elfjährigen Jungen ein ähnliches Los widerfahren. Er mußte auch den Tod seiner Mutter beklagen, durfte aber erleben, wie einfühlsame und glaubensfeste Mitmenschen ihm diese Seelennot gemildert haben. Zu Glogau in Schlesien war er kurz vor Ausbruch des Böhmischen Brandes auf diese elende Welt gekommen. Doch ehe er sein viertes Lebensjahr vollenden konnte, starb sein Vater. Die Aufregungen um die Niederlage am Weißen Berg und die Flucht des »Winterkönigs«, sowie die Angst vor einer Rache Kaiser Ferdinands hatten ihm den Todesstoß versetzt. Im Jahre 1628 waren auch die Lutheraner im Glogauer Kirchenstreit dezimiert worden, als sie mit Waffengewalt gezwungen wurden, entweder katholisch zu werden oder aber ihr Land zu verlassen. Wer sich für die Vertreibung von Haus und Hof entschied, um sein Leben zu retten, der mußte nicht nur ein »Abfahrtgeld« (zehn Prozent des geschätzten Vermögens) zurücklassen, sondern auch Jungen unter 15 Jahren und Mädchen unter 13 Jahren mit deren erbrechtlichen Vermögensanteilen,[102] also wehrlose Kinder, die noch nicht geschäfts- und heiratsfähig waren. Sie wurden von ihren Eltern getrennt und wie Geiseln behandelt, angeblich zur höheren Ehre Gottes, in Wirklichkeit nur zum Nutzen der Sieger.

Auf Betreiben eines lutherischen Pastors gelangte der zurückgehaltene Elfjährige aber bald nach Driebitz im Polnischen. Dort wurde unter der Anleitung eines Pflegevaters sein Lerneifer gefördert, bis er sich selbst nach einem guten Gymnasium umsehen durfte.

In Lissa, wo der polnische Historiker Andreas Wegierski und der böhmische Pädagoge Jan Comenius wirkten, konnte er keine Aufnahme finden, weil er Lutheraner war; wurden doch in diese berühmte Lehranstalt, die das spielerische Lernen erprobte, bis zum Jahre 1638 nur solche Schüler aufgenommen, die entweder der böhmischen oder der calvinistischen Konfession angehörten. Da auch das nahgelegene Gymnasium in Fraustadt wegen Lehrermangel nicht besucht werden konnte, machte sich der gut Dreizehnjährige am Gründonnerstag 1631 auf eine gefährliche Reise durch das kriegsverheerte Land. Er wanderte nach Görlitz. Aber »auch diese Hoffnung ist wegen der Martialischen Unruh zerschmolzen«.[103]

Der Krieg stand ihm im Weg. Deshalb wandte er sich wieder nach Glogau, wo er am 24. Juni eine furchtbare Feuersbrunst erlebte, bei der bis auf 60 Häuser alle Gebäude eingeäschert wurden. Als schließlich noch die Pest zu grassieren begann, fand er bei seinem humanistisch gebildeten Bruder einen vorübergehenden Unterschlupf. Er arbeitete den Sommer über bis in den Winter hinein den Plutarch und die »Decades« von Livius durch – »von aller Anweiserhilfe entblößet«. Eine gute Übung, wie sie sein Landsmann Opitz für einen teutschen Dichter nicht besser hätte empfehlen können: Andreas Gryphius, von dem hier die Rede ist, hat sie sich mit Freuden auferlegt.[104]

Ihm war es trotz aller Drangsal vergönnt, sich seiner einzigartigen Begabung ungewöhnlich früh bewußt zu werden und diese trotz vieler Hindernisse auszubilden. Während ringsum in allen religiös bestimmten und fanatisierten Lagern viele böse Worte fielen und noch schlimmere Taten manchem die Sprache verschlugen, fand er mit unermüdlichem »häuslichem Fleiß« feine Schlüssel zu den Schatzkammern seiner geliebten teutschen Muttersprache. Es ist, als ob er spielend zu lernen verstand und dabei schon so viel Verstand entwickelte, um zu erkennen, daß auch das Spiel mit der Sprache, vornehmlich beim Gedicht, mit allem Ernst gelernt sein wollte. Grimmelshausen deutete diese Wechselbeziehung eines fast natürlichen Lernens in den Zungen- oder Sprachkünsten seines elfjährigen »Springinsfeld« an, der neben seinen »närrischen Affen-Posturen« in diesem Alter bereits »griechisch reden von meiner Mutter und sklawonisch von meinem Vater« übernommen hatte, sowie in der Steiermark und in Kärnten »etwas die teutsche Sprach«.[105]

Solche »kurzweiligen Gauklerknaben« waren aber nicht das Ziel einer humanen Pädagogik, welche – mit Thomas Morus, Erasmus oder Peter Ramus im Geiste Plutarchs – die traditionelle Trichter-Ideologie des scholastischen Lernens und mechanischen Aneignens von Wissen mit guten Gründen zurückwies. Die Kinder sollten ihr »fröhlich Herz« entdecken, und Eltern wie Lehrern wurde nahegelegt, besonders darauf zu achten, daß es ihnen bei allen Nöten durch Krieg und Tod »an Freud und Trost nicht mangele«. Was Comenius in seinem »Informatorium der Mutterschul« von 1633 zur Kindererziehung empfehlen konnte, setzte aber Eltern voraus, die wie Thomas Morus lieber eine Pfauenfeder in die Hand nahmen, als mit der Peitsche hantierten. Und es waren in diesen verrohten Zeiten sicher nicht allzu viele, die in der Milde etwas Menschliches erkannten und in diesem Sinne ihre Kinder erzogen: von den zerlumpten Troßbuben der zahlreichen Armeen dieses Teutschen Krieges ganz abgesehen, um die sich niemand kümmerte, und ebenso von den zahlreichen Waisen und Findelkindern unseres ausufernden Bürgerkrieges.

Wer hat je ihre Tränen der Verzweiflung gezählt, die mit jedem Krieg neu hervorbrechen? Die Melancholie des wohl traurigsten Kinderliedes der Teutschen aus dieser Zeit[106] läßt ahnen, daß sie aus lauter Not angesichts dessen versiegt sein müssen, wie der Mensch sich mit Gewalt selbst mißbrauchen kann und sich darin vom Tier unterscheidet. Denn seine Melodie wirkt so trocken wie der Kampfstaub von Breitenfeld, wenn in Erinnerung an eigenes Kriegserlebnis mit matter Stimme gesungen wird: »Maikäfer flieg/ Mein Vater ist im Krieg/ Mein Mutter ist in Pommernland/ Pommernland ist abgebrannt/ Maikäfer flieg. [. . .]«[107]

Lichtblicke

Ein Friedensplan

Vermitteln uns nach den Beobachtungen Keplers die bizarren Formen der Schneeflocken in ihrer geometrischen Gestalt eine Vorstellung von der Wirkung des Göttlichen in der Welt,[1] so lassen die Eisblumen an den Fenstern daran denken, welch seltsame Gebilde uns doch die Geschichte als das Geschichtete des Menschlichen zuweilen hinterläßt. Denn was seit Generationen kluge und eifernde Köpfe beschäftigt hatte, war an der Wende zum Jahre 1632 auf denkwürdige Art Wirklichkeit geworden. Der »Schneekönig« war mit seinen Soldaten aus Schweden und Finnland nicht an der Sonne des Südens dahingeschmolzen, wie es sich Wien erhofft hatte, sondern stand nach der Übergabe Frankfurts am Main und der Festung Hoechst[2] mit seinem Hauptheer am Rhein.

Den einen kam der Erfolg dieses Kriegs- und Gerichtszuges als etwas Wundersames vor, während den Neutralisten um Landgraf Georg von Hessen-Darmstadt oder den Kaisertreuen um Kurfürst Anselm Casimir von Mainz die Anwesenheit der Royal-Armee wie eine böse Zuckung des Anti-Christ erschien: als eine historische Herausforderung, die im Ringen zwischen den »Goten« aus dem schwedischen Norden und denen aus dem spanischen Süden am teutschen Rhein den Kampf zwischen den Mächten des Lichts und denen der Finsternis austragen ließ.

Seit zehn Jahren hatten sich Truppen Spaniens in wichtigen Teilen der linksrheinischen Kur-Pfalz eingerichtet und sich bemüht, ihrer eigenen »gotischen« Ideologie gemäß, nicht nur die Rekatholisierung zu sichern, sondern auch in ihren Besatzungsgebieten »Ruhe und Ordnung« (Pax et imperium) zu pflegen, soweit die Kriegslage es zuließ.[3] Mit dieser Festsetzung am Rhein war auch die dauernde Kontrolle der drei geistlichen Kurfürstentümer Mainz, Trier und Köln gewährleistet – der ältesten Kernlande des Heiligen Reiches. Außerdem erhöhte sich mit diesem Potential die Sicherung der eigenen Niederlande, während gleichzeitig Druck auf Frankreich ausgeübt werden konnte, dessen Zugang zum Rhein blockiert blieb.[4]

Diese strategisch wichtige Position und das bei einer Lösung der Pfälzischen Frage politisch wirksame Faustpfand waren nun mit Gustav Adolfs Winterzug von Thüringen her auf die »Pfaffengasse« zu, wie die geistlichen Gebiete längs des Rheins oft genannt wurden, in höchste Gefahr geraten. Dieser Goten-König, der einst als Freier an die reichen Fürstenhöfe dieser uralten Lande am Rhein gezogen war, dann in einem »spanischen Kleid« eine teutsche Fürstin geheiratet hatte[5] und jetzt als Befreier auch der papistischen Teutschen vom »spanischen Joch« gerne »auf einem schwarzen spanischen Pferd« daherritt,[6] löste bei den Spaniern panikähnlichen Schrecken aus. Er verstärkte sich noch, als der königliche Kriegsherr gegen alle bisherigen Regeln der Kriegskunst sein eigenes Militärsystem erprobte. So näherte er sich mitten im Winter nicht nur dem Rhein, sondern überquerte ihn auch bei Oppenheim mit einem überaus geschickten Manöver. Dann schlug er die gegen ihn aufgebotenen spanischen Truppen sofort zurück und verstand es sogar, Mainz, eine Hauptstadt des Heiligen Reiches, mit Accord einzunehmen.[7]

So sehr Gustav Adolf bemüht war, in Mainz, Hoechst (wo seine Frau Maria Eleonora mit ihrem Gefolge logierte) und Frankfurt eine königliche Hofhaltung einzurichten,[8] so sehr war ihm auch daran gelegen, daß eine gerechte Verwaltung im libertären Sinne das sonstige Leben in Stadt und Land regelte. Daran aber fehlte es gerade in Mainz, wo die Institutionen der Selbstverwaltung seit dem »Blutsonntag« von 1462 zerschlagen und durch das quasi-absolutistische Vizedom-System ersetzt worden waren.[9] Als Axel Oxenstierna endlich aus Preußen eingetroffen war, bestand eine seiner Hauptaufgaben darin, aus dem »Pfaffennest« Mainz wieder eine richtige Stadt mit einer libertären Verfassung zu machen.[10]

Diese Maßnahmen sind neben vielen anderen ein weiterer Beleg dafür, daß es dieser »gotischen« Invasionsmacht in der politischen Strategie darauf ankam, nicht nur das Kriegsrecht zu verwalten, sondern mit der Forderung an Wien nach Wiederherstellung der Reichsverfassungen auf allen Ebenen im eigenen Besatzungsgebiet libertäre Taten folgen zu lassen. Wie stark sich Gustav Adolf gerade jetzt, auf einem Höhepunkt seines Kriegszuges in der Politik ans Recht gebunden fühlte, geht auch aus seinem Schreiben an den Reichsrat in Stockholm vom Jahresende hervor. Darin fragt er die Senatoren der Krone Schweden, ob er in deren Namen Spanien offiziell den Krieg erklären dürfe? In dieser Anfrage wird nicht allein die fundamentale Unterscheidung von König und Krone sichtbar, deren Interessen nicht immer identisch sein müssen, sondern auch sein Bemühen um die Festigung des treuhänderischen Vertrages, wie ihn die teutsche Verfassungsformel von »Kaiser und Reich« voraussetzt. Eben diese substantielle Beziehung zwischen Ferdinand II. und den Ständen des Heiligen Reiches sieht Gustav Adolf als so erheblich gestört an, daß die Außenwirkungen der Wiener Diktatur sogar sein Heimatland im Norden zu gefährden scheinen. Die nationale Sicherheit Schwedens war deshalb nur dann auf Dauer gewährleistet, wenn das »Spanische Dominat« abgeschafft wurde und jede weitere Herrschaft des Kaisers in Recht und Verfassung eingebunden blieb.

Schillers auch heute noch vertretene Behauptung, daß Gustav Adolfs »Ziel der Kaiserthron war« und er »nicht wohl geschickt« erschien, »das Heiligtum deutscher Verfassung zu bewahren und vor der Freiheit der Stände Achtung zu tragen«,[11] entbehrt jeder Grundlage. Schon als Treuhänder der libertären Krone Schweden war er verpflichtet, im Sinne der Teutschen Libertät zu wirken und seine »siegreichen Waffen« so einzusetzen, daß diese Machtmasse in der Mitte Europas in Feudalverträgen künftig gebändigt bliebe.[12]

Deshalb fiel es ihm auch so schwer, die Neutralität der drei geistlichen Kurfürsten von Mainz, Trier und Köln, sowie diejenige des Landgrafen Georg oder Maximilians von Bayern zu akzeptieren.[13] Gustav Adolf verstand nämlich die Teutsche Libertät in ihrem kommutativen Wesenskern als konfessionsneutral und erwartete auch von den erwähnten Reichsständen aktiven Widerstand gegen den rechtsbrüchigen Kaiser. Deshalb bemühte er sich auch, in den Neutralisten unter den Reichsständen künftige Stützen im weiteren Kampf mit Habsburg zu sehen, zumal er gleichzeitig die schwierige Lage Frankreichs berücksichtigen mußte.[14]

Paris war sich zwar der Unterstützung des Kurfürsten Philipp von Sötern gewiß und erkannte auch die Chance, mittels Kur-Trier im Heiligen Reich präsent zu sein,[15] mußte aber an der Haltung Gustav Adolfs und Axel Oxenstiernas lernen, daß territoriales Geschiebe allein nicht ausreichte, um den ersehnten Frieden auszuhandeln. Außerdem wurde Richelieu und Père Joseph mit der Anwesenheit der nordischen »Goten« am Rhein klar, daß es nur mit deren Militär-Macht möglich war, den verhaßten spanischen »Goten« wirksam und dauerhaft entgegenzutreten. Denn mit Maximilian von Bayern, der sich Olivares zufolge zum »absoluten Herrn des Reiches« machen wollte,[16] war weit weniger auszurichten, zumal Schwedens Verbündeter Kur-Sachsen mit der Besetzung Böhmens und Prags zusätzlichen Druck auf Habsburg ausübte.[17]

An der von der Goten-Macht Schweden geforderten Verfassungsdimension eines künftigen Universalfriedens kam Paris jetzt nicht mehr vorbei, wenn es künftig seine eigene Sicherheit erhöhen wollte. Eine Sicherheit, die in den ersten Monaten des Jahres 1632 aufs höchste gefährdet war. Durch den Mantua-Krieg ohnedies materiell geschwächt, hatte sich der Machtkreis um Ludwig XIII. und Richelieu im Inneren auch noch gegen die politischen Herausforderungen aller Anhänger der spanischen »Monarquía gotica« zu wehren. Maria di Medici und Gaston d'Orléans, der jüngere Bruder des Königs, hatten sich nämlich in den Kopf gesetzt, in Frankreich die Macht zu erobern, und waren eifrig dabei, von den katholischen Niederlanden, Lothringen, Luxemburg und auch von Katalonien aus militärische Unternehmungen zu inszenieren.[18] Zur gleichen Zeit sondierte der Bischof Franz Wilhelm von Osnabrück in Brüssel, wie weit der Beistand Spaniens für die von Schweden bedrohte Liga im Heiligen Reich gehen könnte,[19] und der Bischof Franz von Hatzfeld (Bamberg) führte eine ähnliche Gesandtschaft nach Metz an, um dort zu erfahren, was Frankreich für die Katholiken im Reich zu unternehmen gedächte.[20]

Diese klerikale Partei mußte aber erkennen, daß besonders Frankreich die Verbindung von Konfession und Konstitution im Heiligen Reich nicht nur auf die Katholiken angewendet sehen wollte. Schon der Vertrag von Bärwalde mit Gustav Adolf hatte deutlich gemacht, daß die künftige Sicherung von Bekenntnis und Besitz alle teutschen Stände umfassen müßte. Das haben die französischen Diplomaten Charnacé, Brezé, St. Etienne oder Saludie in den Begegnungen mit Schwedens Staatsmännern immer wieder zu hören bekommen, die nun versuchten, aus einer Position militärischer Stärke und politischer Zuversicht das mühevolle Werk einer »universalen Pacifikation« zu beginnen.

Landgraf Wilhelm V. von Hessen-Cassel legte dazu einen besonderen *Friedensplan* vor, der zwei substantielle Forderungen enthielt. Diese mußten erfüllt werden, wenn der Bürgerkrieg der Teutschen bald ein Ende nehmen sollte. Zu ihrer Erläuterung erinnerte dieser streitbare calvinistische Reichsstand, welcher die teutsche Schweden-Partei anführte, an den Beginn dieses unseligen Ringens im Heiligen Reich. Die »evangelische Armatur« mit ihrer auf Defension gerichteten Kriegs- oder Gegenverfassung sei nur entstanden, um die »Freiheit des Gewissens« zu sichern. Der kommende Universalfriede müsse demnach als erstes Fundament die Forderung erfüllen, »daß ohne Unterschied so wohl genannte reformierte [Calvinisten] aus auch genannte lutherische [Konfession] im Religionsfrieden ausdrücklich begriffen sein sollen«.[21]

Die Einforderung des Gleichheits-Grundsatzes nach Maßgabe des kommutativ Gerechten ist nicht zu übersehen. Die bisherige Bevorzugung der lutherischen und damit Augsburgischen Konfession erklärt also nicht nur das häufige Zögern Kur-Sachsens im Kampf gegen Ferdinand II., sondern erhellt auch die harte Haltung der nach 1555 calvinistisch gewordenen Reichsstände. Sie konnten zwar religiös geduldet werden, galten aber als Sekte und durften als Ketzer und Rechtlose bekämpft werden. Es ging ja neben dem Theologen-Streit um das wahre Verständnis der Heiligen Schrift auch ganz handfest um Kirchengüter, die von ihnen nach Maßgabe des »Ius reformandi« der Alten Kirche weggenommen und zum Eigenbedarf genutzt wurden. Auf diese religiös-kirchenrechtliche Seite des schweren Konflikts zwischen Kaiser und wichtigen Teilen des Reichs wirkte aber noch die politische Qualität der calvinistischen Reichsstände ein. Vom Vertragsgeist der Monarchomachen überzeugt, den vor allem Althusius und seine Nachfolger auch in Schweden gestärkt hatten,[22] verstanden sie die Verfassungsformel »Kaiser und Reich« treuhänderisch nach den Bedingungen des kontraktiven Feudalwesens, ohne nach religiösen Bekenntnissen zu differenzieren.

Auf die Anerkennung dieses Prinzips zielte denn auch die zweite Hauptforderung des Hessischen Friedensplanes: Der Kaiser sollte gehalten werden, mittels seiner beschworenen Wahl-Kapitulation (Herrschaftsvertrag), den kommenden Frieden nicht allein zu interpretieren und zu exekutieren. Er sollte überdies darauf verpflichtet werden, alle anstehenden Streitfragen »vor sämtliche Reichsstände« zu bringen.[23] Damit wurde aber nichts anderes verlangt als eine Rückkehr zum libertären Parlamentarismus, der aus dem gemein-europäischen Staatsgrundsatz lebte: »Quod omnes tangit, ab omnibus debet approbari.«[24]

Dieser Friedensplan liest sich wie eine Lektion in Staatssachen, die von den Ständen Ober-Österreichs und Schlesiens zu Beginn des Teutschen Krieges in Wien angemahnt worden waren, ohne jedoch bei den Patrimonialisten Habsburgs auf Verständnis zu stoßen. Jetzt aber, unter dem Doppelgriff der protestantischen Militärmacht von Prag und Mainz aus, mußten sie nach all ihren Rechtsbeugungen, Machtsprüchen und ungesetzlichen Maßnahmen wieder lernen, daß die »herrliche Reichsstruktur« nur dann den Teutschen und allen Anrainern zum Nutzen gereichte, wenn sich die Majestät des Kaisers mittels der Autorität der Kurfürsten in der Libertät der Stände rückversicherte und sich darin die »Konkurrenz« der »Trois Prérogatives« bestätigte.[25]

Allein die Erinnerung an die ehemaligen Errungenschaften des Feudalwesens und seines Depotismus als Grundlage der Friedenssicherung war in diesen düsteren Zeiten der Rechtsverwilderung ein besonderer Lichtblick. So wird auch bald verständlich, weshalb die Staatsmänner Schwedens energisch gegen den Despotismus Habsburgs gekämpft haben und immer wieder auf die Überlegenheit der Libertät zu sprechen kamen, die vor allem in der großen Staatsschrift des Hippolithus a Lapide (anno 1640) gefeiert wurde und Habsburg erheblichen Kummer bereiten sollte.[26]

Aber so lange in München, Wien oder Brüssel ein »persönliches« dem »ordentlichen Regiment« eines »dreiteiligen Vertrages« vorgezogen wurde, d. h. die Diktatur mittels Verordnungen statt einer Regierung nach Verfassung, war dieser Zustand der Teutschen Libertät aus der Zeit vor 1618 kaum zu erreichen. Dafür war der freiheitliche Geist in den Ständen der Liga schon zu sehr erschlafft, und außerdem wuchs mit den neuen Aktivitäten Madrids die Chance, sich mit einer letzten Kraftanstrengung all dieser konstitutionalen Forderungen der Widerständler zu entledigen oder gar den ketzerischen »Gotenkönig« aus dem Heiligen Reich zu treiben – dies »wilde Tier« aus der Mitternacht, wie Gustav Adolf bewundernd und ablehnend zugleich von Spaniern genannt wurde.[27]

Brüssel in Nöten

Die Nachrichten vom stetigen Vormarsch der Goten- und Ketzer-Armee aus dem Norden hatten in Brüssel bei der Statthalterin Isabella erhebliches Unbehagen ausgelöst. In ihren zahlreichen Schreiben an Philipp IV. in Madrid beschwor sie den Habsburger immer eindringlicher, endlich das zu schicken, was ihrer Meinung nach allein den »Untergang der katholischen

Religion«, des Hauses Österreich und gar der spanischen Monarchie verhindern könnte – Geld.[28]

Der König, vom Kreis um den mächtigen Grafen Olivares nicht immer gut beraten, spielte bei diesen Hiobsbotschaften aus Brüssel bald mit dem Gedanken, Maria di Medici mit ihrem spaniolisierten Herzen zu einer Diversion auf Sedan zu veranlassen, um Richelieu im Inneren Frankreichs zu beschäftigen und damit von einer Expansion nach Osten und an den Rhein abzulenken. Dann dachte er auch noch an einen Waffenstillstand mit den Ketzern in den calvinistischen Niederlanden, um Kräfte freizubekommen, die ins Heilige Reich verlegt werden konnten, in Richtung Köln und Trier. Als Lockmittel wollte er den Batavern Geld für die Restitution von Pernambuco (Brasilien) anbieten und diese überseeische Stadt sogar gegen Breda eintauschen.[29] In seinen Planspielen sah er dann als Krönung die Aufstellung einer besonderen Armee in Spanien, die er selbst befehligen und für eine Intervention in Frankreich benutzen wollte, dessen Politik er für die anhaltende Unruhe in der Christenheit verantwortlich machte. Zu diesem Zwecke forderte er von Isabella Offiziere und technisches Personal an, vor allem aber den Grafen Henri de Berghes. Dieser weigerte sich jedoch mehrere Male, dem Befehl Philipps IV. zu folgen, und zettelte sogar eine Verschwörung an – gegen das »spanische Dominat«.[30]

Mit England und selbst den vertriebenen Pfälzern eine Allianz gegen Maximilian und die Liga einzugehen, ohne die besetzten Gebiete der Kur-Pfalz herauszurücken, waren Gedankenspiele, die Philipp IV. nicht weniger heftig beschäftigten. Konkrete Gestalt nahmen sie aber nicht an.[31] Und die ernsthafte Absicht, Wallenstein mit einer neuen Armee nach Frankreich marschieren zu lassen, um dort die spanisierte Partei gegen König und Kardinal zu unterstützen, wurde durch den Lauf der Ereignisse am Rhein schnell überholt.[32] Denn Richelieu war trotz der inneren Unruhe – Publizisten um Renaudot und Gelehrte um Naudé verteidigten mit zunehmender Heftigkeit die »Kompetenzen des Königs« und die Politik des Kardinal-Premiers[33] – nicht untätig geblieben. Gezielte und erfolgreiche militärische

Schläge bis nach Luxemburg hinein veranlaßten schließlich Gaston d'Orléans, sich wieder in die katholischen Niederlande zurückzuziehen, ohne daß ihn Isabella daran hindern konnte oder wollte.[34]

Nachdem die Statthalterin den General Santa Cruz mit einer bastanten Armee gen Maastrich hatte ziehen lassen, um die Grenze nach Brabant zu sichern,[35] und nachdem sie auch den Grafen von Emden mit einiger Artillerie in Richtung Mosel geschickt hatte, wo er bis zur Ankunft des Generals Cordova den anrückenden Feind aufhalten sollte,[36] forderte der König in Madrid – ungehalten über die Eigenwilligkeiten der Brüsseler Regierung – von Isabella »absoluten Gehorsam«.[37] Die Realisierung der Pläne zu einer weiteren Intervention Spaniens ins Heilige Reich[38] wurde durch diesen inneren Konflikt zwischen Zentralregierung und Statthalterschaft ebenso behindert wie durch den chronischen Geldmangel in der Brüsseler Kasse. Isabella versuchte zwar, diesen Übelstand durch Verkäufe von Domänen wenigstens teilweise zu beheben, mußte bei diesen Geschäften jedoch die Erfahrung machen, daß Philipp IV. mit seiner Vollmacht für solche Aktionen zu lange wartete und kaum jemand am Erwerb derartiger Güter interessiert war. Im Gegenteil: Die steigende Unsicherheit bewegte viele Untertanen, ihre eigenen Güter zu verkaufen und das gefährdete Land zu verlassen.[39] Und mitten in diese Planungen zur Verteidigung der Habsburg-Interessen platzte dann noch der Versuch Henri de Berghes, den Adel der katholischen Niederlande politisch auf die Seite der calvinistischen Ketzer im Norden zu ziehen.[40] Zusätzlich wuchs die Gefahr eines »maritimen Krieges« zwischen Spanien und Batavien, wo der schlechte Zustand der Flotte des Erbfeindes nicht unbemerkt geblieben war.

In dieser äußerst bedrängten Situation berief Isabella die *Generalstände* ein.[41] Das war ein geschickter Zug und gleichzeitig das Eingeständnis, daß sich Land und Leute auf die Dauer nicht allein mittels Erlaß oder Verordnungen regieren ließen, zumal wenn es um die materiellen Belastungen der Stände ging: um deren Privatvermögen, das zugunsten der Öffentlichen Hand mit Abgaben belegt werden sollte.[42] Auch die Stände

Luxemburgs regten sich und klagten über die Drangsal, die sie für die Römische Kirche und die Katholische Majestät in Spanien aushalten müßten. Sie hätten stets den Weg durch ihr Land für Philipp IV. offengehalten, damit er die ketzerischen Niederlande erobern und zur alten Kirche zurückbringen könnte. Selbst der Durchmarsch seiner Truppen nach Italien, Burgund und ins Elsaß sei von ihnen gesichert worden. Nun aber hätten innerhalb von nur sechs Monaten 5000 Familien diese Provinz verlassen müssen. Gaston d'Orléans sei daran schuld, denn durch seine hohen Kontributionen sei das Land völlig ausgelaugt, und des Königs eigene Soldaten hätten bei ihrem Nachrücken in den Kirchen und anderswo barbarischer gehaust als diejenigen des Feindes: Luxemburg bedürfe jetzt dringend des Schutzes, sonst werde es bald eine Wüste sein.[43]

So wichtig für die Spanier dieses Land auch sein mochte, das eine Intervention Spaniens ins Heilige Reich vom Elsaß aus gegen Frankreich zu decken hatte,[44] so richtete sich Philipps IV. Augenmerk auf Friesland. Es sollte durch den Herzog von Friedland gegen die Generalstaaten gesichert werden – ein Projekt, für das der spanische König eine Million Dukaten aufwenden wollte. Wallenstein gedachte er dazu mit dem Angebot zu locken, daß dieser all jene Gebiete, die er erobern sollte, »auf ewig« besitzen dürfe.[45]

Was aber war »ewig« in einer Zeit des rasenden Todes und der panischen Pläne? Konnten nicht einzig dauerhafte Institutionen der Freiheit und des Rechts Anspruch auf Überzeitlichkeit erheben? War heute noch ein erfolgreicher Kriegszug möglich, so konnte er morgen schon aufgrund von Geldmangel, Krankheit oder Hunger in den Abgrund führen. Die Bedingungen allen Kämpfens wechselten immer schneller und förderten die Angst vor der »Vanitas« – der fürchterlichen Leere alles Irdischen.[46] Und doch gab es manch einen, der in aller Not seine Pilgerreise durch das Labyrinth des Lebens mit Hoffnung zu einem würdigen Ende brachte, ob als »Gote« schwedischer oder spanischer Abkunft oder als Angehöriger einer anderen ehrbaren Nation: »Gib den Übeln nicht nach, geh tapferer ihnen entgegen« (Vergil).

Feldzug in Bayern

Als sich Gustav Adolf bereits auf dem Weg in den Fränkischen Kreis befand, um »den Feind zu suchen«,[47] sich gleichzeitig um den sicheren Verbleib seiner Frau Maria Eleonora sorgte und für sie allerhand Vorkehrungen traf,[48] da gelang Kanzler Axel Oxenstierna ein entscheidender Durchbruch bei den Verhandlungen über die Neutralität des Kurfürsten von Trier.

In diesem Vertrag vom 12. April 1632 findet sich wie in einem Modell all das auf Gegenseitigkeit angelegt, »wodurch der Weg zu einem universalen Frieden dereinst um so ungehinderter eröffnet werde«.[49] Philipp von Sötern verpflichtete sich darin zur Wiederherstellung der Bekenntnis- und Besitzlage, wie sie vor Ausbruch des Gesamtkrieges im Jahre 1618 bestanden haben. Gleichzeitig reichte er auch dem Kurfürsten von Sachsen die versöhnende Hand und bekam seine weitere neutrale Haltung im laufenden Krieg durch Schweden garantiert. Zur militärischen Sicherung dieser Übereinkunft durften die Flußfestungen Ehrenbreitstein und Udenheim mit Zustimmung Kur-Triers französische Besatzungen aufnehmen.[50]

Diese gelungene Doppelbindung eines geistlichen Kurfürsten an Schweden und Frankreich war von historischer Bedeutung: In dieser Konstellation zeichnete sich die Möglichkeit ab, auf ähnliche Weise alle Träger der Teutschen Libertät nach innen und gegen Habsburg zu stärken, indem sie von außen gestützt wurden. Tatsächlich war das der einzig gangbare Weg, um den Krieg im Herzen und innerhalb der Vormauern des Heiligen Reiches zu beenden. Nur so war die Einleitung eines Verständigungsfriedens auf der Grundlage von Gegenseitigkeit und Verhältnismäßigkeit möglich. Diese Chance wurde aber im Frühjahr 1632 von den übrigen Ständen der Liga und insbesondere von Maximilian von Bayern verpaßt.[51]

Ein wesentliches Hindernis auf dem eingeschlagenen Weg zu einem Generalfrieden war immer noch Ferdinand II., der in den vergangenen Winterwochen nicht untätig gewesen war. Nach dem Abkommen zwischen Trier, Sachsen, Schweden und Frankreich, das ein Ende seiner Gewaltpolitik bedeuten mußte, wenn sich weitere Liga-Stände anschlossen, überraschte er die Öffentlichkeit Europas mit einer aufregenden Nachricht: Er hatte zu Göllersdorf mit Wallenstein eine Absprache getroffen, die diesen von den Friesland-Plänen Madrids ablenkte und ihm ein neues Generalat im Namen des Kaiser ermöglichte.

Das war ein Lichtblick für alle Patrimonialisten und Feinde des libertären Ständewesens, dessen Erneuerung die Anhänger der Schweden-Partei auf ihre siegreichen Fahnen geschrieben hatten. Denn wenn es Wallenstein gelingen sollte, wieder ein großes Heer zu organisieren und gegen die Armeen der Invasoren zu führen, dann konnte die steckengebliebene Gegenreformation und Einziehung von Kirchengütern endlich weiterbetrieben werden. Das bedeutete: die Ausrottung der »Ketzer«.

Über dieses Abkommen zwischen Ferdinand II. und dem böhmischen Condottiere ist schon unter Zeitgenossen viel gerätselt worden. Aber im Vergleich mit ähnlichen Generalatsordnungen der Zeit selbst auf der Gegenseite erscheint die getroffene Übereinkunft nicht so monströs, wie sie der päpstliche Nuntius Rocci einschätzte: Wallenstein werde dadurch »an Rechten wie an Waffenmacht gleichsam größer sein als der Kaiser«.[52]

Aufregung soll es vor allem über die Anordnung gegeben haben, daß »das angenommene Generalat in absolutissima forma conferiert« worden sei. Damit wurde aber nichts anderes festgelegt, als daß der Generalissimus über alle Heere Ferdinands II. den alleinigen Oberbefehl mit allen zugehörigen Kompetenzen wahrnehmen durfte. Faßt man das hier im Superlativ verwendete Wort »absolutus« nicht nur im Sinne von »losgelöst«, wie es üblicherweise der Bodinschen Souveränitätsformel »legibus solutus« gemäß interpretiert wird, sondern auch in der gleichwertigen Bedeutung »umfassend«, dann entschärft sich dieser Ausdruck sofort. Er enthält dann nichts anderes als die Anerkennung eines »absoluten Direktoriums« in der Kriegführung, wie sie auch Gustav Adolf von Brandenburg, Hessen oder Sachsen zugestanden worden war, ohne daß diese Stände ihre politischen Rechte im Heiligen Reich aufgeben mußten.[53] Die Bestimmung, daß die außerordentlichen Befugnisse Wallensteins so lange gelten sollten, »bis ein Universalfrieden im Reich Teutscher Nation stabilieret würde«,[54] verweist zusätzlich auf die Begrenzung, daß Ferdinand II. seine eigenen Kompetenzen als oberster Kriegsherr nur treuhänderisch und auf eine bestimmte Zeit abgetreten hat. Er überläßt Wallenstein lediglich ein militärisches Instrument, gibt ihm ein Akzidens in die Hand, ohne sich in der Substanz als Oberhaupt der Casa de Austria oder als Kaiser etwas vergeben zu haben: Mochte der Condottiere nun die Fülle einer anvertrauten Gewalt im Felde anwenden dürfen, die Substanz eines wirklichen Souveräns verlieh sie ihm nicht.

Die Entscheidung von Göllersdorf wurde zu einem Zeitpunkt getroffen, als Gustav Adolf mit seiner Haupt-Armee bereits den Feldzug gegen den Bayern-Herzog Maximilian erfolgreich begonnen hatte. Dabei bedeutete die Eroberung von Donauwörth für die von Maximilian 1608 gedemütigten Protestanten eine hohe Genugtuung. Kurz danach erlebte Tilly bei Rain am Lech noch einmal die Überlegenheit seines Gegners, der mit seinen Brigaden sehr viel beweglicher war als das Liga-Heer und ihm so mächtig zusetzte, daß er sich zusammen mit Maximilian auf Ingolstadt zurückziehen mußte. Bei einem Erkundungsritt schwer verletzt,[55] bereitete sich Tilly, dem Freund und Feind hohen Mut und Tapferkeit bescheinigten, auf seinen Tod vor. Für Gustav Adolf aber war mit Tillys Rückzug auf Ingolstadt der Weg nach Augsburg frei, zur Hauptstadt seiner eigenen Konfession, die nach der Absetzung des katholischen Rates durch den König die vakanten Ratsstühle mit geeigneten Leuten besetzen durfte – der lutherischen Mehrheit in dieser Reichsstadt zuliebe.[56]

Diese Maßnahme im einst gedemütigten Augsburg und der Zug der Royal-Armee auf Ingolstadt verstärkten die Befürchtungen Maximilians, Stück für Stück das eigene Land zu verlieren. Immer häufiger wurden deshalb Wallenstein und Wien um militärische Hilfe ersucht. Sie erfolgte aber nicht – trotz der beschwörenden Schreiben des auf den Tod verwundeten Tilly, der im Siegeszug des Schweden-Königs das Heilige

Reich untergehen sah. Er hatte nie recht verstanden, daß die Teutsche Libertät ein Ausdruck des Feudalwesens war und auf den Prinzipien von Gegenseitigkeit und Treuhänderschaft beruhte. Aber Tilly war bei all seiner politischen Unbildung doch immer eine ehrliche Haut. Ein Heerführer, den seine oft zerlumpten und hungernden Soldaten nicht weniger geliebt und geachtet haben als die Armeen der Gegenseite ihren König Gustav Adolf. Am Abend des 20. April 1632 nun ließ der Schwede einen furchtbaren Sturm auf Ingolstadt entfesseln. Im Donner der Kanonen und schon das Kampfgeschrei der Ketzer im Ohr, suchte Tilly als guter Katholik den geistlichen Beistand seiner Kirche und starb.[57]

Dem Sieger von Breitenfeld und am Lech blieb aber hier ein Triumph seiner überlegenen Kriegskunst versagt: Er hätte mit der Einnahme von Ingolstadt gleichsam das Tor nach München petardiert. Statt dessen stieg die Sorge, ob es Oxenstierna politisch und militärisch gelingen würde, ihm den Rückraum vom Rhein und Main her zu decken.[58]

Außerdem teilte er seinem Kanzler nichts von dem Omen mit, daß ihm vor Ingolstadt bei einem Erkundungsritt das Pferd unter seinem Leib zerschossen worden, er aber unverletzt geblieben war, während fast zur gleichen Zeit weit im Osten sein ärgster Feind das Leben aushauchte – Sigismund III.[59]

Auch in diesem Vorfall erkannte Gustav Adolf einen Fingerzeig Gottes, dessen lenkende Hand er immer noch in seinem Kriegs- und Gerichtszug durch das Heilige Reich zu spüren glaubte. Er beschloß aber, den bereits in Augsburg gefaßten Plan weiter auszuführen, nämlich Maximilian für dessen Lügenspiel mit der Neutralität vom eigenen Land abzuschneiden »und also ganz Bayern unter uns zu bringen oder zum wenigsten zu verderben«.[60]

Dieses Vorhaben hat er in die Tat umgesetzt, wobei es ihm in erster Linie auf die Unterwerfung dieses Landes ankam und nicht auf systematische Verwüstung. Er konnte freilich nicht immer verhindern, daß sich auf Nebenschauplätzen dieses Kriegs-Theaters Offiziere und Mannschaften manchen Übergriff zuschulden kommen ließen. So erlebte das Kloster Andechs, das zuvor einen nicht weniger grausamen Überfall von Spaniern und Kaiserischen in seinem Umkreis erdulden mußte, nun selbst einen wüsten Schweden-Angriff.[61] Und zu diesem Szenario gesellten sich noch schlimmere Fälle von Untreue in den eigenen Reihen. Der unnötige Verlust von Speyer am Rhein – dem Sitz des höchsten Gerichtes im Heiligen Reich – durch den Verrat des teutschen Obristen von Horneck, brachte den König ebenso auf – »wollten wünschen, daß wir allerorten selber sein könnten«[62] –, wie er sich schon in Moosburg an der Isar Gedanken machte, was wohl Wallenstein von Böhmen her und der hart bedrängte Maximilian für die nächste Zukunft im Schilde führen mochten.[63] In München, das sich ohne Belagerung ergeben hatte und dem König zu gefallen schien, an dessen Seite auch Friedrich V. in die Hauptstadt seines schlimmsten Feindes geritten kam, erhielt er in dieser drängendsten Frage einige Gewißheit. Seine Reaktion ließ nicht lange auf sich warten und deutete an, daß in diesem Kriegs-Theater bald ein neuer Akt beginnen würde: »Wenn Wallenstein mit ganzer Macht zu den bayerischen Truppen stieße, müssen wir ihm notwendig auch mit ganzer Macht begegnen.«[64]

Gustav Adolf lenkte nun seine Aufmerksamkeit nach Norden, über die Donau hinaus, nachdem ihm der Westen des Heiligen Reiches leidlich gesichert vorkam. Dabei waren ihm die Spannungen zwischen Spanien und Frankreich gar nicht so unrecht.[65] Nur Kur-Sachsen bereitete Sorgen. Denn Kurfürst Johann Georg hatte nach Ansicht Gustav Adolfs zu dieser Zeit die Absicht, »mit dem Kaiser Frieden zu schließen, auf was für eine Art und Weise auch immer, damit wir umso eher zu einem Traktat gebracht werden können«. Schlimm auch, daß nach seinen Informationen vor allem der König Dänemarks hinter den Kulissen seine Hand im Spiele hatte, um ihm Kur-Sachsen abspenstig zu machen.[66]

Mit dieser Analyse und Prognose nahm er genau jene Konstellation vorweg, die drei Jahre später von Oxenstierna und Schwedens Reichsleitung bewältigt werden mußte. Und daneben spielte Gustav Adolf noch andere Kriegslagen durch: Zusammen mit Johan Banérs Armee war ein Zug »in die Österreichischen Lande« denkbar, wobei der Aufstandswille der Ennserischen Stände genutzt werden könnte.[67] Eine Absperrung spanischer Truppen aus Italien durch »zehntausend Mann [...] aus der Schweiz« wurde dabei ebenso erwogen wie Verstärkungen durch Henri de Rohan, der die Schweizer Eidgenossen zu stützen hatte.[68] Schließlich sollte die Royal-Armee noch durch frische Kontingente aus dem verbündeten Württemberg gestärkt werden. Wurde dann von Kur-Sachsen aus »verrückt gespielt«, könnte auch das erfolgen, was mehr und mehr seine strategischen Gedanken beschäftigte – ein Gewaltmarsch nach Norden zur eigenen Sicherheit.[69]

So weit war es jedoch noch nicht. Aber im weiteren Kalkül rechnete er mit dem Norden. Schweden selbst mußte zur Seite nach Dänemark hin verstärkt werden, und von Pommern aus sollte eine Teutsche Armee des Moskauer Zartums »die Polen bedrängen«. Gustav Adolf wollte mit dieser Diversion des östlichen Verbündeten verhindern, daß die Polen im kommenden Kampf »den Kaiserischen gegen uns irgendeine Hilfe leisten«.[70] Arnim hatte das vor Jahren mit kaiserischem Kriegsvolk zugunsten Sigismunds III. gegen ihn in Preußen getan. Und das durfte sich jetzt unter keinen Umständen in der anderen Richtung wiederholen, wenn sein Kriegszug im Heiligen Reich zur Wiederherstellung des Friedens nicht gefährdet werden sollte.

Nachdem auf diese Weise die Ostflanke gesichert werden konnte, mußte auch die Lage im Westen bedacht werden. Mit Prisenkommandos eigener Freibeuter sollte von Göteborg aus die »Spanische Seglation« in der Nordsee so nachhaltig und im Stile des legendären Francis Drake gestört werden, daß die Spanier im Heiligen Reich nicht mehr von Dünkirchen aus versorgt werden könnten.[71] In diesen und anderen strategischen Überlegungen wird deutlich, wie stark noch Gustav Adolf in der Nord-Süd-Relation dachte, was ja auch dem religiösen Gefälle in der Christenheit entsprach. Gleichzeitig aber hatte er bereits die *Landmacht des Ostens* (Rußland) und die Möglichkeiten einer *Seemacht im Westen* (England) vor Augen: War das am

Ende dieses Ringens die neue Konstellation in der europäischen Politik eines Krieges, der im Sommer 1632 einem neuen Höhepunkt zustrebte?

Wallenstein war es gelungen, mit seiner Armee die Truppen Kur-Sachsens aus Prag und Böhmen zu verdrängen, das sie nach der Schlacht bei Breitenfeld besetzt hatten, um Gustav Adolfs Zug nach Mainz und ins Obere Reich im Osten abzusichern. Nun aber schien Sachsen aufs höchste bedroht zu sein, auch wenn es noch über bastante Streitkräfte verfügte. Diese Situation veranlaßte Gustav Adolf, Wallensteins Kriegszug auf sich selbst zu lenken, d. h. den kaiserischen Generalissimus außerhalb Sachsens zu stellen und ihm – falls möglich – eine Hauptschlacht zu liefern. Dazu kam es jedoch erst, nachdem sich beide Gegner über mehrere Wochen hin mit zwei riesigen Kriegslagern gegenseitig zu ermatten gesucht hatten.

Gustav Adolf war mit seiner Royal-Armee, die er aus dem Westen und vom Rhein her erheblich verstärkt hatte,[72] über Augsburg, Memmingen, Donauwörth, Schwabach und Fürth Ende Juni nach Nürnberg gekommen: in eine Stadt, die als »Königin des Reiches« galt, eine Hochburg des Protestantismus im Geiste der »Norma doctrinae« von 1573 war[73] und sich in ihrem Reichspatriotismus von niemandem übertreffen lassen wollte. Verständlich, daß diese wehrhafte Haupt-Stadt des Heiligen Reiches dem Schweden-König als Befreier einen begeisterten Empfang bereitete, der vieles vergessen machte, was Gustav Adolf an menschlichen und politischen Enttäuschungen in diesem Teutschland bisher erlebt hatte. Die allseitige Feststimmung ließ ihn aber nicht lange säumen, um die Wehranlagen der Stadt herum eine umfangreiche Verschanzung mit einem Kriegslager anzulegen, nachdem er die befürchtete Verbindung von Wallenstein-Armee und Bayern-Heer nicht zu verhindern imstande gewesen war. Er schätzte sich zu diesem Zeitpunkt als noch zu schwach ein, der geballten gegnerischen Macht von etwa 50000 Mann in einer offenen Feldschlacht zu begegnen, und verlegte sich deshalb zunächst aufs materielle Ermatten.[74]

Wallenstein hingegen war von Amberg und Neumarkt in der Oberpfalz kommend über Roth und Schwabach auf Stein vorgestoßen und Anfang Juli im Zirndorfer Raum eingetroffen. Dort errichtete er um einen Höhenzug herum binnen drei Tagen eine schier unüberwindliche Schanzanlage. Sie hatte einen Umfang von 16 Kilometern und konnte ungefähr 60000 Menschen aufnehmen, den Troß inbegriffen, nicht aber das Bayern-Heer Maximilians, das bei Altenberg ein Lager bezogen hatte.[75]

Noch zu Beginn dieser Massierung der gegnerischen Streitmacht glaubte Gustav Adolf an »ein Wunderspiel«, daß nämlich dieser »Feind von Hunger vergangen [sein] und sich selbsten ruiniert haben« würde.[76] Tatsächlich bekam Wallensteins Lager bald Versorgungsprobleme. Doch es stand um die Schweden-Armee in dieser Hinsicht auch nicht viel besser, nachdem Axel Oxenstierna vom Rhein und vom Main her weitere Truppen herangebracht hatte. Trotz günstiger Sommerzeit und tätiger Mithilfe Nürnbergs samt Umland kam es bald zu Engpässen bei der Verpflegung für Soldaten und Pferde. Plünderungen und andere Exzesse waren die Folge. Sie veranlaßten den König zu einer strengen Strafpredigt vor allem gegen seine zahlreichen teutschen Offiziere, die sich nicht mit ihrem Sold begnügen wollten, sondern an Raub und Überfällen eine ihm unbegreifliche Lust an den Tag legten. An ihrer persönlichen Tapferkeit vor dem Feind und im Kampf auf dem Schlachtfeld zweifelte Gustav Adolf nicht einen Augenblick lang, und er stellte ihnen dafür auch ein hohes Lob aus. Wohl aber äußerte er mit Schmerzen sein Befremden darüber, daß ihr menschliches Gemüt so verroht war, ihr christliches Gewissen sie nicht im Zaume hielt und ihr politischer Verstand ebenso verkümmert zu sein schien wie ihr libertärer Rechtssinn oder die Ehre eines Aristokraten, die doch gerade in der Kriegsnot den Standesgenossen und Untertanen ein Vorbild sein sollte.[77]

Nein, »die Kron des Jahres« 1632 waren diese teutschen Offiziere in der Schweden-Armee sicher nicht, auch wenn sie oft nicht schlimmer waren als die Schotten oder die Schweden selbst, über die der König ja schon zu Beginn seiner Intervention noch auf schwedischem Boden wegen ihrer Untreue und ihrem Hang zu Unterschlagungen und Betrug der Krone heftig geklagt hatte.[78]

Die moralischen Appelle des Königs, die in den Predigten des Johannes Saubert noch verstärkt wurden,[79] bewegten wohl die verwirrten und geschwächten Gemüter von Soldaten und Bürgern für den Augenblick, aber die nackte Not und die Entfesselungen des Krieges holten sie bald wieder ein. Und dennoch schienen diese Vorhaltungen nicht umsonst gewesen zu sein, denn Gustav Adolf konnte sein Heer trotz Hunger und Krankheiten zusammenhalten, sowie seine vorzüglichen Sturmtruppen zu unglaublicher Tapferkeit anspornen, als er vom 21. August an vier Tage lang das befestigte Lager Wallensteins angreifen ließ. Dabei kam es an den verschanzten Hängen zur *Alten Veste* zu den opferreichsten Kämpfen dieses Teutschen Krieges,[80] die in vielem an Mansfelds vergebliches Anrennen gegen das Bollwerk an der Dessauer Brücke erinnern. Ein solch

Illustration zum »Weg hinauf« und zum »Weg hinab« an der Alten Veste bei Nürnberg – 1632 (Sammlung UB Ffm).

massierter Kern wie diese geschickt ausgenutzte Höhe war kaum zu nehmen, zumal sie noch in ein verzweigtes Defensionssystem einbezogen worden war, das zusätzlich von mehreren Seiten her aufgebrochen werden mußte, um den Gegner zu zwingen, seine Kräfte über Gebühr zu streuen und damit zu schwächen.

Dieser Doppelbelastung war Gustav Adolf auf die Dauer nicht gewachsen. Wallenstein seinerseits fand sich aber auch nicht imstande, dem königlichen Feldherrn in der angebotenen offenen Feldschlacht entgegenzutreten. So blieb beiden angesichts der eigenen begrenzten Mittel denn auch nichts anderes übrig, als im September 1632 das Feld zu räumen und nach Norden abzuziehen.[81]

Wenn Könige sterben: Lützen

Mögen gerechte Könige laut Seneca in ihrem öffentlichen wie privaten Leben auch »Sklaven des Staates« gewesen sein, so überleben sie doch im Gedächtnis bedrohter Völker als »Erwäger des Rechts«, wie Hölderlin den Schweden-König genannt hat.[82] Machtverdorbene Eliten können über Generationen hinweg noch so sehr das Naturrecht von willfährigen Gelehrten bespötteln lassen, ihre Taten werden stets daran gemessen, ob sie einer universalen Ethik zu entsprechen wußten, die den menschlichen Menschen anerkennt. Niemand von den bisherigen Macht- und Staatsdenkern hat diesen fundamentalen Zusammenhang so genau wie Machiavelli in seinen Gedanken zur Natur einer »freien Verfassung« analysiert. Wird nämlich ein Volk durch einen rechtsbeugenden Machthaber gedemütigt und mit der Zeit an dieses zu verachtende Verfahren gewöhnt, dann fällt es diesem Volk schwer, sich einer Befreiung zu erfreuen, zumal wenn diese von außen erzwungen wurde.[83]

Diese eigenartige Haltung, sich leichter an fortgesetzten Rechtsbruch und Machtmißbrauch zu gewöhnen, als sich aktiv für Recht und Verfassung einzusetzen, haben Gustav Adolf und

Axel Oxenstierna bei den Teutschen dieser Zeit immer wieder beobachten können. Deshalb bedurfte es auch der wiederholten Erinnerung daran, aus welchen Gründen der König sein Leben für die Teutsche Freiheit in die Schanze schlug. »Das höchste Wesen weiß auch«, erläuterte er seinen teutschen Offizieren im Lager von Nürnberg, »daß ich nie eine andere Absicht geheget, als durch die Bewirkung der göttlichen Hilfe jeglichen Menschen wieder in sein Eigentum einzusetzen und jeglichem Eigentum wieder seinen rechten Besitzer zu geben. [...]«[84]

So kann nur ein König sprechen, der sich im Namen der Gerechtigkeit als Richter aufgerufen sieht, die Besitz-Balance in einem Gemeinwesen als substantielle Grundlage jeder Freiheit wieder herzustellen. Aus historischer Einsicht und politischer Erfahrung wußte er, daß nur ein in vertraglichem Recht gebundenes System die Freiheit der Teutschen und seiner Schweden bewahren konnte. Von hart betroffenen Teutschen ist diese Auffassung verstanden worden. So heißt es in einer Schrift gegen das politisierende Papsttum und seine kaiserischen Handlanger in Wien: »Ein für alle Mal müssen wir mit dem Papste Rechnung halten, ihn zur Restitution der durch ihn ermordeten Seelen und geraubten Gütern zwingen, das Heilige Römische Reich von seinem unchristlichen Joch los und ledig machen.« Der »absoluten Gewalt des römischen Stuhles«[85] wurde also der Kampf angesagt.

Eine andere Stimme fügte im Geiste libertär gerichteten Widerstandes hinzu: »Warum sollte ich nicht schwedisch sein? Kaiserisch bin ich, so lange der Kaiser Kaiser ist, so lange er hält, was er versprochen [hat], so lange er mich und das Reich schützt und den hochbeteuerten Religionsfrieden nicht bricht. [...] Ich halt's mit dem, der es mit Gott und seinem Wort hält, es sei Schwed oder Kaiser. Jetzt [aber] ist der Kaiser nicht Kaiser, sondern der Jesuit ist es.[...]«[86]

In dieser Anmahnung der Gegenseitigkeit äußerte sich der patriotische Wunsch, »absolute Gewalt« und »blinden Gehorsam« nicht länger zu dulden und sich an jene Instanz zu halten, die Gerechtigkeit anstrebte und nach Möglichkeit auch verwirklichte. Der Schulterschluß mit der Invasionsmacht aus dem

Norden bedeutete unter diesen Bedingungen nicht Verrat am Reich, sondern Verteidigung seiner Rechte.[87] Es war die Anerkennung einer Politik, die sich eine fortwährende Gestaltung des Gerechten zum Ziele setzte – über jede nationale Verengung hinaus. Diese monarchomachische und libertäre Sicht der Lage im Heiligen Reich erklärt auch, warum Gustav Adolf auf seinem Boden und im Rahmen seiner Verfassungen eine Reihe von Verlehnungen vorgenommen hat. Ferdinand II. hingegen hatte als Lehnsherr seine Rechte und Kompetenzen nach Maßgabe der »zuteilenden Gerechtigkeit« (iustitia distributiva) mißbraucht, und dieser Zustand bedurfte nach den Bindungen der »ausgleichenden Gerechtigkeit« (iustitia commutativa) einer Korrektur. Das Verhalten des Königs bedeutete aber nicht, daß seine Verlehnungen von Dauer waren. Sie sollten vielmehr nur bis zum Abschluß eines Universalfriedens gelten, d. h., sie mußten entweder bestätigt oder zurückgenommen werden. In diesem Sinne ersetzte Gustav Adolf den Kaiser in der Handhabung des Feudalrechtes, ohne jedoch selbst die Kaiserwürde anzustreben, was immer auch Zeitgenossen und spätere Kritiker ihm unterstellt haben mochten.[88]

Seine Zukunftspläne für den Fall seines vorzeitigen Todes hinsichtlich einer Personalunion zwischen Schweden und Kur-Brandenburg – nach dem Modell der Verbindung Spaniens mit den katholischen Niederlanden – bestätigen dies ebenso[89] wie seine Klagen über die schwere Last, welche ihm allein schon die Krone Schwedens zugemutet hat.[90] Von einem *protestantischen Kaisertum* war bei ihm nie ernsthaft die Rede.[91] Vielmehr sorgte er sich um die Sicherung seiner bisherigen Stellungen im Heiligen Reich und übertrug dazu Axel Oxenstierna weitgehende Vollmachten. Der Kanzler sollte damit als Legat des Königs und der Krone Schweden im Schwäbischen, im Fränkischen, im Burgundischen Kreis und in den beiden Rheinischen Kreisen die militärischen, politischen und rechtlichen Interessen der Invasionsmacht effektiv wahrnehmen können. Dazu erteilte Gustav Adolf im Geist des Depotismus alle Kompetenzen »zu treuer Hand«.[92] Er war sehr bemüht, den Ständen dieser Reichskreise ein Mitspracherecht vor allem in ökonomischen Dingen zu gewähren[93] und ihnen mittels eines »Consilium formatum« für Justiz und Finanzen[94] eine institutionelle Sicherheit zu bieten. Für seinen Ordnungssinn und seine politische Weitsicht spricht auch, daß er neben der Fürsorge für die »lutherische Konfession« in den besetzten Reichsgebieten den Kanzler und alle anderen Amtsträger anwies, »Katholische wie Calvinistische [...] in ihrem Gewissen und Gottesdienst unbehelligt« zu lassen.[95]

Mit diesen und anderen Maßnahmen zur künftigen Sicherung seines Hauses und der Krone Schweden blieb er der Herrschaftsmaxime vom Vorrang des Rechts treu und begriff die Monarchie als eine Nomarchie, wie schon beim Antritt seiner Regierung und vor dem Eintritt in den Teutschen Krieg.[96] Mit seinem ausgeprägten Verständnis für die Wirkung überzeitlicher Institutionen erfüllte er auf seinem Gewaltmarsch nach Sachsen und gegen Wallenstein jene Forderung, die Machiavelli für das Überleben verlangte: »Das Heil eines Freistaates oder eines Königreichs hängt [...] nicht von einem Machthaber ab, der zu seinen Lebzeiten weise regiert, sondern davon, daß er dem Staat Einrichtungen gibt, durch die dieser sich auch nach seinem Tode erhalten kann.«[97]

Keinem König der Neuzeit war es vergönnt, in diesem libertären Sinne des Republikanismus so erfolgreich zu wirken wie Gustav Adolf, der nun am Abend des 5. November 1632 vor seiner schwersten Schlacht stand, die kurzsichtigen Augen auf das Schanzen des Feindes im Fackelschein gerichtet und das Gemüt auf die Zwiesprache mit seinem Gott gestimmt. Es ist überliefert, daß sich Gustav Adolf vor dessen Strafe fürchtete, weil die Menschen aus ihm einen Götzen gemacht hätten, wo er sich doch sein ganzes Leben lang des menschlichen Stückwerks und aller Sündhaftigkeit bewußt war.[98] Und dazu gehörte die Vorahnung vom Tod, der ihn am 6. November während der Schlacht bei Lützen ereilen sollte.

Bei Tagesanbruch war Gustav Adolf mit seinen 19000 Mann »in voller Bataille auf den Feind zu« marschiert. Gegen zehn Uhr hatte er seine typische Schlachtordnung mit zwei »Haupttreffen« oder Reihen nach dem Prinzip von Erst- und Zweit-

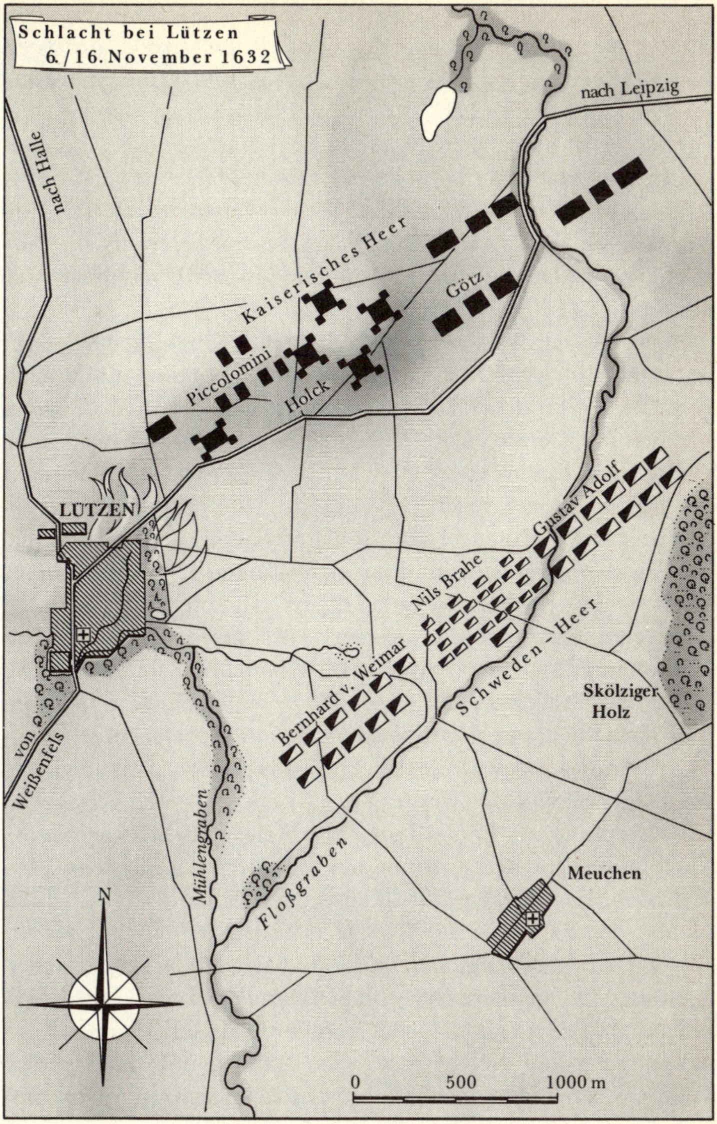

Anlage der Schlacht von Lützen
(nach schwedischer Vorlage).

schlag so geschickt angelegt, daß Wallensteins Artillerie von einer Anhöhe her kaum Schaden in der Royal-Armee anrichten konnte. Dessen Kontingente von etwa 17000 Mann, die während der Schlacht noch durch das Heranführen der Reiterei Pappenheims verstärkt werden sollten, waren zwischen einem kompakten Hauptkern und einem starken Nebenkern der Artillerie (sieben Kanonen) fast nach Schweden-Art gestaffelt. Sie vermochten daher viel beweglicher zu operieren als im Jahr zuvor die kaiserischen Truppen unter Tilly bei Breitenfeld oder bei Rain am Lech.

Während sich Wallenstein wegen der Gicht in seinen Gliedern nur mit Mühe auf dem Streitroß halten konnte, mußte sich Gustav Adolf auf der Gegenseite nicht weniger quälen. Denn seit dem großen Scharmützel von Dirschau (1627) war seine rechte Hand durch einen Halsschuß steif geworden.[99] Nachdem der König seine Streitmacht endgültig in Kampfstellung gebracht hatte, eröffnete er vom Rechten Flügel eine Schlacht, die bald auch im Zentrum und auf dem Linken Flügel »mit einer solchen Furie« entbrannte, »daß niemand je solches gesehen«.[100] Schrieen die Soldaten der »Ketzer« unter ihren riesigen Fahnen »Gott mit uns« und kämpften im Glauben an ihre »gerechte Sache« der Freiheit, so stürmten die Truppen der Katholischen mit nicht weniger Inbrunst unter dem Schlachtruf »Jesus-Maria« in das gnadenlose Ringen mit erprobten Brigaden, die das Siegen gewohnt waren.

Bald behinderte Pulverdampf die Sicht. Das Städtchen Lützen brannte, von den Katholischen angesteckt. Rauchschwaden überzogen das Schlachtfeld und mischten sich mit einem dichten Nebel, der die Sicht der Kämpfenden zusätzlich erschwerte. Gustav Adolf hatte gleich zu Beginn der Schlacht die sieben Kanonen des gegnerischen Nebenkerns in seine Gewalt gebracht, mußte sie aber wieder aufgeben, als sein eigenes Zentrum unter dem Befehl von Nils Brahe ins Wanken geriet. Während seines Stützangriffs am frühen Nachmittag soll ihm eine Musketenkugel in den linken Arm geschlagen sein. Trotz aller Bemühungen seiner Begleiter gelang es aber nicht, die heftige Blutung so zu stillen, daß er im Vollbesitz der Kräfte die

Schlacht nach seinem Willen hätte lenken können. Im Getümmel mit kaiserischer Reiterei erlag er schließlich weiteren Schußverletzungen an Kopf und Rücken. Man schleifte den Zerschundenen über den Boden, und Kaiserische, die ihn nicht erkannten, fledderten ihn bis auf die blutdurchtränkten Hemden. Nur mit Mühe konnte der Leichnam aus der tobenden Schlacht in das Kirchlein von Meuchen und später nach Weißenfels überführt werden.[101]

Die Nachricht vom Tode des königlichen Feldherrn verbreitete sich wie ein Lauffeuer in der Royal-Armee, deren Oberbefehl jetzt Bernhard von Weimar übernahm. Er hatte zuvor den Linken Flügel befehligt. In dieser überaus kritischen Phase verstand er es, die Kampfmoral seiner Soldaten aus fast aller Herren Länder nicht nur aufrecht zu erhalten, sondern noch zu steigern. Statt zu resignieren und die Flucht zu ergreifen, warfen sie sich mit dem Mut der Verzweiflung einem Feind entgegen, der dann endlich zu wanken begann, als Pappenheim gefallen war[102] und Wallenstein dieser Wucht der schwedischen Brigaden nichts Gleichwertiges entgegenzusetzen hatte.

Wenn Könige sterben, damit ihre Völker in Freiheit, Gerechtigkeit und Frieden leben können, brauchen ihre Soldaten und Untertanen nicht zu verzweifeln. Denn im Königsopfer für diese Ideen mit ihren überzeitlichen Institutionen wirken jene als Vorbilder für die Nachkommenden weiter. So dachten die Menschen in dieser Zeit des Teutschen Krieges, wenn ihnen das Politische und der Patriotismus im Zeichen der Zehn Gebote ihres Gottes oder des Naturrechts mit seiner universalen Ethik noch nicht ganz abhanden gekommen waren.

Sigismund III. von Polen, der schon ein paar Monate zuvor nach mehr als dreißig Jahren Krieg gegen die protestantischen Vasa in Schweden das Zeitliche gesegnet hatte, lebte in seinem Volk nicht auf diese Weise weiter. Und auch Friedrich V., mit dessen Unglück in Böhmen und am Weißen Berg dieser Krieg erst richtig begonnen hatte und der kurz nach der Schlacht bei Lützen eines natürlichen Todes starb,[103] konnte sich nur als »Winterkönig« im historischen Gedächtnis halten. Stehen diese Könige trotz persönlicher Integrität im Schatten der Geschichte, so geht vom Namen und Lebenswerk Gustav Adolfs immer noch das Licht seines Charismas aus: diese Gnadengabe der Götter für jene wenigen, die sich ganz einer Idee hingeben, obgleich sie wissen, daß all ihr Tun letztlich nur Stückwerk bleiben kann und von anderen im gleichen Geist fortgesetzt werden muß.

Die Erfüllung dieser schweren Aufgabe sah nun vor allem Axel Oxenstierna auf sich zukommen, der den bei Lützen Gefallenen angesichts dessen einzigartiger Lebensleistung »den weisen und großen König Gustav« nannte: einen »Vater des Vaterlandes«.[104] Dessen Befreiungswerk durfte sich auch jeder patriotische Teutsche zugehörig fühlen, selbst wenn er nicht im Solde Schwedens stand und aus einem anderen Buch für alle Schlachtentoten und den künftigen Frieden der Teutschen Nation zu seinem Gott betete.

Bewegungen

Festung Frankreich

Wäre Gustav Adolf in der Hauptphase dieses Krieges die »einzige Ursache« gewesen,[1] dann hätte sein Tod nichts anderes als urplötzlichen Stillstand gebracht. Ein solcher konnte aber schon deswegen nicht eintreten, weil sich der König stets in allen fundamentalen Entscheidungen bei den strukturellen Stützen seiner Herrschaft rückversichert hatte. Seine Regierung, allen voran der Reichskanzler, sowie der Reichsrat sind während seines Kriegszuges im Heiligen Reich immer wieder konsultiert worden und sorgten für das hohe Maß an Stabilität und Vertrauen, das seinen Maßnahmen entgegengebracht wurde. Allerdings bürgte er auch selbst als König und erfolgreicher Kriegsherr für den von allen Seiten gewährten Kredit besonders in ökonomischen Dingen.[2] Daher ist es auch nicht verwunderlich, daß nach seinem Ableben vor allem der Kupferpreis in Bewegung geriet und damit verriet, daß es sich bei Schwedens Kupfermünzen zu einem gehörigen Teil um »politisches Geld« gehandelt haben mußte. Fast um ein Viertel war der Wert dieses Metalls nach Lützen auf den Märkten gefallen, so daß sich Oxenstierna veranlaßt sah, Schwedens wichtigsten Exportartikel in seinem Mischsystem der Kriegsfinanzierung zu schützen. Durch eine gezielte Verknappung dieser gefragten Ware hoffte er, den Preis wieder steigen und den eigenen Kredit gestärkt zu sehen.[3]

Diese monetären und wirtschaftlichen Bewegungen störten zwar manch politisches und militärisches Vorhaben begrenzter Natur, aber selten langfristige Pläne. So entwickelte Kardinal

Richelieu, der nach eigenem Bekunden wenig vom Wirtschaften nach Kaufmannsart verstehen wollte,[4] ein paar Wochen nach Lützen, Anfang 1633, ein Expansionsprogramm besonderer Art. Zwar hatte Gustav Adolf in seinem letzten Schreiben an Oxenstierna dringend darum gebeten, eine Belagerung der Festung Philippsburg (Udenheim) durch französische Truppen zu verhindern, weil es »der Zweck sein muß, den König in Frankreich aus dem Lande zu halten«.[5] Doch Paris war nicht mehr daran zu hindern, Frankreichs Bewegung nach Osten und auf den Rhein zu in Gang zu setzen. Die bisherige Position des wachsamen Abwartens sollte zwar noch eine Weile beibehalten werden, während Schweden und die widerständischen Teutschen so gestützt und balanciert werden mußten, daß sie ohne Frankreich mit Habsburg keinen Frieden schließen konnten. Vermochte Paris allerdings diese Politik des »verdeckten Krieges« nicht durchzuhalten und sah sich gezwungen, mit eigenen Truppen zu operieren, dann mußte es den Erwerb des linken Rheinufers und einiger Einfallstore – wie Udenheim – auf der rechten Stromseite anstreben, damit auf diese Weise der Allerchristlichste König »zum Richter über Krieg und Frieden werde«.[6]

Bei diesem wegweisenden Plan der Sicherungspolitik Richelieus gewinnt man nicht nur den Eindruck, daß sich auch ohne Geld und mit guten Worten vieles bewegen läßt, sondern daß ein Kardinal der Römischen Kirche die besondere Lage seines Landes zum Anlaß nimmt, ein theologisches Prinzip in der Politik zu erproben: die Vorstellung vom »bewegt Unbewegten«.[7] Sollte sich die historische Mission vom europäischen Schieds- und Friedensamt für den Allerchristlichsten König gegen die Übermacht Habsburg erfüllen, dann mußte das eigene Land als unverrückbare Konstante gelten. Militärisch ausgedrückt: Die Festung Frankreich bedurfte einer starken Stütze durch die Erweiterung ihres Glacis' (Vorfeldes), und zwar auf Kosten des Habsburgischen Belagerungsringes. Ähnlich wie Schweden jenseits der Ostsee zur Sicherung des Kernlandes meist teutsche Brückenköpfe und Vormauern gegen Vasa-Polen angelegt hatte, so stellte sich auch Richelieu die

Stärkung Frankreichs durch Einbeziehung teutscher Landesteile vor. Dabei genügte zunächst das *Besetzen* wichtiger Territorien und Städte – Lothringen mit Metz und das Elsaß mit Straßburg beispielsweise waren lohnende Ziele –, während man sich das rechtliche *Besitzen* durch Verhandlungen und mit einem Friedensvertrag für später aufsparen konnte.[8]

Dieses Festungsdenken mit Vorfeldern und Rückräumen, in denen militärische Bewegungen betrieben wurden, um das nationale Kernland zu schützen, entspricht auf erstaunliche Weise der ptolemäischen und in der Römischen Kirche der Zeit vorherrschenden Erklärung der Weltstruktur: Die Erde gilt demnach als der unbewegte Mittelpunkt des Alls, um den herum sich alle Planeten bewegten. Nicht anders sollte es künftig mit Frankreich und Paris sein, wo bald ein »Sonnenkönig« nach dem Teutschen Krieg das Schiedsamt über Europa für sich verlangte – gemäß jener Vision von Ferrier, der den »gotischen« Anspruch Spaniens auf Beherrschung der Christenheit wie andere französische Publizisten im Dienste Richelieus zurückgewiesen[9] und in bewegten Worten die eigene Zukunft beschworen hatte: »Der Schutz, den der König seinen Verbündeten schuldet, bildet einen wesentlichen Teil der Größe seines Staates und der Freiheit seiner Völker. Das ist eine der Blumen seiner Krone. [...]«[10]

Das Übertragen des ptolemäischen Weltbildes und anderer astronomischer Vergleiche auf das politische Selbstverständnis war in dieser Zeit gang und gäbe, verstand man doch die Ordnung auf Erden als Ausdruck Gottes und eines Bewegers sowohl der Sterne im All als auch der Sinne im Menschen.[11] Man kann sich heute recht gut vorstellen, was es damals bedeutet haben mußte, als dieses Ordo-Denken von revolutionären Denkern wie Kopernikus und Kepler radikal in Frage gestellt wurde, d. h. astronomische Erkenntnis und religiöses Bekenntnis nach dem herkömmlichen Verständnis der Offenbarungslehre nicht mehr übereinstimmen konnten. Noch immer lassen wir in unserem Sprachgebrauch nach ptolemäischer Ansicht »die Sonne untergehen« und nicht die Erde. Auch darin drückt sich gegen alle wissenschaftliche Einsicht noch etwas von der großen Angst aus, die damals auf den Gemütern Europas lastete, als die Frage nach dem Glauben gestellt wurde und mit dem Zweifel eine Sprengkraft aufkam, die unter allen Umständen eingedämmt werden mußte.[12]

Sündenfall der Wissenschaft

Galilei bekam von seiten der Römischen Kirche wie Kepler vom lutherischen Klerus oder eine Generation später Spinoza vom Rabbinat[13] bereits 1616 zu spüren, daß die Kurie – nach der Herausforderung durch Luther und durch das Tridentiner Konzil gestärkt – nicht bereit war, ihre Theologie und Kosmogonie erneut in Frage stellen zu lassen. Mit seiner Entdeckung von vier Monden des Planeten Jupiter bestätigte der Gelehrte an der venetianischen Universität zu Padua die Lehre des Kopernikus von der Bewegung der Erde und einem gewissen Stillstand der Sonne. Das Verbot einer Verbreitung dieser revolutionären Sicht und Umkehrung bisheriger Offenbarung,[14] hinderte aber die übrige Gelehrtenwelt nicht, auf dem eingeschlagenen Weg weiterzuforschen.[15] Galilei selbst ließ sich nicht entmutigen und wehrte sich gegen dieses Verbot auf seine Weise. Er schrieb den berühmten »Dialog«, der nach einer langen Prüfung durch die Römische Zensur im Jahre 1632 veröffentlicht werden durfte und sogleich zu einem Eklat führte. Campanella, der Dominikanermönch und Verfasser einer Gerechtigkeits-Utopie in Gestalt der »Sonnenstadt«,[16] Descartes und Grotius neben anderen Gelehrten aller Konfessionen haben dieses dichte Werk über das Wesen der Welt als den Beginn eines neuen Zeitalters der Wissenschaft und der sich aufklärenden Menschheit gefeiert.[17] Der Barberini-Papst Urban VIII. jedoch, im Jahre 1616 noch ein Freund des Galilei und selbst Astronom, soll sich in der Gestalt des »Simplicio« im »Dialog« verhöhnt gefühlt und Rache geschworen haben.[18]

Noch immer wird gerätselt, ob die Verletzung der Eitelkeit dieses ansonsten so kunstsinnigen und auf technische Neuerungen so bedachten Papstes, der dem Genie Berninis die Bahn bereitet hatte,[19] dafür ausschlaggebend war, daß Galilei vor der Inquisition der Prozeß gemacht wurde. Formulierungen in diesem geschickten und oft zweideutigen Buch, die als Stütze der kopernikanischen Häresie aufgefaßt werden konnten, deuten in Richtung einer Verpflichtung der Kurie, die bisherige Reinheit ihrer Gotteslehre und das überkommene Verständnis der Weltordnung zu bewahren. Dieses Problem kann hier nicht gelöst werden, aber ein Hinweis zur weiteren Klärung dieses »größten Skandals in der Christenheit«[20] während des Teutschen Krieges sei von der politischen Seite her gestattet.

Die Verteidiger Galileis versäumten es nie, Urban VIII., der Frankreichs Politik um Mantua und gegen Habsburg unterstützte,[21] als »Despoten« auszugeben. Für dieses Urteil wird in der Regel seine Forderung an die Florentiner Behörden herangezogen, den Gelehrten trotz Altersschwäche, Winterkälte und Pestgefahr nach Rom zu bringen.[22] Allein die Tatsache, daß die Inquisition wesentlich drastischer hätte verfahren können und Galilei nach seiner Ankunft am 23. Februar 1633 während seines Prozesses Vergünstigungen genießen durfte, von denen Giordano Bruno kaum zu träumen wagte,[23] entkräftet diese Einschätzung. Dafür bestätigt ein anderer, oft übersehener Umstand den Barberini-Despotismus, der mit demjenigen der Medici in Florenz oder der Habsburger in Wien etwas gemeinsam hatte – den Patrimonialismus.

Trotz der vertraglichen Wahl des Papstes durch die Kardinäle, die hierbei eine ähnliche Funktion ausübten wie die Kurfürsten bei der Wahl eines Kaisers,[24] hatte sich seit dem Tridentinum aus der »Erbheiligkeit« der Päpste und mit dem absolutistischen Gebrauch des »Patrimonium Petri« (des späteren Kirchenstaates) eine Machtideologie entwickelt, die nicht nur ungehindert über die materiellen Güter der Gläubigen verfügen wollte, sondern auch über deren geistiges Eigentum. Ebenso wie beim Absolutismus weltlicher Fürsten zeichnete sich diese Patrimonial-Haltung durch einen extremen Personenkult aus. Er läßt sich nicht nur in einer Theologie von der Menschgestalt Gottes, sondern auch im Nepotismus dieses machtbewußten Papstes nachweisen – in der Bevorzugung von Vettern als Ersatz für eigene Leibeserben.[25]

Ein solches System des Personalismus mit seinem Eigentumsanspruch, seiner Allmacht-Fiktion und universalen Geltung (»Über die ganze Erde hin«) erträgt es nicht, daß ein Untergebener der gnädig gewährten Gunst, Himmelskunde als Wissenschaft treiben zu dürfen, eine Freiheit des Deutens und Erklärens hinzufügt, zu der er sich aufgrund seines Wissens ermächtigt wähnt. Denn ein derartiges Verhalten stellt jene Macht in Frage, die für jedes Problem zwischen Himmel und Erde eine Antwort bereit halten möchte: Es erhebt selbst Anspruch auf Allmacht und Alleingeltung – und dies noch außerhalb der Heiligen Schrift.

Anzeichen für einen Überlegenheitsdünkel gibt es bei Galilei in reicher Zahl. Gleichwohl wird man seine begründete Verachtung für den vorwaltenden Stumpfsinn eingebildeter Professoren verstehen können, wie sie in einem Brief an Kepler zum Ausdruck kommt: »Ich denke, mein Kepler, wir lachen über die Dummheit der Masse.«[26] Auf der anderen Seite aber ist sein Hang nicht zu übersehen, den libertären Republikanismus abzuwerten. Er hatte ihn in Padua nach venetianischem Muster kennengelernt und wollte ihn ab 1610 nicht mehr länger ertragen. Galilei mochte diesen engen Kontakt nicht und sehnte sich nach einer Ruhe des Forschens, das nur sich selbst verantwortlich sein wollte: Und »einen so erwünschten Zustand kann ich von niemand anders zu erlangen hoffen als von einem absoluten Fürsten. [...]«[27]

Mit seiner Übersiedlung aus dem libertären Padua ins patrimoniale Florenz, seine Heimatstadt, wo Michelangelo und zeitweise auch Machiavelli gegen die absolutistisch gesinnten Medici für die Erhaltung des Republikanismus und der Libertät gekämpft und gelitten hatten,[28] bot er sich gar seinem »angestammten Fürsten und Herrn« – Cosimo II. – wie ein »Erbsklave« an: Der Despot dürfe über ihn und alle seine Erfindungen »nach Gutdünken verfügen, und wenn es ihm so gefiele, nicht nur das Erz nehmen, sondern auch den Schacht«.[29]

Diese persönliche Auslieferung an den vom Barberini-Papst so abhängigen und trotz »absoluter Macht« ziemlich schwachen Medici-Fürsten[30] war der verhängnisvolle Schritt eines Gelehrten, der durch seine Wissenschaft aus eigener Erkenntnis zu einem Absolutisten geworden ist. Als am 12. April 1633 der Prozeß gegen ihn mit einem ersten Verhör begann und seinen schmählichen Verlauf nahm, da trafen in Galilei und Urban VIII. zwei Vertreter des Absolutismus aufeinander, von denen nur einer vorerst obsiegen konnte. So geschah es denn auch am 22. Juni 1633: Im Namen Jesu und der Muttergottes – beide sind schon während des Fenstersturzes in Prag und auch in der Schlacht bei Lützen angerufen worden – wurde der kirchliche Sieg über die Neue Wissenschaft verkündet und im Urteil über Galilei erneut das Kopernikanische Weltbild als Häresie verworfen. Eine Häresie, die verkündete, daß »die Sonne der Mittelpunkt der Welt ist, und daß sie sich nicht von Ost nach West bewegt, und daß die Erde sich bewegt und nicht der Mittelpunkt der Welt ist«.[31]

Galilei nahm diesen folgenreichen Spruch seiner Kirche gehorsam an derselben Stelle entgegen, wo 33 Jahre zuvor Giordano Bruno unbeugsam verharrte: den qualvollen Tod auf dem Scheiterhaufen vor Augen, war dieser damals nicht gewillt, sich seine Einsichten in das Wesen der Welt durch Bibelsprüche abhandeln zu lassen.[32]

Die empörte Mit- und Nachwelt wollte es, daß Galilei nach der Verkündigung dieser Verdammung aufstand, um trotzig die unsterblichen Worte zu murmeln: »E pur si muove« – »Und sie bewegt sich doch«. Vieles spricht dafür, daß er dieses mutige Schlußwort nicht gesagt hat, was immer er auch gedacht haben mag.[33] Galileis Nachgeben aber wirkt wie ein schwerer Sündenfall. Er scheint sich seither von Generation zu Generation wie ein Fluch in einer Wissenschaft fortzuerben, die ihren Erkenntnisdrang jedem Machtbedürfnis unterwirft, wenn nur ihr materielles Auskommen gesichert wird, und die als Gegenleistung darauf verzichtet, in der Forschung eine universale Ethik mitzudenken.[34]

Der Heilbronner Bund

Sollte irgendjemand im Römischen Lager gedacht haben, daß nach dem Tod des Ketzer-Königs aus dem hohen Norden die Krone Schweden den Teutschen Krieg sofort aufgeben würde, dann hatte er sich getäuscht.[35] Denn Oxenstierna arbeitete fieberhaft und mit einiger Aussicht auf Erfolg an einer neuen Konföderation der Protestanten gegen Habsburg und für das Heilige Reich.[36]

Mit diesem Schachzug, den Krieg fortzusetzen und nicht zu ruhen, bis die nationale Sicherheit Schwedens in einem universellen Frieden erreicht wäre, befand sich der Kanzler in voller Übereinstimmung mit den Plänen des gefallenen Königs und der bisher verfolgten Strategie.[37] Und dazu gehörte auch die Garantie der Teutschen Libertät. Bereits am 18. Januar berief Oxenstierna die vier oberen Reichskreise – Franken, Schwaben, Rheinlande und Burgund – zu einem Convent nach Ulm ein. Denn in diesen Gebieten plante die Invasionsmacht, zur Verfolgung ihrer politischen Ziele je eine bastante Armee zu unterhalten. Bernhard von Weimar sollte mit Nürnberg das Frankenland kontrollieren, Johan Banér das gesamte Schwabenland sichern, Pfalzgraf Christian in der »Pfaffengasse« operieren und Gustav Horn das Elsaß nach bestem Vermögen verteidigen, zumal dort das mit dem Hause Vasa verschwägerte Haus Zweibrücken wichtige Besitzinteressen hatte.[38]

In dieser äußerst gespannten und schwierigen Lage bemühte sich Oxenstierna mit Nachdruck, Brandenburg trotz der Pommern-Krise bei der Stange, Sachsen bei Laune und Hessen-Cassel im Bündnis zu halten, um in den Nord-Regionen des Reiches nicht zu gefährden, was in den südlichen Kreisen für das gesamte Evangelische Wesen erkämpft worden war. Dieser Traditionsraum der uralten Kernlande Teutschlands mußte unbedingt gehalten werden, wenn das ersehnte Hauptwerk, der Frieden, gelingen sollte. Oxenstierna setzte bei seinen Überlegungen auf den Leistungswillen eines libertären Ständewesens, das schon schwere Zeiten hinter sich gebracht hatte und das die andauernden Durchmärsche, Einquartierungen, Kontributionszahlungen, Belagerungen und Plünderungen mit all ihren Lasten kaum noch zu tragen imstande war.[39]

Gewiß, manch eine Gegend, besonders im Schwäbischen Kreis, hatte erst seit dem Frühjahr 1632 die Härten des Krieges erleben müssen. Dies aber reichte schon aus, um viele Gemüter in Verzweiflung zu treiben. Johann Heinrich von Pflummern – »kaiserlicher Patriot« und Rat der Stadt Überlingen am Bodensee – fühlte sich denn auch durch diese entwürdigende Drangsal veranlaßt, vom März 1633 an zehn Jahre lang ein Tagebuch über diese Tragödie in seiner Heimat zu führen. Darin scheute er sich nicht, die Greueltaten beider Seiten unerschrocken beim Namen zu nennen. Er lieferte damit ein recht zuverlässiges Bild der Stimmung unter den Soldaten und bei den geschundenen Bürgern.

So ist beispielsweise die Klage eines Obrist Vitztum über das »magere Quartier« überliefert, der gar »das Maul aufgesperrt [habe], als wann er in die beste Schmalzgrube und das Schlaraffenland kommen würde. Verwundert sich selbst ob [der] hierländischen Armut, und daß so gar kein Geflügel zu finden. Will ob einem Stück Rindfleisch nit sättig sein und derhalben [. . .] ein ander Quartier suchen. Auch der [See-]Wein ist ihm zu schlecht, wollte Neckarwein haben. [. . .]«[40]

Was diesem Feinschmecker nicht gut genug war, wollte anderen gerade recht sein. Als auf einem Ständetag zu Überlingen der Unterhalt für die »Kaiserischen« neu beraten und beschlossen werden mußte, kamen in der heftigen Debatte über die Bewilligung der geforderten Lieferungen einige Schandtaten zur Sprache: »Die Kaiserischen [haben] nur in den jüngsten Tagen [von 1. bis 11. März 1633] dies Land in mehr Desolation und Verderben gebracht, an Früchten und Vieh mehr erschöpft und übeler gehauset als der Feind beinahe in einem ganzen Jahr.«[41]

Trotz dieser harten Kritik an der Soldateska[42] des eigenen Lagers und angesichts des trostlosen Zustandes am Beginn der neuen Kampfphase entschloß man sich zu Überlingen, gegen die »schwedischen und württembergischen Brenner« vorzugehen und gleichzeitig der wachsenden Mutlosigkeit unter den eigenen Leuten zu begegnen. Man hatte nämlich in dieser Stadt mitbekommen, daß sich im Umland »Grafen und Herren [...] mit ihren Familien und Mobilien von des Reiches Boden und von ihren Untertanen hinweggemacht« hätten – vor allem in die nahe Schweiz. Waren diese Obrigkeiten und Reichsstände pflichtvergessen und zu feige, sich dem Feind zu stellen, so sollte es jetzt an den Untertanen liegen, »das liebe Vaterland zu erhalten und zu defendieren«. In der verständlichen Kritik an diesen »eigensinnigen [...] oder viel zu furchtsamen und verzagten Ständen« waren alle »wohlintentionierten Patrioten für sich selbst und aus eigener Autorität« dazu aufgerufen, mit den verbliebenen Ständen Gut und Blut zur »allgemeinen Landesrettung« aufzubieten. Diese Schwaben wollten nach Pflummerns Auskunft »lieber mit den Waffen in der Hand die übrige Hab [...] retten und in dem freien Feld streiten, als [...] vor Hunger und Kummer sterben«.[43]

Es war nicht das erste und auch nicht das letzte Mal in der langen Geschichte der Teutschen, daß einige Obrigkeiten und Angehörige der adligen Nation (»Potentes«) den Gemeinen Mann (»Pauperes«)[44] in Krisen und Kriegen im Stiche ließen, obgleich sie an der anstehenden Not mitschuldig waren. Es fehlte in diesen Kreisen häufig an jenem Patriotismus, den Gustav Adolf im Lager vor Nürnberg angemahnt hatte und der jetzt eingangs der Konföderationsakte des *Heilbronner Bundes* in Gestalt der Teutschen Libertät beschrieben wurde: aktiver und bewaffneter Widerstand gegen das Haus Österreich, die Liga und deren sonstige Anhänger, die unter Mißachtung aller Verfassungen und Verträge des Heiligen Reiches die vorhandene Eigentumsordnung gebrochen hatten. Verstärkter Kampf also gegen die fortwährenden Enteignungen, Vertreibungen und besonders dagegen, daß man gezwungen werde, »der evangelischen Religion absagen« zu müssen.[45]

Bezogen sich die papistischen und kaiserischen Schwaben in ihrem Patriotismus auf die Rettung des Landes (patria), so strebten die protestantischen Schwaben, die sich in Heilbronn versammelt hatten,[46] in ihrem patriotischen Verständnis nicht nur die Wahrung des Besitzstandes an, sondern auch die Bekenntnisgarantie. Ziel ihrer neuen Konföderation unter schwedischer Leitung sollte es demnach sein, in den Traditionen der 1608 gegründeten und 1621 aufgelösten Union den Krieg so lange fortzuführen, »bis die Teutsche Libertät, auch Einhaltung [Observanz] des Heiligen Reiches Satzungen und Verfassungen wieder stabili[si]ert, die Restitution der evangelischen Stände erlangt, in Religions- und Prophansachen ein richtiger und sicherer Friede erhalten [...], auch K. M:t und der Krone Schweden gebührende Satisfaction geschehen sein wird«.[47]

Diese Forderungen waren nicht neu. Aber es ist bemerkenswert, wie die politisch bewußten Teutschen in beiden Lagern jede geplante Kriegsaktion zuvor auf Ständetagungen erörterten und in konstitutionalen Formen als Akt der Notwehr zu begründen versuchten. Krieg darf demnach nur geführt werden, wenn dadurch der Friede erreicht werden kann. Daß dieser Gedanke von Hugo Grotius und dem Naturrecht beeinflußt worden ist, darüber kann kein Zweifel bestehen. Dafür stand schon Axel Oxenstierna ein, der mit der Konföderationsakte ein Vertragsprojekt den teutschen Ständen des Oberen Reiches vorlegte, das in seiner libertären Dimension nie recht verstanden oder gewürdigt worden ist.[48] Erst ein genauer Vergleich dieses Dokumentes mit dem zweiten großen Verfassungsprojekt, das der Kanzler zu dieser Zeit der Reichsleitung in Stockholm zur Beratung mit dem Reichstag überlassen hatte – die berühmte »Regierungsform« –, könnte erschließen, daß es diesem Staatsmann bei allem Machtsinn stets darauf ankam, die Bedingungen einer »Regierung des Rechts« zu sichern.

Hier sei nur auf den dritten von 29 Artikeln dieser Bundes-Verfassung eingegangen. Darin sind sich die protestantischen Stände der vier Kreise einig, daß »des Herrn Reichskanzlers und Direktors Person und Exzellenz solche Last allein zu tragen beschwerlich« sein muß. »Also ist gut befunden worden, deroselben ein *Consilium formatum* von wohl qualifizierten Personen mit genugsamer Instruktion beizuordnen. Mit deren Gutachten [hat] der Herr Direktor [...] alle wichtigen Sachen zu beraten und zu beschließen, doch daß dem Herrn Direktor [...] jederzeit in Kriegssachen [in militaribus] die endliche Resolution verbleiben solle.« Außerdem müsse neben diesem obersten Gremium in jedem der beteiligten Reichskreise ein »Kreisrat« eingerichtet werden, um auf diese Weise nicht nur die Justiz und die Finanzen gerecht zu handhaben, sondern auch die politische Teilhabe der Stände, vor allem ihr Bewilligungsrecht, zu sichern.[49]

In seiner libertären Anlage und Absicht entspricht dieser Substanzartikel der Konföderationsakte nicht nur dem Ansinnen Gustav Adolfs im Arnstadt-Plan, sondern auch fast wörtlich dem Artikel 4 in der »Regierungsform« für Schweden. Darin heißt es, daß der König allein die anfallenden Staatssachen in der inneren wie äußeren Politik nicht bewältigen kann und deshalb »Räte und Amtsleute« benötigt, die ihm zur Hand gehen und gleichzeitig die Treuhänder der Krone oder Stände sein müssen.[50] Eine ähnliche Position hatte Axel Oxenstierna auch für den Heilbronner Bund verlangt und durchgesetzt, obgleich er damit Kur-Sachsens Ehrgeiz herausforderte. Denn vor allem Arnim, General der Sachsen-Armee, opponierte hitzig und kurzsichtig gegen die Stellung Oxenstiernas,[51] dem in dieser schwierigen Phase Vertrauen mehr geholfen hätte als Versprechen, auf deren Einlösung man künftig meist vergeblich warten sollte. Der Schwede hat sich gleichwohl unter all diesen teutschen Querköpfen und recht ungebildeten Rechthabern stets darum bemüht, die Sicherung der umkämpften Libertät an die Gerechtigkeit zu binden: Und diese hatte für ihn als Aristoteliker bei Rechten und Pflichten selbst in bedrängten Lagen eines Krieges »nach Proportion« zu verfahren.[52]

Ob jeder der Konföderierten diese Auffassung von Politik immer verstanden hat? Die Schwierigkeiten, die Heilbronner Beschlüsse auch in die Tat umzusetzen, hätten andere Staatsmänner als Oxenstierna jedenfalls vorzeitig resignieren lassen. Denn zu solch einer politischen Borniertheit, wie sie ihm manchmal von einzelnen dieser teutschen Stände zugemutet wurde, waren höchstens die Französischen Vipern fähig, über die Richelieu bitter geklagt hat. Oxenstierna mußte dauernd auf der Hut sein und die Fehler der Eigensüchtigen, Haudegen oder Unbelehrbaren schon im voraus bedenken und sich entsprechend verhalten. Kein Wunder, daß auch er einmal deprimiert feststellen mußte: »Auf dieses Volk und die mit ihnen geschlossenen Allianzen darf man sich nicht auf die Dauer verlassen. Ich habe gründlich erfahren, daß sie uns nur so lange bei sich leiden wollen, als sie unserer Hilfe bedürfen. Wenn die Gefahr vorüber ist, gibt es nicht einen, der uns für unsere Mühe und Kosten Dank weiß.«[53]

Teutschland im fünfzehnten Kriegsjahr. Es ahnte nicht, daß ihm aufgrund der Unfähigkeiten seiner Eliten noch einmal fünfzehn Jahre Not und Elend bevorstehen sollten, ehe der »gerechte Reichsfriede« – von Oxenstierna und anderen ausgehandelt – Land und Leute auch politisch bessern half.

Vom Ausgleich der Kräfte

Für Spanien, Ferdinand II. und die Hofburg war nach dem Tode Gustav Adolfs die Initiative in diesem Teutschen Krieg endgültig auf Paris und Kardinal Richelieu übergegangen. Frankreich war trotz seiner inneren Probleme[54] für Habsburg der wirkliche Feind und nicht so sehr Schweden, auch wenn dieses weite Teile des Reiches besetzt hielt.[55]

Im Sommer 1633 zeigte sich jedoch, daß Richelieu zusammen mit Père Joseph und König Ludwig XIII.[56] nur deshalb so erfolgreich an der langen Ostgrenze von Burgund über das Elsaß bis nach Lothringen hin operieren konnte, weil Oxenstierna mit der Schweden-Armee und den Streitkräften des Heilbronner Bundes die Truppen des Gegners im teutschen Vorfeld band.[57] Über diese Hilfe für Frankreich und die militärische Sicherung der eigenen Positionen im Reich hinaus war es Oxenstierna und der Reichsleitung in Stockholm gelungen, in dieser schwierigen und königslosen Zeit gegen Dänemark und Polen einen riesigen Raum stabil zu halten. Dessen physische Dimensionen allein lassen das Agieren der Staatsmänner in Paris auf der »inneren Linie« mit ihren kurzen Wegen in einem *regionalen Maß* erscheinen. Schwedens Interventions- und

Sicherheitspolitik hatte sich hingegen dauernd auf ein *globales Muß* einzustellen, das mehr erforderte als die Rochaden eines Richelieu, der Frankreich nie verlassen hat. Dieser verfügte erst ab 1638 mit Hilfe Schwedens über eine größere Kriegsflotte und konnte militärische Operationen fast in Reichweite anlegen und ausführen lassen.[58]

Oxenstiernas diplomatische Kunst und politische Strategie wurden, meist aus Unkenntnis, von der Nachwelt unterschätzt. Wie kein zweiter wußte er, was es bedeutete, wenn die hohe Politik bis in die Niederungen des Alltags hinein von der Spannung zwischen anhaltendem Krieg und ersehntem Frieden geprägt wurde und beide Herausforderungen nach den Geboten des Gerechten bewältigt werden sollten. Das Bemühen um ein »gerechtes Gleichgewicht« verlangte daher von den Staatsmännern dauernde Beobachtung der Bewegungen von Freund und Feind.[59]

Der Reichskanzler war damals der wohl bestinformierte Staatsmann in der Christenheit. Ein Blick nur in seine umfangreiche Korrespondenz zeigt, wie die europäische Sicherheitspolitik auf ihn ausgerichtet worden war. Dänemarks Versuch einer »Interposition« im Heiligen Reich vermittelt Oxenstiernas Bedeutung ebenso wie Wladislaus IV. Interesse an einer Befriedung.[60] Das Moskauer Zartum sah nämlich den günstigen Zeitpunkt gekommen, um Vasa-Polen wegen der Stadt Smolensk mit Krieg zu bedrohen. Diese Entscheidung mußte unmittelbar auf das seit 1617 befriedete Verhältnis zum Nachbarn Schweden einwirken, das noch 1626 den Kreml gedrängt hatte, gegen Polen zu marschieren, aber mit diesem Plan nicht durchdringen konnte.[61] In der Kriegslage des Sommers 1633 erschien dieses Vorhaben Moskaus äußerst problematisch, weil es bei einem Scheitern die Vormauern Schwedens im Baltikum von Livland bis Preußen unnötigen Gefährdungen ausgesetzt und damit sofort alle Friedensbemühungen belastet hätte.

Oxenstierna war sich dieser Herausforderung durch den Patriarchen Filaret, einen Polen-Hasser, wohl bewußt und ließ aus Frankfurt der Reichsleitung in Stockholm entsprechende Ratschläge zukommen. Darin spielten auch Einzelheiten der

Audienz einer moskowitischen Gesandtschaft bei der unmündigen Königin Christina eine Rolle: Ihr Rechtsstatus als »souveräne Königin« hatte dabei erhebliches Kopfzerbrechen bereitet. Denn die Vormundschafts-Regierung der »Fünf hohen Ämter« (Quinquevirat) besaß nur die rechtliche Qualität eines provisorischen Treuhänders, während »der Großfürst selbst in der Regierung sitzt«.[62] Diese Rechtslage mußte mit allem Ernst im Hinblick auf die beiderseitigen Verträge seit 1617 bedacht werden, war es doch durch den Tod Gustav Adolfs dem Rechtsbrauch der Zeit gemäß notwendig geworden, daß sein rechtmäßiger Nachfolger den »ewigen Frieden« von Stolbova bestätigen mußte: Und dieser war in der Person Christina aufgrund ihrer Unmündigkeit nicht vertragsfähig, sowie als eine »Weibsperson« nach Moskauer Ansicht ohnehin nicht vertragswürdig. Beide Mängel hätten schon damals Anlaß sein können, den eingegangenen Frieden mit Schweden nicht fortzusetzen. Es war also höchste Vorsicht im Umgang mit dieser Ostmacht geboten. Darüber hinaus bestand die Gefahr, daß Schwedens Ablehnung eines vorzeitigen Bruchs des Altmark-Abkommens von 1629 zugunsten der Moskauer Kriegsabsichten im Kreml falsch ausgelegt würde, das Zartum sich gar mit Vasa-Polen verständigte und Dänemark gegen Schweden aktivierte: eine Konstellation der Einkreisung, die immer drohte und zehn Jahre später ebenfalls von Oxenstierna bewältigt werden mußte.[63]

Es war ein äußerst schwieriges Geschäft, »den Russen« erst einmal für sich zu gewinnen und dann noch bei der Stange zu halten. Richelieu hatte davon ein wenig erfahren dürfen, als er Courmenin 1629 mit einer großen Gesandtschaft nach Moskau ziehen ließ.[64] Oxenstierna hingegen hatte stets seine Teutschland-Politik mit Blick auf Moskau und Warschau zu betreiben. Auch hier ist es ihm gelungen, beide Mächte aus dem Teutschen Krieg herauszuhalten und die Sicherheitsbasis von 1617 und 1629 weiter zu stabilisieren.[65]

So geschickt das Moskauer Zartum trotz des Krieges um Smolensk auch ausmanövriert wurde, ohne in einen ernsthaften Konflikt mit Vasa-Polen zu geraten, so umsichtig und klug handelte Oxenstierna bei der Sicherung seiner Militärmacht im Heiligen Reich. Der Sieg einer Schweden-Armee unter dem Befehl von Kniphausen (9000 Mann) über eine kaiserische Armee unter Meroda (14000 Mann) am 28. Juni 1633 bei Oldendorp und die anschließende Einnahme der Stadt Hameln durch einen günstigen Accord gab ihm gleich zwei Möglichkeiten in die Hand.[66] Zum einen konnte in der Folgezeit der Zugang zur Weser gesichert werden – mit Blick auf Bremen und England –, und zum anderen erleichterte dieser Waffenerfolg den nicht einfachen Entschluß, endlich den wiederholten Bitten des Prinzen von Oranien um eine bastante Hilfe im Kampf gegen Spanien zu entsprechen. Die Abstellung von »1400 unserer eigenen Schweden und Finnen, 600 Teutschen Reitern samt 600 Dragonern«, dazu noch 1000 Pferde aus der Armee des Landgrafen Wilhelm von Hessen-Cassel, erschien ihm jetzt vertretbar. Schließlich hätten sich die Generalstaaten immer wieder als hilfsbereit erwiesen und müßten auch im schwierigen Fall der Zölle in den Häfen Preußens beachtet werden, von denen sie im Ostseehandel am meisten betroffen waren. Kurz: »Wir haben niemand mehr zu respektieren als die Niederländer.«[67]

An der nordwestlichen Vormauer des Heiligen Reiches zwischen den Generalstaaten und Habsburg–Spanien baute sich also ein neuer Kriegskern auf, der Madrid wegen seiner Isolierung vor einige Probleme stellte.[68] Gleichzeitig hatte sich im Süden der Schweizer Eidgenossenschaft, die auch als eine Vormauer des Reiches galt, eine politische Petarde entladen: Der Mailänder Herzog Feria hatte nämlich zur Sicherung der Alpenpässe und des ungehinderten Durchmarsches wieder einmal Front gegen die evangelischen Bündner gemacht. Dabei wollte er diese um ihre »allerhöchst verhaßte Libertät und Freiheit bringen, [ja] dieselbe unter sein hartes Joch, schmähliche Knechtschaft [Servitut] und Dienstbarkeit zwingen«.[69]

Mit diesen und anderen Worten versuchte Oxenstierna in einem besonderen Schreiben nach Graubünden, den bedrängten Glaubensgenossen seine Bewunderung für ihren Freiheitskampf zu übermitteln. Er verwies dabei auch auf seine Bemühungen beim König von Frankreich, die Bündner nicht alleine zu lassen, und fügte seiner Ermunterung hinzu: »Ich und der evangelische Bund [von Heilbronn] werden dieselbe in Zeiten mit notwendigen Truppen secundieren und ihre Libertät gleich unserer eigenen Sach uns eifrig angelegen sein lassen.«[70]

Diese Zusage mußte Oxenstierna wegen des französischen Engagements im Bündnerland[71] nicht einlösen. Sie zeigt aber erneut, wie dieser Staatsmann seine politische Strategie zur Sicherung der Libertät in ihrem ideologischen Kern angelegt hat: Es war ein Kampf gegen »Spaniens Dominat«, einen freiheitswidrigen Absolutismus. Darauf berief er sich auch in einer Instruktion an die Gesandten Löffler und Lauenstein, die er Mitte September 1633 nach Paris abfertigte: Sie sollten dort Anerkennung und materielle Hilfe für den Heilbronner Bund einholen, der ja auch mit Wissen und auf Druck von Paris hin geschlossen worden war. Nach Oxenstiernas Ansicht kam es jetzt darauf an, mit vereinten Kräften und endgültig die Hegemoniebestrebungen des Hauses Habsburg zu brechen, um »das Gleichgewicht [aequilibrium] in der Christenheit [zu] erhalten«.[72]

Eine Verwirklichung dieses Hauptzieles war aber ohne gesicherte Verträge oder ohne die Wiederherstellung der Reichsverfassung in ihrem libertären Kern nicht denkbar. In dieser Botschaft, die den Geist von Bärwalde (1631) atmete und bereits auf die Gemeinsamkeiten von Compiègne (1635) hindeutete, drückte sich ein Selbstbewußtsein aus, das demjenigen Richelieus bei ähnlichen Verlautbarungen in nichts nachstand. Die Forderung des Reichskanzlers und Direktors des Heilbronner Bundes nach Überlassung der »Festung Udenheim oder Philippsburg«, deren Besitz schon zu Anfang des Krieges für eine ähnliche Unruhe gesorgt hatte, verdeutlichte Paris zusätzlich, wie zielbewußt und handlungsfähig Oxenstierna auch ohne seinen charismatischen König war.

Selbst bei der Behandlung dieses »Partikularstücks«, wie die Philippsburger Frage aufgefaßt wurde, kam die Rechtsdimension seiner Sicherheitspolitik zum Vorschein. Denn diese Festung auf dem rechten Rheinufer sei »den Reichsconstitutionen

[...] zuwider, mit spanischem Geld erbaut [und] nach des Königs in Spanien Namen genennet« worden:[73] ein Vorgang, mit dem die spanische Präsenz in einem Kernland des Heiligen Reiches mit Nachdruck angezeigt wurde. Sie hatte allerdings eine schwedische Entsprechung in dem von Gustav Adolf begonnenen und von Oxenstierna weitergeführten Bau der Festung Gustavsburg gegenüber Mainz,[74] sowie in dem späteren Sieges-Monument der Gotensäule bei Oppenheim.

Dieses Sichten der politischen und militärischen Zusammenhänge im Rahmen des Rechts setzte die Anerkennung einer Gegenseitigkeit von innen nach außen und einer Wechselwirkung von oben nach unten zwingend voraus. Ein wesentliches Ergebnis dieses verschachtelten und doch dialektisch angelegten Denkens und Handelns ist denn auch die Einsicht in das Gesetz des Tarierens aller Kräfte, die ein Staatsgefüge und die Staaten-Ordnung in Spannung halten und somit den Frieden ermöglichen. In diesem Prozeß vorsichtigen Ausgleichens von Rechtsansprüchen und Machtinteressen, der nur von einer Handvoll Staatsmänner wirklich verstanden und gesteuert wurde, vollzog sich in eigenartiger Durchdringung beider Sphären die Gestaltung des Gleichgewichtes in Europa: Wer demnach das *Einkreisen,* wie Habsburg, nicht lassen konnte, der hatte mit dem *Absperren* durch die Betroffenen zu rechnen.[75]

An diese fundamentale Regel wurde Olivares in Madrid schmerzhaft erinnert, als Oxenstierna von Frankfurt am Main aus die weitere Verständigung mit Richelieu in Paris betrieb. Mit einer gewissen Bitterkeit trug der Conde-Duque seinem König Philipp IV. und dem Staatsrat im September 1633 denn auch vor, wie sich diese Regel auswirkte. Dabei berücksichtigte er die Fortschritte der Armeen Ludwigs XIII. in Lothringen und bezog die Möglichkeit ein, daß auch die Festung Breisach an den »Erbfeind« kommen könnte: Gelingt dieses und manch anderes Unternehmen wie im Veltlin, dann hat er »die Verbindung von Italien nach Teutschland abgeschnitten und ist Herr über alle Wege von Frankreich nach Italien und von Teutschland nach Italien. Der König von Frankreich versperrt dann vollständig die Verbindung von Italien nach Flandern. Von Teutschland kann keine Truppenhilfe mehr nach Flandern gelangen, noch von Flandern nach Italien und von Italien nach Flandern, weder von Spanien nach Flandern noch umgekehrt. Es sei denn durch den Kanal, wo auf der einen Seite französische Häfen liegen und auf der anderen englische – und der darüberhinaus von holländischen Schiffen wimmelt.«[76]

Das waren eindringliche und prophetische Worte hinsichtlich der befürchteten Isolierung Spaniens in Europa. Beim aktuellen Stand der Kriegslage am Rhein entlang konnte dies dazu führen, daß spanische Truppen zwischen den französischen, niederländischen und schwedisch-konföderierten Armeen zerrieben wurden. Denn Bayern spekulierte mit seiner neutralen Haltung,[77] und Wien mußte sich mehr und mehr auf Wallenstein konzentrieren. Dieser nämlich sollte seine Fühler nach Paris und zu Oxenstierna ausgestreckt haben, um sich für die Demütigungen durch die Hofburg am Kaiser zu rächen.[78] Es ging dabei das Gerücht, daß sich der Condottiere mit dem abenteuerlichen Gedanken trage, sich gegen Ferdinand II. zum König von Böhmen zu machen. Ein Vorhaben, dem Axel Oxenstierna nicht traute.[79] Denn der durch und durch patrimonial verdorbene Wallenstein wollte sich hier nur einen libertären Königsmantel umhängen: einen Deckmantel über fortwuchterndes Unrecht und über eine diktatorische Energie, die sich nur noch in der Ermattung ein letztes Mal aufbäumen konnte.

Martinstage

Empfindet ein Mensch darüber Trauer, nicht selbst Gott und damit allmächtig sein zu dürfen, dann kann daraus nach Thomas von Aquin geschlossen werden, daß seine gestörte Gemütslage etwas mit dem Neid dieses Menschen auf den Besitz eines anderen zu tun hat und damit gegen das zehnte Gebot verstoßen wird: »Du sollst nicht begehren Deines Nächsten Hab und Gut.«

Zur Eindämmung des destruktiven Besitztriebs und um das Verhältnis von »Begüterten und Besitzlosen« leidlich und »nach Proportion« dem Ständeprinzip gemäß zu regeln, hatte sich die feudale Lebensordnung eine Reihe von Konventionen, Ritualen und Korrekturen geschaffen, die durch den kirchlichen Rahmen zusätzlich gesichert wurden.[80] Die Art und Weise, wie der Martinstag am 11. November eines jeden Jahres feierlich begangen wurde, spiegelte eine solche Übereinkunft zwischen Reich und Arm, Grundherr und Pächter, Herrschaft und Gesinde oder Obrigkeit und Untertanen.[81] Denn jeder Pächter entrichtete an diesem Tag die fällige Abgabe für das genutzte Land entweder in Naturalien oder in Geld; und dem Gesinde wurde erlaubt, bei der eigenen Herrschaft im Haus zu bleiben oder eine andere aufzusuchen, wenn es dafür einen »gerechten« und zureichenden Grund gab. Selbst der Heimtrieb des Viehs von Weiden und Almen sollte an diesem Tage abgeschlossen sein, um eine Bilanz des Bestandes erstellen zu können.[82]

Von dieser Gerechtigkeit war jetzt, im fünfzehnten Kriegsjahr, wenig übriggeblieben. Vor allem in den Kampfgebieten längs der Flüsse im Heiligen Reich herrschte durchgehend in allen Ständen ein solches Elend, daß sich manch einer angesichts der wilden Soldatenhaufen an die Ermahnungen und Schelten im Buche Micha des Alten Testaments erinnerte: »Dem Friedfertigen entreißt ihr den Mantel, über den Nichtsahnenden bringt ihr das Verderben des Krieges.«[83]

In jedem Satz dieses lebensklugen und politischen Buches konnte der lesekundige Mensch in dieser aufwühlenden Zeit erfahren, wieviel Kraft, Erziehung und gutes Beispiel aufgebracht werden mußten, damit das Gerechte als Ausdruck des Göttlichen im menschlichen Miteinander erlebt werden konnte. In eben diesem Sinne sorgte die Äbtissin Klara Staiger im Jahre 1633 dafür, daß bei aller spürbaren Kriegsnot, in die ihr geliebtes »Klösterle« Maria-Stein im Bistum Eichstätt geraten war, ihre Conventen und Ehehalten (Dienstleuten) einen möglichst angenehmen Martinstag begehen konnten.

Als ob sie im Geist der urchristlichen Agape ein Liebes- und Friedensmahl im Sinn gehabt hätte, bereitete sie der verbliebenen Klostergemeinschaft und ihren Schutzbefohlenen ein besonderes Fest. Angesichts des dauernd steigenden Brotpreises – »an etlichen Orten kostet ein Laib Brot schon einen Reichstaler. Die Armen habens gar nit bekommen können«, trug sie in ihr Tagebuch ein[84] – mußte das Begehen des Maria-Steiner Martinsmahles wie eine Himmelsgabe empfunden werden. Doch wer konnte in diesen Zeiten schon sicher sein, beim Verlassen eines Klosters oder einer Kirche, die als besondere Friedensstätten galten, nicht von streunenden Soldaten oder Straßenräubern überfallen und getötet zu werden? Am Sonntag nach Martini ließ nun Klara Staiger allen Widrigkeiten zum Trotz ihre »Verliebung« reichen. Es gab dabei »zu Mittag Suppen, Fleisch, Kraut, Speck und Pfeffer und einem jeden durch alle drei Convente drei Äpfel, den Ehehalten [aber] fünf Maß Bier zu ihrem Stückchen Fleisch. Zum Nachtessen [dann] Suppen, einen Wirsing und Kuttelflecken«.

Mit dem letzten Gericht war wohl geschnetzelter Pansen gemeint, der auch deshalb auf diesem Speisezettel erschien, weil innerhalb kurzer Zeit »der dritte Viehsterb [...] den Stall ausgeräumt« hatte.[85] Gerade dieses Los war neben der allgemeinen Kriegsnot, Lebensmittelteuerung und Verknappung anderer Güter besonders schwer zu ertragen, gaben doch die Kühe lebenswichtige Milch und damit den Rahm für Käse und Butter. Und die Pferde erleichterten die Arbeit in Wiesen, Feld und Wald. In diesem Bürgerkrieg, der jetzt in den Landschaften des Oberen Reiches zwischen Rhein und Donau wütete, hatte alle Kreatur zu leiden. Das Gemetzel trieb viele der gebeutelten und gedemütigten Teutschen oft in die schiere Verzweiflung: bis hin zum Kochen von Gras, dem Abnagen von Rinden oder selbst zum Verzehr von Aas und Leichen.[86]

Nur noch die Dichter konnten in diesem irdischen Jammertal durch ihr Wort einen Funken Hoffnung vermitteln. Martin Opitz, der die gängigen Fürsten-Lobpreisungen durch das käufliche »Poeten-Volck« strikt ablehnte und von deren blutiger Gier nach immer größeren Besitztümern angewidert war, setzte in diesem Jahr 1633 mit seinen *Trost-Gedichten* menschliche Zeichen der Ermahnung und Umkehr. Sie wollten als ein poetisches Echo die Sinne dafür wachhalten, daß im Bemühen um Frieden die Klagen und Seufzer entwürdigter Menschen nie vergessen werden dürfen. Opitz ruft uns in der Spannung von Natur und Geschichte den Schrecken seiner Zeit in Erinnerung:

»Was hilft es / daß jetzund die Wiesen grüne werden /
Und daß der weiße Stier entdeckt die Schoß der Erden
Mit seiner Hörner Kraft / daß aller Platz der Welt
Wie neugeboren wird? Das Feld steht ohne Feld /
Der Acker fraget nun nach keinem großen Bauen /
Mit Leichen zugesät; er fragt nach keinem Tauen /
Nach keinem Düngen nicht: Was sonst der Regen tut /
Wird jetzt genug getan durch feistes Menschenblut.«[87]

Von diesem Zustand, den der Dichter aus Schlesien angesichts der zerfallenden Kultur in seiner teutschen Welt auf ein antikes Szenario bezieht, weiß auch Klara Staiger einiges zu berichten. So war in der Zeit der Bestellung aller klösterlichen Felder und Gärten die Schweden-Armee unter dem Befehl Bernhards von Weimar ins Bistum Eichstätt gekommen. Lokale Plünderungen durch seine Soldaten konnten selbst durch strenge Strafen nicht verhindert werden – auch nicht in Maria-Stein. Die Schadens- und Verlustliste der Äbtissin war nach diesem Überfall lang. In ihrem Tagebuch klagt sie: »Was an allen Orten im Kloster für ein Jammer und wüst gewesen, ist unmöglich zu beschreiben. Die Pumpe war zerbrochen. Wir konnten weder Geschirr oder einen Trunk Wasser finden.«[88]

Bei allem Unglück und in dauernder Todesangst, die nur mit unzähligen Rosenkränzen und inbrünstigen Fürbitten gedämpft werden konnte, hatte Klara Staiger samt ihrer Klosterschar noch ein seltenes Glück. Denn Bernhard von Weimars Hofmeister kam bald nach dieser Plünderung zum Kloster, um sich nach einer Base zu erkundigen, der Schwester Maria Francisca. Aus Freude darüber, daß er sie wohlbehalten angetroffen hatte, erwirkte er eine kleine Schutztruppe (Salvaguardia) für Maria-Stein, die von schwedischen Soldaten gestellt wurde und im Laufe dieses unruhigen Jahres 1633 dem Kloster mehr als einmal von Nutzen sein sollte. Die fromme und kaisertreue Äbtissin war von der religiösen Toleranz dieser Haudegen aus dem hohen Norden sehr beeindruckt, weil »sie uns des Glaubens halber ganz nit angefochten oder etwas verboten« hatten.[89]

Ähnlich den Überlinger Bürgern war es ihr als Katholikin ein patriotisches Anliegen, daß »unser liebes Teutschland wiederum von Ketzern gereinigt werde«.[90] Gleichwohl bemühte sie sich um ein selbständiges und gerechtes Urteil. Dem eigenen Lager stand sie durchaus kritisch gegenüber, war sie doch mit ihrer Klostergemeinschaft von den Kaiserischen nicht verschont geblieben: Diese Soldaten hatten »vierundzwanzig Stück Vieh auf der Weid genommen, von welchen wir durch Bittschreiben und Verehrung wiederum neun Stück [zurück-] bekommen haben«. Zur Begründung dieser übereifrigen Konfiskation der klösterlichen Fahrhabe wurde geltend gemacht, daß »man [das] Bistum von Ketzern wiederum reinigen wolle«, um den Geistlichen zu ihren Klöstern zu verhelfen. »Ist der Sag eben viel«, merkte die Äbtissin lakonisch an und fügte hinzu: »Die Unwahrheit [ist] allezeit größer gewesen als die Hilfe.«[91]

Diese bittere Folgerung aus dem Verhalten der eigenen Schutzmacht bestätigte sich bald danach, als ihr vier neue Pferde »miteinander vom Acker genommen worden sind«, die bei der anstehenden Erntearbeit bitter notwendig waren. Ihre Verärgerung über diesen Viehraub war auch deshalb so groß, weil »sonst auf dem Feld und Wiesen alles wohlgestanden. Aber aus Mangel an Pferden hat man viel Getreide und Heu gar nicht einbringen können. Teils haben die Leute eingetragen, teils um den halben und dritten Teil abgegeben oder gar verschenkt. Und ist ein großer Mangel an Holz gewest, daß mans nur bündelweis von den armen Leuten gekauft [hat] – acht oder zehn Scheit um einen Batzen.«[92]

Im Zeichen der »Blutfahne«, wie Klara Staiger einmal eine Kriegsflagge bezeichnete,[93] drohte selbst ihre überschaubare und gut gefestigte Kloster-Ordnung auseinanderzubrechen. Obgleich die Nonnen nach der Augustiner-Regel auf das Gebot der »Armut« verpflichtet waren und sich der Knappheit von

Lebensmitteln eher anpassen konnten als die Menschen außerhalb dieser Gemeinschaft, kam es zu bedrohlichen Belastungen. Es fehlte zunehmend an Fleisch zur speziellen Diät während des viermaligen Aderlassens im Jahr.[94] Leibesnot, Gewissensqual und Seelenpein waren dauernde Begleiter eines bedrohten Daseins. Dies um so mehr, als das Gelübde der »Keuschheit« ebenso in Gefahr geraten war wie das Gelübde des »Gehorsams«. Die Verpflichtung einer Nonne zur Einhaltung der Ordensregel und zur Befolgung von Anordnungen durch die Äbtissin schloß im Friedensstand die Garantie des eigenen Lebens als Naturrecht ein. Schickte die Äbtissin in diesen erbarmungslosen Kriegszeiten jedoch einzelne Schwestern auf die übliche »Bettelfahrt«, dann bedeutete Folgsamkeit hier oft den sicheren Tod.[95]

Diese und viele andere Herausforderungen machten die Menschen besonders empfänglich für alle Zeichen der Nächstenliebe. Auch jedes Anzeichen von Hoffnung auf Besserung oder gar auf Frieden wurde wie eine Verheißung gefeiert. So verwundert es nicht, daß während der stattlich begangenen Walburgen-Prozession in diesem Jahr ein Jesuit während seiner Predigt auf ein sonderbares Ereignis zu sprechen kam. Bei der Ankunft des kaiserischen Kriegsvolkes in dieser Gegend, berichtet Klara Staiger, habe sich eine »schneeweiße Taube« gezeigt. Diese sei sogleich »von den Krähen hart [...] verfolgt worden« und habe sich nur dadurch retten können, daß sie unter einer Sankt-Willibaldus-Glocke Schutz fand. Mit dieser Geschichte versuchte der Gottesmann, das Gebet um »beständige Hoffnung« zu stärken und in der Übertragung auf die Maria-Steiner-Stiftspatronin Walburga gleichzeitig das Sichtbare des »göttlichen Schutzes« zu beweisen.[96]

Der Taube als Symbol der Friedenssehnsucht und ihrem schneeweißen Gewande als Zeichen der Reinheit von allen Sünden konnte sich auch ein Martin Opitz nicht entziehen. In der Widerwärtigkeit des Krieges richtete er eines seiner zahlreichen Trostgedichte eindringlich auf Mahnungen im Buche Micha aus und band die Gewalttätigkeit und Inhumanität entfesselter Menschen in eine poetische Liste:

»Ach! Ach! da hört man jetzt die grausamen Posaunen /
Den Donner und den Blitz der feurigen Carthaunen /
Das wilde Feldgeschrei: wo vormals Laub und Gras
Das Land umkrönet hat / da liegt ein faules Aas.
Der arme Bauersmann hat alles lassen liegen /
Wie / wann die Taube sieht den Habicht auf sich fliegen /
Und giebet Fersengeld; er selbst ist in das Land /
Sein Gut ist fortgeraubt / sein Hof hinweg gebrannt /
Sein Vieh hindurch gebracht / die Scheuren umgeschmissen /
Der edle Rebenstock tyrannisch ausgerissen /
Die Bäume stehn nicht mehr / die Gärten sind verheert;
Die Sichel und der Pflug sind jetzt ein scharfes Schwert.«[97]

Die blutige Verwüstung wollte noch kein Ende nehmen, so sehr alle Parteien dieses Bürgerkrieges immer wieder betonten, wie sehr sie den Frieden herbeiwünschten. Ein solcher mußte wohl weiter gehen, als bloß die bestehenden Schwerter zu Pflugscharen umzuschmieden und einfach die Kampfhandlungen zu beenden. Frieden setzte die Fähigkeit zum Kompromiß voraus, d. h. die ausgeprägte Selbstsucht in eine gehegte Selbstzucht übergehen zu lassen. Dafür jedoch waren die Sinne der meisten Mächtigen noch zu »verstockt«, wie es zur Kennzeichnung der kämpfenden Gemüter hieß.

Klara Staiger mußte diese Gewalttätigkeit bereits vier Wochen nach ihrem Friedensfest zu Martini erneut durchstehen, als plötzlich Soldaten des Obristen Sperreuter auftauchten. Sie bedrängten die Nonnen in ihrem Notquartier und stellten sie auf ihrer Flucht zurück in ihr halbzerstörtes Kloster: »Die Superiorin läuft mit einer Schwester gleich im Schrecken fort«, notierte die Äbtissin von diesem Elendstag, »und kommt noch sicher ins Kloster. Aber ich und der Mehrteil, so mit und nach mir gelaufen, gehen dem grimmigen Feind entgegen. Mit gezückter Wehr und Büchsen in der Hand, laufen sie und reiten gegen uns, begehren Geld oder das Leben. [. . .]«[98]

Alle Teufel schienen losgelassen. Das überfüllte Ingolstadt war als Zufluchtsort unsicherer denn je geworden. Auf dem Lande konnte die verstörte und ermattete Gemeinschaft erst recht nicht bleiben. Erst in Eichstätt wurde den auf den Tod erschrockenen Nonnen nach langem Warten ein vorläufiger Unterschlupf gewährt.[99] Das Dach über dem Kopf schützte aber noch nicht vor den Alpträumen, die aus der Erinnerung an die Grausamkeit auf Gemüt und Geist drückten. Opitz hat die Realität des wahnsinnigen Krieges mit Schaudern nachempfunden und prophetische Worte noch dort gefunden, wo es anderen Menschen die Sprache verschlug:

»Der Alten graues Haar / der jungen Leute Weinen /
Das Klagen / Ach und Weh / der Großen und der Kleinen /
Das Schreien in gemein von Reich und Arm geführt
Hat diese Bestien im minsten nicht gerührt.
Hier half kein Adel nicht / hier ward kein Stand geachtet /
Sie mußten alle fort / sie wurden hingeschlachtet.
Wie / wann ein grimmer Wolf / der in den Schafstall reißt /
Ohn allen Unterschied die Lämmer nieder beißt.«[100]

Ist beim Friedensmahl an Martini das *zuteilend Gerechte* in der Begegnung und Versöhnung der Stände zum Vorschein gekommen, das Geben und Nehmen zwischen den beiden Geburtskreisen der »Reichen und Armen« im Sinne der Gegenseitigkeit und einer Bestätigung des inneren Friedens miteinander, so wird dem Rechtsgelehrten und Dichter Martin Opitz auch und gerade die Not zu einem wegweisenden Lehrstück. Denn nicht nur die alltägliche Erfahrung des Raffens, Plünderns und Tötens bewegte ihn, die angerichteten Greuel in gereimte Zeilen zu fassen, sondern auch die Mahnung an das Strafgericht Gottes für alle unter den Teutschen begangenen Sünden – die Erinnerung an das *ausgleichend Gerechte*.

Es ist der Grundsatz »Ohne Ansehen der Person«, den Opitz hier als Vergeltungsprinzip zu Wort kommen läßt. Dem rechtskundigen Leser seiner Zeit war dabei bewußt, daß dieses Prinzip nicht um jeden Preis angewandt werden durfte, wenn die Welt nicht aus dem Lot gehen sollte. Dieses Prinzip konnte im Vertrags- und Verkehrsleben eingesetzt werden, um den Tausch zu regulieren und eine Verbindung zwischen »Begüterten und Besitzlosen« herzustellen. Darüber hinaus verlangte die Anerkennung der individuellen Qualitäten das Prinzip der Distribution oder der Verteilung nach den Verdiensten jedes einzelnen: Wirkten beide Formen des Gerechten nach Maßgabe der Nikomachischen Ethik des Aristoteles in zureichender Weise zusammen, dann kehrte in ein Gemeinwesen mit der »Symmetrie des Besitzes« und dessen Garantie der Friede wieder ein.

Auf diesen substantiellen Kern zielten die Rituale der Martinstage und auch die Trostgedichte des Juristen Opitz, der etwas vom unschätzbaren Wert eines »befriedeten Besitztums« wußte, wie ihn die Rechtstraditionen der Landfrieden seit 1442, 1495 und 1555 immer wieder neu gesichert hatten. Es war ihm aber auch bewußt, daß der Einzelmensch als Besitzbürger nicht schon von Natur aus imstande sein konnte, die Verantwortung und Sozialbindung des Eigentums zu erkennen. Dazu mußte der Mensch – ob Obrigkeit oder Untertan – nach Maßgabe des Gerechten erzogen werden, wenn nicht das Faustrecht, sondern ein vertraglicher Friede herrschen sollte. Zu einem solchen Frieden gehörte es aber auch, bei einem Konflikt den Rechtsweg einzuhalten.

Wer wie viele Patrimonialisten das christliche oder aristotelische Menschenbild vergaß, der stürzte sich, seine Familie, seinen Stand und seine Nachbarn über kurz oder lang ins Elend. Solche Menschen verachteten auch die Dichtung als Tugendspiegel und hatten für das Beten oder ein Leben nach dem Dekalog nur Hohn und Spott übrig – wie alle Kriegstreiber, denen die Erziehung zur wertvollsten Tugend der Freiheit vorenthalten wird: die Fähigkeit zu trauen.

Verschiebungen

Militärdiktatur im Hermelin?

Bei allen seinen Machtträumen, die radikalen Kehrtwendungen in seinem Gemüt entsprachen und teilweise auch von Erfolg gekrönt waren, blieb es Wallenstein versagt, der politischen Kultur eine entscheidende Wendung zu geben. Es scheint, als ob sein Mord an Khuen und der Raub der Ständekasse in Olmütz gleich zu Beginn dieses Teutschen Krieges zwangsläufig in eine blinde Zerstörungswut führen mußten: So wie es ihm Kepler vorhergesagt hatte. In seinem herostratisch anmutenden Machtgeschick gelang ihm manches, was bei einer gelehrten Nachwelt, die auf der Suche nach eigenen nationalen Träumen war, Bewunderung oder Verachtung einbringen mochte.[1] Tatsächlich war Wallenstein aber weder zur Freiheit noch zur Ethik fähig, und nicht ein einziges Mal war es ihm vergönnt, ein Schlachtfeld als strahlender Sieger zu verlassen.

Wer wollte sein Organisationstalent bestreiten, seine Baumanie und die zweifelhafte Kunst, den Krieg zur radikalen Ausbeutung von Mensch und Natur zu nutzen? Das aber macht noch keinen Staatsmann,[2] so wenig wie seine gelegentlichen Aufrufe zum Frieden oder gar der gespenstische Plan, sich gegen Habsburg aufzuwerfen und sich – mit Absicherungen bei Frankreich und Schweden – zum König von Böhmen zu machen. Dieses abenteuerliche Vorhaben allein zeugt von seiner ständig wachsenden Verzweiflung darüber, daß ihm nach der Niederlage bei Lützen all das merklich entglitt, was er nur im Vollbesitz seiner militärischen Machtmittel bei sich halten konnte.

Der leichte Erfolg bei Steinau an der Oder vermochte nicht mehr zu verdecken, daß auch sein Aufstieg im zweiten Generalat politisch und persönlich in einer Sackgasse enden mußte. Er hatte zwar gegen die Schweden und Sachsen die wichtigen Festungen Schlesiens wieder einmal ohne übermäßige Kraftanstrengung seiner Armee in die Hand bekommen.[3] Aber eine große Bewegung der kaiserischen Truppen war kaum noch möglich, und erst recht nicht eine entscheidende Wende zugunsten Habsburgs. Denn schon hatte Ferdinand II. – im Widerspruch zu den Göllersdorfer Absprachen – Wallensteins »absolutes Direktorium« über das gesamte Kriegsvolk in der Weise unterlaufen, daß er General Aldringen einen Sonderbefehl erteilte. Dieser sollte nämlich seine Kontingente mit der Armee des Duca di Feria vereinen, um vom Lech und vom Bodensee aus die Heerscharen des zähen und ungebeugten Gegners zu vertreiben.[4]

An dieser eigenwilligen Entscheidung nahm Wallenstein gehörig Anstoß. Auf der anderen Seite stellten die Schranzen in der Hofburg erstaunt fest, daß er nach dem Sieg bei Steinau den gefangenen Grafen Thurn nicht an Wien ausgeliefert, sondern ihm freien Abzug gewährt hatte. War diese überraschende Milde gegen einen der Urheber des Aufstandes von 1618 ein ernsthaftes Zeichen dafür, daß sich Wallenstein auf dem Wege ins andere Lager befand? Wurde das von ihm besetzte Schlesien – von Sachsen und Brandenburg gedeckt – zu seiner neuen Basis für einen Marsch auf Wien, um dort die Habsucht der Habsburger und ihre Ruchlosigkeit ein für alle Mal aus der Welt zu schaffen? Hatte also sein Wunschtraum, mit diesen beiden nordteutschen Kurfürsten Frieden zu schließen und alle fremden Truppen vom Reichsboden zu vertreiben,[5] eine listige und belastende Kehrseite?

Bedenkt man die gleichzeitigen Kontakte seines Mittelsmannes Kinsky vor allem mit Paris, dann verstärkt sich der Eindruck, daß ein solcher »fauler Frieden« im Norden des Heiligen Reiches den Krieg im Süden nur verstärkt hätte, nach Böhmen und in die Erblande hinein. Bereits am 19. Mai 1633 soll dieser Kinsky dem französischen Gesandten Feuquières in Dresden eine gewisse Annäherung Wallensteins an die aufstrebende Westmacht signalisiert haben.[6] Ein Vorhaben, das besonders von Père Joseph in Paris gefördert wurde, um mit Wallensteins Erwerb der Krone Böhmens die Möglichkeit eines Aufstandes so zu nutzen, daß zur »Macht des Hauses Österreich ein Gegengewicht geschaffen werde«.[7]

Dieser Plan des Kapuziners war so unrealistisch wie einst sein Projekt, mit Wallenstein einen Kreuzzug gegen die Türken zu wagen, als dieser 1630 zu Memmingen auf seine Absetzung als General des Kaisers wartete. Damals hatte derselbe Monsieur Joseph am Sturz Wallensteins nicht unerheblich mitgewirkt.[8] Sollte er jetzt bei dessen Erhöhung zum König wieder eine wichtige, wenn auch umgekehrte Rolle spielen? Aber so schnell stürzte sich auch ein Wallenstein nicht in ein Vorhaben, ohne zuvor nach Absicherungen gesucht zu haben. Bei diesem verständlichen Wunsch des Condottiere gelang es nun Paris, gewisse Zusagen anzubieten und die beiden wichtigsten Mittel seiner Sicherungspolitik jenseits des Rheins für Wallenstein zu aktivieren: Um ihn zu einer Abwendung von Habsburg zu bewegen, wollte man mit Diversionen in Graubünden gegen Spanien und im Heiligen Reich gegen die übrigen kaiserischen Armeen lästige Kräfte binden. Außerdem sollten erkleckliche Subsidien (Stützgelder) bis zu einer Million Livres im Jahr geleistet werden, damit Wallenstein als König von Böhmen ein Heer von ungefähr 35000 Mann unterhalten könnte.[9]

War dies ein Gaukelspiel? Es wurde vom König samt seinem Kardinal und dem Kapuziner ernsthaft betrieben, ohne recht zur Kenntnis nehmen zu wollen, daß der französische Gesandte in Dresden, Feuquières, an der Art der Verhandlungen Wallensteins mit Kur-Sachsen den entscheidenden und gefährlichen Mangel dieses umworbenen Kriegsherrn erkannt hatte: Dem Kronkandidaten durfte kein Vertrauen geschenkt werden.[10] Obgleich Frankreichs Staatsführung gegen alle politische Vernunft drängte, Ludwig XIII. sich sogar direkt mit Schreiben an Wallenstein gerichtet hatte und Kinsky die Bereitschaft seines Auftraggebers bestätigte, konnte sich der erfahrene Gesandte nicht entschließen, die notwendigen Schritte zu forcieren. Denn er hatte gleichzeitig die Militärmacht und die Politik Schwedens im Auge zu behalten. Es war nämlich gerade gelungen, ihrem Generalissimus Bernhard von Weimar zu einer Status-Erhöhung zu verhelfen: Ihm wurde das neue Herzogtum Franken von der Krone Schweden »zu Lehen« gegeben, ohne damit seinen Status als Reichsstand aufzuheben.[11]

Auch hier hatte Oxenstierna nach der Maxime operiert, daß die Sicherheit und Stabilität des Heiligen Reiches dann erhöht wurde, wenn seine Libertät Bestätigungen fand, vornehmlich das Vertragswesen seiner Lehnsverfassung. Gleichzeitig wurde mit dieser konstitutionalen Einbindung des Heerführers dessen Interesse an der militärischen Sicherung Frankens gegen Böhmen, die Erblande und Bayern zusätzlich erhöht. Oxenstierna war klug genug, den Franken-Herzog nicht im Ungewissen zu lassen. Bereits am 2. September 1633 berichtete er ihm von den Plänen Wallensteins, wie er sie vom Sachsen-General Arnim vernommen hatte, und gab zu dieser sich anbahnenden Entwicklung die erprobte Parole seiner erfolgreichen Politik aus: »Wir müssen und können uns [...] vor untreuen Freunden als gewissen Feinden hüten.«[12]

Diese abwartende Haltung des Reichskanzlers bedeutete aber nicht, daß er auch als Direktor des Heilbronner Bundes kein Interesse an einem Zerwürfnis zwischen Wallenstein und Ferdinand II. gehabt hätte. Jedoch nur so weit, wie ein Nebenfeuer genährt werden mußte, das Nutzen einbringen konnte. Als Mittelpunkt des europäischen Brandes betrachtete er jedoch das suspekte Machtgeschäft des böhmischen Generals nicht.[13] Tatsächlich hat die Nachwelt (vor allem seit dem letzten Jahrhundert) den Condottiere in ähnlicher Weise überschätzt: Wallenstein war selbst kaum fähig, statt mit erträumter in wirklicher Münze dem Kaiser und dessen Wiener Schranzen das heimzuzahlen, was ihm seit der ersten Absetzung und erneuten Berufung ins oberste Generalat zugemutet worden war. Denn was hätte denn in dieser verworrenen Lage eine realistische Aussicht auf Erfolg gehabt?

Ein libertäres Königtum im Rahmen einer Monarchie als Nomarchie, wie es von 1348 bis 1620 Bestand gehabt hat, wäre zwar zum patrimonialen Erbregime der Habsburger eine Alternative gewesen. Aber mit seiner lebenslangen Verachtung für vertragliches Staatsrecht und ständische Libertät hätte Wallenstein bei seinem hohen Grad an krimineller Energie daraus ein fortgesetztes Ärgernis machen müssen. Zudem vorausgesetzt, daß ihn die verbliebenen Stände Böhmens – vor allem der von ihm gedemütigte Adel – wirklich gewählt hätten. Eine Militärdiktatur im Hermelin konnte unter den gegebenen Umständen das Äußerste sein, was nach einem geglückten Kriegszug gegen das verdorbene Wien möglich gewesen wäre. Von seiner eigenen Familie verlassen und von »Getreuen« belauert, auf den Gang der Sterne fixiert und in seiner Kraft fast erloschen, logierte Wallenstein im Februar 1634 isoliert zu Eger – Gicht in allen Gliedern und mit vereiterten Beinen.[14]

Durfte dieser zerfallene Mann noch einmal an einen Wendepunkt in seinem Dasein denken, an einen radikalen Neubeginn – auch zur eigenen Besserung? Konnte er sich selbst wirklich all das ins Gegenteil verkehren, wofür er sein Leben lang doch auch tapfer gekämpft hatte, ja Kopf und Kragen zu riskieren bereit gewesen war? Wallenstein als ein libertärer König von Böhmen, der sich von Landes-Offizieren, Verfassungswächtern (Defensoren) und Landtagen kontrollieren lassen mußte; als oberster Richter auch Recht zu sprechen hatte, wo er nur an absolute Macht gewöhnt war – das alles durfte sich nur derjenige ausmalen, der jeden Realitätssinn verloren hatte. Was immer Wallenstein sich in seinen Kopf gesetzt haben mochte, er schien zu spät zu bemerken, daß Habsburg in seinen eigenen Reihen eine Verschwörung gegen ihn schürte, die zu seiner zweiten Absetzung führen sollte. Am 25. Februar 1634 wurde der Generalissimus ermordet – um einem angeblichen Putsch zuvorzukommen.[15]

Schreitet man bei der Aufklärung der bekannten Bluttat das gesamte politische Umfeld ab und folgt man eben nicht den dramatisierten Erzählungen der Nachwelt,[16] dann stellt man schnell fest, daß Ferdinand II. die Ausführung dieses Mordes gebilligt und der Ire Deveroux die Tat begangen hat.[17] Angesichts des verwirrenden Spiels, das in dieser wüsten Nacht zu

Eger seinen blutigen Höhepunkt erlebte, läßt sich gleichwohl nicht der Verdacht entkräften, daß sich Wallenstein selbst richten wollte. Es ist, als hätte er seinen gewaltsamen Tod deshalb sorgfältig in Szene gesetzt, weil er – seiner herostratischen Neigung gemäß – im Gedächtnis der Geschichte erhalten zu bleiben wünschte: als ein Geheimnisumwitterter.

»Quartier«. Das soll sein letztes Wort gewesen sein, ehe ihm Deveroux mit einer Partisane die Brust aufschlitzte.[18] Es war eine Bitte um Gnade, wie sie ein christlicher Soldat vorbringen konnte, wenn er sich für besiegt hielt und auf einen gerechten Gegner mit ritterlichem Sinn hoffte, der ihm das Leben bewahrte. Gustav Adolf hatte sich nach dem Sieg bei Breitenfeld so verhalten, Ferdinand II. war dazu nicht fähig. Er belohnte die Mörder,[19] die den Raubmörder von Olmütz beseitigt hatten. Damit allein schon wird jede Diskussion über den »Verrat« Wallensteins unergiebig. Denn der Kaiser war, wie sein General, ein betrogener Betrüger. Von der libertären Lebensmaxime des Feudalwesens »Treu Herr – Treu Knecht« wollten beide so wenig wissen wie vom Auftrag des aragonesischen Königtums in dessen zeitgenössischer Erweiterung: »Pro lege, rege et grege«.

Die Inschrift auf Wallensteins Sarg läßt ahnen, wie nahe er dieser Staatsauffassung hätte sein können, wäre er statt zu einem mißtrauischen Machtmenschen zu einem Menschenfreund geworden, der in Nächstenliebe, Rechtssinn und Freiheitsgebot das politische Dasein gestalten wollte. Sie lautete: »[...] dum pro Deo, pro Ecclesia, pro Caesare, pro Patria fortiter pugnavit et triumphavit«.[20] Das ist äußerst listig formuliert und drückt auf seine Weise den Zwiespalt aus, der diesen Menschen in dauernder Spannung gehalten und seine späteren Geschichtsschreiber entzweit hat: Will man im Nachdenken über den Mord Ferdinand II. nicht von seinem Mißbrauch der kaiserlichen und höchstrichterlichen Macht freisprechen – schließlich hatte er ohne ordentlichen Prozeß töten lassen –, dann muß die Grabinschrift so übersetzt werden: »... *während* er für Gott, die Kirche, den Kaiser, das Vaterland tapfer gekämpft und gesiegt hat«. Wer aber Wallenstein allein verantwortlich machen will, um mit dem Vorwurf des »Verrats« den zwielichtigen Habsburger und alle übrigen Mitschuldigen zu entlasten, der muß eine andere, ebenfalls übliche Bedeutung des Wörtchens »dum« einsetzen und statt »während« die Konjunktion *solange* verwenden.

Dieses Doppeldeutige kennzeichnet nicht nur die Endphase im Leben dieses herrschsüchtigen Militärs, sondern auch die seltsamen Wunschträume, die bis heute an seine Person und historische Leistung geknüpft werden: Ihm hätte es gelingen können, die »Herrliche Reichsstruktur« so zu wenden, daß daraus ein »moderner Staat« hätte entstehen können – mit Zentralverwaltung und Stehendem Heer. Vom Föderativwesen, der Selbstverwaltung und der rechtsbezogenen Freiheit als Inbegriff der Modernität ist dabei freilich nicht die Rede.[21] Auch davon nicht, daß zur gleichen Zeit, als Wallenstein stürzte, Schwedens Senatoren und Stände auf einem Reichstag in Stockholm den Entwurf zur »Regierungsform« berieten, den ihnen Axel Oxenstierna von Frankfurt am Main zu »des Reiches Conservation« übersandt hatte.[22] Gerade an diesem Verfassungsprojekt aber wird klar, warum Oxenstierna den inneren und äußeren Frieden der Großmacht Schweden durch die Garantie der Teutschen Libertät zu sichern versuchte und dabei immer überzeugend blieb. Im Gegensatz zu Richelieu, der den Reichsständen Gleiches versprach, während er zu Hause in Frankreich beim Kampf um die »Kompetenz des Königs« das politische Ständewesen zurückdrängte.[23]

Schwedens Verfassung von 1634

Welch große Anstrengungen doch die Nachwelt unternehmen kann, um die »Ehre« von offenkundigen Mördern und Betrügern am eigenen Volk zu retten, und wie sie gleichzeitig duldet, daß Ehrenmänner und Wohltäter der Nationen dem Verdacht des Betruges ausgesetzt werden – allen Einreden überlieferter Quellen zum Trotz.

Keinem Geringeren als Axel Oxenstierna ist dieses Verhalten widerfahren. Mochte ihn auch Grotius mit guten Gründen und in genauer Kenntnis seiner Leistungen als »den größten Mann unseres Jahrhunderts« loben, so waren die unausbleiblichen Neider in seinem eigenen Volk schnell zur Stelle, mit Verdächtigungen den Ruf dieses einzigartigen Staatsmannes zu schmälern. So soll er mit der erwähnten »Regierungsform« von 1634, die von Gustav Adolf nicht mehr unterschrieben werden konnte, den gefallenen König betrogen haben, um sich gar in seiner »unbändigen Herrschlust« (libido dominandi) selber zum König Schwedens zu machen. Diese und andere Behauptungen kamen schon zu seinen Lebzeiten in höchsten Kreisen auf und fanden bis heute in der neueren Historie ernsthaft Gehör.[24]

Überzeugende Belege für die angeblich »antimonarchische Tendenz« im inzwischen klassisch gewordenen Verfassungswerk der »Forma regiminis« konnte aber bisher keiner der Verleumder des Kanzlers vorlegen. Ja, es fehlt von schwedischer Seite noch immer eine umfassende Analyse oder gar ein Rechtskommentar zum Entstehen, Wesen und Wirken dieses fundamentalen Dokumentes der Geschichte Schwedens und Alteuropas.[25] Seine Bestätigung durch den Reichsrat und den Reichstag am 29. Juli 1634 widerlegt allein schon die voreilige und weithin vertretene These, daß es zur Zeit des Kardinals Richelieu keine andere Idee vom Staate geben konnte als diejenige des Absolutismus und des Zentralismus, d. h. diejenige des Machtstaates.[26]

Für die politische Kultur unter den Deutschen, zu der stets auch die Aneignung der eigenen Freiheitsgeschichte gehören müßte, war diese Idealisierung des Machtstaates verheerend.[27] Verklärungen zum Wirken der »Idee der Staatsräson«[28] taten ein übriges, um die Staatsgestaltung während der Epoche des Teutschen Krieges zu verdunkeln.[29]

Mochte Generationen später ein deutscher Literat, der bald zum Katholizismus konvertierte, in seinem »Wallenstein« den »Oxenstirn« als ein »kümmerliches Menschengestell« ausgeben, »das ein Schädelmonstrum auf dem Hals vorsichtig balancierte«,[30] so bleibt gegen diesen Haßgesang aus purer Unkenntnis das historische Verdienst dieses Staatsmannes bestehen: In

*Reichskanzler Axel Oxenstierna (1583–1654)
im Alter von 53 Jahren (1636)
(KB – Stockholm).*

Schwedens schwerster Zeit und angesichts der größten Herausforderung in seiner Geschichte hat er den Kräften des Rechts und dessen vertraglicher Balance vertraut.

Dabei vollzog er mit der »Regierungsform« unter den besonderen Bedingungen der Vormundschaft für Königin Christina bis 1644 und der anhaltenden Kriegsläufte nichts anderes als die libertäre Staatsidee seines gefallenen Königs, der sich noch 1629, vor der Intervention in den Teutschen Krieg, zur Herrschaft des Rechts im aragonesischen Sinne bekannt hatte. Die Erfahrung mit eigenen Tyrannen, Bürgerkriegen und Blutbädern aller Art hatte Schwedens Stände dazu gebracht, die Macht ihrer Könige im Recht zu binden. Nichts anderes hat Oxenstierna getan, als er sich in seinem 65 Artikel umfassenden Konstitutions-Entwurf auf das »Reichsrecht« und den Landfrieden von 1442 beruft, das Erblehns-Königtum von 1544 gesichert sehen will und das Bekenntnis zur »Augsburgischen Konfession« von 1593 erneuert. Weitere Bestimmungen dieser Gesamtverfassung auf Zeit regelten die Arbeitsweise der Regierung und ihrer »fünf hohen Ämter«, darunter sein eigenes, sowie der Gerichtsordnung und der übrigen Reichsverwaltung in Stadt und Land.[31]

Kernstück der »Regierungsform« aber war die klassische Definition dessen, was ein »ordentliches Regiment« in seinem vertraglichen Wesen und nach dem Prinzip der Gegenseitigkeit bestimmen sollte: Es bestand stets und überall dort, wo »dem König die Majestät, dem Senat die Autorität und den Ständen Recht und Libertät [...] erhalten blieb«.[32] Dieses vom herrschenden »Dualismus« in der Historie immer wieder verdrängte oder verschwiegene Programm der libertären Staatlichkeit in Mittelalter und Neuzeit entspricht der Dreiteilung in der teutschen Reichsverfassung zwischen Kaiser, Kurfürsten und Kurien-Reichstag ebenso[33] wie dem »dreiteiligen Vertrag« in der Konstitution Englands,[34] in der später bei Cromwells »Instrument of government« einiges aus Schwedens Verfassung im Prinzip wiederzufinden ist.[35]

In dieser Trichotomie oder unter dem Schutz der »Trois prérogatives«, wie die konstitutionalen Vorrechte eines Königs, der Senatoren und der Stände auch genannt wurden,[36] gibt sich das feudale Treuhandwesen zu erkennen – der libertäre Depotismus gegen den patrimonialen Despotismus. Hat man sich diese gemeineuropäische Struktur vor Augen geführt, dann wird verständlich, warum Oxenstierna bei der Belehnung Bernhard von Weimars mit dem Herzogtum Franken darauf bedacht ist, nach dem »Kriegsrecht« (Ius belli), dem Völkerrecht und zugleich auch nach dem teutschen Reichsrecht zu verfahren. Der Heerführer erhält den Rechtsstatus als Herzog nur unter dem ausdrücklichen Vorbehalt des »Römischen Reiches Herkommen« und »so lange die Sachen im Römischen Reich durch allgemeine Friedenstraktate [...] verglichen werden«. Schwedens Reichskanzler trat demnach nur als ein Treuhänder des Heiligen Reiches auf und verpflichtete im Namen der Krone Schweden den ehrgeizigen Fürsten-General ausdrücklich darauf, z. B. »die Fränkische Ritterschaft als freie Reichslehnleute und andere im Lande [...] bei uralten erlangten Privilegien, Freiheiten und Gerechtigkeiten« zu erhalten und diesen Rechtsbestand nicht zu verändern.[37]

Oxenstiernas libertärer Staatsbegriff leitete sich vom vertraglichen Treuhandwesen ab, ob in Schweden selbst oder hier im Heiligen Reich, wo sich mit der Regierungsunfähigkeit und Erblosigkeit des Pommern-Herzogs Bogislaus XIV. bald die Frage der Rechts-Nachfolge stellte.[38] Damit ergab sich auch das Problem, einen Modus zu finden, der Pommern als ein Reichslehen an die Krone Schweden gehen ließ, ohne vom Heiligen Reich wirklich getrennt zu werden. Dieses Kunststück, mit dem Schweden die Qualität als Reichsstand wahrnehmen durfte und dennoch eine »souveräne Krone« blieb, konnte nur gelingen, weil die Trennung von Recht (ius) und Gesetz (lex), von Verfasung (constitutio) und der Verwaltung (administratio) beachtet wurde[39] – und das war nur unter den Bedingungen des Depotismus möglich.

Diese kluge Regelung wird in all den Aufregungen um die »Satisfaktion« Schwedens für die Kosten der Intervention zugunsten der Teutschen Libertät immer wieder auftauchen. Verständlich wird sie aber nur im Hinblick auf das kommende Universalwerk des »Gerechten Reichsfriedens« als einer libertären und depositären Ordnung mit Verfassungsrang. Zu ihrer künftigen Garantie und Sicherung wurde mit der »Forma regiminis« von 1634 ein wichtiger Schritt getan, den Teutschen Krieg mit der Abschaffung des »absoluten Dominats« Habsburgs auf der Ebene des Reiches zu beenden. Denn mit der libertären Bindung nach innen wurde Schwedens Reichsleitung darauf festgelegt, auch die Beziehungen nach außen in der gleichen Weise zu gestalten, wenn Länder und Leute im Frieden gedeihen sollten. In diesem Vergleich zwischen der »schwedischen Verfassung«, die Hegel als Muster des »inneren Staatsrechtes« lobte, weil in ihr ein »Großer Rat« als Mittlerorgan zwischen König und Reichstag ausgleichend tätig sein durfte und mußte,[40] und der Haus-Diktatur Habsburgs wird jetzt klar, warum Oxenstierna auf einer Fortsetzung des »gerechten Krieges« gegen den Despotismus bestehen mußte. Schwedens eigene Sicherheit war nämlich davon abhängig, »daß der Stände Freiheit in Teutschland nicht in eine Knechtschaft und in des Hauses Österreich absolutes Dominat verwandelt werde«.[41]

Nördlingen

Hatte sich das »Evangelische Wesen«, wie sich die teutschen und auswärtigen Glieder des protestantischen Widerstandes gegen Habsburg gerne als Gesamtheit nannten, in Heilbronn und Stockholm politisch und moralisch durch libertäre Verfassungen gestärkt, so stand ihm jetzt seine schwerste Feuerprobe im Krieg bevor. Denn nach der Ermordung Wallensteins, dessen Nachfolger als Generalissimus und Herzog von Friedland der Italiener Mathias Graf Gallas geworden war,[42] raffte sich vor allem Spanien zu einer Initiative auf: Olivares wollte auch ohne förmlichen Allianz-Vertrag zusammen mit dem Kaiser, Maximilian von Bayern und dem Rest der Liga militärisch gegen den Heilbronner Bund und Schweden vorgehen.[43]

Ein Marsch der Truppen des Kardinal-Infanten von Flandern aus, der Kontingente des Duca di Feria von Italien her und der

Verstärkungen Ferdinands III. aus Ungarn in den Regensburger Raum sollte im Zusammenwirken mit den Liga-Scharen unter dem Befehl Aldringens eine starke Sogwirkung auslösen. Man wollte mit diesem Kraftkern die Gegenseite zwingen, entsprechend zu reagieren. Denn, so rechnete man, bei einem Ausbleiben von Gegenmaßnahmen war ihre Position im Südwesten des Heiligen Reiches ernsthaft gefährdet. Diese Überlegung sollte sich als richtig erweisen, nachdem Maximilian geschickt ausmanövriert worden war,[44] und nicht damit gerechnet werden mußte, daß Frankreich zu diesem Zeitpunkt in der Lage war, dem Heilbronner Bund unter Schwedens Führung sofort Entsatz auf einem südteutschen Schlachtfeld leisten zu können.[45]

Habsburg plante hier den Angriff auf ein Zentrum des Widerstandes und der Ketzerei, das hauptsächlich von Schwaben und Württemberg gedeckt wurde und von Franken und Hessen aus eine wichtige Abstützung erfuhr. Dieser Plan hatte aber nur deshalb einige Aussicht auf Erfolg, weil es in der Heeresleitung der vereinigten Protestanten ein schweres Zerwürfnis gab: zwischen Gustav Horn, dem Schwiegersohn Oxenstiernas, und Bernhard von Weimar. Es bestand weniger in persönlichen Abneigungen beider Feldherrn als vielmehr in den üblichen Rangeleien höherer und dünkelhafter Offiziere in den jeweiligen Stäben. Bereits Ende 1633 konnte Horn den Verdacht nicht loswerden, daß Weimar und der Pfalzgraf Christian im Kampf um die Winterquartiere für ihre Armeen beabsichtigten, »eine Conspiration mit dem Ziel zu betreiben, uns Schwedischen das Spiel aus den Händen zu winden«.[46]

Zu einer solchen Konspiration war es zwar noch nicht gekommen, weil Oxenstierna diesen Konflikt politisch gut kontrollierte und vermittelnd eingreifen konnte. Gleichwohl wurde im teutschen Teil des protestantischen Generalats ein gewisser *Schwedenhaß* geschürt und gleichzeitig eine Hinwendung zu Frankreich betrieben. Noch während die Kriegswalze mit ihrem Leid und tausendfachem Tod von Donauwörth her und von Breisach aus erneut mit Macht ins Rollen kam, war bei Horn, einem überaus integren und tapferen Mann, die Stimmung auf den Nullpunkt gesunken. Die andauernden Ehrabschneidungen und Neidereien in der verbündeten Armee ließen ihn sogar daran denken, »unter dem Vorwand einer Sauerbrunnenkur« die Schweden-Armee eine Zeitlang zu verlassen oder sich sogar ganz »aus den teutschen Kriegsdiensten zu begeben«.[47]

Horn hat aber seinen Dienst nicht quittiert, brauchte jedoch den Zuspruch Axel Oxenstiernas, die von Bernhard von Weimar dringend geforderte Vereinigung beider Armeen zu betreiben, um Ende Juni den »Real-succurs« (Entsatz) für das bedrohte Regensburg wirklich leisten zu können.[48] Auf seinem Zug von Augsburg her wurde Horn dann aufgehalten: Johann von Aldringen war fast gleichzeitig mit der gesamten kaiserischen und bayerischen Kavallerie auf demselben Weg, so daß ein »scharfes Treffen« nicht mehr zu vermeiden war. Horn behielt dabei die Oberhand. Aldringen fiel aber während dieser Kampfhandlungen. Dazu notierte der Schweden-General in seiner noblen Art: »Der Feind [hat] abermals einen guten Offizier verloren.«[49]

Sein Erfolg auf dem Weg nach Regensburg wurde aber bald durch die Nachricht geschmälert, daß sich diese Hauptstadt des Heiligen Reiches, die später Sitz des »Immerwährenden Reichstages« werden sollte, dem Druck der bereits vereinigten habsburgischen Kräfte ergeben hatte.[50] Trotz eines hastigen Abzugs ungarischer Kontingente, die benötigt wurden, um Johan Banérs erfolgreiche Diversion in Böhmen abzufangen,[51] wuchs mit dem Fall von Regensburg eine große Gefahr für die Protestanten-Heere heran. Denn die verbliebenen Habsburg-Truppen konnten sich die Donau hinaufarbeiten – bis nach Ingolstadt, dann auf das strategisch wichtige Ries und schließlich auf Nördlingen zu. Dieser Gefahr war sich Gustav Horn voll bewußt. Deshalb hielt er auch nichts von dem Plan, eine Diversion auf Österreich ins Land ob der Enns zu unternehmen.[52] Denn wenn eine mögliche Hauptschlacht verlorengehen sollte, dann blieb ihm nur noch die Hoffnung, den Weg zum Bodensee zwischen Iller und Lech zu decken. Bernhard von Weimar konnte dann seine Truppen auf Lauingen werfen, um den Einfall von Bayern- und Liga-Armee ins wichtige Ries zu verhindern.[53]

Mit der Erstürmung Donauwörths am 6. August 1634 und der schnellen Rückkehr Ferdinands III. vom Marsch nach Böhmen änderten sich jedoch alle diese Pläne schlagartig.[54] Die Gefahr war jetzt nicht mehr von der Hand zu weisen, daß Bernhard von Weimar durch diesen Erfolg des Gegners rasch in eine äußerst unangenehme Lage kommen könnte. Also rief er Horn zur Conjunktion beider Armeen herbei. In der Zwischenzeit jedoch mußte er tatenlos zusehen, wie die Vorhut der Habsburg-Truppen bereits am 8. August vor der protestantischen Reichsstadt Nördlingen aufzog. Ohne langes Zögern verschanzte sie sich auf den umliegenden Höhenzügen und grub dort ihre schwere Artillerie ein, um mit dieser Drohung der Forderung auf Übergabe der Stadt Nachdruck zu verleihen.[55]

Diese aber wurde vom Magistrat abgelehnt, nachdem kurz vor der Einkreisung eine 500 Mann starke Besatzung eingelassen worden war. Sie stand unter dem Kommando eines der zahlreichen teutschen Offiziere der Schweden-Armee, des Obristleutnants Erhard Deibitz. Er war ein Pfarrersohn aus dem Fränkischen und hatte sich im Jahr zuvor bei der Belagerung von Andernach am Rhein als Verteidiger ausgezeichnet. Bei den korporativ und demokratisch gestimmten Besitzbürgern von Nördlingen sollte er sich wegen seines menschlichen Wesens und seines klugen militärischen Wirkens bald hohen Ansehens erfreuen.[56] Die Kampfkraft der Verteidiger wurde außerdem noch dadurch gestärkt, daß Bernhard von Weimar »bei seiner fürstlichen Ehre, bei Treu und Glauben« geschworen hatte, die Stadt von dieser Belagerung durch die Kaiserischen zu befreien.[57]

Was Stralsund an der Ostsee im Jahr 1628 gegen Wallenstein an kämpferischem Patriotismus für Bekenntnis und Besitz aufgeboten hatte, das sollten jetzt auch die Bürger Nördlingens mit gleichem Eifer und Gottvertrauen unter Beweis stellen. Sie konnten nicht ahnen, daß ihnen beinahe ein ähnliches Los wie dem unglücklichen Magdeburg bevorstand. Auch dort war Entsatz in Aussicht gestellt, aber nicht geleistet worden. Bernhard von Weimar war jedoch fest entschlossen, dieser wichtigen

Reichsstadt die Herausforderung Magdeburgs zu ersparen. Aber an der Umsetzung dieses Entschlusses in die Realität fehlte es für zwei lange Wochen, die zu den schlimmsten Abschnitten dieses an Leid und Not überreichen Teutschen Krieges gehören.

Obgleich es Bernhard von Weimar gelungen war, im näheren Umfeld von Nördlingen manch taktischen Vorteil zu erringen und Johann von Werth gar mit seinen »2000 teutschen Reitern und Crabaten [Kroaten] [...] von des Herrn Feldmarschall [Horn] Leibregiment zurückgejagt worden ist«, als man einen Pass besetzen und sichern wollte,[58] so konnten doch drei wesentliche Nachteile der Konföderierten Armeen nicht behoben werden: Erstens gelang es trotz großer Anstrengungen Gustav Horn nicht, einen gesicherten Weg zur bedrängten Stadt herzustellen;[59] zweitens dauerte die Heranführung der Kontingente unter dem Kommando des Rheingrafen und des Generalmajors Johann Philipp Cratz zu lang,[60] und drittens wurden in der nicht mehr zu vermeidenden Hauptschlacht vom 25. August 1634 entscheidende Fehler begangen.

Diese Schlacht mit ihren legendär gewordenen Kampffeldern wie »Himmelreich«, »Häselwäldchen«, »Lachberg«, »Lindle« oder »Albuch« ist oft bis in alle Einzelheiten hinein beschrieben worden.[61] Hier sei nur auf drei besondere Faktoren verwiesen, die für den Ausgang dieses blutigsten Ringens des Teutschen Krieges von Bedeutung waren:

Die Anlage der Schlachten am Weißen Berg, bei Wimpfen und an der Alten Veste (in der Nähe von Nürnberg) haben ein taktisches Gesetz sichtbar werden lassen, dessen Nichtbeachtung bei noch so hoher Kampfmoral der einzelnen Soldaten und im kohärenten Verband blutig und mit deprimierenden Verlusten enden muß: Jeder Kompaktstoß aus einer Ebene zum Berg hinauf in die Dichte einer Verschanzung hinein trifft ins Leere, wenn die erfolgreiche Sturmspitze nicht sofort vom Rückraum her gestützt und flexibel gesichert wird. Genau diese Absicherung aber wurde Horn vorenthalten. Er kommandierte den Rechten Flügel und begann nach den Absprachen im Kriegsrat mit den anderen Generälen, gezielt seine Kampftruppen vorwärts zu bewegen, während Bernhard von Weimar mit dem

Linken Flügel, gespannt verharrend, abwarten sollte, um bei Bedarf die Sturmspitze von Horn mit seinen Schweden, Finnen und Teutschen zu stützen und die zu erwartenden Geländegewinne zu sichern.

Das erste Ziel seines Angriffs von Westen her waren drei taktisch wichtige Schanzen, die mit den Regimentern Salms und Wurmser dicht besetzt waren und mit ihren Musketieren eine beachtliche Feuerkraft entwickeln konnten. Horn wollte sich während des Einschießens seiner Artillerie die Lage an der zu stürmenden Anhöhe gerade noch einmal ansehen, um die günstigste Angriffsposition zu erkunden, als der Obrist Witzleben plötzlich und ohne höheren Befehl auf die linke Schanze eine Attacke reiten ließ, ohne Horns wohl berechnete Signale abgewartet zu haben. Unter Verlust zweier Standarten wird er von burgundischer Reiterei zurückgeschlagen.[62] Durch diesen teutschen Hitzkopf sieht sich Horn gezwungen, vorzeitig seinen Sturm auf die mittlere der drei anzugreifenden Schanzen anzusetzen. Mit dem Kampfruf »Immanuel« gelingt es seinen Leuten tatsächlich, das gegnerische Sperrfeuer zu überwinden und diese

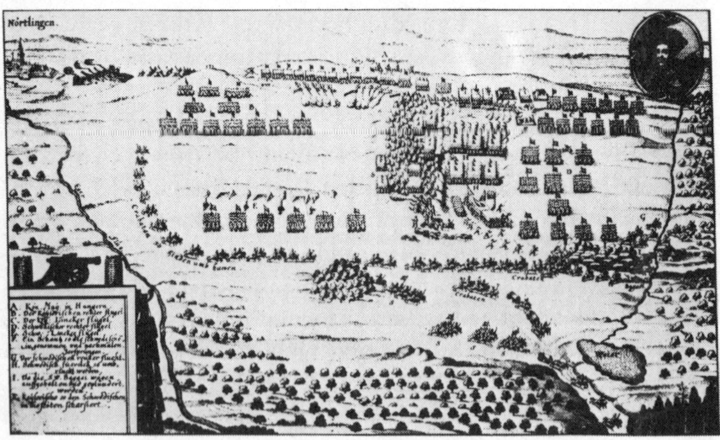

Schlacht-Anlage bei Nördlingen 1634 mit Kroaten (Crabaten), die den gegnerischen Troß angreifen (Sammlung UB Ffm).

drei Schanzen im Kampf Mann gegen Mann schließlich zu nehmen: eine bemerkenswerte Leistung an taktischer Berechnung, Geländeausnutzung und Kampfgeschick. Nach dieser Explosion an Kraft und Können trat jedoch das ein, was Tyche nie verzeiht: Horn vermochte es nicht, seine Soldaten nach der Eroberung dieser strategisch wichtigen Position zum maßvollen Einhalten zu bewegen, um den Gewinn durch nachgeführte Kontingente aus dem Rückraum des Rechten Flügels abzustützen, insbesondere durch Infanterie.[63] Blindwütig verbrauchten sie ihre Kräfte bei der Verfolgung fliehender Feinde und schwächten damit im Kern der nun einsetzenden Hauptschlacht das eigene Sturmpotential.

In dieser kritischen Phase explodierten – ähnlich wie bei Wimpfen – in der Nähe der verlassenen Mittel-Schanze ein paar Pulverwagen, was die Verwirrung steigerte. Horns Gegner Gallas erkannte nach verzogenem Rauch und Qualm sogleich die günstige Gelegenheit, mit spanischer und kaiserischer Reiterei von Norden her eine Attacke zu wagen, um die verlorengegangene Schanze zurückzuerobern. Wegen des dort entstandenen Kampf-Vakuums gelingt dies so gut, daß überdies noch ein erneuter Sturm des Hornschen Kriegsvolkes abgeschlagen werden konnte und Horn selbst sich unter entsetzlichen Verlusten zurückziehen mußte. In dieser Rückzugssituation erwartete er eine kraftvolle Deckung und Absicherung durch den Linken Flügel – diese freilich konnte Bernhard von Weimar trotz entsprechenden taktischen Absprachen nicht bieten.

Denn während Horn stürmte, wurde ein zweites Gefechtsgesetz verletzt, wofür er teuer bezahlen mußte: Jeder vom Berg hinab in die Tiefe eines massiert gestaffelten Kampfraumes vorgetragene Angriff läuft sich tot, wenn er für einen unbeabsichtigten, in die Breite zwingenden Kampf Kräfte abstellen muß und keine Reserven rechtzeitig heranbringen kann, um die eintretenden Verluste zu ersetzen. Im Widerspruch zum Schlachtenplan hatte nämlich Weimar die Sturmversuche Horns nur anfänglich gedeckt, dann aber die nötige Ruhe während des verharrenden Abwartens nicht bewahren können. Statt den inneren und kämpfenden Kern des Rechten Flügels abzuschirmen, öffnete er seinen bisherigen Schutzschild und schickte die Reiterei von den Anhöhen des »Schönfeldes« in die Ebene hinab gegen die bayerische Reiterei und die Kroaten. Damit gab die Reiterei völlig unnötig ihren bedeutenden taktischen Vorteil auf, holte sich im Kampf blutige Köpfe und preschte dann auf der eigenen Flucht noch zu allem Unglück mitten in den Rückzug Horns hinein, der in Richtung der Dörfer Edernheim und Hürnheim angesetzt worden war.[64]

Diese verheerende Niederlage von Nördlingen am 25. August 1634 war wohl weniger durch die Spanische Kriegskunst und die quantitative Überlegenheit ihrer etwa 36000 Mann herbeigeführt worden. Vielmehr war sie darin begründet, daß die ungefähr 24000 Mann starke Protestanten-Armee die zwei erwähnten Kampfgesetze der Gustavianischen Kriegskunst mißachtet hatte. Und noch ein dritter, ein psychologischer Faktor, kam hinzu. Horn, der im furchtbaren Blutbad des chaotischen Rückzugs aus diesem »Nördlinger Himmelreich«, das eine tobende Hölle geworden war, in Gefangenschaft geriet und bei Herzog Karl von Lothringen zu Ingolstadt ritterlich behandelt wurde, nannte ihn unverblümt beim Namen: Im Schlachtenbericht an Axel Oxenstierna sprach er davon, daß der einzigartige Siegeszug seit der Invasion von 1630 an »durch den göttlichen Willen begünstigt« wurde. Dieses besondere Schlachtenglück jedoch hätte die »Verachtung dem Feinde gegenüber« gefördert und die »Faulheit« (paresse) in den eigenen Reihen dazu.[65]

Überheblichkeit und Angebertum vor allem teutscher Offiziere hatten diesen inneren Zersetzungsprozeß nach dem Tode Gustav Adolfs zusehends verstärkt und dessen Maxime verdrängt, daß »ein victorisierender Feind wegen seiner [vermeintlichen] Sicherheit und gewöhnlichen Übermuts am allerleichtesten zu schlagen sei«. Diese dringende Mahnung des Königs zitierte Landgraf Wilhelm von Hessen als Reaktion auf die Nachricht vom großen Unglück des Evangelischen Wesens bei Nördlingen.

Hatte man bei Breitenfeld aller Welt bewiesen, daß man aus Notwehr etwas für die Gerechte Sache ausrichten wollte und konnte, so beteiligten sich nicht wenige in den eigenen Reihen am Krieg jetzt nur noch deshalb, weil er etwas Materielles einbringen würde. Auch in diesem Sinne übte Wilhelm V. gegenüber Axel Oxenstierna erhebliche Selbstkritik. Er war aber nicht bereit, sich durch diesen Rückschlag lähmen zu lassen. Denn »wir haben auch allerseits noch eine feine Macht und seind der evangelischen Stände Armeen teils so stark, daß sie offensive auf den Feind gehen können«.[66]

Diese positive Einschätzung der Lage nach Nördlingen war gewiß übertrieben. Die militärische Position Schwedens war jedoch nicht so schlecht, wie sie gerne dargestellt wurde, um zu beweisen, wie nötig der Eintritt Frankreichs in den Teutschen Krieg war.[67] Die Truppen des Kardinal-Infanten waren nach Flandern abgezogen, eine Auffrischung der Truppen des Heilbronner Bundes und der Kontingente Johan Banérs war ohnedies beabsichtigt, und außerdem standen noch Bernhard von Weimars Einheiten zur Verfügung.[68]

Reaktionen auf der papistischen Seite, die eine Wende in diesem Krieg zu ihren Gunsten herbeisehnte und jede Minderung dieses Sieges in der Öffentlichkeit nicht dulden wollte, sind verständlich. So wehrte sich Pflummern mit wichtigen Hinweisen auf den Abzug der Schwedischen aus dem Bodensee-Gebiet gegen tendenziöse Nachrichten in den »Zürichischen Gedruckten Zeitungen«. Diese hatten nämlich von 18000 Toten in der Nördlinger Schlacht berichtet und hinzugefügt – »gewiß aber mehr auf kaiserischer denn schwedischer Seite«. Das aber kam dem Überlinger Rat »nicht ganz glaublich« vor, erlebte er doch einen umfassenden Rückzug gegnerischer Truppen aus allen besetzten Orten seiner Heimat, woraus auf hohe Verluste des Gegners geschlossen werden konnte. Dieser hatte sogar die seit langem betriebene Belagerung der Stadt Villingen ganz plötzlich abgebrochen, obgleich man dort »mit unsäglichen Unkosten und vielem Schweiß des württembergischen Bauernvolks« einen hohen Damm errichtet hatte. Damit wollte man das Wasser der Brigach stauen, um dann diese widerborstige und kaisertreue Stadt zu überschwemmen.[69] Dieses Verfahren hatten die Kaiserischen im umgekehrten Sinne gegen Nördlingen angewandt, indem sie das Wasser der Eger abgruben und damit vor allem die zahlreichen Mühlen der Protestanten-Stadt lahmlegten, ohne jedoch mit dieser Maßnahme die Übergabe zu erreichen.[70] Diese erfolgte erst nach der Niederlage in der offenen Feldschlacht, wobei der unbeugsame Stadtrat die »ungarische Majestät« Ferdinand III. auf den Knien um Gnade bitten mußte. Er erreichte trotz aller Not und Demütigung wenigstens das, was das Ziel des zermürbenden Widerstandes gewesen war: die Garantie von Bekenntnis und Besitz für die Überlebenden.[71]

Auf der anderen Seite dankte die Äbtissin Klara Staiger ihrem Gott für seinen Beistand in dieser schweren Schlacht, nach der »von Nördlingen bis auf Ulm ein Toter am andern gelegen« haben soll.[72] Ob all diese Männer aus fast aller Herren Länder, die sich in beiden Lagern für eine »gerechte Sache« geschlagen hatten, in die ewigen Freuden eingegangen sind, nachdem sie auf steiniger Erde zwischen »Himmelreich« und »Schönfeld« das Fegefeuer durchlitten hatten?

Das gesamte Land entlang den Bach- und Flußläufen war derart ausgeplündert und zerstört, daß sogar die hungernden Anwohner gezwungen waren, sich über jedes erreichbare Pferdeaas herzumachen. Ein einziger Laib Brot kostete in dieser Zeit wegen des Getreidemangels soviel wie ein Pferd. Bürger und Bauern verließen in ihrer Not und Verzweiflung Haus und Hof, so daß »manch einer Haus, Äcker und Wiesen um einen Spott[preis] gekauft« hat. Ermattet von diesem unseligen Krieg zogen sie die Donau hinab nach Österreich und Böhmen und kamen noch ärmer und zermürbt wieder zurück: »Viele, die vor Schwäche, Hunger und Kummer nimmer gehen konnten, haben selbst begehrt, man soll sie gar umbringen, welches die Soldaten aus Erbarmen getan haben.«[73]

Was für eine Herausforderung! Vom Soldaten, der sein Leben in einem Krieg wagen mußte, um das seiner Mitmenschen zu schützen, wurde auf offener Straße eine Sterbehilfe erbettelt, um diesem Jammertal entkommen zu können. Überdies drohte aus dem bayerischen Aufmarschgebiet und der Nördlinger Kampfzone eine neue Geißel – die Pest. Schon seit Wochen wütete sie dort ungehemmt, trieb die gemarterten Menschen zu Bittprozessionen oder zu ewigen Gelübden wie in Oberammergau, das von diesem Elend in Stadt und Land wie durch ein Wunder verschont blieb.[74]

Die Sehnsucht nach einem »Teutschen Helden« wuchs, um diese Welt von allem Unrat zu reinigen.[75] Wer aber konnte dieses Verhängnis beenden, wenn nicht die Teutschen selbst? Vorausgesetzt, ihre Macht-Eliten begriffen, daß die Aussöhnung untereinander nicht auf Kosten der Sicherheitsinteressen ihrer Nachbarn gehen durfte. An dieser Einsicht aber schien es in hohem Maße zu fehlen: Unter dem Eindruck der Niederlage von Nördlingen drohte der Heilbronner Bund auseinanderzubrechen, und die Neutralisten um Hessen-Darmstadt, Kur-Sachsen und selbst Bayern bekamen Auftrieb. In dieser Situation sah Wien seine Chance gekommen, die scheinbare militärische Überlegenheit zu nutzen und im Heiligen Reich den Krieg zu beenden.

Prag – »Monstrum Pacis«

Kur-Sachsens Sonderweg

Von Mainz aus, wo drei Jahre zuvor ein Friedensplan zumindest Bewegung in die starren Fronten von Habsburg-Macht und Liga gebracht hatte,[1] bot sich eingangs des Jahres 1635 ein eigenartiges Bild. Die seit Wochen anhaltende Kälte hatte die Wassermassen von Main und Rhein unter einen dicken Eispanzer gezwungen und damit jeden Schiffsverkehr zum Erliegen gebracht. Im klirrenden Frost aber irrten hungernde Menschen zwischen Galgen und Friedhöfen umher – auf der Suche nach Knochen und Fleisch.[2]

Diese Launen der Natur erscheinen angesichts der politischen Verhältnisse im Reich wie ein Gleichnis für die Natur der Launen, die sich in protestantischen Kreisen breitmachte und viele Gemüter unter Fürsten und Ständen erkalten ließ, vor allem dem Haupt-Verbündeten Schweden gegenüber.

Den Meinungsumschwung nach Nördlingen hatte Oxenstierna bereits im November des vergangenen Jahres zu spüren bekommen, als sich einige Mitglieder des Heilbronner Bundes mit Ausnahme der Reichsstädte auf Frankreich als neuer Schutzmacht verpflichteten.[3] Die Anwesenheit französischer Truppen auf den beiden Rheinufern und die Lockungen mit Subsidien aus Paris trugen dazu bei, die Armee Bernhards von Weimar dem ehrgeizigen Nachbarn zur Verfügung zu stellen, ohne daß sich der General militärisch und politisch ganz der Strategie Richelieus unterwerfen mußte.[4] Trotz dieser Verschiebungen kam Oxenstierna diese Entwicklung nicht ganz ungelegen, solange sich das Hauptziel und der »Universalzweck« dieses

Teutschen Krieges mit dem Sicherheitspartner von Bärwalde verwirklichen ließ: ein »gerechter Friede« zwischen allen Kriegsteilnehmern.

Mit der Verlagerung auf Frankreich wurde Richelieu genötigt, die bisherige verdeckte Kriegsführung aufzugeben, die mit Stützgeldern eine Sicherheit vor Habsburg zu kaufen suchte.[5] Wollte Frankreich seine sekurativen Interessen aber auf Dauer gewahrt sehen, dann mußte es jetzt neben der klingenden Münze für Schweden und die Niederlande eigene Truppen und Material einsetzen: »Denn menschlich gesehen, gerät sonst sein Staat wie die Teutsche Freiheit in große Gefahr.« Diesen fundamentalen Zusammenhang zwischen der nationalen Souveränität eines unmittelbaren Anrainers oder ferneren Nachbarn des Heiligen Reiches und dessen innerer Freiheit sollten nach Gustav Horns »Wohlgemeinten Gedanken zum Teutschen Krieg« (1635) die ermüdeten Protestanten einsehen: Denn Frankreich bekämpfe auf dem Reichsboden die »Spanische Sklaverei«, damit diese selbst nicht »von ihrer Religion, ja von ihren Gütern und Besitztümern gezwungen werden«.[6]

Die wechselseitige Abhängigkeit von Bekenntnislage und Besitzstand ist ihm in seiner Empfehlung an Axel Oxenstierna bewußt. Desgleichen die unabdingbare Notwendigkeit für Schweden selbst, sich mit Vasa-Polen hinsichtlich einer Verlängerung des Altmark-Abkommens von 1629 so zu verständigen, daß mit einem Abzug von Truppen aus Preußen die eigene Position im Heiligen Reich gestärkt würde: »Denn wenn die Protestierenden in Teutschland unterjocht werden, was Gott gnädigst verhüten möge, dann wird in gleicher Weise auch Schweden mit dem Ruin bedroht.«[7]

An dieser Einsicht jedoch hat es im Evangelischen Wesen den meisten teutschen Ständen gefehlt. In ihren regionalen Befangenheiten waren sie in erster Linie um den Haus- und Dynastiebesitz besorgt. Dessen Sicherung aber war nur möglich, wenn alle Versuche Habsburgs zurückgewiesen werden konnten, mittels dieses Krieges über das gesamte Heilige Reich eine Diktatur des »absoluten Dominats« einzurichten, die stets zur Hegemonie über Europa und zur Weltherrschaft (dominium orbis) verleitete und damit die Freiheit der Anrainer und Nachbarn bedrohte. Diese aber durften das Reich nicht Ständen überlassen, die an der Garantie ihrer eigenen Freiheit kein großes Interesse mehr hatten, solange sie sich in ihrem territorialen Eigenbesitz leidlich sicher wähnten. Das Heilige Reich war gerade aufgrund des drohenden Freiheitsverlustes zu einer innereuropäischen Sache geworden, mochte sich auch Johann Georg von Kur-Sachsen »im Rausch« und »mit schnarchenden Worten« vor dem Schweden-General Johan Banér recht nationalistisch gebärden. So wollte er in dieser kritischen Zeit diesen Banér zu einer Unterschrift zwingen, um mit einem solchen »Vertrag« Winterquartiere zu beschaffen. Als sich der Schwede, einer der besten Generäle aus der Gustavianischen Schule, im Beisein der »Fürsten von Dessau« weigerte, soll Johann Georg losgepoltert haben, daß sich die Schweden »von des Reichs Boden packen sollten, oder er wollte uns mit Gewalt (per forza) daraus machen gehen«.[8]

Ausgerechent Johann Georg von Sachsen, der sich seiner eigenen Truppen nie ganz sicher war und bei Breitenfeld schmählich versagt hatte, fühlte sich jetzt nach Nördlingen anscheinend so stark, jene Position zu erreichen, die er schon Gustav Adolf ungern zugestehen wollte und nach dessen Tod Oxenstierna überlassen mußte – die Direktion über das Evangelische Wesen in Teutschland. Danach allein stand sein verquerer Sinn.[9] Großspurig und kleinkariert, wie er sein konnte, verstand Johann Georg nicht, die libertäre Staatskunst des Schweden für das Heilige Reich und die Befriedung der Christenheit zu nutzen. Aber seine Abneigung gegen die Schwedischen, die ihn mehr als einmal bei handfesten Lügen und Betrügereien ertappt hatten, reichte in dieser verworrenen Lage aus, um Initiativen in Richtung Wien und München zu ergreifen. Während Johan Banér mit seiner Armee vornehmlich die »Seekante« des Heiligen Reiches sicherte,[10] gelang dem Kurfürsten aus Sachsen der Abschluß eines Waffenstillstandes in Laun. Das war am 25. Februar 1635. Dabei zog Johann Georg im Bemühen um einen innerteutschen Frieden mit dem Kaiser seine unmittelbaren Nachbarn mit, darunter Georg Wilhelm von Brandenburg,

Herzog Wilhelm von Sachsen-Weimar und auch Herzog Georg von Braunschweig-Lüneburg.[11]

War es Oxenstierna nach der Schlacht bei Lützen gelungen, Johann Georg mit der Gründung des Heilbronner Bundes gegen die anderen protestantischen Stände im Reich auszuspielen, so drehte dieser nach Nördlingen den Spieß um. Seine Verhandlungen wurden nun – schon vor diesem Sieg Habsburgs – mit Ferdinand II. in Leitmeritz und dann ab Juli 1634 in Pirna intensiviert. Am 24. November dieses Jahres kam es zu einer Übereinkunft, deren Kern nichts anderes war als die Festlegung auf einen innerteutschen *Gewaltfrieden,* sollten doch der Kaiser und der Kurfürst mit ihren Armeen dahin wirken, die anderen Stände zur Annahme des von ihnen entworfenen »Friedens« zu zwingen und die Invasionsmacht Schweden vom Reichsboden zu vertreiben.[12]

Wie illusorisch eine solche Politik war, mußte jedem klar werden, der über die Natur eines echten und gerechten Friedens nachgedacht hatte. Alle bisherigen Land- und Religionsfrieden galten als Verträge zwischen »Kaiser und Reich«, die nicht im Widerspruch zur Rechtssubstanz der Reichsverfassung stehen durften und die Gegenseitigkeit zwischen des Kaisers Majestät und der Stände Libertät zu bestätigen hatten. Davon konnte in den Pirnaer Absprachen schon deshalb keine Rede sein, weil sie als »Normaljahr« für die Garantie aller Besitzstände den 12. November 1627 festlegten und allein schon damit Habsburgs Diktatur über Böhmen sanktionierten, also die Ursache dieses Teutschen Krieges nicht beseitigten, sondern festigten.[13]

Die Rechnung für den tumben Glauben von Kaiser und Kurfürst, daß das Ende von Kriegshandlungen schon der »Friede« sei und man sich nicht um die »Auswärtigen« groß kümmern brauche, sollte ihnen noch bitter präsentiert werden.

Gefahr eines Reichs-Absolutismus?

Dem Abschluß des »Prager Friedens« am 30. Mai 1635 war eine Gewalttat vorausgegangen, die aller Welt zeigte, wie wenig Ferdinand II. seit dem »faulen Frieden« von Lübeck (1629) dazugelernt hatte: Die Spanier hatten nicht nur Trier erobert, sondern auch den Kurfürsten Philipp von Sötern festgenommen und an Ferdinand II. ausgeliefert, der ihn als »Reichsfeind« behandelte und gefangensetzte.[14] Dieses Vorgehen mußte die Verbündeten des neutralen Kurfürsten – Frankreich und Schweden – zusätzlich alarmieren, zumal vor allem Schweden aus dem Prager Abkommen ausgeschlossen worden war.[15]

Obwohl die Schweden-Armee noch immer auf Reichsboden stand und Axel Oxenstierna Anstalten traf, mit Richelieu in Paris über die neue Lage und eine Erneuerung der Allianz zu verhandeln,[16] glaubte Wien, eine dauerhafte Befriedung des Heiligen Reiches ohne die nordische Interventionsmacht erreichen zu können. Noch immer herrschte in der Hofburg die Ansicht vor, »Kaiser und Reich« könnten diesen Bürgerkrieg alleine beenden, ohne die Sicherheitsinteressen der Nachbarn genügend berücksichtigen zu müssen. Alle Stände und vor allem das Haus Habsburg »zu dem Ihrigen restituiert« zu sehen, genügte hier aber nicht. Denn zur Besitzstandswahrung und Bekenntnissicherung, die nur den Lutheranern und nicht auch den Calvinisten zugestanden werden sollte,[17] gehörte auch die Wiederherstellung der libertären Reichsverfassung. Davon aber war nur indirekt die Rede. Die Gefangenhaltung des Kurfürsten von Trier, die erst 1645 aufgehoben werden sollte,[18] deutet bereits an, daß Habsburg an der konstitutionalen Seite dieses »Ungeheuers von Frieden« (monstrum pacis) wenig interessiert war und die erstrebte Ruhe im Reich letztlich nur militärisch gesichert sehen wollte.[19] Die Kern-Bestimmung, daß die von den Lutheranern am 12. November 1627 verwalteten Kirchengüter ihnen nur »auf vierzig Jahr verbleiben« sollen,[20] machte jedem Kenner der Materie zusätzlich klar, daß nicht einmal der fundamentale Streit um den Geistlichen Vorbehalt gelöst worden war, sondern nur wieder vertagt wurde. Mit Recht ist deshalb dieser »falsche Friede« von Prag später nur als ein besonderer Waffenstillstand oder gar als Interims-Schluß eingestuft worden.[21]

Habsburg wollte sich damit lediglich eine Atempause verschaffen, um nach einer Phase der inneren Aufrüstung und Militarisierung von »Kaiser und Reich« nicht nur die Interventionsmacht Schweden zu vertreiben, sondern auch zusammen mit Spanien die angestrebte Hegemonie gegenüber Frankreich und den Niederlanden zu sichern. Die güterrechtlichen und konstitutionalen Fragen (Justizreform und Einberufung des Reichstages) drängten zwar, wurden aber aufgeschoben.[22] Stattdessen ließ Ferdinand II. eingehend die Bestimmung behandeln, daß er zur »Vollstreckung und Handhabung« dieses »Prager Friedens« als »das Oberhaupt im Reich *armiert* verbleibe [...]«.[23]

Mit diesem Zugeständnis bei der Neuordnung des »Reichskriegswesens« wurde diesem Kaiser die Möglichkeit eröffnet, Schritt für Schritt im Heiligen Reich eine absolutistische Diktatur (ein absolutes Dominat) zu errichten, die später mißverständlich *Reichsabsolutismus* genannt wurde.[24] So sah etwa eine Bestimmung des Artikels 24 vor, daß alle vorhandenen Feld-Truppen »I. Kais. Majestät und dem Reich zu Exequierung und Handhabung dieses Friedensschlusses Pflicht leisten, und also aus allen Armaden eine Haupt-Armada gemacht werden« sollte. Die Kontingente der Liga und die Truppen der bisher widerständischen Protestanten mußten demnach zu einer Art Reichs-Armee zusammengelegt werden, die dem Oberbefehl des Kaisers unterstehen sollte. In diesem substantiellen Bereich machte Ferdinand II. allerdings ein akzidentielles Zugeständnis, das sich bald ohne seine Absicht gegen Habsburg wenden sollte. Er gestand nämlich dem Kurfürsten Johann Georg von Sachsen »aus demselben Kriegs-Heer [...] ein ansehnlich Corpus zu«, das unter dessen »hohem General-Commando gelassen« werde.[25]

Anhand dieser Bestimmung hat man den Nachweis zu führen versucht, daß Ferdinand II. damit nicht nur die protestantische Partei in Gestalt der Lutheraner anerkannt, sondern damit auch auf den Absolutismus verzichtet hätte.[26] Tatsächlich aber konnte Ferdinand II. nach dem Wortlaut des Artikels 24 bei Bedarf dieses Commando dem Kurfürsten entziehen. Denn die verwendete Formel »aus demselben« setzte unbedingt voraus, daß Johann Georgs Truppen kein wirklich separiertes Corps zu dessen eigener Verfügung bilden durften. Eine libertäre Autonomie im Sinne einer möglichen Wahrnehmung des legalen Widerstandsrechtes (Ius foederum et armorum) war mit der Prager Regelung völlig ausgeschaltet, weil die alleinige Verfügung dieser Gesamtarmee in Höhe von fast 80000 Mann in der Hand Ferdinands II. blieb.[27] Die Erfahrungen mit Wallenstein haben ganz sicher auf dieses System eingewirkt, das auf zweierlei Weise gesichert wurde: Einmal durch die Vereidigung von Offizieren und Mannschaften auf den Kaiser, die im Konfliktsfall höher bewertet wurde als die gleichzeitige Vereidigung auf den Kurfürsten.[28] Dann aber auch aufgrund der Bestimmung, daß das übrige Reichsheer »unmittelbar [immediate] unter« dem »höchsten General-Commando« Ferdinands III. befehligt werden sollte: Dieser war nicht nur Ferdinand II. ältester Sohn und Erbe, sondern gleichzeitig auch designierter König von Böhmen und Ungarn.[29]

So erscheint diese Armee nicht nur als Vollzugsinstrument des Prager Diktats gegen libertär gestimmte Reichsstände, sondern auch als ein Mittel, innerhalb der kommenden vierzig Jahre im Heiligen Reich jenen Erb-Absolutismus zu etablieren, der in Böhmen bereits gelungen war. Diese Gefahr für das Reich und den eigenen Status als Kurfürst witterte kein anderer als Maximilian I. von Bayern, der sich gegen die Annahme des »Friedens« wehrte, weil ihm dadurch seine eigene »absolut gewesene Armada« genommen werden sollte.[30] Dieser Herzog und Reichsstand war ja selber auf dem besten Wege zu einem Absolutismus, indem er das politische Ständewesen in seinen Herrschaftsbereichen mit »Reformen« zurückdrängte. Er sah aber nicht ein, weshalb seine bisherige Autonomie nach unten jetzt von oben her erheblich beschnitten werden sollte. Seine Heirat im Juni 1635 mit Ferdinands II. ältester Tochter Anna Maria – gegen das kirchliche Inzest-Verbot – hinderte ihn nicht,

Habsburg in dieser Frage Widerstand zu leisten und eine Gleichstellung mit Kur-Sachsen zu verlangen. Ferdinand II. belehrte aber seinen Schwiegersohn, daß Johann Georg trotz seines »hohen Commandos« kein Sonderrecht genieße, weil die Befehls-Kompetenz aller kommandierenden Generale nur vom Kaiser komme.[31]

Die absolutistischen Hintergedanken waren also unverkennbar. Außerdem sah sich Ferdinand II. gezwungen, dem drängelnden und unzufriedenen Maximilian nachzugeben, indem er ihm auch ein »hohes Commando« über ein bayrisches Corps gestattete.[32] Diesem ersten Abbröckeln von Verbündeten, das für die künftige Reichs-Armatur und das ständische Kriegswesen Jahre später von erheblicher Bedeutung werden sollte, entsprach das Zögern vieler protestantischer Stände, sich dem »Prager Frieden« anzuschließen und sich dabei auf den Kaiser einschwören zu lassen: auf ein gewähltes Oberhaupt des Heiligen Reiches, das nur mit dem Erbdenken des Patrimonialismus umgehen wollte und nicht mit dem libertären Treuhandwesen, wie es die Reichs-Verfassungen erforderten.[33]

Die Beziehungen zwischen »Kaiser und Reich« sollten also zum Zwecke der »Sozialdisziplinierung« (Oestreich) nach innen militarisiert werden. Auf der anderen Seite ließen die angebotenen Lösungen der Pfälzischen Frage, die einst eine der Haupt-Ursachen dieses Teutschen Krieges gewesen war, sehr zu wünschen übrig.[34] Eine »Universal-Amnestie« über das Datum der Landung Gustav Adolfs hinaus, wie sie vor allem von Wilhelm V. von Hessen (Cassel) als Kopf des politischen Calvinismus im Reich gefordert worden war,[35] wurde ebensowenig gewährt wie eine Entschädigung der Interventionsmacht Schweden. Überdies besaß dieses überhastet verhandelte und streckenweise geradezu betrügerisch angelegte Prager Diktat lediglich die Kraft, vornehmlich für das Haus Habsburg den macht- und militärpolitisch erreichten Status quo zu festigen und die Besitzstände nur temporär zu bestätigen. Johann Georg allerdings war bei diesem Schacher recht gut bedient worden: Er durfte vor allem die Ober- und Niederlausitz aus dem Bestand der Wenzelskrone seinen Ländern einverleiben und für seinen

Sohn August den Bischofsstuhl von Magdeburg beanspruchen.[36]

Der Abfall von Schweden hatte sich also für Johann Georg gelohnt – auf kurze Sicht gesehen. Denn die Hauptarmee des »gotischen« Interventors schaffte er sich mit den Prager Absprachen nicht vom Hals. Mochte Oxenstierna nach dem Bruch mit »Bier-Jörgen« schwierige Wochen erlebt haben, so war doch seine politische Vorstellung von der Wiederherstellung der Herrlichen Reichsstruktur aus der Zeit vor 1618 ungebrochen, auch wenn diese jetzt aus Angst, Ermattung und Unkenntnis von vielen Teutschen selbst gleichgültig betrachtet oder gar verachtet wurde.[37] Der Kanzler wußte, daß ein solches Diktat schon deshalb keinen Bestand haben konnte, weil es bewußt auf Betrug und Mißtrauen aufgebaut war. Es zielte überdies auf eine absolutistische Diktatur, die zu bekämpfen Oxenstiernas politischer Lebenssinn gewesen ist. Es schien jetzt nötiger denn je zu sein, den besitzversessenen Fürsten und Kriegsgewinnlern von Prag klarzumachen, daß sie in Teutschland bei allem Haus- und Dynastie-Interesse nicht hausen durften, wie es ihnen beliebte.[38] Sie mußten einsehen, wie lebensnotwendig ihre Verpflichtung auf den Land- und Religionsfrieden von 1555 und auf alle anderen Reichs-Verfassungen war. Nur dann könnten sie selbst, ihre Stände und Untertanen in Ruhe und Frieden leben – und alle Nachbarn dazu.

Schon der *Lübecker Friede* hatte in der Hauptsache den Boden für Schwedens Intervention bereitet. Der *Prager Frieden* indessen forderte jetzt Frankreich als die zweite Schutzmacht der »heilsamen Reichs-Constitutionen« zu einer gewaltigen Anstrengung heraus, um Habsburg in die libertären Schranken des inneren wie äußeren Gleichgewichts zu weisen. So hatte Oxenstierna den bedeutendsten Rechtsgelehrten dieses Jahrhunderts – Hugo Grotius – als Gesandten Schwedens nach Paris geschickt. Er sollte dort noch vor Abschluß der Prager Schein-Verhandlungen die Lage sondieren und seinen eigenen Besuch beim König und Kardinal-Premier Richelieu vorbereiten.[39]

In Wien frohlockten der machtbewußte Ferdinand II., sein Nachfolger und alle Schranzen in der Hofburg über den schnellen Erfolg, und an manchen Orten im Heiligen Reich – wie im kaisertreuen Überlingen – freuten sich viele Menschen über den erzwungenen Abzug der Schweden.[40] Doch dieses Hochgefühl sollte nicht allzu lange anhalten. Denn fast gleichzeitig mit dem Prager Diktat und trotz innerer Schwierigkeiten erklärte Frankreich Spanien und damit Habsburg den Krieg.[41] Damit war nicht nur eine neue Front gegen die Hegemonialisten in Madrid, Brüssel und Wien eröffnet worden, sondern der Teutsche Krieg erhielt nun auch eine Dimension europäischen Ausmaßes.

Gewiß, Frankreich war für diese Herausforderung trotz einiger Anfangserfolge noch nicht gerüstet.[42] Aber mit Hilfe Bernhards von Weimar, der Niederlande und vor allem der Zustimmung Schwedens zur Allianz von Compiègne, die Kanzler und Kardinal im Geiste der Bärwalde-Absprachen von 1631 abschließen konnten,[43] sollte es bald gelingen, die eigene Militärmacht zu stabilisieren, eine Flotte aufzubauen, mit Turenne und d'Enghien Heerführer zu bekommen, die Schwedens Präsenz im Reich abstützten und mit dessen politischen Zielen zum eigenen Nutzen übereinstimmten: Eindämmung Habsburgs im eigenen Vorfeld von Flandern[44] bis Italien und vor allem im Heiligen Reich – dem »Sächsischen Frieden« von Prag[45] zum Trotz.

DRITTES BUCH

Legt Eure Fackeln nieder

1636–1648

Verdrehungen

»Teutsche Brüder«

Während in den Oberen Kreisen des Heiligen Reiches zwischen Rhein und Donau Spanier und Franzosen »Teutschlands Ruin« betrieben und viele Menschen aus Hunger und Not fast den Verstand verloren, praßten Schranzen und reiche Chargen in Wien, der »Hauptstadt von Österreich«. An Komödien und Tanz-Aufführungen, an Kleiderpracht und Renommiergehabe herrschte kein Mangel. Was gingen Ferdinand II. und die Hofburg das gedemütigte Reich der Teutschen Nation an?[1] Es genügte doch, wenn Habsburg durch dieses riesige Vorfeld in seinen Erblanden gesichert war und weiter seinen Vergnügungen, Jagdpartien und üppigen Kirchenfesten nachgehen konnte.[2]

Wie sollten von diesem Hof etwa politische Perspektiven auf ethischer Grundlage ausgehen, denen sich die protestantischen Kriegsgegner anvertrauen konnten? Johann Georg von Kur-Sachsen bemühte sich zwar, mit Appellen an die »Vaterlandsliebe« (amor patriae) teutsche Offiziere und Mannschaften aus der Schweden-Armee ins eigene Lager herüberzuziehen oder doch zur Annahme des Prager Diktat-Friedens zu bewegen,[3] aber nur wenige vermochte er zu überzeugen. Für die meisten Protestanten blieb er trotz ihrer Annäherungen an Habsburg der »Bier Jörgen« und der »Verräter von Prag«, auf den der Klageruf des Gryphius über den »falschen Zwey-Züngler« paßte: »Will Dir denn nicht einmal der Leib vor Gift zerkrachen?«

Was aber halfen die Zornesworte von Propheten und Poeten, wenn nach fast achtzehn Jahren Krieg die politischen Sitten zerrüttet waren? Da blieb nur noch die Hoffnung auf die Gerechtigkeit Gottes, die den bisherigen Kriegstreibern Einhalt gebieten sollte. Das Leben des Stephan Karl Behaim aus Nürnberg vermittelt etwas von den seltsamen Verdrehungen der Sinne und Gemüter, die selbst in geordneten patrizischen Verhältnissen möglich waren. Sie erlaubten ein Verhalten, das schon Hermokrates an der Art der Menschen beobachtet hatte: Ihre Lust, »über alles zu herrschen, was nachgibt, aber sich gegen alles abzusichern, was angreift«.[4]

Stephan Karl aus dem berühmten Geschlecht von Martin Behaim führte sich auf eine Art auf, die tpyisch war für die Zeit dieses Bürgerkrieges mit seinen unzähligen privaten kleinen und großen Fehden unter Brüdern, Halbbrüdern und Vettern. Als sein Vater Paul II., der wohlhabende Schultheiß von Nürnberg, im Dezember 1621 starb, war Stephan Karl gerade neun Jahre alt. Nach familiären Absprachen und allgemeinem Rechtsbrauch übernahm sein Halbbruder Lukas Friedrich die Vormundschaft und Treuhänderschaft über dessen Erbteil.[5] Bald bemühte er sich, den Jungen aufs Gymnasium im nahen Hersbruck zu bringen. Er sollte dort gehörig herangenommen werden und zu einem anständigen Behaim heranwachsen. Diese Fürsorge schlug freilich nicht so an, wie man dies erwartet hatte. Denn Stephan Karl, der seit Jahren verwöhnt wurde und geschickt jeden nur möglichen Vorteil wahrzunehmen verstand, wollte sich nicht dem Pflichtenkodex patrizischer Lebensordnung beugen. Auch der Wechsel zur Altdorfer Universität, an der seinerzeit Wallenstein eher das Raufen und Saufen als gutes Latein und menschliche Lauterkeit gelernt hatte,[6] änderte nichts an seiner verdrehten Einstellung zum Geld und an seinem Lotterleben. »Du achtest halt weder Sünd noch Schand«, schrieb ihm seine noch junge Mutter einmal und drohte mit furchtbaren Strafen Gottes, weil er den christlichen und ehrbaren Lebenswandel verachtete und verhöhnte.[7]

Mit seinen Stuben- und Saufkumpanen lachte er über diese altmodischen Ermahnungen, verstand er es doch immer wieder, mit Lug und Trug an Geld für seine Prassereien zu kommen. Nachdem er in Altdorf als Student gründlich versagt hatte, wurde er an den Fürstenhof nach Altenberg in Sachsen geschickt, um dort als »Stubenfink« oder Page adligen Anstand und aristokratisches Benehmen zu erlernen. Gerade dadurch aber fühlte er sich in seinem Dünkel, Sproß einer berühmten Familie zu sein, bestätigt. Denn diese Hofwelt entsprach bei weitem nicht den Ansprüchen, wie sie die Tugendspiegel verkündeten. Langweile kam auf, und seine hitzigen Sinne spielten mit dem Gedanken eines spektakulären Ausbruchs: Bloß weg aus dieser Enge der bewehrten Mauern, der hohlen Konventionen und des altteutschen Miefs, und nichts wie hinaus in die weite Welt, am liebsten bis nach Indien.

Dieses Vorhaben mißlang[8] ebenso, wie ihm die Schreiberstelle am Reichskammergericht zu Speyer nicht zusagen wollte, die Lukas Friedrich aufgrund seiner guten Verbindungen besorgt hatte.[9] Nichts vermochte den gewieften Angeber zu überzeugen oder in irgendeiner Institution festzuhalten. Sogar im Dienste Gustav Adolfs und unter der strengen Aufsicht des Oberstleutnant von Wildeysen änderte sich nur wenig in dem verdrehten Verhalten des jungen Behaim. Immer wieder gelang es ihm nämlich, sich der militärischen Ordnung zu entziehen und seiner egoistischen Lebensweise zu frönen. Nach all seinen Eskapaden kann man sich vorstellen, wie er sich anläßlich Gustav Adolfs erstem Besuch in Nürnberg am 21. März 1632 vor seiner Familie als »Soldat suédois« und Lutheranischer Krieger für die Gerechte Sache in die Brust warf. Doch dieses Gaukelspiel währte nicht lange: Lukas Friedrich, sein Vormund, stellte den noch nicht mündig erklärten Stephan Karl kurzerhand unter Hausarrest, um endlich seine zahlreichen Spitzbubereien und Betrugsaffären aufzuklären, die den Ruf des Hauses Behaim belasteten.[10]

Es scheint, als ob dieser Arrest ein wenig von Nutzen gewesen sei, konnte doch der teutsche Schweden-Offizier Wildeysen dazu überredet werden, es mit dem aus der Art geschlagenen Jüngling noch einmal zu versuchen. Dieser schaffte es nun sogar, zeitweise Soldatenwerber für die Royal-Armee zu werden und durch eigene Leistung »etwas Geld zu machen«.[11] Schließlich wollte er Offizier werden, um mit dem zu erwartenden Heldenruhm alle Schandtaten seines bisherigen Lebens auf einen Schlag vergessen zu machen: Er möchte damit all seinen Kritikern beweisen, daß sie sich in ihm getäuscht hätten.

In der Schlacht bei Nördlingen nutzte er die Gelegenheit, sich als Soldat auszuzeichnen. Hatte die Familie eine Zeitlang geglaubt, er sei bei diesen Kämpfen ums »Himmelreich« gefallen, so stellte sich bald heraus, daß er nur verwundet worden war. Ein Umstand, mit dem Stephan Karl sogleich in seinem Geldkrieg mit dem treuhänderischen Halbbruder wucherte: Wer wollte schon nach einer solch grauenvollen Schlacht einem Schwerverwundeten die Unterstützung für eine Genesung verweigern? Mit dieser Argumentation setzte er auf die christliche Nächstenliebe und die Familiensolidarität. Gleichwohl ließ ihm Lukas Friedrich nur das Allernötigste an barem Geld nach Stuttgart überbringen,[12] weil er die Verdrehungen dieses Tunichtgutes nur zu gut kannte. Kaum genesen, setzte denn auch Stephan Karl in Obernburg am Main sein geliebtes Lotterleben mit neuem Mut fort. Skrupellos, wie er war, ließ er sich auf seinen guten Namen Kredite auszahlen[13] – seinem Nürnberger Treuhänder zur Last und allen Besserungsversprechen zum Trotz.

Lukas Friedrichs Geduld mit dem ungeratenen Halbbruder war jedoch nach bald mehr als zehnjährigem Ringen erschöpft. Er setzte im Familienrat durch, daß Stephan Karl so schnell wie möglich nach Übersee gehen sollte – in die Neue Welt –, um dort Gelegenheit zu bekommen, »fromm« und ein »anderer Mensch« zu werden. Der junge Behaim war mit diesem Beschluß einverstanden und schlug sich im Sommer 1635 auf tollkühne Weise durch sämtliche Kriegslinien den Rhein hinab nach Amsterdam durch. Dort konnte er – wieder auf Fürsprache seines Halbbruders – in niederländische Militärdienste eintreten.[14] Anfang Februar 1636 stach er auf der »Haarlem« in See und kam nach mehr als neun Wochen Segelzeit in Recife de Pernambuco wohlbehalten an. In Fort de Bryn – nicht weit vom fast zerstörten Olinda entfernt, das 1630 den Brückenkopf der niederländischen Diversion und Expansion gegen Spanien gebildet hatte – wurde Stephan Karl gemeiner Fußsoldat, und dabei hoffte er immer noch, Reiter-Offizier zu werden, wie aus seinen Briefen zu ersehen ist.[15]

Zur Unterstützung dieses Wunsches ließ Lukas Friedrich aus der fernen Heimat erneut seine ausgezeichneten Beziehungen spielen und bat seinen langjährigen Freund Ludwig Camerarius – der Gesandte Schwedens in Den Haag –, Stephan Karl in die Gunst des Moritz von Nassau-Siegen zu bringen, der sich damals gerade mit 4000 Mann frischer Truppen nach Brasilien aufzumachen anschickte, um dort die Spanier zu bekämpfen. Tatsächlich hat der verdrehte Nürnberger an dieser Operation teilgenommen, freilich ohne auch dort zum Offizier ernannt worden zu sein. Dafür ereilte ihn in diesem mörderischen Klima eine fiebrige Krankheit, die ihn rasch zu einer Schreckensgestalt verkommen ließ: »Übler als übel und wahrhaftig nicht mehr wie ein ordentlicher Soldat« soll er nach dem Bericht eines Kameraden aus Norddeutschland ausgesehen haben.

Beide hatten sich nach Beendigung des Krieges in Recife verabredet, um sich dann in dieser quirligen Stadt am Atlantik »als teutsche Brüder miteinander [zu] ergötzen«, was nichts anderes hieß, als nach Herzenslust für eine Weile das zivile Leben zu genießen.[16] Der Tod jedoch gewährte Stephan Karl diese Galgenfrist nicht mehr und raffte einen an Leib und Seele zerschundenen jungen Teutschen fern der vom Krieg zerrütteten Heimat gnadenlos dahin: auf einem Kontinent, hinter dem schon sein großer Vorfahr Martin Behaim den Stillen Ozean vermutet hatte, und der jetzt mit seinen Schätzen den Teutschen Krieg zu einem erheblichen Teil finanzierte.[17]

Mangelhafte Erziehung, die Verlockungen des Krieges und ein verdrehter Lebenswandel haben diesen Behaim – wie unzählige andere junge Teutsche – aus der Bahn geworfen. Familie, Schule, Universität, Hofleben, Gerichtswesen und Kriegsdienst, ja selbst das Erlebnis einer fürchterlichen Schlacht und die Schmerzen einer Verwundung haben zu seiner Orientierungslosigkeit beigetragen und umgekehrt seine destruktive Energie nicht zu bändigen vermocht. Gegen all seine bedrohlichen Entfesselungen und Rechtsbrüche konnten sich die lebenssichernden Ordnungen der Treuhänder anscheinend nur dadurch zur Wehr setzen, daß sie den Störenfried ans Ende der Welt schickten: dorthin, wo der Pfeffer wuchs und ein jeder angeblich nach Herzenslust sein eigener Herr sein durfte.

Stephan Karl Behaim steht für eine ganze Generation, die sich mit der Welt der Eltern und älteren Brüder, mit dem Wesen des Rechts und seiner friedenstiftenden Kraft nicht anfreunden wollte. Der anhaltende Krieg hatte bereits Ansprüche und rauhe Wirklichkeit verdreht. Es gab kaum noch jemanden, der angesichts eines destruktiv wirkenden Kaisers überzeugend vorleben konnte, was den Wert von Vaterland und Nation in geordneten Bahnen ausmachte. Jene Mahnung der Stoa nämlich, die zu allen Zeiten die »schlimmsten Unwetter« überwinden ließ und selbst einen Richelieu in höchster Not und Gefahr stützte:[18] »Hoffe nicht auf Platos Staat, sondern sei zufrieden, wenn das Kleinste vorwärts geht und bedenke, daß der Ausgang davon nichts Geringes ist.«[19]

Oxenstierna gibt Rechenschaft

Beinahe zehn Jahre lang hatte Axel Oxenstierna mühevoll auf preußischem und reichsteutschem Boden für die Sicherheit Schwedens und die Teutsche Freiheit gewirkt, als er sich Ende Juni 1636 zu Schiff begab, um ins Mitternächtige Reich zurückzukehren. Dort sollte er für seine Arbeit als »Legat in Teutschland« vor Regierung, Senat und Vertretern der vier Stände Rechenschaft ablegen.[20] Was fast zur gleichen Zeit die Opposition in Frankreich ohne Erfolg von Kardinal Richelieu für seine Steuer- und Kriegspolitik verlangte,[21] leistete der Kanzler Oxenstierna ohne Not im Rahmen seiner libertären Verfassungspflicht.

Von der Idee des Treuhandwesens durchdrungen, war ihm stets bewußt, was er bei dessen Vertragssubstanz zu beachten hatte. Diese bestand vornehmlich darin, daß »alle Rechte ihre Geltung und Gewalt unbeschadet des Rechtes eines Dritten [ius tertii] besitzen«.[22] Mit dieser Erinnerung an die depositäre

Natur der Verfassung Schwedens, welche er auch im Heiligen Reich gesichert sehen wollte, führte sich Axel Oxenstierna am 16. Juli 1636 wieder als Senator des »Reiches Schweden« und damit als Treuhänder der Krone, sowie als »Gesetzeswächter« der Stände ein. In der Senatsdebatte über das schwierige Patronatsrecht des Adels, dessen unterschiedliche Anwendung im Klerus für zunehmende Unruhe gesorgt hatte, bewies er auch gleich, daß er seine libertäre Staatskunst in der Fremde nicht verlernt hatte: »Nun geht es ja gemeinhin dergestalt zu, daß der eine Unrecht tut und der andere Unrecht erleidet. Bisweilen macht sich der Bischof eines Unrechtes schuldig, manchmal der Adelsmann, dann auch die Kirchengemeinde [selbst]: Bei den Trojanern wird innerhalb und außerhalb der Mauern gesündigt. Aber mir ist ein Adelsmann so lieb wie ein Bauer. Ich sitze hier in der Regierung nicht als ein Adliger und werde niemals über irgendetwas aus Affekt ein Urteil fällen. [. . .]«[23]

Diese unabdingbare Rechtszucht forderte er auch von allen anderen Mitgliedern der Regierung, des Senates und den Inhabern sonstiger Ämter des Reiches. In seinen Belehrungen läßt er jeden wissen, daß Vertrauen und Rechtskontrolle fundamental zusammengehören, weil alle im Dienst der überzeitlichen Krone und einer universalen Gerechtigkeit stehen. Diese Staatsmaxime muß bei allem Eigeninteresse stets das Gedeihen des Ganzen mitdenken, und das bedeutete nichts anderes, als das Öffentliche Wohl (salus publica) im Sinne des erwähnten Drittrechtes bei jeder Staatsaktion zu berücksichtigen.

An der praktischen Umsetzung dieser Staatskunst, wie sie die Bewahrung und Stärkung der Libertät erforderte, hatte es bei den verschiedenen Obrigkeiten im Heiligen Reich häufig gefehlt. Deshalb konnte auch dieses weitläufige Gemeinwesen vom Kaiser und Oberhaupt in eine heillose Verwirrung gebracht werden. In seinem ausführlichen Rechenschaftsbericht vom 18. Juli, der selbst in Form eines Protokolls Thukydideisches Format hat, kam Oxenstierna auf dieses Problem zu sprechen: »Ich hatte es [in Teutschland] mit hohen Herren zu tun, die sich wie eine Königliche Hoheit empfanden, und mit mächtigen Städten, die mit guten Verfassungen versehen und mit großen Reichtümern versorgt waren. Ihre starke Beteiligung am Krieg mit dem Kaiser hinderte sie aber nicht, gleichwohl ihren besonderen Nutzen und Profit zu suchen« – also das Gemeinwohl zu vernachlässigen. Dennoch hätten sie im Rahmen des Heilbronner Bundes kräftig dabei geholfen, daß all das, was zu des gefallenen Königs Lebzeit »nicht erledigt werden konnte, nach seinem Tod zu einer Richtigkeit gebracht wurde. [...] So lange sich diese vereinten Stände nicht durch Eifersucht und Mißgunst beirren ließen, ging alles gut. Aber dann begannen sie mit ihren unnötigen alten Gegnerschaften zu hantieren und neidisch auf mein Vaterland zu werden. Als sie sich dann noch der Kontributionsleistung entzogen und das Kriegsvolk keine Mittel mehr besaß, die es unterhalten konnten, ist die vorhandene Macht zerfallen. Alle meine Vorhaltungen haben bei ihnen nichts gefruchtet. Es war so, als wollte man gegen den Wind blasen. Der Geist des Verdrehens [spiritus vertiginis] hat sie im innersten so stark besetzt gehalten, daß sie die Erhaltung ihres eigenen Staates nicht mehr in acht genommen haben. [...] [Und dann] hat ja auch der Kurfürst von Sachsen gegen seine Verpflichtung [...] für sich selbst und alleine mit dem Feind verhandelt, einen vollständig anderen Frieden [als beabsichtigt] geschlossen [und dabei] nicht nur die Krone Schwedens ausgesperrt, sondern auch den Frieden [zu Prag] zum höchsten Präjudiz und Schaden seiner Mitstände angenommen«.[24]

Oxenstierna läßt im Senat keinen Zweifel daran, daß er sich mit der verbliebenen Armee unter dem Oberkommando von Johan Banér und mit Hilfe der Herzöge von Mecklenburg sehr bemüht habe, »zu einem reputierlichen und sicheren Frieden« zu kommen.[25] Ein Haupthindernis auf diesem Wege soll die Frage der *Amnestie* gewesen sein, welche der Kaiser nicht für alle Widerständler unter den teutschen Ständen gewähren wollte. Sie sollten nach den Worten des Kanzlers »mit einer Abbitte wegen ihrer Schuld« einkommen,[26] also das eingestehen, wofür Ferdinand II. die Hauptschuld trug – den Bruch des Herrschaftsvertrages und Drittrechtes zwischen »Kaiser und Reich«.

Und noch drei weitere Hindernisse standen einer Verständigung mit Habsburg entgegen: »1. Die *Restitution* der evangelischen Stände in Teutschland« – das bedeutete die Rückkehr zu verfassungskonformen Verhältnissen zwischen Kaiser, Kurfürsten und Kurien-Reichstag, die eine Wiederherstellung der Besitzstände aus der Zeit vor Kriegsbeginn einschlossen. »2. Die *Satisfaktion* der Krone Schweden, für die ich mich als ein redlicher Patriot, ihrer M[ajestä]t Amtsträger und Diener eingesetzt habe, zumal auch die Stände [in Teutschland] aufgrund der eingegangenen Allianzen dazu verpflichtet wären. 3. Das *Contentement* [Zahlung von Soldrückständen] der Soldaten, für das ich mich stark gemacht habe. Denn schließlich ging der Krieg die Teutschen Stände principaliter an, während wir nur als eine Folge und gleichsam indirekt [in dieses Ringen] hineingeraten sind. Aus diesem Grunde schon wäre es unbillig und unzuträglich, daß sich die Krone Schweden eine solch große Last auferlegen lassen solle.« Die Berücksichtigung der vielen vaterlosen Kinder und der Witwen aller gefallenen Soldaten gehöre auch in diesen Bereich des »gerechten Soldes« und sei ein unabdingbares »Werk des Gewissens«.[27]

Auf diese vier Hauptpunkte konzentrierte sich fortan Schwedens Teutschland-Politik. Das bedeutete angesichts der erhobenen Forderungen nichts anderes als eine Fortsetzung des Teutschen Krieges. Im Namen der Gerechtigkeit mußte erst eine Generalamnestie für alle Rechtsbrüche und Übergriffe den Boden bereiten, um wieder Vertrauen zu schaffen und durch Verträge verträglich zu werden. Das war die Botschaft Axel Oxenstiernas, dem in den eigenen Reihen mit Mißgunst, Neid und Mißtrauen begegnet wurde.[28] Er setzte sich aber doch gegen die »Friedenspartei« um den Senator Per Brahe durch[29] und hielt an dem alten Kriegsziel von 1629 unverdrossen fest: »Des Reiches [Schweden] Sicherheit besteht darin, daß der Stände Freiheit in Teutschland nicht in eine Knechtschaft [träldom] und des Hauses Österreich absolutes Dominat verwandelt werde, wobei dieses von der Ostsee ferngehalten werden müsse.«[30]

Angesichts dieser historischen Mission wollten Regierung (»Fünf hohe Ämter«) und Senat zwar keinen »ewigen Krieg« auf teutschem Reichsboden, sie waren jedoch entschlossen und bereit, mit Unterstützung der eigenen Reichsstände »die Kontinuation des Krieges« auf sich zu nehmen. Die »Not des Vaterlandes« erforderte diese Politik gegen den Despotismus und die Militärdiktatur Habsburgs in Böhmen und im Heiligen Reich.[31] Im Geiste einer nationalen und libertären Solidarität mit den widerständischen Teutschen tat man dies, obwohl Schweden trotz seiner bedeutenden Rohstoffe (Holz, Kupfer und Eisenerz), der wachsenden Kriegsindustrie um Finspång[32] und seiner militärischen Schlagkraft schwere Belastungen im Innern zugemutet werden mußten.[33]

Es war das Gewaltsystem von Prag – von einem politisch kurzsichtigen Kaiser und einem rechtlich verkommenen Kurfürsten militärisch erzwungen –, welches die ausgeschlossenen Schweden zur weiteren Kriegspolitik veranlaßte. Deshalb verständigte sich diese Macht in Fortsetzung der Abkommen von Bärwalde (1631) und Compiègne (1635) kurz vor der Abreise Oxenstiernas in Wismar erneut mit Frankreich, und bald danach bestätigte sie in Hamburg, daß die eigene Sicherheit nur über eine echte Befriedung des Heiligen Reiches möglich sei.[34] Und an diesem Kriegszweck (finis belli) und Friedensziel sollte Schweden so lange festhalten, bis Habsburg von seinem Streben nach einem Universaldominat abgebracht und ein »gerechter Friede« ausgehandelt werden konnte.

»Tränen des Vaterlandes«

Als Ferdinand II. auf einem Kurfürstentag in Regensburg entgegen den Bestimmungen der Goldenen Bulle von 1356 darauf drang, seinen Sohn Ferdinand III. zum Römischen König zu »wählen«,[35] hatte sich seine Hoffnung auf eine günstige Auswirkung des Prager Diktats noch nicht erfüllt. Im Gegenteil: Die Unruhe im Reich über die politische und possessive Zukunft wuchs nicht weniger als die Kritik aus dem eigenen Lager.

So fühlte sich der Kapuziner-Orden unrechtmäßig von den Jesuiten bedrängt, welche ihm die restituierten Klöster wegnehmen wollten. In seiner Not wandte er sich mittels seines Ordensbruders Père Joseph an den König von Frankreich, der wiederum als Schutzherr dieses Ordens in der Christenheit galt: Mit diesem Hilferuf konnte Ludwig XIII. seine Intervention ins Heilige Reich zusätzlich begründen.[36] Besonders in den Oberen Kreisen wurde außerdem unter den Katholiken darüber gemurrt, daß mit den Prager Zugeständnissen an die protestantischen »Rebellen« die katholische Besitzlage nur verschlimmert worden sei.[37]

Klagen, wohin man sich auch in diesem zerrütteten Teutschland wenden mochte. Und: Ferdinand II. waren sie lästig. Dabei hätten sie ihn daran erinnern können, daß das Ende von Kriegshandlungen noch lange nicht der Friede ist, wenn die Ursachen des Krieges nicht beseitigt worden sind.[38] Eine Mischung aus patrimonialer Gütergier, Diktatorenenergie und Realitätsverlust hatte ihn verleitet, eine Machtlage festzuschreiben, die weder politisch noch militärisch auf Dauer gehalten werden konnte. Denn Bernhard von Weimar war mit hohem Geschick und Waffenglück dabei, die Kaiserischen Armeen am Rhein entlang zu ermatten;[39] und Johan Banér hatte zusammen mit dem vorzüglichen Lennart Torstensson[40] bei Wittstock im Brandenburgischen einen »herrlichen Sieg« gegen ein zahlenmäßig überlegenes Heer aus Kaiserischen und Sachsen errungen.[41]

Allein schon diese siegreichen Operationen der Invasionstruppen aus Schweden und Frankreich sowie der teutschen Kontingente von Hessen-Cassel und einiger Reichsstädte hätten den Kreis um Ferdinand II. veranlassen müssen, die Forderungen nach Ausweitung der Amnestie und Satisfaktion ernstzunehmen. Doch die Verbindung aus Unkenntnis und Überheblichkeit schien jede vernünftige Lösung der Teutschen Frage zu blockieren, zumal ideologische Verblendungen zusätzlich die Analyse der wirklichen Verhältnisse im Heiligen Reich erschwerten. Die Mission des päpstlichen Legaten Ginetti nach Köln, wo eine Art Friedenskongreß stattfinden sollte, verdeutlicht, daß auch die Kurie die Situation im kriegsverheerten, aber noch immer erbittert umkämpften Teutschland falsch einschätzte.[42] Kaiser und Papst hatten als Verfechter universaler Ansprüche und besonderer Haus-Interessen übersehen, daß es auf diesem teutschen Kampfplatz auch noch solche Mächte gab, die ernsthaft und unbeirrbar nationale und libertäre Ziele verfolgten. Diese hielten daran fest, ihre Souveränität als vollständige Unabhängigkeit von Kaiser und Papst entschlossener denn je zu verteidigen und diesen Teutschen Krieg für die Erreichung ihres Zieles zu nutzen.[43]

Die in Regensburg versammelten Kurfürsten und Reichsstände waren bei der Lagebeurteilung weitaus realistischer als der altersstarre und bigotte Ferdinand II. In ihrer herben Kritik am »eigenmächtigen Regiment des Kaisers im Reich«, das jetzt nicht mehr dem ermordeten Wallenstein zur Last gelegt werden konnte, sondern der diktatorischen Natur dieses Habsburgers, besannen sie sich auf ihr Mitspracherecht bei Friedensverhandlungen. Sie ahnten auch wohl, wie wichtig es für die Invasoren und Anrainer sein mußte, daß die föderativ angelegte Teutsche Libertät mit ihrer vertraglichen Dritt-Wirkung in Zukunft garantiert bliebe, wenn ihre nationale Sicherheit gewährleistet sein sollte. Zu einer entsprechenden politischen Friedensstrategie reichte es aber noch nicht. Vor allem Bayern und Sachsen verfolgten ihr Eigeninteresse und dachten das Heilige Reich als »ius tertii« nur ansatzweise mit. Und schließlich durften der gefangengesetzte Kurfürst von Trier sowie die vertriebenen Kur-Pfälzer politisch nicht mitwirken.[44]

Es war demnach weniger die Expansionslust Schwedens mit seiner libertären Option auf Pommern[45] oder diejenige Frankreichs mit seinen Interessen am Elsaß samt den Festungen am Rhein,[46] welche das Kriegsfeuer in Gang hielt. Vielmehr ließen es die Selbsttäuschungen Habsburgs und eigensüchtiger Reichsstände, die sich zum Schaden des Heiligen Reiches in Oxenstierna und Richelieu gehörig verrechnet hatten, noch nicht zu, daß die Fackeln niedergelegt werden konnten.[47] Gleichwohl mehrten sich die Anzeichen einer politischen Umkehr zurück zum feudalen Treuhänderwesen, dessen Hauptorgan der Reichstag war.[48] Mit steigender Not wuchs auch die Kritik an den Mißständen. Man begann zu überlegen, wie den Zerrüttungen im Reich und im Gemüt der Teutschen begegnet werden könnte, denen Richelieu einmal im Vergleich mit dem Charakter anderer Nationen ein bemerkenswertes Zeugnis ausgestellt hat: »Der Kaiser hat den Vorteil, eine Nation zu beherrschen, die ein Pflanzgarten ist, in dem Soldaten wachsen. Er muß aber auch mit dem Nachteil rechnen, daß Teutsche allzuleicht die Partei wechseln, wie auch die Religion. [...]«[49]

Georg von Schönborn hatte Ende August 1636 die großen Verkehrungen nach einem wechselvollen Leben schon hinter sich, als er auf die Ankunft eines neuen Hauslehrers für seine Kinder wartete, auf Andreas Gryphius. Bis 1629 war der Gönner Schönborn als Schlesier seinem lutherischen Bekenntnis treu geblieben, hatte sich dann aber vom Beichtvater Ferdinands II. überreden lassen, zum Katholizismus zu konvertieren. Als Steuereintreiber und Verfolger seiner ehemaligen Glaubensgenossen war ihm eine berüchtigte Karriere im Dienst der Patrimonial-Diktatur Habsburgs gelungen, die er dadurch gekrönt sah, daß ihn der Kaiser zusammen mit seinem ältesten Sohn und Erben in den Ritterstand und sogar in den Rang eines Hofpfalzgrafen erhoben hatte.[50] Als dann die Protestanten mit den »siegreichen Waffen« Gustav Adolfs allmählich die Oberhand gewannen, kehrte er reumütig zum lutherischen Bekenntnis zurück. 1635 wurde er deswegen während der Durchführung des »Prager Friedens« aus all seinen Ämtern verdrängt, weil er in dieser Situation nicht noch einmal den Glauben wechseln wollte. Man berichtete von gewissen Anzeichen einer hypochondrischen Melancholie, die nach Ansicht der Zeit Herz und Hirn zerfressen konnte: was damals zwar einiges an seinem »verkehrten Wesen« erklären mochte, Gryphius jedoch nicht anfechten konnte. Dieser war gerade aus Danzig gekommen, wo er die große Welt zwischen Geldhorten, Kunstfördern und Freidenken kennen und bewerten gelernt hatte.[51]

Als er bei Schönborn eintraf, der verfolgten und vertriebenen Protestanten auf seinen Gütern Zuflucht gewährte, da verstand er sich bereits auf die Widersprüche dieses von Krieg und menschlichen Mängeln geprägten Lebens, ohne freilich jemals die Hoffnung auf eine Besserung des Menschen und dessen Lage fallengelassen zu haben. Und wenn es nur das vage Licht der

»berühmten Stützen der morschen Welt, [der] gerechtesten Herzen, [der] hellen Sterne des Erdenrunds« war, mit denen er in seinem zweiten Herodes-Stück die Danziger Ratsherren verglich: es kam ihm wie eine Handreichung von oben für sein Seelenheil vor. »Was nützt es«, rief er seinen Gönnern zu, »so oft aus dem Lärm des Krieges und seinen Mordgeschossen, den Städten mit halb verfallnen Häusern, den blutgetränkten Feldern entkommen zu sein, wenn mir das Geschick noch keine Rettung und Hoffnung auf wiederkehrende Ruhe gewährt? Und doch schimmert eine Hoffnung, eine Hoffnung reich genug. [. . .] Euer Licht mag mir in solcher Nacht mein Pharos [Leuchtturm] sein.«[52]

Sein Orientierungspunkt aber war jetzt, Ende 1636, der ungemein belesene Schönborn mit seiner umfangreichen Bibliothek: In dieser Welt der gelehrten Bücher und in den Begegnungen mit diesem adligen Gönner erlebt Gryphius das Wesen von »Gesetz und Recht«. Er beobachtet, was die Tugend als Idee in der Praxis leisten kann, wenn sie im Geist der Gerechtigkeit zum Maß allen Regierens gemacht wird. Aber all dieses hohe Empfinden, freizügige Lernen und unbeschränkte Erproben eines Menschseins, das stets die Sicherung des Vaterlandes im Sinne hat, wird erst möglich, wenn auch die Schattenseiten bekannt sind und in die Strenge eines Poems gebannt werden können. Die furchtbare Verfolgung der Protestanten, deren Opfer er vor Jahren selbst gewesen war, und die nun nach dem »Prager Frieden« noch schlimmer betrieben wurde als je zuvor im Teutschen Krieg, gab Anschauung in Fülle. Sie war inmitten der Verkehrtheiten dieses abscheulichen Verderbens von Mensch und Kultur das Thema seines wohl berühmtesten Gedichtes. Er hatte es in patriotischer Pflicht, statt auf Latein, in seiner geliebten Teutschen Sprache verfaßt und darauf gehofft, daß die Teutschen ob ihrer Verirrungen und Verblendungen die »Freiheit eines Christenmenschen« in sich selbst und gegenüber anderen nicht vergessen würden. Im Geiste des Memento mori wollte er als Teutscher bei aller Drangsal ein Mensch bleiben. Darin liegt der Sinn seiner »Tränen des Vaterlandes«:

Wir sind doch numehr ganz / ja mehr denn ganz verheeret!
Der frechen Völker* Schar / die rasende Posaun
Das vom Blut fette Schwert / die donnernde Carthaun
Hat aller Schweiß / und Fleiß / und Vorrat aufgezehret.
Die Türme stehn in Glut / die Kirch ist umgekehret.
Das Rathaus liegt im Graus / die Starken sind zerhaun.
Die Jungfraun sind geschändt / und wo wir hin nur schaun
Ist Feuer / Pest / und Tod der Herz und Geist durchfähret.
Hier durch die Schanz und Stadt / rinnt allzeit frisches Blut.
Dreimal sind schon sechs Jahr / als unser Ströme Flut
Von so viel Leichen schwer / sich langsam fortgedrungen.
Doch schweig ich noch von dem / was ärger als der Tod.
Was grimmer denn die Pest / und Glut und Hungersnot
Daß nun der Seelen Schatz / so vielen abgezwungen.[53]

Er konnte nicht ahnen, daß noch zweimal sechs Jahre ins geschundene Land gehen mußten, ehe diese Apokalypse unter den Teutschen ein friedliches Ende nehmen durfte.

* Gemeint sind Kriegsvölker = Soldaten.

Hoffnungsschimmer

Gegner treten ab

Im Dezember 1636 zog Lukas Friedrich Behaim, der sich auch über das Lotterleben seiner eigenen Söhne Sorgen machen mußte,[1] eine politische Bilanz mit einigen Überraschungen. Dabei beklagte er den »leidigen Zustand unseres zu Grunde verderbten lieben Vaterlandes« und meinte gegenüber seinem Freund Ludwig Camerarius in Den Haag, daß die gegenwärtige Lage des Reiches »nicht wohl zu beschreiben« sei.

Zur Situation seiner Vaterstadt Nürnberg fand er freilich Worte in Fülle, um das Wunderwerk Gottes zu preisen, das die freie Reichsstadt so lange in ihrem Bestand erhalten hatte. Gewiß, die Belastungen durch die Kriegslager von Gustav Adolf und Wallenstein hätten 1632 der Stadt und noch mehr ihrem fränkischen Umland schwer zu schaffen gemacht. In der Folgezeit jedoch sei sie von jeglicher Belagerung verschont geblieben. Für diesen Patrizier stand fest, daß da Gottes schützende Hand mit im Spiele gewesen sein muß, »bis der Pragerische Friedensschluß uns zu Hilfe und Schutz gekommen« sei. Obgleich Behaim darauf hoffte, daß sich dieser Friedensschluß in Regensburg und in Köln zu einem allgemeinen Reichsfrieden erweitern möchte, damit »sich dann das verödete Land mit Gott bald erholen« könnte, war es ihm gar nicht recht, daß der »gute, der Pragerische Friedensschluß« zerschlagen werde.[2]

Während zur gleichen Zeit Axel Oxenstierna, der Freund des Camerarius, in der Art Catos das protestantische Lager darauf einzustimmen suchte, daß dieses Prager Diktat zerstört und durch einen wahrhaftigen Frieden ersetzt werden müsse,[3] schätzte also der angesehene Nürnberger die Lage ganz anders ein. Ferdinand II. hätte sich darüber wahrscheinlich gefreut, denn von der Gegenseite wurde seine kurzsichtige Befriedungspolitik sicher nicht häufig gelobt. Insbesondere nicht in diesen Wochen, in denen er einmal mehr für Kopfschütteln und Verwünschungen gesorgt hatte. Denn die »Wahl« seines Sohnes Ferdinand III. zum »Römischen König« hatte angestanden. Die Entscheidung für ihn am 22. Dezember 1636 war rechtlich untragbar, weil allein schon der Kurfürst von Trier gefehlt hatte. Überdies hatte diese erzwungene »Wahl« alle Gegner Habsburgs nur darin bestärkt, den Krieg zur Restitution der Reichs-Verfassungen mit Nachdruck fortzusetzen.[4]

Mit diesem erneuten und letzten Verfassungsbruch setzte Ferdinand II. kurz vor seinem Tode eine Art Schlußstein in sein monströses Lebenswerk, das sich für Machtverehrer, Etatisten und Bewunderer des Absolutismus imponierend ausnehmen mußte.[5] Nach mehr als dreißig Jahren Kampf mit allen Mitteln – vom Willkürakt über den Putsch bis hin zum politisch motivierten Mord – war es ihm gelungen, der Gegenreformation in den eigenen Erblanden, den Ländern der Wenzelskrone und in Teilen des Heiligen Reiches zum Erfolg zu verhelfen. Aber um welchen Preis! Gegenüber Johann Georg von Kur-Sachsen soll er 1631 einmal erklärt haben, er wolle sich nicht nachsagen lassen, daß durch seine Nachlässigkeit der Bau des Reiches zerfallen sei. In Wirklichkeit jedoch hat Ferdinand II. das filigrane Reichsgebäude mit seiner diktatorischen Energie in Gestalt unzähliger Rechtsbeugungen, Gesetzesübertretungen und Machtsprüchen Jahr um Jahr unterhöhlt und für die Zukunft geschwächt. Der Ausbau seines absolutistischen Machtstaates war unmittelbar mit dem gewaltsamen Abbau des politischen Ständewesens und dessen libertärer Substanz erkauft worden.[6] Dieser Kaiser des Jesuitismus[7] wollte ähnlich Jakob I. und Karl I. von England nichts von der vertraglichen Mitsprache der Stände im Sinne des »Quod omnes tangit« und des Treuhandwesens wissen. Vor allem in Böhmen hinterließ er eine politische Ruine. Wie sehr er auch noch in seinem Testament von 1621 dem Erben und Nachfolger die Beachtung »rechtmäßiger Freiheiten, Rechte und Gerechtigkeiten« der Untertanen empfahl und ihn davor warnte, Land und Leute zu »seinem eigenen Privatnutzen und weltlicher Pracht« zu mißbrauchen,[8] so hatte er in der Folgezeit seinen hehren Worten gegenteilige Taten folgen lassen.

Bedeutete die Achtung vor Recht und Freiheit nichts anderes als die Anerkennung des Grundsatzes von »Mein und Dein«, so verlangte dieser im Streitfall nach der Wirkung einer Dritt-Macht. Und die war seit dem Ewigen Landfrieden von 1495 das Reichskammergericht in Speyer. Dessen Funktionsfähigkeit und innere Friedenskraft wurde aber in Krisenzeiten von Habsburg nicht sonderlich gestärkt, sondern mit der Einrichtung des Reichshofrates als eine Art Neben-Gericht eher geschwächt, zumal die Reichsstände selbst mit ihren Sonder-Interessen trotz ihrer Reformwünsche besonders nach 1555 auch nicht zu einer stets verläßlichen Stütze der Dritten Gewalt im Heiligen Reich werden konnten.[9] Jetzt aber gab es ernsthafte Anzeichen dafür, daß die politischen Streitfragen und Kriegsgründe zum Rechts-Widerstand auf einem allgemeinen Reichstag oder während eines Friedenskongresses so verhandelt werden würden, als befände man sich vor einem Gericht.[10]

Die Beschickung des Friedens-Konvents in Köln hatte Ferdinand II. noch mit dem Entwurf einer Instruktion für die eigenen Gesandten vorbereiten helfen. Sie war allerdings so angelegt, daß die kaiserischen Vorwürfe gegenüber Frankreichs angeblichen Verletzungen des »Friedens von Regensburg« (1630) kaum Spielraum ließen, um mit diesem Gegner eine rasche Verständigung zu erzielen.[11] Gleichzeitig glaubte Wien, in Geheimverhandlungen mit Schweden einen Keil zwischen diese Macht und Frankreich treiben zu können, indem man Stockholm mit stufenweisen Zugeständnissen in der komplizierten Pommern-Frage zu einem Sonder-Frieden locken wollte. Auch dieses Verfahren sollte gründlich mißlingen. Es zeigt nur den Verlust von Ferdinands II. Realitätseinschätzung und seine Unwilligkeit, einen wahren Frieden zwischen »Kaiser und Reich« in der Verbindung mit den Interventionsmächten auf der Basis der libertären Reichsverfassung auszuhandeln.[12]

Zu dieser Einsicht sollte erst sein Sohn und Nachfolger Ferdinand III. militärisch und politisch gezwungen werden, nachdem sein Vater von der Bühne dieses Kriegs-Theaters abgetreten war. Er starb am 15. Februar 1637 und hatte nach der Vorstellung der Zeit vor dem Richterstuhle Gottes Rechenschaft abzulegen: als Mensch, Landesfürst, König und Kaiser. Sein Tod änderte zwar nichts an der materiellen Notlage vieler Stände und Bürger[13], aber nicht wenige werden dennoch bei der Nachricht von seinem Ableben aufgeatmet haben. Denn wie umgänglich und gar freundlich er auch als Mensch gewesen sein mag,[14] sein jesuitisch geprägter »Begriff von Monarchenpflicht« hat diesen Teutschen Krieg im wesentlichen angezettelt und in Gang gehalten: im Namen des Tridentinischen Konzils und der Gegenreformation, aber auch aus Herrschsucht und Geltungsdrang. Diese Triebkräfte ließen ihn zu einem »Unterdrücker« der »Ketzer« besonders in Böhmen werden und zu »einem Feind des Friedens« wie der Teutschen Freiheit.[15]

Um diese Freiheit stand es jetzt nicht sonderlich gut. Denn nach den harten Forderungen an Frankreich, seine Bündnisse mit Reichsständen zum Schutz der Libertät aufzukündigen,[16] setzte Ferdinand III. mit den verfügbaren Armeen eine militärische Offensive großen Stils in Bewegung. Ihr wäre beinahe die Hauptarmee der Schweden unter Johan Banér zum Opfer gefallen, der sich nur mit Geschick und Glück von Torgau an der Elbe nach Landsberg an der Oder zurückziehen konnte. Von allem, »was nur Feind genannt werden kann«, verfolgt und bedrängt – darunter auch von zahlreichen Kroaten-Kontingenten –, verstand er es dennoch, die »Defension der Seekante« zu sichern.[17] Damit stützte er auch den territorialen Brückenkopf Pommern, der einer der höchsten politischen Trümpfe in der schwedischen Sicherheits- und Friedenspolitik werden sollte.

Weniger Glück hatte zur gleichen Zeit Wilhelm V. von Hessen-Cassel. Von den befreundeten Niederlanden und dem verbündeten Frankreich nur zögernd und mangelhaft unterstützt,[18] desgleichen von der Militärmacht Schwedens im Norden und Osten des Heiligen Reiches unzureichend abgesichert, blieb dem standhaften Landgrafen nur noch ein Hilferuf an Karl I. von England. Von diesem wurde tatsächlich nach dem Prager Diktat zugunsten der Pfälzischen Sache eine machtvolle Intervention in den Teutschen Krieg erwartet. Aber während Karls I. Gesandter Averius bei den Calvinisten im Reich und selbst bei den Schweden Stimmung für ein derartiges Unternehmen machte,[19] ließ dieser absolutistisch gestimmte König in Wien um eine Teil-Restitution der Pfalz verhandeln.[20] Ohne jeden Erfolg – schließlich durfte sich Ferdinand III. jetzt nicht seinen Nachbarn Maximilian von Bayern zum Feinde machen, der sich durch das Prager Diktat ohnehin verunsichert sah. Der Vorstoß Wilhelms V. fand zwar in London erhöhtes Interesse und genoß auch die Unterstützung Schwedens und Frankreichs, doch eine Invasion Karls I. zugunsten dieses und anderer Reichsstände scheiterte. Er verweigerte nämlich seinen eigenen Ständen in England das, was er für die libertären Teutschen gegen Habsburg erkämpfen sollte: vornehmlich das Prinzip des »Quod omnes tangit«. Außerdem wollte er alle Sonderrechte in Anspruch nehmen, die ihm laut Verfassung zur »Abwehr einer Invasion von Feinden« zugestanden wurde,[21] und stieß dabei auf eine überaus harte Opposition.

Es spricht viel dafür, daß die im Rahmen eines Türken-Kreuzzuges geplante Invasion ins Heilige Reich im Laufe der Ship-Money-Affäre und des spektakulären Hampden-Prozesses aus ähnlichen Gründen den Englischen Bürgerkrieg ausgelöst hat, wie die Forderung Habsburgs nach »Türkenhilfe« auf dem Reichstag zu Regensburg (1613) den Teutschen Krieg vorbereiten half.[24] In beiden Fällen wurde von den Machthabern eine »Türkengefahr« konstruiert, um im Falle eines Krieges in Wirklichkeit den libertären Parlamentarismus besser ausschalten zu können. Da es aber nicht zu einem Krieg gegen den »Erbfeind der Christenheit« kam, wandten sich die Energien nach innen – mit verheerenden Folgen.[22]

Während dieses erregenden Kampfes zwischen einem absolutistisch eingestimmten König, der mit einseitigen Verordnungen regieren wollte, und der libertären Opposition, die den ständischen Parlamentarismus verteidigte,[23] konnte Wilhelm V.

keine echte Hilfe von der Insel erwarten. Ganz auf sich alleine gestellt, sah er sich veranlaßt, seine bastante Armee zur Küste des Teutschen Meeres hin in Sicherheit zu bringen. Mit 7000 Mann zog er durchs Westfälische nach Ostfriesland. Dabei schwächte er die Verbindung mit den Schweden-Armeen unter Banér, Torstensson und Wrangel, die von ihm eine Entlastung an der Elbe-Linie erwartet hatten.[24] Er verstand es aber, die Hessen-Armee zu retten, die mit Zustimmung der ostfriesischen Stände und mit Duldung der Generalstaaten an der Küste Winterquartier beziehen durfte.[25] Dieses Zugeständnis erlebte der Landgraf aber nicht mehr. Erschöpft von seinem langen Kampf um die Erhaltung seiner besonderen Standesrechte, um die Bewahrung seines calvinistischen Bekenntnisses und um die Garantie der Teutschen Libertät starb er mit 37 Jahren am 21. September 1637 zu Leer.

Das Theatrum Europaeum in Frankfurt am Main teilte der gelehrten Öffentlichkeit zu diesem frühen Tode mit, daß der junge Landgraf »gleich wie ein ausgebrannt Licht erlosch«.[26] Er, den die Zeitgenossen »den Beständigen« im unerbittlichen Ringen um Bekenntnis und Besitz genannt hatten,[27] war Habsburgs ärgster Feind unter den Reichsständen. In seiner unbeugsamen Haltung vereinte sich Haus- und Erbinteresse gegenüber dem lutherischen Hessen-Darmstadt mit einem stark entwickelten republikanischen Sinn für gerechten Widerstand gegen eine ungerechte Obrigkeit – wie es monarchomachischen Traditionen im politischen Calvinismus entsprach.[28] Seine besondere Freundschaft zu Schweden und Oxenstierna resultierte bei manch einer Härte gegenüber den eigenen Landständen aus diesem Freiheitsverständnis und einem Widerstandsgeist, der sich überall neu zu regen oder zu steigern schien.

Lukas Friedrich Behaim berichtete von Meutereien und »rebellischen Polacken« im kaiserischen Heer und fürchtete den »Totalruin der so edlen teutschen Nation«, wenn das aufgeflakkerte Kriegen mit Belagerungen und zahllosen Scharmützeln kein Ende fände. Gott »wolle die verbitterten Gemüter hoher Potentaten«, schrieb er an Camerarius, »wieder zusammenneigen und also den so werten Frieden der ganzen Christenheit noch einmal vor dem Untergang dieser Welt in Gnaden geben. [...]«[29]

Es scheint, als ob dieser Notschrei, den viele Gebete begleitet haben, in jener Zeit der Hoffnungsschimmer gehört wurde. Trotz militärischer Operationen an beinahe allen Hauptflüssen des Reiches entlang wurden in Wien, Paris und Stockholm einige Denk- und Verhandlungsmodelle erarbeitet, die die Hoffnung aufkommen ließen, daß sich alle Beteiligten an diesem Krieg aus gegenseitiger Erschöpfung und mit zunehmender Einsicht in die Notwendigkeit des Kompromisses auf einen Verhandlungsfrieden einigen könnten.

Friedensfühler

Die Bemühungen Dänemarks um eine Interposition zwischen Kaiser, Schweden und den evangelischen Reichsständen sowie die Vermittlungsversuche der beiden Mecklenburger Herzöge signalisierten trotz der zeitweiligen Aufrüstung Brandenburgs die Bereitschaft, das Morden und Brennen endlich einstellen zu wollen.[30]

Die Ernsthaftigkeit dieses in allen Kanzleien innerhalb und außerhalb des Reiches verbreiteten Wunsches sollte aber noch auf harte Proben gestellt werden. Es ging nämlich den Staatsmännern darum, die »substantialia pacis« zu erarbeiten und zu sichern – die unabdingbaren Grundlagen eines universalen Friedens. Dazu gehörte im Rahmen der Wiederherstellung der Reichsverfassung auch die Forderung, daß der künftige Friede »auf einem Reichstag oder zumindest [auf einem] Kurfürstentag im Reich approbiert (angenommen)« wurde. In der Wahrnehmung dieses fundamentalen Zustimmungsrechtes, das als eine Grundbedingung jedes echten Friedens angesehen wurde, wie zur gleichen Zeit Karl I. von den besten Juristen Englands belehrt wurde,[31] lag für die Reichsstände und die Anrainer der Schlüssel zu einer dauerhaften Befriedung der zerrütteten Mitte Europas. »Wir haben keine Sicherheit zu erwarten«, heißt es denn auch folgerichtig in der Instruktion für Adler Salvius, »wenn Teutschland nicht in seine frühere Postur kommt« – in den Friedensstand der Libertät.[32]

Da die Staatsmänner Schwedens aus leidvoller Erfahrung mit der konstitutionalen Verwilderung unter den Reichsständen verschiedener Konfessionen den Teutschen ihrer Generation nicht zutrauten, alleine eine absolutistische Diktatur verhindern zu können, suchten sie nach einem brauchbaren Modell ihrer künftigen Beteiligung am libertären Leben im Heiligen Reich. So wie in Schweden selbst die Könige im Recht gebunden waren und durch den Senat oder den Reichstag kontrolliert wurden, so wollte man auch den Kaiser daran hindern, nach einem Frieden erneut mit Hilfe einer vorgeschobenen Türkengefahr das »absolute Dominat« einzuführen. Und der Kreis um Oxenstierna fand im *Erblehen* oder in der Emphyteuse das geeignete Mittel, die nationale Sicherheit konstitutional wahrnehmen zu können. Denn sie verlangten für ihren Einsatz das »gesamte Herzogtum Pommern zusammen mit dem Stift Kamin und auch Wismar«, den wichtigen Seehafen. Diese Forderung bedeutete aber nicht eine Annexion Pommerns, obgleich es »ewiglich unter die Krone Schweden« kommen sollte, sondern nur die dauernde Wahrnehmung seiner Rechte als Reichsstand. Anders ausgedrückt: Dieses Überlassen (Cession) Pommerns »wird vom Reich als ein Lehen anerkannt, wobei es sein Votum und Recht im Reich und im Obersächsischen Kreis behält«.[33]

Wird dieses Herzogtum als *Reichslehen* von der Krone Schweden politisch verwaltet, dann liegt darin neben der militärischen Macht zu Wasser und zu Lande die beste Garantie der eigenen Sicherheit! An diesem Imperativ hat Schweden fortan nicht mehr rütteln lassen und seine gesamte Politik gegenüber »Kaiser und Reich« auf die Realisierung dieses Modelles abgestellt, das ja auch die Reichsverfassungen strukturierte. Man brauchte hier nur an die Beteiligung der Könige Spaniens mittels der Herzogtümer Burgund und Mailand am politisch-rechtlichen Leben des Heiligen Reiches oder an das Stimmrecht des Königs von Böhmen bei der Kaiserwahl zu denken. Selbst das Stimmrecht eines Herzogs von Preußen bei der Königswahl in Polen[34] sowie die Teilnahme der Könige Dänemarks mittels des Herzogtums Holstein an der »herrlichen Reichsstruktur« zeigten, daß dieses Bestreben Schwedens nichts Ungewöhnliches war.

Die Gefahr einer ähnlichen Lösung gegenüber Frankreich, das sich mittels des Herzogtums Lothringen oder auch des Elsaß auf einem Reichstag dauernd in die Reichsangelegenheiten mischen könnte, wurde Ferdinand III. und der Hofburg in dieser Zeit nicht weniger bewußt. Unter dem zunehmenden Einfluß des Grafen Trauttmansdorff, der im kommenden Jahrzehnt einen erheblichen Anteil an der Kompromißbereitschaft Habsburgs gegen die Spanien-freundliche Kaiserwitwe Anna erkämpfen sollte,[35] wurde denn auch eine Instruktion für den Unterhändler Franz von Hatzfeld erstellt, welche die konstitutionale Seite eines Friedens noch herunterspielte. Hatzfeld, der gegen das Kirchenrecht gleichzeitig Bischof von Bamberg und Würzburg war,[36] sollte mit Frankreichs Abgesandten in Köln denn auch so verhandeln, daß die Einsätze des Gegners für die Restitution der Teutschen Freiheit nicht so hoch bewertet wurden. Die konstitutionale Dimension des künftigen Friedens blieb zugunsten eher »technischer« Lösungen oder materieller Vergleiche abgedrängt,[37] rückte dafür aber bei Richelieu in den eigenen Instruktionsentwürfen ins Zentrum der politischen Pläne gegenüber »Kaiser und Reich«.

Das war schon im Hinblick auf Schweden nötig, das immer schwerer zu behandeln war, je schleppender Paris seine Subsidienpflichten erfüllte.[38] Es spricht sogar einiges dafür, daß die Verhandlungen des Adler Salvius mit Habsburg in Hamburg nur geführt wurden – immerhin bis 1641 –, um Frankreich dauernd für Schwedens Kriegsziele unter Druck setzen zu können.[39] Diese Taktik Oxenstiernas drängte Paris zu libertären Zugeständnissen in der Teutschen Frage, die es seinen eigenen Ständen verweigerte. Daher besaß es aufgrund der inneren Unruhen[40] sowie der schwächeren Militärmacht weit weniger Gewicht als die Invasionsmacht aus dem hohen Norden. Der Kreis um Richelieu war sich dessen bewußt. Glaubte er, die Lehnsfrage hinsichtlich Lothringen und die Schutzfunktion des Allerchristlichsten Königs für die umkämpften Bistümer Toul,

Metz und Verdun trotz juristischer Schwierigkeiten aus eigener Kraft bewältigen zu können,[41] so rechnete er bei der Sicherung der Ostgrenze Frankreichs und gegen Habsburg ganz anders. Er verlangte nämlich »eine mächtige Liga in Teutschland, aus Katholiken und Protestanten zusammengesetzt, welche das Haus Österreich daran hindern könnte, sich absolut zum Meister zu machen und seine Waffen vom Reich aus gegen jeden beliebigen [Nachbarn] wenden zu können – je nach Maßgabe der Gier und Hitze bei den Spaniern«.

Wer diese teutsche Machtmasse in der Mitte Europas in Gestalt einer absolutistischen Diktatur beherrschte, der kontrollierte auch die gesamte Christenheit und verfügte über den Erdkreis (dominium orbis). Deshalb mußten die souveränen Kronen der Respublica Christiana permanent darauf achten, daß Habsburg nicht die Hegemonie über das Heilige Reich stabilisierte. Aus diesem Grund gestand Frankreich seinem Bündnispartner Schweden auch den Lehnserwerb über Pommern zu, um auf diese Weise »das Haus Österreich in einem gewissen Zaum zu halten« – und damit die allgemeine Sicherheit in Europa zu stärken.[42] Es galt jetzt, unter Aufbietung aller Kräfte, »das Gleichgewicht zu erhalten«,[43] wenn der Krieg seinen friedensgerichteten Sinn nicht verlieren sollte.

Diesen Auftrag nahmen sich auch die vier Stadt-Republiken Zürich, Bern, Basel und Schaffhausen zu Herzen, als sie sich an Karl I. von England wandten, um einen ernsthaften Beitrag zur »Erleichterung [Facilitierung] eines Generalfriedensschlusses in unserem geliebten Vaterland Teutscher Nation« zu leisten.[44] Die Schweizer Friedensinitiative kam nicht von ungefähr: Die Beziehungen dieser evangelischen Orte zu England waren nämlich sehr rege, nicht nur aufgrund der theologischen Nähe, sondern auch über das kurpfälzische Haus, das sich gerne der Vermittlung besonders von Zürich bediente, wenn es vor schwierigen auswärtigen Aufgaben stand.[45] So wurde Karl I. bereits 1628 für seine Bemühungen gedankt, des »Evangelischen Wesens Freiheit [...] als insonderheit der bedrängten Reformierten Christlichen Kirchen in Frankreich [...] und vieler anderer [Orte] mehr« befördert zu haben.[46]

Jetzt, zehn Jahre später, sprachen sich diese vier Schweizer Haupt-Orte »wegen [des] Teutschen Friedens« untereinander ab. Sie wollten den Plan verwirklicht sehen, daß ein Bündnis zwischen England, Frankreich, Dänemark und den Generalstaaten »zur Restitution der Teutschen Fürsten und Stände und [zur] Wiederbringung des Friedens« kraftvoll tätig werde.[47] In der Begründung ihres Bemühens ging diesen Eidgenossen, die sich noch immer der Teutschen Nation zugehörig fühlten, obgleich sie sich staatlich abgesondert hatten, das Leid der Exilanten ebenso nahe wie das unnötig vergossene Blut in diesem sich hinziehenden und gnadenlosen Bürgerkrieg. Ihre ganze Hoffnung richtete sich dabei auf die Erneuerung der »Gerechtigkeit und des Handels«, und ungebrochen erschien ihre Zuversicht, daß gerade Karl I. als ein Friedensfürst seinem Vater nacheifern und in die Geschichte eingehen werde.[48]

Der baldige Abschluß eines Allianz-Vertrages zwischen diesem König und Frankreich[49] mag die besorgten und dennoch hoffnungsfrohen Eidgenossen in ihrem Einsatz für den Frieden bestätigt haben. Doch die immer härteren Auseinandersetzungen in England selbst, wo Vertreter der Stände mit Geschick und Gelehrsamkeit diesen König zur Einhaltung der Verfassung und zur Achtung der Fundamentalrechte ihres Parlaments veranlassen wollten, deuteten in eine ganz andere Richtung: Mit der Erprobung des Patrimonialismus gefährdete Karl I. das libertäre Treuhandwesen und steigerte im Religionsstreit mit den eigenwilligen Schotten die inneren Leidenschaften bis hin zum Bürgerkrieg. Was 1618 von Böhmen aus den Teutschen Bürgerkrieg entfachte und von den Niederlanden her angeheizt wurde, das ereignete sich auf ähnliche Weise in Schottland und bald auch in Irland – der Kampf um inneren Frieden durch Sicherung der Freiheit von Bekenntnis und Besitz.[50]

Wie Ferdinand II. so hatte auch Karl I. in seiner ständigen Geldnot einige Mühe, zwischen »Mein und Dein« zu unterscheiden. Er wollte in Friedenszeiten über das Eigentum seiner Untertanen verfügen, wie es ihm nur unter den besonderen Bedingungen eines Kriegszustandes oder plötzlicher Gefahr erlaubt war.[51] Ähnlich erging es auch einem Sohn des Lukas

Friedrich Behaim. Mit ihm drohte innerhalb weniger Jahre ein zweiter »Fall Stephan Karl« über die berühmte Familie hereinzubrechen. Um dies zu vermeiden, schickte der bekümmerte Vater jenen Sohn ausgerechnet nach England, um dort libertären Anstand und Rechtsgehorsam zu lernen:[52] Tugenden, die noch eine Generation zuvor die Teutschen ausgezeichnet hatten, und die jetzt in vielen Familien zu verschwinden drohten. Kein Wunder, wenn die Kriegsfackeln Jahr um Jahr von neuem angezündet wurden und es in den Sächsischen Kreisen ebenso lichterloh brannte[53] wie in den Rheinischen Kreisen[54] und auch jenes Feuer frische Nahrung bekam, das zwischen Frankreich und Spanien 1635 entfacht worden war.

Dazu merkte Camerarius von Den Haag aus scharfsinnig und wegweisend an: »Man will zwar Schweden mit Gewalt aus dem Reich, indessen aber Spanien mitten in desselben Herzen haben, welches dann eine Materia und Occasio zu immerwährendem Kriegen mit ausländischen Potentaten sein muß. Itzo zu geschweigen, daß endlich die Geistlichen Kurfürsten selbsten den König in Hispanien in die Länge nit gerne zu einem Nachbarn werden haben wollen.«[55] Zukunftsangst beschlich diesen exilierten pfälzischen Staatsmann in Schwedens Diensten. Er sah schon, wie »unser liebes Vaterland Teutscher Nation ein wüstes Arabien werde, also nicht mehr die Kräfte habe, den Erbfeind christlichen Namens aufzuhalten«.[56] Den Türken nämlich, der sich angeblich anschickte, mit Persien einen Frieden zu schließen, was nur bedeuten konnte, daß er seine Militärmacht wieder gegen die Christenheit wenden würde.[57]

Auf Leben und Tod

Im Schatten dieses Teutschen Krieges, dessen possessive, religiöse und politische Ursachen nun auch im Inselreich Wirkungen hervorriefen, waren neben den Generälen, Diplomaten und Gesandten gewisse Lichthändler unterwegs. In Francis Bacons »Nova Atlantis«, die 1638 zum ersten Male publiziert wurde, tragen sonderbare Männer diesen Ehrentitel. Er berechtigt sie, in fremde Länder zu reisen, um dort allerlei Bücher und neue technische Verfahren auf jedem Wissensgebiet zu erwerben – Atlantis zu großem Nutzen.[58]

Diese Reisenden in Sachen Wissenschaft und Aufklärung erinnern nicht nur an Comenius, Samuel Hartlib oder Descartes, sondern auch an bestimmte Dunkelmänner, deren Lebenssinn anscheinend nur im Erwerben und Ererben materieller Güter bestand. Vom christlichen Wachstumsdenken (»Macht euch die Erde untertan...«) angetrieben und legitimiert, konnte ihnen sogar die Ehe nur als »ein bloßes Geschäft« erscheinen. Das Weib galt als eine Ware, deren Wert genau berechnet sein wollte. Die »spanische« und dann die »französische Heirat« Karls I. hatten diese Einstellung ebenso vor Augen geführt, wie es bald die »schwedische Heirat« Friedrich Wilhelms von Brandenburg tun würde. Ehen wurden damals in Europa oft erst eingegangen, »wenn Blüte und Kraft der Jugend bereits erloschen« waren. Man fragte dabei in erster Linie »nach Verwandtschaft, Mitgift oder Ansehen«, ein gewisses »Interesse an der Nachkommenschaft« bestand zwar auch, aber im Grunde nur als Bestätigung des patrimonialen Wahns und der Jagd nach einem Erben.[59]

Glück in dieser Hinsicht hatte in diesem Jahr 1638 vor allem Maximilian I. von Bayern: Seine junge Frau aus dem Hause Habsburg schenkte ihm den so lange ersehnten Erben: Ferdinand Maria. Der erste Vorname erinnerte unmißverständlich an den im Jahr zuvor verstorbenen Kaiser und Großvater, während der zweite den alternden Vater an seine Großtaten in der Schlacht am Weißen Berg gemahnte, die in diesem Jahr mit der Errichtung der Mariensäule vor dem Münchener Rathaus gefeiert werden sollten.[60] Auch Ludwig XIII. erlebte zu dieser Zeit erste Vaterfreuden, hatte ihm doch eine andere Habsburgerin endlich den Thronfolger zur Welt gebracht, an dessen späterer Erscheinung ein eigenartiger Lichtkult reichlich Gefallen finden sollte – Ludwig XIV.[61]

All diesen Sehnsüchten des Fleisches nach leiblicher Verewigung irdischer Besitzstände hatte der Kapuzinerpater Joseph für sich persönlich abgeschworen. Aber sie waren ihm auf dem Gebiet der hohen Politik und des Staatslebens, das er fast zwanzig Jahre lang im Dienst der Krone Frankreich mitgestalten durfte, keineswegs fremd geblieben. Er galt als »graue Eminenz«, die im Umkreis des Königs und Richelieus einflußreich zu wirken verstand. Eine teutsche Stimme meinte auf dem Höhepunkt der schweren Krise von 1631, in der Frankreich vor dem Ausbruch eines Bürgerkrieges stand: Der Kardinal habe zwar »das politische Gubernament zu Land und zu Wasser absolute« in der Hand und regiere auch den König »völlig und allein«, aber Richelieu selber »wird von dem Pater Josepho in allen Dingen und durch alles einzig guberniert und consequenter das ganze Französische Königreich«.[62]

An dieser Einschätzung trifft manches zu, wenngleich angemerkt werden muß, daß sich dieser machtbewußte, zum religiösen Mystizismus neigende und visionäre Kirchen- und Staatsmann nicht immer durchgesetzt hat. Der von ihm mehrfach geforderte Kreuzzug gegen die Türken, den auch der Grieche Nicephori Romanus 1631 von Gustav Adolf zu erhalten gehofft[63] und der politische Abenteurer Scoppius noch 1634 als »Heiligen Krieg« gefordert hatte,[64] fand nicht statt. Auch in der Teutschland-Politik ist Père Joseph einiges mißlungen, obgleich er mit den »choses allemandes« fast so gut vertraut war wie der brutal beseitigte Fancan. Das trifft vor allem auf das Verhältnis zu Bernhard von Weimar zu, der trotz aller Stützgelder aus Paris militärisch und politisch seine eigenen Interessen zu wahren wußte. Gerade an diesen komplizierten Beziehungen zwischen dem Kardinal-Regime und dem teutschen Condottiere drängt sich der Gedanke über den Unterschied von lenkendem Einfluß und leitender Entscheidung auf. Der politisierende Kapuziner konnte als intimer Berater und gelegentlicher Unterhändler – wie 1630 in Regensburg – oft nur empfehlen, was zu tun sei. Eine Entscheidung durfte er jedoch nicht allein treffen.

Berücksichtigt man diese Beschränkung, dann wird verständlich, warum es nicht gelingen wollte, die militärischen Erfolge Bernhards von Weimar an der Ostgrenze und Rhein-Linie politisch besser zu nutzen. Der Sieg des Herzogs bei

Rheinfelden über die »Armeen [des] Duca di Savelli und Johann von Werth«,[65] sowie die »abermalige schöne und sehr große Viktoria« seiner Armee gegen Savelli und den »Grafen von Götz« bei Wittenweier diente weniger Frankreich als dem »Evangelischen Wesen« im Heiligen Reich und der »Krone Schweden«.[66] Den Fall der wichtigen Festung Breisach, die Bernhard regelrecht ausgehungert und ermattet hatte,[67] konnte Père Joseph ebenfalls nicht politisch gegen Habsburg umsetzen. Denn als diese gute Nachricht eintraf, rang er bereits mit dem Tode. Ob er sie noch bewußt wahrgenommen hat, ist nicht sicher. Gewißheit aber besteht, daß mit dieser »grauen Eminenz« ein großer Staatsmann abgetreten ist, der etwas vom Wert der umkämpften Teutschen Libertät für den Frieden und das Gleichgewicht in Europa verstanden hat: Das »gerechte Gleichgewicht« (aequilibrium iustum) nach außen konnte nur dann herrschen, wenn es im Inneren des Heiligen Reiches selbst Bestand hatte und dem Völkerrecht entsprach.[68]

Für diese Einsicht hatte der Kirchenmann im Dienste seiner Krone Frankreich gewirkt, deren Staatsleitung mit einiger Besorgnis nach Savoyen schaute, wo es nach dem Tode des Herzogs galt, den Einfluß Spaniens abzufangen.[69] Beunruhigte Blicke gingen von Paris auch nach London, wo Karl I. dem geflohenen Kardinal-General La Valette und Maria di Medici Zuflucht gewährt hatte. Die Königinmutter ertrug das Exil zwar nicht und hatte bald nur noch den Wunsch, sich in Frankreich »sanft auf den Tod vorzubereiten«, aber ein Nachgeben von seiten des Königs und des Kardinal-Premier hätte jetzt die gespannte innere Lage gefährlich belastet.[70]

All diese und andere Besonderheiten im zerrütteten Frankreich waren Bernhard von Weimar nicht entgangen, der in Schwedens Reichskanzler Axel Oxenstierna seinen »großen Patron und Herrn Vater« sah und all seine Militärmacht für die »bedrängte evangelische Kirche« ebenso in die Waagschale warf[71] wie für sich selbst. Mochten auch Pläne hinsichtlich einer Ehe mit Amalia von Hessen, der Witwe des Landgrafen Wilhelm V., noch nicht zu realisieren sein, so stand ihm doch nach dem Verlust seines Herzogtums Franken das eroberte Elsaß als guter Ersatz für all seine Mühen vor Augen. Was einst Mansfeld in diesem »Patrimonialland« Habsburgs nicht gelingen wollte,[72] nahm unter seiner Führung Gestalt an, als er zwichen Hoch-Burgund und dem Unter-Elsaß operierte und die strategische Bedeutung dieser Landschaften kennenlernte. Aber auch dieser Traum von einer eigenen Bastion gegen Habsburg, die zur Sicherung der Teutschen Libertät und des »geliebten Vaterlandes« genutzt werden sollte, zerrann. So wie Mansfeld auf dem Wege nach London von einem Fieber vorzeitig dahingerafft wurde, so befiel auch Bernhard von Weimar während des Sommer-Feldzuges 1639 eine fiebrige Krankheit.

Sie ließ ihm, dem Unverheirateten und Erbenlosen, gerade noch die Zeit, testamentarische Anweisungen zu geben. Darunter die Empfehlung, daß die von ihm gehaltenen Lande und Orte im Elsaß an seine Brüder gehen sollten oder im Falle ihrer Ablehnung an den König von Frankreich. Doch war dies mit der wesentlichen Einschränkung versehen, daß diese »Lande dem Reich restituiert werden sollen, wenn es zu einem Universalfrieden kommen wird«. Zu ihrer weiteren Sicherung dachte er noch an eine Verbindung zwischen seinen Brüdern und Schweden, das ja in Benfeld und um Kleeburg vitale Interessen besaß. Nachdem er die Kleinodien seinem Haus vermacht hatte, bereitete er sich auf die Begegnung mit seinem richtenden Gott vor. Wie sein großer Gegner Tilly zu Ingolstadt brachte er noch die Kraft auf, mit Fieberstimme und rasendem Herzen auszurufen: »Vater, in Deine Hände befehle ich Dir meinen Geist.« Dann nahm ihm der Tod am 30. Juni 1639 das Licht des dämmernden Sommertages aus den Augen und übergab ihn der ewigen Nacht.[73]

Der Tod, dieser Meister aus den Sümpfen und Herr über die unzähligen Schlächtereien dieses Teutschen Krieges, schaffte in diesem Jahr seltsame Klarheiten in den Reihen der hohen Kriegsherren. So begegnete ihm auch der Schweizer Condottiere Jürg Jenatsch während eines heiteren Nachtessens mit Musik und Tanz. In Tierfelle gehüllt, stürzte sich eine Handvoll Mörder auf den zum Katholizismus konvertierten Soldatenführer und erschlug ihn wie einen tollwütigen Hund.[74] Auch Henri de Rohan, der im Veltlin lange Zeit die Interessen Frankreichs militärisch abgesichert hatte, fand ein vorzeitiges Ende.[75] Es blieb selbst dem zähen englischen Generalmajor Ramsay nicht erspart, dem geschickten Verteidiger von Hanau. Trotz aller Bemühungen der Ärzte konnte sein vereitertes Bein nicht mehr geheilt werden, so daß ihn in Marburg der Tod ereilte,[76] gerade als sich in Groß-Britannien von Schottland aus und Irland her der Bürgerkrieg zwischen König und Ständen zu entwickeln begann.

Unter all diesen »Masters of War«, die ihr Dasein künstlich auf Leben und Tod gestellt hatten, wurde Bernhard von Weimar als ein »rechter Wunderheld« gepriesen und sein Name als »ein edel Rauchwerk« empfunden. Wie bei Wallensteins Sarginschrift, so wirkt auch diese Formel aus seiner Leichenpredigt recht doppeldeutig. Rauchwerk, das konnte sein kriegerisches Handwerk sein, an dessen Scheußlichkeiten er selbst manchmal wie Gustav Adolf verzweifeln wollte. Es konnte aber auch Hermelin gemeint sein und an das menschliche Bemühen dieses Kriegsherren erinnern, die »Kron der Gerechtigkeit« auf Erden zu erkämpfen. Und dabei sei es ihm nach dem Tode des Schweden-Königs gelungen, »die verlassenen Teutschen samt dero wahren Religion und Freiheit ganz eifrig beschützet und errettet« zu haben.[77]

Schutz hatte er mit seiner Armee nach dem Unglück von Nördlingen immer wieder zu gewähren versucht und dabei die politische Mission seiner Einsätze nie aus den Augen verloren, nämlich den Krieg in den Dienst des ersehnten Universalfriedens zu stellen. Die Errettung vor Habsburgs Gegenreformation und Besitzgier jedoch war ihm nicht geglückt, ja sie lag trotz der Friedenssondierungen aller Kriegsbeteiligten noch in einiger Ferne und kostete weiterhin »viel Christenblut«: während der Schlacht bei Chemnitz, in der Johan Banér »die ganze Kaiserische und Kur-Sächsische Armee zu Grunde gerichtet« hatte,[78] und bei seinem erfolgreichen Kriegszug durch das völlig ermattete Böhmen,[79] wo er Prag zu belagern begann.[80]

Diese Operationen für die »gerechte und siegführende Sache« Schwedens,[81] das sich fortan auf die militärische Kontrolle von

Pommern über Schlesien und Böhmen bis nach Ungarn konzentrieren sollte, um Druck auf Wien auszuüben, stützten die geheimen Verhandlungen mit dem Kaiser in Hamburg. Dort hatte der Unterhändler Adler Salvius in engem Kontakt mit Oxenstierna und der Reichsleitung in Stockholm damit angefangen, alle Möglichkeiten auszuloten, die ein künftiger Friedensschluß bieten konnte. Gleichzeitig wurde mit diesen Verhandlungen auch Frankreich gefügig gehalten, das an der Wende zum neuen Jahrzehnt noch nicht fähig war, Habsburg aus eigener Kraft im Heiligen Reich niederzuringen.[82] Die anhaltende Finanzkrise, die Hofintrigen und der Jansenismusstreit mit all seinen Leidenschaften und Rückwirkungen auf Staat, Kirche und Gesellschaft[83] blockierten immer wieder die innere und äußere Politik Richelieus, der allerdings in dem Italiener Mazarin einen glänzenden Ersatz für Père Joseph gefunden hatte.[84] Außerdem gab es im Laufe des Jahres 1640 eine Reihe von Anzeichen dafür, daß Richelieus Reformkurs erste Erfolge zeitigte: So schlug die neue französische Flotte Spaniens desolate Schiffsverbände bei Dover, während das reorganisierte Heer die Spanier aus Casale in Italien vertrieb.[85] Und die Bereitschaft, bald mit Habsburg »über einen allgemeinen Frieden« (de pace unversali) verhandeln zu lassen, bestätigte ebenso, daß Paris auch in einem gewissen Einvernehmen mit der Römischen Kurie entschlossen war, sich von Schweden in der Teutschen Frage nicht den Rang ablaufen zu lassen.[86]

Herausforderungen

»Angemaßte Souveränität«?

In seiner Eigenschaft als Herzog von Holstein und zeitweiliger Inhaber des Erzbistums Bremen bemühte sich Christian IV. von Dänemark bei Schwedens Oberbefehlshaber Johan Banér darum, »die Neutralität für den ganzen Nieder-Sächsischen Kreis und alle Glieder desselben ohne Unterschied« zu erhalten.[1] Was dieser ›teutsche Däne‹ auf friedliche Weise suchte, mußten sich die Niederlande gleichzeitig hart von Spanien und Habsburg erkämpfen.

Seit der Wiederaufnahme des Krieges im Jahre 1621 und erst recht nach den gescheiterten Friedensverhandlungen elf Jahre später[2] wurde in Amsterdam und in Den Haag unermüdlich daran gearbeitet, die eigene Souveränität als Freie Republik anerkannt zu bekommen und in *bewaffneter Neutralität* diese Unabhängigkeit auch von »Kaiser und Reich« bewahren zu dürfen. In dieser Statuserhöhung lagen Kriegsziel und Friedenszweck. Deshalb war es notwendig, den Erbvertrag von 1548 radikal zu ändern und dabei die Eigentumslage umzukehren.[3] Nach Maßgabe der erwähnten Erblehns-Beziehung gehörten die Niederlande zum Heiligen Reich und waren nichts anderes als ein Lehen (feudum sacri imperii), das »dem König in Spanien als Herzog zu Burgund« von »Kaiser und Reich« treuhänderisch überlassen wurde.[4]

Aber mit den Kriegszügen seit 1566, die Habsburg aus einem patrimonialen Verständnis des Erbbegriffs und im Geist der Gegenreformation gegen die verbrieften Rechte der Stände begonnen hatte, war das Prinzip der Gegenseitigkeit und des vertraglichen Gleichgewichts zwischen »Land und Herrschaft« verletzt worden. Als sich diese von Herzog Alba bedrängten Provinzen als »des Reiches Mitglieder und Lehensleute« 1570 aber auf dem Reichstag zu Speyer um Rechtshilfe und militärischen Beistand bei »Kaiser und Reich« bemühten,[5] da wurden sie bitter enttäuscht. Es blieb ihnen gar nichts anderes übrig, als sich auf das libertäre Widerstandsrecht zu berufen und den bewaffneten Kampf gegen die Patrimonialisten zu beginnen, zumal ihnen der Schutz des Religionsfriedens von 1555 verweigert wurde und die »spanischen Minister« die Hoheitsrechte (iura superioritatis) ihres Königs höher bewerteten als die Fundamentalrechte der Stände.[6]

Nach dem Scheitern des *Pacifikationstages* zu Köln im Jahre 1579, der die vertragliche Erblehns-Beziehung zwischen Herzog und Ständen wieder herstellen sollte,[7] sahen sich die Niederländer erst recht gezwungen, sich »zugleich vom Reich und dessen Souveränität ganz zu entziehen und einen neuen Staat [statum] zu formieren, welcher niemand als ihm selbst und ihrem eigenen Gefallen unterworfen« sein sollte. Diese Eigenbestimmung bedeutete aber nichts anderes, als sich in den Außenbeziehungen wie ein Patrimonium zu verhalten, während sie im Inneren weiterhin libertär organisiert blieben. Ihr ganzes Streben war denn auch mit den Waffenerfolgen und dem Waffenstillstand bis 1621 darauf gerichtet, daß Kaiser Ferdinand II. – entgegen seiner Wahl-Kapitulation und seines Titels »Mehrer des Reichs« – ihre »angemaßte Souveränität de facto konfirmieren« müßte.[8]

Was Kaiser Ferdinand III. in Absprache mit den Kurfürsten hier formulieren ließ, entsprach der Unabhängigkeitspolitik Den Haags, wenngleich man dort von »Usurpation« und ungesetzlichem Widerstand nichts wissen wollte. Denn ihre Ablösung vom Rechtsverband des Heiligen Reiches war durch die Verfassungsbrüche Habsburgs verursacht worden, das jetzt eine »offene Formal-Neutralität« für diese Niederlande zugestehen sollte. Damit wären diese Vereinigten Provinzen »vor des Reiches Waffen genug versichert und hätten daher von dem Reich im Rücken nichts zu fürchten. [...]«[9]

Gelang es also, das Heilige Reich im Inneren so zu befrieden, wie es der libertären und Herrlichen Reichsstruktur entsprach, dann konnten die Generalstaaten nicht nur ihr nationales Eigenleben als souveräner Staat fortsetzen, sondern auch ihre Expansionspolitik nach Südamerika und Ostasien intensivieren. Mehr noch, sie hätten nach einer solchen Friedensgarantie ihre Hände frei, sich »in alle Händel einzumischen« und sogar »das Schiedsgericht über das Reich und den ganzen Erdkreis [arbitrium imperii et universi orbis] an sich [zu] ziehen«.[10]

Die eigene Globalmacht Stück für Stück an diese »Ketzer« und »Rebellen« abtreten zu müssen, war ein für Habsburg schmerzhafter Prozeß, der sich 1640 auf bestürzende Weise bestätigen sollte. Denn während bewaffnete Expeditionen der Westindischen Compagnie die Brückenköpfe in Brasilien, an der Wild Coast, in der Karibik und an der Westküste Nordamerikas erweiterten,[11] von der Malabar-Küste Indiens bis nach Timor mit den »spaniolisierten« Portugiesen um die koloniale Vorherrschaft kämpften,[12] unterstützten die Generalstaaten im Verbund mit Schweden und Frankreich den *Aufstand der Braganzas* in Portugal. Und dies zur selben Zeit, in welcher der englische Bürgerkrieg nach jahrelangem Schwelen ausbrach,[13] Spanien ökonomisch fast völlig erschöpft war[14] und Habsburg durch die erstarkte Militärmacht Frankreichs im Heiligen Reich in die Enge getrieben wurde.[15]

Noch vor dem dynastisch und national begründeten Abfall Portugals von Spanien hatte sich Olivares im Staatsrat darüber beschwert, daß »sich von Tag zu Tag mehr das Fehlen militärischer Köpfe fühlbar macht und die Notwendigkeit, auf ihren Einsatz bedacht zu sein«.[16] Doch fähige Militärs allein hätten wohl nicht die Versäumnisse ausgleichen können, die das Olivares-Regime seit fast zwanzig Jahren – ganz im Geist der zentralistisch gesinnten Habsburger – zugelassen hatte.[17] Den Herzog von Braganza, der sich als Johann IV. zum König von Portugal ausrufen ließ, als »unvernünftiges Tier« zu beschimpfen,[18] führte nicht an der Erkenntnis vorbei, daß die Souveränität des Nachbarn nunmehr eine Realität war, die nichts mit Anmaßung oder Usurpation zu tun hatte.

Die Politik des Olivares war wie jene Ferdinands II. durch ein hohes Maß an Blindheit gegenüber der Wirklichkeit gekennzeichnet. Der *Aufstand in Katalonien* verdeutlicht diese Schwäche seines späten Regimes noch mehr als die revolutionären Vorgänge in Portugal. Als ein unbeirrbarer Verfechter der Hegemonie Kastiliens und Madrids über alle anderen Königreiche und Landschaften Spaniens hatte er kein Verständnis für den immer noch vitalen Regionalismus in der Monarquía española entwickelt. Außerdem versündigte er sich Jahr um Jahr beim Eintreiben von Geld und beim Rekrutieren von Soldaten an den Rechten der Stände. Ihre Hilfen durften nur zu einer Notwehr verwendet werden, während sie Olivares für Angriffskriege mißbrauchte.[19] Als dann noch den Kataloniern der Gebrauch ihrer Muttersprache verboten und das Kastilische aufgezwungen werden sollte, brach sich der regionalistische Patriotismus Bahn und führte nach der Ermordung des Gouverneurs Santa Coloma zu einer gefährlichen Widerstandsbewegung. Madrids Gegenmaßnahmen steigerten nur die entfachten Leidenschaften in Barcelona und im übrigen Katalonien, so daß es zur Ausrufung einer Freien Republik kam, die ähnlich den Niederlanden unmittelbare Unterstützung von Frankreich erhielt.[20]

Wo immer sich in dieser Zeit eine »angemaßte Souveränität« mit Hilfe von Nachbarn sichern ließ, war ihr ein Machtmißbrauch der Herrschenden vorausgegangen, die sich nicht mehr an die Bindungen des feudalen Treuhandwesens halten wollten. Die zahlreichen Gegner des freiheitsfeindlichen und hegemonialistischen Hauses Habsburg wußten zu genau, was sie eben dieser Sicherung des Lehnswesens und der Libertät nicht nur in Portugal oder Katalonien, sondern vor allem im Heiligen Reich zu verdanken hatten – die eigene Souveränität als freiheitlicher Ausdruck des Selbstbestimmungsrechtes.[21]

»*Kaiser und Reich*«

In einer seiner präzisen Lagebeschreibungen machte Johan Banér eine wichtige Beobachtung bei böhmischen Exilanten und vor allem bei den im Lande verbliebenen protestantischen Schlesiern. Diese hätten nämlich nach der harten Gangart Ferdinands III., der die Ziele der Gegenreformation zeitweise ebenso unnachgiebig verfolgte wie sein Vater, »nicht das Herz, ihre versperrten Kirchen zu öffnen und den Predigern, so noch vorhanden sind, ihr Amt verrichten zu lassen: So tief ist bei denselben die Kleinmütigkeit und [das] Mißtrauen [gegenüber] der [gerechten] Sache und der Respekt gegen den Kaiser eingewurzelt. Und in summa wird [...] sowohl bei Böhmen und Schlesiern das Zeitliche dem Ewigen vorgezogen und ihr gegenwärtiges Befreiungsmittel vernachlässigt und in den Wind geschlagen«.[22]

Gerade jetzt, wo sich doch im Hinblick auf den ersehnten Universalfrieden das gesamte politische Interesse der Nation auf das öffentliche Leben konzentrieren sollte, wurde verstärkt der Rückzug ins Privatleben angetreten und selbst den Schweden als Befreiern von der habsburgischen Unterdrückung in religiösen Angelegenheiten die kalte Schulter gezeigt. Mit einer aktiven Unterstützung am weiteren Befreiungskampf bis zum »gerechten Frieden« konnte diese Invasionsmacht hier nicht rechnen, obgleich die Hofburg solche Befürchtungen hegte. Banér will auch noch gehört haben, daß Ferdinand III. fest entschlossen sei, eine Protektion Schwedens über Schlesien und Böhmen mit dem Argument zu verhindern, »keinem Fürsten im Reich seien die Hände so gebunden, daß er nicht in seinem Lande die Religion, so ihm gefiele, exercieren und nach seinem Belieben reformieren lassen dürfte. Diese *absolute Potestät* [Macht] würde der Kaiser in seinen Erblanden auch nicht quittieren wollen«.[23]

Aus dieser Position des Absolutismus auf Territorialebene und im Religionsbereich konnte jeder Beobachter die Privatisierung des Politischen ableiten, die eine Hauptursache des Teutschen Krieges und eine Verhinderung des Teutschen Friedens war. Das immer stärker »mitlaufende Privatinteresse« der Hohen Herren blockierte zunehmend die Substanz der libertären Staatsauffassung. Ohne deren Garantie auf Gegenseitigkeit aber konnte niemand wirklich verträglich werden und bleiben. Das Drittrecht (ius tertii) war Ausdruck der Treuhänderschaft. Der unabdingbare Respekt vor ihm verlangte jedoch, daß die »Privatrespekte beiseite gesetzt und allein das Wohl des Gemeinwesens so wie des Volkes als höchstes Gesetz gehalten würde, ehe sowohl der Türke die Gelegenheit zu seinem Vorteil ergreifen als Frankreich den Fuß tief ins Reich setzen möchte«.[24]

Diese Hoffnung des Camerarius auf den Nürnberger Kollegialtag am Beginn des Jahres 1640 erfüllte sich nicht ganz. Denn Ferdinand III. schien trotz des militärischen Drucks der Schwe-

Sitz-Ordnung zum Reichstag von 1640 in Regensburg für den Kaiser, die Kurfürsten und die drei Kurien (geistliche und weltliche Fürsten samt der Städte-Bank) (Sammlung UB Ffm).

den in Böhmen und der schwierigen Lage Spaniens noch wenig bereit zu sein, seine Haus-Interessen einzuschränken. Und auch die Einberufung des Reichstages – erstmalig seit 1613 – nach Regensburg sollte nicht den Hoffnungen auf Entspannung zwischen Kaiser und Reich gerecht werden, die daran geknüpft wurden.[25]

Denn mit diesem Schritt bekannte sich der Habsburger nur formal zur dreiteiligen Verfassung und Vertragsordnung des Heiligen Reiches, dessen Treuhänder er nach Maßgabe seiner Wahl-Kapitulation von 1637 zu sein hatte. Er vollzog damit im Prinzip nichts anderes als Karl I. in England: Auch dieser sah sich gezwungen, das Parlament wieder einzuberufen, das er seit 1629 übergangen hatte.[26] Die Gleichzeitigkeit beider Ereignisse zeigt, wie stark die gemeineuropäische Tradition der Libertät und des damit verbundenen »Quod omnes tangit«-Denkens im öffentlichen Leben noch war.[27] Die Kräfte des Depotismus hatten sich dank Schweden, Niederländern, Schweizern, Polen, Siebenbürgern und Venetianern erhalten und konnten in Portugal, Katalonien und vor allem im Heiligen Reich viele politische Gemüter aufmuntern, dem Despotismus der Patrimonialisten zu widerstehen.

Dazu mußten aber auch die Staats- und Verfassungsideen verstärkt diskutiert werden. Was Althusius im Geiste der Monarchomachen oder Limnäus zur Verteidigung der Teutschen Libertät bereits entwickelt hatten,[28] fand nun eine Bestätigung, die Wien in helle Aufregung versetzt haben soll. Denn mit der Einberufung des Reichstages erschien unter dem Pseudonym Hippolithus a Lapide eine umfangreiche Schrift mit dem Titel »Dissertatio de Ratione Status in Imperio nostro Romano-Germanico«. Darin erfuhr nicht nur Habsburg eine begründete Absage an seinen Absolutismus und Hegemonialismus, sondern auch die Reichsstände erhielten eine Rechts- und Verfassungsbelehrung, die zu den Höhepunkten der teutschen und europäischen Rechtskultur gehört. Der Autor[29] konzentrierte sein Hauptinteresse auf die mehrfach erwähnte »Herrliche Reichsstruktur« mit ihrem vertraglichen Drittrecht, mit den Drei Vorrechten (Majestät des Kaisers, Autorität des Kurfürsten und Libertät der Reichsstände)[30] und den Treuhand-Bindungen mit ihrer constitutionalen Concurrenz.[31]

Den politisch interessierten Teutschen wurde darin gezeigt, was Habsburg seit 1618 zu verweigern und zu zerstören suchte – die Ruhe im Recht und den Frieden nach Verträgen. Dessen ungeachtet wurde der Autor als Gotteslästerer, Majestätsschänder und gar als Hochverräter beschimpft.[32] Einer seiner Hauptgegner war ein Gelehrter, der 1660 tatkräftig mithelfen sollte, in Dänemark die libertäre Verfassung der Wahl-Monarchie in die patrimoniale Diktatur eines Erbsystems zu verwandeln, das erst 1852 dem freiheitlichen Parlamentarismus weichen sollte.[33] Der Jurist Reinking, der in den »Marburger Erbhändeln« einschlägige Erfahrungen zum Einfluß des patrimonialen Erbdenkens auf politische Strukturen sammeln konnte, erkannte in seiner Gegenkritik denn auch, daß die Reichsstände bei Lapide nicht nur als gleichwertig, sondern in gewissen Fällen sogar als dem Kaiser übergeordnet aufgefaßt werden mußten.[34]

Nichts aber konnte Habsburgs Auffassung von der »Majestät« eines Fürsten im Sinne des Jesuitismus und der »absoluten Potestät« mehr widersprechen als die Berufung auf eine »Libertät« der Stände, die sich in der »Autorität« des Naturrechtes rückversicherte und damit den Habsburg-Kaisern ihre absoluten Grenzen aufzeigte. Maximilian von Bayern, der sich gegenüber seinen Landständen selbst absolutistisch benahm, stellte dazu als Reichsstand nach zwanzig Jahren Kampf mit und gegen Habsburg denn auch fest: »Mangelt es am Haupt«, dann »müssen sich die Glieder selbst erhalten, wann sie nit den ganzen Leib in die Gruben kommen lassen, sonst wird es Dismembration geben.«[35]

Mit dieser harschen Kritik an Ferdinand III. drückte Maximilian nicht nur seine Verachtung für die Unfähigkeit der Wiener Hofschranzen aus, das Finanz- und Kriegswesen leidlich zu ordnen,[36] sondern auch seine Bereitschaft, die Einigkeit unter den zerstrittenen Reichsständen zu fördern, damit sie das Heilige Reich in seinem Bestand erhalten konnten. Dazu war es jedoch vor allem nötig, die Teil-Amnestie des »Prager Friedens« zu einer Universal-Amnestie auszuweiten. Hessen-Cassel, Lüneburg oder Braunschweig und andere Stände oder Städte durften nicht länger als »Reichsfeinde« behandelt werden, wenn dieser Krieg zu einem friedlichen Ende gebracht werden sollte.[37] Und auch Kur-Brandenburg mußte ein Äquivalent gewährt werden, ein substantieller Ausgleich für Pommern, das als »Reichslehen« der Krone Schweden im Gespräch war.[38]

Aber statt diesen Weg der konstitutionalen Versöhnung zu beschreiten, schloß Ferdinand III. vor allem die streitbaren Hessen und Braunschweig vom Regensburger Reichstag aus. Damit gab er nur zu erkennen, wie recht Lapide in seiner Kritik an der Politik Habsburgs hatte: Es war eine Politik, die von einer umfassenden Concurrenz zwischen Haupt und Gliedern nicht viel wissen wollte. Wie schon Maximilian Abspaltungen (Dismembration) vom Heiligen Reich befürchtete, weil Ferdinand III. nicht von seinem Absolutismus auf Reichsebene lassen wollte, so kommentierte auch Camerarius den Wiener Hochmut: »Ich sehe, daß man noch, wie zuvor, vornehmlich alles auf Teilungen [divisiones] dirigiert. Dadurch ist bisher Österreich groß und mächtig worden, Teutschland aber fast zugrunde gegangen. Wollen nun dabei die Kurfürsten nicht wachsam sein [vigilieren], so werden sie es schwer zu verantworten haben.«[39]

Mit diesem Separatismus und egoistischen Haus-Interesse, das sich nicht auf das Gemeinwohl (ius tertii) beziehen wollte, hatte Habsburg immer Politik auf Kosten des Heiligen Reiches getrieben und somit auch den Teutschen Krieg zu verantworten. Maximilian von Bayern, der sich an der Seite dieses Erzhauses einiges für sich selbst ausgerechnet hatte, durfte 1640 wieder einmal erfahren, wie nötig es war, das Reich in seiner libertären Verfassung gegen diesen Kaiser zu erhalten, wenn er sich seiner eigenen Postition in Zukunft erfreuen wollte. Deshalb näherte er sich auch Frankreich,[40] während Ferdinand III. gegen Banér das Kriegsglück verließ,[41] und hoffte auf ein Arrangement mit Kur-Brandenburg. Denn dessen junger Kurfürst Friedrich Wilhelm neigte nach dem Tode seines neutralistischen Vaters Schweden zu, schon weil er glaubte, eine Heirat mit Königin

Christina könnte seinen Status erhöhen und die Pommern-Frage lösen helfen.[42]

Verstärkten sich diese Beziehungen teutscher Hauptstände zu den beiden Invasionsmächten, dann konnte das eintreten, was Ferdinand III. verhindern wollte – eine Erneuerung der Allianz zwischen Frankreich und Schweden zu seinem Nachteil. So hatte er mit dem Regensburger Rumpf-Reichstag beabsichtigt, nach Schwedens Abfindung mit Pommern die Reichsstände für einen konzentrierten Kampf gegen Frankreich gewinnen zu können. In seinem absolutistischen Besitzdenken glaubte er allen Ernstes, daß sich ein so libertär eingestimmter Staatsmann wie Oxenstierna einfach mit einem Territorium für die Kosten der Invasion aus diesem Ringen um Gegenseitigkeit und Gleichgewicht drängen lasse. Ging es doch Schwedens Kanzler um die Garantie des Drittrechtes als Sicherung der Teutschen Libertät! Dieses aber bestand für ihn in der Rechtsqualität Pommerns, das über Sitz und Stimme auf dem Reichstag sowie im Fürstenrat verfügte und damit den Kaiser einer unmittelbaren Verfassungskontrolle unterwerfen konnte. Ferdinand III. hatte jedoch die Chance nicht erkannt, mit den libertären Energien der Reichsstände und deren *Comitialcompetenz* (Reichstagsfähigkeit) die eigene Rechtsposition als Kaiser auf der Basis der Reichsverfassungen zu stärken und damit den Frieden einzuleiten.[43] Stattdessen wählte er unter dem Einfluß Spaniens eine grobe Politik der Konfrontation, die kaum Gewinn versprach: weder für seinen Haus-Staat noch für das Reich. Es mußten also wieder einmal die Waffen sprechen, um diesen Habsburger daran zu erinnern, daß er auf eine Verfassung geschworen hatte, die eine Friedensordnung und die Herrschaft des Rechts voraussetzte.

Pommern und Elsaß

Schweden hatte sich in Pommern nach dem Tode des letzten und erbenlosen Herzogs (1637) recht geschickt verhalten. Manchmal wurde zwar das »Kriegsrecht« (ius belli) in besonderen

Situationen angewandt, aber in der Regel bemühte man sich, dieses Herzogtum als libertäre Landschaft in Gestalt der Landstände zu behandeln und als Bündnispartner ernstzunehmen.

Eine nationalistische Historie hat unter Auslassung des Rechts- und Verfassungsbezugs die Krone Schweden als brutale Eroberungsmacht hingestellt. Die neuere Forschung konnte jedoch zeigen, daß diese Einschätzung nicht stimmt, wie schwer das Los der Stände zeitweise auch gewesen sein mag.[44] Nachdem im März 1638 die »hinterlassene fürstliche Regierung« zurückgetreten war, mußten die königlichen Kommissare aus Schweden dafür sorgen, einen modus vivendi auf der Basis der Allianz von 1630 und Pommerns neuer Verfassung von 1634 zu finden. Dabei kam es vor allem darauf an, diesem Herzogtum eine leistungsfähige Verwaltung nach schwedischem Vorbild zu geben und zunächst alle Ansprüche Kur-Brandenburgs abzuwehren. Dieses politisch-rechtliche Ziel war seit 1640 deshalb erreicht worden, weil sich die Krone Schweden in diesem Reichsstand nicht als »unumschränkte Herrin« (absoluta domina) betätigte, sondern als libertärer »Vertragsfürst« (princeps foederis) auftrat.[45]

Auf dem Konvent zu Greifswald (1641) gelang es sogar, die recht mißtrauischen Landstände wieder zu aktivieren. Sie durften fortan das Kontributionswesen an Geld und Getreide sowie die gesamte Steuerverwaltung übernehmen.[46] Dabei fühlte sich das Gouvernement Schwedens gewissermaßen als Kontrolleur und bestätigte mit seinem Verhalten das, was Bodin mit der scharfen Trennung von »Etat« (Verfassung) und »Gouvernement« (Verwaltung) gemeint hatte. Auf Pommern bezogen bedeutete diese Unterscheidung, daß die Fundamentalgesetze seiner Verfassung in Gestalt der Religions- und Reichsrechte unangetastet blieben und sich die Verwaltung dementsprechend als Akzidens an dieser Substanz orientierte. Ein an das Imperium Romanum erinnerndes Verfahren also, dessen Annahme dadurch erleichtert wurde, daß vorwiegend Pommern in den Öffentlichen Dienst aufgenommen wurden.

Nach der kaiserischen Willkür zu Wallensteins Zeiten und nach der herzoglichen Schaukelpolitik fand Pommern nun allmählich wieder zurück zu einer konstruktiven Ruhe im Recht und zur inneren Gesundung, ohne sich vom Heiligen Reich gelöst zu fühlen: Schweden nahm lediglich die politischen Rechte des Herzogs wahr, um auf diese Weise zusammen mit den anderen Reichsständen den Kaiser künftig an Recht und Gesetz zu binden.[47]

Ein solch libertäres Glück war dem Elsaß zu dieser Zeit nicht beschieden. Hatte Ferdinand III. Straßburg vom Reichstag zu Regensburg ausgeschlossen,[48] so war die Politik des Landes auf Neutralität bedacht, tatsächlich aber häufig Schweden und Frankreich zugewandt. Militärisch war die Lage verzweifelt: Die kaiserisch-kroatischen Truppen unter Gallas und Colloredo, die Weimar-Armee und dann noch französische Kontingente unter dem Befehl des Kardinal-Generals Valette ließen dieses sonst so liebliche »Patrimonialland« des Hauses Habsburg immer mehr zu einer Trümmerhalde werden. Wären nicht die schützenden Wälder vom Wasgau bis zum Waldviertel gewesen, sowie die wehrhaften Städte Straßburg und Basel, dann hätten die Menschen des Elsaß die dauernde Kriegsnot kaum überlebt. Schon unter Mansfeld geplagt, wurden sie ab 1636 von unvorstellbarer Grausamkeit heimgesucht. Dabei machten Colloredos Soldaten unrühmlich von sich reden, indem sie nicht nur den »Schwedentrunk« – das Einfüllen von Jauche in die Münder ihrer Opfer – verabreichten, sondern auch die katholischen Kirchen schändeten, die »in der Schwedenzeit erhalten [ge]blieben [waren]«. Hans Adam von Pfirt berichtete über das Unglück seiner Heimat: Colloredos Soldaten hatten sich nicht damit begnügt, wehrlose Menschen Pfuhl schlucken zu lassen. Sie sind ihnen danach noch »mit den Füßen auf den Bauch gesprungen, daß ihnen solch Wasser mit samt dem Unflat zu Mund, Nasen und Ohren herausgefahren, daß sie darauf auch gleich an der Tat Tods verblieben. Anderen haben sie ihr männlich Glied also hart mit einer Schnur und Holzstück geknebelt, daß ihnen das helle Blut herausgeflossen.[49] Teils auch in die Köpfe also hartnäckig geknüpft, daß etlichen die Augen aus dem Kopf völlig herausgegangen. Anderen wurde die Hirnschale geöffnet, wieder andere wurden zu Tode geschossen, geschlagen und gestoßen.«[50]

Wie lautete doch der »Königliche Patentbrief« vom September 1636 für das Elsaß? Darin lobt Ferdinand II. seine »von Natur eingepflanzte Sanftmütigkeit und [sein] friedfertiges Gemüt«. Alles habe er dafür getan, »mit dem König und der Krone Frankreich [ein] gutes friedliches Wesen und alle getreue aufrechte Freundschaft zu erhalten und fortzupflanzen«. Ludwig XIII. aber habe den (nicht-ratifizierten) Frieden von Regensburg zum Ende des Mantua-Krieges von 1630 gebrochen und sei damit an allem Elend im Elsaß schuld. Wer es nicht glauben möge, der solle sich nur daran erinnern, wie der Bourbonen-König »ganz gefährliche Aufstände und Zerrüttung verursacht« habe und sogar »Ihrer Kais. M:t und des Heiligen Reichs erklärten offenen Feind, dem König Gustav Adolfo aus Schweden« mit einem Bündnis zu Hilfe geeilt sei. Wehe also all jenen, die nicht dem Kaiser und Habsburg verpflichtet bleiben wollten! Diese hätten »von uns nichts anderes als unsere höchste Ungnade, Verfolgung und alle andere Bestrafung als von ihrem Feind zu gewarten«[51] – das war nichts anderes als ein Freibrief für die Ketzer-Jagd.

Nicht genug, daß Ferdinand III. zu dieser beklagenswerten Entwicklung einiges beigetragen hatte, er entdeckte bald nach dem Rumpf-Reichstag zu Regensburg in einer Geheim-Instruktion für Verhandlungen mit Richelieu plötzlich auch noch die Segnungen des Völkerrechts für die eigenen Haus- und Besitzinteressen. Seine besondere Fürsorge galt nämlich den »Pupillen« Erzherzog Leopolds V.,[52] die als Unmündige »an diesem Krieg für ihre Person ganz nicht schuldig« wären. Dennoch würden »ihre angehörigen Lande und Leute, als das Elsaß samt der Festung Breisach und anderen angehörigen Orten sowohl dies- als [auch] jenseits [vom] Rhein feindlich überzogen und durch die Gewalt der Waffen [...] abgenommen«. Dabei seien doch das Elsaß und Breisach »ein unwidersprechliches uraltes Österreichisches Patrimonium und derzeit den minderjährigen Erzherzögen in Tirol zugehörig«.[53]

Er ist also mit dem Treuhandwesen in seinen Haus- und

Familiensachen gut vertraut, will diesen fundamentalen Mechanismus zwischen einem »Tutor« und »Pupilli« aber nicht auf das Vertragsverhältnis von »Kaiser und Reich« übertragen, wie es das libertäre Staatsrecht verlangte.[54] Der Hinweis darauf, daß es sich beim Elsaß um ein »Patrimonium« handele, läßt schon jetzt ahnen, warum Frankreich nicht mittels des Elsaß die Reichsstandschaft anstrebte, sondern die Souveränität und Jurisdiktion über dieses Gebiet. Friedrich III. mußte also hier anders verfahren als gegenüber Schweden beim »Reichslehen« Pommern.[55] Beiden Mächten traute er aber zu, daß sie nur danach trachteten, »das Römische Reich unter ihren Dominat zu bringen!«[56]

Brandenburgs neue Politik

Als Friedrich Wilhelm, zwanzig Jahre alt und mit angeschlagener Gesundheit, Anfang Dezember 1640 die kurfürstliche Regierung über Brandenburg anzutreten hatte,[57] da fand er ein überaus schweres Erbe vor. Sein calvinistischer Vater Georg Wilhelm hatte sich mit dem katholischen Minister Schwarzenberg zeitweise eine Politik zurechtgelegt, deren Maßnahmen und Ergebnisse immer häufiger als *Hispanische Dienstbarkeit* aufgefaßt wurden: als eine übermäßige Anlehnung an die Habsburgischen Machenschaften im Heiligen Reich einerseits und auf der anderen Seite als Ausdruck einer Konzentration aller Macht in einem Kriegsrat, der die Landstände und Magistrate der Städte ignorierte.[58]

Dieser »spaniolisierten« Art des Regierens in dem vom Krieg ausgelaugten Kurfürstentum stand eine auffallende Sympathie für die Schweden-Armee in den niederen, überwiegend lutherisch gebliebenen Ständen und Städten gegenüber. Sie soll mitunter so stark gewesen sein, daß die Truppen des Kurfürsten in Stadt und Land schlechter versorgt wurden als diejenigen der nordischen Schutz- und Besatzungsmacht.[59]

Es gab aber nicht nur Spannungen zwischen Obrigkeit und Untertanen. Auch der Kirchenfriede war gestört. Friedrich

Wilhelm bekam Zwietracht und Haß, die zwischen den lutherischen und reformierten Predigern herrschten, in aller Heftigkeit schon beim Streit um die Leichenpredigt für den verstorbenen Kurfürsten zu spüren.[60] Er tat sich auch in der Folgezeit nicht leicht, das Theologengezänk um die »alleinseligmachende« Kraft der jeweiligen Kirche samt deren Ansprüche auf Pfründe und einträgliche Pfarrstellen so zu lenken, daß der innere Friede auf Dauer in seinen verstreuten Herrschaften zwischen Königsberg und Kleve am Niederrhein einkehren konnte.[61]

Bei den Landständen hatte er mehr Erfolg. Sie waren noch von Georg Wilhelm zu einer Tagung berufen worden, um den dringenden Finanzproblemen für das seit 1637 bestehende Heer beizukommen, und standen politisch unter dem Einfluß des ehemaligen Geheimen Rates Winterfeld. Dieser engagierte Adlige war in seiner libertären und auf Frieden gerichteten Gesinnung ein Erzfeind des absolutistisch gestimmten Ministers Schwarzenberg, der an der Seite Habsburgs und durch Kur-Sachsen gedeckt den Krieg gegen Schweden weiterführen wollte.[62] Der junge Kurfürst ließ sich aber von diesem Ratgeber seines Vaters nicht mehr überzeugen, hatte doch dessen Konfrontationspolitik seit dem »Prager Frieden« zum Ruin seiner Lande erheblich beigetragen. Deshalb entschloß sich auch Friedrich Wilhelm, den ständischen Kurs zu unterstützen und seine Armee abzurüsten. Fortan sollten die verbliebenen Streitkräfte nur noch der reinen Defensive dienen,[63] nachdem mit einem Waffenstillstand der Weg zu einem beständigen Frieden mit Schweden beschritten worden war.[64]

Das Problem einer Doppel-Vereidigung seiner Truppen auf den Kaiser und ihn selbst als Kurfürst löste Friedrich Wilhelm durch die weitgehende Beschränkung ihrer Verwendung als Festungs-Besatzungen, die nur auf ihn vereidigt werden mußten. Mit dieser Regelung entfernte er sich von einer wesentlichen Forderung des »Prager Friedens«, dessen Wert im protestantischen Lager immer geringer eingeschätzt wurde, hatte er doch »das Reich nicht beruhigt, sondern vielmehr noch weiter verunruhigt, und [er ist] nicht ein Anfang des Friedens, sondern eines neuen Krieges und fast ein Generalgravamen sowohl bei den Ein-, als auch und noch mehr bei den Ausländischen geworden.«[65]

Von solchen Bewertungen ließ sich Friedrich Wilhelm immer stärker leiten, zumal ihm bei der Gestaltung seiner neuen Reichspolitik erfahrene Ratgeber wie Konrad von Burgsdorff oder Johann Friedrich von Löben zur Seite standen. Letzterer hatte sich besonders auf dem Rumpf-Reichstag von Regensburg verdient gemacht. Dort zeigte sich seine Abordnung, die im Kurfürsten-Rat und wegen Pommern auch im Fürsten-Rat[66] präsent zu sein hatte, vor allem darüber verstört, daß sich Habsburg einer Universal-Amnestie für alle Widerständler seit 1618 unverdrossen widersetzte: »Dahero die Evangelischen und auch teils Catholischen Stände nicht wenig schwierig, ja fast desperat werden. Beschweren sich sehr und reden fast schimpflich von den Evangelischen im Kurfürsten-Rat, daß sie sich des Werks [. . .] nicht mit Ernst annehmen und darüber das Reich in Kriegsflammen brennen, ja fast gar verbrennen und zum endlichen Untergang desselben stürzen lassen.«[67]

Kur-Brandenburg war angesichts der Gefahr eines erneuten Aufflackern des Krieges bereit, die eigenen Fackeln niederzulegen und mit seiner Abrüstung ernstzumachen. Es stellte sogar zur Stimulierung des geplanten Friedenskongresses einen rechtlichen Teilverzicht auf Pommern in Aussicht, wenn es für diesen Verlust im Heiligen Reich einen territorialen Ausgleich erhielte.[68] Mit diesem Entgegenkommen hoffte der junge Kurfürst, auf die Mitstände im Reich und insbesondere auf die Schweden einwirken zu können, zumal diese in der *Schlacht bei Wolfenbüttel* wiederum einen »herrlichen Sieg« errungen hatten[69] und entschlossen schienen, zusammen mit Frankreich das schleppend begonnene Friedenswerk voranzubringen.

In diesem Bemühen um den Teutschen Frieden wollte allerdings ein besonderes Projekt nicht recht gelingen, das Graf Trauttmansdorff in Regensburg als »ein Mittel zum Frieden« bezeichnet haben soll – Friedrich Wilhelms angestrebte Heirat mit Königin Christina von Schweden. Dieses Vorhaben, das seit 1641 zu einem niederländischen und einem polnischen Heiratsplan eifrig betrieben wurde, ging auf Vorstellungen von Gustav

Adolf zurück, die er Axel Oxenstierna noch vor dem Sommer-Feldzug von 1632 unterbreitet hatte. Der König wollte mit dieser Verbindung die Rechtsbeziehungen zwischen Schweden und Kur-Brandenburg auf ähnliche Weise festigen, wie sie zwischen Spanien und den katholischen Niederlanden bestanden: als eine Art von Personal-Union zwischen den Häusern Vasa und Hohenzollern. Dabei sollte der Status von Kur-Brandenburg im Heiligen Reich so wenig beeinträchtigt werden wie derjenige der souveränen Krone Schweden.

Trotz dieser rechtlichen Abgrenzungen, die dem Modell von »Kaiser und Reich« oder »Herzog und Landschaft« folgten und nach Maßgabe des *Erblehens* strukturiert werden sollten, tauchte in diesem Plan die Vision einer protestantischen Supermacht auf, welche die gesamte Ostsee beherrschen und gleichzeitig die Machtmasse des Heiligen Reiches in der Mitte Europas kontrollieren würde. Gelang diese Heirat, dann konnte auch die komplexe Pommern-Frage familienintern entschärft werden. Außerdem hätte diese Verbindung erlaubt, Vasa-Polen einzudämmen, das mittels Preußen Lehnsherr von Brandenburg war.[70] Aber gerade diese Verpflichtung Friedrich Wilhelms als Herzog von Preußen, ließ die »Schwedische Heirat« als äußerst problematisch erscheinen. Denn in Warschau konnte eine solche Ehe als feindlicher Akt, ja sogar als eine Ursache zu einem erneuten Krieg aufgefaßt werden. An Warnungen in dieser Richtung hatte es auch nicht gefehlt.[71] Sie konnten jedoch Friedrich Wilhelm nicht daran hindern, dieses verlockende Projekt in Stockholm ernsthaft betreiben zu lassen.

Erfolg sollte ihm nicht beschieden sein, obwohl der junge Kurfürst sich bis 1646 um die Hand der klugen und mächtigen Königin bemühte. Abgesehen davon, daß Schwedens Reichsleitung das Heiratsprojekt des dänischen Grafen Waldemar mit einer moskowitischen Zaren-Tochter beunruhigte, weil sich damit die gefürchtete Einkreisung anbahnen konnte und man nicht mit einem Gegenzug Verwirrung stiften wollte, standen der Verbindung mit Brandenburg drei wesentliche Hindernisse im Weg. Als nämlich Friedrich Wilhelm erstmals 1641 um Christina werben ließ, war sie noch minderjährig. Mit Recht verwies Axel Oxenstierna, ihr wichtigster Erzieher und aufgrund der »Regierungsform« von 1634 ihr verfassungsmäßiger Vormund, auf den konstitutionalen Vorbehalt: Die öffentlichen Vormünder seien nur Treuhänder. In dieser fundamentalen Frage durften sie ohne Zustimmung der Reichsstände nichts entscheiden. Außerdem müßte nach Erreichen der Volljährigkeit – 1644 – Christinas »eigener Wille« hinzukommen, zumal sie dann auch eine »souveräne Königin« wäre; Friedrich Wilhelm hingegen war als Kurfürst trotz seiner hohen Stellung im Heiligen Reich ein »Untertan« des Kaisers: Eine mit der Heirat verbundene Statusminderung der Königin wäre demnach so wenig genehm wie das calvinistische Bekenntnis des Hohenzollern.[72]

Warnrufe, die gut dreißig Jahre später hochaktuell werden sollten, als Friedrich Wilhelm zum Schweden-Hasser wurde. Jetzt aber hatte er sich der Friedenspolitik seiner Landstände weitgehend angeschlossen und eingesehen, daß ein Kampf gegen die Militärmacht Schwedens so wenig Sinn hatte wie ein stures Festhalten an der Erfüllungspolitik des »Prager Friedens«, die Wien gerne gesehen hätte. Denn mit der schnellen Ernennung von Lennart Torstensson am 28. Mai 1641 als Nachfolger des plötzlich verstorbenen Johan Banér trat einer der besten Generale aus der Gustavianischen Kriegsschule in die Fußstapfen seines brillanten Vorgängers. Diese Militärs aus dem Adel beherrschten nicht nur die Kriegskunst zu Wasser und zu Lande, sondern waren auch im Zeichen von »Arte & Marte«, dem Wahlspruch des schwedischen Ritterhauses seit 1626, politische Köpfe, die etwas von Natur-, Völker- und Staatsrecht verstanden und darüber hinaus auch noch recht gebildete Männer waren.[73]

Das Ableben Arnims Ende 1641 als kaiserischer General, der sich einst bei Gustav Adolf die ersten Sporen verdient, dann lange bei Kur-Sachsen in Dienst gestanden hatte und schließlich Schweden-Hasser geworden war,[74] signalisierte zusätzlich einen Generationswechsel. Die Ursachen des Teutschen Krieges aber wirkten weiter, und die brandenburgischen Gesandten stellten denn auch auf dem Rumpf-Reichstag zu Regensburg kritische Fragen: Ob man zum Beispiel nicht von 1627 an und besonders mit dem Restitutions-Edikt von 1629 die Chancen zum Frieden verpaßt hätte. Es sei doch offensichtlich, »daß man eine Armee, so auf Reichskosten und Mitteln geworben und gepfleget worden, in andere Länder geführet und sich in andere das Reich nicht angegangene Kriege geflochten [hätte]«. Die Verantwortlichen hätten damit »selber Ursach gegeben, daß der Krieg in Teutschland mit dessen unwiederbringlichem Schaden von den auswärtigen Kronen gezogen worden [sei]«. Und »ob auch dieser Krieg eigentlich ein Reichskrieg und wegen des Reichs, und nicht wegen anderer Respecten geführet werde?«[75]

Es waren äußerst unangenehme, aber notwendige Fragen, die Wien und auch München galten. Sie deuteten an, daß sich die aufkommenden Friedenskräfte im Heiligen Reich selbst nicht mehr mit der Ausrede abspeisen lassen wollten, am teutschen Elend seien einzig und allein die bösen Nachbarn Schweden und Frankreich schuld. In der Hauptinstruktion Schwedens an den Friedensunterhändler Johan Oxenstierna – ein Sohn des Reichskanzlers – vom Oktober 1641 kam diese Ansicht auch als Rechtfertigung der Invasion von 1630 zur Sprache: Die Befriedung des Heiligen Reiches sei notwendig zur Sicherheit der evangelischen Stände und deren Nachbarschaft »gegen die anwachsende Österreichische Monarchie und [gegen] den beabsichtigten *absoluten Dominat* in Teutschland«.[76]

Unter diesen Bedingungen sollte Kur-Brandenburg gewarnt sein, den auf zwei Jahre geschlossenen Waffenstillstand mit Schweden zu brechen. Diese nordische Macht hatte die Allianz mit Frankreich erneuert, einen Beistandsvertrag mit den Niederlanden geschlossen, sowie einen Freundschaftsvertrag mit dem aufständischen Portugal unterzeichnet. Schweden fühlte sich stark genug, eine europäische Garantiepolitik großen Stils zu betreiben und den teutschen Ständen immer wieder zu erläutern, daß dessen Staatsmänner »nicht Feinde des Reichs«, sondern Habsburgs wären.[77]

Selbsterkenntnis war jetzt unter den Füsten und Reichsständen in erhöhtem Maße gefordert. Ein Großteil der anstehenden Probleme und kriegerischen Auseinandersetzungen mußte in

Wahrheit als hausgemachte Erb-Angelegenheiten bezeichnet werden, die freilich aus eigener Kraft nicht gelöst werden konnten. Man bedurfte der Mithilfe aller beteiligten Nachbarn und auswärtiger Friedensmittler: Dafür konnten die Kurie, Dänemark und Venedig gewonnen werden. Neben der Forderung nach einer Universal-Amnestie, einer gründlichen Erläuterung des Religionsfriedens von 1555, der Aufhebung des Restitutionsediktes von 1629 und erheblicher Abänderungen im »Prager Frieden« von 1635 bestand auch das Bedürfnis nach einer grundlegenden Reform des Justizwesens (Reichskammergericht und Reichshofrat), sowie die Lösung aller Hauptstreitsachen im Reich, wie die Trierischen, Pfälzischen, Jülichschen, Hildesheimischen, Lüneburgschen und Hessischen Sachen.

Diese schwärenden Wunden am Leib des einst so herrlichen Reiches konnten aber nur auf einem allgemeinen Friedenskongreß angemessen behandelt und geheilt werden. So verstärkte sich das Bestreben, die Präliminar-Verhandlungen von Köln und vor allem in Hamburg zu verlegen, um die Hauptverhandlungen an zwei näher beieinanderliegenden Orten zu führen. Man einigte sich schließlich darauf, daß »Kaiser und Reich« für die papistische Seite mit Frankreich in *Münster* und für die protestantische Seite mit Schweden in *Osnabrück* verhandeln sollten, wobei auch die Niederlande einbezogen wurden.[78] Allerdings bedurfte es noch intensiven Drucks auf Ferdinand III., neben den auswärtigen Interessenten auch die Reichsstände in ihrer konstitutionalen Qualität und Comitialcompetenz (Reichstagsfähigkeit) zuzulassen: Ja selbst eine weitere Steigerung der unausstehlich gewordenen Not und blutige »Gottesgerichte« in Gestalt neuer Schlachten waren nötig, um Wien, endlich zu wirklichen Friedensverhandlungen zu zwingen.

Endphasen

»Kränkliche Konstitution«

In der Fastenzeit des Jahres 1642 beteten die Nonnen des Klosters Maria-Stein trotz der »bösen Zeitungen« über die Kriegsläufte im Heiligen Reich inständig für den Frieden im Vaterland.[1] Zur selben Zeit mußte Lennart Torstensson, der Oberbefehlshaber der schwedischen Streitkräfte in Teutschland, im Hauptquartier zu Salzwedel das Bett hüten. Den Feldmarschall, der wohl der beste Artillerie-General des Teutschen Krieges gewesen ist, quälte wieder einmal die Gicht. Nur unter größten Schmerzen war er fähig, einen Feldzug nach Schlesien zu beginnen,[2] um von dieser Basis aus Böhmen und die Erblande der Habsburger zu bedrohen.

Die Erhöhung des militärischen Drucks auf Wien von Norden und Osten her schien jetzt besonders geboten zu sein. Einer Armee aus Franzosen und Hessen (Cassel) unter dem Kommando von Guébriant war es nämlich im Januar dieses Jahres gelungen, bei Kempen ein kaiserisches Heer unter dem Befehl von General Lamboy zu besiegen.[3] Und auch Torstensson sollte es glücken, vier Monate später mit seinem »herrlichen Sieg« bei Schweidnitz die militärische Lage der Alliierten zu stärken.[4] Als es ihm dann ein halbes Jahr danach sogar noch vergönnt war, die Belagerung von Leipzig zu beginnen und in der zweiten Schlacht bei Breitenfeld das kaiserische Haupt-Heer unter Piccolomini »mit größtem Verlust« aus dem Feld zu schlagen,[5] da fand sich die Gustavianische Kriegskunst nicht nur erneut in ihrer Beweglichkeit bestätigt, sondern es zeigte sich in der Schlagkraft dieser kriegserprobten Brigaden, daß sie sich trotz der schlechten Versorgung bewußt waren, einer »gerechten Sache« zu dienen. Es war ihr politischer Auftrag, alle Kriegsziele auf den Friedenszweck zu gründen und dafür das Leben zu wagen.[6] Nicht umsonst bezieht Torstensson seinen »bemerkenswerten Sieg« über die Kaiserischen darauf, daß er »unserem lieben Vaterland zu einem beständigen Frieden und [zur] Sicherheit« verhelfen möge.[7]

An diesem Ziel gab es keinen Zweifel. Axel Oxenstierna war die konstitutionale Befriedung des Heiligen Reiches so wichtig wie Richelieu, der sich mit vereiterten Beinen, mit Magenschmerzen und einer »kränklichen Konstitution« von einem Kriegslager zum anderen quälte.[8] Stets von gedungenen Mördern wie Cinq-Mars bedroht,[9] aber mit einer Klarheit und Disziplin des Geistes versehen, wie sie nur wenigen Staatsmännern in der Geschichte eigen war, formulierte er im Beisein des Kron-Kanzlers Pierre Séguier die politische Marschroute der Krone Frankreich für die kommenden Friedensverhandlungen mit der kaiserischen Gegenseite.

In der Elsaßfrage war er unter bestimmten Voraussetzungen zum Nachgeben bereit. Eine Restitution Lothringens an das Heilige Reich hielt er demgegenüber für ausgeschlossen, da der Allerchristlichste König ein »legitimes« Anrecht auf dieses Herzogtum habe.[10] Würde Habsburg darauf bestehen, daß »der König in Zukunft die Allianz mit den Schweden und allen anderen teutschen Fürsten, die mit ihm den Krieg getragen haben, aufgibt«, dann sollte er sich schon aus Gründen der Ehre weigern, diesem Ansinnen nachzugeben, und sich dabei auch für die Verbindung mit den Niederlanden einsetzen.[11]

In diesem Entwurf wird deutlich, daß Richelieu in erster Linie daran interessiert war, die Ostgrenze Frankreichs zu verstärken und das Vorfeld zu beiden Seiten des Rheins auszubauen. Er sah aber auch ein, daß die Stellung der Krone Frankreich und die Ansprüche seines Königs auf den ersten Rang in der Christenheit[12] nur dann zu erreichen und auf Dauer zu halten waren, wenn die bisherigen Beziehungen zu den Generalstaaten und zu Schweden bestehenblieben. Auf sich alleine gestellt, vermochte es Frankreich nicht, Habsburg und Spanien aus deren Vorrang zu verdrängen. Die Vorstellung vom Gleichgewicht, die bereits Sully unter Heinrich IV. für die Gemeinwesen Europas in seinem »großen Plan« formuliert haben soll,[13] kennzeichnete auch Richelieus Überlegungen.

Die Einforderung von territorialen Kronrechten Frankreichs, wie sie in einem Zusatz-Katalog für die Verhandlungen in Münster aufgelistet wurden, läßt die Politik des Gleichgewichts als Herstellung und Sicherung einer aristotelisch anmutenden *Symmetrie des Besitzes* erscheinen. Mit den Ansprüchen auf Navarra, Katalonien oder auf das Roussillon, auf Flandern, die Grafschaften Hesdin und Burgund, auf die Herzogtümer von Burgund und Mailand, ja selbst auf Neapel bestätigte Richelieu diese Absicht des Arrondierens und Tarierens, die mit einem Verfassungsgebot der Krone an den König begründet wurde. Denn dieser war durch Eid gehalten, das Heimfallsrecht zu hüten und damit die Politik der »Wiedervereinigung« (Reunionen) zu betreiben.[14] Deshalb hatte Richelieu auch die Verhandlungsstrategie für Münster auf diesen substantiellen Kern konzentriert, der freilich in der Geschichtsschreibung so gut wie unerörtert blieb.[15] Der Kardinal-Premier bemühte denn auch ausdrücklich die höchsten Gerichtshöfe Frankreichs, die er sonst wegen ihrer angeblichen Usurpationen der Königs-Kompetenzen seit 1624 bekämpft hatte:[16] Es sei deren Rechtsmaximen gemäß, »daß die Rechte der Krone nicht verlehnbar sind«.[17]

Mit allem Nachdruck stellte Richelieu hier die Krone mit ihren unveräußerlichen Rechten höher als die Person des Königs, dessen Pflicht es war, Schutzherr dieses Rechts- und Besitzbestandes zu sein. Diese fundamentale Beziehung allein gibt zu erkennen, daß eine nationale Sicherheit nach außen unmittelbar an eine konstitutionale Sicherung der Kron-Rechte nach innen gebunden werden konnte. Dieses Verhalten ist sich der Unterscheidung von Recht (ius) und Gesetz (lex) oder von Krone und König ebenso bewußt wie der Abgrenzung des Staates (Etat) in Gestalt der »Fundamentalgesetze« von dessen Regierung und Verwaltung (Gouvernement).[18] Wird dieser konstitutionale Grundzug der Politik des Kardinals außer acht gelassen, dann muß der Frieden von 1648 in seinem vertraglichen und verfassungsbezogenen Wesen gründlich mißverstanden werden.[19]

Den erfolgreichen Abschluß des Friedenswerkes erlebte Richelieu nicht mehr. Seine Krankheiten hatten ihm Mark und Bein zerfressen. Am 4. Dezember 1642 nahm er Abschied von diesem irdischen Jammertal,[20] in dem er sich unentwegt dafür verzehrt hatte, die Macht des Königs gegen Prinzen von Geblüt oder Herzöge zu erweitern, um die Rechte der Krone sichern zu können. Dabei schreckte er vor den Mitteln des Machiavellismus nicht zurück. Er hatte bei zahlreichen Übergriffen, Machtsprüchen und Selbstherrlichkeiten Zuflucht gesucht, weil er geglaubt hatte, daß die egoistisch gehandhabten Ständerechte der Sicherheit des Ganzen schadeten. Es wundert daher nicht, daß bei seinem Tode in ganz Frankreich Freudenfeuer entzündet wurden. Viele Menschen wähnten sich von einem Tyrannen befreit.[21] Tatsächlich aber stand er selbst im Banne einer Staatsräson, die ihm nicht vergönnte, ein ebenso grandioses Verfassungswerk zu schaffen, wie es Oxenstierna für Schweden und die Freiheit Europas gelungen war. In der Konzentration der vorhandenen Kräfte allein sah er das politische Ziel, Frankreichs territoriale Substanz zu erhalten und zu sichern, während er mit der Errichtung der *Academie Française* 1634 versuchte, seinem Vaterland auch im geistigen Leben einen Vorrang in der Christenheit zu verschaffen.[22]

Die gelungene Verbindung von Geist und Macht sichert Richelieu einen Platz unter den wenigen Staatsmännern der Geschichte, die über ihren Tod hinaus mächtig gewirkt und es dabei verstanden haben, würdige Nachfolger zu finden – Mazarin war es gewiß.[23]

Beide Kardinäle liebten die Macht in hohem Maße, waren aber auch mit der Macht der Liebe nicht unvertraut, deren Einfluß auf das Gemüt der Menschen und insbesondere auf das regierender Fürsten von den Medizinern dieser Zeit überaus hoch eingeschätzt wurde. Ein Blick in das ärztliche Gutachten zur »kränklichen Konstitution« des Markgrafen Ernst von Brandenburg, der am 24. September 1642 Richelieu vorausgegangen war, mag noch einmal verdeutlichen, wie der eigene Lebenskampf auf die Menschen gewirkt hat.

So wird dem französischen Hofmeister des Markgrafen angekreidet, daß er mit dieser »hochedlen Natur« zu scharf und grob umgegangen sei. Denn derartige Menschen werden »durch kein Ding mehr als durch Verachtung offendiert«, zumal es sich um einen äußerst sensiblen Fürsten gehandelt habe.[24] Zur wuchernden Melancholie – einem zersetzenden Schwarzfluß vom Gemüt ins Gehirn – gesellten sich noch eine gewisse »Traurigkeit, Sorgen, Schrecken, Furcht und sonderlich die Liebe«. Ihr Einfluß auf das Leben kann besondere Plagen auslösen, welche »das Herz erkalten und austrocknen [und] die melancholischen Feuchtigkeiten vermehren«. Schließlich verstehen sie es, sich wie ein Gift »allzutief ins Gedächtnis einzugraben« und dann auch »Mark und Bein« anzugreifen.

Die Liebe als EROS wird zum Zerstörungswerk von innen und läßt dem Menschen im Zusammenwirken mit anderen Lastern das »Herz verwelken«.[25] Diese merkwürdige Ansicht wurde auch von gelehrten Leuten auf den Zustand des Heiligen Reiches übertragen, das aus vielen Wunden blutete und an manchen Orten wie abgestorben wirkte: »Das Reich ist schier kein Corpus mehr, sondern ein Sceleton.«[26]

Innere Befreiung – äußere Befriedung

Welch ein Elend in manchen Gegenden Teutschlands die Menschen geplagt haben mußte, beschrieb der Pfarrherr von Reichensachsen im Hessischen. An irgendein Fleischgericht war während des ganzen Jahres nicht zu denken. Selbst an Festtagen konnte nicht einmal die Erbsensuppe mit ein bißchen Schmalz versehen werden. Es gab in diesem einst wohlhabenden Dorf nicht eine Gans und nicht ein Schwein. Der Steinweg war mit Gras überwachsen, und die besten Äcker konnten für einen oder zwei Laib Brot erworben werden: All jene, die »sonst die vornehmsten und reichsten in Reichensachsen gewesen, sind [jetzt] die ärmsten geworden, [...] doch ist's keine Schande, mögen's wohl bekennen, auf daß sie dadurch das Kreuz Christi nicht vernichten und Gottes wunderbare Regie und Erhaltung nicht verschweigen«.[27]

Vollzog sich für diesen Gottesmann in der Umkehrung der beiden sozialen Nationen »Arm und Reich« die biblische Offenbarung von den Erhöhten, die erniedrigt werden, so bereitete der Mainzer Kurfürst und Erzkanzler über Germanien eine Zusammenkunft der Reichsstände vor, die sie aus ihren Erniedrigungen befreien sollte. Anselm Kasimir schrieb für den Monat August 1642 einen Reichs-Deputationstag nach Frankfurt am Main aus. Auf diesem besonderen Forum – ohne Anwesenheit des Kaisers – mußte eine Reihe von Problemen geklärt werden, um dem politisch ermatteten Heiligen Reich wieder auf die Beine zu helfen. Dabei wollten die einberufenen Reichsstände mit einer umfassenden Vergleichung aller Streitsachen, die sich im Kriege angehäuft hatten und mit der Vorbereitung einer Gerichts- und Parlamentsreform das gesamte Reich wieder in Ruhe und Frieden bringen.[28]

Im Hunger nach Gerechtigkeit und nach Wahrung des eigenen Besitzstandes, die beide vor dem Reichskammergericht in Speyer und beim Reichshofrat in Wien immer schwerer zu erhalten waren, hatten sich einige protestantische Stände fast verzehrt. Sie konnten aber andere in ihrem Reformbegehren nur deshalb mitreißen, weil Schweden und Frankreich ihre Bemühungen stützten. Nachdem sich viele Streitfälle um Erbverträge und andere Ansprüche nicht mehr im gütlichen Vergleich oder auf dem üblichen Rechtsweg hatten regeln lassen, war diesen Ständen oft nichts anderes übriggeblieben, als ihr vermeintlich »gutes Recht« auf eigene Faust zu suchen, wobei der Landfriede mit seinen Rechtswegen einstweilen zur Seite geschoben werden mußte. Zu dessen Bewahrung oder Restitution im Falle seiner Verletzung jedoch verpflichtete der Augsburger Reichsabschied von 1555 die sogenannte *Reichsdeputation*. Sie sollte in Funktion treten, wenn sich einer der Reichskreise durch Landfriedensbruch in seiner inneren Ordnung bedroht sah. Er hatte dann zur eigenen Sicherheit die vier nächstgelegenen Reichskreise um Rat und Hilfe (consilium et auxilium) anzurufen. Gelang es jedoch diesen fünf Kreisen nicht, den gebrochenen Landfrieden aus eigener Kraft wieder herzustellen, dann war der Reichs-Erzkanzler über Germanien und Kurfürst von Mainz gehalten, einen Deputationstag auszuschreiben – ein innerständisches Friedensforum.[29]

Diese Institution war Ausdruck der dezentralisierten und föderativen Natur der Herrlichen Reichsstruktur und eine kluge Einrichtung libertärer Rechtsautonomie, an der sich der Kaiser qua Amt nicht beteiligen durfte, wohl aber als Reichsstand: im Falle Habsburg vor allem mittels Österreich und Burgund, und zwar im Fürstenrat.[30] Es ist verständlich, daß sich eine derartige Reichsdeputation in schwierigen Zeiten aufgewertet vorkommen mußte, solange ein Reichstag mit dem Kaiser nicht tagen durfte. Sie besaß zwar keine »Quod omnes tangit«-Qualität wie ein Reichstag, auf dem sich »Kaiser und Reich« vertraglich begegneten, und durfte eine solche Versammlung auch nicht ersetzen, sie konnte aber den Rechtsfrieden regulieren und einen Reichstag notwendig erscheinen lassen, ja vorbereiten.

Deputationstage galten als eine Vergewisserung der Libertät und waren Ausdruck einer inneren Befreiung von anhaltenden Verfassungs- und Rechtsbrüchen. In diesem Sinne ließen sich die Deputierten im Februar 1643 zu Frankfurt am Main die Rechtsvorlage (Proposition) des Kaisers aushändigen, obgleich die Deputierten von Kur-Brandenburg und Pommern noch nicht eingetroffen waren.[31] Die anfängliche Freude der Deputierten, endlich ihre internen Streitereien regeln zu können, wurde aber bald gedämpft, weil Wien in seinen Vorschlägen die längst überfällige Gerichtsreform und die Restitution des Landfriedens nicht von der Reichsdeputation, sondern von einem Reichstag verhandeln lassen wollte. Außerdem hatte Ferdinand III. nur eine innere Befriedung im Auge, ohne die politischen Konflikte ernsthaft lösen zu wollen und die Teutsche Libertät wieder voll in ihre Rechte treten zu lassen, deren Garantie nur noch durch Schweden und Frankreich gesichert werden konnte.[32]

Wien wollte noch immer nicht einsehen, daß der Kampf der Reichsstände um die *innere Befreiung* von Habsburgs Absolutismus ging. Dieser Prozeß konnte aber nur dann erfolgreich sein, wenn er mit einer *äußeren Befriedung* vertraglich gekoppelt wurde. Deshalb mußten die beiden Interventionsmächte die Wiederherstellung der »Herrlichen Reichsstruktur« überwachen und für ihre Einsätze auch entschädigt werden, wenn sich in Zukunft »Kaiser und Reich« auf der Grundlage des libertären Parlamentarismus begegnen sollten.

Ehe dieses Ergebnis bei den Friedensverhandlungen unterschrieben und ratifiziert werden konnte, bedurfte es noch eines harten Ringens nicht nur mit Ferdinand III., sondern auch mit jenen Kurfürsten, die Wien immer wieder gestützt hatten. Denn schon auf dem Frankfurter Deputationstag stand die Frage an, ob das Reich in Münster und Osnabrück nur durch die Kurfürsten vertreten sein sollte oder ob ebenso die anderen Reichsstände hinzugezogen werden müßten. Wie erschlafft diese in materieller Hinsicht auch sein mochten, sie fanden doch noch Kraft genug, sich politisch gegen den Alleinvertretungsanspruch der Kurfürsten aufzulehnen.[33]

Während das Ringen zwischen Kurfürsten-Kollegium und Fürstenrat um die künftige Wahrnehmung libertärer Fundamentalrechte noch in vollem Gange war, traf die Gesandtschaft Kur-Brandenburgs in Frankfurt ein. Sie erlangte dort bald ein besonderes politisches Gewicht. Denn Maximilian von Bayern hatte sich wieder einmal kurzfristig Wien genähert und die Teutsche Libertät in seinem Haus-Egoismus vernächlässigt.[34] Deshalb war es wichtig, daß die Deputation aus Berlin den Verfassungsanspruch der Stände stärkte, neben den Kurfürsten Mitvertreter des Reiches bei allgemeinen Friedensverhandlungen zu sein.[35]

In diesem Verhalten machte sich nicht nur die Libertät als Standesrecht bemerkbar, sondern auch der politische Einfluß von außen. Kur-Brandenburg sah sich nämlich veranlaßt, im Nordosten wegen Pommern und im Südwesten wegen Jülich eine ernsthafte Anlehnung an Schweden und Frankreich zu suchen. Nur so konnten die eigenen Rechtsansprüche in diesen

Reichs-Territorien gegen Habsburg aufrechterhalten und verbessert werden. Dies fiel Friedrich Wilhelm um so leichter, als im Mai 1643 der Herzog von Enghien – später der »große Condé« genannt – Habsburgs Heerscharen in der Schlacht bei Rocroi entscheidend schlagen konnte und bald darauf im August auch die Moselfestung Diedenhofen (Thionville) unter französische Kontrolle geraten war.[36]

Diese beiden militärischen Erfolge zeigten schon, daß Frankreich nach dem Tode von Ludwig XIII. am 14. Mai 1643 nach außen handlungsfähig geblieben war und unter dem neuen Kardinal-Premier Mazarin sicherheitspolitische Ansprüche mit eigener Militärmacht abstützen konnte. Die Gesandtschaft von Winand Roth an den französischen Hof Ende August sollte zu dem Bemühen Friedrich Wilhelms beitragen, »das gute Vertrauen, das meine Vorfahren immer mit den Königen und der Krone von Frankreich gepflegt haben, wiederherzustellen und zu erneuern«.[37] Gelang es, hier eine politische Verbindung zu knüpfen, dann bahnte sich in der Kräfte-Konstellation des Teutschen Krieges eine Wende an: Dem Gewicht, das Bayern und das Haus Wittelsbach zu Beginn und während dieses Krieges in wechselnden Allianzen genutzt hatten, gesellte sich nun eine neue Kraft aus dem Norden des Heiligen Reiches zu.

Brandenburgs Orientierung entsprach einer innerteutschen Notwendigkeit und der Abstützung nach außen: Aber auch »aus Friedens- und Vaterlandsliebe [ex amore pacis et patriae]« habe man sich in Berlin für diesen neuen Kurs entschieden. Denn die »bisherige Erfahrung mit unwiederbringlichem Schaden bezeuget, daß durch Waffen das Römische Reich, Unser geliebtes Vaterland teutscher Nation, mehr ruiniert als demselben geholfen wird, auch alle Mittel, den Krieg ferner fortzusetzen, zerrinnen und verlieren sich«. Und dies in einem Krieg, der nicht um des Reiches und dessen Freiheit willen angefangen worden sei, »sondern vornehmlich wegen des Hauses Österreich und Spanien, auch [aus] Baierns eigenem Interesse«.[38]

Erst die Absicherung bei Schweden machte es jedoch Friedrich Wilhelm möglich, derart offene Worte in eine Gesandten-

Instruktion zu setzen. Er sagte damit nichts anderes, als daß Habsburg in Zukunft daran gehindert werden müßte, aus Haus-Interesse einen Krieg zu beginnen, in den das Heilige Reich und damit die Reichsstände hineingezogen werden könnten. Deshalb stärkten auch die brandenburgischen Deputierten in Frankfurt jene ständischen Kräfte, welche auf der parlamentarischen Mitsprache beharrten, wenn die Frage nach Krieg und Frieden anstand. Ihre Forderung nach Konkurrenz im Sinne verfassungsmäßiger Mitwirkung prägte nicht umsonst die harte Auseinandersetzung hinsichtlich der Geltung des »ius belli ac pacis« während des Deputationstages. Wurde dieses Fundamentalrecht so aufgefaßt, daß es vom Kaiser, den Kurfürsten und vom Kurien-Reichstag gemeinsam und gleichzeitig wahrgenommen werden mußte, dann hatte Habsburgs willkürliche Kriegspolitik ein libertäres Ende gefunden.[39]

Gelang es also, Habsburg und die Fürsten der Liga wieder in den Rechtsrahmen der Teutschen Libertät zurückzuführen, dann wurde das innerteutsche Gleichgewicht der drei Verfassungsträger zur Grundlage des europäischen Gleichgewichts. Eine Voraussetzung dafür war nur, daß die auswärtigen Hauptmächte dieses *System der Nebenregenten* rechtlich und militärisch garantierten.[40] Das kommende Friedenswerk erhielt dadurch einen fundamentalen Verfassungsrang, den besonders Schweden mit Nachdruck einzufordern verstand. Adler Salvius gemäß, der zusammen mit Johan Oxenstierna und zeitweise auch mit Schering Rosenhane die Friedensverhandlungen in Osnabrück zu leiten hatte,[41] mußte dieses Kriegsziel immer wieder eingeschärft werden. Denn Kaiser Ferdinand III. trachte wie sein Vater nach nichts anderem als »nach einem absoluten Dominat in Teutschland, wobei er alle Majestätsrechte an sich zieht, welche er sonst mit den Ständen gemeinsam [wahrzunehmen] hat [...]; besonders jetzt auf dem Deputationstag in Frankfurt arbeitet er darauf hin. Nachdem er den Ständen das Recht der Kriegsbewilligung [ius armorum] genommen [...] hat, so will er ihnen nun [auch] das Recht der Friedensstiftung [ius pacis] wegnehmen, indem er keine Fürsten und Stände im Römischen Reich mit Stimm- und Wahlrecht zu den Friedensverhandlungen zulassen will, obgleich es ihnen mit allem Recht zusteht. [...]«[42]

Was immer noch an Akzidentiellem in Gestalt von Rang- und Titelstreitigkeiten, von Geleits- und Tagungsproblemen anfallen mochte und die Aufnahme echter Verhandlungen von 1643 bis 1645 verzögern sollte,[43] von dieser substantiellen Forderung als »Grundlage der Öffentlichen Ruhe [fundamentum tranquillitatis publicae]«, das auch »der katholischen Stände Freiheit« einschloß,[44] ist Schweden so wenig abgerückt wie Frankreich. Es dauerte aber noch fünf Jahre, ehe die innere Befreiung von der Habsburg-Diktatur mit der äußeren Befriedung abgestimmt und das universale Friedenswerk verkündet werden konnte. Dafür mußten zuvor noch mehrere Male die Waffen sprechen, teils um Rechtsansprüche und Besitztitel zu sichern, teils um die Friedensbemühungen entweder absolutistisch zu beeinflussen oder in ihren libertären Intentionen zu stärken.

Letzte Schlachten

Zur selben Zeit, als in Spanien Olivares nach einer angeblichen »Verschwörung der Unterröcke« das Amt des Ersten Ministers der Katholischen Majestät aufgeben mußte[45] und in Frankreich die »Kabale der Ohnmächtigen« den Beginn der Fronde gegen Mazarin vorbereitete,[46] spitzte sich der Teutsche Krieg noch einmal politisch und militärisch zu.

Im Oktober 1643 hatte Johan Oxenstierna von Minden aus, wo er die französische Friedensgesandtschaft abzuwarten hatte,[47] gemeldet, daß der »Däne und Pole irgendetwas gegen uns im Schilde führen [würde]«.[48] Auch wollten Nachrichten über den dänischen Grafen Waldemar nicht verstummen, der angeblich 8000 teutsche Soldaten unter Vertrag zu nehmen im Begriff war, um mit ihnen ins Moskauer Zartum zu ziehen.[49] Schließlich wurde Adler Salvius, Schwedens Chefunterhändler, durch das Verhalten beunruhigt, das Vertreter Dänemarks in ihrem Amt als Friedensmittler zwischen den Kaiserischen und widerständischen Reichsständen an den Tag legten.[50] Seine Beobachtungen nährten die Befürchtung, daß sich hier eine alte Bedrohung zusammenbrauen könnte, um Schwedens Erfolge im Teutschen Krieg am Ende doch noch zu schmälern: Die Koalition von Dänemark, Vasa-Polen, Moskauer Zartum und Habsburg. Und diese durfte sich unter keinen Umständen militärisch entwickeln, schon gar nicht jetzt, nach der *Schlacht bei Tuttlingen,* in der Frankreich einen erheblichen Dämpfer durch die Bayerischen hatte hinnehmen müssen.[51]

Auf die innere Schwächung Frankreichs setzte auch Ferdinand III. in berechtigter Sorge, daß der bisherige Friedensmittler Dänemark mit Schweden in einen neuen Krieg verwickelt werden könnte.[52] Gleichzeitig hoffte er in einem langen Schreiben an die Unterhändler Auersperg und Krane,[53] »daß die Schweden ungeachtet des Leipzigischen jüngsten Treffens [gemeint ist der neuerliche Sieg bei Breitenfeld] [. . .] kein Fuß tiefer in unsere Erbländer setzen können«.[54] Zur Abwendung dieser akuten Gefahr war aber in der Krisenzeit von 1643 auf 1644 kein Mittel geeigneter als der Abzug Torstenssons aus Böhmen. Dieser hatte schon mit dem Fürsten Rakoczy von Siebenbürgen ernsthafte Kontakte aufgenommen und die alte Verbindung wie zu Bethlen Gabors Zeiten erneuert, um Wien von Norden und Osten her anzugreifen.[55] Dazu kam es aber zunächst nicht, weil sich Kanzler Oxenstierna zusammen mit dem Reichsrat und abgestützt vom Reichstag zu einem Präventivschlag gegen das kriegsbereite Dänemark entschlossen hatte.[56]

Torstensson, der immer wieder wegen »der Gicht« vom Oberkommando der schwedischen Streitkräfte in Teutschland befreit werden wollte,[57] gelang nach einem in der Kriegsgeschichte einzigartigen Gewaltmarsch von Böhmen nach Holstein der »schnelle Schlag« gegen Christian IV. und Dänemark, den der politische Stratege Oxenstierna gefordert hatte. Bereits Mitte Januar 1644 konnte der pflichtbewußte und patriotisch gesinnte Feldmarschall dem Reichskanzler die Eroberung Holsteins, Schleswigs und ganz Jütlands melden.[58]

Langsamer ging es hingegen im eigenen Vorfeld zu. Gustav Horn, der nach achtjähriger Gefangenschaft 1642 aus kaiserischer Gefangenschaft freigelassen worden war,[59] führte den Kriegszug gegen Dänemark in Schonen an, das erst zwanzig Jahre später der Krone Schweden einverleibt werden konnte. Horn brauchte fast ein ganzes Jahr, um sich vor allem der befestigten Plätze von Hälsingborg, Landscrona und Malmö an der Westküste zu bemächtigen.[60] Eine gewagte Diversion kaiserischer Truppen unter Gallas gegen Holstein hielt im Juli 1644 Torstensson davon ab, eine Invasion auf die Insel Fyn zu unternehmen. Gleichzeitig fand sich die Kriegsflotte Schwedens unter Admiral Klas Flemming in Kielfjorden von der Flotte Dänemarks eingeschlossen. Torstensson sandte nun Carl Gustav Wrangel zu den bedrängten See-Streitkräften, die nach dem plötzlichen Tod Flemmings Anfang August unter seinem Befehl einen dramatischen Ausbruch versuchten und damit Erfolg hatten. Als dann noch Kriegsschiffe aus den Niederlanden zu Wrangel stießen, welche Louis de Geer – der »Kanonenkönig« dieses Jahrhunderts – angeworben hatte,[61] konnte eine der wenigen Seeschlachten des Teutschen Krieges gewagt werden. Sie fand am 13. Oktober bei der Insel Femarn statt und führte fast zu einer Vernichtung der Flotte Christians IV., der diesen Nebenkrieg bei seinen »teutschen Interessen« vor allem wegen Bremen und Pommern begonnen hatte.[62]

Durch die Niederlagen zu Wasser und zu Lande geschwächt, fand sich der Sieger von Knäröd (1613) jetzt einer »täglich zunehmenden schwedischen Macht« gegenüber,[63] die nun für alle Demütigungen im Kalmar-Krieg Genugtuung forderte. Mit dieser erneuten Demonstration der Gustavianischen Kriegskunst konnte Schweden außerdem erheblichen Druck auf Wien dahingehend ausüben, in Münster und Osnabrück ernsthafter zu verhandeln.[64] Als der »weltweise Staatsmann« Axel Oxenstierna am 7. Dezember dieses ereignisreichen Kriegsjahres 1644 der mündig gewordenen Königin Christina den Eid auf die Verfassung Schwedens vorsprach und sie damit auf den Herrschaftsvertrag »mit des Reiches Rat und Ständen« verpflichtete,[65] da stand Schweden vor einem der größten Triumphe seiner Geschichte. Denn der kommende Friede mit Dänemark in Brömsebro würde nicht nur eine gelungene Revanche für Knäröd sein, sondern auch einen wesentlichen Schritt zum Teutschen Frieden markieren.[66]

Zur selben Zeit, als dieser Regionalkrieg ausgefochten wurde und die Positionen Habsburgs auf dem Friedenskongreß schwächte, tat Anfang August 1644 der Sieg des Herzogs von Enghien und Turenne's in den harten Kämpfen um Freiburg (Breisgau) und Uffhausen ein übriges.[67] In jenen dramatischen Tagen nahm aber eine andere »Schlacht« ihren Anfang, an deren Ende Mazarin eine empfindliche Niederlage hinnehmen mußte: Nach dem Tode des Barberini-Papstes Urban VIII. am 29. Juli 1644 entschied sich nämlich das Konklave der Kardinäle für den »spaniolisierten« Pamfili-Papst Innozenz X. Die Bestechungsgelder Mazarins hatten also nichts genützt, der sich von der Wahl eines anderen Oberhauptes der Römischen Kirche mehr Druck auf Habsburg bei den Friedensverhandlungen versprochen hatte. Mit dem neuen Papst erfuhr nur die Gegenreformation weitere Impulse. Denn er betrachtete es als seine Hauptaufgabe, die »Ketzer« mit Haus und Hof zu seiner Kirche zurückzuführen. Er sah sogar Schweden als Missionsland an und sollte es noch erleben, daß dessen Königin Christina zum Erstaunen ganz Europas zehn Jahre später abdankte und zum Katholizismus konvertierte.[68]

Der Wechsel im Papstamt half freilich Habsburg wenig, den Krieg auf teutschem Boden so zu intensivieren, daß er die Verhandlungspositionen gegenüber Frankreich in Münster und gegenüber Schweden in Osnabrück hätte verbessern können. Auf der Gegenseite ließ der entschlossene Torstensson im Herbst 1644 die Kaiserischen unter Gallas von Holstein her nicht zum Zuge kommen. Gleichzeitig wurden die bayerischen Truppen von Enghien und Turenne so stark bedrängt,[69] daß Maximilian Ende 1644 zum Frieden geneigter war als je zuvor. Seinen Unterhändlern Haslang und Krebs bestätigte der Würzburger Bischof Johann Philipp von Schönborn, der ab 1647 Kurfürst von Mainz werden sollte, das Elend der bisherigen Politik an der Seite der Habsburger: Es gäbe jetzt keine andere Rettung in diesem Krieg, »als daß alle Kurfürsten und Stände gemeinsam [coniunctim] die hispanischen Künste abwenden und durch alle menschenmöglichen Mittel den so hoch ersehnten Frieden zu erlangen sich bemühen«.[70]

Mehr aber als die zahlreichen Sondierungen, Ehrenhändel und Statusprobleme, welche die Gesandten in beiden Kongreßstädten immer noch bewegten,[71] konnten zwei Hauptschlachten in Gang bringen. Vor allem Torstenssons *Sieg bei Jankau* am 27. Februar 1645 gegen eines der letzten großen Aufgebote der Kaiserischen, Sächsischen und Bayerischen unter Gallas, Hatzfeld und Götz stärkte Schwedens ohnedies günstige Position in Osnabrück: Nach seinem Rückzug von Jütland nach Böhmen zwang der Schwede die Hauptmacht des Gegners, zu dem sich noch ein bayerisches Kontingent unter Johann von Werth gesellt hatte, zu »einem solch harten und blutigen Treffen, wie es seit vielen Jahren nicht vorgekommen ist«. Seine besondere Taktik, unter Ausnutzung jeden Geländes konzentriert zu feuern, verschaffte ihm gleich zu Beginn der Schlacht zwischen zwei Bergen einen beträchtlichen Vorteil. Der Tod von Feldmarschall Götz schwächte den an Reiterei weit überlegenen Gegner zusätzlich, der schließlich zwischen acht Uhr morgens bis vier Uhr nachmit-

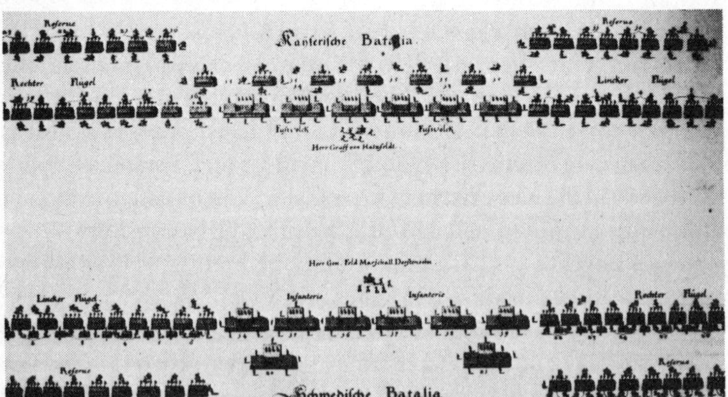

Aufmarsch-Skizze zur Schlacht bei Jankau 1645 – oben das Kaiserische unten das Schweden-Heer (Sammlung UB Ffm).

tags »nach einem harten Fechten« niedergerungen und in die Flucht geschlagen werden konnte.[72]

Torstensson hoffte nach diesem »herrlichen Sieg« der »rechtmäßigen Waffen«, daß mit einem zusätzlichen Druck auf die habsburgischen Erbländer der »Kaiser endlich gezwungen werde, ernsthafte friedliche Gedanken zu fassen«. In seinem Schlachtenbericht an Königin Christina und die Reichsleitung wünschte er auch, »daß Frankreich jetzt etwas zur Sache beisteuern möchte«, um auf diese Weise Habsburg zu einem sicheren Frieden bringen zu können.[73] Die Erfüllung dieser verständlichen Hoffnung sollte nicht lange auf sich warten lassen: Anfang August wurde bei *Allerheim* die vorletzte Hauptschlacht dieses Teutschen Krieges ausgefochten.

Während sich in Münster die Deputierten von Kurfürsten und kaiserliche Gesandte heftig darüber stritten, ob den ersteren der Titel »Exzellenz« zuerkannt werden dürfe, um die Reputation des Heiligen Reiches gegenüber auswärtigen Potentaten und Kronen besser wahren zu können,[74] bewegten sich die beiden gegnerischen Heere nicht weit von Nördlingen aufeinander zu: Die kaiserisch-bayerische Armee stand unter dem Kommando von Mercy, Werth und Geleen. Sie war etwa 16000 Mann stark,[75] angeblich gut diszipliniert[76] und verfügte über 28 Geschütze. Ähnlich wie bei Wimpfen (1622), bei Nördlingen (1634) oder bei Freiburg (1644) und kurz zuvor bei Jankau wurde von den Kaiserischen das Gelände zu einer Defensivanlage der Schlacht genutzt: Der Rechte Flügel wurde dabei um den Wenneberg gruppiert und von Geleen kommandiert. Das Zentrum aber konzentrierte sich unter Mercy auf das Dorf Allerheim, während der Linke Flügel mit Werth an der Spitze auf einer Anhöhe um das 1634 zerstörte Schloß Allerheim postiert wurde. Verschanzungen und Verhaue, wie sie Wallenstein vor allem 1632 an der Alten Veste mit einigem Erfolg erprobt hatte, stärkten diese Anlage einer defensiven Massierung.[77]

Das gegnerische Heer aus Franzosen, Weimarianern und Hessen unter Enghien und Turenne war etwa 17000 Mann stark und verfügte über 27 Kanonen. Am 3. August 1645 gegen

16 Uhr erfolgte ein furioser Angriff auf das Zentrum der Kaiserisch-Bayerischen im langgestreckten Allerheim, das bald von Enghiens' Einheiten in Brand gesteckt wurde und dann noch erbittert umkämpft blieb, nachdem Mercy gegen 18 Uhr durch eine Musketenkugel getötet wurde.[78] Die französisch-teutschen Angreifer mußten dabei erhebliche Verluste an Offizieren und Mannschaften hinnehmen. Als die bayerische Reiterei unter Werth den Rechten Flügel der Franzosen auseinandertrieb und auch das hessische Fußvolk zur Flucht zwang, da sah es für die Konföderierten nicht gut aus.

In dieser kritischen Lage griff Turenne mit dem Linken Flügel den Rechten Flügel des Gegners am Wenneberg an. Unterstützt von Hessen und Weimarianern unter Geiso, dem Landgrafen Ernst von Hessen und Oehm, gelang ihm erst ein Durchbruch der kaiserisch-bayerischen Linie, dann die Zerstreuung der feindlichen Reiterei und schließlich noch die Erbeutung aller Geschütze dieses Rechten Flügels.[79] Damit war nun eine eigenartige Kampfsituation entstanden: Die Rechten Flügel waren auf beiden Seiten besiegt und großenteils auf der Flucht, das Zentrum beider Armeen überaus geschwächt, und die Linken Flügel standen sich plötzlich alleine gegenüber. Da die Nacht hereinbrach, unterblieb das alles entscheidende letzte Gefecht zwischen diesen beiden intakten Flügeln. Turenne verfolgte zwar die nach Donauwörth abziehenden Bayern unter Werth, vermochte sie aber nicht mehr zu stellen.[80] Er sah sich außerdem genötigt, der eigenen Verluste wegen seine verbliebenen Einheiten zu sichern. Wahrscheinlich hatte diese französisch-teutsche Armee fast die Hälfte ihrer Soldaten auf dem Schlachtfeld bei Allerheim gelassen, während es bei den Kaiserisch-Bayerischen etwa ein Viertel war.[81]

Turenne behauptete zwar das Schlachtfeld, was nach dem Kriegsbrauch der Zeit als »Sieg« gewertet wurde, aber seine und Enghiens Verluste waren so hoch, daß dieser Erfolg nicht zu einem energischen Nachsetzen reichte. Das französische Fußvolk war fast vollständig aufgerieben worden, und auch die Reiterei hatte gelitten, so daß dieses dezimierte Doppel-Heer im Herbst 1645 nach einem »wunderbaren Marsch« der aufgefrischten Truppen Maximilians aufs linke Rheinufer zurückgedrängt werden konnte.[82] Allerdings sah sich München gezwungen, jetzt verstärkt eine Verständigung mit Frankreich zu suchen und damit Wien zusätzlich unter Druck zu setzen, endlich in Münster und Osnabrück über die Präliminar-Absprachen von 1641 hinauszugehen und auf die Propositionen (Vorschläge) Schwedens und Frankreichs von Ende 1644 substantielle Angebote zu unterbreiten.[83]

Ernste Verhandlungen

Das Heilige Reich war in vielen Landstrichen wirklich nichts anderes mehr als eine »verlorene Wiesenblum«, und auch viele Städte hatten gelitten.[84] Mit den Friedensverhandlungen aber regte sich mancherorts die Hoffnung auf bessere Zeiten. Das Aufkommen von *Blumenorden* und *Fruchtbringenden Gesellschaften* begleitete die Sehnsucht nach einem Frieden, der nicht nur die politischen und possessiven Streitsachen regeln, sondern auch zum Seelenfrieden der Teutschen beitragen sollte. »Mit Nutzen erfreulich« war das Motto von Harsdörfers und Klajs Pegnesischem Blumenorden aus dem Jahre 1644, das von Nürnberg her auf alle Gemüter wirken wollte, sich zum Lob des teutschen Namens zu versöhnen.[85]

Das Bemühen um die Wiederherstellung des »guten teutschen Vertrauens« als Grundlage des inneren Friedens und zum Nutzen des Heiligen Reichs war bei allen Interessenten zu spüren, wenngleich die Positionskämpfe um die Besitzstandswahrung und die Bekenntnisfreiheit an Schärfe noch nichts verloren hatten. Die Auseinandersetzungen zwischen Paris und Wien in der komplizierten Rechtslage im Elsaß und um die Lösung der »Pfälzischen Sache«, oder in der nicht minder schwierigen Pommern-Frage vollzogen sich aber bereits im Rahmen einer deutlichen Entspannung.

Die Freilassung des seit 1635 willkürlich festgehaltenen Kurfürsten von Trier und dessen Restitution in alle Rechte eines

Reichsstandes hatte bereits im April 1645 zu einer gewissen Verbesserung des Klimas geführt.[86] Die Rückbesinnung auf eine Verrechtlichung aller Politik und die damit verbundene Reaktivierung einer Mitbestimmung der Reichsstände »in Religions- und Prophansachen« brachte das begonnene Friedenswerk allmählich voran.[87] Was mit dem Reichstag zu Regensburg 1641 angefangen und auf dem Reichsdeputationstag zu Frankfurt 1643 fortgesetzt worden war, konnte jetzt nach mancherlei Gezerre und Gezeter im Geist der Libertät als erreicht betrachtet werden: die Zulassung der Reichsstände zum Friedenskongreß nach Maßgabe der drei Kurien und ihres Beratungsmodus wie auf einem Reichstag.[88]

Ferdinand III. sah sich angesichts seiner anhaltenden Geldknappheit und seines schwindenden Waffenglücks[89] veranlaßt, nicht nur die Kurfürsten und den Fürstenrat nunmehr in allen fundamentalen Reichssachen zu bemühen, sondern auch die reichsunmittelbaren Städte. Es war ein großer politischer Erfolg der libertären Kräfte, daß dieser Kaiser von der bisherigen Machtpraxis Abstand nahm, indem er Kurfürsten und Ständen all das zugestand, was schon vor 1618 Errungenschaften der Teutschen Libertät und des Treuhandwesens waren: Ohne ihre Beratung und Zustimmung durfte er als Kaiser keinen Krieg beginnen und keinen Frieden schließen.[90]

Diesen Triumph des »Ius belli ac pacis« im Heiligen Reich konnte Hugo Grotius nach einem Vierteljahrhundert Krieg nicht mehr erleben. Er war einen Monat zuvor auf der Rückreise von Schweden in der Nähe von Rostock verstorben.[91] Aber der vertragliche Geist seines Fundamentalwerkes »De iure belli ac pacis« von 1625 zeitigte Wirkungen. Dieses Werk lenkte nicht nur beim »ewigen Frieden« zwischen Schweden und Dänemark in Brömsebro die Staatsmänner um Oxenstierna, sondern beeinflußte auch den Friedenskongreß von Münster und Osnabrück: Dort setzte sich nicht der »Machtstaat« durch, sondern die Freiheit mit all ihren Institutionen kam wieder zu ihrem Recht.[92]

Dieses wichtigste Friedensziel zu sichern, gehörte weiterhin zur Politik Frankreichs, das jetzt den bisherigen Chefunterhändler d'Avaux mit dem Herzog von Longueville ersetzte, und Schwedens, das im Kampf gegen den Absolutismus Habsburgs nicht müde wurde.[93] Man hatte zwar Ferdinand III. die Rekonstitutionalisierung des Heiligen Reiches Stück für Stück abgerungen, um sie nun in ernsthaften Verhandlungen auch rechtlich und materiell für alle Zeiten zu sichern; aber es zeigte sich, daß dieser Kaiser selbst aus seinen Niederlagen für das eigene Haus noch Nutzen ziehen konnte. Das verdankte er vor allem dem Grafen Trauttmansdorff, dem er am 16. Oktober 1645 eigenhändig eine umfangreiche Geheim-Instruktion aufsetzte, um ihn auf dieser Grundlage in Münster und Osnabrück mit allen Reichsständen, Schweden und Frankreich verhandeln zu lassen.

In diesem erst 1962 veröffentlichen Dokument[94] interessieren hier weniger die Zugeständnisse in der Elsaß- und Pommern-Frage aufgrund der Lehnsverfassung des Reiches, auch nicht das Projekt einer »achten Kur« für die Pfälzischen Erben und einer »neunten Kur« für Österreich. Zentral war vielmehr das durchgehende Bemühen Ferdinands III., all das, was er an Libertät und Religionsfreiheit im Heiligen Reich den Ständen zugestehen mußte, nicht in gleichem Umfang auf seine Erbländer übertragen zu wollen.[95] Gelang diese Politik, dann durfte vor allem Böhmen trotz der anhaltenden schwedischen Besatzung in weiten Teilen des Landes[96] nicht damit rechnen, zu seiner Freiheit vor 1618 zurückkehren zu können – ungeachtet aller Hoffnungen und Gebete eines Comenius und tausender Flüchtlinge.

Weil Ferdinand III. auf die Sicherung seines hausstaatlichen Separatismus nach wie vor sehr bedacht war, schärfte er seinem neuen Unterhändler ein, es ja nicht bei der Wahrnehmung der »Spanischen Interessen« dahin kommen zu lassen, daß es den Feinden künftig möglich wäre, »die Teutsche und die Spanische Linie [des Hauses Habsburg] voneinander [zu] separieren und [...] eine oder die andere oder successive alle beide [zu] unterdrücken.«[97] Auf diese Trennung lief jedoch Frankreichs Vorfeld-Politik an der Grenze zum Heiligen Reich und in Italien im Prinzip hinaus. Dabei spielten die rechtsrheinischen

Festungen Ehrenbreitstein, Philippsburg und Breisach militärisch die gleiche Rolle wie die Kontrolle über die Festung Pinerolo in Piemont oder der Erwerb des Roussillon an der Grenze nach Spanien – Habsburgs Macht mußte in ihrem Hegemonialstreben gebrochen werden und eingedämmt bleiben.

Gefährdungen

Vor-Mauern werden Haupt-Werke

In seiner Geheim-Instruktion an Trauttmansdorff hatte Ferdinand III. seinem Bevollmächtigten beim Friedenskongreß eingeschärft, danach zu streben, daß »die Stände des Reichs als Glieder mit mir als dem Haupt und Vater ihnen selbsten vereiniget, die gestörte Harmonie des Reiches wieder zusammengestimmet« und »das gute alte Vertrauen wieder gestiftet« werden würde.[1] Auf diesem Wege schien der mit umfassenden Vollmachten ausgestattete Graf auch voranzukommen, nachdem die Institutionen der Libertät reaktiviert worden waren und es den Anschein hatte, daß sich »Kaiser und Reich« auf der Basis des Natur- und Völkerrechts in ihren internen Streitfragen vergleichen könnten.

Zu diesem Prozeß der Versöhnung (amicabilis compositio) gehörte das Recht der Stände, besondere Beschwerden (gravamina) gegen Maßnahmen des Kaisers vorzubringen und Vorschläge zu unterbreiten, wie vorhandene Mißstände und die Ursachen des inneren Unfriedens abgestellt werden könnten. Die Protestanten hatten bereits am 15. Dezember 1645 ihre Beschwerden vorgebracht[2] und erneuerten im Februar 1646 ihre Forderungen als Antwort auf die Gegenbeschwerden der Papistischen. In ihren Vergleichsmitteln (media compositionis) bestanden sie auf der Rücknahme des »geistlichen Vorbehaltes« seit 1555 und auf dem Besitzstand der Kirchengüter von 1618. Sie forderten auch für die Calvinisten Religionsfreiheit in den Herrschaftsgebieten der katholischen Stände. Als Schutz ihrer Minderheit auf Reichstagen verlangten sie ein Vetorecht in kirchlichen Fragen und bestanden auf der Gleichheit beider Bekenntnisse bei der Abhaltung von Deputationstagen. Überdies forderten sie die Reform des Justizwesens, denn dieses sollte den geordneten Rechtsweg und inneren Frieden garantieren.[3]

Diese Sicherung von Fundamentalrechten und Verfassungsorganen hat in ihrem libertären Wesen dem liberalen Rechtsstaat grundlegend vorgearbeitet. Daneben ist die Konzentration auf die Garantie der Eigentumsverhältnisse unverkennbar. Faßten sich die Vertreter der Protestanten in dieser substantiellen Frage als Verfechter der »Perpetuität« oder des »ewigen Eigentums« an Kirchengut auf, so forderten die Papisten auf dem Friedenskongreß in ihren »Gegenbeschwerden« die »Temporalität« oder die »zeitliche Verfügung« nach Maßgabe des Prager Friedens, d. h. Rückgabe dieser Güter nach 40 Jahren Nutzung in katholische Hände.[4]

In dieses inner-teutsche Ringen zwischen Perpetualisten und Temporalisten wurden Frankreich und Schweden eingeschaltet. Beide zählten in ihren Territorialinteressen am Heiligen Reich zu den Perpetualisten. Zu dieser Haltung gehörte es, daß ihre Entschädigungen mit einer »ewiglichen« Abtretung von Verfügungsrecht (dominium supremum) über Reichsboden entgolten wurden. So geschah es bereits am 13. September 1646 im »Präliminarvertrag« zum Verbleib des Elsaß. Darin mußte das Haus Habsburg seine Patrimonial-Lande nicht temporär an das Haus Bourbon überschreiben, sondern perpetuell an die Krone Frankreich.[5] In diesem Fall, der vom Friedensvertrag in seinem Kern bestätigt werden sollte, hatte also der Patrimonialismus gesiegt. Im Falle Pommerns jedoch behielt der Depotismus die Oberhand. Denn hier gelang es, dieses Herzogtum als »ewigliches Reichslehen« der Krone Schweden zu überlassen.[6]

Und noch ein dritter Spezialfall wurde in dieser zwischen Friedenshoffnung und Kriegsangst schwankenden Zeit an der Jahreswende zu 1647 virulent. Im Januar dieses Jahres war nämlich eine Stände-Tagung zu dem Ergebnis gekommen, daß die *Schweizer Eidgenossenschaft* die Gelegenheit nicht verstreichen lassen dürfe, ihren eigenen Status mit dem angestrebten »Teutschen Frieden« zu sichern und zu verbessern.[7] Die notgedrungene Verletzung der eidgenössischen Neutralität durch Gustav Horn zur Belagerung von Konstanz (1633) war noch nicht vergessen.[8] Die Einnahme von Bregenz durch den Schweden-General Carl Gustav Wrangel samt seiner sonstigen Drohungen hatte im vergangenen Herbst 1646 jedem vor Augen geführt, wohin die »Schwedenplage« bei einer Änderung der Kriegslage führen konnte.[9] Denn diese nordische Macht, mit der die evangelischen Eidgenossen seit 1611 in immer engeren Kontakt geraten waren, und in deren Armeen zahlreiche Schweizer – sogar in Kommandostellen – dienten,[10] hielt den Bodensee und das elsäßische Benfeld unter Kontrolle, während am Rhein entlang die Truppen Frankreichs standen.[11]

Zwei wichtige Zufahrtszonen für den Handel der Eidgenossen konnten also von jenen Mächten blockiert werden, die in Münster und Osnabrück mit »Kaiser und Reich«, sowie mit Spanien um eine Friedensordnung rangen. Da man mit diesen Mächten auf gutem Fuß stand, wollte man die Situation jetzt nutzen, zumal die »Reichsstadt« Basel in einen schweren Konflikt mit dem Reichskammergericht in Speyer geraten war, das die Rechtshoheit des Heiligen Reiches über Baseler Bürger und Waren beanspruchte. Aus diesem Rechtsanspruch eines Reichsorgans über ein seit 1501 zur Eidgenossenschaft gehörendes Gemeinwesen konnte der Schluß gezogen werden, daß die Eidgenossenschaft in ihrer Gesamtheit zwar *sich selbst besitzt und gleichsam frei ist* (possessio vel quasi libertas), aber doch in »Kaiser und Reich« eine Art Oberlehensherrn und Richter berücksichtigen mußte.

Die Eidgenossenschaft erstrebte also in Münster und Osnabrück nichts anderes als eine international garantierte *Exemtion vom Reich* – eine Absage an dessen Gerichtshoheit. Mit dieser besonderen Staats-Qualität der Exemtion war zweierlei verbunden: die Vollständigkeit aller Hoheitsrechte im eigenen Staatsgebiet und die völlige Unabhängigkeit des Gemeinwesens von äußerer Jurisdiktion, sei sie nun kaiserlicher oder sei sie päpstlicher Natur.[12] Mit den von Johann Rudolf Wettstein – Bürgermeister von Basel und Gesandter beim Friedenskongreß – verurteilten »Attentaten« des Kammergerichts in Speyer, das sich laut Reichskammergerichtsordnung von 1555 zuständig fühlte,[13] wurde jedem Rechtskundigen und Betroffenen zu verstehen gegeben, daß der Souveränität der Eidgenossenschaft im Gerichts-Bereich ein Substanzrecht vorenthalten wurde – sie erschien als nicht vollständig souverän. Diesen Rechtsvorbehalt will Wettstein für seine Stadt ausgeräumt sehen, um von den Garanten des Teutschen und Universalfriedens der Eidgenossenschaft insgesamt den Status und Rang einer Freien Republik gesichert zu bekommen, den Venedig schon besaß und der jetzt auch den Niederlanden zugestanden werden sollte.[14]

Der Kampf des republikanischen Friedensmittlers Contarini aus Venedig um die Anerkennung des Exzellenzen-Titels[15] macht deutlich, daß aus Gründen des distributiv Gerechten die Universalmächte Kaiser und Papst, aber auch die »gekrönten Häupter« aller »souveränen Kronen« der Christenheit mitunter erhebliche Rangvorbehalte anmelden und durchsetzen konnten,[16] wenn sich freie Republiken als ihnen gleichwertig auffaßten. Die Superlative wie »Allerkatholischste Majestät« (Spanien),[17] »Allerchristlichster König« (Frankreich) oder der Titel »Allermächtigster (Potentissimus)« drücken das besondere Rangbedürfnis der Staats-Oberhäupter aus, die nur im kommutativen Bereich des Gerechten (Vertragswesen) Republiken als gleichberechtigte Partner akzeptierten[18] und dabei sogar mit »Ketzern« in Bündnisse treten konnten.[19]

Berücksichtigt man diese Empfindlichkeiten, dann war das Vorgehen Wettsteins in der Exemtions-Sache klug gewählt. Denn er argumentierte anders als die Niederländer mit Rücksicht auf alle Privilegien, welche die Eidgenossenschaft in der Vergangenheit von »Kaiser und Reich« empfangen hatte. Deshalb mußte er sich auch der Befreiungs-Formel (Exemtion) bedienen, um die Vollständigkeit der eigenen Hoheitsrechte bestätigt zu bekommen. Wettstein vertrat nämlich ein neutrales Gemeinwesen und nicht eine kriegsführende Macht wie die Niederlande, die ihren Widerstand aus dem Bruch ihrer Privilegien von 1548 durch den spanischen Zweig des Hauses Habsburg legitimierten.[20] Gleichzeitig aber war er sich als Perpetualist des besonderen Wertes der Eidgenossenschaft bewußt und bestand auch darauf, daß die Formel »Gericht des Kaisers« (camera imperatoris) im kommenden Friedensartikel durch »Kaiserliches Gericht« (camera imperialis) oder durch »Speyerisches Gericht« (camera Spirensis) ersetzt werde.[21] Denn in der personenbezogenen Bezeichnung erkannte er eine Statusminderung der Eidgenossenschaft: Als ob nämlich ein neuer Kaiser die alte Rechtshoheit über Basel beanspruchen könnte. Nur der Sach-Bezug zum Heiligen Reich machte für ihn und alle Perpetualisten die Exemtion als eine Dauer-Lösung möglich.

Gegen die Proteste der katholischen Reichsstände erreichte Wettstein das Verhandlungsziel einer »völligen Freiheit und Exemtion [...] der Stadt Basel und der übrigen Orte der Schweiz vom Reich«, die fortan »in keiner Weise den Gerichtshöfen und Gerichten des Reiches unterworfen sein sollen«.[22] Dieser Status wurde in einem »kaiserlichen Diplom« bestätigt und vermittelte die besondere Form einer nationalen Unabhängigkeits-Erklärung: Der Eidgenossenschaft wird unter Vermittlung Frankreichs und Schwedens eine universale Anerkennung ihres Privilegienstandes garantiert und damit festgehalten, daß sich diese alte Republik der Christenheit historisch vom Heiligen Reich herleitet. Sodann wird auch zugestanden, daß die Eidgenossenschaft ein »ausgezogener Stand« sei, demnach den Rechtsverband und die libertäre Friedensordnung des Heiligen Reiches im Rahmen einer »Freisprechung« auf friedlichem Wege verlassen habe, wie sie in den Berufsständen des Zunftwesens üblich war. In dessen Sinn ausgedrückt und auf Wettstein als Repräsentant der Eidgenossenschaft bezogen, konnte die gewährte Exemtion nur so verstanden werden: Die Eidgenossen wurden wie ein Geselle freigesprochen, damit sie sich als Meister selbständig machen konnten und dabei eigene Wege gingen.[23]

Diese Exemtion bedeutete zwar auch die volle Souveränität, jedoch nicht im Sinne des völlig abschottenden Patrimonialismus, sondern nach Maßgabe einer Rückversicherung im garantierten Privilegienbestand: Der Eidgenossenschaft wurden alle Hoheitsrechte vom Heiligen Reich her gesichert, aber gleichzeitig alle Pflichten zum Reich hin genommen. Böhmen mit seiner großen republikanischen Vergangenheit war dieses oder ein anderes Glück freilich nicht beschieden. Es wurde zum Kernland einer absolutistischen Habsburg-Diktatur, die in ihrem patrimonialen Kern bis 1918 Bestand haben sollte.

Obgleich sich der Kurfürst von Brandenburg auf dem Friedenskongreß als Verfechter der Teutschen Libertät erwiesen hatte, sollte auch ihm seit 1660 (Frieden von Oliva) unter Mithilfe Frankreichs und Schwedens etwas Ähnliches im Herzogtum Preußen gelingen: die Errichtung eines »absoluten Dominats« gegen die Libertät der Landstände und damit auch eine Haus-Diktatur, die erst mit der Revolution von 1918 ein Ende fand.

Friedensmittel

Mit erheblichem Aufwand an Diplomatie und politischem Geschick war es Maximilian von Bayern gelungen, seine bedrängte Lage im Laufe des Jahres 1647 durch zwei Entscheidungen zu verbessern und damit wichtige Hindernisse auf dem Weg zum endgültigen Friedensschluß zu beseitigen. Von den Armeen Turenne's und Wrangels militärisch äußerst bedroht, fand er sich im März zu einem Waffenstillstand mit Frankreich und Schweden bereit.[25] Dieser Entschluß war zwar gegen Wien gerichtet. Er stellte dem Herzog aber eine für ihn annehmbare Lösung der Pfälzischen Frage durch die auswärtigen Kronen in Aussicht[26] und signalisierte eine Separation vom Kaiser, wie sie zuvor schon Kur-Brandenburg und Kur-Sachsen mit Waffenstillstands-Abkommen und Neutralitäts-Bekundungen erfolgreich vorgeführt hatten.

Es schien so, als sei dieser Bruch mit dem widerstrebenden Ferdinand III. ein geeignetes Mittel, den Frieden im Ernstfall auch gegen Habsburg zu erzwingen, zumal Trauttmansdorff bei seinen Vermittlungsversuchen zwischen den verfeindeten Reichsständen einerseits und den auswärtigen Interessenten andererseits einem völligen Scheitern näher war als dem gewünschten Erfolg eines Friedens unter Einschluß Spaniens. Mit einigem Recht bestand er später auf seinem unermüdlichen Bemühen: »So lange ich zu Münster gewesen [bin] und den Traktaten beigewohnt [habe], ist Spanien allzeit eingeschlossen geblieben und keine Separation vorgegangen.«[27]

Eine solche Separation aber hatte Frankreich immer wieder gefordert und damit nichts anderes gemeint, als daß es Ferdinand III. untersagt bleibe, nach einem Friedensschluß Spanien gegen Frankreich zu unterstützen. Daher auch das Bemühen der französischen Unterhändler, die Lothringen- und Burgund-Frage aus den Verhandlungen herauszunehmen und Spanien auch zugunsten der Niederlande zu isolieren. Mazarins erklärtes Verhandlungsziel war die Trennung Wiens von Madrid mittels des Teutschen Friedens. Auf der anderen Seite wurden erhebliche Bemühungen unternommen, Frankreich von Schweden zu trennen. Das erstere sollte gelingen. Das zweite Vorhaben aber nicht – selbst dann nicht, als Maximilian im September einen erneuten und dramatischen Schwenk vollzog und sich plötzlich vom Ulmer Waffenstillstand zurückzog, um sich wieder Ferdinand III. zu nähern.[28]

So groß der Verlust an Vertrauenskapital bei den Interventionsmächten durch diesen Schwenk vom nicht ratifizierten Ulmer Vertrag auch zeitweise sein mochte, so verschaffte diese Entscheidung zusammen mit dem Pilsener Vertrag vom 7. September 1647 dem erfahrenen Herzog zwei wesentliche Vorteile: Kommandierte er seit dem »Prager Frieden« nur ein Corps der Reichs-Armada, das auf ihn und den Kaiser vereidigt werden mußte, so konnte er nunmehr eine *Bayerische Armee* bilden, die nur noch auf ihn persönlich eingeschworen wurde.[29] Sein Reiter-General Johann von Werth vollzog diese Entscheidung nicht mit und versuchte, die vorhandenen Kontingente Ferdinand III. zu unterstellen.[30] Doch der Herzog setzte sich am Ende durch und konnte die Reichsstände für sich gewinnen, indem er ihnen die Notwendigkeit ständischer Eigenwehr (ius armorum) vor Augen führte.

Mit diesem Schachzug Maximilians war der »Prager Frieden« im Bereich der militärischen Autonomie eines Reichsstandes überwunden, die nichts anderes war als der Ausdruck eines libertären Widerstandsrechtes der Stände gegen den Absolutismus auf Reichsebene. Im Gefolge dieser Separation im Heerwesen gelang dann auch eine Konzentration der verfügbaren Kontingente auf die Schweden-Armee unter Wrangel, der sich genötigt sah, von Böhmen aus nach Westfalen zurückzuweichen.[31] Auch hier bewährte sich wieder ein Grundsatz von Grotius, daß nämlich der Einsatz militärischer Mittel Friedensverhandlungen intensivieren und gar zum Erfolg führen konnte. Denn der wahre Friede war mehr als nur das, was Waffen äußerlich an Ruhe erzwangen. Es gehörte auch ein inneres Bewußtsein und eine gezielte politische Erziehung jener dazu, welche den kommenden Frieden täglich neu zu bewahren hatten.

Daniel von Czepko hatte bei seinen Reformvorschlägen aus dem Jahre 1647 zur Gesundung des zerrütteten Reiches diese wichtigen Faktoren der hohen Politik zwar nicht beiseite geschoben, aber doch die Ursachen des Teutschen Krieges und des vorhandenen Elends auch anderswo gesehen: Etwa bei jenen Teutschen, die Geld und Güter an Orte geschafft hatten, wo sie jedem einheimischen Zugriff entzogen waren, z. B. durch Kapitalflucht in die Eidgenossenschaft.[32] Seit Jahr und Tag herrschte ja auch noch die »unersättliche Begierde«, die sich »keine Grenze, so auch keine Gesetze vorschreiben läßt«. »Kein Ding«, belehrt der Jurist und Poet Czepko seine ethisch verkommenen Zeitgenossen, »es sei so schlecht als es wolle, kann lange in dem Mittel bleiben; es steiget durch eines anderen Fall, und fällt, weil es gestiegen. Auch die größten Reiche, wenn äußere Gewalt und Macht gebricht, stoßen sich in ihrer eigenen zu Grunde, und graben ihren Untergang aus eigenem Glück hervor.«[33]

Czepko hoffte auf die Rückführung allen Lebens zum rechten Maß, zur Billigkeit und auf den zureichenden Grund (ratio sufficiens) als den wahren Friedensmitteln und Heilverfahren. Darauf hatte auch der greise Camerarius in dieser Zeit geschworen und den Anfang des Teutschen Krieges verdammt: Gott »wolle vom hohen Himmel dirigieren und Bayern strafen, den ersten Verursacher, Antreiber und Beweger dieses Bürgerkrieges [primus autor, motor et promotor huius civilis belli] [...] und also die Anklage alles gestürzten Blutes und Landverderbens auf sich hat«.[34]

Solche Anklagen führte Czepko nicht. Er konzentrierte sich auf die notwendige und heilsame Rückkehr zur Gerechtigkeit als das beste Mittel gegen den Bürgerkrieg. Dabei forderte er die Wiederkehr von »drei Tugenden, die einen Richter zieren« sollen: das Recht der Natur, der Völker und der Bürger. Damit die Herrschaft des Rechts wieder im Lande einkehren und die Erhaltung der Städte befördern konnte, mußten aber die bisherigen Dominate in den Magistraten fallen und die Zustände beseitigt werden, die aus einer »gerechten Richterin eine Tyrannin« gemacht hatten. Czepko wollte also Vorsorgen verbürgt sehen, damit das Teutsche Vaterland wieder als Vertrags- und Verfassungsstaat gedeihe, durch den »die Bürger aus gleichsam leibeigenen zu freien kaiserlichen Untertanen, die Ratsleute aus gleichsam Eigentums-Herren zu Verwaltern und zu Vorgehern der Gemeine; die Städte aus gleichsam wüsten und öden Steinhaufen zu bewohnten und erbauten Märkten gemacht werden«.[35]

Treuhand-Denken, Vertragswesen und Marktprinzip. Das waren für Czepko wie für die libertär denkenden Friedensverhandler die entscheidenden Heilmittel zur Genesung des Heiligen Reiches und seiner verschiedenen Stände, die mit einem »unbezähmbaren Dominat ruiniert« worden waren. »Halsstarrigkeit und Rebellerei« hätten neben den Glaubensstreitigkeiten mitgeholfen, jenes unabdingbare »Recht der Natur« zu verhöhnen, in dem sich das Prinzip der Gegenseitigkeit und einer Verhältnismäßigkeit der Mittel zum Wohle jedes Menschen und des Staates auswirkt: »Es will, daß wir anderen nicht tun sollen, was wir nicht wollen, das uns von anderen getan werden soll.«

Mit der Berufung auf die Goldene Regel der Bergpredigt kehrt Czepko in seinem Reformprogramm zu den Fundamenten libertärer Politik auf allen Ebenen eines Gemeinwesens zurück. Er formuliert dabei den Inbegriff der politischen Aufklärung der kommenden Zeit, wie ihn Hobbes oder Voltaire nicht anders verstanden haben.[36] Die Rückkehr zur Freiheit und die Sicherung der Religion (restitutio libertatis et concessio religionis) bedurften aber der dauernden »Erziehung zur Verfassung« (Aristoteles) und der genauen Kenntnis des Friedenswerkes als international garantiertes Verfassungsrecht, damit das Heilige Reich zum Nutzen der Alten Welt gedeihen konnte: »Denn Teutschland ist das rechte Centrum der letzten Monarchie, und dessen Freiheit ist das Gleichgewicht von ganz Europa [Europae Aequilibrium].«[37]

»Verrücktheiten Europas«

Das hatte diese vom Krieg zerrüttete und auf allerlei Narrheiten versessene Welt noch nicht erlebt: einen König, der sich auf das Nähen von Borten verstand, der am Eisenschmelzen sein Gefallen fand, Körbe wie ein Zigeuner flocht, Teppiche knüpfte, als käme er aus dem Orient, der Schnüre seilte, Pferden mit dem Striegel Glanz verlieh, der mit Parfüm-Tiegeln ebenso hantierte wie mit Kochtöpfen[38] und obendrein das Regieren einem Pfaffen überließ. Und doch nannte man Ludwig XIII. bald »Louis le juste«, weil er vor allem das Duellieren bekämpfte und dabei die aufs Faustrecht versessenen Franzosen auf den Rechtsweg zwang, wenn sie sich in ihren Streitereien um Erbe und Ehre nicht gütlich einigen konnten.[39]

In diesem Ringen um die Verwirklichung des Gerechten als Inbegriff und Legitimation aller Politik kam es mitunter zu absurd anmutenden Szenen, wenn Statusansprüche in Standesdünkel umschlugen und dabei die qualitativen Bindungen des distributiv Gerechten über Gebühr strapazierten. Der Republikaner Wettstein aus Basel hat ein solches Possenspiel überliefert: Am Tage nach dem Gedenken an die Schlacht bei Lützen, am 7. November 1647 nahm der eidgenössische Gesandte Abschied von den republikanischen Brüdern, »den Holländern, welche mir die Stund ein Viertel vor vier Uhr gegeben haben, grad als wann sie die Stunden beim Quintlin ausmessen müßten«. Als er dann zu ihrem Quartier kommt, bieten sie zu seiner Aufwartung die gesamte Hierarchie an Sekretären, Pagen, Dienern und Trabanten auf. Ein kleiner Haufen dieser Partisanenträger und Hauswächter geleitet ihn eine stattliche Treppe hinauf, bis zum äußeren Audienzgemach, wo »ein schrecklich großer Knollfink bis zur Tür gekommen« ist. Dieser Kerl nun stolziert dem Baseler Bürgermeister bis »in den inneren Saal« in einer Weise voran, »wie es allein die Kaiserlichen und Königlichen und keine Kurfürstlichen gemacht«, d. h. der niederländische Republikaner gesteht dem helvetischen Gesinnungsbruder nicht das »pari passu« zu, die Anerkennung der Gleichwertigkeit.[40]

Aber es sollte noch schlimmer kommen. Die köstlichen Tapeten an den Wänden der Gemächer, die zur Schäbigkeit des eidgenössischen Quartiers in einem umgebauten Stall seltsam kontrastierten, waren ein deutliches Zeichen dafür, daß sich die Batavische Republik zumindest »gekrönten Häuptern« gleichgestellt fühlte. Diesen Rangwert waren sie sich entsprechend ihrer historischen Leistung nach dem Unabhängigkeitskrieg und ihrer »Auserwähltheit« in höchstem Maße schuldig. Und diesen Anspruch ließen sie den Wettstein in kränkender Weise spüren, indem sich der Knollfink und »ein anderer kurzer gelber verblunsener Knorzhans [. . .] flugs beide obere Stellen« im Empfangssaal genehmigten, während »mein Sessel unten an sie gestellt« wurde – »welches weder Kaiserliche noch Königliche getan, sondern mich allzeit ihnen gegenüber gesetzt haben«.

Dieses herabsetzende Verhalten der Bataver veranlaßte Wettstein, sich nur als Vertreter der Stadt Basel auszugeben, um von der gesamten Eidgenossenschaft als Freie Republik Statusschäden für die Zukunft abzuwenden. Dann hörte er sich nach seinen »Complimenten« und Empfehlungen »wegen der Pfalz« das Gerede des »ersten Tölpels« an und verstand in dem Gemisch aus Französisch, »Welsch mit Teutsch und priscianischem Latein« fast nur das »Quatt und datt« des aufgeblasenen Knorzhans. »Endlich, nachdem der Vornehmere zweimal aufgestanden war und das Feuer geschürt hatte – weil wir einander vor Rauch bald nicht sehen konnten – und der andere nach der Glocke gelaufen [war] und dem Diener geläutet hatte, habe ich recht meinen Abschied genommen. [. . .]«[41]

Der gedemütigte Bürgermeister, der bald vom Kaiser in den Adelsstand erhoben werden sollte und in dieser Standeserhöhung einen Ausdruck des distributiv Gerechten für eine Einzelleistung sehen durfte,[42] konnte es nach dieser Erfahrung nicht lassen, über die Niederländer ein hartes Urteil zu fällen. »Die guten Herren«, beginnt Wettstein sein scharf formuliertes Verdikt, »folgen dem Beispiel der Schweizer nicht, welche in höchster Demut und Furcht Gottes ihre Freiheit anfangs gesucht und durch Gottes Gnad in 300 Jahr bereits und drüber erhalten [haben]. Diese [Niederländer aber] suchen ihren Freien Stand durch Hochmut, lassen dabei Christum Christum sein und nehmen sich weder sein noch seiner verfolgten Glieder an, wie es Kur-Pfalz und andere genugsam erfahren [haben]. [...] Ihre Vermessenheit ist [so] groß, daß sie den Kurfürsten, Herrschaft Venedig und anderen den Vorgang streitigmachen wollen. Ihre Pracht und Wollust, die sie führen und suchen, ist nicht zu beschreiben. Haben dabei allerlei Sekten im Land, lassen sogar den Juden ihren vermeinten Gottesdienst und Exercitium in ihrer Hauptstadt Amsterdam zu – neben anderem Unrat mehr, so bei ihnen vorgehet. Dahero wohl Achtung zu geben sein wird, wie lange solches einen Bestand haben werde.«[43]

Nun, auch dieses Gemeinwesen wurde in 300 Jahren und darüber von den Batavern erhalten, und so schofel haben sie sich gegenüber Kur-Pfalz und anderen Religionsbedrängten nicht verhalten, wie es der ein wenig selbstgerechte Wettstein aus Unkenntnis unterstellt. Und so gottesfürchtig waren seine Schweizer auch nicht, wie er angibt, von ihrer Liebe zu republikanischem Prunk ganz abgesehen – die pompösen Empfänge der venetianischen Gesandten in Zürich bezeugen es zur Genüge.[44] Bei allen Schwächen waren auch die Knollfinken und Knorzhanseln in den Niederlanden Menschen mit libertärem Bewußtsein und politischem Sinn. Ein Blick nur in die Vereidigung des Prinzen Wilhelm von Oranien und Grafen von Nassau im Mai 1647 als Statthalter eines Fürstentums samt Grafschaft weist die »Zuckerbäcker« und »Pfeffersäcke«, die »Tabaktrinker« und »Tulpennarren« als ernsthafte »Liebhaber des Vaterlandes« aus,[45] die in Den Haag und in Münster dem einst so mächtigen Spanien ihre Freiheit auch vom Heiligen Reich abgehandelt haben und zu sichern verstanden.

Als Wettstein nach allem Verabschieden, Abrechnen und Einpacken am 11. November 1647 mit seinen wenigen Leuten Münster und damit »Wüst- oder wie es etliche zu nennen pflegen Mistfalen« verließ,[46] da war eine endgültige Einigung aller Beteiligten am Teutschen Krieg noch nicht erzielt, wenngleich die Annäherungen in vielen Bereichen schon weit gediehen waren: Statt eines Friedensschlusses, wie er schon 1646 greifbar zu sein schien,[47] flackerten noch einmal Kriegshandlungen auf.

Davon überzeugt, »daß man erst im Frieden leben kann, [...] wenn einer allein Herr der ganzen Welt ist«, läßt Saavedra y Fajardo, Spaniens bester Kenner des Heiligen Reiches und zeitweise Unterhändler in Münster, ehe Peñaranda kam,[48] an den sich abzeichnenden Ergebnissen des Teutschen Friedens kein gutes Haar. Allein die Tatsache, daß die Einheit der Religion bis zur Reformation Kriege nicht verhindert hat, widerspricht seiner Allmacht-Vision aus dem Geist des Patrimonialismus und des Globalbesitzes.[49] Gewiß, Saavedra versteht seine Forderung auch aus dem Gebot des Epheser-Briefes nach Einheit und kennt die augustinische Forderung »ein Haupt, ein Leib«, aber dieses Unifikationsdenken mußte unter libertären Gesichtspunkten das nicht ausschließen, was dem gelehrten Spanier anscheinend ein Greuel war: die Vielfalt des Feudalwesens in autonomer, dezentralisierter und föderativer Vertragsgestalt.

Es verwundert daher auch nicht, daß dieser Tacitist und glühende Hasser Maximilians von Bayern in seinen »Verrücktheiten Europas« (Locuras de Europa), die während seines Aufenthaltes in Münster entstanden sind,[50] seinen Traum von der historischen Mission der Teutschen für die Menschheit ganz anders erlebt als Giordano Bruno zu Beginn dieses Jahrhunderts. Er sah es auch anders als die Staatsmänner Schwedens und Frankreichs, welche die Hegemonial- und Globalansprüche Habsburgs und Spaniens zum eigenen Überleben gründlich und libertär einzudämmen suchten. Gegen diese Politik der libertären *Separation,* als Antwort auf die patrimoniale *Unifikation* des »Spanischen viehischen Servituts«, wendet sich Saavedra mit aller Leidenschaft: »Nichts auf der Welt verwirrt mich mehr als Teutschland, wenn ich feststelle, daß es der Sklave der Nationen ist, wo es doch als das Reich der Welt, in dessen Glanz es erstrahlt, die Herrin aller sein müßte; daß es die Fremden gegen sich selbst zu Hilfe rief; daß es sie aushält und zu seinem Untergang beiträgt; daß es das, was diese sich mit Gewalt aneignen und behaupten, für seine eigene Verteidigung und Sicherheit hält und darin keine Beraubung sieht; daß es als Schutz empfindet, was Tyrannei ist und für Freiheit [hält], was nur Sklaverei sein kann; daß es, welches den Fremden Gesetze zu geben hätte, diese von jenen empfängt; daß es mit Einigkeit und Eintracht nach der Weltherrschaft [dominio universal] streben könnte, sich nun aufgrund seiner Zwietracht seinen Feinden ergeben muß.«[51]

Im Glauben an die gotische Sendung Spaniens, das allein dem Heiligen Reich, Europa und der Welt den Frieden im Zeichen von »Pax et Imperium« bringen könne,[52] verdrängte Saavedra das Destruktive im habsburgischen Machttrieb. Es war doch Spanien selbst, das mit den Oñate-Absprachen von 1617 patrimonial über libertäre Länder wie Böhmen verfügen wollte, um dann 1620 unter dem Deckmantel des Reichsstandes Burgund auf teutschem Reichsboden zu intervenieren und dabei gleichzeitig Frankreich und die Niederlande zu bedrängen. Jetzt hatte das Haus Österreich den Preis für die eigene Hybris zu zahlen: Die Fundamentalrechte der Stände, die Habsburg bewußt mißbraucht hatte, mußten gefestigt werden.

Axel Oxenstierna fand denn auch die richtige Antwort auf die Versuche, von Madrid, Wien und Brüssel aus die Mitte Europas patrimonial zu beherrschen: »Nun besteht die Sicherheit darin, daß Teutschland nicht *absolut* wird, sonst gehen die Schweden, Dänemark und die anderen [Nationen] unter.«[53] Als Aristoteliker wollte er damit auch sagen, daß das Heilige Reich in den Hoheitsrechten *geteilt* bleiben müßte, wenn seine Nachbarn in Ruhe und Frieden leben sollten.

War diese Lösung im Geiste der Libertät eine Verrücktheit oder nicht doch die den Teutschen und Alteuropa gemäße Ordnung des Teilens und Herrschens aus dem Geiste vertraglichen Rechts?

Noch einmal lodern die Fackeln

Im Juni 1647 hatte Trauttmansdorff mit seinem Entwurf zu einem »christlichen, universalen und ewigen Frieden« nach zähen, geschickten und manchmal zermürbenden Verhandlungen beinahe das erreicht, was Kur-Brandenburg in einer Sitzung des Kurfürstenrates ein Jahr zuvor als Grundbedingung gegenseitiger Verständigung gefordert hatte: das Ausräumen aller Ursachen des Teutschen Krieges. Dazu gehörte vor allem »das schädliche Mißtrauen zwischen Haupt und Gliedern und unter diesen selbst«. Es genügte demnach nicht, »allein mit den auswärtigen Kronen [Schweden und Frankreich] Frieden zu machen«, sondern alle Beteiligten mußten »auch die Wurzel allen Mißtrauens ausrotten, sonst wird es nicht anders sein, als daß man von außen das Feuer löschen, inwendig aber die Glut brennen oder unter der Asche einen Zunder lassen werde, welcher nachher durch einen geringen Wind angeblasen wird [...]«.[54]

In diesem Sinn sind eine Reihe von fundamentalen Einigungen erzielt worden, so z. B. im Bereich der paritätischen Besetzung der Reichsgerichte oder bei der Begrenzung der geistlichen Gerichtsbarkeit.[55] Auch die Anerkennung der Calvinisten als gleichberechtigte Mitträger der »evangelischen Konfession« (Toleranzgebot und Minderheitenschutz)[56] hatte sich durchsetzen lassen, nicht weniger die Bewilligung eines »Normaljahres« (Besitzstandswahrung der Religions-Parteien).[57] Doch es gelang Trauttmansdorff nicht, die »Extremisten« im eigenen Lager für seinen Friedens-Entwurf zu gewinnen. Er hatte es zwar verstanden, die innerteutschen Streitsachen weitgehend und in guten Kompromissen unter Einbeziehung von Schweden und Frankreich zu lösen, doch gerade diese Ergebnisse gingen einigen katholischen Ständen zu weit. In ihrem Gutachten zum erwähnten Friedensentwurf vom 11. Oktober 1647 stellten sie alle erzielten Resultate wieder in Frage. Sie bezogen sich in der Hauptsache auf den Religionsfrieden von 1555 und ließen den kämpferischen Geist des Tridentinischen Konzils von 1563 noch einmal aufflackern.[58]

Das Verhalten dieser »Extremisten« unter der Führung des Osnabrücker Bischofs Franz Wilhelm[59] und des ideologischen Scharfmachers Heinrich Wangnereck – eines Jesuiten aus Dillingen, für den jeder Friedensschluß mit Protestanten eine schwere Sünde war[60] – schien alles Erreichte zu gefährden. Denn ein wirksamer Friedensschluß mußte nach dem geltenden »Quod-omnes-tangit«-Prinzip von allen Beteiligten bewilligt und getragen werden. Die Gefahr eines Scheiterns der inzwischen weit gediehenen Friedensverhandlungen erhöhte sich noch, weil sich Frankreich bei der fundamentalen Frage nach der Garantie des Universalfriedens um seine künftige Sicherheit sorgte. Mazarin und sein Unterhändler Servien konzentrierten sich dabei auf die Verstärkung des östlichen Vorfeldes: In dieses System paßte die Verfügung über das Herzogtum Lothringen ebenso wie die Zuerkennung der Bistümer Toul, Metz und Verdun.[61] Neben bestimmten Teilen des Elsaß sollten rechtsrheinische Festungen zusätzlich die Sicherheit erhöhen. Und noch einen politischen Preis wollten die Franzosen entrichtet sehen: die Separation Habsburgs. Dabei ging es in Wirklichkeit um die Neutralität des Burgundischen Kreises. Der König von Spanien, das sich mit Frankreich im Kriege befand, war als Mitglied des Hauses Habsburg gleichzeitig Herzog von Burgund. Als ein Stand des Heiligen Reiches konnte also von Spanien diese geforderte Trennung der Habsburgischen Haus-Interessen so wenig angenommen werden wie die Neutralität Burgunds.

Gelang allerdings der französischen Sicherungspolitik das Kunststück, mit dem Teutschen Frieden Habsburg zu trennen und dabei Spanien zu isolieren, dann wuchs die Gefahr, daß die Staatsmänner der »Krone Frankreichs [. . .] die Grenzen Galliens bis auf den Rheinstrom ausdehnen« würden. Ihre Absicht könnte sich sogar erfüllen, »noch weiter über den Rhein ins Reich zu setzen, [um] das östliche Franken mit dem westlichen zu verbinden, und alles, was Carl der Große unter einer Regierung gehabt, [sich] [...] erblich zuzueignen, der Kron Frankreich einzuverleiben und den von etlich 100 Jahren her so wohl verfaßten Zustand des Reiches [statum Imperii] ganz abzuschaffen«.[62]

Diese Befürchtung war übertrieben. Es stand aber fest, daß Habsburgs Versuch, die Hegemonie über das Heilige Reich zu erringen, den Nachbarn ins Reich gezogen hatte: Bayerns Allianzpolitik,[63] das Bündnisangebot Mazarins an Friedrich Wilhelm von Kur-Brandenburg[64] oder Kur-Triers Beziehungen zu Frankreich[65] machten deutlich, wer einige Hauptländer des Reichs geschwächt und dessen Vormauern abgetrennt hatte. Besonders die Verselbständigung der Niederlande zeigte, wie und weshalb Habsburgs Politik gescheitert war. In der Weiterführung des Präliminar-Vertrages vom 15. Dezember 1646 wurde am 30. Januar 1648 ein »ewiger« Friedensvertrag zwischen dem König – nicht der Krone Spanien! – und den »Herren Generalstaaten« als »freien und souveränen Ständen« geschlossen. Philipp IV. verpflichtete sich dabei »im Namen Ihrer Kais. Majestät und des [Heiligen] Reiches, mit den genannten Herren Staaten [...] Neutralität, Freundschaft und gute Nachbarschaft« zu pflegen.[66] Genau hundert Jahre nach der von Kaiser Karl V. erzwungenen Übernahme dieser Provinzen am Teutschen Meer in den Burgundischen Kreis schieden diese ehemaligen »Lehnsleute des Reiches« aus dessen Rechtsverband aus.[67]

Diese historische Entscheidung zugunsten eines Gemeinwesens, das nach innen seine libertäre Verfassung und seine dezentrale Struktur erhalten konnte, während es sich nach außen als souveräner Staat patrimonial abschottete, löste aber keine friedensstiftende Wirkung auf die anderen Beteiligten am Teutschen Krieg aus. Im Gegenteil: Bayern hatte den Waffenstillstand mit Schweden im September und mit Frankreich im November 1647 einseitig beendet. Turenne und Wrangel wurden deshalb von Paris und Stockholm angewiesen, ab Januar 1648 erneut militärisch aktiv zu werden, um die Friedensverhandlungen doch noch zu befördern. Beiden gelang auch im Mai bei *Zusmarshausen* in der Nähe von Augsburg ein Sieg gegen die kaiserisch-bayerischen Truppen unter Piccolomini und Montecuccoli.[68] Während Wrangel danach mit seinen Verbänden Bayern systematisch verheerte, um Maximilian und die papistischen »Extremisten« in Münster zum Einlenken zu zwingen, wurde der Pfalzgraf Karl Gustav aus dem Hause Zweibrücken zum Oberbefehlshaber der schwedischen Streitkräfte in Teutschland ernannt.[69] Als dieser am 16. Juli 1648 in Wolgast an Land ging, stürmte der Schweden-General Königsmarck die Kleinseite von Prag[70] und deutete damit den Gegnern in Wien und München an, daß es Schweden noch immer sehr ernst damit war, seine Truppen im grotianischen Sinne für den Frieden einzusetzen.

Aber den ganzen Sommer über wollte »die Gefahr der Separation« für das Haus Habsburg trotz seiner Bestätigung des Friedensvertrages mit den Niederlanden nicht weichen.[71] Die erneute Bedrohung Wiens durch gemeinsame Aktionen der Armeen Schwedens und Frankreichs machte aber deutlich, daß diese Mächte mit ihren teutschen Verbündeten die Unifikation dieses Hauses nicht länger dulden wollten. Auf der Gegenseite sah man aber immer noch nicht ein, daß es einem jeden Stand des Heiligen Reiches »frei sein sollte, Bündnisse [foedera] einzugehen [. . .], insofern sie sich nicht gegen Kaiser und Reich richten«, und »daß man E. M. [das] nehmen wollte, was allen Ständen zugelassen wurde«.[72] Verständlich, daß Ferdinand III. schon aus seinem Haus-Interesse nicht weniger berechtigt sein wollte als die Reichsstände mit ihrem Bündnis- und Widerstandsrecht (ius foederum et armorum). Er hatte mit seinen Beratern nur übersehen, daß sein Vater und er selbst dieses Recht mißbraucht hatten und nun sogar mit Waffengewalt gezwungen werden mußten, den rechten Gebrauch der Gesetze im Zusammenwirken mit den Ständen und unter auswärtiger Kontrolle dauerhaft im Sinne der Reichs-Verfassungen zu sichern.

Erst als sich Ferdinand III. als Kaiser in mehreren Weisungen an seine Unterhändler zu einer konstitutional gesicherten Einigung (Unifikation) mit den Reichsständen bereitfand und damit eine Separation von Habsburg in Spanien akzeptierte,[73] auch der Protest des Burgundischen Kreises gegen die auferlegte Neutralität zugunsten Frankreichs nichts mehr erreichte,[74] war der Weg endgültig frei, die sogenannten »Friedensinstrumente« anzunehmen und die Kriegsfackeln wirklich niederzulegen: Das geschah am 14. Oktober nach altem oder am 24. Oktober 1648 nach neuem Stil.

Der Teutsche Frieden

Eine späte Nachwelt hat unter dem Einfluß der Ideologie des Nationalstaates den Friedensschluß von Münster und Osnabrück für das Deutsche Volk als »ein nationales Unglück« empfunden und das Jahr 1648 als »eines der großen Katastrophenjahre unserer Geschichte« bezeichnet.[1]

Erstaunlich an diesem Urteil ist, daß die Dauer dieses *Teutschen Friedens,* wie er im Hinblick auf den voraufgegangenen Teutschen Krieg von den Zeitgenossen und Friedens-Unterhändlern genannt wurde,[2] bis 1806 so wenig in ihrem menschenerhaltenden Wert berücksichtigt wurde wie die Friedensperiode von 1555 bis 1618. Zieht man zur Erklärung dieser verbreiteten Einschätzung die Ansicht heran, daß dieser Friede »eine wirkliche Neuordnung« der Verhältnisse im Heiligen Reich geschaffen[3] und damit eine Abkoppelung von der Entwicklung zum »modernen« Nationalstaat eingeleitet habe, dann wird zwar dieses vernichtende Urteil verständlich, dem Friedenswerk selbst aber wird es nicht gerecht – weder im Hinblick auf die deutsche Reichsgeschichte noch hinsichtlich des Gleichgewichts in Europa oder in bezug auf die politische Aufklärung.

Das Heilige Reich mußte daher unter »machtpolitischen« Gesichtspunkten auf Generationen hinaus »schwach« oder »ohnmächtig« erscheinen, wenn Politik sich auf eine »Kunst des Möglichen« reduzierte.[4] Im Lichte des Natur- und Völkerrechts ergibt sich jedoch ein völlig anderes Bild.

1. Die *alte Ordnung* vor 1618 wurde in Gestalt der libertären Verfassung wieder hergestellt. Der Kaiser hatte kraft seines Herrschaftsmandates nach Maßgabe seiner Wahl durch die

Kurfürsten und im Rahmen seiner Wahl-Kapitulation[5] diese und alle anderen Reichsstände als »Nebenregenten« zu achten. Diese vertragliche Concurrenz im Sinne eines Zusammenwirkens für das Wohl des Heiligen Reiches[6] betraf alle fundamentalen Reichsgeschäfte, »namentlich, wenn Gesetze zu erlassen oder auszulegen, Kriege zu beschließen, Abgaben vorzuschreiben, Werbungen oder Einquartierungen von Soldaten zu veranlassen, neue Befestigungen innerhalb des Herrschaftsgebietes der Stände im Namen des Reichs zu errichten oder alte mit Besatzungen zu versehen, Frieden oder Bündnisse zu schließen oder andere derartige Geschäfte zu erledigen« wären.[7]

Mit diesem Substanz-Artikel befand sich der Friedensvertrag in Übereinstimmung mit der Goldenen Bulle von 1356 und dem Treuhand-System der »Drei Vorrechte«, wie es in der Verfassung Schwedens von 1442 und 1634 formuliert worden war und auch den konstitutionalen Forderungen der Stände-Opposition in England entsprach. Die Formel »Kaiser und Reich« bedeutete in ihrem libertären und vertraglichen Kern hier nichts anderes als »König und Krone« in Schweden, Dänemark, Frankreich oder Polen. Sie drückte nur das aus, was »Rex in parlamento« für Englands Verfassungsbewegung war: die Bindung von König, Lords und gemeinen Ständen (Commons) ans Recht in Gestalt eines »dreiteiligen Vertrages«.

Zu Sicherung dieses libertären Parlamentarismus wurde zusätzlich die *Lehnsverfassung* des Heiligen Reiches und damit das Verfassungsprinzip der Gegenseitigkeit auf allen Ebenen erneuert.[8] Die Garantie der Bischofs-Wahl und die Ablehnung einer »Erblichkeit geistlicher Herrschaften«[9] sollte im kirchlichen Bereich der Reichsverfassung das Lehns-System in seinem Vertragswesen zusätzlich stützen und damit eine weitere Hürde vor dem drohenden Patrimonialismus bilden. Die eingehenden Bestimmungen über Sinn und Zweck des libertären Stimmrechts auch »in Religionssachen« oder bei der Wahl von Assessoren beim Reichskammergericht aus beiden Konfessionen unterstreichen das ernsthafte Bemühen, nach den diktatorischen Übergriffen von seiten der Habsburg-Kaiser nun aus der Kraft der Reichsstände künftig die Rechtstaatlichkeit aller Politik auf

Reichsebene zu gewährleisten. Dazu gehörte auch die Wahrnehmung des Vertragsprinzips »Quod omnes tangit«. Denn der Kaiser durfte nichts für das Reich unternehmen, »ohne daß die auf dem Reichstag versammelten Reichsstände freiwillig zugestimmt und ihre Einwilligung gegeben haben«. Nur unter diesen Bedingungen wird verständlich, daß diesen Ständen auch das Recht zuerkannt wurde, »unter sich oder mit Auswärtigen zu ihrer Erhaltung und Sicherheit Bündnisse zu schließen, jedoch in der Weise, daß sich solche Bündnisse nicht *gegen den Kaiser, gegen das Reich* und dessen Landfrieden oder insbesondere *gegen diesen Vertrag* richten. [...]«[10] Damit wurde nichts anderes gesagt, als daß solche Bündnisse *für* den Erhalt dieses Friedensvertrages und alle anderen Reichs-Constitutionen oder Fundamentalrechte geschlossen und angewandt werden konnten. Dies bedeutete also eine Anerkennung des aktiven Widerstandsrechtes als Ausdruck des »ius foederum et armorum«.[11]

All diese und andere Bestimmungen des Teutschen Friedens, der als »Westfälischer Friede« oft mißverstanden wurde,[12] obgleich er den Rang eines »ewigen Fundamentalgesetzes« besaß,[13] wurden im Zeichen der Teutschen Libertät zu einem großen Angebot, den von Habsburg versuchten Absolutismus dauerhaft zu überwinden. Weitere Regelungen des nachfolgenden Exekutions-Kongresses in Nürnberg 1649/50 mit seinen Feierlichkeiten und Versöhnungsfesten,[14] sichernde Übereinkünfte des Reichstages von 1654 sowie die Verteidigung aller Absprachen mit dem Rheinbund im Jahre 1658 gegen die Ansprüche Spaniens und vor allem die Einrichtung eines *Immerwährenden Reichstages* ab 1663[15] lassen zusätzlich dieses Friedenswerk als einen Höhepunkt deutscher Reichsgeschichte und des libertären Europa erscheinen. Wer dagegen behauptet, daß das Jahr 1648 »den Aufstieg des modernen Machtprinzips« markiere[16] und damit den Beginn des absolutistischen Staates, der verneint entgegen jeder historischen Einsicht die Wirkungen dieses einzigartigen Friedens auf die politische Aufklärung.

2. Macht-Historiker und willfährige Juristen unter den deutschen Gelehrten haben nach 1806, bezogen auf die Elsaß-Lothringen-Frage und auf die territorialen Zugeständnisse an

die Krone Frankreich, von einem »Zwangsfrieden« gesprochen.[17] Tatsache ist, daß vor allem das Haus Habsburg seinen privaten Preis für die Mitverantwortung am Ausbruch des Teutschen Krieges in der Weise zu zahlen hatte, daß es seine Patrimonial-Lande im Elsaß der Krone Frankreich einräumen mußte.[18] Diese hingegen respektierte die Reichsunmittelbarkeit der »zehn Städte« im Elsaß und die Reichsstandschaft Straßburgs. Neben einer Reihe von Rückerstattungen in Gestalt von besetzten Gebieten und Fahrhabe,[19] erhandelten Mazarin und Servien zwar die weltliche Verfügung über die umstrittenen Bistümer Toul, Metz und Verdun, sie hatten aber dafür auch das Metropolitanrecht Kur-Triers in ihrem kirchlichen Bereich anzuerkennen.[20] Selbst im Falle Lothringens mußte Paris Zugeständnisse machen[21] und sich bei der Garantie eines Dauerrechtes (ius perpetuum) an der Verfügung über die Festung Philippsburg besonderen Auflagen unterwerfen, d. h. einer Kontrolle durch Kaiser und Reich nach dem Prinzip der Verhältnismäßigkeit.[22]

Es ist keine Frage, daß Frankreich mit diesen Absprachen von Münster sein ›teutsches Vorfeld‹ an der Ostgrenze erheblich verstärken konnte. Aber solange es mit Spanien keinen Frieden geschlossen hatte, blieben diese Landgewinne gefährdet. Das zeigte sich in den kommenden zehn Jahren, bis mit dem Pyrenäen-Frieden von 1659 endlich Ruhe einkehrte. Die folgende Reunionspolitik unter Ludwig XIV., der Pfälzische und der Spanische Erbfolgekrieg bis zum Frieden in Utrecht 1713 sorgten noch einmal für erneute Unruhe in diesem Vorfeld, ohne den Teutschen Frieden jedoch in seiner Substanz gefährden zu können.

Bedenkt man, daß das Haus Habsburg in erster Linie den Teutschen Krieg verursacht und mit seiner Hegemonialpolitik samt Privatinteresse Frankreich mehrfach bedroht hatte, dann erscheint bei allem Expansionswillen Frankreichs das territoriale Zugeständnis keineswegs als »Raub«. Es muß hier außerdem beachtet werden, daß mit der Bewilligung einer besonderen Exemtion für die Eidgenossenschaft deren Expansion ins Heilige Reich ebenso aufgehalten wurde wie diejenige der nunmehr souveränen Niederlande, die sich manch ein Lehen des Reiches, wie z. B. die Grafschaft Holland, bis 1648 zugeeignet hatten.[23]

Zur dauerhaften Stabilisierung der Grenzen des Heiligen Reiches am Ober- und Unterrhein, aber auch an der Donau zu den Habsburgischen Erblanden hin gehörte ebenso seine Abgrenzung gegenüber allen denkbaren Ansprüchen und gerichtlichen Einreden von äußeren Mächten. Mit Recht sprach man sogar von der »entziehenden Kraft« (Derogatio) dieses Friedenswerkes. Das bedeutete nichts anderes als eine vollkommene und auf Dauer gerichtete Absage an jede rechtliche Einmischung in die Angelegenheiten des Reiches. Vor allem wurden der Römischen Universalkirche die unmittelbaren Einflußmöglichkeiten radikal beschnitten. Sie konnte zwar aufgrund des Stichtages und Normaljahres (1. Januar 1624)[24] einiges an Besitzständen sichern und dazugewinnen, mußte aber hinnehmen, daß »weder allgemeine noch besondere Konzilsbeschlüsse [...] oder Konkordate mit den Päpsten oder das Interim vom Jahre 1548 [...] zugelassen oder angehört werden«.[25]

Allen Protesten des Vatikans und seines Gesandten Chigi zum Trotz[26], der bald nach 1648 zum Papst gewählt werden sollte, wurde mit dieser Regelung analog zum Gallikanismus in Frankreich und zum Goticismus in Schweden die Souveränität des Heiligen Reiches auch in Kirchensachen festgeschrieben. Allein diese Abschottung gegenüber Rom erklärt auch, warum im Reichsdeputations-Hauptschluß von 1803 neben dem machtpolitischen Druck von Napoleons Frankreich her mehr als 100000 Quadratkilometer Kirchengut im Heiligen Reich säkularisiert und damit in die Verfügung der weltlichen Reichsstände überführt werden konnten.

Dem Entzug der kirchlichen Universalmacht entsprach im selben Artikel auch die entsprechende Abwehr kaiserlicher Machtsprüche. Denn mit der Geltung des Teutschen Friedens hatte »die Verordnung des Jahres 1629 [Restitutions-Edikt] oder der Prager Friede mit seinem Zusatzprotokoll« jede Gültigkeit verloren.[27] Was jetzt an verschiedene Reichsstände – vor allem an die Häuser Wittelsbach (München und Heidelberg) oder an Hessen (Cassel) – überschrieben oder zurückgegeben wurde, sollte als unanfechtbarer Rechtsbesitz den Schutz des »ewigen Friedens« genießen. Dabei kam es den Reichsständen und den auswärtigen Kronen sehr darauf an, daß in Streitfällen »jeder den Weg des Rechts beschreiten soll« und sich dabei zum Gewaltverzicht bekennt. Nur wenn »weder der Weg einer gütlichen Einigung noch der Rechtsweg zum Erfolg geführt habe«, und sich ein Rechtsstreit auch nicht mit Hilfe »sämtlicher Vertragspartner« friedlich lösen lasse, dann erst seien diese »verpflichtet [...], zur Unterdrückung des Unrechts zu den Waffen zu greifen. [...]«.[28]

Mit dieser Regelung, die das Prinzip der Gegenseitigkeit und Verhältnismäßigkeit der Mittel noch einmal zur inneren Friedenssicherung kombinierte, wurde auch die Intervention vor allem Schwedens in ihrer Rechtsdimension bestätigt. Bei seiner Entschädigung wird dieser fundamentale Zusammenhang deutlich: Schweden verlangte nicht nur »für die Rückgabe der im Verlauf des Krieges eroberten Plätze« einen gerechten Ausgleich an Geld und Gebieten im Heiligen Reich, sondern bestand auch darauf, daß mit Hilfe dieser Zugeständnisse von »Kaiser und Reich« auch »zugleich für die Wiederherstellung des allgemeinen Friedens im Reich gebührend vorgesorgt werde«.[29]

Diese Wiederherstellung schloß die künftige Sicherung des Friedens ein. Axel Oxenstiernas politische Strategie zur Abschaffung des Absolutismus im Heiligen Reich wurde also eindrucksvoll in die Tat umgesetzt: König und Krone Schweden kontrollierten fortan mit der Belehnung von Bremen die Weser, mit Verden die Aller,[30] mit der Überlassung der Insel Rügen und mit dem Herzogtum Pommern die teutsche Ostseeküste und auch die Mündung der Oder.[31] Der wichtige Hafen Wismar sollte ausdrücklich in seinen Stadt-Privilegien »unberührt bleiben und dessen Handel durch königlichen Schutz und königliche Gunst verbessert und gefördert« werden.[32]

Von einer wirtschaftlichen Knebelung oder gar Zerstörung der Hanse konnte überhaupt keine Rede sein. Ihr Niedergang hatte sich schon lange vor dem Teutschen Krieg abgezeichnet.[33] Neben den ökonomischen Zusagen erschien hier wichtig zu sein, daß Königin und Krone Schweden aufgrund der Inhabe eines »ewigen Erblehens« (in perpetuum pro hereditario feude habeat [...]) der Lehnsverfassung und der Teutschen Libertät verpflichtet blieben. Mit dieser Lehnsbindung (Feudalnexus) Schwedens an das Heilige Reich war das volle Stimmrecht »als unmittelbarer Reichsstand« verbunden, und zwar ganz im Sinne des libertären Treuhandwesens für die Reichstage, die Reichsdeputationstage und die Obersächsischen Kreistage.[34] Nimmt man noch hinzu, daß Schweden zu diesen Verlehnungen, die keine Annexion bedeuteten, das »Privilegium de non appellando« zugestanden wurde – allerdings mit einem »Obersten Gerichtshof oder einer Appellationsinstanz an einem geeigneten Ort in Teutschland« und unter Einschluß des Reichshofrates oder des Reichskammergerichtes –, dann wird verständlich, wie sehr sich diese Garantiemacht des Teutschen Friedens um den Fortbestand der Teutschen Libertät zur eigenen Sicherheit sorgte.[35] Die Zuerkennung des Rechts, in ihren Reichslehen eine Universität errichten zu dürfen,[36] bezeugt das vitale Interesse Schwedens am Erfolg eines Friedens, für den auch ihm hohe Opfer an Menschen und materiellen Leistungen abverlangt worden waren.

Sah sich die Garantiemacht Frankreich beim Abschluß des Teutschen Friedens einer schweren inneren Krise gegenüber, in der die Fronde als libertäre Verfassungsbewegung von der eigenen Staatsleitung das forderte, was sie zwar im Heiligen Reich sichern half, aber zu Hause den französischen Ständen weitgehend verweigerte,[37] so geriet auch Schweden zunehmend in innere Schwierigkeiten. Denn mit dem Engagement im Teutschen Krieg hatte sich die Symmetrie des Besitzes verschoben, das innere Gewicht des Adels verstärkt und vor allem den Bauernstand geschwächt. Dessen Rebellion in Småland konnte zwar bald mit Waffengewalt eingedämmt werden,[38] aber sie blieb trotz der Stabilität des libertären Systems eine Warnung für die Zukunft.

3. In der Freude über den Abschluß des »gerechten Reichsfriedens« von 1648, der den Teutschen auf Generationen »innerliche Ruhe und [...] eine äußerliche Sicherheit« bringen sollte,[39] wurden allerdings die *Gefahren* übersehen. Sie lauerten weniger

bei den Abertausenden von Soldaten, die plötzlich den Krieg vermißten und gar glaubten, ihren Lebenssinn zu verfehlen, wenn sie nicht mehr rauben und abschlachten durften.[40] Vielmehr lagen sie in dem Bestreben von Reichsständen, ihre weitgehenden Verfassungsrechte nach unten und gegen die eigenen Landstände zu mißbrauchen.

Es konnte demnach geschehen, daß die libertäre Kultur zwischen Kaiser, Kurfürsten und Kurien-Reichstag auf der Ebene des Reiches erhalten blieb und auch gepflegt wurde, daß aber im Bereich einzelner Territorien Maßnahmen getroffen werden konnten, die zu dem führten, was später *Territorial-Absolutismus* genannt wurde. Habsburg hatte in den eigenen Erblanden und in Böhmen, das im Teutschen Frieden ausgespart blieb und Comenius zu einem bitteren Brief an Axel Oxenstierna veranlaßte,[41] vorgeführt, wie sich ein Patrimonial-Staat als Haus-Diktatur auf Kosten der Landstände einrichten und erhalten konnte. Maximilian von Bayern – neben Kur-Sachsen und Hessen (Cassel) der große Gewinner dieses Krieges – hatte nicht weniger seinen Fürstengenossen gezeigt, wie man als libertärer Reichsstand und Kurfürst auf der Landesebene ein »absoluter Herr« bleiben konnte. Es sollte sich bald auch das Haus Hohen-

Der »freud- und friedenbringende Postreuter« von 1648 (Sammlung UB Ffm).

zollern auf ähnliche Weise verhalten. Denn Friedrich Wilhelm von Kur-Brandenburg war es gelungen, seit 1660 in Preußen, das kein konstitutives Glied des Heiligen Reiches war, die »Souveränität« und den »absoluten Dominat« über das libertäre Ständewesen zu erringen – im »freiesten Land der Christenheit«.[42] Und Leibniz hatte ihm mit der Theorie von der absoluten Vorrangstellung der »Kriegsverfassung« seine Zugewinne an Macht auf Kosten der eigenen Stände abgesichert.[43] Das berüchtigte »Domänen-Edikt« seines Enkels, des »Soldatenkönigs«, aus dem Jahre 1713 setzte die Aushöhlung der Teutschen Libertät und damit der Vertragssubstanz des Teutschen Friedens fort, indem Lehnsgüter zu Patrimonialeigentum erklärt wurden und somit der Rechtshoheit und Justiz des Heiligen Reiches entzogen werden konnten.[44]

Nun wird auch verständlich, warum sich vor allem die Kurfürstentümer am Ende des Heiligen Reiches, 1806, in patrimoniale Königtümer verwandelten: Der Treuhand- und Lehnsvorbehalt des Reiches als kontrollierendes Drittrecht war nicht mehr vorhanden. Fortan galten die Reichsstände als Eigenherren. Der Depotismus konnte in den Despotismus mit Polizeistaat, Gleichschaltung und Abschaffung vorhandener Vertragsorgane übergehen, in den »Sultanismus«, der seinerzeit als habsburgische Variante zwischen 1618 und 1648 von halb Europa bekämpft worden war.

Das Hegemoniestreben Napoleons am Ende des Heiligen Römischen Reiches Teutscher Nation verweist auf die zweite große Gefahr, die dem Teutschen Frieden und der Teutschen Freiheit seit 1648 vor allem von Frankreich her gedroht hatte: Was geschah, wenn die Garantiemächte selbst im Inneren die vorhandenen Libertäts-Ordnungen abschafften und als absolutistische Diktaturen Expansionspolitik betrieben? Frankreich konnte während der Regierungszeit Ludwigs XIV., die von einem »anonymen Despotismus« geprägt wurde,[45] nach dem Überfall auf die Niederlande, dann auf die Pfalz und schließlich im Kampf um Spanien seinerseits durch halb Europa niedergerungen und eingedämmt werden. Dieser gescheiterte Hegemonieanspruch ließ dann England über das teutsche Haus Hannover Zug um Zug ein Garant des Teutschen Friedens und der »Balance of Power« auf dem Kontinent werden.

Das zeigte sich nicht nur, als im Frieden von Utrecht (1713) Gibraltar an England kam, sondern auch im Frieden von Nystad (1721) bei der Übernahme Bremens. Diese Übereinkunft besiegelte den Nordischen Krieg zwischen Schweden unter Karl XII. und Rußland unter Peter I. und bestätigte nach dem Muster des Teutschen Friedens die libertäre Verfassung Schwedens, deren Garant das autokratische Rußland wurde. Nachdem es dort Karl XI. aus dem Pfälzischen Haus Zweibrücken von 1680 an gelungen war, Schwedens Libertät in den Absolutismus der »Envälde« zu verwandeln, herrschte sein Sohn Karl XII. »wie ein Gott auf Erden«,[46] bis diese Diktatur durch den Tod dieses Tyrannen 1718 beendet wurde. Karl XII. hatte von der Staatskunst Gustav Adolfs und Axel Oxenstiernas nicht gelernt, daß Krieg nur um des Friedens willen geführt werden durfte. Für ihn wurde er zum staatlichen Selbstzweck, bis sein eigenes Reich, der Garant des Teutschen Friedens, vor dem materiellen und moralischen Staatsruin stand. Im Rückgriff auf das Verfassungsideal von 1442 und 1634 war es dann den Reichsständen Schwedens in den Jahren 1719 und 1720 gelungen, unter einem König aus dem Hause Hessen das System der »Drei Vorrechte« wieder einzurichten.[47] Als dann Gustav III. dieses libertäre Kunstwerk, in dessen Rahmen Schweden bis 1772 zu einer geistigen Großmacht Europas geworden war,[48] mit seinem von Frankreich finanzierten Staatsstreich zerstörte, da war auch bald die Garantie-Stellung dieser nordischen Macht für den Teutschen Frieden verspielt. Denn der Krieg des »Theaterkönigs« gegen Rußland unter der Zarin Katharina II. aus dem teutschen Hause Anhalt-Zerbst zwang ihn zur Kapitulation. Im Frieden von Teschen (1779) ersetzte denn auch das zaristische Rußland folgerichtig das absolutistisch gewordene Schweden als Garantiemacht des *Teutschen Systems* der Libertät und des vertraglichen Rechts.[49]

War der »Großfürst von Moskau« im Friedenswerk von 1648 unter die Stützmächte Schwedens gezählt worden,[50] so hatte er nun dessen Position eingenommen. Er empfand sich gar als ein

»Schiedsrichter Teutschlands« (arbiter Germaniae), ohne jedoch ein territoriales Kontroll- oder Druckmittel zu besitzen: Pommern sollte erst mit dem Wiener Kongreß (1814) an das Haus Hohenzollern und damit an die Militärmonarchie »Preußen« fallen.[51] Zu diesem Zeitpunkt existierte das Heilige Reich freilich schon nicht mehr, und seine einst in ganz Europa gelobte, zuweilen sogar verehrte Friedensordnung und Freiheitsverfassung von 1648 war nach inneren Aushöhlungen und aufgrund äußerer Einwirkungen ein Opfer des Absolutismus geworden. Was die libertären Kräfte unter den Teutschen und den Europäern mit Blut, Schweiß und Tränen dreißig Jahre lang den Mächten der absolutistischen Finsternis (Temno) abgetrotzt hatten, sollten die Revolutionäre von 1789 und 1848 im Zeichen der Aufklärung und des Liberalismus erneut einfordern, wenn auch nicht überall erhalten: in den Patrimonialstaaten des Deutschen Bundes nicht und schon gar nicht in Böhmen, wo der Teutsche Krieg begonnen worden war.

Über alle Zeiten der Körperqualen, Gewissensnöte und der Seelenpein hinweg hielt sich dennoch Jahrhundert um Jahrhundert die Erinnerung an die Wohltaten des Teutschen Friedens als ein Zeichen der Humanität und Hoffnung. Eine Gedenkmünze zum Jahre 1648 sprach dieses Glück auf ihre barocke Weise aus: »Herrliche Trophäen hat, nachdem der Krieg durch den besten Frieden besiegt ist, die Göttin des Rechts auf die Erde gebracht, und die gerühmte Göttin der Fruchtbarkeit kehrt zurück.«[52]

EPILOG

Das Erbe von 1648

Als nach dem Zweiten Weltkrieg unter dem steigenden Druck der beiden Siegermächte US-Amerika und SOVIET-Rußland die staatliche Teilung der Deutschen Nation nicht mehr aufzuhalten war,[1] wurden 1948 zur 300-Jahrfeier des Teutschen Friedens von 1648 allerlei Überlegungen zum historischen Werdegang dieses Volkes seit den Schrecken des Teutschen Krieges angestellt.

Die damaligen Einschätzungen von Historikern und Juristen bewegten sich allerdings in den engen Bahnen, die seit dem Ende des Heiligen Reiches im Jahre 1806, dem Scheitern der Revolution von 1848 und mit der »Reichsgründung« von 1871 den politischen Stellenwert des kleindeutschen Nationalstaates bestimmt hatten. Dazu gehörte vor allem die Ideologie der *verspäteten Nation*[2] und das Bekenntnis, daß die Deutschen zur Lösung ihrer Glaubensfragen »sogar das teuerste irdische Besitztum aufs Spiel gesetzt« hätten, nämlich ihre »nationale Einheit«.[3] Im Abstand zwischen dieser verbreiteten Ansicht von 1948 zum Wesen unserer Bürgerkriege in der Frühen Neuzeit und dem ernsten Wunsch von 1648 – »der Friede ist die beste aller Welten« (pax optima rerum)[4] – wird auch die traditionelle Behauptung verständlich: »Ein wesentliches Resultat des Westfälischen Friedens von 1648 bestand darin, daß dem Reich der Rest von Staatlichkeit verlorenging.«[5]

Von der Annahme geradezu besessen, daß sich erst mit den Diktaturen des Absolutismus der »moderne Staat« als Inbegriff historischen Fortschritts gegen das politische Ständewesen etabliert habe, konnten deutsche Gelehrte bis heute nicht die libertären Errungenschaften des Teutschen Friedens in seiner rechtlichen Fülle und liberalen Wirkung erkennen, geschweige denn nutzen.

Allein die kanonisierte Sprachregelung vom »Dreißigjährigen Krieg« und vom »Westfälischen Frieden« vermittelt etwas von den nationalen Berührungsängsten, Erkenntnisblockaden und Minderwertigkeitskomplexen seit Generationen in Historie und Jurisprudenz. Letztere ist seit Woltmann (1809) nicht mehr imstande gewesen, die einzigartige Tradition der »Reichspublicistik« als Ausdruck von Aufklärung und Öffentlichkeit[6] fortzusetzen oder zumindest einen Kommentar zu diesem wegweisenden Friedensvertrag zu entwickeln.[7]

Auch die Historie hat sich nach 1806 auf die Legitimationen der Habsburg-, Wittelsbach- oder Hohenzollern-Diktaturen konzentriert und sich im Zeichen des Rechtspositivismus (»Wer die Macht hat, der hat das Recht«) den Zugang zum Reichtum der Vertrags-Kultur von 1648 systematisch versperrt. Statt Reichsgeschichte wurde Staatenhistorie betrieben, anstelle einer weiterführenden Verfassungsanalyse wucherte die Behördenkunde. Und schließlich wurde noch das Klischee von der »Zersplitterung« oder der »Kleinstaaterei« gehegt, ohne die qualitativen Unterschiede zwischen der libertären Reichsstruktur vor 1806 und dem absolutistischen Staatensystem danach genügend zu erörtern.

Wie in diesem Versuch einer Geschichte des Teutschen Krieges und seines Friedens gezeigt werden konnte, hatten sich die vom Absolutismus bedrängten Reichsstände während des gesamten Krieges von 1618 bis 1648 darum bemüht, ihre militärischen Aktionen stets konstitutional abzusichern. Dazu wurden immer wieder Kreistage oder Convente einberufen und trotz erheblicher Belastungen und Schwächen der Geist der Selbstverwaltung, des Widerstandsrechtes gegen eine »ungerechte Obrigkeit« und auch der Verantwortung für das Ganze wachgehalten: ob in Gestalt des Heiligen Reiches, der Teutschen Nation oder des Lieben Vaterlandes. Die Bemühungen um einen *ständischen Soldaten,* der aus Notwehr militärisch eingesetzt wurde, nach Maßgabe des »gerechten Gehorsams« politisch motiviert war und für die »gerechte Sache« der Teutschen Freiheit gegen den Absolutismus Habsburgs kämpfte, sind unverkennbar. Obgleich auch libertäre Mächte wie Schweden, die Niederlande und selbst Reichskreise stehende Kontingente zum Selbstschutz unterhielten,[8] so unterschied sich doch der *ständige Soldat* (miles perpetuus) absolutistischer Fürsten grundlegend von den Trägern eines libertären Heerwesens, das die Stände personell stellten, zu finanzieren hatten und politisch kontrollieren durften. Im Gegensatz dazu wurde der Soldat des Absolutismus auf den »blinden Gehorsam« gegenüber einem Fürsten und dessen Haus eingeschworen; er hatte entpolitisiert zu funktionieren und bildete so ein Unterdrückungsinstrument nach innen gegen das entmachtete libertäre Ständewesen.

Wird diese fundamentale Unterscheidung nicht bedacht, dann bleibt der Einfluß der Oranischen und noch mehr der Gustavianischen Heeresreform auf Cromwell oder auf die Revolutions-Armeen in Amerika und Frankreich sowie der 1848er Revolution verborgen. Was sich demnach von 1648 bis 1918 im deutschen Bereich als länderbezogene Heeresverfassung erhalten hatte, besaß als Ausdruck des ständischen Bündnis- und Widerstandsrechtes bis 1806 eine andere Qualität, als es die zahlreichen Verfechter des Absolutismus gerne darstellen.[9] Man studiere dazu nur die Schriften Montecuccolis, der anhand der Gustavianischen Reform dem Prinzen Eugen vorgearbeitet und die Leistungsfähigkeit des ständischen Heerwesens im Heiligen Reich mit guten Gründen belobigt hat. Als der Türkenkrieg losbrach, den Habsburg in seiner absolutistischen »Erbsucht« ähnlich wie vorher den Teutschen Krieg verursacht hatte,[10] da haben 1683 vor allem die Reichsstände und das libertäre Polen die entscheidende Hilfe geleistet, nachdem der Absolutismus in Österreich und Böhmen ökonomisch und militärisch zusammengebrochen war.[11]

Tatsächlich erscheint das Teutschland nach 1648 nicht nur im Heerwesen geradezu als ein »moderner« Staat, sondern auch auf allen anderen Ebenen. Als einziges Gemeinwesen Europas fand das *Heilige Römische Reich* seine Identität als Träger einer universalen Friedensordnung in ständisch gebundener Freiheit und sah sein Selbstverständnis außerdem in der Formel von der *Teut-*

schen Nation verankert. Kein anderes Land in der Christenheit definierte sich auf diese Weise, so daß man in Anlehnung an seine unkundigen Verächter von einer *verfrühten Nation* sprechen könnte, die nach 1806 durch den Territorial-Absolutismus zerstört wurde. Denn die meisten »Nationalstaaten« Europas mußten nach absolutistischen Spätphasen mittels Revolutionen und Bürgerkriegen erst zu dem umgestaltet werden, was das Heilige Reich nach dreißig Jahren Krieg gegen die Diktatur wieder geworden war – ein parlamentarisierter Staat, in dem das Recht herrschte, »Zersplitterung« ein hohes Maß an Selbstverwaltung bedeutete und religiöse Toleranz samt Besitzstandswahrung garantiert blieb.

Es ist 1948 die Ansicht vertreten worden, daß die verfassungsmäßige Anerkennung von drei Haupt-Konfessionen (Katholizismus, Lutheranismus und Calvinismus) im Teutschen Frieden »mit wahrer Toleranz noch nichts zu tun hatte«, weil dazu erst die Aufklärung fähig gewesen sei.[12] Tatsächlich haben die Teutschen selbst und viele Verfolgte in ganz Europa anders empfunden. Im Vergleich zu allen anderen Ländern hatte der Friede von 1648 die Toleranz rechtlich gesichert und dazu auch das Auswanderungsrecht (Ius emigrationis) mit Eigentumsschutz geregelt.[13] Das waren Errungenschaften, die heute noch Geltung besitzen und von Frankreich, den Niederlanden, England oder von Schweden recht spät übernommen worden sind.

Kein Wunder auch, daß das Heilige Reich vor und nach dem Teutschen Krieg eine Heimat für unzählige religiös Verfolgte werden konnte und allein dafür höchste Achtung genoß. Sind nicht die Moriskos nach 1607 in verschiedene Städte des Heiligen Reiches geflohen? Haben nicht die Hugenotten nach der Aufhebung des Ediktes von Nantes im Jahre 1685 Frankreich verlassen und ins calvinistische Hessen und nach Brandenburg flüchten müssen?[14] Allerdings hatte es auch nach 1648 Belästigungen, Schikanen und Verfolgungen von religiösen Minderheiten gegeben, die nicht in den Rechtsschutz des Teutschen Friedens aufgenommen worden waren. Doch für die Haupt-Konfessionen war trotz vieler Spannungen zwischen ihnen hier mehr erreicht worden als anderswo.

Die strukturelle Stabilität der libertären Reichs-Verfassung mit ihrer Vertrags-Trichotomie nach Maßgabe der »Trois Prérogatives« (Des Kaisers Majestät, der Kurfürsten Autorität und der Stände Libertät) macht ebenso verständlich, weshalb Montesquieu 1748, im Jahre des hundertjährigen Bestehens unseres »Gerechten Reichsfriedens«, die Verfassung Englands und das System der »Trois Pouvoirs« gefeiert hat. Wie viele seiner Zeitgenossen glaubte auch er, daß diese dreiteilige Ordnung als Gegenverfassung zum Absolutismus »aus den Wäldern Germaniens« stamme.[15] Sie entspricht aber in ihrer treuhänderischen Anlage ebenso der republikanischen Struktur Roms (Majestas der beiden Konsuln, Auctoritas des Senats und Libertas der Comitien) wie der Forderung des Aristoteles, daß jede gute und gerechte Verfassung »aus drei Teilen« bestehen müsse.[16]

Gewiß, Samuel Pufendorf bezeichnete einmal in einer Polemik gegen Leibniz die cumulative »Constitution de l'Empire« als ein »Monstrum«. In Wirklichkeit aber war es ein rechtliches Kunstwerk, das nur nicht von allen Reichsständen gleichermaßen gepflegt oder verstanden wurde. Friedrich II. von Preußen, der sie mit seinem Absolutismus von innen her zerstören half, hatte dennoch ihren Frieden stiftenden und Freiheit sichernden Wert erkannt und sie als »wunderliche Verfassung« gelobt.[17] Auch Rousseau, der Streiter wider alle Despoten, bemerkte einmal zum ernsten Patriotismus der »Reichspublicisten« und anderer teutscher Verfassungsfreunde: »Das öffentliche Recht, welches die Teutschen mit soviel Sorgfalt studieren, ist noch wichtiger, als sie glauben; es ist [nämlich] nicht nur das öffentliche teutsche, sondern in gewisser Hinsicht auch das Recht von ganz Europa.«[18]

Nimmt man die zahlreichen Publikationen des Friedenstextes von 1648, seiner Verhandlungsdokumente und der Kommentare besonders nach dem Frieden von Utrecht (1713) hinzu,[19] dann erscheint dieser Teutsche Frieden geradezu als Muster für alle Forderungen der politischen Aufklärung. Das gilt auch in ökonomischer Hinsicht. Denn mit diesem säkularen Werk wurde zum ersten Mal in der Geschichte Europas der *Freihandel,* wie ihn Grotius gegen Spaniens Protektionismus gefordert hatte, in den Rang eines Verfassungsgebotes erhoben.[20] Diese Öffnung der Märkte im Heiligen Reich setzte den radikalen Abbau einer Reihe kriegsbedingter Schutzzölle an Flußübergängen und Stadtmauern voraus[21] und wirkte einer patrimonialen *Vermachtung der Märkte* (Monopolismus) entgegen.[22]

Das war eine mutige Maßnahme gegen die aufkommenden Abschottungstendenzen in regionalen und nationalen Wirtschaftsräumen, wobei die »Navigationsakte« Cromwells von 1651 im Geiste der »Mare clausum«-Ideologie Seldens der schwerste Schlag gegen die »Mare-liberum«-Position war, aber bis 1849 Geltung besitzen sollte.[23] Es war der gelenkte Markt des Freihandels (libertas commerciorum), der tatkräftig mithalf, daß sich das Heilige Reich von vielen Kriegslasten ziemlich schnell erholen konnte. Es ist ohnedies eine Legende der Historie des vergangenen Jahrhunderts, ja beinahe eine Zwecklüge zum höheren Ruhme des Absolutismus, dem nach 1648 die Wiederaufbauleistung zugeschrieben wird, daß »die wirtschaftlichen Zustände Deutschlands nach dem Kriege an eine Wüstenei erinnern«.[24]

Viele Einzelstudien haben seither gezeigt, daß zwar ganze Landstriche schwer gelitten hatten,[25] aber die meisten Städte im Reich vom Krieg verschont geblieben waren und nach 1648 wirtschaftlich wie kulturell aufblühten. Als der französische Marschall Gramont im Jahre 1657 in die Pfalz kam, die er bereits 1645 in ihrem elenden Zustand kennengelernt hatte, da zeigte er sich nicht wenig überrascht. Denn die Länder der einstigen »Germania prima«, wie die Römer das Gebiet links des Rheins nannten, erschienen ihm »kultiviert«: Die Dörfer waren »wieder aufgebaut«, und Heidelberg als Hauptstadt dieses Kurfürstentums kam ihm »gut bevölkert« vor.[26]

Die Sicherheit im Recht, im Besitz und in der Religion sowie die dezentrale Struktur des Heiligen Reiches und die reaktivierte Selbstverwaltung in Stadt und Land haben diesen zügigen Wiederaufbau möglich gemacht und eben nicht der Territorial-Absolutismus einiger Fürsten. Im Gegenteil: Dieses Machtsystem patrimonialer Abschottung, politischer Entmündigung und materieller Ausbeutung von Land und Leuten hatte diesen

Teutschen Krieg entfacht. Seine Folgen wurden jedoch im Rahmen der Libertät und des Teutschen Friedens mit auswärtiger Hilfe überwunden. All das konnte aber nur deshalb gelingen, weil neben den institutionellen Reformen (Gerichtswesen)[27] und den materiellen Maßnahmen im Sinne des Freihandels eine dritte und gleichsam ideelle Entscheidung fördernd hinzukam – die Gewährung einer umfassenden und allgemeinen *Amnestie*.

Dieses auf dem Friedenskongreß hart umkämpfte Zugeständnis gehört zu den unabdingbaren Kennzeichen und Garanten jedes echten Friedens. Denn dabei müssen sich alle Kriegsgegner nach innen (Bürgerkriegs-Parteien) wie nach außen (Interventoren) auf ein »immerwährendes Vergessen« begangener Rechtsbrüche, Machtsprüche und Gewalttaten verpflichten lassen.[28] Dieses Vergessen im Rahmen einer Amnestie hat nichts mit einer Amnesie zu tun, mit einem temporären Verlust des Erinnerungsvermögens. Vielmehr ist damit nichts anderes gemeint, als daß im Krieg mit seinem Ausnahmezustand begangene Straf- und Schandtaten unter den Bedingungen eines feierlich beschworenen Friedens- und Rechtszustandes nicht mehr verfolgt werden dürfen – weder durch Krieg noch auf dem Gerichtswege. Mit dieser Entscheidung wurde 1648 eine Kriminalisierung des Völkerrechts ebenso verhindert wie einseitige Zuweisungen von Schuld am Entstehen des dreißig Jahre anhaltenden Krieges. Die Amnestie machte demnach den Weg frei zu einer Versöhnung, welche die Wunden heilte, die der Krieg geschlagen hatte. Dieses Vergessen im Geiste der Feindesliebe (Bergpredigt) beruhte auf der Anerkennung ihrer Ethik auf Gegenseitigkeit und erwartete, daß die ehemaligen Feinde mittels gerechter Verträge nach Maßgabe der Verhältnismäßigkeit von Generation zu Generation verträglich blieben – trotz erfahrenen Leids zu dauerndem Vergeben bereit waren.

Dies zu erkennen und danach zu leben, ist nicht jedem Beteiligten leichtgefallen, dem Weib und Kind getötet, Haus und Hof zerstört worden sind, oder der am Bettelstab und in Todesangst die Heimat verlassen mußte, weil sich an ihm eine absolute Macht austoben und bereichern wollte. Damit aber diese seelischen Belastungen des Krieges leidlich getragen werden konnten, wurde das verbriefte Vergessen mit dem Wunsch verbunden, daß sich ein solcher Krieg nicht wiederholen durfte. Der Text des Teutschen Friedens von 1648 liest sich denn auch wie ein Beichtspiegel. In jedem seiner Artikel scheint eine andere Flamme aufzuleuchten, die für jeden Einzelfall Visionen aus einer Vergangenheit des Schreckens zu erkennen gibt und an Dantes »Gang der Seele« durchs Fegefeuer erinnert.[29] Gleichzeitig vermitteln diese Zeichen der Aufklärung über eine der dunkelsten Epochen der teutschen und europäischen Geschichte ein Stück Hoffnung darauf, daß sich auch Machtsünder durch eine Läuterung im Recht wieder zum Menschen erheben können.

Aus diesem Geist der Versöhnung, der im Vergessen und Vergeben die Erinnerung an die »Waffen des Rechts« pflegt, müßte der große Horizont unserer universal wirkenden National-Geschichte gestaltet werden. Denn der Teutsche Frieden von 1648 war ein revolutionäres Dokument im Dienste der Menschenrechte. Mit diesem konnte nicht nur der geistliche Vorrang der Römischen Universalkirche im weltlichen Bereich abgeschüttelt werden, sondern es wies auch im Sinne einer umfassenden *Rückkehr zum Recht* (revolutio) der politischen Aufklärung den Weg: Die Stationen 1688 in England, 1776 in Amerika, 1789 in Frankreich oder 1848 in Böhmen und in einzelnen Staaten des Deutschen Bundes bezeugen die Wirksamkeit dieses säkularen Friedens- und Freiheitswerkes.

Noch Martin Wieland hatte in weitgehendem Einverständnis mit seinen libertär gesinnten Zeitgenossen die historische Größe dieses Friedensschlusses erkannt. Unter dem Eindruck der Verfassungsbewegung in Frankreich spendete er 1791 in seiner Vorrede zu Schillers »Geschichte des Dreißigjährigen Krieges« der frühen »Nationalversammlung zu Osnabrück« ein besonderes Lob. Bezeichnenderweise leitete er es aus Bedingungen ab, die alle Machtverehrer und Wachstums-Anhänger als Ohnmacht oder Schwäche des *Teutschen Systems* ausgaben: »Es ist wahr, diese Art von Organisation des germanischen Körpers gibt ihm eine gewisse politische Schwere und Unbehilflichkeit in seinen Bewegungen, die in verschiedenen Rücksichten nachteilig ist; er kann sich, vermöge derselben, weniger in die Angelegenheiten andrer Mächte einmischen, keine Eroberung machen und sogar sich selbst gegen auswärtige Angriffe nicht so bequem verteidigen als bei einer anderen Konstitution. [...]« Dafür aber sichere diese Friedensordnung »unser unaufhaltsames Fortschreiten in allem, was unsern Wohlstand noch um manche Stufen erhöhen kann«.[30]

Als dann Napoleon 1806 die »Constitution gérmanique« nicht mehr anerkennen wollte und mit dem »absoluten Dominat« seines patrimonialen Erbkaisertums die Teutsche Freiheit von 1648 beendete, da zogen die Kriegsvölker Germaniens in den Farben SCHWARZ ROT GOLD als Ausdruck der Freiheit gegen ihn zu Felde. Wieder einmal hatte der Absolutismus mit seinen Privatarmeen versagt. Die verheerende Niederlage bei Jena und Auerstedt am 18. Oktober 1806 ist dafür der beste Beweis. Die sonst verachteten und politisch entrechteten Stände durften erneut für die Unfähigkeit der Territorial-Diktatoren einspringen und im Kampf gegen Napoleon darauf hoffen, mit dessen Niederlage auch den »Sultanismus« in den Nachfolge-Staaten des Heiligen Reiches abzustellen. Mit diesem treffenden Begriff kritisierte der libertäre Reichsfreiherr vom Stein nach dem Wiener Kongreß (1814) die »Willkürherrschaft aller erbärmlichen Despoten, welche Deutschland bedrücken«.[31]

Dieser Reformer der absolutistischen Machtsysteme des Patrimonialismus[32] wollte mit seinem Angriff auf die Haus-Diktaturen des Deutschen Bundes nur zum Ausdruck bringen, daß sich eine ganze Generation der Teutschen in ihrem Freiheitsopfer getäuscht und gedemütigt vorkam. Denn nach 1814 etablierten sich nicht »landständische Verfassungen« in ihrer früheren libertären Qualität, sondern es bildete sich ein Polizeistaatsystem aus, das sich bis 1848 und danach in scheinkonstitutionellen Formen bis 1918 an der Macht halten konnte. Und nach dem »Diktat von Versailles, diesem kümmerlichen Nachbild des Friedens von 1648«,[33] zerschlug am Ende der schwierigen Weimarer Verfassungsphase wieder eine Diktatur die bestehende Freiheits- und Rechtsordnung, um mit einem

Krieg erst die Hegemonie über Europa und dann über die Welt anzustreben.

Hatte sich seit 1645 die Anti-Habsburg-Koalition unter der Führung der beiden Interventionsmächte Schweden und Frankreich nach langen und schwierigen Verhandlungen schließlich 1648 mit »Kaiser und Reich« auf der Basis von Gegenseitigkeit und Gleichgewicht der Kräfte verständigt, so tat sich in einer ähnlichen Situation die Anti-Hitler-Koalition seit der »bedingungslosen Kapitulation« der Wehrmacht am 8. Mai 1945 viel schwerer: Ihr Kampf glich weniger einem Gang durchs Fegefeuer als einem Marsch durch die Hölle. In deren Inferno hatte noch der Holocaust jenseits allen Rechts als systematisches Vernichtungswerk seine untilgbaren Spuren hinterlassen. Das Ungeheuerliche dieses Völkermordes läßt es nicht zu, daß eine Universalamnestie den Boden für einen echten Frieden bereiten könnte. Statt dessen behilft man sich mit Zwischenlösungen als Fortschreibung eines qualifizierten Waffenstillstandes, mit Gewaltverzicht-Abkommen und bilateralen Verträgen über Wiedergutmachung. Aber all diese Bemühungen können einen echten und allgemeinen Friedensvertrag nicht ersetzen, sondern nur die Folgen des letzten Krieges materiell erträglicher gestalten. So verständlich diese Politik zum Abbau von Spannungen zwischen beiden Blöcken sein mag, die ihre Legitimation aus der staatlichen Teilung der Deutschen Nation ziehen, so sehr haben die Unschuldigen und Nachgeborenen des vergangenen Weltkrieges als Menschen ein Recht darauf, daß der Zustand des Nicht-Krieges in einen dauerhaften Frieden verwandelt wird.

Das kann aber nur dann gelingen, wenn sich die Deutschen selbst in all ihren Staaten, zusammen mit ihren Nachbarn und den beiden Globalmächten einer Mission verpflichten, die an den Verlauf und das Ende des Teutschen Krieges erinnert. Der protestantische Bischof Schönherr hat sie zum 40. Todestag Dietrich Bonhoeffers in Weimar allen Menschen guten Willens ans Herz gelegt: »Befreiung hat von außen kommen müssen, da sich die Deutschen nicht selber befreien konnten und wollten. Wirklich Neues kann aber nur werden, wenn die innere Befreiung gelingt. Innere Befreiung [aber] setzt voraus, daß wir

Deutschen uns wieder auf das besinnen, was das nationalsozialistische Regime vergiftet hat: die Wahrheit zu sagen, statt zu lügen, das Recht zu achten, Unrecht Unrecht zu nennen, für die einzutreten, die sich selber das Recht nicht verschaffen können; Treue, Freundschaft, Versöhnung und Frieden als die heiligen Bande zwischen uns Menschen wieder in ihre Würde einzusetzen. Die da für eine befreite, versöhnte, lichte Zukunft gestorben sind, haben einen Anspruch darauf, daß wir unser Leben nicht für uns selber, sondern stellvertretend für sie und ihre Haltung miterleben.«[34]

Danksagung

Was wäre ein Geschichtsschreiber ohne die »Kärrnerarbeit« (Nietzsche) seiner Vorgänger und Zeitgenossen sowie all jener Kollegen (Damen und Herren) in Archiven und Bibliotheken, welche die Forschungsarbeit auf vielfältige Weise begleiten? Ihnen allen in Frankfurt, Den Haag, Hamburg, Madrid, Mainz, München, Nürnberg, Paris, Stockholm, Wien und vor allem in Zürich (Staatsarchiv und Zentralbibliothek) danke ich von Herzen für die geleistete Hilfe, das Verständnis und für manch anregende Diskussion.

Ohne die Kritik und den Zuspruch von Jürg Stüssi (Zürich), Jürgen Voss (Paris) und Herfried Münkler (Frankfurt), die Teile der Erstfassung gelesen haben, wäre mir mehr als einmal die Lust vergangen, mich dieser Herausforderung zu stellen und sie mit dem notwendigen Mut zum Fragment zu bewältigen. Walter H. Pehle stand mir als Lektor auf eine Weise zur Seite, die weit über das hinausgeht, was heute im Verlagswesen üblich ist. Gerade die Geschichtsschreibung lebt vom intensiven Gespräch, vom Erproben des Wortes und dem Orten der Begriffe, um ein komplexes Thema über das Spezialistentum hinaus verständlich zu machen. In diesem oft nervenaufreibenden Prozeß war er mir stets eine zuverlässige Stütze. Ihm ist es in erster Linie zu verdanken, daß ich in Phasen der Depression nicht resigniert habe. Auf ähnliche Art hat mir auch Richard Reichensperger (Salzburg) geholfen, diese »defie d'ésprit« durchzustehen und bereit zu bleiben, aus den eigenen Fehlern beim Schreiben zu lernen. Matthias Birkelbach gebührt alle Anerkennung für die Gestaltung dieses Buches.

In den besonderen Dank an den Innen-Lektor und Außen-

Leser möchte ich auch meine Eltern (Fischbach im Wasgau), Doris und Hans-Günter Schmidt (Frankfurt), Ute Kirchhelle (Paris) und besonders Stephan M. Hess (Frankfurt) einschließen, die neben ihrem Interesse an dieser Arbeit die Archivreisen mitfinanziert haben.

Ich habe dieses Buch meinem Lehrer Friedrich Herrmann Schubert († 1973) in dankbarer Erinnerung daran gewidmet, daß er mich unermüdlich in dem Bestreben bestärkt und gefördert hat, die Geschichte der Frühen Neuzeit zu erschließen. Karl Träger († 1982), dem Jugend- und Schulfreund aus dem »Land des Walthariliedes«, sei mit dieser Widmung für all seine Mühen gedankt, die er sich bei unseren gemeinsamen Latein- und Griechisch-Lektionen mit mir gemacht hat: Er war einer der wenigen unter den »happy few«, der die »Ilias« auswendig konnte und wußte, was angesichts von Streit und Krieg ein Homerisches Gelächter ist.

Anhang

Zeittafel

1608 Schwere Krise um Donauwörth. Gründung der »Union« (Protestanten) als Schutzbund für Bekenntnis- und Besitzrechte. Hauptinteressent: Haus Wittelsbach-Kur-Pfalz (Friedrich V.).

1609 Gründung der »Liga« (Papisten) unter der Führung des Hauses Wittelsbach-Bayern (Maximilian I.). Anhebender Streit um die »Jülicher Erbsache«. Waffenstillstand der Niederlande mit Habsburg-Spanien – bis 1621. Grotius' Schrift zur »Freiheit der Meere«.

1610 Heinrich IV. v. Frankreich zur Intervention in den Jülich-Streit bereit. Wird vor Kriegsausbruch ermordet. Christian IV. v. Dänemark bricht den Stettiner Frieden (1570) und beginnt mit Schweden den Kalmar-Krieg.

1611 Gustav Adolf übernimmt das Königsamt in Schweden.

1612 Tod Kaiser Rudolfs II. Sein Bruder Matthias I. wird zum Kaiser gewählt. Axel Oxenstierna zum Reichskanzler ernannt – bleibt es bis 1654. Erste ständige Gesandtschaft der Niederlande »beim Türken«.

1613 Reichstag zu Regensburg: Von Kur-Pfalz u. a. wegen der »Türkenhilfe« gesprengt. Schwedens Friede zu Knäröd mit Dänemark – hält bis 1643. Im Moskauer Zartum wird das »Haus Romanov« als nationale Dynastie angenommen.

1614 In Frankreich Einberufung der Generalstände: »Spaniolisierte« Regentschaft der Maria di Medici. Bündnisse der Niederlande mit Schweden und Lübeck. Ein Höhepunkt des »Fettmilch«-Aufstandes in Frankfurt am Main.

1615 Johann Casimir aus dem Haus Pfalz-Zweibrücken heiratet Gustav Adolfs Halbschwester Catharina. Landtag

Böhmens verlangt das »Tschechische« als Rechtsgrundlage für die nationale und konstitutionale Identität.

1616 Erster Prozeß gegen Galilei und das Verbot seines »Kopernikanismus«. In England weicht Coke der Gewalt des Königs.

1617 Hundertjahrfeiern zum Beginn der Reformation. Sturz und Ermordung Concinis in Paris. Schweden schließt mit dem Moskauer Zartum den »Ewigen Frieden« von Stolbova – hält bis 1700. Richelieu im Exil (Avignon).

1618 »Fenstersturz« in Prag. Beginn der libertären Revolution in Böhmen und des *Teutschen Krieges*. Staatskrise in den Niederlanden. Lermas Sturz in Madrid. Staatsstreich Ferdinands II. in Wien und Sturz Khlesls. Erscheinung eines »Großen Kometen«. Jakob I. bedroht in England den libertären Parlamentarismus. Bündnis zwischen der Republik Venedig und der Eidgenossenschaft.

1619 Konföderations- und Toleranzakte für Stände und Lande der Wenzelskrone. Wahl Friedrichs V. von der Pfalz zum König von Böhmen. »Wahl« Ferdinands II. zum Kaiser. National-Synode von Dordrecht. Hinrichtung Oldenbarnevelts. Krise um das Veltlin und die Alpenpässe.

1620 Ulmer Vertrag: Gewaltverzicht von »Union« und »Liga« im Heiligen Reich. Spinola besetzt die Pfalz. Das »Heilige Gemetzel« im Veltlin. Schlacht am Weißen Berg (Prag). Friedrich V. im Exil (Niederlande). Gustav Adolf heiratet die Hohenzollern-Prinzessin Maria Eleonora. Krieg zwischen Spanien und England um die Straße von Hormus.

1621 »Union« löst sich auf. Convent von Segeberg: Christian IV. v. Dänemark engagiert sich als »Herzog v. Holstein« im »Teutschen Unwesen«. Philipp IV. wird nach dem Tode Philipps III. König von Spanien. Aufstieg des Grafen Olivares. Ende des Waffenstillstandes zwischen Spanien und den Niederlanden. Ausgreifen ihres Krieges in die Neue Welt und ins Heilige Reich.

1622 Gegenreformation in Böhmen. Erneute Reichsacht über Mansfeld. Dessen Kriegszug im Elsaß. Schlachten bei

Wimpfen und bei Hoechst. Englands Vermittlungsversuche in der »Pfälzischen Sache«.

1623 Krise um das Veltlin. »Liga von Paris« zwischen Frankreich, Savoyen und der Republik Venedig. Scheitern der »Spanischen Heirat« zwischen Maria Anna und Thronfolger Karl I. von England. Deputationstag zu Regensburg. Urban VIII. wird Papst. Campanellas »Sonnen-Stadt« erscheint in Frankfurt am Main.

1624 Von Rosenkreutzern wird das »Ende der Welt« erwartet. Friedland für Wallenstein zum Fürstentum erhoben. Richelieu tritt sein Zweites Ministerium an. Buckingham erhält in England eine ähnliche Stellung. Allianz zwischen Dänemark und Vasa-Polen. Scheitern der Entspannungspolitik von Spanien und England in der »Pfälzischen Sache«. »Normaljahr«. Tod Jakob Böhmes.

1625 Nach dem Tode von Jakob I. wird Karl I. König von England. Wallensteins Erstes Generalat. »Haager Allianz« zwischen England, den Niederlanden und Dänemark zur »Rettung« der »Teutschen Freiheit«. Grotius' Epochenwerk »De iure belli ac pacis«. Die »Habsburg-Liga« zur Sicherung des Absolutismus geplant.

1626 Christian IV. scheitert mit seinem Kriegszug ins Heilige Reich. Kampf um die Dessauer Brücke. Mansfeld und der »Tolle Halberstädter« sterben. Schweden setzt sich in Preußen fest. Aufstand in Ober-Österreich.

1627 Tilly und Wallenstein drängen Christian IV. ab. Pläne Habsburgs zum Ausbau einer Seemacht für Nord- und Ostsee. Absolutistische »Landes-Ordnung« für Böhmen. Krise zwischen Frankreich und England wegen der Hugenotten. Kurfürstentag zu Mühlhausen (Thüringen). Weibliche Erbfolge in Schweden gesichert.

1628 Wallenstein scheitert mit der Belagerung von Stralsund. Krieg um Mantua. Die »Französische Heirat«. La Rochelle fällt. Ermordung Buckinghams. Hobbes' Übersetzung des »Peloponnesischen Krieges« von Thukydides.

1629 Friede von Lübeck zwischen Habsburg und Dänemark. Abkommen von Altmark zwischen Vasa-Schweden und

Vasa-Polen – bis 1635. Restitutions-Edikt. Schwedens Pläne für eine Intervention ins Heilige Reich. Diktatur in England festigt sich.

1630 Diversion der Niederlande in Brasilien. Annäherung Bayerns an Frankreich. Kurfürstentag zu Regensburg. Gustav Adolf landet an Pommerns Küste. Wallenstein wird als General entlassen. Tod Keplers und Khlesls.

1631 Abkommen von Bärwalde zwischen Schweden und Frankreich: Epochale Verständigung zur »Rettung« der »Teutschen Libertät«. Tilly und Pappenheim zerstören Magdeburg. In der Schlacht bei Breitenfeld (Leipzig) siegt die neue Gustavianische Kriegskunst. Zug der Royal-Armee an den Rhein, trifft dort auf die Militärmacht Spaniens. »Cautio criminalis« gegen den Hexenwahn (v. Spee).

1632 Wallensteins Zweites Generalat. Staatskrise in Frankreich. Gustav Adolfs Kriegszug durch die Südregionen des Heiligen Reiches: Tod Tillys. Tod Sigismund III. v. Polen. Kämpfe um die »Alte Veste« bei Nürnberg. Schlacht bei Lützen: Gustav Adolf und Pappenheim fallen. Tod des »Winterkönigs« Friedrich V. Friedensverhandlungen zwischen Niederlanden und Spanien. Spinoza wird geboren.

1633 Axel Oxenstierna gründet den »Heilbronner Bund«. Tod der Infantin Isabella in Brüssel. Richelieus Erweiterungspläne bis zum Rhein. Zweiter Galilei-Prozeß.

1634 Ermordung Wallensteins. Libertäre »Regierungsform« in Schweden. Schwere Niederlage der Schweden-Armee unter Bernhard von Weimar und Gustav Horn bei Nördlingen. Pest-Gelübde von Oberammergau.

1635 Hugo Grotius wird Schwedens ständiger Gesandter in Paris. Der »Prager Frieden«: ein innerteutsches Diktat Habsburgs. Kriegserklärung Frankreichs an Spanien. Treffen zwischen Richelieu, Oxenstierna und Grotius in Compiègne: Erneuerung der Absprachen von Bärwalde. Frankreich greift offen in den Teutschen Bürgerkrieg ein.

1636 Oxenstierna kehrt nach zehnjähriger Abwesenheit nach Schweden zurück. Seldens Schrift »Mare clausum« mit Patrimonialansprüchen Englands über die »narrow seas«. Sieg der Schweden-Armee bei Wittstock. Gryphius' »Tränen des Vaterlandes«.

1637 Ferdinand III. wird nach dem Tode seines Vaters zum Kaiser »gewählt«. Landgraf Wilhelm V. von Hessen (Cassel) rettet seine Armee nach Ost-Friesland und stirbt. Schweden bleibt mit den Generalen Banér, Torstensson und Wrangel im Norden des Heiligen Reiches präsent. Pommern-Herzog Bogislaus XIV. stirbt.

1638 Friedens-Initiativen Englands und der Eidgenossenschaft. Bernhard von Weimars Sieg bei Wittenweier. Erneuerung der Allianz zwischen Schweden und Frankreich. Kapitulation von Breisach im Breisgau. Schweden setzt sich als Kolonialmacht in Nordamerika fest (Nova Svecia). Père Joseph stirbt. Ludwig XIV. wird geboren.

1639 Habsburg wieder im Kriegsglück: Sieg Piccolominis bei Thionville. Tod Bernhard von Weimars. Annäherung Bayerns an Frankreich. Abzug englischer und schottischer Einheiten der teutschen Schweden-Armee auf die Insel. Pesttod von Martin Opitz.

1640 Kurfürstentag zu Nürnberg. Friedrich Wilhelm (Der »Große Kurfürst«) übernimmt nach dem Tode Georg Wilhelms die Regierung. Unabhängigkeitserklärung Portugals von Habsburg-Spanien. Aufstand in Catalonien – von Frankreich unterstützt. Einberufung des Reichstages nach Regensburg zur Beendigung des Teutschen Bürgerkriegs; gleichzeitig Zulassung des Parlaments und Beginn des Englischen Bürgerkriegs. Annäherung des Moskauer Zartums an Dänemark. Kampfschrift zur »Teutschen Libertät« von Hippolithus a Lapide.

1641 Reichstag zu Regensburg. Präliminar-Vertrag von Hamburg zur Vorbereitung von Friedensverhandlungen. »Schwedische Heirat« von Friedrich Wilhelm betrieben.

1642 Tod Richelieus: Mazarin wird sein Nachfolger. Schweden-Sieg bei Breitenfeld (Torstensson). Neue Friedens-Initiativen zur Lösung der »Pfälzischen Sache«.

1643 Tod Ludwigs XIII.: Beginn der Vormundschaftsregierung für Ludwig XIV. Deputationstag zu Frankfurt am Main: *Münster* und *Osnabrück* werden endgültig als Orte der Friedensverhandlungen bestimmt. Newton kommt zur Welt.

1644 Krieg zwischen Schweden und Dänemark. Türken-Gefahr. Turenne bereitet Kriegszug ins Heilige Reich vor. In Schweden übernimmt Christina die libertäre Regierung. Aufstand in Ungarn gegen Habsburg (Rákoczy). Tod Urbans VIII. Sein Nachfolger Innozenz X. verstärkt die »Missionierung« des Nordens.

1645 Tod des Hugo Grotius. Im Frieden von Brömsebro nimmt Oxenstierna Revanche für den Knebel-Frieden von Knäröd. Beginn der Verhandlungen für den *Teutschen Frieden.* Sieg Torstenssons bei Jankau (Böhmen): Stärkung der schwedischen Positionen in Osnabrück. Freilassung des 1635 festgesetzten Kurfürsten von Trier. Schlacht bei Allerheim. Neuer Zar in Moskau.

1646 Wrangel und Turenne koordinieren ihren Feldzug im Heiligen Reich. Schweden stehen wieder in Böhmen: Druck auf Wien. Niederlande und Spanien verhandeln in Münster. Streit um das Geltungsjahr für die »Amnestie«. Waffenstillstände, ihr Bruch und neue Kriegsaktionen. Leibniz wird geboren.

1647 Trauttmansdorffs Friedens-Vorschlag stößt im eigenen, papistischen Lager auf Widerstände. »Extremisten«-Frage. Bayern und Brandenburg, die führenden Reichsstände, suchen Verbesserungen ihrer Positionen.

1648 Friedens-Vertrag zwischen Habsburg-Spanien und den Niederlanden. Letzte Feldschlacht dieses Krieges bei Zusmarshausen (Augsburg). Schweden erobern Prag. Abschluß des »Ewigen Friedens« in Münster zwischen Frankreich und Kaiser samt Reichsständen, sowie in Osnabrück mit Schweden: Wiederherstellung der libertären Verfassung des Heiligen Reiches und des Gleichgewichtes in Europa. Schweden wird als »Garantiemacht« mittels Pommern und Bremen ein »Reichsstand«, Frankreich erhält Teile des Elsaß und stärkt sein Vorfeld zum Rhein hin. Tod von Saavedra y Fajardo, Wladislaus IV. von Polen und Christian IV. von Dänemark. Beginn der Fronde (libertäre Verfassungsbewegung) in Frankreich. Kosaken-Aufstand.

1649 Friedensexekutionskongreß in Nürnberg bis 1650. In England wird Karl I. wegen seiner absolutistischen Diktatur hingerichtet.

1650 Descartes stirbt in Stockholm.

1651 Maximilian I. von Bayern segnet das Zeitliche.

1653 Bauern-Aufstand in der Eidgenossenschaft.

1654 Reichs-Abschied von Regensburg erhebt den »Teutschen Frieden« in den Rang eines »Fundamentalgesetzes des Reiches«, das bis 1806 Geltung behält. Stehendes Reichsheer. Abdankung Königin Christinas und (1655) Konversion zum Katholizismus. Axel Oxenstierna – »der größte Staatsmann des Jahrhunderts« – stirbt.

1659 Pyrenäen-Frieden zwischen Frankreich und Habsburg-Spanien: Portugals Unabhängigkeit wird anerkannt.

1660 Frieden von Kopenhagen zwischen Dänemark und Schweden: Beginn des Absolutismus (Enevaelde) unter Friedrich III. Frieden von Oliva: Schweden und Frankreich sichern dem »Großen Kurfürsten« die Souveränität über Preußen.

1661 Tod Mazarins. Beginn der »Alleinregierung« von Ludwig XIV. Der »Große Landtag« in Preußen: Mittels Terror etabliert sich der Territorial-Absolutismus.

1664 »Immerwährender Reichstag« in Regensburg – bis 1806.

Abkürzungen

aaO.	am angegebenen Ort
ABAW	Abhandlungen der Bayerischen Akademie der Wissenschaften
ADAWzB	Abhandlungen der Deutschen Akademie der Wissenschaften zu Berlin
AfR	Archiv für Reformationsgeschichte
AfSKG	Archiv für Schlesische Kirchengeschichte
AHR	American Historical Review
ALR	Allgemeines Landrecht (Preußen)
AK	Augsburgische Konfession
AO	Axel Oxenstierna
AOSB	Axel Oxenstiernas skrifter och brefvexling
AÖG	Archiv für österreichische Geschichte
APW	Acta Pacis Westphalicae
ARG	Archiv für Reformationsgeschichte
ASL	Archivio Storico Lombardo
ASI	Archivio Storico Italiano
AStM	Allgemeines Staatsarchiv München
AUS	Acta Universitatis Stockholmiensis
AUU	Acta Universitatis Upsaliensis
BMKG	Beiträge zur Militär- und Kriegsgeschichte
BuA	Briefe und Akten
BVGN	Bijdragen voor de Geschiedenis der Nederlanden
CFN	Collectanea Franciscana Neerlandica
CJB	Codex Juris Bohemici
DBBTI	Documenta Bohemica Bellum Tricennale Illustrantia
DK	Dreißigjähriger Krieg
DKAWiW	Denkschriften der Kaiserlichen Akademie der Wissenschaften in Wien
Dtl.	Deutschland
DZfGW	Deutsche Zeitschrift für Geschichtswissenschaft
EA	Eidgenössische Abschiede
EHJb	Economisch-Historisch Jaarboek
EHR	English Historical Review

E.k.M:t	Euere königliche Majestät
E. L.	Euer Liebden
ET	Evangelische Theologie
F (II.)	Ferdinand II.
Fb	Forschungsbericht
FGB	Forschungen zur Geschichte Bayerns
FRA	Fontes Rerum Austriacarum
FuF	Forschungen und Fortschritte
FWG	Fischer Welt-Geschichte
FzDG	Forschungen zur Deutschen Geschichte
GA	Gustav (II.) Adolf
GWU	Geschichte in Wissenschaft und Unterricht
GuG	Gesellschaft und Gesellschaften
HbDG	Handbuch der Deutschen Geschichte (Gebhardt)
HbGBl	Handbuch der Geschichte der Böhmischen Länder
HGbll	Hansische Geschichtsblätter
HGR	Handbuch der Geschichte Rußlands (Hiersemann)
HH	Historika Handlingar
HHStAW	Haus-, Hof- und Staatsarchiv Wien
HwbDRG	Handwörterbuch der Deutschen Rechtsgeschichte
HJ	Historical Journal
HJb	Historisches Jahrbuch
HPI	Handbuch der politischen Ideen (Piper)
HR	Heiliges Reich
HTd	Historisk Tidsskrift (dänisch)
HTs	Historisk Tidskrift (schwedisch)
HZ	Historische Zeitschrift
IAA	Ibero-Amerikanisches Archiv
IKM: t	Ihre Königliche (Kaiserliche) Majestät
Jb	Jahrbuch
JbbGO	Jahrbücher für Geschichte Osteuropas
JbfSG	Jahrbuch für Schweizerische Geschichte
JbfSKG	Jahrbuch für Schlesische Kirchengeschichte
JbGNK	Jahrbuch der Gesellschaft für Niedersächsische Kirchengeschichte
JbVMG	Jahrbuch des Vereins für Mecklenburgische Geschichte
JbVMGuA	Jahrbuch des Vereins für Mecklenburgische Geschichte und Altertumskunde
KFÅ	Karolinska Förbundets Årsbok
KÅ	Kyrkohistorisk Årsskrift
LUÅ	Lunds Universitets Årsskrift
M	Mansfeld
MIÖG	Mitteilungen des Instituts für Österreichische Geschichtsforschung

MR	Messerelationen
NAvKG	Nederlandsche Archief voor Kerkgeschiedenis
NDB	Neue Deutsche Biographie
N. F.	Neue Folge
NKS	Nederlandsche Katholische Stemmen
NWB	Neue Wissenschaftliche Bibliothek
PH	Przegląd Historyczny
PhJb	Philosophisches Jahrbuch
PJbb	Preußische Jahrbücher
P & P	Past and Present
QuFiAuB	Quellen und Forschungen aus ital. Archiven und Bibliotheken
QuL	Quellen und Literatur
RbPHeH	Revue belge de Philologie et d'Histoire
RdDM	Revue des Deux Mondes
RDILC	Revue de droit international et de législation comparée
RdO	Revista de Occidente
RGB	Revue Générale Belge
RH	Revue Historique
RHd	Revue d'Histoire diplomatique
RKG	Reichskammergericht
RKGO	Reichskammergerichtsordnung
RQ	Römische Quartalschrift
Rt	Reichstag
SGP	Studien zur Geschichte Preußens
SHMW	Schriften des Heeresgeschichtlichen Museums Wien
SJ	Societas Jesu
SK	Schwedische Kriegsakten
SKA	Svenskt Krigshistoriskt Arkiv
SKBGW	Sitzungsberichte der Königlich-Böhmischen Gesellschaft der Wissenschaften
SOF	Südostforschungen
s. o. S.	siehe oben Seite
SRAP	Sveriges Ridderskaps- och Adels Riksdagsprotokoll
SRP	Svenska Riksrådets Protokoll
SSB	Staats- und sozialwissenschaftliche Beiträge
StAN	Staatsarchiv Nürnberg
StAZ	Staatsarchiv Zürich
STK	Svensk teologisk kvartalskrift
StvT	Statsvetenskaplig tidskrift
s. u. S.	siehe unten Seite
SZG	Schweizer Zeitschrift für Geschichte
TE	Theatrum Europaeum
TICOiJ	Transactions of the International Conference of Orientalists in Japan

TvG	Tijdschrift voor Geschiedenis
UuA	Urkunden und Actenstücke zur Geschichte des Kurfürsten Friedrich Wilhelm v. Brandenburg
UUÅ	Uppsala Universitets Årsskrift
VHKfN	Veröffentlichungen der Historischen Kommission für Nassau
VjSWG	Vierteljahrschrift für Sozial- und Wirtschaftsgeschichte
VMPIfG	Veröffentlichungen des Max Planck-Instituts für Geschichte
W.	Wallenstein
WaG	Welt als Geschichte
WWPUJ	Wydawnictwa Wydziału Prawa Universytetu Jagiellońskiego
ZBZ	Zentralbibliothek Zürich
ZfBLG	Zeitschrift für Bayerische Landesgeschichte
ZfHF	Zeitschrift für Historische Forschung
ZfKG	Zeitschrift für Kirchengeschichte
ZfkTh	Zeitschrift für katholische Theologie
ZfVR	Zeitschrift für Völkerrecht
ZGO	Zeitschrift für die Geschichte des Oberrheins
ZH	Zapiski historyczny
ZOF	Zeitschrift für Ostforschung
ZVfHG	Zeitschrift des Vereins für Hamburgische Geschichte

Anmerkungen

VORGESCHICHTE

In der Ruhe des Rechts

1 Nagel, Ander Theil des in 1618 Jahre erschienenen u. verschiedenen Cometen, 1619, o. S. (Ex. ZBZ). **2** Marc Aurel, Wege zu sich selbst, 1978, S. 116/17. **3** Zit. n. Zeeden, Das Zeitalter d. Glaubenskämpfe (1555–1648), in: Gebhardt, HbDG, 8. Aufl. 1967 (1955), S. 116. **4** Schwarzenfeld, Rudolf II., 2. Aufl. 1979 (1961); vgl. Gindely, Rudolf II. und seine Zeit, 2 Bde, 1862/65; Novák, Rudolf II a jeho pad, 1935; vgl. Evans, Rudolf II. and His World... 1576–1612, 1973: eher kulturhist. denn rechtlich-polit.; vgl. Bibl, Die Religionsreformation Kaiser Rudolfs II. in Oberösterreich, 1921; Hemleben, Kepler, 1971, S. 50ff. **5** Ariès, Gesch. des Todes, dt. 1982 (1978), S. 415ff. **6** Vocelka, Matthias contra Rudolf. Zur pol. Propaganda in der Zeit des Bruderzwistes, in: ZfHF, 1983:3, S. 341–351 (Fb). **7** Zum Hintergrund Ritter, Deutsche Gesch. im Zeitalter der Gegenreformation u. des DK (1555–1648), 2 Bde, 1889/95; vgl. Brück, in: Weltkonzil von Trient, Bd. 2, 1951 (G. Schreiber), S. 230ff.; vgl. Heckel, Dtl. im konfess. Zeitalter, in: Dt. Gesch., 5, 1983. **8** Eberhard, Konfessionsbildung u. Stände in Böhmen 1478–1530, 1981; vgl. Peterka, Rechtsgesch. d. böhm. Länder, 1928; vgl. Schmiedt, Vorgesch., Verlauf u. Wirkungen des DK, in: Deutschland 1476–1648 (M. Steinmetz), 1965; vgl. Hroch/Petrán, Europejska gospodarska i polityka XVI i XVII wieku: kryzys czy regres?, in: PH, LV, 1964; zur ökonomischen Lage von marx. Seite s. Langer, Neue Forsch. z. Gesch. des DK, in: Der DK, 1977, S. 89–131 (Fb); vgl. Klíma/Macurek, La question de la transition du feodalisme au capitalisme en Europe Centrale (16e–18e siècles), in: XIe Congrès Int. des Sciences Historiques, Rapports IV, S. 84ff. **9** Kluckhohn, Friedrich d. Fromme, Kurfürst v. d. Pfalz, der Schützer der reformierten Kirche, 1559–1576, 1879; vgl. Press, Calvinismus u. Territorialstaat. Regierung u. Zentralbehörden der Kurpfalz 1559–1619, 1970; vgl. Hollweg, Der Augsburger Reichstag von 1566 u. seine Bedeutung für die Entstehung der ref. Kirche u. ihres Bekenntnisses, 1964; vgl. Wolf, Ein Gutachten Dr. Casp. Peucers über d. pol. Lage der reform. Gebiete Dtls, in: ARG, 31, 1933. **10** Schlaich, Die Mehrheitsabstimmung im Rt zwischen 1495 u. 1613, in: ZfHF, 1983:3, S. 299–340 (Fb); vgl. Smend, Das Reichskammergericht, 1. Bd.: Gesch. u. Verfassung, 1911; Gschliesser, Der Reichshofrat. Bedeutung u. Verfassung, Schicksal u. Besetzung einer obersten Reichsbehörde von 1559 bis 1806, 1942. **11** Hintze, Kalvinismus u. Staatsräson in Brandenburg zu Beginn des 17. Jhds, in: HZ, 144, 19 **12** Zit. Hemleben, Kepler, S. 44/45. **13** Krebs, Christian v. Anhalt u. die Kurpfälzische Politik am Beginn des DK, 1872, S. 11f. **14** Bibl, Das österr. Reformationsedict vom Jahre 1578, in: JbP 1902; vgl. Huber, Gesch. Österreichs, Bd. 4, 1892; Sturmberger, Kaiser F (II.) u. das Problem des Absolutismus, 1957; vgl. Barudio, FWG 25, S. 263ff. **15** Hurter, F (II.), VII, 1860, S. 46ff.; vgl. Mann, W, 4. Aufl. 1971, S. 150ff.: Diese Nachfolge war nur möglich, weil Ferdinand von Kaiser Matthias als

»Adoptivsohn« angenommen wurde. **16** Zur Forschungslage vgl. Straub, Pax et imperium. Spaniens Kampf um seine Friedensordnung zwischen 1617 u. 1635, 1980, S. 117ff.: Der fundamentale Mechanismus Fidei-Commiß (innerhalb des Erzhauses) und Patrimonium (gegenüber den Ständen) wird nicht genügend beachtet, auch in der älteren Forsch. nicht; vgl. Wilhelm, Das Aufkommen der Idee eines deutschen Erbreichs, in: MIÖG, 1907, S. 1–19. **17** Zit. n. Krebs, Anhalt, S. 22 **18** Ibidem, S. 5f. **19** Ritter, Gesch. der Union, I, 1872, S. 27ff. Die Formel »Cuius regio...« müßte unter dem Gesichtspunkt des Patrimonialismus im kirchl. Bereich neu untersucht werden; vgl. Wesel-Roth, Thomas Erastus. Ein Beitrag z. Gesch. der ref. Kirche u. zur Lehre von der Staatssouveränität, 1954. **20** Krebs, Anhalt, S. 5. **21** Gindely, Erteilung des böhm. Majestätsbriefs von 1609, 1858; vgl. Röss, Die Erpressung d. Majestätsbriefes von Kaiser Rudolf II. durch die böhm. Stände, in: ZfkTh, 31/32, 1907/08; vgl. Bosl (Hrsg.), Handbuch der Gesch. der böhm. Länder, II, 1974. **22** H. Schäfer, Gesch. von Portugal, 5 Bde, 1836ff. **23** Rubio, Felipe II de España – Rey de Portugal, 1939, S. 134f. **24** Konetzke, Gesch. des span. und port. Volkes, 1939. **25** Parry, The spanish seaborne empire, 1966; vgl. Bonn, Spaniens Niedergang während der Preisrevolution des 16. Jhds, 1896; vgl. Vinas y Mey, El problema de la tierra en la España de los siglos XVI–XVII, 1941; vgl. Kellenbenz, Spanien, die nördl. Niederlande u. der skandin.-balt. Raum in der Weltwirtschaft u. Politik um 1600, in: VjSWG, 41, 1954; vgl. Kann, A History of the Habsburg Empire 1526–1918, 1974. **26** Straub, Pax, S. 13ff. **27** Johan III och Filip II. Depescher från det spanska sändebudet till Sverige kapten Francisco de Eraso 1578–1579, in: HTs, 1886, S. 5ff. **28** Olsen, Kobberpolitik i den svenske Stormagtstid, in: Scandia 1937; vgl. Heckscher, Den europeiska kopparmarknaden under 1600-talet, in: Scandia 1938; vgl. Małowist, Poland, Russia and Western Trade in the 15th and 16th Centuries, in: P & P, 1958:13; Menendez Pidal, Los godos y la epopeya española, 2. Aufl. 1969. **29** Straub, Pax, S. 53ff., im Hinblick auf den »Libertas«-Begriff nicht immer überzeugend, S. 80ff.; vgl. Svennung, Zur Gesch. des Goticismus, 1967; vgl. Wolfram, Gesch. der Goten, Sonderausgabe 1983; s. a. Barudio, Im Zeich. d. Goticismus, in: Pipers Handbuch der pol. Ideen, 1985. **30** Saavedra y Fajardo, Idea de un Príncipe politico-cristiano, in: Obreras completas, 1946, S. 579. **31** Stüssi, Das Schweizer Militärwesen des 17. Jhds in ausländ. Sicht, 1982. **32** Pinette, Die Spanier u. Spanien im Urteil des dt. Volkes zur Zeit der Reformation, in: AfR, 48, 1957, S. 184ff.; vgl. Krebs. Anhalt, S. 15ff.; vgl. Chudoba, España y el Imperio, 1519–1643, 1963. **33** Merriman, The Spanish Empire, 1934; vgl. Davies, The Golden Century of Spain 1501–1621, dt. 1939 (1937); vgl. Braudel, La Méditerranée et le monde méditerranéen à l'époque de Philippe II, 1949. **34** Eine mod. Verfassungsgesch. Spaniens gibt es immer noch nicht, vgl. Maravall, La teoría española del estado en el siglo XVII, 1944: probl. und am Dezisionismus Carl Schmitts orientiert, S. 291ff. **35** Maravall, La teoría, S. 184ff.: M. mißversteht Bodin in dieser Fundamentalfrage. **36** Straub, Pax, S. 38ff., 56ff. **37** Cardaillac, Moriscos y cristianos. Un entrentamiento polémico (1492–1640), 1979; Erbe, Die Hugenotten in Dtl., 1937; vgl. v. Thadden/Magdeleine (Hrsg.), Die Hugenotten 1685–1985, 1985: Sammelband von dt. u. frz. Beiträgen. **38** Straub, Pax, S. 49ff. **39** Panhorst, Das Kolonisationsunternehmen der Fugger in Amerika, in: IAA, 2, 1927/28; Friederici, Die Deutschen als Bahnbrecher in Venezuela, in: FuF, 14, 1938; Stammler, Die Welser in Venezuela, 1928. **40** Zit. n. Maravall, La teoria, S. 115. **41** den Tex, Oldenbarnevelt, 3 Bde, 1966: Materialreiche, aber in den pol. u. jur. Bereichen sehr problematisch. **42** Zit. n. Huizinga, Holländische Kultur im siebzehnten Jhd., dt. 1977 (1961), S. 77; s. a. Molhuysen, Bronnen tot de Geschiedenis der Leidsche Universiteit, I, 1574–1610, 1913. **43** Barudio, GA, S. 49ff.; vgl. Oudendijk, Het »contract« in de wordingsgeschiedenis van de Republik der Verenigde Nederlanden, 1961. **44** Huizinga, aaO., S. 77; s. a. die materiell-militärische Seite dieser Staatsgründung bei Grayson, The Civic Militia in the County of Holland, 1560–81; Politics and Public Order in the Dutch Revolt, in: Bijdragen, 95:1, 1980, S. 35–63; vgl. Schama, Patriots and Liberators, 1977. **45** Oestreich, Justus Lipsius als Theoretiker des neuzeitl. Machtstaates, in: HZ, 181, 1956, S. 31–78: Oe. vernachlässigt wie alle Vertreter des Borussismus die bei Lipsius fundamentale Distinktion in IUS und LEX; vgl. Banning, Justus Lipsius, 1975. **46** Eine moderne Biographie fehlt, s. Holmbäck, Einfluß des Grotius auf das Seerecht von 1667, in: UUÅ, Juridik 2, 1926; Barschack, Die Staatsanschauung des Hugo Grotius, 1924 (masch); vgl. Reeves, Two conceptions of the Freedom of the Seas, in: AHR, XXII, 1916–17; vgl. Beaufort, Alfonsus a Castro als bron voor Hug de Groot's »Mare liberum«, in: Collectanea Franciscana Neerlandica 1226–1926, 1927, S. 205ff. **47** Lonchay/Cuvelier (Hrsg.), Correspondance de la Cour d'Espagne sur les affaires des Pays-Bas au XVIIe siècle, I, 1923, S. 321, 327f.; Parker, The Dutch Revolt and the Polarization of International Politics. Spain and the Netherlands 1559–1659, 1979; vgl. Kossmann, Volkssouvereiniteit aan het begin van het Nederlandse ancien régime, in: Bijdragen, 95:1, 1980, S. 1–34. **48** Sprinchorn, Om Sveriges förbindelser med nederländerna, in: HTs, 1885; vgl. Vreede, Nederland en Zweden in staatkundige Betrekking, 2 Bde, 1841–44; vgl. Thyresson, Sverige och det protestantiska Europa från knäredfreden till Rigas erövring, 1928; s. a. Tham, Den svenska utrikespolitikens historia, I:2, 1560–1648, 1960. **49** Groot, The Ottoman Empire and the Dutch Republic 1610–1630, 1978; Mout, Calvinoturcisme in de Zeventiende eeuw, in: TvG, 1978: Uns erscheint die Umkehrung beider Begriffe in »Turco-Calvinismus« der dt. Sprache adäquater; vgl. Ernstberger, Europas Widerstand gegen Hollands erste Gesandtschaft bei der Pforte (1612), 1956; vgl. Duchhardt, Friedenswahrung im 18. Jhd., in: HZ, 240, 1985, S. 265–282: D. sind diese Traditionen nicht bekannt. **50** Lademacher, Die Stellung des Prinzen v. Oranien als Statthalter in den Niederlanden von 1572–1584, 1958; vgl. Geyl, The Revolt of the Netherlands, 2. Aufl. 1962, S. 215ff.; vgl. den Tex, Oldenbarnevelt, III, passim; Bangs, Arminius. A Study in the Dutch Reformation, 1971, S. 292ff.; s. a. Israel, A Conflict of Empires. Spain and the Netherlands, 1618–1648, in: P & P, LXXVI, 1977. **51** Zit. n. C. J. Burckhardt, Richelieu, III, 1966, S. 192; vgl. Tapié, La politique étrangère de la France et le début de la guerre de trente ans, 1934. **52** Nagel, Himmelszeichen... 1604, 1605, o. S. (Ex.ZBZ). **53** Romier, Les origines politiques des guerres de religion, 2 Bde, 1974 (1914); vgl. Baumgartner, Radical Reactionaries: the political thought of the French Catholic League, 1975. **54** Quaritsch, Staat u. Souveränität, I, 1970; vgl. Krautheim, Die Souveränitätskonzeption in den eng. Verfassungskonflikten des 17. Jhds, 1977; s. a. Münkler, Machiavelli. Die Begründung des pol. Denkens der Neuzeit aus der Krise der Republik Florenz, 1982; vgl. Barudio, FWG 25, S. 88ff. **55** Bodin, Six livres, 1977 (1583 lat.), S. 122, 134, passim; vgl. Griffiths, Representative Government in Western Europe in the Sixteenth Century, 1968; s. a. Tonkin, The Church and the Secular Order in Reformation Thought, 1971. **56** Bodin, Six livres, S. 155f.; vgl. Boldt, Der Ausnahmezustand in hist. Perspektive, in: Der Staat 1967: B. klärt nicht den Rechtsbezug u. mißversteht die »Nezessität«; vgl. Barudio, Absolutismus – Zerstörung der ›libertären Verfassung‹, 1976, S. 121ff. **57** Lemaire, Les lois fondamentales..., 1907; Mousnier, Les institutions de la France sous la Monarchie absolue, I, 1974, S. 503ff.: M. vermag nicht, die Distinktion in IUS und LEX, ETAT u. GOUVERNEMENT konsequent anzuwenden. **58** v. Raumer, König Heinrich IV., Friedensidee u. Machtpolitik im Kampf um die Erneuerung Frankreichs, 1947; vgl. Nürnberger, Die Politisierung des frz. Protestantismus, 1948; vgl. Sander, Die Hugenotten u. das Edikt von Nantes, 1885; s. a. Bonnet-Maury, Die Gewissensfreiheit in Frk. vom Edikt v. Nantes bis zur Gegenwart, 1912; vgl. Martin, Le Gallicanisme et la Réforme catholique (1563–1615), 1919. **59** Krebs, Anhalt, S. 26ff.; vgl. Krüger, Die Beziehungen der rheinischen Pfalz zu Westeuropa 1576–1582. Die europ. Beziehungen des Pfalzgrafen Johann Casimir, 1964. **60** Lundkvist, Gustav Vasa och Europa. Svenska handels- och utrikespolitik 1534–1557, 1960; vgl. G. Carlsson, Der Schmalkaldische Bund u. Schweden, in: Festschrift f. Otto Becker, 1954; vgl. Prueser, England u. die Schmalkaldener, 1971 (1929). **61** Ritter, Die Union u. Heinrich IV. 1607–1609, 1874; ders. Der Jülicher Erbfolgekrieg, 1877; vgl. Stieve, Vom Reichstag 1608 bis zur Gründung der Liga, 1895; ders. Von der Abreise Erzherzog Leopolds nach Jülich bis zu den

Werbungen Herzog Maximilians v. Bayern im März 1610, 1905. **62** Erlanger, L'étrange mort de Henri IV, 1957; vgl. Mousnier, Ein Königsmord in Frankreich, dt. 1970 (1964). **63** C. J. Burckhardt, Richelieu, I, 15. Aufl., 1966, S. 92ff.; Erlanger, Richelieu, dt. 1975 (1967–70), S. 92ff. **64** Zit. n. Bellanger (Hrsg.), Histoire générale de la presse française, I, 1969, S. 72. **65** Burckhardt, Richelieu, I, S. 107ff.; vgl. Perrens, L'Eglise et l'Etat en France sous le règne de Henri IV et la régence de Marie Medicis, 1872; Pagès, Que savons-nous de l'administration au temps de Louis XIII?, 1927. **66** Mousnier, La vénalité des offices sous Henri IV et Louis XIII, 1945; vgl. Göhring, Die Ämterkäuflichkeit im ancien régime, 1938: Beide erkennen nicht die Beziehung zur »iustitia distributiva«; vgl. Sée, Les idées politiques en France au XVIIe siècle, 1978 (1923). **67** Lever, Zepter u. Narrenkappe. Geschichte der Hofnarren, dt. 1983, S. 203ff. **68** Zit. n. Straub, Pax, S. 33. **69** Berner, GA, 1982, S. 83. **70** Zum Hintergrund der konfession. Annäherungen aus der reichen Lit. Schornbaum, Die brandenburgisch-nürnbergische Norma doctrinae, in: AfR, 19/20, 1922; Sehling, Die ev. Kirchenordnungen des XVI. Jhds, 1969; Holl, Die Bedeutung der großen Kriege für das religiöse und kirchliche Leben innerhalb des Protestantismus, 1917. Tholucks, Lebenszeugen der lutherischen Kirche aus dem Dreißigjährigen Kriege, 1859. **71** Barudio, GA, S. 43ff. **72** Gierow, De yttre händelserna kring nova ordinantias tillkomst, in: KA, 1945; vgl. Holmquist, Forsch. z. Kirchengesch. Schwedens... 1523–1654, in: ARG, 1939; vgl. Strömberg-Back, Lagen, rätten, läran. Politisk och kyrklig idédebatt i Sverige under Johan III:s tid, 1963. **73** Szelągowski, Der Kampf um die Ostsee 1544–1621, 1916; vgl. Czapliński, Polish-Danish Diplomatic Relations 1598–1648, in: XIth International Congress of Historical Sciences in Stockholm, 1960. **74** KGF Reg., II, 1525, 1864, S. 270ff.; Barudio, GA, S. 47; vgl. Arnell, Die Auflösung des livländischen Ordensstaates. Das schwed. Eingreifen... 1558–1562, 1937; vgl. Attman, The Russian and Polish Markets in International Trade 1500–1650, 1973. **75** Vgl. F. P. Jessen, Den danske »indkredsning af Vasatidens Sverige, in: HTd, 76, 1976, S. 1–24. **76** K. Hildebrand, Upsala möte 1593, 1893; Barudio, GA, S. 49; vgl. Nordlund, Den svenska reformationstidens allmänna statsrättsliga ideer..., 1900: äußerst teutonistisch angelegt u. damit verzerrend; zum Einfluß des Teutonismus auf die Verfassungshistorie s. Beard, Eine ökon. Interpretation der amerik. Verfassung, dt. 1974 (1913), S. 56ff. **77** AOSB, I:1, S. 228: Ein Rechtsgutachten in dt. Sprache zur Absetzung König Sigismunds. **78** Barudio, GA, S. 57, 454ff.; vgl. Runeby, Monarchia mixta, 1962: R. hält sich an den borussisch vermittelten »Dualismus« im Verfassungsleben, den es nicht gegeben hat. **79** E. Hildebrand (Hrsg.), Sveriges regeringsformer 1634–1809, 1891, S. 2. **80** Nordlund, aaO., passim; s. nur bei Jonas Magni die trichotom. Formel »potestas in populo, authoritas in senatu, majestas in summo principe«, zit. n. Runeby, Monarchia mixta, S. 159. **81** Buschmann, Kaiser und Reich. Klass. Texte u. Dokumente z. Verfassungsgeschichte des Hl. Römischen Reiches Deutscher Nation, 1984, S. 126–28, 142 (Goldene Bulle – Erbfolge der weltlichen Kurfürsten); vgl. Andersson, Förebilden för Gustav Vasas arvförening, in: Scandia 1931; vgl. K. G. Hildebrand, Gustav Vasas arvförening, in: HTs, 1934; vgl.: Runeby, Monarchia mixta, S. 387ff.: R. kann die »Emphyteuse« (Erblehen) nicht auf Schwedens erstes Fundamentalgesetz beziehen. **82** Mann, W, S. 150. **83** Barudio, Das Wohlproportionierte Regiment, masch. 1973 (demn. als: Die »libertäre Verfassung« Alteuropas); ders. FWG 25, passim; vgl. de Jonge, Staatsvorming per contract... 1680–1883, 1979 (Symposion); vgl. Kohlmeyer, Gustav Adolf u. die Staatsanschauung des Altluthertums, in: Hallische Universitätsreden, 58, 1932. **84** Ohne jeglichen Rechtsbezug, aber informativ Norberg, Polen i svensk politik 1617–26, in: AUS, 19, 1974; vgl. Wisner, Opinia szlachecka Rzeczypospolitej wobec polityki szwedzkiej Zygmunta III w latach 1587–1632, in: ZH, 1973; vgl. Ericsson, GA och Sigismund 1621–1623, 1928. **85** Boethius, Hertig Karls och svenska riksrådets samregering 1594–96, in: HTs, 1884; vgl. Edén, Den svenska riksstyrelsens reorganisation 1594–1602, in: HTs, 1901; Hermansson, Karl IX och ständerna... 1598–1611, 1962. **86** H. Almquist, Sverge och Ryssland 1595–1611, 1907; s. a. Tarkiainen, »Var Gamble Arffiende Ryssen«. Synen pa Ryssland i Sverige

1595–1621, in: AUU, 54, 1974; Attman, Freden i Stolbova. En aspekt, in: Scandia, 1950; vgl. Zernack, Von Stolbova nach Nystad, in: JbbGO NF 1972, S. 77–95; vgl. Šaskol'skij, Stolbovskij mir 1617 g. i torgovye otnošenija Rossij so švedskim gosudarstvom, 1964; vgl. a. Attman, The Struggle for Baltic Markets. Powers in Conflict 1558–1618, 1979. **88** Barudio, GA, S. 187ff. **89** Generalstaben, Sveriges krig 1611–1632, I: Danska och ryska krigen, 1936. **90** SRP, 1646, S. 359; zum Älvsborg-Komplex s. Lindstén, När Elfsborgs lösen betalades, in: Historiska studier till. L. Stavenow, 1924; zum Zeit-Hintergrund: Koeningsberger, Die Krise des 17. Jhds, in: ZfHF, 9, 1981, S. 143–65; vgl. Trevor Aston (Hrsg.), Crisis in Europe 1560–1660, 1967. **91** Etter, Tacitus in der Geistesgesch. des 16. u. 17. Jhds, 1966; Straub, Pax, S. 79ff.; vgl. Tierno Galván, El tacitismo en las doctrinas políticas del siglo de oro espanol, 1971. **92** Montaigne, Süddeutsche Reise, dt. 1947, passim. **93** Ostermann (Hrsg.), Aller des Hl. Röm. Reichs gehaltener Reichs-Täg, Ordnung, Satzung u. Abschied samt and. kayserl. u. königl. Constitutionen..., 1642, S. 754ff.; zum Umfeld der »Sozialdisziplinierung« (Oestreich) s. Münch (Hrsg.), Ordnung, Fleiß und Sparsamkeit. Texte u. Dokumente zur Entstehung der »bürgerl. Tugenden«, 1984: Das lineare Fortschrittsdenken in der Geschichtswiss. hat auch hier übersehen, daß besonders die Ökonomik u. Haushaltslehre der Neuzeit von Adligen geprägt wurde, S. 26ff.; vgl. Brunner, Das »ganze Haus« u. die alteurop. »Ökonomik«, in: Ders., Neue Wege der Verfassungs- u. Sozialgesch., 2. Aufl. 1968, S. 103–127; vgl. Barudio, Im Zeichen des Goticismus, in: Pipers Handbuch, III, 1985. **94** v. Lojewski, Bayerns Weg nach Köln, 1962; vgl. Weiler, Die kirchl. Reform im Erzbistum Köln 1583/1615, 1931. **95** Meister, Der Straßburger Kapitelstreit, 1899; Schindling, Hum. Hochschule u. freie Reichsstadt. Gymnasium und Akademie in Straßburg 1538–1621, 1977; vgl. Ozment, The Reformation in the Cities, 1975. **96** Literatur zur komplizierten »Magdeburger Frage« bei DW 10497. **97** Hoffmann, Dtl. im Zeitalter des DK. Nach Berichten u. Urteilen engl. Augenzeugen, 1927, S. 80; Moryson merkte zu der gespannten Lage an: »What violent abuses the Lutherans cast upon the Calvinists preferring the Papists yea Turks before them...« **98** Speyer, Die Frankfurter Revolution unter Vincenz Fettmilch 1612–1616, 1883. **99** Harms (Hrsg.), Deutsche illustrierte Flugblätter des 16. u. 17. Jhds, I, (Ethica, Physica), 1980; vgl. J. O. Opel, Die Anfänge der deutschen Zeitungspresse 1609–1630, 1879. **100** Hoffmann, Augenzeugen, S. 92. **101** Machiavelli, Discorsi, dt. 1977, S. 141: »Rechtschaffenheit u. Frömmigkeit« führt er als Gründe an, dann auch den »geringen Handelsverkehr mit ihren Nachbarn«, obgleich das Gegenteil der Fall war. **102** Münkler, Machiavelli, S. 218ff. **103** Brück, Gesch. der Stadt Mainz... Vom Verlust der Stadtfreiheit bis zum Ende des DK (1462–1648), 1972; Barudio, GA, S. 553ff. **104** Simon, Die Organisation der Hanse in ihrem letzten Jhd., in: HGbll, XIII, 1907, S. 413ff.; vgl. Lütge, Die wirtschaftl. Lage Dtls. vor Ausbruch des DK, in: Der DK, 1977, S. 458–539: L. bestreitet den Niedergang der Hanse »vor« dem DK (S. 500), ohne zu überzeugen; vgl. Beutin, Hanse und Reich, 1929, S. 75ff.; vgl. Dollinger, Die Hanse, dt. 1966 (1964), S. 55, 142ff. **105** Peterka, Rechtsgesch., 1928; Marczali, Ung. Verfassungsgesch., 1911. **106** Sellert, Über die Zuständigkeitsabgrenzung von Reichshofrat u. Reichskammergericht, 1965; vgl. Boldt, Dt. Verfassungsgesch., Bd. 1, 1984: borussisch-dualistische Deutungen, betont die »politisch-staatliche« Seite vor der rechtlichen; im Bereich des »Absolutismus« äußerst probl., ignoriert die anti-dualistische Forschung, S. 224ff. **107** Breitling, der Streit um Donauwörth 1605–11, in: ZfBLG, 2, 1929; Ritter, Gesch. der Deutschen Union, 2 Bde, 1867–73. **108** Neuer-Landfried, Die Katholische Liga. Gründung, Neugründung u. Organisation eines Sonderbundes, 1968. **109** Altmann, Die Reichpolitik Maximilians I. von Bayern, 1613–1618, in: BuA z. Gesch. des DK, 12, 1978; vgl. Chroust, Der Reichstag von 1613, in: BuA z. Gesch. des DK, 11, 1909. **110** Damit wurden in der Regel die Territorien der drei geistlichen Kurfürsten längs des Rheins bezeichnet (Trier, Mainz und Köln). **111** Hoffmann, Augenzeugen, S. 95. **112** Barudio, GA, S. 151; vgl. Everett-Green, Lives of the Princesses of England, V, 1855; Oman, Elizabeth of Bohemia, 1938; Ross, The Winter Queen: The Story of Elizabeth

Stuart, 1979. **113** Hoffmann, Augenzeugen, S. 39; s. u. S. 361 f. **114** Blumenberg, Der Prozeß der theoretischen Neugierde, 1973 (1966): Nicht immer genau bei der Ortung von Fundamentalbegriffen, S. 66, »veri inquisitio« ist nicht die »Erforschung der Wahrheit«, sondern »des Wahren«. **115** Bellanger, Histoire générale de la presse, I, S. 78 ff. **116** Winkler, Clementia in der Spätantike, 1955; vgl. Abel, Stoizismus und Frühe Neuzeit, 1978. **117** Taylor, Reise von London nach Hamburg in Dtl., in: ZVfHG, VII, S. 455–474 mit einer Kritik von K. Koppmann. **118** Strafjustiz in alter Zeit, hrsgg. vom Kriminalmuseum Rothenburg, 1980; vgl. Zopfel, Die peinliche Gerichtsordnung Kaiser Karls V., 2. Ausgabe, 1876; vgl. H. Mayer, Die Strafrechtstheorie bei Luther u. Melanchthon, in: Festgabe f. Julius Binder, 1930, S. 77–105; vgl. Kisch, Erasmus u. die Jurisprudenz seiner Zeit. Studien zum hum. Rechtsgedanken, 1960; de Vries, Spinoza, 1970, S. 118. **119** Schweitzer, Christian IV. v. Dänemark u. sein Verhältnis zu den niederdt. Städten bis zum J. 1618, 1899. **120** Taylor, Reise, S. 458, 464. **121** Dollinger, Die Hanse, S. 457 ff.; Ehrenberg, Hamburg u. England im Zeitalter der Königin Elisabeth, 1896; Nielsen, Dänische Wirtschaftsgesch., 1933; Kumlien, Sverige och Hanseaterna, 1953; ders., Handel u. hansische Kaufleute in Skandinavien, in: Die deutsche Hanse als Mittler zwischen Ost und West, 1963. **122** Vgl. Fink, Die rechtl. Stellung der Hanse in der Zeit ihres Niederganges, in: HGbll, 1936; s. a. Messow, Die Hansestädte u. die habsburgische Ostseepolitik im DK, 1935. **123** Simson, Geschichte der Stadt Danzig, Bd. 2, 1918; vgl. Keyser, Danzigs Geschichte, 4. Aufl., 1941; vgl. Rhode, Geschichte Polens, 2. Aufl., 1966, S. 250 ff. **124** Hoffmann, Augenzeugen, S. 58 ff.; vgl. Dollinger, Hanse, S. 474 ff.

ERSTES BUCH

Ihr Feuervollen Brüder

1 Franck, Relationis historicae semestralis continuatio, 1617/18, S. 93 ff.: Wird als Messe-Relationen (MR) mit Doppeljahr zitiert, weil Berichte u. Dokumente von der Fasten- zur Herbstmesse Jahr für Jahr publiziert wurden. Erscheinen im Vergleich zum TE zuverlässig, sind aktueller u. bilden hier einen Teil des chronol. Gerüstes. Wegen ihrer Unmittelbarkeit im Zeitgeschehen auch Londorp oder Ostermann vorgezogen. **2** Barudio, GA, S. 191. **3** Machiavelli, Discorsi, S. 183; vgl. das »immerwährende Vergessen« der Amnestie im TF von 1648 u. S. 588 f. **4** Nohl, Der Schwarze Tod. Eine Chronik der Pest 1348 bis 1720, 1924, S. 30 ff.; vgl. Sticker, Die Pest, 2 Bde, 1908–10 (vorwieg. mediz.); vgl. Guarinonius, Die Greuel der Verwüstung menschl. Geschlechts, 1610; Ripamontius, De Peste, 1641. **5** Nohl, aaO., S. 149 ff. **6** Ibidem, S. 32 ff., 40 ff. **7** Ibidem, S. 57 ff.: Luther glaubte, die Pest werde durch böse Geister verursacht, welche »die Luft vergiften ... und damit das tödliche Gift in das Fleisch schießen«. **8** Ibidem, S. 26 ff. **9** Zorzi, Venedig, eine Stadt, eine Republik, ein Weltreich 697–1797, dt. 1981 (1979): s. a. Hellmann, Grundzüge der Gesch. Venedigs, 1976. **10** MR, 1617/18, S. 81 ff.; im Kampf um das »Dominium Maris Adriatici« s. a. Preto, Venezia e i Turchi, 1975; vgl. Rothenberg, Venice and the Uskoks of Zeng: 1537–1618, in: JMH, XXXIII: 2, June 1961, S. 148–56; s. a. Braudel, La Mediterranée, 1949, S. 247; zur Rivalität mit dem von Habsburg geförderten Genua s. Pàstine, Genova e l'Impero Ottomano nel Secolo XVII, in: Atti della Società Ligura di Storia Patria, LXXII, 1962, S. 5 ff.; vgl. Kortepeter, Ottoman Imperialism During the Reformation: Europe and The Caucasus, 1973. **11** StAZ, Beziehungen zum Ausland – Venedig 1617–1640 (A 214.2); Ceresole, La Republique de Venise et les Suisses, 1890; vgl. Jegerlehner, Die pol. Beziehungen Venedigs mit Zürich u. Bern im 17. Jhd., 1896; vgl. Gmür, Das Bündnis zwischen Zürich/Bern u. Venedig 1615–18, 1945. **12** MR, 1617/18, S. 82, 84; s. a. Hurter, F (II.), VI, S. 531 ff., 600. **13** Steinwenter, Steiermark u. der Friedensvertrag von Zsitva Torok, in: AÖG, 106, 1918, S. 157–240. **14** AStM, DK, Akten 6, fol. 12: Ein Monsieur

Perrot vom 26. Mai 1618; v. Ranke, Die Verschwörung gegen Venedig im Jahre 1618, 1878, S. 136ff. (SW). **15** MR, 1618, S. 20f. **16** Ibidem, S. 21ff. **17** Auch dieser Doge setzte die seit 1573 (Ende des Türkenkrieges) betriebene Politik der »Riputatione« (System des äußeren Ranges) gegen die bisherige »Bilancia« (Ausspielen der Großmächte) fort, s. Gmür, Bündnis, S. 7ff.; vgl. u. S. 539, 544. **18** v. Libloy, Siebenbürgische Rechtsgeschichte, 1855: immer noch eine grundlegende Analyse u. Darstellung des inneren Staatsrechts u. dessen äußerer Absicherung; vgl. Depner, Das Fürstentum Siebenbürgen im Kampf gegen Habsburg, 1938; s. a. Bucsay, Gesch. des Protestantismus in Ungarn, 1959. **19** Berger de Xivrey, Mémoire sur une tentative d'insurrection organisée dans le Magne, de 1612 à 1619, au nom du Duc de Nevres, comme héritier des droits des Paléologues, 1842; vgl. Bartl, Der Westbalkan zwischen spanischer Monarchie u. Osmanischem Reich, 1974, S. 161ff.: ausgezeichnete Arbeit; s. a. die gute Übersicht bei Hering, Ökumenisches Patriarchat u. europ. Politik 1620–1638, 1968, S. 67ff. **20** AStM, DK, Akten 6, fol. 8: Constantinopel, Briefe; zur Beziehung zwischen Erbmanie und Aggression s. Bilz, Studien über Angst u. Schmerz, 1974 (1971), S. 15: »Magische Offensiv-Waffe (Gott mit uns)« – s. u. S. 376; S. 94: »Erbkoordination«; S. 111: »Kriegszustand«; S. 118: »Ausweglosigkeit«; S. 167: »Disgregation« (Vogelfrei-Erklärung, Acht); S. 178: »Ausmerz«-Schema; S. 224: Alpha-Merkmal u. Aufopferung – Eigenschaften u. Zustände, die bei F (II.) immer wieder zu erkennen sind. **21** Hunke, Kamele auf des Kaisers Mantel. Deutsch-arabische Begegnungen seit Karl dem Großen, 1978 (1976), S. 13. **22** J. R. Wolf, Steuerpolitik im schlesischen Ständestaat, 1978, S. 2ff.; vgl. Hübner, Die Verfassung u. Verwaltung des Gesamtstaats Schlesien in der Zeit des DK, in: ZVGS, 59, 1925, S. 74–89. **23** Prinz, Böhmen im mittelalterlichen Europa, 1984, S. 116; vgl. Prochno, Terra Bohemiae, regnum Bohemiae, corona Bohemiae, in: Prager Festgabe f. Th. Mayer, 1953, S. 91–111; vgl. Graus, Die Entstehung der mittelalterl. Staaten in Mitteleuropa, in: Historica, 10, 1965, S. 5–65. **24** Vaněček, Základy právního postaveni českéhom státu 12.–15. století, 3 Bde, 1933/39; Wegener, Böhmen-Mähren und das Reich im Hochmittelalter, 1959; vgl. Prinz, Die Stellung Böhmens im mittelalterl. dt. Reich, in: ZfBLG, 28, 1965, S. 99–113; vgl. Richter, Die böhm. Länder im Früh- u. Hochmittelalter, in: HbGBL, I, 1967, S. 262ff. **25** Buschmann, KuR, S. 123: »Der König von Böhmen« nahm bei feierl. Reichshandlungen unter den Kurfürsten »als gekrönter u. gesalbter Fürst den ersten Sitzplatz« ein (Kap. IV); vgl. Harnack, Das Kurfürstenkollegium bis z. Mitte des 14. Jhds, 1883. **26** Gindely, Erteilung des böhm. Majestätsbriefes von 1609, 1858. **27** MR, 1618, S. 22f.; s. a. das Schreiben von Žerotín am 18. Feb. 1618, in: DBBTI, II, 1972, S. 36/37; Gindely, Gesch. des DK, I, 1869, S. 62ff., 69; vgl. Franzl, Ferdinand II., 1978, S. 178f.; vgl. Polišenský, Zur Problematik des DK, 1967, S. 118; Polišenský/Hroch, Die böhmische Frage, 1960, S. 53ff.: So verdienstvoll die Einsätze beider Historiker bei der Quellenedition u. in Einzelbeiträgen sind, die Bereiche »Recht« und »Gerechtigkeit« bleiben weitgehend ausgespart u. damit der Kern dieser Krise; vgl. zum Ökonomismus der marx. Forschung Langer, Neue Forschungen z. Gesch. des DK, in: Der DK, 1977, S. 89–131. **28** Zit. n. Pelzel, Gesch. der Böhmen, II, 1782, S. 681ff.; vgl. zur Stimmung in den Jahren davor Novák, Die böhm. Landtagsverhandlungen u. Landtagsbeschlüsse . . . 1611, 1917. **29** Flitner (Hrsg.), Comenius. Große Didaktik, 4. Aufl., 1970 (1954). **30** Schaeder, Moskau. Das dritte Rom, 1963 (1929), S. 146ff. **31** Pelzel, aaO., S. 682ff.; zur hist. Lage vgl. Weizsäcker, Die Fremden im böhm. Landrechte . . ., in: SZG, 45, 1925, S. 206–249; vgl. Zycha, Prag. Ein Beitrag zur Rechtsgesch. Böhmens, 1912; s. a. Čelakovský, Friedrich, Haas (Hrsg.), Codex iuris municipalis regni Bohemiae, 1969 (1886–1961). **32** Gindely, Gesch. der Gegenreformation in Böhmen, 1894; zu den Kontroversthemen in der Historiographie s. Prinz, Böhmen, S. 195ff.: allerdings problem., weil er in Fundamentalbereichen von einer »engl. Entwicklungslinie« (Parlamentarismus) u. dem »französischen Modell« (Absolutismus) ausgeht, also zunfteigene Klischees in die Vergangenheit projiziert. **33** MR, 1618, S. 38–42 (Rechtsbeweis der böhm. Stände); wie in diesem Zusammenh. »de iure supremo tertii« auf höchster Ebene diskutiert wurde s. lat. Bericht über den Aufstand, in: AStM, DK, Akten 5, fol. 12. »Erblich machen« konnte hier nur im emphyteut. Sinne gemeint sein. **34** Vgl. Odložilík, Political Thought of Bohemia in the Early 17th Century, in: VIIe Congrès Internationale des Sciences Historiques, 1938, Communications II, S. 635ff.; vgl. Koller, Princeps in ecclesia, in: AÖG, 124, 1964, S. 38–53: nach Maßgabe des »ratione dominii«, also patrimonial! **35** Vgl. Sturmberger, F (II.) u. das Problem des Absolutismus, 1957: Die Eigentumsbezogenheit des absolut. Machtsystems ist ihm nur indirekt bewußt; vgl. Barudio, FWG 25, S. 264ff.; Koller, Zur Bedeutung des Begriffs »Haus Österreich«, in: MIÖG, 78, 1970: führt den Haus-Begriff nicht bis zum »maison souveraine« des Absolutismus; dieser Mechanismus wurde gegen Ende des HR hochaktuell s. dazu Rottmanner, Über Freyheit u. Eigenthum der alten baierischen Nation, 1801; vgl. Zorn, Eingliederung Ostschwabens in den bayer. Staat unter den ersten Königen Max I. u. Ludwig I., in: Probleme der Integration Ostschwabens in den b. Staat, 1982, S. 79ff.; vgl. Wittfogel, Die Orientalische Despotie, dt. 1977 (1957), S. 352ff.; vgl. Barudio, FWG 25, S. 373ff. **36** Hintze, Staat u. Verfassung, passim; W. Mommsen, Zur Beurteilung des Absolutismus, in: HZ, 158, 1938, S. 35ff.; vgl. G. Ritter, Staatskunst u. Kriegshandwerk. Das Problem des »Militarismus« in Dtl, I: Die altpreußische Tradition (1740–1890), 1954; Meinecke, Die Idee der Staatsräson, [4]1976, S. 246: Für dt. Akademismus und Etatismus geradezu typische Verkennung der Grotianischen Rechts- und Staatsidee, treibt doch die Staatsräson »die Staaten über die Grenzen von Recht und Moral«; s. a. Kunisch, Der kleine Krieg. Studien zum Heerwesen des Absolutismus, 1973, S. 1ff. Diese Vertreter des diktatorischen Etatismus unterscheiden sich im Prinzip nicht von den Marxisten s. dazu Makkai, Die Entstehung der gesellschaftl. Basis des Absolutismus in den Ländern der österr. Habsburger, in: Études historiques, Bd. 1, 1960, S. 627–68; s. a. Hroch/Petráň, Das 17. Jahrhundert – Krise der Feudalgesellschaft?, dt. 1981 (1976), S. 143ff.: fortschrittsfixiertes Erklärmodell. **37** A. Müller, Der Fall Klostergrab, in: AfSKG, 9, 1951, S. 59–73; vgl. J. Müller, Die Vermittlungspolitik Khlesls 1613–1616, in: MIÖG, 5 (Suppl.), 19, S. 604–690. **38** MR, 1618, S. 38ff. **39** Wie mühsam die Traditionen des Widerstandsrechtes als Emanation fundamentaler Verträge im dt. Bereich gegen die Übermacht des Positivismus u. auch Marxismus erschlossen werden müssen s. Oestreich, Die Idee des rel. Bundes u. die Lehre vom Staatsvertrag, in: NWB, 17, 1967, S. 137–151; O. Brunner, Land und Herrschaft, 4. Aufl., 1959: erkennt zwar die Vertragslage, verbleibt aber im Rahmen des überkommenen Dualismus-Modells; vgl. Barudio, Absolutismus, 1976, passim. **40** Mann, Wallenstein, S. 154. **41** Beiden Systemen ist der Vertrag gemein, nur die soziale Trägerschaft hat sich geändert, von den Besitz-Ständen (Libertät) zu den Besitz-Bürgern-Parteien (Liberalismus); vgl. Sturmberger, Georg Erasmus Tschernembl. Religion, Libertät u. Widerstand, 1953; vgl. v. Raumer, Absoluter Staat, korporative Libertät, persönliche Freiheit, in: NWB, 17, S. 173–199 (1958). **42** Einen recht genauen Bericht von Martinitz zur »Defenestration«, in: DBBTI, II, 1972, S. 42–49; s. auch Žerotíns Reaktion auf den »erschröcklichen Casus«, S. 50. **43** Krebs, Anhalt, S. 12; vgl. die Schrift seines jesuitischen Beichtvaters Lamormain, De virtutibus Ferdinandi, in: Khevenhiller, Annales Ferdinandi, XII, 1726, S. 2381ff.; s. a. Posch, Zur Tätigkeit u. Beurteilung Lamormainis, in: MIÖG, 63, 1955, S. 375–390. **44** Sturmberger, Ferdinand II., S. 24; vgl. Franzl, Ferdinand II., S. 180ff.; vgl. Stieve, Ferdinand II. Abhandlungen, Vorträge u. Reden, 1900. **45** AStM, DK, Akten 5 u. 6: mit diversen Berichten aus u. über Böhmen; s. a. Zwiedineck-Südenhorst, Venetianische Gesandtschaftsberichte über die böhmische Rebellion (1618–1620), 1880. **46** MR, 1618, S. 44; das Verbannungsdekret stammt vom 1. Juni, in: DBBTI, II, S. 52, Nr. 61; vgl. Duhr, Gesch. der Jesuiten in den Ländern dt. Zunge, II:2, 1913, S. 691ff. (das Verhältnis der SJ zu F (II.); s. später 1635 Steinberger, Die Jesuiten u. die Friedensfrage, 1906, S. 15ff. (Festigung ihrer Positionen). **47** Krebs, Anhalt, S. 52f.; Stieve, Herzog Maximilian v. Baiern u. die Kaiserkrone, in: DZfG, 6, 1891, S. 40–77; vgl. Altmann (Hrsg.), Die Reichspolitik Maximilians I. von Bayern 1613–1618, in: BuA, 12, 1978, S. 392ff. **48** Schubert, Ludwig Camerarius, 1573–1651, 1955; Press, Calvinismus u. Territorialstaat, 1970, S. 34f, 447ff. **49** Krebs, Anhalt, S. 53; BuA, 12, S. 193, 222ff.

50 Remling, Gesch. der Bischöfe v. Speyer, 2 Bde, 1854; vgl. Häusser, Gesch. der rhein. Pfalz, 2 Bde, 1845–1924, 1971; vgl. Petry, Das pol. Kräftespiel im pfälz. Raum vom Interregnum bis zur Franz. Revolution. Anliegen u. Ansätze der heut. Forschung, in: Rhein. Vierteljahrsbll., 20, 1955, S. 80–111; Egler, Die Spanier in der linksrhein. Pfalz 1620–1632, 1971, S. 21ff.; vgl. Altamira y Crevea, Histoire d'Espagne, 1931, S. 139ff. **51** MR, 1618, S. 50; Krebs, Anhalt, S. 54. **52** Londorp, Acta publica, I, 1668, S. 405. **53** Krebs, Anhalt, S. 54. **54** MR, 1618, S. 48. **55** Ibidem, S. 49. **56** Ibidem, S. 64: »...justum etiam metum belli, belli legitimam causam esse. Justus autem metus est, ubi certa et proxima sunt signa, quae nos timere facitunt...« Apologie u. Rechtsgründe vom 16. Juni 1618; vgl. Bilz, Angst, S. 14. Zur Wirkung der Formel »timor est contractio et adhaesio«: S. 224; »Timor est fuga«: S. 92ff.; zum »gerechten Krieg«: S. 287. **57** Krebs, Anhalt, S. 55. **58** AStM, DK, Akten 5, fol. 11; vgl. Sturmberger, Aufstand in Böhmen. Der Beginn des DK, 1959. **59** Krebs, Anhalt, S. 55; Gindely, Gesch. des DK, I, S. 349ff. **60** MR, 1618, S. 12ff.; vgl. Turba, Gesch. des Thronfolgerechtes in allen habsburgischen Ländern bis zur Pragmatischen Sanktion Kaiser Karls VI., 1903. **61** Wie Habsburg sich mit diesem indirekten Erb-Instrument noch 1780 bei der Besetzung des Kurstuhles von Köln behalf bei Braubach, Maria Theresias jüngster Sohn Max Franz, 1961, S. 64: Es mußten für seine manipulierte »Wahl« fast eine Million Gulden an Bestechungsgeldern bezahlt werden. **62** Franzl, F (II.), S. 171ff.: Der Kampf um die »mera et libera electio« deutet auf das Erb-Lehen, sofern Habsburg überhaupt einen Erbanspruch in Ungarn geltend machen konnte, vgl. Klitzner, Kardinal Klesels Stellungnahme zur Thronfolge F, (masch.) 1906, S. 91ff. **63** Zwiedineck-Südenhorst, Die Pol. der Republik Venedig während des DK, I, 1882; Bucsay, Gesch. des Protestantismus in Ungarn, 1959; Bartl, Westbalkan, S. 128ff.; vgl. Kortepeter, Ottoman Imperialism, S. 190ff.; weitere QuL bei Zernack, Osteuropa. Eine Einführung in seine Gesch., 1977, S. 134ff. **64** MR, 1618, S. 84. **65** Sobociński, Pacta konwenta. Studium z historii prawa polskiego, in: WWPUJ, 6, 1939; s. a. Vahle, Die Rezeption röm. Staatstheorie in der zweiten Hälfte des 16. Jhds. durch Jan Zamoyski, 1968, S. 16ff.; Texte dazu in: Volumina legum, 2, 1733, S. 859–862. **66** Barudio, FWG 25, S. 275: Palatin als »Vermittler zwischen König u. Reich«; vgl. die Abwertung dieses Dritt-Amtes bei Montecuccoli, der den Patrimonialismus bevorzugte s. Veltze (Hrsg.), Ausgewählte Schriften des Fürsten R. Montecuccoli, III, 1899, S. 423ff.: zur rechtl. und pol. Lage in Ungarn 1677 (Tököly-Aufstand); vgl. Conrad, Recht u. Verfassung in der Zeit Maria Theresias, in: NWB, 17, S. 235: Das Richteramt des Pfalzgrafen als »Fabel« abgewertet, aber tatsächlich Ausdruck einer Vertragslage. **67** MR, 1618, S. 84. **68** Ibidem, S. 87; s. a. Franzl, F (II.), S. 174; vgl. Hammer-Purgstall, Khlesl's... Leben, IV, 1851, S. 37: Nimmt einen Zufall an; vgl. Khevenhiller, Annales, Bd. 9, S. 17. **69** Gliß, Der Onate-Vertrag, 1934; vgl. W. Meier, Compositions- u. Succesionsverhandl. unter Kaiser Matthias während der Jahre 1615–1618, 1895; vgl. Straub, Pax, S. 117: S. verkennt die strukturelle Wirkung dieser Absprachen völlig; vgl. DBBTI, II, S. 30, Nr. 17: Onate sendet den Erbverzicht Philipps III. an Kaiser Matthias, in dem es von span. Seite heißt, »ut instrumenta erigenda *in comitiis* admit(t)antur atque in Tabulas regni referantur« (kursiv von uns): Noch denkt man also in Madrid an eine Mitwirkung der Stände (Vertrag). **70** Hammer-Purgstall, IV, S. 69; vgl. Mann, Wallenstein, S. 156. **71** Sturmberger, F (II.), S. 18ff, S. 33ff.; vgl. zu den Besorgnissen hinsichtlich der patrimonialen Wirkung einer »Erblichkeit« im HR s. BuA, 12, S. 486ff.: »Von dessen Hoheit in eine Subjection gebracht«; oder Londorp, Acta publica, IV, S. 564: »Rath: Wann ein Herr absolutum dominium will aus dem Erbland machen und alle Freiheiten aufheben«. **72** MR, 1618, S. 87ff.; vgl. Gindely, Gesch. des DK, I, S. 337; Franzl, F (II.), S. 185ff. **73** MR, 1618, S. 87; vgl. Kerschbaumer, Kardinal Khlesl, 2. Aufl., 1905; Kummerer, Kardinal Khlesls Stellung zur Kirche, (ungedr.) 1947. **74** Vgl. Seeger, Reichsadler, Kreuzesfahne, Stauferlöwen u. Württembergs Wappen u. Farben, in: ZfWLG, 13, 1954, S. 326–335; s. a. Hattenhauer, Deutsche Nationalsymbole. Zeichen u. Bedeutung, 1984, S. 9ff. **75** C. J. Burckhardt, Richelieu, I, S. 77ff.; s. a. Barudio, GA, S. 521f.:

Zum Kreuzzugs-Projekt steuerte Père Joseph die »Turciade« bei u. Romanus Nicephori 1631 den Plan eines bewaffneten Aufstandes in Griechenland gegen die Osmanen, s. u. S. 379. **76** Acta Bohemica, 1620, S. 46ff. **77** Zu den Spannungen zwischen Kaiser Karl V. u. dem HR in Gestalt der Stände s. Engel (Hrsg.), Mittel u. Wege früher Verfassungspolitik. Kleine Schriften 1, 1979, S. 150ff.: Anmahnung des »Quod omnes tangit«-Prinzips; s. a. Gerber, Die Bedeutung des Augsburger Reichstags von 1547/48 für das Ringen der Reichsstädte um Stand, Stimme u. Session, in: Elsaß-Lothringisches Jb., 9, 1930: Achtzig Jahre später ging es um nichts anderes. **78** Mit dem »Erbvertrag« von 1548 wurden die N. in den Burgundischen Reichskreis integriert, aber bald danach begann seine patrimoniale Durchsetzung unter Alba s. hierzu Gross/Lacroix (Hrsg.), Urkunden u. Aktenstücke des Reichsarchivs Wien zur reichsrechtl. Stellung des Burgund. Kreises, 2, 1945; s. u. S. 509f. **79** Sturmberger, Tschernembl, 1953. **80** Brightwell, Spain and the origins of the Thirty Years' War, (masch.) 1967, S. 126; vgl. Kessel, Spanien u. die geistlichen Kurstaaten am Rhein während der Regierungszeit der Infantin Isabella (1621–1633), 1979, S. 23: K. wendet sich ohne Begründung gegen Lermas »Friedenspolitik«; vgl. Straub, Pax, S. 133. **81** Holdsworth, A History of English Law, Bd. 5, 1925; vgl. Bowen, The Lion and the Trone, 1957. **82** Snappers, Oorlogsinvloeden op de Overzeese Handel van Holland 1551–1719, 1959; vgl. Israel, The Dutch Republic and the Hispanic World 1606–1661, 1982. **83** den Tex, aaO., III, passim; vgl. Veenendaal, Een nieuwe motley den Tex' Biografie van Oldenbarnevelt, in: BvGN, XXII, 1968, S. 103–125. **84** Graf, Die Synode von Dordrecht, 1824, S. 9: G. zitiert zur Lage einen niederl. Dichter: »Da auf der einen Waagschale Arminius Gründe/ mit Oldenbarnevelts Rock lagen/ überwog auf der andern bei Gomarus Beweisen/ das Schwert des Prinzen«, S. 10. **85** Graf, Synode, III: Wolfgang Meyers Tagebuch, S. 40ff. **86** Krebs, Anhalt, S. 14, Anm. 5; vgl. Viñas y Mey, El problema de la tierra en la España de los siglos XVI–XVII, 1941, S. 102ff.; vgl. Maravall, El proceso de secularización en la España de los Austrias, in: RdO, 88, 1970, S. 61–99; vgl. Domínguez, La sociedad española en el siglo XVII, Bd. 1, 1963; s. a. B. Schmidt, Spanien im Urteil span. Autoren. Kritische Unters. zum sog. Spanienproblem 1609–1936, 1975. **87** Domínguez, Politica y hacienda de Felipe IV, 1960, S. 11ff.; ders. Guerra económica y comercio extranjero en el reinado de Felipe IV, in: Hispania, 23, 1963, S. 71–110. **88** Zit. n. Straub, Pax, S. 97. **89** Sie hängt eng mit dem feudalen Eigentums-Denken zusammen, s. nur bei Cervantes, Don Quixote, dt. 1961 (Goldmann), S. 304ff. oder Calderón de la Barca, Das Leben ist ein Traum, dt. 1982 (Reclam), S. 39: »Beugt des Königs Wort das Recht/ Ziemt ihm der Gehorsam schlecht...«; zum Einfluß des Tacitismus Tierno Galván, El tacitismo en las doctrinas políticas del siglo de oro espanol, 1971; s. a. Straub, Pax, S. 79ff. **90** Straub, Pax, S. 133ff. **91** Ibidem; vgl. Kessel, aaO., S. 24, der Straub hier nicht beachtet. **92** Diese Formel als Titel des Ersten Buches ist ebenso wie der Titel des Dritten Buches (»Legt euere Fackeln nieder«) einem Gedicht von Schirmer entnommen, s. Strich, Der lyrische Stil des 17. Jhds, in: NWB, 7, 1970 (1916), S. 242; der Titel des Zweiten Buches (»Des Himmels Raum erbebet«) entspricht einer Gedichtzeile von Kleist, ibidem, S. 245.

Friedenswege

1 Barudio, Das Wohlproportionierte Regiment, 1973, passim; zur »Konkurrenz« im Sinne des »Zusammenwirkens« (concurrere) von Kaiser, Kurfürsten u. Kurien-Reichstag s. Lüning, Das Teutsche Reichs-Archiv, 1713, S. 615ff.; vgl. die heutige, im gegensätzlichen Sinne gebräuchliche Formel von der »Konkurrierenden Gesetzgebung«, in: GG, Art. 72; vgl. Repgen, Über Lünings »Teutsches Reichs-Archiv« (1710–1722): Aufbau u. Zitierungs-Möglichkeiten, in: Forschungen u. Quellen z. Gesch. des DK, 1981, S. 240ff.: verdienstvoll, aber ohne Analyse des Verfassungs- und Rechtsbegriffs bei L.; vgl. Hammerstein, Jus und Historie. Ein Beitrag z. Gesch. des histor. Denkens an dt. Universitäten im späten 17. und im 18. Jhd., 1972. **2** Zur »Mediator«-Funktion der »Reichsräte als intermediae personae..., damit weder des Königs Autorität selbst oder auch der Stände Recht in irgendeiner Weise gekränkt oder benommen werde« (GA) s. Barudio, Absolutismus, 1976, S. 7, Anm. 23; zur *Interposition* der Kurie, Dänemarks u. Venedigs beim Friedenskongreß von 1645 an u. zu den Stände-*Gravamina* s. u. S. 528, 551. **3** Marc Aurel, Wege, S. 66. **4** »Mediatoren« als »Vermittler« oder »Schlichter« gehörten zur Vertrags-Kultur Alteuropas wie heute bei der Herstellung des »Arbeitsfriedens« in einem Tarifkampf; vgl. Gerhard, Amtsträger zwischen Krongewalt u. Ständen – ein europ. Problem, in: Festschrift f. O. Brunner, 1963: G. steht die Ideologie des »Dualismus« im Wege, um den Wert der vertragl. Trichotomie im Hinblick auf die »Trois Prérogatives« zu erkennen; s. a. Grotius, De iure belli ac pacis, dt. 1950, S. 136ff. **5** MR, 1618, S. 32ff.; vgl. Krebs, Anhalt, S. 87. **6** Ibidem, S. 33. **7** Ibidem, S. 35ff. **8** Ibidem, S. 37ff. **9** Ibidem, S. 39ff. (Rothenburg, 3. Okt. 1618). **10** Bartl, Westbalkan, S. 194ff.; vgl. Inalcik, The Ottoman Decline..., in: Aspects of the Balkans, 1969, S. 342ff. (Birnbaum/Vryonis jr); vgl. Carter, The Secret Diplomacy of the Habsburgs (1598–1625), 1964; Thompson, War and Government in Habsburg Spain 1560–1620, 1976; s. a. die Beziehung zwischen »Dominat« in Persien, der in seiner patrimonialen Anlage auf das HR übertragen das Ende der »teutschen Libertät« sei, in: BuA, 12, S. 137ff. (Christian v. Anhalt an Maximilian v. Bayern, Ende 1613). **11** MR, 1618, S. 56. **12** Ibidem, S. 41ff. **13** Ein Teil des kais. Heeres war schon im Juli 1618 in Marsch gesetzt worden, in: DBBTI, II, S. 57, Nr. 82, verstärkte die Notwehr-Maßnahmen der Widerständler, die bereits als »Rebellen« u. damit als Rechtlose bezeichnet wurden, in: Ibidem, S. 58, Nr. 87. **14** MR, 1618, S. 55; s. a. Sturmberger, Tschernembl, S. 298ff.; vgl. Gindely, Gesch. des DK, I, S. 378ff.; Jessen, Der DK in Augenzeugenberichten, 2. Aufl., 1972 (1971), S. 36ff.: zum Fortgang des böhm. »Defensions-Wesens«. **15** MR, 1618, S. 58ff. **16** Ibidem, S. 50; vgl. das Ansuchen des böhm. Kanzlers Lobkovic beim Oberhauptmann von Schlesien um eine Interposition, in: DBBTI, II, S. 67, Nr. 128. **17** Dollinger, Studien z. Finanzreform Maximilians I. v. Bayern (1598–1618), 1962; s. a. Heydenreuter, Der landesherrliche Hofrat unter Herzog u. Kurfürst Max. v. Bayern (1598–1651), 1981: H. blendete die Rechts-Dimension völlig aus. **18** Stumpf, Dipl. Gesch. der teutschen Liga im siebzehnten Jhd. (mit Urkunden), 1800; vgl. Albrecht, Die auswärtige Pol. Max. v. Bayern 1618–1635, 1962, S. 35ff.; vgl. Tapié, La politique étrangère de la France et le début de la guerre de Trente Ans, 1934, S. 163ff. **19** Hurter, Ferdinand II., VII, S. 308. **20** Straub, Pax, S. 143ff.; Albrecht, Auswärtige Politik, S. 40ff. **21** Straub, Pax, S. 146. **22** Bolzern, Spanien, Mailand u. die kath. Eidgenossenschaft... 1594–1621, 1982, S. 321ff. **23** AStM, DK, Akten 6 (Zeitungen); s. zu den Auswirkungen Pithon, La Suisse. Théâtre de la guerre froide entre la France et l'Espagne pendant la crise de Valteline, 1621–1626, in: SZG, 13, 1963, S. 33–53; Norberg, Polen, 1974, S. 85ff. **24** Seibt, Hussitica. Struktur einer Revolution, 1954, S. 124. **25** Seibt (Hrsg.), Bohemia sacra. Das Christentum in Böhmen 973–1973, 1974; Herben, John Hus and his Followers, 1926; vgl. Vischer, Jan Hus. Sein Leben u. seine Zeit, 1940; vgl. Spinka, John Hus and the Czech Reform, 1941; Odložilik, Wiclif and Bohemia, 1937; **26** Pekař, Jan Žižka a jeho doba, 4 Bde, 1925/33; vgl. Krofta, Žižka a husitská revoluce, 1936; vgl. Durdík, Hussitisches Heerwesen, 1961; vgl. Fiedler, Kriegswesen u. Kriegführung im Zeitalter der Landsknechte, 1985, S. 190ff.; J. Müller, Gesch. der Böhmischen Brüder, 3 Bde, 1923/31. **27** MR, 1618, S. 72. **28** Ibidem, S. 64ff.; s. a. DBBTI, II, S. 57, Nr. 82; S. 64, Nr. 112; vgl. Budovs Schreiben an Christ. v. Anhalt, M wolle Pilsen nicht angreifen, S. 64, Nr. 115; S. 67, Nr. 128: Die Belagerung Pilsens wurde von habsburg-treuer böhm. Seite nicht als »bonum signum submissionis ac pacis« verstanden; s. a. Ütterodt zu Scharffenberg, Ernest Graf zu M (1580–1626), 1867, S. 157ff. **29** C. Schmitt, Der Nomos der Erde im Völkerrecht des Jus Publicum Europaeum, 1950: So genau diese Formel den Sachverhalt trifft, so wenig hat S. den Vertragscharakter im Umkreis des »gerechten Feindes« erkannt, d. h. die Wirkung der

»Iustitia commutativa«. **30** MR, 1618, S. 103. **31** Zur Problematik des »Kleinen Kriegs« s. Kunisch, 1973; vgl. die vorzügl. Studie von Adanir, Heiduckentum u. Osmanische Herrschaft, in: SOF, XLI, 1982, S. 43–116; vgl. Jähns, Über Krieg, Frieden u. Kultur, 1893. **32** MR, 1619, S. 108ff.; Londorp, Acta publica, I, S. 184ff. (off. Achttext); Ütterodt, M, S. 218ff. **33** Zu allgem. Charakter der »Acht« s. Buschmann, KuR, S. 182 (RKGO 1495, § 23), S. 232 (Augsburger Reichs-Abschied von 1555, §§ 34–71: hier Vollzug des Landfriedens u. der Acht), mit QuL; zu den Auswirkungen der »Acht« gegen M z. B. in der Grafen-Familie Solms s. DBBTI, II, S. 100, Nr. 240 (12. März 1619). **34** Bietenholz, Pietro Della Vallé (1586–1652). Studien z. Gesch. der Orientkenntnis u. des Orientbildes im Abendlande, 1962 (mit Quellenanhang), S. 139ff. **35** Barudio, GA, S. 405ff.; s. u. S. 312. **36** Barudio, FWG 25, S. 18, 373; vgl. Wittfogel, Despotie, 1977, S. 278: W. unterscheidet die »orientalische Despotie« von der »westlichen Form des Absolutismus« u. übersieht, daß beide Machtsysteme im Kern *patrimonial* angelegt sind. **37** Bietenholz, Vallé, S. 141ff. **38** Ibidem, S. 123ff. (Der Islam u. die Häresien); vgl. Roemer, Der Niedergang Irans nach dem Tode Ismā'īls des Grausamen 1577–1581, 1939; vgl. Gibb/Bowen, Islamic Society and the West. 1950/57. **39** Bangs, Arminius, S. 353ff.; vgl. Harrison, The Beginnings of Arminianism, 1926; vgl. Nobbs, Theocracy and Toleration. A Study of The Disputes in Dutch Calvinism from 1600 to 1650, 1938. **40** Graf, Synode, III, S. 108. **41** Ibidem, S. 52ff. **42** Ibidem, S. 98. **43** v. Itterzon, Franciscus Gomarus, 1929; s. a. Conring, Kirche u. Staat nach der Lehre der niederländ. Calvinisten in der ersten Hälfte des 17. Jhds, 1965; vgl. Nichols, Calvinism and Arminianism Compared in their Principles and Tendency, 1824. **44** Graf, Synode, S. 99. **45** Matthias, Über die Lehre von der Willensfreiheit in der altlutherischen Theologie: in: ZfKG, 1963, S. 109–133. **46** Urtheil des Synodi Nationalis ... in Dordrecht, dt. 1620, S. 2 (Art. VI). **47** Ibidem, S. 3 (Art. VII); vgl. Oestreich, Die Idee des rel. Bundes, in: NWB, 17, S. 140ff. **48** Ibidem, S. 10 (Art. V: zur Verwerfung der Irrtümer). **49** Ibidem, S. 4 (Art. X). **50** Ibidem, S. 3, 5, 6, 7, 11, 12 etc.: Eine Analyse dieses Fundamentalbegriffs in der gom. Theologie nach aristotel. Vorbild fehlt. **51** Kenyon (Hrsg.), The Stuart Constitution 1603–1688. Documents and Commentary, 1966, S. 41ff. **52** Bezeichnend für den Stand der Nationalismus-Diskussion im dt. Bereich ist das Ausblenden des N. vor 1789; er gilt als Produkt der Aufklärung s. Alter, Nationalismus, in: NHB, 250, 1985, S. 60ff.; vgl. Plessner, Die verspätete Nation, 1974 (1959): P. hat trotz seiner Erfahrungen mit den Niederlanden den N. als Verfassungsbewegung völlig mißverstanden; vgl. u. S. 510ff. **53** Diese theol.-ideol. Beziehung wäre einer umfass. Analyse wert; vgl. Bitterli, Die Entdeckung des schwarzen Afrikaners, 1970; s. a. Macleod, Slavery, Race and the American Revolution, 1974. **54** MR, 1619, S. 105; vgl. Graf, Synode, S. 19ff. **55** MR, 1619, S. 118ff. **56** Urtheil, 1620, S. 50ff. (Approbation). **57** Knight, Life of Grotius, 1925; den Tex, Oldenbarnevelt, III, passim.

Aufladungen

1 Dieser Politik-Begriff setzt die »Ars Aequi et Boni« voraus u. ist der »Kunst des Möglichen« (Bismarck) ebenso entgegengesetzt wie der Politik als bloße »Entscheidung«, vgl. C. Schmitt, Der Begriff des Politischen, 1963 (1932); s. a. seine Kritik am Politik-Begriff der Romantik als »die Unfähigkeit, sich zu entscheiden ...« Zum »höheren Dritten« im Sinne des »Ius tertii« findet S. wie die meisten dt. Juristen und Historiker keinen Zugang, deshalb auch Fehldeutung des pol. Denkens im 17. Jhd. und des liberalen Parlamentarismus, s. ders. Politische Romantik, 3. Aufl. 1968 (1919), S. 162ff.; vgl. Barudio, FWG 25, S. 174 (Molesworth). **2** MR, 168, S. 94. **3** Ibidem, 1619, S. 4ff.; zum Hauptstadt-Charakter Wiens s. Zeiller, Reysbuch, 1632, S. 295: Wien »ist die Hauptstadt in Oesterreich«. Trotz der kais. Residenz (Hofburg) u. des Sitzes vom Reichshofrat (Gericht) wurde es nie als Hauptstadt des HR bezeichnet! **4** MR, 1619, S. 65ff.; zum Symbol des Doppeladlers s. Hattenhauer, Deutsche Nationalsymbole, S. 77, 84: Doppelköpfigkeit »konnte auch als ein Symbol der Zwietracht gedeutet werden«. In diesem Sinne haben wir uns erlaubt, dem Adler auf dem Titelblatt dieses Buches die Hälse umzudrehen, nach innen gerichtet sollen sie den Bürgerkrieg versinnbildlichen. **5** Albrecht, Auswärtige Politik, S. 36ff.; vgl. Straub, Pax, S. 39ff. **6** MR, 1619, S. 8 (n. S.). **7** Koschorreck (Hrsg.), Der Sachsenspiegel in Bildern, 1976, mit QuL. **8** MR, 1619, S. 5ff.; zum eigenartigen Rechtsritual des Doppelten Verlustes von Land u. Geburt als Bedingung der neuen Wesenheit als König nach Schwaben-, Sachsen- u. Deutschenspiegel s. Stahleder, Zum Ständebegriff im MA, in: ZfBLG, 35, 1972, S. 523–70 (Heft 2); vgl. Hermkes, Das Reichsvikariat in Dtl., in: Studien u. Quellen z. Gesch. d. dt. Verfassungsrechts, Reihe A, Bd. 2, 1968; s. a. Buschmann, KuR, S. 124, Kap. V:1 (Reichsvikariat in der GB). **9** Buschmann, KuR, S. 127, Kap. VII:2 (Heimfall von Kurfürstentümern mit der Bewahrung des Wahlrechtes für Böhmen); die Formel »tamquam in rem« zielt auf die »Res publica« u. die Transpersonalität. **10** MR, 1619, S. 64ff.; vgl. Buchner, Kaiser- und Königsmacher, Hauptwähler u. Kurfürsten, in: HJb, 55, 1935, S. 182–223. **11** Das libertäre Gegengewicht dazu war die »Konföderation des Königreiches Böhmen« vom 31. Juli 1619, in: DBBTI, II. S. 151–165. Eine moderne Analyse zu dieser »Staatsverfassung« fehlt; vgl. Stanka, Die böhm. Konföderationsakte von 1619, in: Historische Studien, Heft 213, 1932; s. u. die »Verneuerte Landes-Ordnung« des Absolutismus von 1627, S. 289ff. **12** MR, 1619, S. 84ff.; s. a. Christian v. Anhalt zum strukturellen Zusammenhang von Freiheit, Verfassung u. Frieden, in: BuA, 12, S. 137f., 360ff. **13** MR, 1619, S. 93ff.; Schnelbögl, Die Reichskleinodien in Nürnberg, in: ZfBLG, 38:2, 1975, S. 78ff. **14** Engel (Hrsg.), Mittel u. Wege früher Verfassungspolitik, 1979: An regionalen Schwerpunkten wird ein guter Einblick in den libertären Reichtum des HR gewährt. **15** Eine gute Erklärung für die Verachtung des HR gibt Frantz, Über Staat u. Reich, in: Der Föderalismus als universale Idee, 1948 (1879), S. 231–251: Die Juristen wurden nach 1806 am ALR ausgebildet u. auf den rechtspositivistischen Staat eingestimmt. **16** Wie wenig dt. Juristen mit der libertären u. cumulativ angelegten »Fundamentalgesetzverfassung oder Constitution« Alteuropas anfangen können s. bei Boldt, Dt. Verfassungsgeschichte, Bd. 1: Von den Anfängen bis zum Ende des älteren dt. Reiches 1806, 1984, S. 263ff., mißversteht die Formel »Kaiser und Reich« als »dualistisch«, S. 267; vgl. die ausgez., aber vom Borussismus blockierte Studie v. Bofinger, Die Rolle des Luthertums in d. Gesch. des dt. Ständeparlamentarismus, in: Festgabe H. Rückert, 1966; Barudio, Das Wohlproportionierte Regiment, passim. **17** Zur gemeineurop. Bedeutung dieser besonderen Herrschaftssymbole s. Barudio, GA, S. 22ff. **18** Straub, Pax, S. 55ff. **19** MR, 1619, S. 102, 104; vgl. Kleinheyer, Die kaiserl. Wahlkapitulationen. Gesch., Wesen u. Funktion, 1968; vgl. Berbig, Der Krönungsritus im alten Reich (1648–1806), in: ZfBLG, 38:2, 1975, S. 638–691; Sturmberger, F (II.), S. 39ff.; vgl. Franzl, F (II.), S. 204ff.; Khevenhiller, Annales, 12, S. 2459ff. **20** MR, 1619/20, S. 8ff. **21** Ibidem, S. 10; die Beschlüsse des Prager Generallandtages auf der Grundlage des Natur- und Völkerrechts zur Erhaltung von Bekenntnis u. Besitz, sowie die Absetzung F (II.) in: DBBTI, II, S. 170, Nr. 436; S. 173, Nr. 438: energische Absage an die Onate-Absprachen mit ihrem postulierten »erblichen Recht«. **22** Ibidem. S. 10; s. a. Landtagsartikel zur Wahl Friedrichs V., in: DBBTI, II, S. 175, Nr. 441: Wer sich der getroffenen Wahl der anwesenden Stände nicht anschließen wollte, wurde »für einen öffentl. Feind des Landes gehalten«. **23** Gindely, Gesch. d. DK, II, S. 224–228. **24** MR, 1620, S. 31ff. **25** Ibidem, S. 28. **26** Egler, Die Spanier, 1971, S. 10ff.; vgl. Weiß, Die Unterstützung Friedrichs V. von der Pfalz durch Jakob I. u. Karl I. v. England im DK (1618–1632), 1966, S. 15ff.; vgl. Polišenský/Hroch, Die böhm. Frage u. die pol. Beziehungen zwischen dem europ. Westen u. Osten zur Zeit des DK, in: Probleme der Ökonomie . . ., in: Schriftenreihe der Hist. der DDR u. der ČSSR, Bd. 3, 1960, S. 703ff. **27** MR, 1620, S. 12; Anhalts sonstige Politik zwischen UNION und Böhmen s. Krebs, Anhalt, S. 116f. **28** Ibidem, S. 43ff.; zum Fall Wodnians s. DBBTI, II, S. 184, Nr. 484. **29** O. Brunner, Vom

Gottesgnadentum zum monarchischen Prinzip, in: NWB, 17, S. 115–151; s. a. F. Kern, Gottesgnadentum u. Widerstandsrecht im frühen MA, 1914; vgl. Boldt, Dt. Verfassungsgesch., S. 236: B. unterscheidet nicht zwischen »mediante homine« und »immediate Deo«; vgl. Barudio, FWG 25, S. 59ff. **30** MR, 1620, S. 47ff. **31** Barudio, GA, S. 204ff.: Der Böhmische Brand. **32** MR, 1620, S. 51ff. **33** Ibidem, S. 3ff. **34** Mann, Wallenstein, S. 301. **35** Das Urteil Tschernembls über die destruktive u. kriminelle Energie trifft zu: »Bei diesem Herrn concurrieren (laufen zusammen) alle notae tyranni, alle Merkmale des Tyrannen. Er es auch von Anfang seiner Regierung bis anher nie anders erwiesen, daher auch alle Länder, wo er zu regieren beginnt, alsbald verderben«, zit. n. Franzl, Ferdinand II., S. 196; Schnitzer, Zur Politik des Hl. Stuhles in der ersten Hälfte des DK, in: RQ, 13, 1899, S. 151–262; vgl. Egler, Spanier, S. 20ff. **36** »Zentralisierung« ist dafür ein weiteres Zauberwort, obgleich damit die »Gleichschaltung« von Vertrags-Ämtern ebenso betrieben wurde wie die Ausschaltung des »Ius tertii«. Zur Wirkung im kirchl. Bereich s. Wolseys Ehrgeiz und »Besitzerwillkür« Berglar, Die Stunde des Thomas Morus. Einer gegen die Macht, 3. Aufl. 1981 (1978), S. 68ff.; Montesquieu, Vom Geist der Gesetze, 1976 (1965), S. 214: »Vereinigung aller Ämter...«, S. 218: »Sonderinteressen« der »erblichen Gewalt«; vgl. Boldt, Dt. Verfassungsgesch., I, S. 81, S. 195ff. **37** Dieser Begriff ist von Oestreich geprägt worden und beherrscht die Diskussion zum »Verstaatungsprozeß« u. der »absolutistischen Regierungsweise« s. Boldt, Dt. Verfassungsgesch., I, S. 226ff.; vgl. Barudio, FWG 25, passim. **38** Carsten, Die dt. Landstände u. der Aufstieg der Fürsten, in: Welt als Geschichte, 20, 1960; ders. Princes and Parliaments in Germany from the Fifteenth to the Eighteenth century, 2. Aufl., 1963. **39** Bezeichnenderweise wird Schlesiens libertäres Modell übergangen s. Gerhard (Hrsg.), Ständische Vertretungen in Europa im 17. u. 18. Jhd., in: VMPIfG, 27, 1969; vgl. mit entscheid. Korrekturen vor allem an O. Hintze, Typologie der ständ. Verfassungen des Abendlandes, in: ders. Feudalismus u. Kapitalismus, 1970, S. 48–67 bei J. R. Wolf, Steuerpol. im schles. Ständestaat, 1978, passim. **40** Wolf, aaO., S. 2; s. a. Kloeber, Von Schlesien vor u. seit dem Jahr 1740, 2 Bde, 1785, hier T. I, S. 112ff. **41** Zernack, Preußen als Problem der osteurop. Gesch., in: Nachrichten der Giessener Hochschulgesellsch., 34, 1965, S. 259–275; trotz der Lehnsbeziehungen gab es allerdings nach Maßgabe der GB von Rimini (1235) Vorbehaltsrechte von Kaiser u. Papst. **42** Vgl. O. Brunner, Land u. Herrschaft, passim; vgl. Näf, Frühformen des »modernen Staates« im Spätmittelalter, in: NWB, 17, S. 101–114, (1951): »staatsbiologisch« u. organizistisch aufgeladen, »dualistisch« ausgerichtet und fortschrittsbestimmt dennoch die Vertragslagen und die Qualität von Ständen und »Land« erkannt. **43** Hübner, Die Gesamtstaatsverfassung Schlesiens in der Zeit des DK, 1922; s. a. Jaeckel, Die staatsrechtlichen Grundlagen des Kampfes der evangel. Schlesier um ihre Religionsfreiheit..., in: JbfSKG, NF 49, 1970, S. 64–117. **44** MR, 1619, S. 17ff. **45** Ibidem, S. 19. **46** Ibidem, S. 20; dazu gehörte auch die Absage an eine mißbrauchte »Protektion« der eigenen Libertät, s. zu diesem Bereich Cremer, La »protection« dans le droit international public européen au XVIe siècle. Vortrag bei: XVIIe Colloque International, 1974. **47** Zur Verwirrung u. inneren Umpolung pol.-rechtlicher Fundamentalbegriffe s. C. Schmitt, Pol. Romantik, S. 130ff.; s. a. dessen eigene Begriffsverwirrung, ders. Politische Theologie. Vier Kapitel zur Lehre von der Souveränität, 2. Aufl., 1934. **48** MR, 1619, S. 23, 29: Auch hier war die übergreifende Idee des libertären Widerstandes in der »offenbaren Gerechtigkeit der Sachen« (S. 22). **49** Rechtsgrundlage dazu war die Konföderationsakte, Art. 3 u. 4, in: DBBTI, II, S. 153ff. **50** MR, 1619, S. 29. **51** Berglar, Morus, S. 176. **52** MR, 1619, S. 61ff. **53** Ibidem; vgl. das Schreiben des Nürnberger Korrespondententages vom 21. 2. 1615 an Kaiser Matthias, in: BuA, 12, S. 146; zur Neuburger Erblehenssache von 1615, ibidem, S. 308; in der Konkordatssache von 1616, ibidem, S. 325: Vertrauen in Verträge setzte stets die Achtung vor dem »Ius tertii« voraus. **54** MR, 1619, S. 63. **55** Böhme, Sämtliche Schriften, II, 1960 (1730), S. 482 (De tribus principiis). **56** Die Formeln »recht u. billig« drücken im Dt. nur das aus, was griech. »kata logon« u. lat. »ratio et aequitas« oder »proportio et aequitas« meinen; vgl. dazu das Unverständnis bei E.

Kaufmann, Aequitatis Iudicium, 1959. **57** Böhme, SS, II, S. 490. **58** Ibidem, S. 492. **59** Ibidem, S. 491. **60** Ibidem, S. 484; zum Wirkungsgrad des Paracelsismus vgl. Koyré, Mystiques, spirituels, alchimistes du XVIe siècle allemand, 1971, S. 73–129 (Paracelsus); s. Paracelsus, Die Geheimnisse. Ein Lesebuch aus seinen Schriften, 1941, S. 337: »Die Natur freuet sich des Ganzen und kränket sich wegen des Zerbrochenen«, also der Geschichte. **61** Zit. n. Specht, Descartes, 1980 (1966), S. 59. **62** Ibidem, S. 15: Seine Auskunft mutet etwas seltsam an, mußten doch alle Fremden während des Wahlaktes u. der Krönung die Stadt Frankfurt a. Main verlassen. **63** Ibidem, S. 16; vgl. Aristoteles, Nikomachische Ethik, Buch V; vgl. Bodin, Six livres, Buch VI, Kap. VI: »Proportion harmonique«; s. a. Moraux, A la Recherche de l'Aristote perdu. Le Dialogue »Sur la justice«, 1957; vgl. Barudio, Das Wohlproportionierte Regiment, passim. **64** Specht, Descartes, S. 17ff.: S. übersetzt den von D. verwendeten Terminus »scientia mirabilis« als »wunderbare« statt »wundersame Wissenschaft«; vgl. Noussan-Lettry, Die Anerkennung des Historischen in der Lebenserfahrung u. der Weg des Denkens bei Descartes, in: PhJb, 73, 1972; vgl. Landgrebe, Die Geschichte im Denken Kants, in: Phänomenologie u. Gesch., 1968, S. 46–64. **65** Rühle, Die Träume u. Geistererscheinungen in den Trauerspielen des Andreas Gryphius u. ihre Bedeutung für das Problem der Freiheit, 1952. **66** Specht, Descartes, S. 18. **67** Küng, Existiert Gott?, 1978, S. 23ff., S. 423ff. **68** Ross, The Winter Queen, 1979; Hauck, Elisabeth, Königin von Böhmen, Kurfürstin von der Pfalz in ihren letzten Lebensjahren, 1905; vgl. Charles, Descartes. Ses amitiés féminines, 1937. **69** Weiß, Unterstützung, S. 18ff. **70** Egler, Spanier, S. 13 (bei der Kaiser-Wahl). **71** Böhme, SS, II, S. 492. **72** Polišenský, The Thirty Years War: Problems of Motive, Extent and Effect, in: Historia, XIV, 1967, S. 77ff.; vgl. J. G. Weiß, Die Vorgesch. des böhmischen Abenteuers Friedrichs V. v. d. Pfalz, in: ZGO, 92, 1940, S. 383–492; vgl. Hroch/Petráň, Das 17. Jhd. – Krise der Feudalgesellschaft, dt. 1981 (1976): in vielen Passagen sehr problem. bes. im Hinblick auf den »Klassen«- und Fortschrittsbegriff; zum Ökonomismus s. zahlreiche Arbeiten bei Langer, Neue Forschungen, in: Der DK, 1977, S. 89–131. **73** Egler, Die Spanier, S. 17, Anm. 6; vgl. Albrecht, Auswärtige Pol., S. 49ff.; s. a. Häusser, Gesch. d. rhein. Pfalz, 2 Bde, 1971 (1845), hier, II, S. 276–306. **74** Neuer-Landfried, Liga, S. 171ff.; s. u. S. 374, 399; zum Wesen u. Wirken des »absolutum et liberum directorium« in Kriegssachen bei GA oder W. **75** MR, 1619, S. 128. **76** Ritter, Dt. Gesch., III, S. 57; vgl. Gindely, Gesch. des DK, II, S. 391ff.; vgl. Sturmberger, Aufstand in Böhmen, S. 72ff. **77** Neuer-Landfried, Liga, S. 174ff.

Entladungen

1 Sommer, Ethographia mundi, I, 1659, S. 126ff. **2** MR, 1619, S. 152ff., 135ff.; vgl. Angyal, Gabriel Bethlen, in: RH, 53, 1928, S. 34ff. **3** Schweitzer, Christian IV., in: HJb, 25, 1904, S. 110ff. **4** Norberg, Polen, S. 50ff., 53ff.; vgl. Polišenský/Hroch, Švedská politika a české stavovské povstání 1618–20, in: Sbornik historický 1960; s. a. Ungern-Sternberg (Hrsg.), Urkunden z. Gesch. des schwed.-poln. Krieges aus den Jahren 1600–1627, in: Sitzungsberichte d. Gesell. f. Gesch. u. Altertumsk. d. Ostseeprovinzen Rußlands aus dem Jahre 1912, 1914. **5** Rhode, Polen, S. 261; vgl. Koenigsberger, The Habsburgs and Europe 1516–1660, 1971, S. 226ff.; s. a. die Aktivierung der Tataren gegen Polen bei Horn, Chronologia i zasięg najazdów tatarskich na ziemie Rzeczypospolitej Polskiej w latach 1600–1647, in: Studia i materiały do historii wojskowości, VII, 1962. **6** Straub, Pax, S. 158, Anm. 62ff.; vgl. Albrecht, Auswärtige Pol., S. 41f. **7** Weiß, Unterstützung, S. 18ff. **8** Barudio, GA, S. 173, 205f.; vgl. Carter, Gondomar, Ambassador to James I, in: Historical Journal, 7, 1964, S. 189–208; s. a. Mecenseffy, Habsburger im 17. Jhd. Die Beziehungen der Höfe von Wien und Madrid während des DK, in: AÖG, 121, 1955, S. 1–91; vgl. Hauser, La preponderance espagnole (1559–1660), 2. Aufl., 1940. **9** MR, 1619/20,

S. 58; Widerstand gab es in der »Huldigungs«-Frage z. B. von Eger, in: DBBTI, II, S. 210, Nr. 574; zur militärischen Bedrohung vor allem Schlesiens durch Vasa-Polen und Kosacken in: DBBTI, II, S. 199, Nr. 539. **10** Weiß, Unterstützung, S. 22ff.; vgl. Mattingly, Renaissance Diplomacy, 1955, S. 275ff., 315. **11** Hale, The history of the Common Law of England, 1971, S. 3; Barudio, FWG 25, S. 319ff. **12** Neuer-Landfried, Liga, S. 172. **13** Ibidem, S. 191ff. **14** Gindely, Gesch. des DK, I, S. 402; vgl. Straub, Pax, S. 155ff. **15** Zum Hintergrund dieser Beziehungen s. Lefevre, Les ambassadeurs d'Espagne à Bruxelles sous le règne de l'archiduc Albert (1598–1621), in: RBPHeH, 2, 1923, S. 61–80; ders., La compénétration hispano-belge aux Pays-Bas catholiques pendant le XVIIe siècle, in: ibidem, 16, 1937, S. 599–621. **16** Straub, Pax, S. 157. **17** Schon aus diesem Rechtsgrund darf man nicht von einer »Invasion« in die Pfalz sprechen, vgl. Egler, Spanier, S. 38ff.; gut gesehen von Kessel, Spanien, S. 45, Anm. 132. **18** MR, 1619/20, S. 75; s. a. Oñate Vorstellungen zum Einsatz des Passauer KV in: DBBTI, II, S. 205, Nr. 557. **19** Straub, Pax, S. 157, Anm. 56; vgl. E. J. Hamilton, American treasure and the price revolution in Spain 1501–1650, 1934; vgl. Gil Farrés, Historia de la moneda española, 1959; s. a. Kellenbenz, Geldtransfer für Graf Oñate, in: Mélanges en l'honneur de Fernand Braudel. Histoire économique du monde méditerranéen 1450–1650, 1973, S. 277–298. **20** MR, 1619/20, S. 165ff. **21** Straub, Pax, S. 158; s. a. AStM, DK, Akten 38, Briefe Erzherzogs Leopold an Maximilian v. Bayern. **22** MR, 1619/20, S. 153; s. F (II.) besondere Freude über diesen Sieg in: DBBTI, II, S. 201, Nr. 544; vgl. Ütterodt, Mansfeld, S. 256ff. **23** Hemleben, Kepler, S. 120. **24** Böhme, SS, II, S. 490. **25** Stieve, Wallensteins Übertritt z. Katholizismus, in: Abhandl., Vorträge, Reden, 1900; vgl. Mann, Wallenstein, S. 28; zu Altdorfs Erhebung als »Universität am 3. Okt. 1622« s. Reicke, Gesch. der Reichsstadt Nürnberg, 1896, S. 940; vgl. Ernstberger, Die Universität Nürnberg-Altdorf während des DK in ihrem Bestande bedroht, in: Bayr. Akad. d. Wissensch. Philos.-Histor. Klasse, Sitz.berichte, Jgg. 1966, Heft 2, S. 3–19; s. u. S. 478. **26** Hemleben, Kepler, S. 120. **27** Ein Beispiel nur neben Golo Mann oder H. Diwald, W, 1971 ist der einflußreiche Ernstberger, Albrecht von Wallenstein, in: Gesammelte Aufsätze, 1959, S. 245–268: Hier wird der »Tatkünstler« als »Staatsmann« zum »Übermenschen« des »Unmöglichen« – im Jahre 1934. **28** Mann, W, S. 170ff.: M. kann den Mord an Khuen nicht Mord nennen; vgl. Franzl, Ferdinand II., S. 193ff.: F. vermag es auch nicht, ist aber von der »Tatkraft« W's beeindruckt. **29** Franzl, F (II.), S. 194; vgl. Gindely, Gesch. d. DK, 2, S. 46ff. **30** Zit. n. Mann, W, S. 171. **31** Hemleben, Kepler, S. 120; vgl. o. S. 30. **32** Dvorský, Albrecht z Valdštejna až na konec roku 1621, 1892, S. 101ff. **33** Hemleben, Kepler, S. 120. **34** Johan Hands Dagbok under K(onung) GA's resa till Tyskland 1620, in: HH, 8, 1879, S. 3ff. **35** Barudio, GA, S. 182ff. **36** Hand, in: HH, 8, S. 9. **37** Ibidem, S. 19ff.; vgl. Roberts, Gustavus Adolphus, I, 1953, S. 177. **38** Immekeppel, Das Herzogtum Preußen von 1603 bis 1618, in: SGP, 24, 1975. **39** Irmer, Hans Georg von Arnim, 1894; zum Archangelsk-Projekt s. AOSB, II:1, S. 42ff. **40** Barudio, GA, S. 218ff. **41** Das Bemühen einiger Kurfürsten im HR sollte die »communicatio iuris« mit dem Reichstag ersetzen; nach der sog. »Sturmpetition« der niederöst. Stände vom 5. Juni 1619, einer der schwersten Krisen Habsburgs, verstärkte sich der Haus-Absolutismus, s. Franzl, F (II.), S. 199; vgl. Khevenhiller, Annales, 12, S. 2388. **42** Lehmann, Vollständige Gesch. des Herzogtums Zweibrücken u. seiner Fürsten, 1867; Barudio, GA, S. 152; s. a. die Versuche, Zweibrücken unter frz. Protektion zu bringen bei Stein, Protection Royale. Eine Untersuchung zu den Protektionsverhältnissen im Elsaß zur Zeit Richelieus 1622–1643, 1978, S. 87ff. **43** Norberg, Polen, S. 101; vgl. Thyresson, Sverige, S. 229. **44** Barudio, GA, S. 220. **45** Sprinchorn, Nederländerna, in: HTs, 1885, S. 158ff. **46** Sturmberger, Aufstand in Böhmen, S. 56. **47** Hurter, Ferdinand II., VII, S. 207–212. **48** Egler, Spanier, S. 19ff. **49** Ibidem, S. 27ff. **50** Ritter, Dt. Gesch., III, S. 88. **51** Vgl. Landes, in: HwbDRG, IV, 1964 (Art. Acht), Sp. 34. **52** Vgl. Conrad, Dt. Rechtsgesch., II, 1966, S. 424ff.; vgl. Hasenclever, Die kurpfälz. Politik in den Zeiten des Schmalkald. Krieges, 1904. **53** Egler, Spanier, S. 27ff. **54** Vgl. Hurter, F (II.), VIII,

S. 571ff. **55** Egler, Spanier, S. 29ff.; vgl. Straub, Pax, S. 158, Anm. 59: S. hat die materialreiche Arbeit von E. nicht herangezogen; vgl. Albrecht, Zur Finanzierung des DK, in: ZBLG, 19, 1956, S. 534–567. **56** Egler, Spanier, S. 31. **57** Ibidem, S. 37: Streit um den Titel »Generalkapitän«. **58** Ibidem, S. 35: Bei dem Nassauer handelte es sich nicht um den gleichnamigen Heeresreformer, der die Schweden-Armee vor 1611 auf die »niederländische Manier« umgestellt hatte u. für Gustav Adolf ein großer Anreger war, s. hierzu Barudio, GA, S. 191; vgl. Fiedler, Kriegswesen, 1985, S. 153: »Ohne jedes Für u. Wider hat der Schwedenkönig GA das System der Oranier übernommen und vollendet. **59** Egler, Spanier, S. 34. **60** Ibidem, S. 37, 47ff. **61** Vgl. Dautermann, Alzey im DK, 1937. **62** TE, I, S. 382. **63** Ibidem, S. 383ff.; vgl. de Ibarra, La guerra del Palatinado, in: L'Espagne au XVIe et au XVIIe siècle. Documents historiques et littéraires publiés et annotés par A. Morel-Fatio, 1878, S. 363ff. **64** TE, I, S. 384; Ibarra, aaO., S. 370ff. **65** Egler, Spanier, S. 49. **66** S. u. S. 405f. **67** Egler, Spanier, S. 48, Anm. 34. **68** Calendar of State Papers and Manuscripts relating to English affairs existing in the Archives and Collections of Venice... ed. by A. B. Hinds, XVI, 1910, S. 412ff. **69** Vgl. Fiedler, Kriegswesen, S. 140–153: Die pol. u. auf die Freiheit gerichtete Dimension dieser Reform ist F. nicht aufgegangen; vgl. Barudio, GA, S. 672ff. **70** Cervantes, Don Quixote, dt. 1961, S. 304. **71** s. hierzu die originelle u. materialreiche Arbeit von Stüssi, Das Schweizer Militärwesen des 17. Jhds. in ausländ. Sicht, 1982, S. 82ff., 230. **72** Bolzern, Spanien, S. 81ff.; vgl. Straub, Pax, S. 121: Bezeichnet zu Unrecht die Diskussion um den »camino imperal« als »nervösen Tick«; die Quellen quellen geradezu über, s. a. Kessel, Spanien, S. 42, hier sogar wörtlich vom »Einkreisen« die Rede S. 43. **73** S. a. EA, 5:1, (1587–1617), 1872, S. 1163 (Konfer. der IV ev. Städte am 13. Mai 1614): »Wie man sich mit Venedig in Bündnis u. Freundschaft einlassen könnte; dadurch würde nämlich nicht nur diese Herrschaft dem spanischen Einfluß entzogen..., sondern man würde auch den Paß vom mediterranen Meer bis nach Großbritannien u. den mitternächtigen Ländern erlangen«; s. a. Bolzern, Spanien, S. 98ff. **74** Bolzern, Spanien, S. 78, 95; vgl. Eiras Roel, Politica francesa de Felipe III: las tensiones con Enrique IV, in: Hispania, 31, 1971, S. 245–336; vgl. Ritter, Die Union u. Heinrich IV., in: BuA, 2, 1874, S. 208ff. **75** Giussani, Il forte di Fuentes. Episodi e documenti di una lotta secolare per il dominio della Valtellina, 1905; vgl. Camenisch, Carlo Borromeo und die Gegenreformation im Veltlin, 1901; vgl. Hilty, Die Capitulation der Drei Bünde mit Philipp IV., König v. Spanien u. Herzog v. Mailand, die Religion u. die Regierung im Veltlin betreffend, in: PJb, 21, 1907. **76** Paschal's... Gesch. seiner Gesandtschaft in Bündten, dt. 1781, S. 27ff. (Ex. ZBZ). **77** Growther, Francis Bacon, the first statesman of science, 1960; vgl. Epstein, Francis Bacon: a political biography, 1977; s. a. Spedding (Hrsg.), The Letters and Life of Lord Bacon, 7 Bde, 1861–72. **78** Pfotenhauer, Die Missionen der Jesuiten in Paraguay, 3 Bde, 1891–1893. **79** Vgl. Thomas, »Moderación del poder«. Zur Entstehung der Geheimen Vollmacht für Ferdinand I. 1531, in: MIÖG, 27, 19, S. 101–140; vgl. Novotny, Ein Ringen um ständische Autonomie zur Zeit des erstarkenden Absolutismus (1519–1522), in: MIÖG, 71, 1973, S. 369ff. **80** Die antiken Kategorien »koros = Übersättigung«, »hybris = Übersteigerung« und »ate = Unheil« lassen sich bei C. ohne Mühe nachweisen, vgl. hierzu Toynbee, Der Gang der Weltgesch., B. 1, 3. Aufl. dt. 1979 (1971), S. 446: »Der selbstmörderische Charakter des Militarismus«. **81** Kobelt, Die Bedeutung der Eidgenossenschaft für Huldrych Zwingli, in: MAGiZ, 45:1 (133. Neujahrsblatt), 1970, S. 78ff. **82** Aus der zahlr. Lit. zu diesem Ereignis s. J. Burckhardt, Bericht eines Augenzeugen über den Veltlinermord, in: AfSG, 6, 1848; H. Reinhardt, Der »Veltliner Mord« in seinen unmittelbaren Folgen f. die Eidgenossenschaft, in: Der Geschichtsfreund, 40, 1885. **83** Zit. n. Stüssi, Militärwesen, S. 77/78; s. a. Winkler, Jörg Jenatsch, u. der erste Verlust des Veltlin's 1965; vgl. Nabholz, Die öff. Meinung in Frankreich u. die Veltlinfrage zur Zeit Richelieus, in: JbfSG, 26, 1901. **84** Neuer-Landfried, Liga, S. 193ff.; vgl. Tapié, La politique étrangère de la France et le début de la Guerre de Trente Ans (1616–1621), 1934, S. 429ff.; s. a. Pagès, La Guerre de Trente Ans 1618–1648, 1949, S. 66ff.; vgl. Albrecht,

Auswärtige Politik, S. 44ff.; s. a. AStM, DK, Akten 64: Instruktion Max. an die Gesandten nach Ulm (15. Juni 1620), S. 6: »... das Behaimische von dem Reichswesen separieren u. vorgeben, daß man im Röm. Reich wohl Frieden haben ... könnte«. **85** Zu diesen drei positiven Maximen in der Antike s. Huart, Gnome chez Thucydide et ses contemporains, 1973, S. 37: die mögliche Verbindung der »gnome« mit der »hybris«. **86** F. A. W. Schreiber, Max. I. der Katholische ... u. der DK, 1868, S. 48–59. **87** Kunze, Straße ins Feuer, 1982, S. 122: zum »spanischen« Wesen des Wittelsbacher Hausstaates; vgl. Albrecht, Auswärtige Politik, S. 6ff., S. 14: A. betont die »Kollegialität der Geschäftsführung«; das Abdrängen des Adels und Hereinnehmen von bürgerl. Juristen hat auch etwas mit Entpolit. zu tun. **88** Breitling, Der Streit um Donauwörth 1605–1611, in: ZfBLG, 2, 1929, S. 275–298; vgl. Albrecht, Auswärtige Politik, S. 49ff. **89** Krebs, Die Schlacht am Weißen Berg bei Prag (8. Nov. 1620) im Zusammenhang der krieger. Ereignisse, 1879, S. 33ff.: K. erscheint recht zuverlässig, in der Polemik gegen den verdienstvollen Gindely aber geradezu neurotisch u. in der Einschätzung des pol. Ständewesens fast böswillig; vgl. Frauenholz, Eingliederung von Heer u. Volk in den Staat in Bayern 1597–1815, 1940, S. 9ff. **90** Ütterodt, M, S. 257f. **91** Krebs, Weißer Berg, S. 35. **92** Hurter, Ferdinand II., VIII, S. 514. **93** S. u. S. 454. **94** Krebs, aaO., S. 41, Anm. 3. **95** Ibidem, S. 42. **96** Ibidem, S. 44; s. a. ital. Berichte an Kardinal v. Dietrichstein in: DBBTI, II, S. 252, Nr. 694, 695; vgl. Angyal, Bethlen, S. 37; zum libertären Hintergrund dieser Wahl s. Demko, Étude sur l'Assemblée nationale de Besztercebánya, in: Les Siècles, 1886, S. 224–294; s. a. die Information über diese Wahl von Erzherzog Leopold an Max. I., in: AStM, DK, Akten 38, 11. Sept. 1619, verweist auch auf die angebl. Hilfe der Osmanen u. Tataren, um »mit ihr die Kron zu erobern«; vgl. Polisenský, Bohemia, the Turk and the Christian Commonwealth (1462–1620), in: Byzantinoslavica, XIV, 1953. **97** Krebs, aaO., S. 44ff.; s. a. in: DBBTI, II, S. 251, Nr. 692a; vgl. den Aufruf des Lausitzer Landvogts an die Stände dieser Landschaften, sich zum Huldigungs-Landtag einzufinden, in: DBBTI, II, S. 253, Nr. 698. **98** Krebs, aaO., S. 14, 46ff.: Bucquoy wurde gleichsam als »Strafe« für die Unzucht seiner Truppen bei einem Erkundigungsritt an der »Manneskraft« verletzt. **99** Ibidem, S. 48. **100** Ibidem, S. 47; vgl. Marradas an Bucquoy, in: DBBTI, II, S. 261, Nr. 729; vgl. Ütterodt, Mansfeld, S. 276ff.: Ü. zieht den Verrat in Zweifel, kann aber viele Ungereimtheiten nicht erklären. **101** Krebs, aaO., S. 48ff. **102** Ibidem, S. 54ff. **103** Ibidem, S. 61ff. **104** Ibidem, S. 49. **105** Ibidem, S. 62ff. **106** Ibidem, S. 70ff. **107** Ibidem, S. 86ff. **108** Ibidem, S. 113; vgl. a. später im engl. Bürgerkrieg verwendete Friedrichs V. Schwager – Karl I. – ein ähnliches Kampfmotto (»Give Caesar his due«) in völliger Verkennung des rel. Eiferertums, vgl. Malcolm, A king in search of soldiers: Charles I. in 1642, in: HJ, 21, 1978, S. 251ff. **109** Krebs, aaO., S. 95ff. **110** Ibidem, S. 101ff. **111** Ibidem, S. 107. **112** Ibidem, S. 110ff. **113** Ibidem, S. 112, Anm. 1. **114** Ibidem, S. 116, 118, 122ff. **115** Vgl. Mendoza, Theorica y practica de guerra, 1577; vgl. Hahlweg (Hrsg.), Die Heeresreform der Oranier. Das Kriegsbuch des Grafen Johann von Nassau-Siegen, in: VHKfN, 20, 1973; vgl. Barudio, GA, S. 336 (Von der Kriegskunst); s. a. Roloff, Moritz v. Oranien u. die Begründung des modernen Heeres, in: PJbb, Bd. 111, 1903. **116** Krebs, aaO., S. 126ff. **117** Grimmelshausen, Courasche, 1980 (1971 Reclam), S. 15. **118** Barudio, GA, S. 224ff.

Wandlungen

1 Kirchhoff, Giordano Bruno, 1980, S. 54ff. **2** Wolkan, Dt. Lieder auf den Winterkönig, 1898; s. a. Jessen, Der DK in Augenzeugenberichten, 1971, S. 76; vgl. I. G. Weiss, Beiträge zur Beurteilung des Kurfürsten Friedrich V. v. d. Pfalz, in: ZGOR, 85, 1932, S. 385–422; s. a. Schubert, Die pfälz. Exilregierung im DK. Ein Beitrag z. Gesch. des pol. Protestantismus, in: ZGOR, 102 (NF 63), 19, S. 675ff. **3** Eine »nationale Identität« durch die

»universale Kirche« Roms wie in Polen hat sich bis heute nicht eingestellt, auch kein entsprech. Messianismus, vgl. dazu Laeuen, Polnische Tragödie, 1955, S. 274ff.; vgl. J. Seifert, Im Spiegel hat er das Dunkel, dt. 1982, S. 23: »Unser Leben schiebt sich dahin/ wie Finger über Glaspapier,/ Tage, Wochen, Jahre, Jahrhunderte./ Und es gab Zeiten, da durchweinten wir/ lange Jahre.« (Pestsäule I); s. a. die damalige Hoffnung in dem Sprichwort »Kdyz prijde král svedsky/ to porovna vsecky« oder »Kommt der König von Schweden/ wird er allem Ordnung geben.« **4** Decennale Vaticinium rationale oder zehenjährige Weissagung, aus dem Niederl. ins Hochteutsche..., 1621 (Ex. der ZBZ, Gal, XVIII, 4). **5** Ibidem. **6** Krebs, Weißer Berg, S. 130ff.; zur Errichtung der »Mariensäule« – noch heute für manchen Tschechen eine Demütigung – s. Lieb, München. Die Gesch. seiner Kunst, 2. Aufl., 1977, S. 117: 1638 am Jahrestag des Prager Sieges u. als Dank für den »Prager Frieden« aufgestellt. **7** Krebs, Anhalt, S. 24ff.; vgl. Goetz, Die Kriegskosten Bayerns u. der Ligastände im DK, in: FGB, 12, 1904, S. 109–125; vgl. Albrecht, Auswärtige Politik, S. 3ff., S. 37: Subsidien der Kurie; s. a. ders., Zur Finanzierung des DK, in: ZBLG, 19, 1956, S. 534ff. **8** Wiens, Fancan u. die frz. Politik 1624–1627, 1908, S. 11ff.; zur Annäherung zwischen F. und Richelieu s. Avenel (Hrsg.), Lettres, instructions diplomatiques et papiers d'état du Cardinal de Richelieu, I, 1853, S. 685ff.; vgl. Fagniez, Fancan et Richelieu, in: RH, 107, 1911, S. 59–78, 310–322 und vol. 108, 1911, S. 75–87. **9** Albrecht, Auswärtige Politik, S. 65: Ütterodt, Mansfeld, S. 313ff. **10** AStM, DK, Akten 71 (19. Okt. 1620): Max. I. nannte Mansfeld zu dieser Zeit gar den »besonders lieben«. **11** Machiavelli, Der Fürst, dt. 1978 (1961 Reclam), S. 104. **12** »Gehorsam« bedeutete bei Habsburg in der Regel u. nach den Forderungen des Jesuitismus ein »blinder Gehorsam«; »natürlicher Fürst« konnte als »absoluter Herr« im patrimonialen Sinne verstanden werden; über die Verlogenheiten im eigenen Hause s. später Leopold II. in der Kritik am »arbiträren Despotismus«, s. Barudio, FWG 25, S. 306ff. **13** MR, 1621, S. 16ff. **14** Zit. n. Straub, Pax, S. 116, 154; vgl. Schöffer, De crisis van de jonge Republik 1609–1625, in: Algemene Geschiedenis der Nederlanden, VI, 1953, S. 50ff.; vgl. Presser, De Tachtigjarige Oorlog, II: Van het Twalfjarig Bestand tet de Vrede van Munster, 1963, S. 217ff. **15** MR, 1621, S. 20ff.; s. a. Perrens, Le duc de Lerme et la cour d'Espagne sous le règne de Philippe III, 1870. **16** MR, 1621, S. 23ff.; vgl. Ütterodt, Mansfeld, S. 288–291, Anm. 59ff.; vgl. Förster (Hrsg.), Albrechts v. Wallenstein... vertrauliche Briefe, I, 1828, S. 43ff. **17** Barudio, GA, S. 61ff. **18** MR, 1621, S. 64. **19** Novotny, in: MIÖG, 71, 1973, S. 369ff. **20** Lammert, Gesch. der Seuchen, 1971 (1980), S. 52ff.: Mansfelds Soldaten übten vor allem das »Raideln«, wobei sie mit Hilfe einer Schnur u. eines Drehstockes die Köpfe der Gequälten zerquetschten, s. u. S. 521. **21** MR, 1621, S. 106ff.; vgl. Ütterodt, Mansfeld, S. 311ff.: die »grausame Tyrannei« der Spanier. **22** Molbech (Hrsg.), Christian IV.: s Breve, 1848, S. 81ff.; s. a. S. 79 seine Sorge, GA könnte sich nach seiner Heirat mit ME von Brandenburg das »Dominium et ius maris anmuten«; vgl. v. Rauch, Zur Gesch. des schwed. Dominium Maris Baltici, in: WaG, 12, 1952; vgl. Schweitzer, Christian IV., in: HJb, 1904, S. 115ff. **23** Christiansen, Die Stellung König Christians IV. zu den Ereignissen im Dt. Reich u. zu den Plänen einer ev. Allianz 1618–1625, 1937. **24** Goll, Der Convent in Segeberg 1621, 1875, S. 12ff.; vgl. Polišenský, Denmark-Norway and the Bohemian Cause in the Early Part of the Thirty Year's War, in: Festgabe f. L. L. Hammerich, 1962, S. 215–228. **25** Schybergson, Underhandlingarna om en Evangelisk allians åren 1624–25, 1880, S. 14ff. **26** S. R. Gardiner, Prince Charles and the spanish marriage, I, 1869, S. 293ff.; vgl. E. Weiß, Unterstützung, S. 9, 16ff.; zur Lage Schwedens s. Norberg, Polen, S. 106ff.; vgl. auch die Hoffnungen auf eine Stütze von Jakob I. im näheren Umkreis des »Winterkönigs« bei Krüner, Johann v. Rusdorf, kurpfälzischer Gesandter u. Staatsmann während des DK, 1876, S. 60. **27** MR, 1621, S. 98ff.; vgl. Jundt, Die dramat. Aufführungen im Gymnasium zu Straßburg, 1881; s. zur pol. Stellung u. Haltung dieser freien Reichsstadt bei Reuss, Beiträge z. Gesch. des Elsasses im DK – Straßburg u. die ev. Union bis zur Auflösung derselben 1618–1621, 1868; s. a. Schindling, Humanistische Hochschule u. Freie Reichsstadt. Gymnasium u. Akademie in

Straßburg 1538–1621, 1977: ohne pol. Tiefgang. **28** Koser, Der Kanzleienstreit. Ein Beitrag z. Quellenkunde der Gesch. des DK, 1874, S. 5; s. a. Hütner, Reichsvizekanzler Hans Ludwig von Ulm. Eine Biographie, (masch.) 1936; vgl. Schubert, Camerarius, 1955, S. 122ff. **29** MR, 1621, S. 89ff.; vgl. TE, I, S. 470–476; DBBTI, II, S. 285, Nr. 809. **30** MR, 1621, S. 92ff. **31** Koser, aaO., S. 13; vgl. Hurter, Ferdinand II., VIII, S. 534, 606. **32** MR, 1620/21, S. 116. **33** Barudio, FWG 25, S. 211ff. **34** Stüssi, Militärwesen, S. 49ff.; vgl. Sturmberger, F (II.), S. 43: S. bemüht sich wie Franzl, Ferdinand II., S. 358 um eine Ehrenrettung, die nur aus dem Staatsräson-Denken, der Fortschritts-Gläubigkeit und der angebl. Geschichtsnotwendigkeit des Absolutismus emaniert. **35** MR, 1621, S. 73. **36** Straub, Pax, S. 173ff.; vgl. Albrecht, Auswärtige Politik, S. 64; s. a. ders., Die deutsche Politik Papst Gregors XV. Die Einwirkung der päpstl. Diplomatie auf die Politik der Häuser Habsburg und Wittelsbach 1621–1623, 1956, S. 8: zu den »rechtlich fundierteren Ansprüchen auf die Kurwürde« der Pfalz-Neuburg-Linie; den Erblehns-Mechanismus nennt A. allerdings nicht. **37** Albrecht, Auswärtige Politik, S. 69ff.; vgl. Straub, Pax, S. 173; vgl. M. Ritter, Geschichte, III, S. 176ff.; zur Geheimniskrämerei (Arkanpolitik) Maximilians s. a. Neuer-Landfried, Liga, S. 205: Geheimhaltung von Ligasitzungen. **38** Koser, aaO., S. 15; vgl. Söltl, Der Religionskrieg in Dtl., III, 1842, S. 111ff. **39** Ibidem, S. 31. **40** Ibidem, S. 32; zu Hyacinth s. Albrecht, Gregor XV., 1956, S. 19ff. **41** Straub, Pax, S. 175; vgl. Albrecht, Der Hl. Stuhl u. die Kurübertragung von 1623, in: QuFIAuB, 34, 1954, S. 236–249. **42** Vgl. M. Ritter, Die pfälz. Politik u. die böhm. Königswahl 1619, in: HZ, 79, 1897, S. 239ff.; vgl. van Schleven, Der Generalstab des politischen Calvinismus in Zentraleuropa zu Beginn des DK, in: ARG, 36, 1939, S. 117ff.; vgl. Straub, Pax, S. 176ff. **43** S. a. die zahlreichen Ursachen zur Niederlage der Patrioten Böhmens bei Sturmberger, Tschernembl, S. 358ff.: »Invidia, ambitio, avaritia und Securitas haben König Fridericum umb die Cron Böhmen gebracht.«; vgl. Hurter, F (II.), VIII, S. 87; Gindely, Berichte über die Schlacht auf d. Weißen Berge, in: AÖG, 56, 1878, S. 128. **44** Paracelsus, Geheimnisse, S. 128. **45** Hemleben, Kepler, S. 90ff. **46** Paracelsus, Geheimnisse, S. 127. **47** Ibidem, S. 131; zur Wirkung des Paracelsismus in Europa s. Koyré, Mystiques, S. 75ff.; Lindroth, Paracelsismen i Sverige till 1600-talets mitt, in: Lychnos, 7, 1943, S. 429ff. **48** Lammert, Seuchen, S. 55. **49** Dazu die ausgezeichn. Studie von Kroener, Soldat oder Soldateska? Programmatischer Aufriß einer Sozialgesch. militärischer Unterschichten in d. ersten Hälfte des 17. Jhds, in: BMKG, 25, 1982, S. 100–123: leider kommt das *politische* »Menschenbild« des Soldaten zu kurz; vgl. Langer, Kulturgesch. des DK, 1978, S. 61ff. **50** Aristoteles, Politik, Buch V, 1310a, S. 188. **51** Lammert, Seuchen, S. 56; vgl. Opel, Dt. Finanznoth beim Beginn des DK, in: HZ, 16, 1866, S. 213–268. **52** Ibidem, S. 55. **53** Paracelsus, Geheimnisse, S. 129. **54** MR, 1621, S. 37ff.; s. u. S. 515f. **55** Lammert, Seuchen, S. 50: mit einer fast antisemitischen Tendenz; vgl. Gaettens, Inflationen, 2. Aufl. 1955, S. 74–99; vgl. Rittmann, Dt. Geldgesch. 1484–1914, 1975, S. 223–256. **56** MR, 1621, S. 107ff. **57** Lammert, Seuchen, S. 51. **58** MR, 1621, S. 108: Als Heilmittel empfahl man allerdings nichts anderes als »die Verächter u. Verbrecher ihrem Verdienst nach (zu) bestrafen« (iustitia distributiva). **59** Bürki, Berns Wirtschaftslage im DK, 1937, S. 25ff.; vgl. Nabholz, Die Münzpol. d. Eidgenossenschaft, während des DK, in: Ausgew. Aufsätze z. Wirtschaftsgesch., 1954, S. 168–183; s. a. die anregenden Studien von F. Schwarz, Segen u. Fluch des Geldes in der Gesch. der Völker, 2 Bde, 1925/1933. **60** MR, 1621, S. 108: »alle Waren ... in vorigen alten Preis u. Wert, und was ein jedes vor 20 Jahren gegolten haben mag«, galt jetzt auch in Zukunft; vgl. Wiebe, Zur Gesch. der Preisrevolution des 16. u. 17. Jhds, in: SSB, II:2, 1895, S. 84ff. **61** Calderón, Das Leben ist ein Traum, 1982, S. 90 (Sigismund); vgl. das Motiv der »billigen Rache« für erlittene Unbill in Grimmelshausen, Courasche, S. 24.

Todesspuren

1 Falk, Vom Strukturalismus zum Potentialismus. Ein Versuch z. Gesch.- u. Literaturtheorie, 1976, S. 161; vgl. y Gasset, La Caza y los toros, 1960, S. 164ff. **2** Egler, Spanier, S. 17; vgl. Straub, Pax, S. 192ff.; Gindely, Beiträge z. Gesch. des DK. Aus den nachgelassenen Schriften, (Hirn), Teil C: Die engl. Heiratsverhandlungen mit Spanien u. Frankreich (1623–1624), in: AÖG, 89, 1900, S. 59–119. **3** Mersch, L'Infante Isabelle 1566–1633, in: Biographie nationale du pays du Luxembourg..., 14, 1966, S. 389–541; vgl. Lefevre, La souveraineté d'Albert et d'Isabelle, in: RGB, 89, 1953, S. 967–983; s. a. Kessel, Spanien, S. 87: zur Pfälz. Frage. **4** Falk, Strukturalismus, S. 163ff. **5** Egler, Spanier, S. 51ff., 62ff. **6** Straub, S. 191ff.; vgl. Albrecht, Auswärtige Politik, S. 78: Nach Zúñigas Tod im Oktober 1622 setzte Olivares verstärkt auf England u. damit gegen Maximilian. **7** Straub, Pax, S. 175ff.: Auf eine »achte Kur« wollte sich Max. nicht einlassen; vgl. u. S. 549. **8** AStM, DK, Akten 12: Es liegt ein unvoll. Entwurf u. eine abgeschlossene Analyse vor, wahrscheinl. aus dem Jahre 1637. **9** Unsere Darstellung nach AStM, DK, Akten 549, o. S.; vgl. Ütterodt, Mansfeld, S. 366: Schreibt von einem Peter Rosenz u. meint auch in Anm. 50, daß GA »von Meuchlerhand« gefallen sei. **10** Thukydides, Gesch. des PK, 1981, S. 240. **11** Vgl. o. S. 147. Wallensteins Mord an Khuen; s. a. den »Staatsmord« an Concini o. S. 49. **12** Kobelt, aaO., S. 10ff.; s. a. Schaufelberger, Der Alte Schweizer u. sein Krieg, 1952; vgl. Stüssi, Militärwesen, S. 69. **13** Febvre, Martin Luther, 1976 (1928), S. 162; vgl. Gothein, Ignatius v. Loyola u. die Gegenreformation, 1895; s. a. Karpp, Die Stellung der Alten Kirche zu Kriegsdienst u. Krieg, in: ET, 17 NF 12, 1957, S. 496–515; vgl. Fiedler, Kriegswesen, S. 150. **14** Barudio, Gustav Adolf, S. 348ff.: Von der Kriegskunst; vgl. Fiedler, Kriegswesen, S. 182ff. **15** Barudio, GA, S. 336. **16** Ibidem, S. 346. **17** Vgl. Buschmann (Hrsg.), Kaiser und Reich, S. 38: Proteste wegen der Nichtbeteiligung des Reiches (Stände) an der Geltung der Reichshofratsordnung: B. wird der Vertragscharakter der Reichsverfassung nicht zum Problem; vgl. Boldt, Dt. Verfassungsgesch., I, S. 268: B. bezeichnet »die tonangebenden Reichsstände« als »eigenständige Staaten«, das aber waren sie trotz aller Hoheitsrechte nicht. **18** Norberg, Polen, S. 124ff.; vgl. Szelągowski, Der Kampf um die Ostsee (1544–1621), 1916; s. a. die Weltmacht-Sicht der Niederländer: »Der Schwede hat mit unserm Rathe glücklich gegen Polen gekriegt und Riga erworben«, in: Londorp, Acta publica, II, S. 473f.; s. a. Ütterodt, M, S. 323ff. **19** Calderón, Das Leben ist ein Traum, S. 68 (Sigismund); vgl. Sturmberger, Kaiser F (II.), S. 43: F. hat zwar in seinem Testament bei »Land und Landen« von einem »anvertrauten« Gut gesprochen u. das Regieren dem »eigenen privaten Nutz u. weltlicher Pracht« entzogen, sich aber in seinen Werken ganz anders verhalten. **20** MR, 1621/22, S. 46ff.; zum »Durchmarsch« s. a. v. Frauenholz, Das Heerwesen in der Zeit des DK, 1938, S. 8. **21** Zum Konflikt s. Rommel, Gesch. Hessens, VII, 1858; vgl. Sohm (Hrsg.), Urkundliche Quellen z. hess. Reformationsgesch. (1526–1555), 1915. **22** MR, 1621/22, S. 47ff.; zur Charakteristik u. Kriegführung s. Wertheim, Der tolle Halberstädter Herzog Christian v. Braunschweig im Pfälz. Krieg 1621–22, 2 Bde, 1929. **23** MR, 1621/22, S. 51. **24** MR, 1621/22, S. 82ff.; zur Rechtslage – Lausitz bleibt im Zustand »wie vor dem Jahr 1618« und bei der Wenzelskrone – in: DBBTI, III, 1976, S. 112, Nr. 324; s. a. Nr. 325: Sicherung der AK und Kampf »gegen die kalvinistischen Rebellen«. **25** AStM, DK, Akten 11: Dankschreiben F (II.) an Max. I., daß die »Oberpfalz in unseren Gehorsam u. Gewalt überantwortet wurde«; vgl. Zimmermann, Bayer. Verfassungsgesch. ... bis 1818, 1940, S. 3ff.: Nach der Angliederung der Ober-Pfalz 1628 an Bayern war »die alte Landschaftl. Verfassung bewußt unterdrückt worden...« **26** MR, 1621/22, S. 72–74; in: DBBTI, III, S. 103, Nr. 296: Die Herausgeber sprechen im Regest fälschlicherweise vom »Reichsbann«; Ütterodt, M, S. 401. **27** MR, 1622, S. 3ff.; vgl. Ütterodt, M, S. 406ff.: Es war Ms Art, zu verhandeln, »bloß, um Zeit zu gewinnen«, S. 412. **28** MR, 1621, S. 88–91; ibidem, 1622, S. 3: Im Umpolen des Feudalnexus auf den Patrimonialstatus liegt die Hauptkrise dieses Jahrhunderts, vgl. Hroch/Petráň, Das 17. Jhd. – Krise der Feudalgesellschaft?, passim. **29** Albrecht, Auswärtige

Politik, S. 76, Anm. 92: »che tutti i trattati passati son stati illusioni et inganni...«; vgl. Straub, Pax, S. 183. **30** MR, 1621, S. 95; vgl. Egler, Spanier, S. 61. **31** MR, 1622, S. 98ff.; zum polit. Umfeld s. Kessel, Spanien, S. 127ff.; s. a. Stein, Protection Royale, S. 80ff. **32** MR, 1622, S. 32. **33** Albrecht, Auswärtige Politik, S. 74ff.; heftig diskutiert von Straub, Pax, S. 179ff.: Max. I. soll nach span. Ansicht im HR eine »Revolution« ausgelöst haben. S. meint: »Europa mußte 30 Jahre Krieg führen, nur damit der Herzog v. Bayern zum Kurfürsten aufsteigen konnte.« **34** MR, 1621, S. 93ff. **35** Vgl. Gindely, Beiträge (Hirn), Teil A: Kampf gegen den Administrator v. Halberstadt u. gegen Mansfeld (1623–1624), in: AÖG, 89, 1900, S. 3–38. **36** MR, 1622, S. 5ff. **37** Sturmberger, Tschernembl, S. 389ff.: T. betrachtete »evangelische Religion und teutsche Freyheit« als überzeitlichen Sachauftrag (Realwerk), blieb auch im Genfer Exil unbeugsam u. folgte jenen Mitkämpfern nicht, die wie Christian v. Anhalt 1624 »vor dem Kaiser einen Fußfall getan« haben, S. 392. **38** Buschmann, KuR, S. 224, Reichsabschied von 1555, § 15 und 16: In Ansehung der »hohen Notdurft des H. Reichs Teutscher Nation« wird die AC als eine »streitige Religion« in ihrem Rechts- und Verfassungsbestand anerkannt u. garantiert; nach dem Prinzip der Gegenseitigkeit auch die »Stände der alten Religion«. **39** Vgl. Plessner, Die verspätete Nation, 1974: »Tiefen«-Kitsch, Überbewertung des »Luthertums«, Verkennung der hohen Wirksamkeit des Calvinismus und Abwertung des Katholizismus kennzeichnen Ps Position in diesem »Kultbuch«, S. 73ff., dessen Verfasser den Grad der pol-hist. Unbildung seiner einflußreichen Generation kenntlich macht; vgl. B. Willms, Die Dt. Nation, 1982: In der hist. Unkenntnis u. Übersteigerung der »Nation« jenseits aller Ethik noch hybrider als Plessner; vgl. die Kritik bei Klönne, Zurück zur Nation? Kontroversen zu deutschen Fragen, 1984, S. 145ff.: Engagiert, aber hist. unbedarft. **40** Erlanger, Richelieu, dt. 1975, S. 158ff.; vgl. C. J. Burckhardt, Richelieu, I, S. 229: »Der frz. Kalvinismus«; auch B. verbindet Luthertum u. »immerwährendes deutsches... Nationalwesen«, als ob Kalvinisten u. Katholiken schlechtere Teutsche oder zum »Deutschtum« gar nicht fähig gewesen wären. **41** Vgl. Bergsträßer, Die Entwicklung des Parlamentarismus in Dtl, 1954: B. ist zu sehr im Fortschrittsdenken befangen, um die strukturellen Verbindungen des Liberalismus zur »libertären Verfassung« genügend zu erkennen; s. a. Kluxen (Hrsg.), Parlamentarismus, in: NWB, 18, 1967. **42** Wertheim, Christian, passim; Ütterodt, M, S. 425ff. **43** s. a. Hahlweg, Griechisches, römisches u. byzantinisches Erbe in den hinterlassenen Schriften des Markgrafen Georg Friedrich von Baden, in: ZGO, 98, 1950, S. 38ff. **44** MR, 1622, S. 13ff.; vgl. Ütterodt, M, S. 430, 434; s. a. Gmelin, Beiträge z. Schlacht bei Wimpfen, in: ZGO, 31, 1879, S. 332ff. und ibidem, 32, S. 1ff.; vgl. v. Reitzenstein, Der Feldzug des Jahres 1622 am Oberrhein u. in Westfalen bis zur Schlacht von Wimpfen, 1891/93. **45** Vgl. Kantorowicz, Pro patria mori in medieval political thought, in: Selected studies, 1965; s. a. Coste, Die vierhundert Pforzheimer, in: HZ, XXXII, 18, S. 23ff.: C. klärt manche spätere Legende, aber der Untergang des »Weißen Regiments« ist verbürgt. **46** Thukydides, Gesch. des PK, 3. Aufl. 1981 (1973), S. 139ff. **47** Büchner, Werke u. Briefe, 4. Aufl. 1983 (1980), S. 191: B. drückte damit genau das aus, was Uhland 1849 im Frankfurter Parlament den Abgeordneten zuruft, als die fundamentale Frage nach dem Oberhaupt des neuen Reiches gestellt wurde: »Durch Wahl, nicht durch Erbgang.«, s. Barudio, FWG 25, S. 387. **48** Büchner, aaO., S. 221: Seine heftige Kritik am »Erbprinzen«-Prinzip. **49** MR, 1622, S. 13ff. **50** Ütterodt, M, 454ff. **51** MR, 1622, S. 33ff.; vgl. Burckhardt, Richelieu, I, S. 147ff.: Freilich, ohne die Hugenotten ganz zu bezwingen; sie erreichten sogar die Bestätigung des Ediktes von Nantes. **52** MR, 1622, S. 14ff. **53** Zit. n. Lammert, Seuchen, S. 58; zur sonst. Lage Frankfurts s. Koch, Grundlagen bürgerl. Herrschaft... 1612–1866, 1983. **54** MR, 1623, S. 45. **55** Ibidem, S. 60ff. **56** Ibidem, S. 51ff. **57** Ibidem, S. 23–28; vgl. Jakob, Mannheim als Festung u. Garnisonsstadt, in: Schriften d. Stadt Mannheim, 3, 1937. **58** Ütterodt, M, S. 471, 479. **59** MR, 1622, S. 44ff.

Ermattungen

1 MR, 1622, S. 77. **2** Straub, Pax, S. 184ff. **3** MR, 1622, S. 45; vgl. Ritter, Dt. Gesch., III, S. 151ff. **4** MR, 1622, S. 50. **5** Ibidem, S. 53. **6** MR, 1623, S. 17. **7** Ibidem: Nicht nur die mil. Besetzung dieser Haupt-Stadt des pol. Calvinismus war von Bedeutung, sondern auch das Zerschlagen seiner einzigartigen geistigen Kultur, wurde doch ein Großteil der »Palatina« nach Rom gebracht – eine nationale Bibliothek von universalem Rang; dieser Gewaltakt war nach dem Kriegsrecht gestattet, zeigt aber die patrimon. Verrohung, s. hierzu Hammermayer, Zur Gesch. der »Bibliotheca Palatina« in der Vatikanischen Bibliothek, in: RQS, 55, 1960, S. 1–42; ders. Neue Beiträge zur Gesch der »Bibliotheca Palatina« in Rom, in: RQS, 57, 1962, S. 146–174. **8** MR, 1622, S. 83: Die Kanonisierung soll besonders in Madrid überschwenglich gefeiert worden sein; s. Gothein, Ignatius v. Loyola u. die Gegenreformation, 1895. **9** Zernack, Die außenpol. Folgen der Smuta u. die Wiederherstellung des äußeren Friedens nach 1613, in: HGR, II, 1981, S. 46ff.; vgl. Leitsch, Moskau u. die Politik des Kaiserhofes im XVII. Jhd., I (1604–1654), 1960, S. 246ff. **10** Hering, Ökumenisches Patriarchat u. europ. Politik 1620–1638, 1968, S. 97, 207ff.; s. a. Barudio, Moskau u. der DK, in: HGR, II, S. 87–96; vgl. Poršnev, Tridcatiletnaja vojna i vstuplenie v nee Švecii i Moskovskogo gosudarstva, 1976, S. 9ff. **11** Bietenholz, Vallé, 1962, S. 174–180: Zur »Abriegelung von Meeren« als globale Strategie s. S. 158ff.; vgl. auch das Selbstverständnis der Niederländer als Freie Republik und Globalmacht bei Ütterodt, M, S. 322; s. a. Klopp, Tilly, I, 1861, S. 114. **12** Bietenholz, Vallé, passim. **13** Gewecke (Hrsg.), Christoph Kolumbus Bordbuch, dt. 1981 (1941), S. 31: »Doppelte« Buch-Führung, um die eigenen Leute zu täuschen; S. 55: Die »Besitzergreifung einer Insel schloß den Besitz aller anderen Inseln in sich« – klass. Fall des Patrimonial-Denkens. **14** Bietenholz, Vallé, passim. **15** MR, 1622, S. 90ff. s. a. die Verlehnung von 49 Herrschaften und Güter in Böhmen an W durch F (II.) erfolgte aus seiner patrim. Verfügung über konfisziertes »Rebellengut« – ohne libertäre Qualitäten, in: DBBTI, III, S. 190, Nr. 613. **16** Zur Eigentumssituation nach der Revolution von 1918 s. Jacksch, Europas Weg nach Potsdam, 1958, S. 66ff., 189ff. **17** Albrecht, Auswärtige Politik, S. 83ff.; vgl. Gindely Gesch. des DK, IV, S. 447ff.; vgl. Ritter, Geschichte, III, S. 185ff.; s. zum Einfluß des Emphyteuse-Modelles auf das Öff. Recht Barudio, Absolutismus, 1976, S. 36ff. Hier kündigte sich schon der Kampf zwischen »Temporalisten« und »Perpetualisten« auf dem Friedenskongreß an, s. u. S. 551. **18** MR, 1623, S. 79/80. **19** Ibidem, 1622, S. 91. **20** Informative Arbeit von Köhler, Obrigkeitliche Konfessionsänderung in Kondominaten... (1622–1677), 1975, S. 16ff. **21** MR, 1623, S. 115. **22** Schiller, Gesch. des DK, 1985 (Manesse), S. 202. **23** Mann, Wallenstein, S. 287. **24** Straub, Pax, S. 188. **25** Ibidem, S. 189. **26** DBBTI, III, S. 208, Nr. 665; S. 210, Nr. 672. **27** Stieve, Ws Übertritt z. Katholizismus, 1900. **28** Anders als z. B. der bürgerl. Aldringen zum kais. General aufstieg u. geadelt wurde, war W. ein »homo novus« innerhalb der Aristokratie, vgl. Hansen, Zur Problematik einer Sozialgesch. des deutschen Militärs im 17. u. 18. Jhd., in: ZfHF, Bd. 6:4, 1979 (Fb); vgl. Polisensky/Snider, War and Society in Europe 1618–1648, 1978, S. 130ff.: »Who was Wallenstein? Idealist or egoist, traitor or statesman yearning for peace?« vgl. Mann, W, passim. **29** Lubik, Unser Fürstenhaus Liechtenstein, in: Schönhengster Jb, 1961, S. 36–48; vgl. Bachmann, Die nationalen Verhältnisse Böhmens während des Temnos im Rahmen der sozialen Struktur, in: Bohemia, 11, 1970, S. 151–163; s. a. E. Winter, Die tschechische u. slowakische Emigration in Dtl. im 17. u. 18. Jhd., 1955; wie »eigennützig« Ferdinand II. gegen alles Recht mit Privatbesitz umging s. bei der Enteignung u. Veräußerung von Tschernembls Eigentum Sturmberger, Tschernembl, S. 372ff.; dem gütergierigen Kardinal v. Dietrichstein schreibt der besitzversessene Ferdinand: »so wollen E. L. dergleichen Rebellen Güter alle ohne Unterschied uns zu Handen einziehen u. hernach wohl u. nützlich administrieren«, in: DBBTI, II, S. 304/5, Nr. 883. **30** ZumFürstenstand von W.s Besitzungen in: DBBTI, III, S. 205, N. 658; zur Appellation s. Hallwig, Fünf Bücher Gesch. Ws, 1975 (1969), S. 39ff. **31** Barudio, FWG 25, S. 221ff.

32 Mann, W, S. 313. **33** Schottky, Über Ws Privatleben, 1832, S. 109, 111; s. a. Hallwich, Fünf Bücher, I, S. 108: Ws Pläne waren nicht auf eine »libera republica« u. damit auf den Depotismus gerichtet, verstanden also die »Repräsentation« der Lehnsleute nicht als libertäre »Vergegenwärtigung« steuerfähigen Treuhand-Besitzes; s. a. die Kritik an C. Schmitt bei Mantl, Repräsentation und Identität. Demokratie im Konflikt. Ein Beitrag zur mod. Staatsformenlehre, 1975, S. 120ff.: M. erkennt nicht das Wesen der Treuhänderschaft, auch nicht die Koppelung von Repräsentation (prop. geom.) und Identität (prop. arith.) an die aristotel. Gerechtigkeits-Modelle. **34** Mann, W, S. 287ff.; vgl. Ernstberger, W als Volkswirt, in: Gesammelte Aufsätze, 1959, S. 269–285: Hymne auf den »grande economo«; s. a. ders., Hans de Witte. Finanzmann Ws, 1954, S. 429: Ws Reaktion auf den »Schelmen« des Witte, der aus Zahlungsunfähigkeit Selbstmord begangen hatte, entspricht voll u. ganz dem Mißtrauen des Patrimonial-Systems. **35** Mann, W, S. 313: Bei W. »muß alles nach dem Gesetz gehen«; dessen Inhalte aber bestimmte er u. nicht die vertragliche Concurrenz mit Ständen u. Räten. **36** Ibidem, S. 301: Die Sonnenmetapher bei Herzog Eberhard dem Weisen von Württemberg (einem Stände-Förderer) oder a. beim »Sonnenkönig« Ludwig-XIV. wird depositär u. im Sinne einer »gleichmäßigen Gerechtigkeit« zwischen Fürst u. Land (Leuten) verstanden, s. Barudio, FWG 25, S. 110/111. **37** Campanella, Die Sonnenstadt, dt. 1983, in: Heinisch (Hrsg.), Der utopische Staat, S. 115. **38** Ibidem, S. 122: Mit Pythagoras wird auch Mohammed als »lügenhafter u. schmutziger Gesetzgeber« abgelehnt; zur *distributiven* Gerecht. s. S. 117: das qualit. sich steigernde Ringsystem, S. 120: das »richtige Verhältnis«, S. 129: Qualitäten von Amtsträgern u. Ärzten, 40-Jahres-Grenze zwischen JUNG und ALT: noch heute die Altersgrenze für den ital. Senat, s. o. S. 28; s. a. S. 161: Die Goldene Regel der Bergpredigt; vgl. Wuttge, Erkenntnistheorie u. Ethik des Tommaso Campanella, 1897; vgl. Treves, La filosofia politica di T. Campanella, 1930; völliges Mißverstehen bei G. Ritter, Machtstaat u. Utopie, 3. Aufl. 1940 u. bei Heinisch, aaO., S. 239, 248ff.; vgl. Meinecke, Staatsräson, S. 129; Straub, Pax, S. 49. **39** Heinisch, aaO., S. 159ff. **40** v. Dyck, Zwei wiedergefundene Prognostica von Johann Kepler auf die Jahre 1604 und 1624, in: ABAW, Math.-Phys. Klasse, 25, 1909/12, S. 39. **41** Diese Zuordnungen entsprechen der Hippokratischen Temperamentlehre und den Vorstellungen des Aristoteles, De generatione animalium; zur Wirkung s. Stolpe, Königin Christine v. Schweden, dt. 3. Aufl. 1967, S. 50: zur »heißen Frau«. **42** v. Dyck, aaO., S. 53. **43** Hemleben, Kepler, S. 81ff. **44** s. a. Berglar, Morus, S. 114ff. **45** Hemleben, Kepler, S. 84; vgl. Fischer, Galileo Galilei, 1983, S. 169 (Verhältnis zu Kepler), S. 190ff.: Der Prozeß. **46** Ibidem, S. 105; zum »Hexenwesen« s. a. Baschwitz, Hexen u. Hexenprozesse, 1963; Diefenbach, Der Hexenwahn vor u. nach der Glaubensspaltung in Dtl., 1969 (1886); Zwetsloot, Friedrich von Spee u. die Hexenprozesse, 1954; s. a. Schormann, Hexenprozesse in Nordwestdtl., 1977. **47** Barudio, GA, S. 100ff. **48** v. Dyck, aaO., S. 52; s. a. S. 45, wo K. den Bauernkrieg 1524 aus dem schönen Wetter im September erklärt; s. u. S. 277ff.: Der Ennser Aufstand. **49** Speyer, Die Frankfurter Revolution...1612–1616, passim. **50** Peuckert, Das Rosenkreutz, 2. Aufl. 1973, S. 82ff. **51** MR, 1623, S. 78: Der Orden bekam die Franziskanerregel, seine Mitglieder hatten ewigen Gehorsam zu leisten u. eheliche Enthaltsamkeit zu üben; s. o S. 77. **52** Peuckert, Rosenkreutz, S. 93: aus der »Confessio fraternitatis«. **53** Lindroth, Paracelsismen, S. 93; s. a. Katsch, Die Entstehung u. der wahre Endzweck der Freimaurerei, 1897. **54** Zum jüd. »Messianismus« s. Scholem, Judaica, 1963, S. 15: »Mensch als Ganzes«; vgl. Mowinckel, He That Cometh. The Messianic Concept in the Old Testament and Later Judaism, 1956. **55** Peuckert, Rosenkreutz, S. 143. **56** s. u. S. 574. **57** Peuckert, Rosenkreutz, S. 252. **58** Ibidem, S. 156ff.; vgl. Blumenberg, Der Prozeß der theoretischen Neugierde, 1973 (1966), S. 201: Keplers Sicht der Forschung u. Erkenntnis hinsichtlich der Kirche u. Metaphysik. **59** Peuckert, Rosenkreutzer, S. 263ff.; s. a. Barudio, GA, S. 79, 268. **60** s. o. S. 135; vgl. Peuckert, Rosenkreutz, S. 266ff. **61** Das kais. »Kriegsreglement« von 1617, das später von Wallenstein ergänzt wurde, drückt die »Laster« der Soldaten ebenso aus wie GAs »Kriegsartikel« von 1621, s. Ütterodt, Mansfeld, S. 94ff.; vgl. Erben, Ursprung

u. Entwicklung der dt. Kriegsartikel, in: MIÖG, 1901 (Erg. bd. VI), S. 473–529; Barudio, GA, S. 333, 344; s. a. Kroener, Soldat oder Soldateska, S. 108ff. **62** Ütterodt, Mansfeld, S. 29: Nach dem Tode seines Vaters trat Habsburgs spanische Linie »in Besitz u. Genuß seines rechtmäßigen Erbes«; zum Kampf um die »Allodialerbschaftsmasse«, S. 31ff.; S. 43ff.: Glaubensübertritt; vgl. Villermont, Ernest de Mansfeld, I, 1866, S. 68ff.: V. ist äußerst polemisch gegen den »Bastard« M eingestellt, ein Apologet Habsburgs. **63** Schöne, Emblematik, 1964. **64** Ütterodt, M, S. 472ff.; vgl. Häusser, Pfalz, II, S. 391ff. **65** s. o. S. 48. **66** Erlanger, Richelieu, S. 213; Ütterodt, M, S. 479; zum angeblichen »Complott« Ms mit den Hugenotten s. Villermont, aaO., II, S. 80. Zur Schlacht bei Fleurus s. Ütterodt, M, S. 496ff. **67** Ütterodt, M, S. 510ff. **68** Ibidem, S. 516; s. a. Weiß, Unterstützung, S. 71ff. **69** Ibidem, S. 517; Weiß, Unterstützung, S. 76ff. **70** Treumann, Die Monarchomachen, 1895; vgl. **71** Ütterodt, M, S. 531ff.: Dabei kam ihm der anhaltende Streit zwischen Ständen und Grafenhaus (Habsburgtreu) nicht wenig zustatten. **72** Ibidem, S. 532. **73** Balzer im Nachwort zu R. Huch, Der große Krieg in Dtl., (gekürzte Ausgabe), 1980, S. 309 (Zitat von W. Emrich); vgl. Kappel, Epische Gestaltung bei Ricarda Huch, 1976, S. 139ff. **74** Barudio, GA, S. 504ff.: Diese Formel wurde vom Hohenzollern-Heer übernommen u. stand noch auf den Soldatenkoppeln des Ersten Weltkrieges. **75** Vgl. Kantorowicz, Pro patria mori, 1965; s. a. die ausgez. Studie von Macpherson, Die pol. Theorie des Besitzindividualismus, 1973 (1962), S. 260ff. **76** Zum Pelikan-Motiv s. Barudio, GA, S. 615; s. a. Ginsberg (Hrsg.), Komm, güldner Friede. Lyrik des Barock, 1964, S. 78: Friedrich von Logau mit dem Distichon: »Jeder ist dem Vaterlande schuldig alles Gut und Blut;/ Mancher nahm dem Vaterlande lieber alles Blut und Gut.« **77** Ginsberg, aaO., S. 82: »Gerechtigkeit. Das Recht schließt für die Armen sich in ein eisern Tor:/Schlag an mit goldnem Hammer, so kömmst du hurtig vor.« Vgl. die problem. Studie von Rawls, Eine Theorie der Gerechtigkeit, dt. 1979 (1975), S. 463: R. blendet beim »Aristotelischen Grundsatz« die Proportionalität aus und erscheint äußerst Pareto-fixiert; vgl. Kriele, Kriterien der Gerechtigkeit. Zum Probl. des rechtsphilos. u. pol. Relativismus, 1963, S. 16: K. mißversteht Radbruch u. S. 69 auch Aristoteles; vgl. Lasson, System der Rechtsphilosophie, 1967 (1882), S. 222ff. **78** Ütterodt, M, S. 508, Anm. 48. **79** Ütterodt, M, S. 583ff. **80** MR, 1623, S. 63/64, 73ff., 88ff. **81** Söltl, Der Religionskrieg in Dtl., III, S. 80; s. a. MR, 1623, S. 41, 48ff.; vgl. Angyal, Bethlen, in: RH, 53, 1928, S. 52ff.; s. a. Tadra, Beiträge z. Gesch. des Feldzuges Bethlen Gabors gegen Ferdinand II. im Jahre 1623, in: AÖG, LV. **82** Peuckert, Rosenkreutz, S. 249; vgl. a. Campanellas Berufung auf die »Voraussagen Tychos (Brahe)« zur Ankunft eines »finnischen Fürsten« in: Heinisch, Der Utopische Staat, S. 164.

Trostzeichen

1 Thukydides, 1981, S. 69: die Geringschätzung der »Gerechtigkeit ..., der zuliebe noch nie jemand eine Gelegenheit zu gewaltsamer Bereicherung verschmäht u. auf seinen Vorteil verzichtet hat« (Rechtfertigung der Athener). **2** Barudio, GA, S. 25ff.; vgl. Lohmeier (Hrsg.), Arte et Marte, 1978, S. 109–127. **3** Ütterodt, M, S. 582, Anm. 119. **4** Vgl. hier das Verhältnis von Kampftruppen zum Troß z. B. im kais.-ligist. Heer anno 1648 nach v. Westenrieder, Gesch. des DK, 3 Bde, 1803–1806: Es soll 140000 Männer, Frauen u. Kinder umfaßt haben, aber die Versorgung war nur auf 40000 Soldaten berechnet, III, S. 217ff.; s. a. Kroener, Soldat oder Soldateska, S. 110/111; s. a. die Ansicht von Johann v. Nassau über die Zukunft u. den erhöhten Kampfwert der Schweden-Armee, die »gar kein Weibsvolk u. Troß« mitsichführe, Barudio, GA, S. 672, Anm. 23: Das galt allerdings nur für die Zeit der frühen Heeresreform. **5** Zit. n. v. Pastor, Gesch. der Päpste, XIII:2 (1623–1644), 1929, S. 793ff. **6** Berglar, Morus, S. 281: »Trost im Leid«. **7** v. Pastor, aaO., S. 603ff. **8** Fina (Hrsg.), Klara Staigers Tagebuch, 1981; s. u. S. 434f. **9** A. de Guevara,

Der Güldenen Sendtschreiben Erster Theil, dt. 1618, S. 116ff. (Ex. der ZBZ: gehörte seit 1635 der Bürgerbibl. Zürich, war 1622 privat für »2 Reichstaler 12 Batzen« gekauft worden.) **10** Ibidem, S. 7: G. fügt hier eine wichtige Rechtsbelehrung hinzu: »Alle Sachen in der Welt sich nach dreierlei Gesetz richten, nämlich nach dem *Natürlichen,* nach dem *Gemachten* (Positiven) u. ... nach *altem Brauch* und Gewohnheit«. **11** Stolpe, Königin Christine, S. 110: zur »Frauenverachtung« (S. 64ff.) u. die Auffassung von der »Heroine«. **12** Berglar, Morus, S. 246: »Des Königs Weg«. **13** Kunz, Österreich u. der span.-engl. Heiratsplan vom Jahre 1623, in: 10. Jahresbericht der Staats-Realschule im XVIII. Gemeindebz. v. Wien, 1895, S. 1–42; vgl. Gindely, Beiträge, Teil C: Die engl. Heiratsverhandl. mit Spanien u. Frk (1623–1624), in: AÖG, 89, 1900 (Hirn), S. 59–119; zur materiellen Seite dieser Schaukel- und Appeasement-Politik vgl. Dietz, English Public Finance 1558–1641, 1932, S. 371ff.; vgl. S. R. Gardiner, Prince Charles and the spanish marriage, 1869. **14** Straub, Pax, S. 191ff., 196ff., 208ff.; vgl. Schybergson, Underhandlingarna om en evangelisk allians aren 1624–1625, 1880, S. 20ff. **15** Pithon, La Suisse, in: SZG, 13, 1963, S. 33ff.; vgl. die sorgf. Studie von G. Lutz, Kardinal Giovanni Francesco Guidi di Bagno. Pol. u. Religion im Zeitalter Richelieus u. Urbans VIII., 1971, S. 19ff., 42ff.; vgl. Nabholz, Die öff. Meinung in Frk. z. die Veltlinerfrage zur Zeit Richelieus, in: JbSG, 26, 1901; s. a. W. Bauer, Die öff. Meinung u. ihre geschtl. Grundlagen, 1914; vgl. Oncken, Geschichtschreibung u. öffentl. Meinung, in: Aufsätze u. Reden, I, 1914. **16** Lacour-Gayet, La marine militaire française sous les règnes de Louis XIII et de Louis XIV, 1911; vgl. W. Treue, Gesch. der frz. Marine, 1982. **17** Grimmelshausen, Courasche, S. 45. **18** v. Pastor, aaO., S. 795; vgl. J. A. Taylor, The life of Queen Henrietta Maria, 1905; s. a. Burckhardt, Richelieu, I, S. 178/79. **19** v. Pastor, aaO., S. 796. **20** Ütterodt, M, S. 604ff. **21** v. Pastor, aaO., S. 798: zum Widerstand der Kurie u. zum Intrigenspiel von beiden Seiten; vgl. Goll, Die französische Heirat, Frankreich u. England 1624 u. 1625, 1876, S. 10ff., 24ff., 46. **22** Zeller, Richelieu et les ministres de Louis XIII de 1621 à 1624, 1880, S. 263ff. **23** Burckhardt, Richelieu, I, S. 156; vgl. Erlanger, Richelieu, S. 208ff. **24** Burckhardt, Richelieu, I, S. 12f., Erlanger, Richelieu, S. 12. **25** Burckhardt, Richelieu, I, S. 19. **26** Ibidem: »Wer wird mir annähernd gleich sein?« **27** s. u. S. 467, 471. **28** Burckhardt, Richelieu, I, S. 156. **29** v. Pastor, Gesch. der Päpste, 13:2, S. 797ff. **30** Malvezzi, Papa Urbano VIII e la questione della Valtellina. Nuovi Documenti, in: ASL, VIII:7, 1958, S. 5–18, 64–70; vgl. Pithon, La Suisse, S. 42ff. **31** Pithon, Les débuts difficiles du ministère de Richelieu et la crise de Valteline 1621–1627, in: RHd, 74, 1960, S. 298–322. **32** Guevara, aaO., S. 27ff. **33** v. Pastor, aaO., 13:2, S. 917ff. **34** MR, 1623/24, S. 56; fast zur selben Zeit wurde auch in den ref. Niederlanden ein allgem. Bettag angeordnet u. dabei von Gott »Glück, Heil u. Fortun zu der West-Indianischen Schiffahrt« erfleht: Zur Krise um das eingeschlossene Breda s. a. Israel, The Dutch Republic, 1982, S. 160ff. **35** Erlanger, Richelieu, S. 240ff.; vgl. Wollenberg, Richelieu. Staatsräson u. Kircheninteresse, 1977, S. 39ff.; Burckhardt, Richelieu, II, S. 15: »Ein Regierungsprogramm«. **36** Wollenberg, Richelieu, S. 229ff.; vgl. Stankiewicz, Politics and Religion in Seventeenth-Century France, 1960. **37** v Pastor, aaO., 13:2, S. 590; vgl. De Waal, Das Heilige Jahr in Rom, 1900. **38** Ibidem; s. a. S. 708ff.; zum Verhältnis der Kurie zu Polen-Litauen jetzt nach der Gründung der Glaubenskongregation (1622) u. ihrem Missionsauftrag in Ost- und Nordeuropa s. Theiner (Hrsg.), Vetera monumenta Poloniae et Lithuaniae gentium ..., III (1585–1696), 1863. **39** Fagniez, Le Père Joseph et Richelieu. Le projet de croisade (1616–1625), in: RQH, XXIV, 1889, S. 461–515. **40** Hurter, Ferdinand II., VIII, S. 225ff.; vgl. Hering, Ökumen. Patriarchat, S. 102ff. **41** v. Dyck, Prognostica, S. 54. **42** Wollenberg, Richelieu, S. 195; s. a. zum Glauben an die Heilkraft der Könige O. Brunner, Gottesgnadentum, in: NWB, 17, S. 120f.; zum Wunderglauben der Zeit in Frk. Mandrou, Magistrats et sorcières en France au XVIIe siècle. Une analyse de psychologie historique, 1968; vgl. de Viguerie, Le Miracle dans la France de XVII siècle, in: XVIIe siècle, 1983, S. 313–331. **43** Burckhardt, Richelieu, II, S. 11ff. **44** Peuckert, Rosenkreutz, S. 250. **45** Seneca, Vom wahren Leben. Ausgewählte Schriften (G. Stenzel), o. J.,

S. 140ff.; vgl. Marc Aurel, Wege, S. 116: Der »Mensch als König« u. Telos der pol. Aufklärung s. Barudio, FWG 25, S. 156f. **46** Zum Fetisch-Charakter der »deutschen Tiefe« s. Nietzsche, Völker u. Vaterländer, in: Werke in 2 Bde, 1967 (Hanser), S. 133ff.; vgl. die »Tiefen«-Inflation bei Plessner, Die verspätete Nation, S. 73–80 und bei H. Krüger, Deutsche Tiefe, 1983. **47** Vgl. Bürger, Die frühen Komödien Pierre Corneilles u. das frz. Theater um 1630, 1971, S. 36ff.: Täuschungen u. Intrigen als notwendige Mittel, um das wahre Wesen der »Helden« zu erkennen; s. a. Krauss, Über die Träger der klass. Gesinnung im 17. Jhd., in: Gesamm. Aufsätze, 1949, S. 330 z. pol. Haltung des Adels. **48** Vgl. Bornkamm, Luther und Böhme, 1925. **49** s. a. den Sammelband zu Andreas Gryphius, in: Text + Kritik, 7/8, 2. Aufl. 1980. **50** Böhme, SW, IV, 1957 (1730), S. 55. **51** s. o. S. 135 und u. S. 410. **52** Wilke, Gesch. der Heidelberger Büchersammlung, 1856, S. 248ff.; s. a. Hautz, Gesch. der Universität Heidelberg, II, S. 164ff. **53** s. o. S. 174; als ein »Symbol der Dankbarkeit« an die Kurie gedeutet bei Bireley, Maximilian v. Bayern, Adam Contzen S. J. u. die Gegenreformation in Dtl. 1624–1635, 1975, S. 61; vgl. Repgen, Die röm. Kurie u. der Westf. Friede, Bd. I: Papst, Kaiser u. Reich 1521–1644, Teil I, 1962, S. 478ff. **54** Ahnlund, Axel Oxenstierna, 1940, S. 370: Heinsius war sogar eine kurze Zeit als Schwedens »Reichshistoriograph« tätig – wie später Bogislav v. Chemnitz oder Samuel Pufendorff. **55** Huizinga, Holländische Kultur, S. 99ff. **56** »Völker« meint hier »Kriegsvölker« oder fremde Soldaten; vgl. die »genetische« und »Blut«-bezogene »Tiefen«-Analyse bei Gundolf, Martin Opitz, in: NWB, 7, S. 139ff. **57** Opitz, Buch von der Deutschen Poeterey, (1624) 1963 (Neudruck). **58** Mathy, Die Poetik des Martin Opitz als dichtungspol. Programm, (masch.) 1972. **59** Zit. n. Gundolf, in: NWB, 7, S. 141. **60** MR, 1624, S. 87ff. **61** Grotius, De iure belli ac pacis, 1950, S. 383; vgl. das völlige Mißverständnis des Grotian. Politik-Begriffs bei Meinecke, Staatsräson, S. 247: M. wirft G. vor, er vermischte »auf Schritt u. Tritt Recht und Moral miteinander«, obgleich beide zusammengehören; M. hält den G. für ziemlich weltfremd, dabei hat sich dessen Treuhand-Denken im WF und in der Verfassungsgesch. durchgesetzt; M. ist hier ganz dem Machtstaats-Gedanken u. der »Wertfreiheit« im Weberschen Sinne erlegen. **62** Clausewitz, Strategische Beleuchtung mehrerer Feldzüge von GA, Turenne, Luxemburg, in: Hinterlassene Werke, IX, 2. Aufl. 1862, S. 17: Es darf ihm auch heute noch zugestimmt werden, wenn er feststellt, daß »der Geist des DK uns fremd geworden ist« und »moralische Daten« oft wichtiger waren als das »mathematische Kalkül der physischen Kräfte. Wehe denen also, welche die Kriegskunst auf den letzteren Gegenstand einschränken wollen« – allen Statistik-Fanatikern ins hist. Stammbuch geschrieben; s. u. S. 376. **63** O. Hintze, Staat u. Verfassung, passim; vgl. die »borussische« Würdigung von Hartung, Otto Hintze, in: FBPG, LII:2, 1940, S. 214: »Prozeß der Staatenbildung«, S. 222: »Andacht zum Staate« u. Einfluß von Max Weber; vgl. C. J. Friedrich, Der Verfassungsstaat der Neuzeit, 1953; Hennis, Politik als praktische Wissenschaft, 1968, S. 11–36 und S. 245–47: Zum Problem der dt. Staatsanschauung; völlig unbeeindruckt vom Gewaltpotential des Absolutismus u. dessen hist. Katastrophen s. Kraus, Die absolute Monarchie u. die Grundlegung des mod. Staates, in: GWU, 1957, S. 257–271. **64** Vgl. Toman, Schicksale des Böhm. Staatsrechts in den Jahren 1620–1627, 1870. **65** Oudendijk, De Kaperbreven van Willem van Oranje, in: BvGN, XIX, 1964, S. 133–50. **66** Zum Problem der rechtl. Legitimation von »Privatkriegen«, denen das »Kapern« zugeordnet werden konnte, s. Grotius, De iure belli ac pacis, S. 137ff. Die Niederl. hatten aber von den Engl. nicht nur das Kapern gelernt, zu den konstitutionalen Beziehungen beider Gemeinwesen s. van Deursen, De Raad van State en de Generaliteit (1590–1606), in: BvGN, XIX, 1964, S. 5. »Die englischen Räte«. **67** MR, 1624, S. 10. **68** Wätjen, Holland u. Brasilien im 17. Jhd., in: HGbll, 17, 1911, S. 459: das Kommando gegen Bahia Nov. 1623–Mai 1624; Parker, Spain and the Netherlands, 1559–1659, 1979; vgl. Israel, The Dutch Republic, S. 123ff., 272ff.; vgl. Boxer, The Dutch in Brazil 1624–54, 1973 (1957). **69** MR, 1624, S. 60ff.; vgl. Brekelmans (Hrsg.), Geschiedenis van Breda, II: Aspecten van de stedelijke historie 1568–1795, 1977. **70** MR, 1624, S. 10ff. **71** Vgl. Dillen, De West-Indische Compagnie, het

Calvinisme en de politiek, in: TvG, LXXIV, 1961, S. 145–71; vgl. van Brakel, Bescheiden over den slavenhandel der West-Indischen Compagnie, in: EHJb, IV, 1918, S. 47–83; s. a. Anstey, The slave trade of the continental powers, 1760–1810, in: EHR, 30, 1977, S. 259–268. **72** MR, 1624, S. 11 ff.; vgl. Mercure François, 1623–1625, S. 282 ff.; s. a. Hering, Ökumenisches Patriarchat, S. 101 ff.; vgl. Adanir, Heiduckentum, in: SOF, XLI, 1982, S. 87 ff.; s. a. Stanojevič, Senjski uskoci, 1973. **73** MR, 1624, S. 13 ff.; vgl. Strnadt, Der Bauernkrieg in Oberösterreich, 1930; MR, 1624, S. 15: Rechtlich gesehen, war der Kelch eine »Fahrhabe« der ev. Gemeinde. **74** Ibidem, S. 19. **75** Blickle (Hrsg.), Aufruhr und Empörung? Studien z. bäuerlichen Widerstand im Alten Reich, 1980; s. a. Schulze, Deutsche Bauernrevolten der Frühen Neuzeit im europ. Vergleich, in: Beihefte der VjSWG, 1982; vgl. Franzl, Ferdinand II., S. 261: F. bezeichnete nicht zu Unrecht M und den »tollen Christian« als »Freibeuter«, den Habsburger aber entzieht er einem ähnlichen Urteil in der Max Weberschen »Wertfreiheits«-Lehre, S. 358. **76** Zit. n. Mann, W, S. 358; s. a. Strauss/Strauss-Kloebe (Hrsg.), Die Astrologie des Johannes Kepler, 1926; s. a. G. Wagner, W u. der Landesherr von Tirol. Der Briefwechsel des Herzogs v. Friedland mit Erzherzog Leopold V. (1626–1632), in: MIÖG, 87, 1975, S. 75–113: Der Erzherzog nannte W. in Anbetracht dessen Piratenmanieren einen »Hundsbuben«, obgleich Habsburg selbst die Bedingungen für Ws Verhalten geschaffen hatte. **77** Vgl. Ritter, Dt. Gesch., III, S. 369 ff.; s. u. S. 289. **78** Hölderlin, SW (P. Stapf), 1963, S. 1089/90: Es ist immer noch nicht sicher, ob H. oder Hegel oder gar Schelling Verfasser dieses Programms sind, das philosophisch mit dem Identitäts-Postulat den Patrimonialismus vollzieht; s. Hs Forderung nach »Vereinigung des Subjekts und Objekts in einem absoluten Ich ...«: H. an Schiller, 4. 9. 1795, S. 1089, Anm. 1. **79** J. Burckhardt, Weltgesch. Betrachtungen, 1965, S. 176; vgl. Ganz (Hrsg.), Jacob B. über das Studium der Gesch. Der Text der »WB« auf Grund der Vorarbeiten v. E. Ziegler u. die Handschriften, 1982; Hardtwig, in: HZ, 1983, S. 541 nennt die »WB« einen »der wichtigsten Texte des mod. Geschichtsdenkens ...« **80** Vgl. Fest, Hitler. Eine Biographie, 7. Aufl., 1974, S. 25; Gall, Bismarck. Der weiße Revolutionär, 3. Aufl., 1980, S. 17; s. a. Schieder, Friedrich der Große, 1983, S. 488: S. bezieht sich im Urteil ausdrücklich auf Burckhardt. **81** Burckhardt, WB, S. 177: Bs Fehlurteile aufgrund mangelhafter Quellenkenntnisse sind Legion, darin Ranke, der ihn gerne als sein Nachfolger gesehen hätte, nicht unähnlich; vgl. die monströs, ja geradezu neurotisch angelegte Biographie in sieben (!) Bänden von Kaegi, Jacob Burckhardt, 1977–82. **82** Schieder, Friedrich, S. 488: S. konstatiert zwar, daß sich dieser Diktator »im Umkreis machiavellistischer Mißachtung von Recht u. Herkommen« in seinem »politischen Handeln bewegt« habe, das aber verweise ihn in die »moderne Welt«, erscheint demnach als Fortschritts-Qualität. **83** Meier, Caesar, 1982, zitiert J. Burckhardt leitmotivisch sogar auf dem Titelblatt: »Alles Große aber sammelt sich in der wunderbaren Gestalt Caesars«. **84** Auch von marx. Seite, die trotz material. Ideologie ohne Personen- und Machtkult nicht auskommen kann; s. Mittenzwei, F (II.) von Preußen, 1980, S. 206: Kritik ganz im Zeichen des Fetisch Fortschritt; vgl. Augstein, Friedrich II. und die Deutschen, 1968. **85** Die letzte intensive Beschäftigung mit Grotius fand zur 300-Jahrfeier des »De jure belli ac pacis« statt, s. In memoriam Hugonis Grotii. Reden, gehalten in der Festsitzung des Holland-Instituts an der Universität Ffm, am 17. 12. 1925, in: ZfVR, XIII, 1926, S. 477 ff.; die Arbeit von Barschack, Die Staatsanschauung des Hugo Grotius, 1924, 68 Seiten ist nicht einmal gedruckt worden: vgl. Sauer, Staatsphilosophie, 1965, S. 48. Zu Axel Oxenstierna gibt es von dt. Seite nur einen monographischen Einsatz von Belang s. Goetze, Die Pol. des schwed. Reichskanzlers gegenüber Kaiser u. Reich, 1971; s. a. die dt. verfaßte Arbeit des Finnen Suvanto, Die dt. Pol. Oxenstiernas und W, 1979. **86** v. Woltmann hat 1809 eine monogr. Bearbeitung des TF herausgebracht, Philippi 1898 zur 250-Jahrfeier neben anderen mit Beiträgen reagiert, aber erst 1959 erfuhr der TF durch Dickmann wieder eine monogr. Würdigung, s. u. S. 569; zum Hintergrund dieser Abstinenz u. Ignoranz s. Frantz, Föderalismus, 1948, passim. **87** Zur Wirkungsgesch. s. Terada, Founder of International Law: Hugo Grotius, 1930; vgl. J. B. Scott, The Spanish Origin of International Law.

Lectures on Francisco de Vitoria (1480–1546) and Francisco Suarez (1548–1617), 1928; s. a. Höffner, Christentum u. Menschenwürde, 1947, S. 300: Vitoria als Vorläufer; vgl. Stadtmüller, Gesch. des Völkerrechts, 1951, S. 118; s. a. Fleischmann, Die Lehre vom gerechten Krieg bei Grotius u. seinen Nachfolgern, 1926. **88** White, Sieben große Staatsmänner im Kampfe der Menschheit gegen Unvernunft, dt. 1913, S. 42–89: Grotius. Zum Unterrichtswesen in Alteuropa s. jetzt die neuen Forsch. in: XVIII Nordiska Historikermötet Jyväskylä 1981, Mötesrapport I, 1981. **89** s. vor allem Beaufort, Alfonsus a Castro als bron voor Hug de Groot's »Mare liberum«, in: CFN 1226–1926, 1927, S. 205 ff.; vgl. Reeves, Two conceptions of the Freedom of the Seas, in: AHR, XXII, 1916–17, S. 535 ff. **90** Wir hoffen, darauf in einem Beitrag eingehen zu können. **91** Dickmann (Hrsg.), Gesch. in Quellen, III, Renaissance, Glaubenskämpfe, Absolutismus, 1966, S. 393 ff.; vgl. Reibstein, Volkssouveränität u. Freiheitsrechte, I, 1968, S. 207 ff. **92** Dickmann, Quellen, S. 413 ff.; vgl. Schweigman, De eigendomsphilosophie van Hugo de Groot, 1929; vgl. H. Taylor, Trade, Neutrality and the »English Road« 1630–1648, in: EHR, 25, 1972, S. 236 ff.; Barudio, FWG 25, S. 331 ff. **93** Vgl. Wessels, History of the Roman-Dutch Law, 1908, S. 262–293: Grotius. **94** Conring, Kirche u. Staat, S. 38 ff. **95** Ibidem, S. 47 ff. **96** Huizinga, Holländische Kultur, S. 65 ff. **97** Schiff, W. u. Hugo Grotius, in: NAvKG, N. S. 31, 1939, S. 23–32; Rivier, La mort de Grotius, 28 août 1645, in: RDILC, XIX, 1887, S. 97: Eine Biographie wird von uns vorbereitet. **98** Grotius, De iure belli ac pacis, dt. 1950 (1625), S. 326 ff.: zu den Gerechtigkeitsformen; S. 599, Sp. 1., Anm. 3: ein bei dt. Juristen typisches Mißverständnis seit Thomasius (s. seine Vorrede S. 1–28) zu einer von G. zitierten Thukydides-Stelle: »Die Übersetz. von G. ist unrichtig. Es heißt im Griechischen álogon = unvernünftig nicht = ungerecht«. »Vernunft« (lógos) und »Gerechtigkeit« (dikaion) gehörten aber zusammen; die lat. Formel »Ratio et aequitas« beweist es zusätzlich. **99** Grotius, De iure belli, S. 397; vgl. Schweigman, Hugo de Groot's theorie van de noodwehr, in: NKS, XXIX, 1929, S. 353; vgl. Vollenhoven, The growth of Grotius' De jure belli ac pacis as it appears from contemporary correspondence, 1929. **100** Grotius, De iure belli, S. 245 ff., 406: »Gegenseitige Hilfe« nach Seneca.

Feuerwerke

1 Mann, W, S. 368. **2** Weiß, Unterstützung, S. 84 ff. **3** AOSB, I:1, S. 523 f.; vgl. Norberg, Polen, S. 217; zum weiteren dipl. Hintergrund s. Schybergson, Underhandlingarna, S. 22 ff. und Roberts, Gustavus Adolphus, I, S. 234 ff.; vgl. Weiß, Unterstützung, S. 70. **4** Zur schwankenden Haltung von Whitehall s. Weiß, Unterstützung, S. 72; Norberg, Polen, S. 214, Anm. 9; vgl. Norberg, Polen, S. 219/20; vgl. Weibull, Gustaf II Adolf och Christian IV 1624–1625, in: LUÅ, 31, 1895 und Ahnlund, Gustaf II Adolf och det tyska kriget 1620–1625, in: HTs, 1917, S. 268 ff. **5** Schybergson, Underhandlingarna, S. 72; Weiß, Unterstützung, S. 74, Anm. 72: mit einer seltsamen Begründung der Ablehnung Jakobs I. für GA, der »damals noch nicht der große Kriegsheld war«; vgl. Norberg, Polen, S. 229: Truppenstärken für den geplanten Feldzug gegen Polen. **6** Mercure François, XI, S. 103 ff.; s. a. Fridericia, Danmarks ydre politiske Historie fra Freden i Lybeck till Freden i Kjøbenhavn (1629–1660), 2 Bde, 1876 u. 1881, hier I, S. 28, Anm. 4 ff.; vgl. Burckhardt, Richelieu, I, S. 237 ff. **7** Pithon, La Suisse, in: SZG, 13, 1963, S. 50 ff.; s. a. Dubois, Die Teilnahme des Walliser Regiments de Preux am Veltliner Feldzug von 1624–1627, in: GuG, 1982, S. 185–209; vgl. Lutz, Bagno, S. 440. **8** Weiß, Unterstützung, S. 86 ff. **9** Ibidem, S. 85. **10** MR, 1624, S. 6 ff.; Straub, Pax, S. 225 ff.; vgl. Wiens, Fancan, S. 40. **11** Angyal, Bethlen, S. 60 ff.: Bs Heirat mit Katharina v. Brandenburg, der Schwägerin GAs, ließ ihn u. a. zögern, der Haager Allianz offiziell beizutreten; vgl. Westrin, Philip Sadlers beskickning till Siebenbürgen 1626, in: HTs 1890 und Wibling, Sveriges förhållande till Siebenbürgen 1623–1648, 1890. **12** Menčik, Die Hofratssitzungen im Jahre 1625, in: SKBGW 1899, 1900, S. 17. **13** Weiß, Unterstützung, S. 89; vgl. Günter, Die Habsburger-Liga 1625–1635. Briefe u. Akten aus dem General-Archiv zu Simancas, 1908, S. 10ff.; vgl. Schäfer, Gesch. von Dänemark, V, 1902, S. 438ff.; vgl. Rydfors, De diplomatiska förbindelserna mellan Sverige och England 1624 – maj 1630, 1890. **14** Zit. n. Straub, Pax, S. 225; s. a. Günter, Habsburger-Liga, S. 15ff. **15** Wiens, Fancan, S. 38: Richelieu wollte Max. vom Kaiser trennen, Père Joseph hätte gerne gesehen, daß Max. vor einer eng.-frz. Allianz zittere u. Fancan war überhaupt gegen eine Annäherung. Diese Staatsmänner wurden in München u. Köln die »drei Teufel« genannt; aber die Anlehnung an Frk. durch Max. bei Albrecht, Auswärtige Politik, S. 150ff., 162. **16** M. Ritter, Untersuchungen z. Gesch. Ws 1625 bis 1629, in: DZfGW, 4, 1880, S. 14ff. **17** M. Ritter, Das Kontributionssystem Ws, in: HZ, 90, 1903, S. 194ff. **18** Mann, W, S. 367ff.; Straub, Pax, S. 232ff. **19** Mann, W, S. 363, 459. **20** Weiß, Unterstützung, S. 89: Die Verfassungsdimension der engl. Sicherheitspol. ist dabei unverkennbar. **21** Ibidem, S. 84, Anm. 35: Die Belastungen für M sollen sich auf 240000 Pfund, für die engl. Truppen in den Niederlanden auf 100000 Pfund und für den Dänenkönig auf 360000 Pfund pro Jahr belaufen haben. **22** Ibidem, S. 84: Bemerkenswert seine Berufung auf die aristot. »Symmetrie oder Proportion« von Leistung u. Belastung. **23** Hemleben, Kepler, S. 105. **24** Hallwich, Fünf Bücher, I, S. 183. **25** Ütterodt, Mansfeld, S. 646. **26** Ibidem, S. 649: Auch hier muß gesagt werden, daß ein Großteil der Übergriffe den Banden des »Kleinen Krieges« und Angehörigen des Troß zugerechnet werden muß u. weniger den regulären Einheiten. **27** s. Ws Einstellung zu den Klerikern v. Chlumecky (Hrsg.), Briefe Albrechts von Waldstein, 1856, S. 36ff. (an Collalto). **28** Vgl. Gilardone, Tilly – Der Heilige im Harnisch, 1932; vgl. Albrecht, Auswärtige Politik, S. 150ff.; s. a. Gindely, Waldstein während seines ersten Generalats 1625–1630, 2. Bde, 1886. **29** Schiff, in: NAvKG, N. S. 31, 1939, S. 23ff.; vgl. Mann, W, S. 625: »Daß W. das Werk »De Jure Belli« durchblättert hätte, . . . glauben wir keinen Augenblick«. **30** Weiß, Unterstützung, S. 84ff. **31** Ibidem, S. 89. **32** Ütterodt, M, S. 649; vgl. Klopp, Tilly, I, S. 278ff. **33** Klopp, Tilly, I, S. 288. **34** MR, 1626, S. 12ff.; vgl. Havemann, Über das Auftreten Tillys in Niedersachsen, in: FzDG, I, 1862, S. 397–410; s. a. Opel, Die Aufnahme des Herzogs Christian v. Braunschweig in den niedersächsischen Kreis im Jahre 1623, in: FzDG, XI, 1871, S. 101–113. **35** MR, 1626, S. 11. **36** Hurter, Ferdinand II., IX, S. 441ff. **37** Klopp, Tilly, I, S. 299. **38** Ütterodt, M, S. 675. **39** MR, 1625, S. 94ff.; vgl. Klopp, Tilly, I, S. 298ff.; vgl. Penners, Zur Konfessionsbildung im Fürstbistum Osnabrück, in: JbGNK, 72, 1974, S. 25–50: Fürstbischof Friedr. v. Hohenzollern hatte von 1623–35 die kath. Restauration eingeleitet, die von seinem Nachfolger Franz Wilhelm v. Wartenberg fortgesetzt wurde; zu diesem Kleriker in: NDB, V, 1961, S. 365ff. **40** Ütterodt, Mansfeld, S. 678ff.; vgl. Opel, Der niedersächsisch-dänische Krieg, 3 Bde, 1872/1878/1894. **41** Ütterodt, S. 688; vgl. andere Notifikationen bei Förster, Wallenstein . . . als Feldherr u. Landesfürst, 1834, S. 422ff. **42** Ibidem, S. 689; vgl. Mann, W, S. 389ff. **43** Ibidem, S. 690f. **44** Voges, Die Schlacht bei Lutter am Barenberge am 27. August 1626, 1922. **45** Villermont, Tilly, II, S. 335ff. **46** Misch, Der Weg in die Philosophie, 2. Aufl., 1950, S. 383ff. **47** Die Bibel, 15. Aufl., 1972 (kath. Ausgabe), S. 1018. **48** Span. Krankheit, 1625, o. S. in: Holl. Geschichten (Gal. XVII–474: Ex. ZBZ); vgl. Barudio, GA, S. 289: Teutsche Apotheke. **49** Förster, Briefe, I, S. 376. **50** MR, 1626, S. 54ff. **51** MR, 1626, S. 56; s. a. Sturmberger, Adam Graf Herberstorff, 1976; vgl. Schnitter, Volk u. Landesdefension, Volksaufgebote, Defensionswerke, Landmilizen in den dt. Territorien vom 15. bis 18. Jhd., 1977. **52** MR, 1626, S. 57ff.; s. a. in: DBBTI, IV (1625–1630), 1974, S. 131, Nr. 272: F (II.) über den dän. Gesandten Scultetus, der angebl. die Bauernschaft »in ihrer Rebellion wider uns verbittern« sollte. **53** MR, 1626, S. 60ff.; vgl. Stieve, Der oberösterr. Bauernaufstand des Jahres 1626, 2 Bde, 1891. **54** Ibidem, S. 62ff. **55** Albrecht, Auswärtige Politik, S. 171; zu den ökonom. Folgen dieser Niederlagen Christians s. Loose, Hamburg u. Christian IV. v. Dänemark, 1963, S. 24ff. **56** Ütterodt, Mansfeld, S. 695. **57** Ibidem, S. 698; vgl. Londorp, Acta publica,

III, S. 880. **58** Tadra (Hrsg.), Briefe Albrechts v. Waldstein an Karl v. Harrach, 1625–1627, 1879, S. 456: Ws Reaktion auf die Hofburg: »Täte ich, was man bei Hofe will, so habe ich dem Kaiser das exercitium (Heer) und die Länder verloren...« **59** Ütterodt, M, S. 709ff. **60** Droysen, Gesch. der preuß. Politik, III, 1861, S. 135; vgl. Angyal, Bethlen, in: RH, 158, 1928, S. 59. **61** Hallendorf, Lantmarskalken, in: Sveriges riddarhus, 1926; s. Barudio, GA, S. 318ff.; vgl. Lohmeier (Hrsg.), Arte et Marte, 1978: ein Sammelband zu Einzelaspekten des Adels. Der Titel entspricht dem Wahlspruch des Ritterhauses. **62** AOSB, I:3, S. 385. **63** Die Bibel, 1972, S. 1019. **64** Bertsche (Hrsg.), Abraham a Sancta Clara, 1910, S. 11, 13, 90ff. **65** Holldack, Die Reformpolitik Leopolds v. Toscana, in: HZ, 165, 1942, S. 44ff. **66** Mann, W, S. 441. **67** Straub, Pax, S. 247ff.; s. a. die Flottenpläne, die Eggenberg mit dem poln. Marschall Wolski für die Beherrschung der Ostsee und zugunsten Spaniens besprochen hat, ibidem, S. 240. **68** Bartel, Zur Kritik des Berichtes über die Brucker Conferenz, 25. November 1626, S. 17, 41, vgl. S. 46, 49: Kritik an W. von seiten pol. Kapuziner? **69** Schebek, Die Lösung der Wallensteinfrage, 1881, S. 52ff. **70** Mann, W, S. 445. **71** Vgl. die Umpolungen als Entmystifizierungen bei Horkheimer/Adorno, Dialektik der Aufklärung, 1977 (1944), S. 12ff.: »Die Menschen bezahlen die Vermehrung ihrer Macht mit der Entfremdung von dem, worüber sie die Macht ausüben«; vgl. Hennis, Amtsgedanke u. Demokratiebegriff, 1962, S. 48–64; vgl. Mantl, Repräsentation u. Identität, 1975, S. 76ff. **72** Die Opportunität ersetzte in den absol. Haus-Diktaturen die Legalität, s. hierzu auch van Klaveren, Die hist. Erscheinung der Korruption, in: VjSWG, 1957; vgl. Franzl, F (II.), S. 286: »Der Kaiser und seine Ratgeber...« **73** Franzl, aaO., S. 287ff.: Allein für seine Musiker soll das Steuer-Aufkommen der Steiermark und Kärntens im Jahre 1626 nicht gereicht haben. **74** Ibidem, S. 288. **75** Albrecht, Auswärtige Politik, S. 170; Stieve, Bauernaufstand, II, passim. **76** MR, 1626/27, S. 63, 86. **77** MR, 1627, S. 18ff. **78** Ibidem, S. 21. **79** Gregor-Dellin, Heinrich Schütz. Sein Leben, sein Werk, seine Zeit, 1984, S. 146ff. **80** Tierhatz wurde durch die Annahme legitimiert, daß Tiere keine Seele hätten, s. hierzu Bilz, Studien über Angst u. Schmerz, S. 103ff. **81** MR, 1627, S. 21–26. **82** Hemleben, Kepler, S. 124.

Teufelskreise

1 Vgl. Adorno, Negative Dialektik S. 348 (Hegel-Kritik). **2** Tocqueville, Über die Demokratie in Amerika, dt. 1976 (1951), S. 55ff. (dtv-Bibliothek). **3** Boldt, in: Der Staat, 1967; vgl. Sauer, Staatsphilosophie, S. 234ff. **4** Hemleben, Kepler, S. 114; s. a. Hammer, Johannes Keplers Ulmer Jahr. Die Rudolphinischen Tafeln u. der Ulmer Kessel, in: Ulm u. Oberschwaben, 14, 1955; ders., Keplers Rudolphinische Tafeln in China, 1950. **5** Vgl. Meisner, Staats- und Regierungsformen in Dtl. seit dem 16. Jhd., in: NWB, 17, S. 332: O. übersieht wie die absolut. Verfasser der VLB den libertären Inhalt u. Gebrauch des Terminus »Constitution« vor 1789; vgl. Barudio, FWG 25, S. 85ff. **6** CJB, 1888, S. 3; vgl. das libertäre Programm in der Präfation zur »Regierungsform« in Schweden (1634), s. u. S. 448f. **7** Eine Vorbereitung dazu findet sich in der von Ferdinand II. an W. überlassenen Patrimonial-Gerichtsbarkeit im Herzogtum Friedland, in: DBBTI, IV, S. 190, Nr. 447; s. dazu auch Ferdinands Zugeständnis, daß bei Hochverrat, W. u. seine Erben nur Leib u. Leben, aber nicht den Besitz verlieren sollen, ibidem, S. 189, Nr. 446; vgl. Holz, Herr u. Knecht bei Leibniz u. Hegel, 1968: Hat als Marxist keinen Zugang zum Vertrags- und Gegenseitigkeitsprinzip des Feudal-Systems, von haarsträubenden Latein-Mängeln ganz abgesehen. **8** Ibidem, S. 5. **9** Ibidem, S. 15 (Art. IV). **10** Barudio, FWG 25, S. 312. **11** CJB, 1888, S. 17. **12** Ibidem, S. 17; s. a. Loserth, Der Huldigungsstreit nach dem Tode des Erzherzogs Karl II. 1590–92, 1898, S. 29: zum »absolutum imperium«; vgl. Sturmberger, Ferdinand II., S. 18ff.; vgl. Kalousek, Einige Grundlagen des böhm. Staatsrechts, 1870 und Gagnér, Studien zur Ideengesch. der Gesetzgebung, 1960, S. 208ff.: G. erkennt nicht den Vertragscharakter der Gesetzg. **13** CJB, 1888, S. 5; vgl. Coing. Epochen der Rechtsgesch. in Dtl., 3. Aufl. 1976, S. 66ff.; C. Schmitt, Die Prinzipien des Parlamentarismus, in: NWB, 18, S. 48ff.; vgl. Barudio, Absolutismus, 1976, S. 170ff. **14** Wir benutzen diesen Terminus »Holoten« (von gr. »to hólon« = *das Ganze* oder auch *der Staat* im Sinne des Etatismus für die äußerst einflußreiche Richtung in Jurisprudenz u. Historie, eine Berufung auf die »Einheit« als Universalurteil und Legitimation auszugeben; s. Jessen, Der DK in Augenzeugenberichten, 1972, S. 200: »Rücksichtnahme auf das Recht kannte W nicht. Es war sein Ziel, um der Einheit des Reiches willen die Macht der Fürsten zu brechen...«; vgl. zur Einheit in der Religion Loserth, Akten u. Korrespondenzen z. Gesch. der Gegenreformation in Innerösterr. unter Erzherzog F(II.), in: FRA, II/60, 1907, S. 117ff. **15** Bezeichn. für dieses »Einheits«-Denken auch Novalis, Die Christenheit oder Europa, 1973 (1799), S. 21ff. (Reclam). **16** Vgl. Burckhardt, Richelieu, I, S. 246ff.; vgl. Barudio, FWG 25, S. 94. **17** CJB, 1888, S. 3. **18** Ibidem, S. 33 **19** MR, 1627, S. 92; s. a. Falke, Gesch. des fürstl. Hauses Liechtenstein, I–III, 1868. **20** CJB, 1888, S. 3: Sein System der Patrimonialisierung oder der Identität von Haus u. Staat wurde bald in Dänemark (1660), in Preußen (1661) und Schweden (1680) nachgeahmt, s. Barudio, FWG 25, passim. **21** Vgl. Brosch, Gesch. des Kirchenstaates, 1880; vgl. Grisar, Päpstl. Finanzen, Nepotismus u. Kirchenrecht unter Urban VIII., in: Xenia Piana, Miscellanea Historiae Pontificiae 7, 1943, S. 204–365. **22** Vahle, Die Rezeption, 1968; vgl. G. Schramm, Der poln. Adel u. die Reformation (1548–1607), 1965; s. a. der anregende Essay Die Schlachta-Genossenschaft, in: Laeuen, Pol. Tragödie, 1955, S. 58ff. **23** E. Hildebrand (Hrsg.), Sveriges Regeringsformer 1634–1809, 1891, S. 2; vgl. das frz. verfaßte trichotomische Modell für die Adels-Republik Polen bei Tunberg, En relation om Polen år 1703, in: KFÅ, 1915; Barudio, das Wohlproportionierte Regiment, 1973, passim; s. u. S. 451. **24** Gindely, Die maritimen Pläne der Habsburger u. die Antheilnahme Kaiser Ferdinands II. am poln.-schwed. Kriege während der Jahre 1627–29, in: DKAW iW, Phil.-hist. Klasse, 39:4, 1891; s. a. Schäfer, Der Kampf um die Ostsee im 16. und 17. Jhd., in: Aufsätze u. Vorträge, Bd. 2, 1913. **25** Comenius' Självbiografi, 1975, S. 32. **26** Blekastad, Comenius. Versuch eines Umrisses von Leben, Werk und Schicksal des Jan Amos Komenský, 1969; s. a. S. Göransson, Comenius och Sverige 1642–48, in: Lychnos 1957–58, S. 102–137; s. a. Wallace, The Czech Exiles and the Thirty Year's War, 1953. **27** Förster, Briefe... 1627–1634, I, S. 152ff. **28** Hallwich, Fünf Bücher, II, S. 171; vgl. Villermont, Tilly, S. 353ff. **29** Mann, W, S. 498ff.; vgl. Mareš, Die maritime Pol. der Habsburger in den Jahren 1625–1628, in: MIÖG, I–II, 1880–81. **30** Tarda, Briefe, S. 475; s. u. S. 323 die diametrale Position GAs. **31** Hallwich, Fünf Bücher, II, S. 301. **32** Hemleben, Kepler, S. 120. **33** DBBTI, IV, S. 220, Nr. 525: Georg Wilhelm hielt die Einberufung dieses Collegialtages für »eine fingierte Zeitung« (10. Okt. 1627); vgl. S. 225, Nr. 541: Der »Winterkönig« gilt als Urheber aller Mißstände im Reich (4. November 1627). **34** Bär, Die Pol. Pommerns während des DK, 1896, S. 191: Quellenanhang. **35** Ibidem, S. 186. **36** Vgl. Schadewaldt, Die Anfänge der Geschichtsschreibung bei den Griechen, Bd. 2, 1982, S. 231: S. findet zur Dimension des Rechts u. des Gerechten bei Th. keinen Zugang; vgl. Hunter, The composition of Thucydides' History. A new answer to the problem, in: Historia, 26, 1977. **37** Ütterodt, M, S. 589, Anm. 130. **38** Ibidem, S. 466; vgl. Häusser, Gesch. der Pfalz, II, S. 394ff., wo besonders »Croaten und Kosaken«, vornehmlich in den Diensten Habsburgs, als Barbaren bezeichnet werden. **39** Ibidem, S. 589ff.; Khevenhiller, Annales, X, S. 793, 808, 895. **40** Thukydides, Gesch. des PK, S. 251: Verwilderung der pol. Sitten. **41** Zit. n. Mann, W, S. 446. **42** v. Lützow, Versuch e. pragmatischen Gesch. von Mecklenburg, III, 1835; s. a. Krabbe, Aus dem kirchlichen u. wissenschaftl. Leben Rostocks. Zur Gesch. Wallensteins u. des DK, 1863. **43** Khevenhiller, Annales, XI, S. 62ff. **44** Hallwich, Fünf Bücher, II, S. 378; vgl. Schulenburg, Die Vertreibung der mecklenburgischen Herzöge Adolf Friedrich u. Johann Albrecht durch Wallenstein..., 1892; s. a. Grotefend, Meklenburg unter W..., 1901, S. 9, Anm. 3. **45** Lorenz, Briefe Ws, meistentheils über Mecklenburg... 1627 bis 1630, in: JbVMG, 40, 1875, S. 96.

46 Hemleben, Kepler, S. 123. **47** Thukydides, Gesch. des PK, S. 251. **48** Nachklang des Hansischen Weckers, 1628, o. S.: Die Positionen in dieser wichtigen Flugschrift vom »Spanischen Dominat und Rat, die Evangelischen sogenannten Ketzer auszurotten« oder »Daß Wallenstein, Kais. M:t ungehorsam, widerrechtlichen im Reich grassiere u. tyrannisiere« bezeichnen genau die Berechtigungen zur Gegenwehr; s. a. Böttcher, Propaganda u. öffentliche Meinung im prot. Deutschland (1628–36), in: ARG, 44/45, 1953/54. **49** Man denke nur an Franz Albrecht v. Sachsen-Lauenburg oder an den Dänen Holk, s. Mann, Wallenstein, S. 448 ff., S. 552 Arnim, s. hierzu Irmer, Hans Georg von Arnim, 1894. **50** Schulenburg, aaO., S. 22 ff.; Grotefend, aaO., S. 10 ff.; s. a. Vitense, Gesch. von Mecklenburg, 1920. **51** Barudio, GA, S. 53. **52** Ahnlund, GA inför tyska kriget, 1918, S. 44; vgl. Tham, Bidrag till svenska riksdagens historia 1626–1629, 1855, S. 24, 39 ff. **53** Brunn, Et bidrag til den rette Forstaaelse af Enevaeldens Indførelse i Danmark 1660, in: HTd 1880–81, S. 682 ff.: B. hat im Gegensatz zu den meisten dän. Historikern den Patrimonial- und Gewaltcharakter dieser Diktatur erkannt; vgl. Fridericia, Adelsvaeldens sidste Dage ... 1648–1660, 1969 (1894); Evjen, Die Staatsumwälzung in Dänemark im Jahre 1660, 1903; vgl. Barudio, FWG 25, S. 165 ff. **54** Ahnlund, GA, 1918, S. 44. **55** Ibidem, S. 47 ff.; vgl. Fridericia, Danmarks ydre pol., S. 35 ff. **56** Tham, AO. Hans ungdom och verksamhet intill år 1612, 1935, S. 60 ff.; Lundgren, Johan Adler Salvius. Problem kring freden, krigsekonomin och maktkampen, 1945. **57** Schieche, Die dän. Blockade Rostocks 1628 u. Schweden, in: HGbll, 77, 1959, S. 106. **58** Zum Hintergrund u. der Furcht GAs, von teutschen Hansestädten u. Dänemark angegriffen zu werden s. Norberg, Polen, S. 234. **59** W. Müller, Rostocks Seeschiffahrt u. Seehandel im Wandel der Zeiten, 1930, S. 12 ff. **60** Sverges traktater, V:1, S. 337; vgl. W. Carlsson, GA och Stralsund 1628–juli 1630, 1912, S. 40 ff. **61** Schieche, aaO., S. 108. **62** Ibidem, S. 109; s. a. Loose, Hamburg u. Christian IV. v. Dänemark, 1963, S. 31 ff.; s. a. zur Problematik der Hanse Schilling, Konfessionskonflikte u. hansestädtische Freiheiten ..., in: HGbll, 97, 1979, S. 36 ff.; vgl. Messow, Die Hansestädte u. die Habsburgische Ostseepol. im DK (1627/28), 1935. **63** Schieche, aaO., S. 110. **64** Ibidem, aaO., S. 117: Die Begründung Ws für die Erfüllung dieser Forderung war der Vorwand, GA wolle Rostock erobern; vgl. Mann, W, S. 623 ff. **65** APW, Serie II C, Bd. 1 (SK), S. 442/43: Die Beteiligung einer »Munizipial- und Mediatstadt« galt als »Präjudiz« von »Kaiser u. Reich«. **66** Messow, aaO., S. 28. **67** Schieche, aaO., S. 114; vgl. Rogge, Wallenstein u. die Stadt Rostock, in: JbVMGuA, LI, 1886, S. 328 ff. **68** Ibidem, S. 114; vgl. Mann, Wallenstein, S. 553. **69** Fock, Aus den letzten Tagen Pommerscher Selbständigkeit, 1872, S. 523 ff. **70** Förster, Briefe, I, S. 262, 308, 310 ff., 324, 336, 342; vgl. Mann, W, S. 555. **71** Barudio, GA, S. 364. **72** Ibidem, S. 366. **73** Zober (Hrsg.), Ungedruckte Briefe A. v. Ws u. GAs des Großen, 1830, S. 69. **74** Hansischer Wecker – an die Erbare Hanse-Städte, darinn erwiesen, ... 2. Das alles Päbstlich und Spannish ... mißbraucht werde, 3. Das die Stadt Stralsundt, ohne Verletzung Gewissens ... nicht hülffloß zu lassen ... Durch einen *getrewen Patrioten ...*, 1628; vgl. Grünbaum, Über die Publicistik des DK von 1626–1629, 1880, S. 97 ff.; vgl. Mareš, Die maritime Pol., S. 68 ff. **75** Mann, Wallenstein, S. 562; vgl. Ahnlund, GA inför tyska kriget, S. 100 ff. **76** SRP, 1635, S. 298: »Das wichtigste Ziel des Teutschen Krieges (scopum belli Germanici) wollen wir nun darin sehen, daß wir ein Stand im Römischen Reich erhalten würden ...«; vgl. Goetze, Die Pol., S. 238. **77** Fock, aaO., S. 346. **78** Fabri, Der rote Faden (Essays), 1958, S. 95: Einem Wort Goethes folgend – »Entwurf des Egoisten«. **79** Zit. n. Hunke, Kamele auf dem Kaisermantel, 1978 (1976), S. 13. **80** Vgl. Franz, Glaube u. Recht im pol. Denken Kaiser Ferdinands II., in: Der DK, 1977, S. 413–427; vgl. Winter, die tschechische u. slowakische Emigration in Dtl. im 17. u. 18. Jhd., 1955 und Schmertosch v. Riesenthal, Die böhm. Exulanten unter der kursächs. Regierung in Dresden, 1902. **81** W. nannte ihn einmal »verhurts Pfäffle«, s. Mann, W, S. 294, 449 ff. **82** Comenius' självbiografi, 1975, S. 58/59; s. a. Kvačala, Die pädagog. Reform des Comenius in Dtl. bis zum Ausgang des 17. Jhds, 2 Bde, 1903/04; vgl. Schaller (Hrsg.), Comenius, in: Erträge der Forschung, Bd. 19, 1977. **83** Aristoteles, Politik, dt. 1968

(1966), in: Row. Klassiker, Bd. 8, S. 10ff.; vgl. Wandruszka, Vom Begriff der »Vaterlands« in der Pol. des DK, in: Der DK, 1977, S. 175–84: W. korrigiert zwar den F (II.)-Apologeten Hurter, auch Koch mit seiner Territorial-These, erkennt aber nicht den fundamentalen Zusammenhang von »Patria« und »Constitutio« im Geist der Libertät. **84** Siehe hierzu den erschütternden Brief von Comenius an AO, in: Comenius självbiografi, S. 278 (Latein). **85** Burckhardt, Richelieu, I, S. 274–350. **86** Zit. n. Specht, Descartes, S. 27ff.; s. a. Geyl, The Netherlands, S. 233ff.; Wagenaar, Amsterdam in zijne opkomst, aanwas, geschiedenissen, 3 Bde, 1760; vgl. Barbour, Capitalism in Amsterdam in the Seventeenth Century, 1976 (1950). **87** Stolpe, Königin Christine, S. 145ff. **88** Specht, Descartes, S. 28. **89** MR, 1628, S. 45. **90** Braun, Technolog. Beziehungen zwischen Dtl. und England, 1974, S. 28, 43, 47ff., 52ff. **91** Turnbull, Hartlib, Dury and Comenius, 1947; vgl. Westin, John Durie in Sweden 1636–1638, 1936; ders., Negotiations about Church Unity 1628–1634, 1932. **92** Ahnlund, GA inför tyska kriget, S. 9: Posses Verbindung mit W., S. 90; vgl. Hoppe, Gesch. des ersten schwed.-poln. Krieges in Preußen, 1887, S. 339ff. **93** Barudio, GA, S. 110. **94** Dahlgren, Louis de Geer 1587–1652. Hans lif och verk, 1923, S. 93ff. **95** Barudio, GA, S. 212–14. **96** Vgl. Kjöllerström, Kyrka och stat i Sverige efter reformationen, in: STK, 1953; vgl. Cnattingius, Den centrala kyrkostyrelsen i Sverige 1611–1636, 1939. **97** Barudio, GA, S. 79, 268. **98** MR, 1628, S. 9ff. **99** Runeby, Monarchia mixta, 1962, S. 195: L. hatte in Leiden studiert u. wurde auf den Skytteanschen Lehrstuhl in Uppsala berufen (diese Einrichtung existiert heute noch). Seine »Synopsis juris« war die erste Systematik des Öff. u. des Privatrechtes in Schweden. **100** Zit. n. Langer, Hortus Bellicus. Der DK, 3. überarb. Aufl. 1982, S. 61: reich ausgestattet mit marx. ausgerichtetem Text. **101** Zit. n. Merzbacher, Die Hexenprozesse in Franken, 1956, S. 141ff.

Vom Elend falscher Frieden

1 Barudio, GA, S. 261/262; vgl. Norberg, Polen, S. 160. **2** AOSB, I:4, S. 295; s. a. AOSB, I:1, S. 120–204: Die Art von AO, mit den Polen unter niederl. Vermittlung zu verhandeln. **3** Vgl. Wendt, Det svenska licentväsendet i Preußen 1627–1635, 1933; zum Gesamtkomplex »Kriegsfinanzierung« von schwed. Seite s. Ekholm et alii, Det kontinentala krigets ekonomi, 1971; vgl. Torstendal, Om svenska stormaktskrigens finansiering, in: HTs, 95, 1975, S. 88–95. **4** Brulin, Stilleståndet i Altmark 1629, in: Historiska studier tillägn. H. Hjärne, 1908, S. 259ff. **5** Vgl. die Erklärung AOs entgegen der Erblehnsbestimmungen in: AOSB, I:1, S. 163: Er stellt die Absetzung Sigismunds III. u. die Einsetzung Karls IX. durch die Stände höher als das Erblehnsrecht, argumentiert demnach politisch, um den Vorwurf der »Usurpation« abzuwehren. **6** Machiavelli, Discorsi, 2. verb. Aufl., dt. 1977, S. 23; Poehlmann, Die Wirtschaftspol. der Florentiner Renaissance u. das Prinzip der Verkehrsfreiheit, 1878. **7** Die Bibel, S. 802: Jesaia 5,8. **8** Zit. n. Straub, Pax, S. 315, Anm. 99; vgl. Gachard, Histoire politique et diplomatique de Pierre-Paul Rubens, 1877; vgl. Michel, Les missions diplomatiques de Pierre-Paul Rubens (1627–30), in: RdDM, 143, 1897, S. 409–443. **9** Straub, Pax, S. 322f.; zur Problematik des »Protektorats« vgl. a. Stein, Protection Royale ... 1622–1643, 1978, S. 7ff.: Die Positionen von Bodin, Grotius und Pufendorf – P. als »ungleicher Vertrag«. **10** Dominguez Ortiz, Politica y hacienda de Felipe IV, 1960, S. 288ff. **11** Straub, Pax, S. 360. **12** Quazza, La guerra per la sucessione de Mantova e del Montferrato 1628–31, 2 Bde, 1926. **13** Straub, Pax, S. 335ff. **14** Bär, Die Pol. Pommerns, 1896, S. 120ff. **15** Straub, Pax, S. 334ff.: Ss Kritik an Vertretern der span. Machthistorie wie Rodenas Vilar oder Alvarez, welche die »reichsrechtl. Stellung des Kath. Königs gänzlich außer acht lassen«, S. 332 kann nur zugestimmt werden. **16** »Sequester« bedeutete die Verfügung über ein Lehen, bis dessen rechtliche Zuerkennung geklärt war; vgl. Gonzalo de Cordobas Besetzung von Montferrat bei Quazza, La guerra, I, S. 56, 155. **17** Straub, Pax, S. 359 ff. **18** Mann, W, S. 654. **19** Ritter, Der Ursprung des Restitutionsediktes, in: Der DK, 1977, S. 136 ff. (in: HZ, 1896, S. 62–102). **20** Vgl. Maravall, La teoría española, 1944, S. 84 ff. **21** Mousnier, La vénalité des offices sous Henri IV et Louis XIII, 2. Aufl., 1971. **22** Burckhardt, Richelieu, II, S. 18 ff.: B. ist hier in der Zuordnung recht unsicher, weil er die Rechtslage vernachlässigt. **23** Dieser Einsatz ist als Kampf für den Absolutismus mißverstanden worden, in Wirkl. ging es aber Richelieu um die Sicherung der »Fundamentalgesetze«, vgl. Mousnier, Les institutions de la France sous la Monarchie absolue, I, 1974, S 503; vgl. auch Wollenberg, Richelieu, 1977, S. 96: »Rechtsprinzipien u. pol. Handeln bei Richelieu«; vgl. demnächst Barudio, in: HPI (Piper): Das »depositäre« Königtum; vgl. v. Albertini, Das pol. Denken in Frankreich zur Zeit Richelieus, 1951. **24** Vgl. Tupetz, Der Streit um die geistl. Güter und das Restitutionsedikt 1629, 1883. **25** BuA, 11, S. 856 ff.; Ritter, Restitutionsedikt, S. 140 ff. **26** Ritter, Restitutionsedikt, S. 146: Berufung der kath. Reichsstände während des Reichstages von 1603. **27** Ibidem, S. 156 ff. **28** Vgl. Mitteis, Die Rechtsgesch. u. das Problem der historischen Kontinuität, in: ADAWzB, 1947, S. 3–25; vgl. v. See, Kontinuitätstheorie u. Sakraltheorie in der Germanenforschung, 1972; wie relevant diese Theorie ist, zeigt sich in der Diskussion um den Fortbestand der Konkordate trotz staatlicher Veränderungen oder hins. der Rechtsdauer des »Deutschen Reiches«. **29** Remling, Gesch. der Bischöfe von Speier, 2, S. 471. **30** MR, 1629, S. 9; s. a. unten zur Frage der Schweizer »Exemtion« S. 553 ff. **31** Ibidem, S. 6; vgl. BuA, 11, S. 823 zur »gesperrten Justiz«, Verminderung der kais. Macht., Steigen der Verbitterungen, Drohung mit »offenem Krieg«, wonach »unfehlbar die benachbarte Krieg aus Niederland, Dänemark, Schweden, Italia ... in das liebe Vaterland gezogen ...« **32** Mann, W, S. 604. **33** Ritter, Restitutionsedikt, S. 172: Gegen den Sohn August von Kurfürst Johann Georg wurde Ferdinands II. Sohn Leopold Wilhelm in Magdeburg zum Erzbischof »gewählt«; s. Anthieny, Der päpstl. Nuntius Carlo Carafa, 1869; s. a. Albrecht, Gregor XV., 1956, S. 1–18. **34** AOSB, I:4, S. 277 f. **35** Lundgren, Salvius, S. 34 ff. **36** MR, 1629, S. 24; vgl. Lundgren, Salvius, S. 341 ff. **37** Grotius, De iure belli ac pacis, 1950, S. 310: »Ob man die Gesandtschaft immer annehmen muß?« **38** MR, 1629, S. 46; vgl. Fridericia, Danmarks ydre, I, S. 48 ff.: Diese »Friedens«-Verhandlungen mit ihren »Possen« u. der Geheimniskrämerei (»in secreto secretissimo« – Wallenstein) gehören in ihrem Macht-Schacher zu den würdelosen Kapiteln der europ. Gesch. **39** Fridericia, Danmarks ydre, I, S. 49 ff.: Christian IV. soll sich auf »zuverlässige Vertröstungen« von Wien für Mecklenburg verlassen haben; vgl. Wilmanns, Der Lübecker Friede, 1629, 1905, S. 70 ff.; vgl. Suvanto, Die dt. Politik, S. 27 ff. **40** Barudio, GA, S. 432; vgl. Mann, W, S. 692 ff.: »Die kaiserlichen Vertreter langten pünktlich an, die Dänen spät, die Schweden nie ...«, s. a. AOSB, II:1, S. 580 ff. **41** Akten zu diesem Versuch in: StAN, SK 1, fol. 34, 74, 383, 570 ff. **42** SRP, 1629, S. 222; Barudio, GA, S. 393.

ZWEITES BUCH

Des Himmels Raum erbebet

1 Nordström, Lejonet från Norden, in: Samlaren, 1934; vgl. Böttcher, Die schwed. Propaganda im prot. Dtl. 1628–36, 1951; s. a. Barudio, GA, S. 441 ff. **2** StAN, SK 1, fol. 34: Die Fränk. Stände beriefen sich in ihren Rechtseinreden immer wieder auf den »mentem constitutionis« (Geist der Verfassung), während sich F (II.) auf den »Buchstaben des Religionsfriedens« versteifte; vgl. Post, A Romano-Canonical Maxim, »Quod omnes tangit«, in: Traditio, 4, 1946, S. 197 ff. **3** Vgl. Hurter, Friedensbestrebungen Kaiser F (II.), 1860, passim; vgl. Franz, Glaube u. Recht im pol. Denken Kaiser F (II.), in: Der DK, 1977 (1958), S. 422 ff. **4** Grotius, De iure belli ac pacis, S. 83; zur Problematik des Widerstandes von unten nach oben S. 118 u. zur Billigung des »letzten Notrechts« S. 121ff. (dt. Ausgabe). **5** Berner, GA, 1982, S. 320ff.; s. a. zur konfess. Lage dieser zu etwa neun Zehntel luth. Reichsstadt mit kath. Bischofssitz Fassl, Literaturbericht Augsburg, in: Probleme der Integration Ostschwabens in den bayer. Staat, 1982, S. 289. **6** StAN, SK 1, fol. 75ff. **7** Erlanger, Richelieu, S. 357ff. **8** Burckhardt, Richelieu, I, S. 376ff. **9** Der Aufstand der Notablen von Aix für »die Freiheit des Landes« war wie die spätere Fronde ein Ausdruck der forcierten Entpolit. des Ständewesens, s. Erlanger, Richelieu, S. 356; vgl. Burckhardt, Richelieu, I, S. 416: Zum »Tag der Geprellten«. **10** Erlanger, Richelieu, S. 347ff.; vgl. Dethan, Mazarin avant le ministère, in: RH, 227, 1962, S. 33–65. **11** StAN, SK 1, fol. 74, 383ff., 570ff.; s. a. Weigel, Franken im DK, in: ZBLG, 5, 1932, S. 1–50 und S. 193–218. **12** Kenyon, The Stuart Constitution 1603–1688. Documents and Commentary, 1966, S. 82; vgl. Relf, The Petition of Right, 1917. **13** Gardiner, History of England ... 1603–42, VI, 1883/84, S. 167ff. **14** Hale, The history of the Common Law of England, 1971, S. 3. **15** Kenyon, Constitution, S. 83ff. **16** Die Auseinandersetzung um den »Case of Ship-Money«, mit dem die Flotte ohne Zustimmung des Parlaments ausgerüstet werden sollte, zeigt den engen Zusammenhang von Innen- und Außenpol., s. Cobbett (Hrsg.), Complete Collection of State Trials, III, 1809, S. 1382ff.; s. a. Gardiner (Hrsg.), Notes of ... Sir George Croke in the case of shipmoney, in: The Camden Miscellany, 7, 1965 (1875), S. 3: Es ist dem König ohne Parlament nicht erlaubt, das Eigentum von Freien zu belasten – »freemen, whose property none may invade«. **17** Vgl. Kearney, The Eleven Year's Tyranny of Charles I., in: Transactions of the Royal Historical Society, 3:IV, 1910, S. 142ff. **18** Straub, Pax, S. 395, Anm. 48. **19** Weiß, Unterstützung, S. 99, 102ff. **20** Barudio, GA, S. 407. **21** Albrecht, Auswärtige Politik, S. 226; vgl. Straub, Pax, S. 396; s. a. H. Weber, Frankreich, Kurtrier, der Rhein und das Reich 1623–1635, 1969, S. 76ff.: das frz. Projekt einer »Kaiserkandidatur« Maximilians. **22** Straub, Pax, S. 332ff.; vgl. Albrecht, Auswärtige Politik, S. 205; s. a. zu den Ausgleichs-Bemühungen der Kurie Lutz, Bagno, S. 457–471. **23** Barudio, GA, S. 364. **24** AOSB, II:1, S. 446; GA »Om Sveriges deltagande i det tyska kriget«. **25** Runeby, Monarchia mixta, passim; Barudio, Das Wohlproportionierte Regiment, passim; vgl. Schieche, Der schwed. Ratskonstitutionalismus im 17. Jhd., in: Festgabe f. M. Braubach, 1964. **26** AOSB, II:1, S. 588–596: Instruktion des Königs zu den Friedensverhandlungen mit dem Kaiser im April 1630 (Latein). **27** Vgl. Diwald, W, 1975 (1969), S. 443ff. **28** AOSB, II:1, S. 396ff.: GA machte dem Kanzler am 1. April 1628 in dieser Hinsicht begründete Vorschläge. **29** Barudio, GA, S. 385. **30** Westrin, Philip Sadlers Beskickning till Siebenbürgen 1626, in: HTs, 1890. **31** AOSB, II:1, S. 409ff. **32** B. Boëthius, Filip Sadlers beskickning 1629–30, in: HTs, 1917, S. 209; zur Charakteristik des »Hoëpriesters« und Calvinisten-Hassers s. Gregor-Dellin, Schütz, S. 97/98 (ohne Nachweis); vgl. Knapp, Matthias Hoë von Hoënegg, 1902, S. 28ff. **33** Zum hohen Einfluß dieses Jesuiten s. Posch, in: MIÖG, 63, 1955, S. 375–390; s. a. Dudik, Corespondenz Kaiser F (II.) ... mit ... Pater Wilhelm Lamormaini, in: AÖG, 54, 1876, S. 219–350. **34** Zu dieser wichtigen Zusammenkunft immer noch inform. Heyne, Der Kurfürstentag zu Regensburg von 1630, 1866. **35** Boëthius, aaO., S. 210. **36** Ibidem, S. 218: Sadlers Formulierung im Schreiben an Adler Salvius vom 8. Jan. 1630. **37** Ibidem, S. 219: Brief an GA Mitte Jan. 1630. **38** Vgl. L. Weibull, De diplomatiska förbindelserna mellan Sverige och Frankrike 1629–1631, 1899. **39** Boëthius, aaO., S. 220. **40** Ibidem, S. 221. **41** Ibidem, S. 223f. **42** Ibidem, S. 221. **43** Ibidem, S. 226. **44** Klopp, Tilly, II, 1861, S. 127: zur Uneinigkeit im Reich und die Unterscheidung der Schweden zwischen »Kaiser« und »Liga«. **45** Ernstberger, Gesammelte Aufsätze, 1959, S. 293. **46** Vgl. Ernstberger, Wallenstein als Volkswirt, in: Ges. Aufsätze, S. 275: Zieml. Fehleinschätzung der Kriegsfinanzierung von GA u. Überbewertung der Entpolit. des Ständewesens. **47** Ernstberger, aaO., S. 272: Gleichschaltung der »Zentralbehörden ... aus der Not der Zeit«; s. a. ders., Wallenstein und »Chimicus« Eckhardt, aaO., S. 331: zum Berg-Regal und der Überwachungsmanie. **48** Fagniez, Le Père Joseph et Richelieu (1577–1638), I, 1894, S. 411ff.; vgl. R. Keller, Die Friedensverhandlungen zwischen Frankreich und dem Kaiser auf dem Regensburger Kurfürstentag 1630, 1902. **49** Vgl. H. Weber, Frankreich, Kurtrier, S. 100ff.: Bei W. ist die konstitut. Dimension trotz »Sach«-bezogener Darstellung der Machtinteressen ausgeblendet; vgl. nur die Instruktion für die pomm. Gesandtschaft nach Regensburg bei Bär, Pommern, 1896, S. 260; s. a. die Allianz zwischen Pommern u. Schweden zum Schutz der »Libertät«, ibidem, S. 264: – »wider all Unrecht und Gewalt«; vgl. Albrecht, Auswärtige Politik, S. 275: Richelieus Anweisungen für Marcheville, unter Wahrung der Reichsverfassung die »Wahl« Ferdinands III. zu verhindern, was gelingen sollte. **50** Ernstberger, Hans de Witte. Finanzmann Ws, 1954, S. 416ff. **51** Mann, W, S. 717ff. **52** Vgl. Klopp, Tilly, II, S. 86ff. **53** Hallwich, BuA, I, S. 141ff. **54** Fagniez, Le Père Joseph, I, S. 445ff. **55** Zit. n. Grotefend, Meklenburg, S. 12. **56** Mann, W, S. 693. **57** s. o. S. 320. **58** Barudio, GA, S. 358ff. **59** Fichte, Schriften zur Revolution, S. 129. **60** Ahnlund, Öfverläggningarna i riksrådet om tyska kriget 1628–1630, in: HTs, 1914, S. 112–114: GAs Begründung des »rechtmäßigen Krieges« aus dem Natur- und Notwehrrecht. **61** AOSB, II:1, S. 399: GA an AO über die Gefahr, daß »der Feind durch des Kaisers und Spaniers Aufrüstung zu Wasser mächtig werden würde«; vgl. Straub, Pax, S. 442ff. **62** Barudio, GA, S. 390ff. **63** Ibidem, S. 394. **64** Grotius, De iure belli ac pacis, S. 61, 83, 150ff. **65** SRP, 1629, S. 228/29. **66** SRAP, 1630, S. 630. **67** Ibidem, S. 631. **68** Entgegen der Haudegen-Vorstellung s. Barudio, GA, passim. **69** Mann, W, S. 729: das Klischee vom »hellen« Helden. **70** In dieser Formel drückte sich auch das »Einkreisungs«-Syndrom aus, s. dazu die nicht überzeugende Kritik von F. P. Jessen, Den danske »indkredsning« af Vasatidens Sverige, in: HTd, 76, 1976, S. 9ff.; beachte auch die Übernahme des Schlachtrufs »Gott mit uns«: Wir hoffen, auf die Schweden-Rezeption im Zweiten Reich zurückkommen zu können. **71** AOSB, II:1, S. 612. **72** Barudio, GA, S. 335ff. **73** Ibidem, S. 440. **74** Vgl. K. Hildebrand, Upsala möte 1593, 1893; vgl. Clason, Studier i 1600-talets svenska statsrätt, in: StvT, 1901. **75** Zur Lage nach der Landung s. den Bericht von Grubbe, in: SKA, I, S. 697ff. **76** Vgl. Roberts, GA and the Art of War, in: Essays in Swedish History, 1967; s. a. Hoenig, Memoiren engl. Offiziere im Heere GAs und ihr Fortleben in der Literatur, in: Beiträge z. neueren Philologie, 1902. **77** Grotius, De iure belli ac pacis, S. 441ff. **78** Barudio, GA, S. 450/51; s. a. den Abdruck bei Goetze, Die Pol. des schwed. Reichskanzlers Axel Oxenstierna gegenüber Kaiser und Reich, 1971, S. 349–365. **79** Bär, Pommern, 1896, S. 78: B. deutete GAs Begründung der Intervention als »Erdichtung«, um den Pommern-Herzog zu beruhigen. **80** Ibidem, S. 77: Das Bemühen des Herzogs um »Neutralität«; vgl. v. Chemnitz, Gesch. des schwed. in Dtl. geführten Krieges, I, S. 60ff.; s. a. die Rede GAs, in: Bär, Pommern, Quellen-Anhang, S. 277: »Dann so viel als ich erfahren habe ex politicis heißt es ›Treu Herr, treu Knecht‹. Obligatio reciproca. Dahero Churfürst zu vermahnen, beizutreten.« **81** Goslinga, The Dutch in the Carribean and on the Wilde Coast, 1580–1680,1971; vgl. Boxer, The Dutch in Brazil, 1624–54, 1973 (1957); s. a. Israel, The Dutch Republic, 1982, S. 190ff. **82** Die Überfahrt dauerte in der Regel acht bis zehn Wochen, wenn der Wind günstig war, s. hierzu Ernstberger, Abenteurer des DK, 1963, S. 73ff. (Stephan Karl Behaim, s. u. S. 478ff.). **83** MR, 1629, S. 14; MR, 1630, S. 11–14, 55, 73; s. a. Newer Unpartheyischer Teutscher Celer Nuncius, 1630, S. 38. **84** Vgl. G. Franz, Der DK und das dt. Volk, in: Arbeiten zur Landes- und Volksforschung, VI, 1940; zu den Klagen über »unerträgliche Kriegspressuren« s. HHStAW Kriegsakten 68–81. **85** Wendt, Det svenska licentväsendet i Preußen 1627–35, in: UUÅ, 2, 1933. **86** Über Umfang u. Erlös aus dem russ. Getreidehandel hat es eine heftige Kontroverse u. Rechnerei gegeben, s. Poršnev, Russkie subsidii Švecii vo vremja tridcatiletnej voiny, 1945; korrigiert von Ekholm, Rysk spannmål och svenska krigsfinanser 1629–1633, in: Scandia, 40, 1974, S. 57–103; s. a. Barudio, Moskau u. der DK, in: HGR, Bd. 2, 1981, S. 91 mit weiterführ. Lit. **87** Barudio, GA, S. 462; s. a. Ekholm et alii, Det kontinentala krigets ekonomi, passim. **88** AOSB, II:1, S. 649ff.; s. a. S. 655: zu den Operationszielen dieser Armeen. **89** Ibidem, S. 666, 668, 671ff. **90** Ibidem, S. 669. **91** Ernstberger, Ws Heeressabotage und die Breitenfelder Schlacht, in: Gesamm. Aufsätze,

S. 298ff.; vgl. Loewe, Die Organisation u. Verwaltung der Wallensteinischen Heere, 1895. **92** Pastor, Gesch. der Päpste, II:2, 1929, S. 922ff. **93** Albrecht, Auswärtige Politik, S. 212ff., 215; vgl. Lutz, Bagno, S. 397. **94** Luthers Werke, VI, S. 416ff. **95** Vgl. Klopp, Tilly, II, S. 104ff.; vgl. Albrecht, Auswärtige Politik, S. 273ff.; ders., Zur Finanzierung des DK, in: ZBLG, 19, 1956, S. 534–567. **96** Ernstberger, Heeressabotage, in: Ges. Aufsätze, Beilagen, S. 321. **97** Mann, W, S. 732ff. **98** Hemleben, Kepler, S. 133. **99** Franzl, F (II.), S. 290ff. **100** Fölsing, Galileo Galilei. Prozeß ohne Ende, 1983, S. 418ff. **101** Zit. n. Hemleben, Kepler, S. 133.

Wendepunkte

1 Russo, La politica del Vaticano nella Dieta di Ratisbona del 1630, in: ASI, 84, 1926, S. 25–88, S. 233–285: Maximilians Reaktion auf die Verwüstung von Liga-Quartieren durch kais. Truppen, damit Wallenstein »allein die Waffen in der Hand habe, Schiedsrichter über alles sei, um alles nach seinem Gutdünken zu regieren, ohne Rücksicht auf die Kurfürsten u. die anderen Stände des Reiches«, S. 245f. **2** AOSB, II:1, S. 654. **3** Ibidem, S. 656. **4** Vgl. zur Streitfrage über den Einfluß jap. Kupfers im Handel der Holländer u. hins. Schweden Olsen, Prof. Eli Heckscher og det japanske Kobber, in: Scandia, 1938; vgl. Heckscher, Den europeiska kopparmarknaden under 1600-talet, in: Scandia, 1938, S. 223; vgl. Glamann, Dutch-Asiatic Trade, 1620–1740, 1958; vgl. Blussé, The Dutch Occupation of the Pescadores (1622–1624), in: TICOiJ, XVIII, 1975, S. 29–44. **5** Israel, The Dutch Republik, S. 204ff., s. a. S. 51ff.: zur Lage im Ostseehandel; vgl. Kellenbenz, Spanien, die nördl. Niederlande u. der skandinavisch-balt. Raum in der Weltwirtschaft u. Politik um 1600, in: VjSWG, XLI, 1954, S. 289–332. **6** Machiavelli, Discorsi, dt. 1977, S. 261/262: In der Forsch. u. Literatur werden die Subsidien-Zahlungen z. B. Frankreichs an Schweden eher als Schwäche der letzteren Macht ausgelegt; vgl. Lundkvist, Svensk krigsfinansiering 1630–1635, in: HTs, 86, 1966, S. 418–421; s. a. auch seine dt. Zusammenfassung, in: Der DK, 1977, S. 298–303: Probleme der Eigenfinanzierung. **7** Sverges traktater, V:1, S. 440ff.; s. a. Barudio, GA, S. 476ff.; vgl. Burckhardt, Richelieu, II, S. 341ff. **8** Sverges traktater, V:1, S. 439; vgl. Albrecht, Auswärtige Politik, S. 309. **9** Die Verwirrung, zunächst selbst bei Max. und bei der Kurie, erscheint verständlich, s. Albrecht, Auswärtige Politik, S. 310ff., tatsächlich aber war dies ein entscheidender Schritt hin zum Frieden; s. u. S. 557. **10** AOSB, II:1, S. 277ff. **11** Barudio, GA, S. 449. **12** Ritter, Gesch., 3, S. 480ff.; vgl. Roberts, Gustavus Adolphus, II, S. 483ff.; s. a. Albrecht, Auswärtige Politik, S. 311ff. **13** Vgl. Mann, W, S. 742ff.; zum frz. Einfluß auf die »Dritte Partei« s. Fagniez, Pére Joseph, II, S. 487–90, 574ff. **14** Wittich, Magdeburg, GA u. Tilly, I, 1874, S. 591f. **15** AOSB, II:1, S. 42ff. **16** Irmer, Arnim, passim. **17** MR, 1631, S. 73–75. **18** Zum Convents-Beschluß s. Londorp, Acta publica, IV, S. 141ff.; Wittich, aaO., S. 614–616. **19** AOSB, II:1, S. 703; zur wichtigen Eroberung dieser Oder-Stadt s. Plage, Einnahme der Stadt Frankfurt a. d. Oder, 1931. **20** Zu dieser Bündnispol. s. B. Boëthius, Salvius i den Nedersaxiska Kretsen Maj–Dec. 1631, in: HTs, 1910, Quellen-Anhang, S. 194: GA an Adler Salvius. **21** Vgl. Opgenoort, Friedrich Wilhelm, I, 1971, S. 75ff. **22** Boëthius, in: HTs, 1910, S. 195. **23** Ibidem, S. 197ff. **24** Barudio, GA, S. 493ff. **25** Sticht, Markgraf Christian von Brandenburg-Kulmbach u. der DK in Ostfranken 1618–1635, 1965, S. 37ff. **26** Ibidem, S. 114. **27** Zur Belastung des Fränk. Kreises hins. der Kontribution für F (II.) s. v. Soden, Kriegs- u. Sittengesch. der Reichsstadt Nürnberg, III, 1860, S. 233ff.; Sticht, aaO, S. 115. **28** Sticht, aaO., S. 116. **29** Klopp, Tilly, II, S. 180ff.; vgl. Khevenhiller, Annales, XI, S. 1617: F (II.) Zustimmung für den Leipziger Conventstag auf dessen »Beschluß« bezogen und nicht aus der Verantwortung der Reichsstände für den Landfrieden. **30** Meinecke, Staatsräson, 1976, S. 130; vgl. Franzl, F (II.), S. 307: F. deutet die Haltung der Kurfürsten gegen diesen Kaiser u. gegen Wallenstein als »Erpressung«. **31** Wie zäh sich diese Ansicht halten konnte, daß konfess. Einheitlichkeit, absolutist. Zentralisierung u. Abschaffung des pol. Ständewesens den Nations-Werdungsprozeß bestimmt habe, s. bei Berglar, Der Löwe aus Mitternacht, in: Rheinischer Merkur, Nr. 41, 8. Okt. 1982, S. 34. **32** In der Flut der »Magdeburg«-Literatur halten wir uns an die materialreiche Monographie von Wittich, Magdeburg, Gustav Adolf u. Tilly, 1874, S. 75, 611. **33** Ibidem, S. 113; vgl. Ranke, Gesch. Ws, S. 217: Es wäre eine wichtige Aufgabe, einmal den Fanal-Charakter solcher »Opfer« vergleichend zu untersuchen. **34** Ibidem, S. 62: Ein Gedicht mit den Zeilen – »So Lutherische Lucretia,/ Aufrechte deutsch' Constantia,/ Bin ich in ewiger Gloria...« **35** Ibidem, S. 106ff., 504ff., 563ff. **36** Ibidem, S. 131ff. **37** Zur Exekution des Ediktes s. Wittich, aaO., S. 134ff.; vgl. Khevenhiller, XI, S. 448ff. **38** Mann, W, S. 628–31. **39** Guericke, Gesch. der Belagerung, Eroberung u. Zerstörung v. Magdeburg, 2. Aufl., 1882 (1631). **40** Guericke, Experimenta nova... de vacuo spatio, 1672 (1663), dt. 1881; s. a. F. W. Hoffmann, Otto von Guericke, 1874. **41** Ibidem, S. 118ff.: »Motive der That«, vgl. S. 155; »Guericke u. die angebl. Verrätherei in Magdeburg«. **42** Ibidem, S. 133; s. a. Ws Unterscheidung von »Pöbel« und »Obrigkeit« (Zwei Nationen) in der Stadt bei Mann, W, S. 628. **43** AOSB, II:1, S. 635ff. (dt.), S. 709: »wir möchten Magdeburg gerne entsetzen...« **44** Ibidem, S. 706ff. **45** Ibidem, S. 708. **46** Neben Schillers Wort vom »Sonnenblick des Genies« s. a. Wittich, Magdeburg, S. 495: »in dem Lichte des Retters«. **47** AOSB, II:1, S. 720. **48** Ibidem, S. 724ff. **49** Wittich, aaO., S. 478. **50** Ibidem, S. 475ff. **51** Ibidem, S. 478. **52** Ibidem, S. 481. **53** Ibidem, S. 75ff.: »Urheber und Exekutoren der That«, 648ff. **54** Ibidem, S. 489; vgl. o. S. 236: das »Jungfrau«-Motiv auf Ms Kampffahnen. **55** Vgl. o. S. 169: die Panik beim Fußvolk der Böhmen. **56** s. o. S. 356. **57** Wittich, aaO., S. 510/11: GAs frühe Überzeugung, wie wichtig M. zur Beherrschung des HR sei. **58** Ibidem, S. 564: GA zum Verhältnis von Kaiser und Reich – der K. sei »nicht *absolutus dominus,* sondern auf eine gewisse Capitulation gewählt; wenn die nicht gelten würde, so wären auch Kur- und Fürsten ihres Orts nicht weiter verbunden«. **59** Sverges traktater, V:1, S. 476ff.; vgl. Geyso, Die schwedenfreundliche Politik Hessens im Jahre 1631–1634, 1923; s. a. Barudio, GA, S. 497–99. **60** Altmann, Landgraf Wilhelm V. von Hessen-Kassel im Kampf gegen Kaiser und Katholizismus 1633–1637, 1938, S. 9ff. **61** Rommel, Gesch. Hessens, VIII, passim. **62** Barudio, GA, S. 502ff. **63** Sticht, Christian, S. 117. **64** Ibidem, S. 118. **65** R. Weber, Würzburg u. Bamberg, S. 9. **66** Barudio, GA, S. 484ff. **67** AOSB, II:1, S. 731; s. a. v. Rauch, Zur Gesch. des schwed. Dominium Maris Baltici, in: WaG, 12, 1952. **68** AOSB, II:1, S. 738; s. a. Norrman, Gustaf Adolfs politik, S. 12ff.; vgl. Leitsch, Eine Kriegsberichterstatterin des 17. Jhds: Zum Smolensker Krieg der Jahre 1632–1634, in: Festschr. f. G. Stökl, 1977, S. 79–93. **69** AOSB, II:1, S. 745. **70** Ibidem, S. 735ff. **71** Ibidem, S. 737ff. **72** Wittich, Magdeburg, I, S. 122: Tilly läßt den Dom »rekatholisieren«, S. 152, Anm. 1; vgl. Klopp, Tilly, II, S. 295: zur Reaktion über den Fall Magdeburgs auf papist. Seite: »Allein kein Hohn, kein Spott, kein Jubel darin tritt uns vor Augen.« **73** Schreiber, Maximilian I. der Katholische, Kurfürst von Bayern, 1868, S. 504. **74** Wittich, Magdeburg, I, S. 735ff. **75** Sveriges traktater, V:1, S. 476ff. **76** Ibidem, S. 482: »absolute Direktion« meint hier die ›letzte Entscheidung‹ nach libertärer Vorberatung u. hat nichts mit Absolutismus zu tun. **77** Kriegs-»Diarium«, in: HH, 30:3, S. 27ff.; s. a. Barudio, GA, S. 505/06; vgl. Wittich, Magdeburg, I, S. 757ff. **78** Der letzte große Sieg in einer offenen Feldschlacht gelang bei Nieuport im Jahre 1600 (Moritz v. Oranien). **79** Fox, Alexander der Große, dt. 1977 (1974), S. 313ff. **80** Zur Kampfanlage s. die ausgezeichnete Studie von S. Lundkvist, Slaget vid Breitenfeld, in: HTs, 1963, S. 23ff.; Barudio, GA, S. 504–519. **81** Liddell Hart, Große Heerführer, dt. 1968, S. 65: LH kultiviert auch das Klischee vom »Bauernheer« (S. 71) u. der »Militärmonarchie« (S. 72), gerade GA hat das Studium der antiken Kriegstheoretiker gefördert, LH weiß davon nichts (S. 96). **82** AOSB, II:1, S. 742: GAs Bericht zu dieser Schlacht an AO. **83** Wir hoffen, auf die Clausewitz-Position in einem Aufsatz eingehen zu können. **84** AOSB, II:1, S. 742. **85** Albrecht, Auswärtige Politik, S. 321: A. bemüht die Clausewitz-

Erklärung von der »politischen Entscheidung« gegen Wien; vgl. Roberts, Gustavus Adolphus, II, 1958, S. 539ff. **86** AOSB, II:1, S. 745/46ff.; vgl. Hallwich, W und die Sachsen in Böhmen 1631–1632, in: Forschungen z. dt. Gesch, 21, 1881. **87** A. Boëthius, Romanus Nicephori och Gustav Adolf, in: HTs, 1912, S. 296–303. **88** Barudio, GA, S. 535ff. **89** K. Fischer, Der Werdegang der Kinderzeche, in: Festschr. z. Dinkelsbühler Schwedenjahr 1982, 1982; s. a. dort Bogenberger, Die Einnahme Dinkelsbühls durch die Schweden 1632, S. 13–37 mit wertvollen Angaben zu Preisen u. Löhnen. **90** Das gestufte Abstrafen galt als Einübung in den »Gehorsam« und als Austreibung der »Faulheit«, vgl. Ratke, Allunterweisung nach der Lehrart Ratichii, 1619, in: Münch (Hrsg.), Ordnung, dtv-Dokumente, 1984, S. 132ff. **91** Grimmelshausen, Simplicissimus, 19 (reclam), S. 49. **92** Vgl. Buck, Die Rangstellung des Menschen in der Renaissance: dignitas et miseria hominis, in: Archiv f. Kulturgesch. 42, 1960, S. 61–75. **93** Barudio, GA, S. 66ff. **94** Johansen, Betrogene Kinder. Eine Sozialgesch. der Kindheit, 1978, S. 120/121. **95** Barudio, GA, S. 345, vgl. S. 429; AOSB, II:1, S. 612: zur Korruption von Offizieren. **96** Fina (Hrsg.), Klara Staigers Tagebuch, 1981, S. 82. **97** Ütterodt, M, S. 648/49. **98** Merzbacher, Die Hexenprozesse in Franken, in: Schriftenreihe z. bayr. Landesgesch., 56, 1970. Spee, Cautio Criminalis, 1631 (1971); s. a. Geilen, Die Auswirkungen der Cautio criminalis von Friedrich v. Spee auf den Hexenprozeß in Dtl., 1963. **99** AOSB, II:8, 1897, S. 49ff.; s. a. Barudio, GA, S. 479ff. **100** AOSB, I:6, 1918, S. 430ff. **101** Agneta Horns lefverne, 1908, passim. **102** Minsberg, Gesch. der Stadt u. Festung Großglogaus, 1853, Bd. 2, S. 94. **103** Zit. n. Szyrocki, Andreas Gryphius, Sein Leben u. Werk, 1964, S. 16. **104** Ibidem, S. 17. **105** Grimmelshausen, Springinsfeld, (1670), 1976 (Reclam), S. 24, 36, 58ff. **106** Comenius, Informatorium der Mutterschul, 1633 (1898); vgl. Ariès, Gesch. der Kindheit, dt. 1976. **107** s. a. Ditfurth, Die historisch-politischen Volkslieder des DK, 1882.

Lichtblicke

1 Hemleben, Kepler, S. 67ff. **2** Stadtarchiv Ffm, Menning- oder Bürgermeisterbuch, 1631, fol. 71–74. **3** Egler, Spanier, passim; vgl. Kessel, Spanien, 1979, S. 81: Kooperation des Mainzer Kurfürsten mit Spinola. **4** Kessel, aaO., S. 85ff.; vgl. Albrecht, Richelieu, GA u. das Reich, 1959. **5** Barudio, GA, S. 221ff. **6** Kriegs-»Diarium«, in: HH, 30:3, S. 35ff. **7** Barudio, GA, S. 551ff.; vgl. H. Burkhard, Anselm Casimir Wamboldt von Umstadt. Erzbischof u. Kurfürst von Mainz (1629–1647), in: Archiv f. hess. Gesch. u. Altertumskunde, NF 13, 1922, S. 334–380. **8** Barudio, GA, S. 541ff. **9** Brück, Gesch. der Stadt Mainz... Vom Verlust der Stadtfreiheit bis zum Ende des DK (1462–1648), 1972. **10** H. D. Müller, Der schwed. Staat in Mainz 1631–1636. Einnahme, Verwaltung, Absichten, Restitution, 1979: oft ungenau in Angabe u. Bewertung der schw. Verhältnisse und Absichten, S. 17, 19, 22, 240ff. **11** Schiller, Gesch., 1985 (Manesse), S. 403ff.; s. a. Doeberl, Das Kaiserprojekt u. die letzten Absichten GAs nach bayer. Auffassung, in: Forschungen z. Gesch. Bayerns, 15, 1907, S. 202–208. **12** Dieses Grundverhalten zeigt sich bis in Konfiskations- und Lehnsangelegenheiten hinein, in denen er das »Ius tertii« wahrt, s. AOSB, II:1, S. 755; vgl. Brück, Schwed. »Donationen« aus Kurmainzerischem Besitz, in: Hess. Jahrbuch für Landesgesch., 7, 1957, S. 23ff.; s. a. Binz, Literarische Kriegsbeute aus Mainz in schwed. Bibliotheken, in: Mainzer Zeitschrift, 12/13, 1917–18, S. 157–165. **13** Stadt-Bibliothek Mainz, Mog m 2808: Copia derer Tractions Puncten... 1631. **14** Baustaedt, Richelieu u. Deutschland. Von der Schlacht bei Breitenfeld bis zum Tode Bernhards v. Weimar, in: Historische Studien, Heft 295, 1936, S. 44; vgl. AOSB, II:1, S. 748ff. **15** H. Weber, Frankreich, Kurtrier, der Rhein u. das Reich 1623–1635, 1969, S. 173ff. **16** Straub, Pax, S. 436. **17** Zu der Unruhe, ja Panik im papist. Lager wegen Prag s. in: DBBTI, V. (M. Toegel), 1977, S. 50ff., Nr. 91, 58ff. Nr. 116, 60, Nr. 123.

18 Richelieu, Mémoires, II, S. 349ff.; vgl. Erlanger, Richelieu, S. 388ff. **19** R. Weber, Würzburg und Bamberg im DK. Die Regierungszeit des Bischofs Franz v. Hatzfeldt 1631–1642, 1979, S. 108. **20** Ibidem, S. 109ff. **21** Irmer, Die Verhandl. Schwedens u. seiner Verbündeten mit Wallenstein u. dem Kaiser (1631–34), I, 1888, S. 130ff. **22** Runeby, Monarchia mixta, S. 166, 168ff. **23** Irmer, aaO., I, S. 127ff. **24** »Was alle betrifft, dem muß von allen zugestimmt werden«; auf diese Formel beriefen sich auch die oppositionellen Stände Englands s. State Trials, III, 1627–40, Sp. 859, 878. **25** Wie uneinsichtig F. II. trotz »Friedenswunsch« u. »Interpositions«-Ersuchen an Kur-Sachsen in der konstitut. Frage war s. in: Hallwich (Hrsg.), BuA zur Gesch. Ws (1630–1634), I, 1912, S. 601–606: Konzept e. Schreibens an Max. I. am 3. November 1631. **26** Goetze, Oxenstierna, S. 221: G. nennt diese *Dissertatio de ratione status in imperio nostro Romano Germanico* eine »Hetzschrift«, weil er zur »Libertät« keinen Zugang finden konnte, vgl. S. 327, Anm. 1096. **27** Straub, Pax, S. 54. **28** Lonchay & y Cuvelier, Correspondance de la Cour d'Espagne sur les affaires des Pays-Bas au XVI siècle, II, 1927, S. 601 ff. (8. Jan. 1632). **29** Ibidem, S. 602 (17. Jan. 1632); s. a. Lonchay, La rivalité de la France et de l'Espagne aux Pays-Bas (1635–1700), 1896. **30** Ibidem, S. 603; vgl. Bazy, Etat militaire de la monarchie espagnole sous le rèone de Philippe IV, 1864. **31** Straub, Pax, S. 438ff. **32** Lonchay, Correspondance, II, S. 606ff. **33** Sée, Les idées politiques en France au XVIIe siècle, 1923 (1978), S. 68ff.; vgl. v. Albertini, Das pol. Denken in Frk. zur Zeit Richelieus, 1951, S. 40ff. **34** Lonchay, Correspondance, II, S. 608. **35** Ibidem, S. 611 ff.: I. bestätigt hier auch die Ankunft des Bischofs von Osnabrück. **36** Ibidem, S. 612. **37** Ibidem, vgl. Lefevre, La souveraineté d'Albert et d'Isabelle, in: RGB, 89, 1953, S. 967–983. **38** Ibidem, S. 613: Philipp IV. wollte damit den Mainzer Kurfürsten stützen. **39** Ibidem, S. 624: Der »Conseil suprème« v. Flandern wehrt sich, eine »alteration du titre de la monnaie« vorzunehmen; S. 626: Philipp IV. autorisiert die »alienation du domaine«, aber nur für den Fall der »necessité absolue« (25. Juni 1632); S. 637. **40** Ibidem, S. 633ff. **41** Ibidem, S. 639 (Philipp IV. gibt die Anweisung zur »convocation des Etats Généraux« (27. Aug. 1632); s. a. Douxchamps-Lefevre, Les Etats Généraux de 1632 et la politique espagnole, in: Anciens Pays et Assemblées d'Etats, 22, 1961, S. 179–187. **42** Ibidem, S. 640: I. mahnt in Madrid die »Moderation« und »Milde« an. Denn man wisse noch, was unter *Alba* zu aller Schaden angerichtet worden sei. **43** Ibidem, S. 643: Die Stände Luxemburgs an Philipp IV. (26. Sept. 1632). **44** Ibidem, S. 627ff. **45** Ibidem, S. 645ff. (30. Sept. 1632). **46** Vgl. Joseph, A., Sprachformen der dt. Barocklyrik, in: NWB, 7, 1970 (1930), S. 295ff. **47** AOSB, II:1, S. 756ff. (12. März 1632). **48** Ibidem, S. 755. **49** AOSB, I:7, 1926 (H. Brulin), S. 184: Vertrag in Latein; s. a. H. Weber, Frankreich, S. 175, 195ff.; vgl. die Absage von Protestanten an die Neutralität kath. Reichsstände bei Böttcher, Propaganda u. öff. Meinung im prot. Dtl. 1628–1636, in: AfR, 44, 1953, S. 202ff. **50** H. Weber, Frankreich, S. 196ff.; s. a. Baur, Philipp v. Sötern, geistl. Kurfürst zu Trier u. seine Politik während des DK, 2 Bde, 1887, 1914. **51** Vgl. Albrecht, Auswärtige Politik, S. 337ff.: zur Uneinigkeit der geistl. Kurfürsten u. des pap. Lagers; zur schwierigen Lage Kur-Kölns s. Foerster, Kurfürst Ferdinand v. Köln. Die Pol. seiner Stifter in den Jahren 1634–1650, 1976, S. 4ff. **52** Michael, Ws Vertrag mit dem Kaiser im Jahre 1632, in: HZ, 1902, S. 389. **53** Barudio, GA, S. 499ff. **54** Michael, aaO., S. 393: Punkt 3 nach der TE-Fassung dieses Vertrags. **55** Klopp, Tilly, II, S. 425ff. **56** Barudio, GA, S. 565. **57** Klopp, Tilly, S. 433. **58** AOSB, II:1, S. 777. **59** Barudio, GA, S. 567. **60** AOSB, II:1, S. 778. **61** Hörger, Die Kriegsjahre 1632 bis 1634 im Tagebuch des P. Maurus Friesenegger, nachmaligen Abtes v. Andechs (1640–1655), in: ZfBLG, 34:3, 1972, S. 870ff.; s. a. v. Soden, GA u. sein Heer in Süddeutschl. von 1631 bis 1635, 3 Bde, 1865–69. **62** AOSB, II:1, S. 788ff. **63** Ibidem, S. 786. **64** Ibidem, S. 789. **65** Ibidem, S. 796/97. **66** Ibidem, S. 798. **67** Ibidem, S. 840; vgl. Hallwich, BuA, II, 1912, S. 510/11: W an F II. **68** AOSB, II:1, S. 799; s. a. Seehausen, Schweizer Pol. während des DK, 1882, S. 52ff. **69** Ibidem, S. 800: »om och altt uthi Saxen förandrades och ville löpa galet...« **70** Ibidem,, S. 731: Angst um den Verlust des »dominium Maris Balthici«, S. 802ff.; s. a. Norrman, Gustaf Adolfs politik mot

Ryssland och Polen under tyska kriget 1630–1632, 1943; vgl. Vajnštejn, Rossija i tridcatiletnjaja vojna 1618–1648 gg., 1947, S. 65 ff. **71** Ibidem, S. 802/03; s. a. Malo, Les corsaires dunkerquois, 1912. **72** AOSB, II:1, S. 811. **73** Informativ v. Dülmen, Orthodoxie u. Kirchenreform. Der Nürnberger Prediger Johannes Saubert (1592–1646), in: ZfBLG, 33:2, 1970, S. 636–786. **74** AOSB, II:1, S. 817: GAs Plan, mit Oxenstiernas und Banérs Armee das Heerlager Ws einzukreisen – »immerzu in campo volante um den Feind herumzuhalten, und demselben alle Mittel zu beschneiden...« **75** Mahr, Ws Lager bei Zirndorf u. die Schlacht an der Alten Veste 1632, in: Gustav Adolf, Wallenstein u. der DK in Franken, 1982, S. 67–71 mit Karten. **76** AOSB, II:1, S. 819. **77** Barudio, GA, S. 571–73. **78** s. o. S. 345. **79** v. Dülmen, Orthodoxie, S. 655 ff.: Eröffnung des Nürnberger Gymnasiums, Rede im Geiste Senecas u. Ciceros. **80** Vgl. Rühl, die Schlacht an der Alten Veste, 1932; s. a. Mahr, W vor Nürnberg 1632, 1982; vgl. Soden, aaO., S. 381–397. **81** AOSB, II:1, S. 843 ff.; vgl. Hallwich, BuA, III, 1912, S. 111: W. an Questenberg zum Abzug von GA u. zur Rekrutierung von schwed. Überläufern (18. Sept. 1632). **82** Hölderlin, Sämtl. Werke (P. Stapf), 1963, S. 65 im Gedicht »Gustav Adolf«. **83** Machiavelli, Discorsi, 1977, S. 57 ff. **84** Barudio, GA, S. 573: Der TF von 1648 hat dieses materielle Kriegsziel ziemlich eingelöst, s. u. S. 574. **85** Opel, Zur Erinnerung an GA, 1894, S. 30 ff. **86** Ibidem, S. 36 ff. **87** Seit Schillers Verdikt über den »sieghaften Lauf des *Goten*« und dessen angebliche Machtpolitik im Zeichen von »Barbarei« und »Kleinlichkeit«, Gesch. des DK, S. 403 ff. grassiert das Verdächtigen u. Unverständnis. **88** Duchardt, Protestantisches Kaisertum und altes Reich, 1977, S. 147 ff.; vgl. Barudio, GA, S. 560 ff. **89** AOSB, II:1, S. 766/67. **90** s. o. S. 366. **91** Vgl. Markov, Wollte GA deutscher Kaiser werden?, in: Allgem. Ev.-Luth. Kirchenzeitung, 65, 1932. **92** AOSB, II:1, S. 857. **93** Ibidem, S. 862. **94** Ibidem, S. 865. **95** Ibidem, S. 863. **96** s. o. S. 323. **97** Machiavelli, Discorsi, S. 46 ff. **98** Vgl. das Urteil seiner Tochter Christina über die Fehler »großer Leute« und ihn selbst, in: Arckenholtz, Merkwürdigkeiten z. Gesch. der Königin Christina, II, 1752, S. 101 ff.; zu GAs Selbsteinschätzung, »protector« und »nicht proditor Germaniae« zu sein s. L. Tingstén, Några data angående GA II basering och operationsplaner i Tyskland 1630–32, in: HTs, 1928, S. 332 ff. **99** AOSB,, II:1, S. 669. **100** Aretin, W... Anhang mit Urkunden, 1846, S. 62; s. a. Mann, W, S. 882. **101** Barudio, GA, S. 610 ff. **102** Ibidem, S. 616: mit der einschläg. Lit. **103** Gindely, Friedrich V. von der Pfalz, der ehem. Winterkönig von Böhmen, seit dem Regensburger Deputationstag vom Jahre 1622 bis zu seinem Tode, in: Abhandl. d. Böhm. Ges. d. Wiss., 6. Folge: 12, 1885, S. 1–32. **104** AOSB, I:7, S. 641 (14. Nov. 1632).

Bewegungen

1 Clausewitz, Strategische Beleuchtung mehrerer Feldzüge von Gustav Adolph, Turenne, Luxemburg, in: Hinterlassene Werke, 2. Auflage, 1862, S. 87: C. ist in vielen Urteilen u. Zuordnungen von Schiller abhängig. **2** Barudio, GA, S. 460 ff. **3** AOSB, I:7, S. 707: Pkt. 18 im »Erfurter« Reg.programm vom 5. Dec. 1632. **4** Burckhardt, Richelieu, III, S. 204. **5** AOSB, II:1, S. 870. **6** Erlanger, Richelieu, S. 407. **7** Vgl. Eucken, Die Philosophie des Thomas von Aquin, 1910; vgl. Maritain, Dinstinguer pour unir, 4. Aufl. 1946; zum inhärenten Problem der Beziehungen zwischen »Qualität« und »Quantität« s. Guénon, Le règne de la quantité et les signes des temps, 1945, S. 71 ff. **8** Zu dieser Vorfeld-Strategie informativ H. Weber, Frankreich, S. 197 ff.; s .u. S. 572. **9** Straub, Pax, S. 29 ff. **10** Ibidem, S. 39; vgl. Stein, Protection Royale, 1978, S. 255: Vorstellung einer »pax gallica« für das teutsche Vorfeld. **11** Vgl. Küng, Existiert Gott?, 1978, S. 109 ff. und 218 ff. **12** Zur »verpflichtenden Kraft« der Religion hinsichtlich der »Gerechtigkeit« als Inbegriff aller Politik s. Lecler, Histoire de la tolérance au siècle de la réforme, I, 1955, S. 98 ff. **13** de Vries, Spinoza, 1983, S. 39 ff. **14** Vgl. Grisar, Galileistudien. Hist.-theolog. Untersuchungen über die Urteile im Galilei-Prozeß, 1882. **15** Fölsing, Galileo, S. 329 ff. **16** Vgl. Wuttge, Erkenntnistheorie u. Ethik des Tommaso Campanella, 1897. **17** Hemleben, Galilei, 1984 (1969), S. 118 ff. **18** Hemleben, aaO., S. 112; vgl. Fölsing, aaO., S. 420 ff. **19** Pastor, Gesch. der Päpste, S. 918 ff. **20** Fölsing, aaO., S. 405. **21** Leman, Urbain VIII et la rivalité de la France et de la Maison d'Autriche de 1631 à 1635, 1920; vgl. Schnitzer, Zur Politik des Hl. Stuhles in der ersten Hälfte des DK, in: RQ, 13, 1899, S. 151–262. **22** Fölsing, aaO., S. 407, 430. **23** Kirchhoff, Giordano Bruno, 1980, S. 51–53. **24** Ebers, Der Papst u. die Röm. Kurie. I. Wahl, Ordination u. Krönung des Papstes, 1916, S. 95 ff.: die endgültige Regelung der Papstwahl vom 15. Nov. 1621. **25** Kirchhoff, Bruno, S. 51: Ablehnung des »personalen Gottesbegriffs«; vgl. Grisar, Päpstl. Finanzen, Nepotismus u. Kirchenrecht unter Urban VIII., 1943. **26** Zit. n. Hemleben, Galilei, S. 58. **27** Ibidem, S. 54. **28** Münkler, Machiavelli, 1982, S. 227 ff. **29** Hemleben, Galilei, S. 55. **30** Fölsing, aaO., S. 431. **31** Hemleben, aaO., S. 131; vgl. Fölsing, aaO., S. 458 ff. **32** Kirchhoff, S. 53. **33** Fölsing, aaO., S. 463. **34** Die Verfügbarkeit von Wissenschaft und Technik vor allem in der Kriegswirtschaft oder in totalitären Systemen drängt diese Frage auf, s. hierzu ein erster großer Versuch von Kranzberg (Hrsg.), Ethics in an age of pervasive technology, 1980. **35** Hallwich, BuA, III, 1912, S. 75: G. Liechtenstein an Trauttmansdorff, entwickelt die »Einkreisung« des HR durch »alle umliegenden Potentaten«, die »nicht zulassen, daß das Haus Österreich sollte Teutschland dominieren«; er hofft auch S. 752 auf einen »mittelmäßigen Frieden«, weil »der Gegenteil (Schweden) kein Haupt hat...« **36** AOSB, I:7, S. 717–719: AO an den Pfalzgrafen Johann Casimir, der Feind »schmieret nun alle mit dem Honig des Friedens um den Mund...«; Kretzschmar, Der Heilbronner Bund, I, 1922, S. 95 ff.: so verdienstvoll Ks Einsatz auch war, in den meisten Zuordnungen u. Bewertungen können wir ihm nicht folgen. **38** Kretzschmar, aaO., I, S. 109; vgl. AOSB, II:8 (H. Brulin), 1942, S. 80/81; AOSB, II:6 (P. Sondén), S. 84: Banér erklärt sich bereit, den Oberbefehl über die Schwäb. Armee anzutreten; Kretzschmar, aaO., I, S. 100 ff. **39** Vgl. die »Klagen« in einem »Memorial« an AO, aber auch die Bereitschaft zur Stärkung der Schweden-Armee in: AOSB, II:7 (P. Sondén), 1895, S. 389–91, Anmerkung. **40** Semler (Hrsg.), Die Tagebücher des Dr. Johann Heinrich von Pflummern 1633–1643, 1950, S. 12/13. **41** Ibidem, S. 25. **42** Vgl. Kroener, in: Beiträge, 25, 1982, S. 100; zur Lage etwa im Fränk. Kreis s. Sticht, Markgraf Christian, S. 170 ff. **43** Semmler, aaO., S. 33/34. **44** Vgl. Boemus, Über den Bauernstand, in: Quellen z. Gesch. des dt. Bauernstandes in der Neuzeit, hg. von G. Franz, 1963; s. a. Bräker, Lebensgesch. u. natürliche Abenteuer des Armen Mannes in Tockenburg, 1965 (reclam). **45** AOSB, I:8, S. 437–478 mit Neben-Rezeß u. Entwürfen. **46** Kretzschmar, aaO., S. 216 ff. **47** AOSB, I:1, S. 440. **48** Kretzschmar, aaO., S. 273 ff. **49** AOSB, I:1, S. 443. **50** E. Hildebrand, Sveriges regeringsformer, S. 4. **51** Kretzschmar, aaO., S. 106 ff. **52** AOSB, I. (S. 451/52, 454); vgl. Kretzschmar, aaO., S. 240 oder S. 255, der zur Verbindung von »Libertät«, »Proportionalität« u. »Gerechtigkeit« als Inbegriff des Polit. bei AO keinen Zugang findet. **53** Zit. n. Kretzschmar, aaO., S. 95. **54** Thuau, Raison d'etat et pensée politique à l'époque de Richelieu, 1966, S. 268 ff. **55** Straub, Pax, 463 ff. **56** Fagniez, Père Joseph, II, S. 236 ff. **57** Vgl. Kretzschmar, aaO., S. 273 ff.; vgl. Baustaedt, Richelieu, S. 70 ff.: Die Friedensverhandlungen zwischen Spanien und den Niederlanden erhöhten zusätzlich den Wert des Protestanten-Heeres; s. a. H. Weber, Frankreich, S. 238 ff. **58** Burckhardt, Richelieu, II, S. 17–42; vgl. Pithon, La marine de guerre fraiçaise au début du ministère de Richelieu, in: SZG, 10, 1960, S. 18–42. **59** Vgl. Kretzschmar, aaO., S. 305 ff.: Dazu gehörte auch mitunter eine »harte« Linie im Umgang mit pol. kurzsichtigen u. unentschlossenen Reichsständen. **60** AOSB, I:8, S. 676 ff. **61** Šaskol'skij, Russko-švedskie peregovory 1626 g., in: Problemy istorii meždunarodnych otnošenij, 1972, S. 224–242; vgl. Ahnlund, Gustaf II. Adolfs första preussiska fälttåg, in: HTs, 38, 1918, S. 89 ff. **62** AOSB, I:9, 1946 (H. Brulin), S. 237 ff. **63** Vgl. Czapliński. Polish-Danish Diplomatic Relations 1598–1648, in: Poland at the XIth International Congress of Hist. Sciences in Stockholm, 1960; s. u. S. 524. **64** Žordanija, Očerki iz istorii franko-russkich otnošenij konca XVI i pervoj poloviny XVII vv., 2 Bde, 1959; vgl. Grönebaum, Frankreich in Ost- und Nordeuropa. Die frz.-russ. Beziehungen von 1648–1689, 1968, S. 4ff. **65** Vgl. Czermak, Wojna smoleńska z roku 1633–1634 w świetle nowych źródel, in: Studia historyczne, 1901, S. 199–232; vgl. Krause, Deutschland u. der Smolensker Krieg... 1632–1634, in: Probleme der Ökon., 1960, S. 57–83; vgl. Goetze, Oxenstierna, S. 133ff. **66** AOSB, I:9, S. 123, 143. Auch zur günstigen Kriegslage im Elsaß, S. 253/54. **67** Ibidem, S. 257. **68** Straub, Pax, S. 468. **69** AOSB, I:9, S. 269. **70** Ibidem, S. 270. **71** Gillardon, Graubünden und Schweden im DK, in: Bündner Monatsblatt, 1958, S. 233–251; vgl. Padrutt, Staat u. Krieg im alten Bünden, 1965; s. a. Laugel, Henry de Rohan, son rôle politique et militaire sous Louis XIII, 1889. **72** AOSB, I:9, S. 393ff. **73** Ibidem, S. 396. **74** Neliba, Gesch. der Gustavsburg 1632–1648, in: Die Burg, Heimatblätter der Gustavsburg, Nr. 28/29, Juni 1973. **75** Vgl. Zeller, Le principe de l'équilibre dans la politique internationale avant 1789, in: RH, 215, 1956, S. 30ff. **76** Zit. n. Straub, Pax, S. 468; vgl. Marradas, El Camino del Imperio. Notas para el estudio de la cuestión de la Valtelina, 1943; s. a. Graefe, Die flandrische Küste in den Machtkämpfen des 17. Jhds, in: Marine-Rundschau, 1922, S. 365–378. **77** Albrecht, Auswärtige Politik, S. 363: die Mission Saavedras y Fajardo zu Max. im April 1633. **78** E. Hildebrand (Hrsg.), Wallenstein u. seine Verbindungen mit den Schweden, 1885: Quellen. **79** Suvanto, Die deutsche Politik Oxenstiernas und Wallenstein, 1979, S. 62: GAs Fühlungnahme mit W, S. 139ff. **80** Vgl. Buck, Die Rangstellung des Menschen in der Renaissance: dignitas et miseria hominis, in: Archiv f. Kulturgesch., 42, 1960, S. 61–75. **81** Vgl. Dann, Gleichheit u. Gleichberechtigung. Das Gleichheitspostulat in der alteurop. Tradition in Dtl. bis zum ausgehenden 19. Jhd., 1980. **82** Vgl. Münch (Hrsg.), Ordnung, Fleiß u. Sparsamkeit, 1984, S. 134ff.; s. a. Beitl, Wörterbuch der dt. Volkskunde, 3. Aufl. 1974, S. 279, 541ff. **83** Die Bibel, Micha 2,8, 1018. **84** Fina, Klara Staiger. S. 108. **85** Ibidem, S. 109. **86** Ibidem, S. 96ff. **87** Opitz, Geistliche Poemata (hrsg. E. Trunz), (1638) 1966, S. 338/39. **88** Fina, Klara Staiger, S. 86/87. **89** Ibidem, S. 84. **90** Ibidem, S. 99. **91** Ibidem, S. 93. **92** Ibidem, S. 94. **93** Ibidem, S. 82. **94** Ibidem, S. 103; s. a. G. Zimmermann, Ordensleben u. Lebensstandard. Die Cura Corporis in den Ordensvorschriften des abendl. Hochmittelalters, 1973. **95** Ibidem, S. 369: eine Auflistung der »Bettelfahrten« von 1634–1651. **96** Ibidem, S. 105ff. **97** Opitz, aao., S. 339. **98** Fina, Klara Staiger, S. 112. **99** Ibidem, S. 114: Berichtet auch vom Sengen und Brennen der »Schweden«. **100** Opitz, aaO., S. 341.

Verschiebungen

1 Mann, W, S. 670ff.; vgl. a. Jaksch, Europas Weg nach Potsdam, S. 65: zum »Böhm. Staatsrecht« und den Nachwirkungen der verlorenen Schlacht am »Weißen Berg«; vgl. Pekař, Wallenstein 1630–1634, 2 Bde, 1937; vgl. Schieche, Josef Pekař u. Wallensteinforschung, in: Zeitschrift des Vereins f. die Gesch. Schlesiens, 72, 1938. **2** Ernstberger, Hans de Witte, S. 268ff.; vgl. Mann, W, S. 730ff. **3** Hallwich, BuA, IV, 1912, S. 382/83,419ff. **4** Mann, W. S. 956ff.; Wittich, W u. die Spanier, in: Preuß. Jahrbücher, XXII, 1868, S. 34ff.; vgl. Hallwich, Ws Ende. Ungedruckte BuA, 2 Bde, 1879, hier I, S. 60, 89, 255ff. **5** Hallwich, BuA, IV, 1912, S. 415–417: Franz Julius v. Sachsen-Lauenburg an F. II. zu den Verhandl. Ws mit Kur-Sachsen u. Kur-B'burg; vgl. S. 419: W. Anmahnung: »Der Herzog Franz Albrecht kommt mit seinen Traktaten nicht«, dennoch bleibt W. lojal, trennt aber (S. 420) scharf zwischen Krieg und Kirche. **6** Pekař, W, II, S. 290ff.; vgl. Suvanto, aaO., S. 106. **7** Fagniez, Père Joseph, II, S. 160, Anm. 1. **8** Ibidem, S. 161. **9** Ibidem, S. 163. **10** Ibidem S. 164ff.; vgl. die Beziehung zwischen Feuquières u. dem schwed. Residenten Tungel, die sich gegen einen WS aussprachen; Suvanto, aaO., S. 113ff.; zum Hintergrund Gaedeke, Ws Verhandlungen mit den Schweden u. Sachsen 1631–1634,

1885, S. 59ff.: Arnims Position zugunsten Ws. **11** AOSB, I:9, S. 35ff., 504–509; vgl. Röse, Herzog Bernhard der Große von Sachsen-Weimar, 2 Bde, 1828–29, hier I, S. 423ff.; vgl. Droysen, Bernhard v. Weimar, I, 1885, S. 177, Anm. 1 **12** AOSB, I:9, S. 331. **13** Vgl. Mann, W, S. 1035ff.; vgl. Suvanto, aaO., S. 102ff.; s. a. Lenz, Zur Kritik Sezyma Rašin's, in: HZ, 59, 1888. **14** Hallwich, BuA, IV, S. 422: Questenberg empfiehlt W. ein »Rezept contra podagram« (5. November 1633); ibidem, S. 594: Speisezettel zur Fastenzeit! am Hoflager Ws; vgl. die effektvolle »Erzählung« von Mann, W, S. 1115ff. **15** Zur Vorbereitung des Mordes s. verschiedene Hinweise Hallwich, BuA, IV, S. 613: Marradas an Piccolomini, s. a. Förster, Briefe, III, S. 200f.; Hallwich, aaO., S. 617: Suys an Marradas: Verhaftungen; vgl. Straka, Albrecht z Valdštejna a joho doba, 1911, S. 142ff.; Hallwich, aaO., S. 621: »wegen amovirung vom Generalat deßen von Friedland...«; S. 626/27: »ch' il di Friedlandt ś è fuggito con li suoi adherenti hieri alle dieci della mattina con gran confusione verso Egra...« (23. Feb. 1634). **16** Mann, W, S. 1116ff. u. S. 1304. **17** Vgl. Hallwich, BuA, IV, S. 654, 716; s. a. Hallwich, Wallensteins Ende, 2 Bde, 1879. **18** Mann, W, S. 1125ff. **19** Franzl, F II., S. 347ff.; vgl. Srbik, Wallensteins Ende. Ursachen, Verlauf u. Folgen der Katastrophe, 1952, S. 267ff.; vgl. Hurter, Ws vier letzte Lebensjahre, 1862. **20** Zit. n. Mann, W, S. 1177. **21** Typisch für diese verbreitete Ansicht Diwald, W, 1975, S. 555ff.; zur zeitgen. Reaktion auf Ws Ermordung s. Jessen, Augenzeugenberichte, S. 331–365. **22** AOSB, I:7, S. 649ff. **23** Barudio, in: HbPI, 1985: Art. Frankreich. **24** Runeby, Monarchia mixta, S. 299ff. **25** Nilsson, 1634 års regeringsform 1634, in: Scandia 1937; ders., Axel Oxenstierna och regeringsformen 1634, in: Scandia 1937; vgl. Ahnlund, En misslyckad omvärdering, in: Svenska Dagbladet, den 2. Mai 1937; Barudio, Das Wohlproportionierte Regiment, 1973, passim; vgl. Runeby, Monarchia mixta, S. 231ff. **26** Burckhardt, Weltgesch. Betrachtungen, 1978 (Kröner), S. 235. **27** W. Mommsen, Zur Beurteilung des Absolutismus, In: HZ, 158, 1938, S. 35ff.; vgl. v. Raumer, Die Problematik des modernen Machtstaates, In: HZ, 174, 1952, S. 71–79. **28** Meinecke, Idee der Staatsräson, S. 139ff., 156ff. **29** Vgl. F. H. Schubert, Die deuschen Reichstage, 1966, S. 86ff.: So wertvoll Ss Forschungen zum Verhältnis von Theorie u. Praxis sind, in der Bewertung der »Staatlichkeit« verbleibt er bei der konvent. Theorie des »Dualismus« u. findet zum Drittrecht des Vertrages keinen Zugang. **30** Döblin, Wallenstein, 1978 (1920), S. 508ff. **31** Hildebrand, Sveriges regeringsformer, S. 1–41. **32** Ibidem, S. 2: Dieses Programm war dem Geist, aber nicht dem Wortlaut nach in AOs Entwurf enthalten; Barudio, Das Wohlproport. Regiment. **33** Vgl. Schubert, Die deutschen Reichstage, S. 412ff.: Gerade die »Ephoren«-Lehre ist Ausdruck u. Inbegriff des Vertragswesens bei Althusius u. in der Reichsverfassung selbst. In der pol. Theorie Schwedens wurde nicht umsonst die RF von 1634 mit der »Goldenen Bulle« im HR gleichgesetzt s. Runeby, Monarchia mixta, S. 239/40. **34** Vgl. Die Argumentation in der Hampden-Affaire: »It is enacted by our sovereign lord the *king,* with the assent of the *lords* spiritual and temporal, and *commons.*« The king both then and still in *pars agens,* the rest are but *consentientes,*« in: State Trials, III, 1627–40, Sp. 863ff.; vgl. Judson, The Crisis of the Constitution... 1603–1645, 1949. **35** Kenyon, Constitution, S. 342ff. **36** s. demnächst Barudio, Die »libertäre« Verfassung Alteuropas. **37** AOSB, I:9, S. 506ff.; vgl. AOs Bedenken vor dieser »Belehnung« in: AOSB, I:8, S. 674; vgl. Deinert, Die schwed. Epoche in Franken von 1631–1635, 1966. **38** Der Herzog hatte im Frühjahr 1633 einen Schlaganfall erlitten s. Bär, Die Pol. Pommerns, S. 94ff.; vgl. Malmström, Bidrag till Svenska Pommerns historia 1630–1653, 1892, S. 14ff. **39** Dieser Mechanismus in der »Regimentsverfassung« Pommerns von 1634 muß beachtet werden; vgl. Backhaus, Reichsterritorium u. schwed. Provinz, 1969, S. 23ff. **40** Hegel, Sämtliche Werke (H. Glockner), XX, 1958, S. 496ff. **41** AOSB, I:1, S. 228ff. **42** s. die Lojalitätserklärung der Bürokratie Friedlands an F II. in: Hallwich, BuA, IV, S. 681/82; s. a. S. 745: Gallas Stellung zwischen Ferdinand III. u. Aldringen; S. 779. **43** Straub, Pax, S. 470ff. **44** Günter, Die Habsburger Liga, S. 169ff.; vgl. Albrecht, Auswärtige Politik, S. 369ff.; s. a. Essen, Le Cardinal-Infant et la politique européenne de l'Espagne 1609–1641, Bd. 1 (1609–1634), S. 226ff. **45** Vgl. Albrecht,

Auswärtige Politik, S. 370: Saavedras Drohung mit frz.-schwed. Angriff auf Bayern; s. a. H. Weber, Frankreich, S. 358: Abschluß eines Bündnisses zwischen Frk., Schweden u. Heilbronner Bund am 26. Aug. 1634. **46** AOSB, II:8 (P. Sondén), 1897, S. 147. **47** Zum komplizierten Hintergrund dieser Generals-Kabalen s. Horn eigenen Bericht, in: AOSB, II:8, S. 248–278 (dt.), hier S. 254. **48** AOSB, II:7 (P. Sondén), 1895, S. 216ff. **49** AOSB, II:8, S. 162 (17. Juli 1634). **50** Ibidem, S. 164ff.; s. a. Riezler, Gesch. Bayerns, V, S. 479ff. **51** Zur Diversion Banérs in Schlesien u. Böhmem s. AOSB, II:6 (P. Sondén), 1893, S. 127ff. **52** AOSB, II:8, S. 163/64. **53** Ibidem, S. 165ff. **54** Zur Reaktion von R. auf den Fall dieser beiden Städte s. La Force, Mémoires, III, 1843, S. 408/9; s. a. Baustaedt, aaO., S. 123ff. **55** Wir halten uns hier neben Horn an die recht zuverlässige Darstellung von Zipperer, Nördlingens Schicksalsstunde. Die Belagerung der Stadt u. die Schlacht auf dem Albuch im Jahre 1634, o. J., S. 22; s. sonst J. Fuchs, Die Schlacht bei Nördlingen, 1868 oder G. Droysen, Gedruckte Relationen über die Schlacht bei Nördlingen, 1885 u. Struch, Die Schlacht bei Nördlingen, 1893; vgl. auch Horns Schlachtenbericht (frz.) in: AOSB,, II:8, S. 231–248. **56** Zipperer, aaO., S. 20. **57** Ibidem, S. 19; vgl. Weimars Einschätzung des »üblen Zustandes« in seiner u. Horns Armee in: AOSB, II:7, S. 227: »daß also darauf keine Rechnung zu machen...« **58** AOSB, II:7, S. 232: Außer »Kroaten« traf die Schweden-Armee auf »Ungarn« und »Polen«. **59** Ibidem, S. 231; vgl. AOSB, II:8, S. 233: Horns Versuch, »à nous ouvrir le chemin vers la ville de Nordlinguen«. **60** AOSB, II:8, S. 234: vergebliche Hoffnung auf »l'arrivée du Rheingrave et de Cratz«. **61** s. a. Anm. 55; vgl. Heilmann, Kriegsgesch. von Bayern, Franken, Pfalz u. Schwaben von 1506 bis 1651, II, 1868. **62** AOSB, II:8, S. 243ff. **63** Ibidem, S. 244: »Sur ces entrefaites mon infanterie arriva aussi, bien que fort tard...«; Zipperer, aaO., S. 54ff. **64** Ibidem, S. 247: Horn: »... la confusion estant trop grande, je n'y peus rien faire«; Zipperer, aaO., S. 58. **65** AOSB, II:8, S. 241ff.: Zur »Faulheit« als offensichtl. Zeit-Krankheit s. Münch, Ordnung, S. 136/37. **66** AOSB, II:7, S. 544 (5. Sept. 1634). **67** Burckhardt, Richelieu, II, S. 421ff. **68** AOSB, II:6, S. 151ff.; vgl. Baustaedt, aaO., S. 118ff.; s. a. Foerster, Kurfürst Ferdinand v. Köln, 1976, S. 14ff.: »Der Sieg von Nördlingen... brachte vorerst keine Wende.« Zur Annäherung Bernhard v. Weimars an Frankreich, ohne sich von Schweden ganz zu lösen s. Burckhardt, Richelieu, III, S. 76ff.; vgl. Röse, Bernhard, II, passim. **69** Semmler, Pflummern, S. 178ff. **70** Zipperer, Nördlingen, S. 22/23. **71** Ibidem, S. 63. **72** Fina, Klara Staiger, S. 149ff. **73** Ibidem, S. 147/48. **74** Hörger, Die Kriegsjahre 1632 bis 1634, in: ZfBLG, 34:3, 1972, S. 875. **75** Hohoff, Grimmelshausen, 1978, S. 67ff.

Prag – »Monstrum Pacis«

1 Irmer, Die Verhandlungen Schwedens, I, S. 125–133; s. a. Barudio, GA, S. 554ff. **2** MR, 1635, S. 103; Lammert, Seuchen, S. 185, 193ff., 197; s. a. Kahlenberg, Die Festungskommandanten von Mainz im 17. Jhd., in: Mitteilungsblatt z. rheinhess. Landeskunde, 11, 1962, S. 4–10. **3** Kretzschmar, aaO., III, passim; vgl. Baustaedt, aaO., S. 127: B. betont die Bemühungen Rs um eine Verbindung von »Allemands et les Hollandais« zur intensiven Bekämpfung Habsburgs, s. de Pange, Charnacé et l'alliance franco-hollandaise (1633–1637), 1905. **4** AOSB, II:7, S. 250, 265, 295: B. bittet AO um Rat, wie er die Beziehung zu Frankreich gestalten soll; vgl. Fagniez, Le père Joseph, II, S. 140, 174, Anm. 4, 179. **5** Kellenbenz, Hamburg u. die frz.-schwed. Zusammenarbeit im DK, in: Der DK, 1977, S. 277: AO verärgert über ausgebliebene Subsidien; zur Initiative Rs mittels des Gesandten d'Avaux in Stockholm s. Arnoldsson, Svensk-fransk krigs- och fredspolitik i Tyskland 1635–1636, 1937, S. 121ff. **6** AOSB,, II:8, S. 287. **7** Ibidem, S. 288. **8** AOSB, II:6, S. 176/77: Trotz dieser Heftigkeiten »seind wir endlich gleichwohl als Freunde voneinander geschieden...« **9** Ibidem, S. 177: »Nach eures Königs Tod hätte mir die

Direction in Teutschland gebühret.« **10** Ibidem, S. 179ff. **11** Ibidem, S. 168ff.; vgl. Decken, Herzog Georg v. Braunschweig u. Lüneburg, 4 Bde, 1833–34. **12** Bär, Die Politik Pommerns, S. 109ff. vgl. Lindahl, Rikskansleren Axel Oxenstjernas fredsunderhandlingar i Tyskland 1634–1636, 1870; s. a. Höjer, Brandenburgs brytning med Sverige efter GAs död, in: HTs, 68, 1948 und Bierther, Zur Edition von Quellen zum Prager Frieden am 30. Mai 1635..., in: Forschungen u. Quellen z. Gesch. des DK, 1981 (K. Repgen), S. 1ff. **13** Dickmann, Der Westfälische Frieden, 1959, S. 71ff., 529: Stichtag nach dem Mühlhausen-Gutachten, vgl. Breuer, Der Kurfürstentag zu Mühlhausen. 18. Okt. bis 12. Nov. 1627, 1904; vgl. Henk, Der Kurfürstentag zu Mühlhausen, (masch.) 1949. **14** H. Weber, Frankreich, S. 386–390; vgl. Knipschaar, Kurfürst Philipp Christoph von Trier u. seine Beziehungen zu Frk., 1895; s. a. Baur, Philipp von Sötern, I, 1897, S. 373ff. **15** Arnoldsson, Fredspolitik, S. 125ff. **16** Fagniez, Le père Joseph, II, S. 198ff; AOSB, I:13 (T. Berg), 1949, S. 168: AO an Hugo Grotius; s. a. die Beförderung Bernhard v. Weimars zum Oberbefehlshaber über die vier oberen Kreise durch AO, S. 162–167, samt zwölf Reichsständen. **17** Vgl. Bireley, The Peace of Prague (1635) and the Counterreformation in Germany, in: The Journal of Modern History, 48:1, 1976. **18** s. u. S. 548. **19** Ostermann, Aller... Reichstäg, 1642, S. 910ff.; vgl. Goetze, aaO., S. 156/57: G. glaubt wie alle Etatisten u. Befürworter des Absolutismus als angebl. Beförderer des »Nationalstaates« an die Fortschrittschance des PF; s. a. Arnoldsson, Fredspolitik, S. 142ff. **20** Ostermann, aaO., S. 901: Der Stichtag nach dem neuen Stil. **21** s.u. S. 529; das »Falsche« an diesem »Frieden« betraf das Aushandeln und Zustimmen gegen das »Quod omnes tangit«-Prinzip. **22** Ostermann, aaO., S. 903ff. **23** Ibidem, S. 908ff. **24** Haan, Kaiser F (II) u. das Problem des Reichsabsolutismus. Die Prager Heeresreform von 1635, in: Der DK, 1977, S. 208–264. **25** Du Mont, Corps universel diplomatique du droit des gens. VI:I (1631–1650), 1728, S. 96ff. **26** Haan, aaO., S. 261ff.: H. wird außerdem nicht bewußt, was damals »Vertrag« bedeutete. **27** Diese Regelung entspricht im wesentlichen dem »Göllersdorfer Vertrag« zwischen F II. und W, s. o. S. 399. **28** Vgl. Haan, aaO., S. 255, Anm. 144; vgl. den Widerstand Johann von Werths 1647 aufgrund der Eidesbindung an den Kaiser bei Lahrkamp, Jan von Werth, 1962, S. 168ff. **29** Zu den Begriffs-Subtilitäten besonders in der Commando= und Rangfrage s. Haan, aaO., S. 221, Anm. 29; vgl. a. S. 229ff. **30** Haan, aaO., S. 234/35. **31** In der Formel, daß die Corpora des Reichskriegsheeres dem Kaiser »unweigerlich parieren« müssen, steckt der Anspruch des beabsichtigten Machtmonopols, Haan, aaO., S. 218ff. **32** Haan, aaO., S. 238f.: auch hier hat sich F II. Täuschungen u. Verfahrensbrüche zuschulden kommen lassen. **33** Haan, aaO., S. 250ff., S. 264: H. darf hier zugstimmt werden, daß der PF u. die damit verbundene »Heeresreform« für das HR »keinen Beitrag zu der Lösung der dt. Verfassungsfrage geleistet haben«. **34** Ostermann, S. 903: Friedrich V. wird als »Hauptanfännger... alles des Unheils« bezeichnet; seine Witwe soll das »Leibgeding passieren« und die Erben »aus kais. Gnade« einen fürstl. Unterhalt bekommen – kein Rekurs auf das Erblehnsrecht! **35** Ibidem, S. 906. **36** Ibidem, S. 902: Er muß aber Böhmen u. Schlesien räumen, S. 905. **37** AO nannte sie nicht zu Unrecht »unsere unvorsichtige Partei«, zit. n. Arnoldsson, Fredspolitik, S. 43, Anm. 3. **38** Ibidem, S. 82, Anm. 1: Grubbe an AO den 5. Oktober 1634: »Die Städte richten sich auf den Friedensvertrag zwischen Kaiser u. Kursachsen aus... Die anderen Stände arbeiten fleißig daran, ihr Sonderinteresse (partikular respekt) von der Krone Schweden in die Kreise zu ziehen...«; allein der Ausschluß der Kur-Pfalz und Hessen-Cassel zeigt das Monströse u. Unüberlegte dieses Diktats. **39** Arnoldsson, Fredspolitik, S. 112ff.; s.a. AOSB, II:2 (J.F. Nyström), 1889, S. 1: Gs Zusage einer Mitarbeit zur Befriedung Europas im Dienste Oxenstiernas und Schwedens. **40** Semler, Pflummern, S. 201; vgl. Franzl, F II., S. 354: F. nennt den PF einen »wichtigen Schritt zur friedlichen Koexistenz zwischen Kath. u. Prot. im Reich«. Tatsächlich war er das genaue Gegenteil. **41** Fagniez, Le Père Joseph, II, S. 223ff.; s.a. Avénél (Hrsg.), Lettres, instructions diplomatiques et papiers d'état du Cardinal de Richelieu, IV, S. 712; vgl. de Saint Aulard, Richelieu, 1932, S. 244ff. **42** Baustaedt, aaO., S. 150ff., 158ff.: Die

Quantitäten der Einzelarmeen ließen sich noch nicht auf Dauer in milit. Qualität umsetzen; vgl. die habsburg. Gegenwehr im Jahr danach Schulze, Der Sommerfeldzug Johann von Werths in Nordfrankreich im Jahre 1636, 1934. **43** Arnoldsson, Fredspolitik, S. 137 ff.: A. betont die pol. Wirkung dieses Abkommens; s. a. de Marsy, Oxenstierna et Richelieu à Compiègne. (traité de 1635), 1878; vgl. auch die innern Probleme Frankreichs de Montbas, Richelieu et l'opposition pendant la guerre de trente ans (1635–1638), 1913. **44** Avénél, Lettres, V, S. 74: R. an Charnacé: »Cette guerre devant durer jusques à ce que les Espagnols soient chassés de la Flandre...« **45** Ibidem, S. 82: R. an Charnacé: »La paix des Saxe est faicte...«

DRITTES BUCH

Legt eure Fackeln nieder 1636–1648

Verdrehungen

1 Vgl. Zeiller, Reißbuch, II, 1640, S. 247: Z. spricht von »allen Teutschen Nationen« u. nennt dabei die »Friesen« als beständigste Verteidiger der »alten Teutschen Freiheit« seit der Römer-Zeit. **2** Semler, Pflummern, S. 248: Pf. kontrastiert die Feiereien zu Wien mit den »Lamentationen« der »armen Reichsständ«. **3** Wandruszka, Vom Begriff des »Vaterlands« in der Pol. des DK, in: Der DK, 1977 (1938), S. 182 ff.: Der Kritik Ws an Hurter (S. 176) kann nur zugestimmt werden. **4** Thukydides, Gesch. des PK, 1981 (dtv), S. 316: Die »Friedensrede«. **5** Ernstberger, Abenteurer des DK. Zur Kulturgesch. der Zeit, 1963, S. 10. **6** Mann, W, S. 24, 28 ff.; vgl. Ernstberger, Die Universität Nürnberg-Altdorf während des DK in ihrem Bestande bedroht, in: Sitzungsberichte der Bayer. Akad. d. Wiss., Phil.-Hist. Klasse, 2, 1966, S. 4: zum »akademischen Säuleben«, das zu der Frage nach der Ursache veranlaßte, »warum Gott die schweren Landstrafen über Teutschland dieser Zeit verhänget...?« **7** Ernstberger, Abenteurer, S. 17: s. Stephan Karls Ansicht – »ein Student ohne Geld ist einem Soldaten ohne Waffen gleich« (S. 16). **8** Ibidem, S. 42 ff. **9** Ibidem, S. 36. **10** Ibidem, S. 48 ff. **11** Ibidem, S. 55. **12** Ibidem, S. 62 f. **13** Ibidem, S. 63. **14** Ibidem, S. 64. **15** Ibidem, S. 67. **16** Ibidem, S. 87/88. **17** Ibidem, S. 85; s. a. Thomazi, Les flottes de l'or. Histoire des galions d'Espagne, 1937. **18** Erlanger, Richelieu, S. 466: mit »Hesekiel« und dem Bekenntnis »nicht mit der Erhabenheit der Vollkommenen«, sondern »Stück für Stück« alle Probleme zu bewältigen, eine große Nähe zur Stoa. **19** Marc Aurel, Wege zu sich selbst, S. 147. **20** Arnoldsen, Fredspolitik, S. 260 ff.; demnächst Barudio, AO. **21** Montbas Richelieu et l'opposition, passim; vgl. de Morgues, La verité defendue, 1635; s. a. Erlanger, Richelieu, S. 467 ff. **22** SRP, 1636, S. 403/04. **23** Ibidem, S. 404. **24** Ibidem, S. 410 ff.; vgl. Goetze, Oxenstierna, S. 156 ff. **25** Ibidem, S. 412; zum Verhältnis zwischen AO und Banér s. AOSB, II:6, bekräftigt seinen Wunsch nach »Abschied« aus der Armee; vgl. Björlin, Johan Banér, II, 1910, S. 351 ff. **26** SRP, 1636, S. 413. **27** Ibidem, S. 414. **28** Runeby, Monarchia mixta, S. 272 ff. **29** Vgl. Nordman, Per Brahe, 1904; zu Brahes Einfluß auf das Abkommen von Stuhmsdorf (1635) s. Per Brahes tänkebok S. 38–41; s. a. AOs bittere Kritik in: AOSB, I:13, S. 344–50, 354 ff., 545 ff.; vgl. Böhme, die schwed. Besetzung des Weichseldeltas, 1626–1636, 1963, S. 235 ff.; vgl. Arnoldsson, Fredspolitiken, S. 151 ff.; s. a. Goetze, Oxenstierna, S. 180 ff. **30** AOSB, I:1, S. 576 ff. (1. August 1636). **31** Ibidem, noch zehn Jahre später beruft sich AO auf diese fundamentale Position, SRP, 1646, S. 44: »So haben die teutschen Fürsten in uns eine Rückendeckung (ryggvärn), sich dem Kaiser zu widersetzten, wenn es nötig sein sollte. Weichen wir davon ab, so macht sich der Kaiser *absolut,* und um das zu verhindern, ist der sel(ige) König (GA) in den Krieg eingetreten.« **32** Dahlgren, Louis de Geer 1587–1652. Hans lif och verk, 1923. **33** Vgl. Odhner, Sveriges inre historia under drottning Christinas förmyndare, 1865; Runeby, Monarchia mixta, S. 279ff. **34** Arnoldsson, Fredspolitiken, S. 305: zur Problematik der Ratifikation des Wismar-Vertrages in Schweden; vgl. G. Lorenz, Schweden u. die französischen Hilfsgelder von 1638 bis 1649. Ein Beitrag zur Finanzierung des Krieges im 17. Jhd., in: Forschungen u. Quellen z. Gesch. des DK, 1981, S. 98–148: mit genauen Auflistungen von »1632«, zu deren Bereinigung im Vertrag von Hamburg 1638 S. 101ff.; vgl. Sverges tractater, V:2, S. 424, 471. **35** Khevenhiller, Annales, 12, S. 2391; s. a. Semler, Pflummern, S. 289ff.; Franzl, F II., S. 355ff.: F. deutet die Lage so, daß »kein absolutes Kaisertum mehr drohte...« **36** Cuthbert u. Widlöcher, Die Kapuziner. Ein Geschichtsbild aus Renaissance u. Restauration, 1931; s. a. zur »Begehrlichkeit der Jesuiten gegenüber den alten Klöstern« Semler, Pflummern, S. 229ff. **37** Semler, Pflummern, S. 228ff. **38** s. o. S. 322f. **39** AOSB, II:7, S. 307ff.; Droysen, Bernhard v. Weimar, 2, S. 270ff.; zur Kriegslage in diesem Jahr in den Rheingegenden s. a. Ellerbach, Der DK im Elsaß (1618–1648), III, 1928, S. 211–273. **40** Eine Biographie fehlt, s. AOSB, II:8, S. 325–565, Briefe u. Berichte an AO. **41** AOSB, II:6, S. 856–66: Bericht über die Schlacht; vgl. R. Schmidt, Die Schlacht bei Wittstock, 1876, S. 15ff. **42** Vgl. Repgen, Die Hauptinstruktion Ginettis für den Kölner Kongreß (1636), in: QuFiAuB, 34, 1954, S. 250–287. **43** Vgl. Bierther, Der Regensburger Reichstag 1640/41, 1971, S. 21ff.: Die Restitution der Teutschen Libertät von 1618 schloß die eigene Sekurität in sich; s. a. den Hamburger Vertrag zwischen Schweden u. Frankreich, in: DuMont, VI:1, S. 161ff.; vgl. Landberg, Westfaliska folkrättsprinciper och svensk jämviktspolitik, in: Hist. studier tilläg. S. Tunberg, 1942; vgl. Eckhardt, The papacy and world-affairs as reflected in the secularization of politics, 1937. **44** Vgl. Haan, Der Regensburger Kurfürstentag von 1636/37, 1967; s. a. Sturmberger, Zur Gesch. des Kurfürsten Philipp Christoph v. Sötern. Seine Internierung auf der Burg zu Linz an der Donau, in: Trierisches Jb, 1956, S. 5–22. **45** Bär, Die Politik Pommerns, S. 328: AO an den Herzog (20. Nov. 1635); vgl. Backhaus, Reichsterritorium, S. 23ff. **46** Vgl. Stein, Protection Royale, 1978, S. 415ff.; vgl. H. Weber, Frankreich, S. 394ff. **47** Vgl. Hurter, Frz. Feindseligkeiten gegen das Haus Österreich zur Zeit Kaiser Ferdinands II., 1859; vgl. Battifol, Richelieu et la question d'Alsace, in: RH, 138, 1921, S. 161–200; vgl. H. Weber, Richelieu et le rhin, in: RH, 239, 1968, S. 265–280. **48** Bierther, Reichstag, S. 19; vgl. Leman, Urbain VIII et les origines du congrès de Cologne de 1636, in: Revue d'histoire ecclésiastique, 19, 1923, S. 370–383; die Publikation zum »Ius publicum imperii Romano-Germanici« durch Johannes Limnaeus zwischen 1629 und 1634 belebte die Diskussion um die »Sistierung« des Reichstages u. vermittelt das Bemühen, trotz Krieg das konstitutionale Leben der Nation nicht verkümmern zu lassen, s. Schubert, Reichstag, S. 319ff. **49** Semler, Pflummern, S. 228: »wann zwischen den Catholischen und Uncatholischen was Streitiges auf der Bahn gewesen, bei den Reichstägen *nichts* verrichtet worden...«; Burckhardt, Richelieu, III; S. 193; II, S. 245: Das vernichtende Urteil über die Untreue u. Unzucht, Völlerei u. Dünkel der Teutschen von Peter Canisius. **50** Szyrocki, Gryphius, S. 25. **51** Manheimer, J. Plavius. Ein Danziger Sonettist, in: Mitt. des westpr. Gesch. Vereins, 2, 1903. **52** Zit. n. Szyrocki, Gryphius, S. 24. **53** Gryphius, Werke (Hrsg. H. Palm), III, 1961, S. 648 mit Varianten; vgl. zur Tränen-Metapher Trunz, Thränen in schwerer Krankheit, in: Wege zum Gedicht (Hirschenauer/Weber), 1957, S. 71ff.

Hoffnungsschimmer

1 Ernstberger, Abenteurer, S. 91ff. **2** Ernstberger, Ludwig Camerarius u. Lukas Friedrich Behaim. Ein pol. Briefwechsel über den Verfall des Reiches 1636–1648, 1961, S. 25ff. **3** Vgl. Goetze, Oxenstierna, S. 156ff. **4** Zu den äußeren Umständen dieser

»Wahl« in Regensburg s. Semler, Pflummern, S. 314–318: Krönungen; die Wiener Politik trieb vor allem Hessen (Cassel) zu neuem Widerstand im Sinne der Libertät s. Altmann, Landgraf, S. 149ff.: Die Allianz mit Frk., S. 156: die Beziehungen zu den Niederlanden u. Schweden. **5** Franzl, F II., S. 358. **6** Vgl. G. Franz, Glaube u. Recht im pol. Denken Kaiser F (II)., in: Der DK, 1977, S. 413–427: einen »durch das Recht begrenzten Absolutismus« gibt es nicht; F II hat wohl einige Kurfürsten u. genehme Reichsstände bemüht, wenn er schwach war, aber mit seinen privatistisch anmutenden Machtsprüchen die Diktatur erprobt. Der Vorwurf der Kurfürsten, F II. wolle einen »neuen, unhergebrachten Dominatus endlicher Eversion (Zerstörung) der alten löblichen Verfassung« im HR einführen, besteht zu Recht, S. 426. **7** Wir verwenden diesen Begriff für eine Pol. von papistischer Seite, die unterm Vorwand der Religion u. mit der Forderung nach »blindem Gehorsam« Strukturen der Freiheit vernichtet; vgl. Lugones, El Imperio Jesuítico, 1904; s. a. Schubert, Wallenstein u. der Staat des 17. Jhds., in: Der DK, 1977, S. 190ff.: Ähnliches gilt für W., der unterm Vorwand des Friedens seine Patrimonialpol. trieb. **8** Turba, Die Grundlagen der Pragmatischen Sanktion, II, 1912, S. 344ff. **9** Vgl. Laufs, Die Reichskammergerichtsordnung von 1555, 1976. **10** Vgl. Schubert, Reichstag, S. 411, 414: Das *Ephorat* bei Althusius drückt das Quasi-Richtertum aus, s. Paurmeister, De jurisdictione imperii Romani libri duo, 1608. **11** APW, I:1, 1962, S. 355; vgl. Haan, Kurfürstentag, S. 86 Anm. 142, S. 172f.; s. a. Bierther, Reichstag, S. 19. **12** Fürnkranz, Die Geheimverhandlungen des Kaisers mit den Schweden vom Tode GAs bis zum schwed.-frz. Bündnis 1638, 1965, S. 51ff.: Die Reaktion Wiens, daß es »wider des Reiches Hoheit liefe, daß fremde Nationen dem Reich leges (Gesetze) vorschreiben wollten«, zeigt, wie wenig man in der Hofburg die Verbindung von Libertät und Sekurität verstehen konnte. **13** MR, 1637, S. 109ff.; Semler, Pflummern, S. 324ff. **14** Franzl, F II., S. 286: die »Gutmütigkeit in Person«, »das Gesicht eines Spießbürgers«, vgl. S. 317ff. **15** s. den apologet. Hurter, Friedensbestrebungen Kaiser F II., 1860. Allein der Umstand, daß er die Krönungen von 1627 im Prager Veitsdom als eine Art Studentenulk auffaßte, vermittelt etwas von seinem gestörten Verhältnis zum Recht u. zu seiner Kirche, Franzl, aaO., S. 280ff.; vgl. Zwiedineck-Südenhorst, Hans Ulrich von Eggenberg, 1880, S. 102ff. **16** APW, I:1, S. 371, Art. 26 (lat.). **17** AOSB, II:6, S. 378–408 (dt.). **18** Altmann, Wilhelm V., S. 166ff.; s. a. des Landgrafen letzter Brief (Konzept) an AO zum »Progress« der Protestanten u. zu seiner eigenen schwierigen Lage, in: AOSB, II:7, S. 657/58. **19** Chemnitz, Der Königl. Schwedische in Teutschland geführte Krieg, II, 1855, S. 1033ff.; zu Chemnitz (in vielem nicht zuverlässig) s. Gallati, »Der Königlich...« des Bogislav Pihlipp von Chemnitz u. seine Quellen, 1902; zum engl. Projekt s. Altmann, Wilhelm V., S. 171. **20** Gardiner, The Personal Government of Charles I. 1628–1637, II, 1877, S. 266ff. **21** State Trials, III, 1627–40, Sp. 858 (1637), sp. 859: Die Berufung auf das »Ius gentium« und auf die aristotl. Verhältnismäßigkeit im Bereich der »Justice« – »this burden is to be equally *proportioned* upon each person« (Sp. 861) – vermittelt europ. Rechtskultur u. nichts Spezifisches für England. **22** Altmann, Wilhelm V., S. 171. **23** Die dichte Diskussion über die Kompetenzen des Königs in: State Trials, III, Sp. 927ff.: Besitzgebundenheit all seiner Macht. **24** AOSB, II:6, S. 406ff.: s. hier die Einsätze des engl. Generals Leslie zwischen Hessen- und Schwedentruppen u. seine Absichten auf England; s. Altmann, Wilhelm V., S. 173ff. **25** Altmann, aaO., S. 174ff. **26** TE, III, S. 838. **27** Altmann, aaO., S. 184; s. a. van Tongerloo, Bezien. zw. Hessen-Kassel u. den Ver. Niederl. währ. des DK, in: HJbLG, 14, 1964, S. 199–270. **28** Schubert, Reichstag, S. 215; Schelven, Der Generalstab des polit. Calvinismus in Zentraleuropa zu Beginn des DK, in: ARG, 36, 1939, S. 117ff.; s. a. R. Schmidt, ein Calvinist als Kaiserl. Feldmarschall im DK, 1895. **29** Ernstberger, Camerarius, S. 29: zur »Türken-Gefahr« s. S. 35ff. (C. an Behaim), fürchtet, daß das HR zu einer »Arabia deserta« werde u. dadurch den Türken nicht aufhalten könnte, s. a. Schubert, Ludwig Camerarius, 1955, passim. **30** Stehmann, Auswärtige Politik des Herzogs Adolf Friedrich I. v. Mecklenburg-Schwerin in den Jahren 1636–1644, in: Jbb des Vereins f. mecklenb. Gesch. u. Altertumskunde, 72, 1907, S. 1–84; vgl. Meinardus, Schwarzenberg

u. die brandenb. Kriegführung in den Jahren 1638–1640, in: FBPG, 12, 1899, S. 87–139; vgl. Opgenoorth, Friedrich Wilhelm, I, S. 87; G. Lorenz, die dänische Friedensvermittlung beim Westfälischen Friedenskongreß, in: Forsch. u. Quellen z. Gesch. des DK, 1981, S. 34ff. **31** State Trials, III, Sp. 878. **32** APW, I:1, S. 206, Pkt. 7; S. 214, Pkt. 11. **33** Ibidem, S. 228, Pkt. 8 (Memorial vom 14. Sept. 1637). **34** UuA zur Gesch. des Kurf. Friedrich Wilhelm v. Brandenburg, I, 1864, S. 290ff. **35** Geschliesser, Der Reichshofrat, 1942, S. 183ff.; vgl. H. F. Schwarz, The Imperial Privy Council in the 17th century, 1943, S. 127 u. 372ff. **36** R. Weber, Würzburg u. Bamberg, S. 33: Die Wahl-Kapitulation des Bischofs zeigt die libertäre Substanz im Rahmen der Röm. Kirche mit ihrem Dritt-Recht. **37** APW, I:1, S. 358: Die widerständ. Stände im HR werden als »Rebellen« eingestuft; S. 373, Pkt. 30 wird den Pfälz. Erben, dem Kurfürsten von Trier u. anderen »Rebellen« zwar eine Restitution zuerkannt, aber nur »in gratiam« – als Gnade. **38** G. Lorenz, Hilfsgelder, in: Forsch. u. Quellen, 1981, S. 98; vgl. Lundgren, Johan Adler Salvius, 1945, S. 175ff., 213ff.: Die Summe belief sich auf 400000 Reichstaler im Jahr, ab 1641 waren es 480000 Reichstaler. **39** Vgl. Fridericia, Danmarks ydre, II, S. 56ff.; s. a. Odhner, Sveriges deltagande i Westfaliska fredskongressen och grundläggningen af det svenska väldet i Tyskland, 1875, S. 59ff. (dt: 1877); vgl. Fürnkranz, aaO., S. 66. F. korrigiert Hurter, schätzt aber die pol. Strategie von AO falsch ein: Die Restitution der Reichsfürsten war keine »taktische Überlegung«, sondern Substanz-Werk! **40** Burckhardt, Richelieu, III, S. 321ff. **41** Stein, Protection Royale, S. 86: Diese Bistümer wurden schon 1624 als »rechtmäßiger Besitz« (Fancan) betrachtet; vgl. APW, I:1, S. 94, Anm. 2 u. Anm. 1 zur »Felonie« des Herzogs v. Lothringen. **42** APW, I:1, S. 47: »seureté et liberté« werden wie bei AO gekoppelt. **43** Ibidem, S. 52. **44** StAZ, A 222.1 (Groß-Britannien): Verschied. Schreiben vom 23. und 24. Dez. 1637. **45** Ganz, Beziehungen der reformierten Orte, insbesondere Zürichs, zur Pfalz, in: Zürcher Taschenbuch, NF 55, 1935. S. 7–31. **46** StAZ, A 222.1: Er hatte sich zuvor in einem Schreiben an Zürich (18. April 1628) für die »Christianae Reipublicae libertatem, veramque religionem restituendi et defendendi« eingesetzt; vgl. die Anmahnung eines Schweizer Obristen »bei der Crone England wegen rückständiger Gage«, als er sich 1626 »ad bellum... contra gallos« gebrauchen ließ (13. April 1636). **47** Ibidem; vgl. Stern, Die reformierte Schweiz in ihren Beziehungen zu Karl I. von England, in: JbfSG, 3, 1878, S. 1–48. **48** Ibidem: am 15. Jan. 1638 wurde der lat. Text gesiegelt; vgl. Schneewind, Die dipl. Beziehungen Englands mit der alten Eidgenossenschaft zur Zeit Elisabeths, Jakobs I. und Karls I. 1558–1649, 1950. **49** Burckhard, Richelieu, III, S. 307. **50** StAZ, A 222.1: Verschiedene Berichte über England u. das »hochlöbliche Parlament« in seinem Kampf gegen die »Römischen Favoriten« u. die »barbarischen u. grausamen irländischen rebellischen Rotten...« **51** State Trials, III, Sp. 83 (1628), Sp. 864 (1637), Sp. 1385ff. (1640). **52** Ernstberger, Abenteurer, S. 91ff.: Die pure Geldnot des Vaters spielte allerdings auch eine Rolle, konnte er doch die früher übliche Kavalierstour nicht mehr bezahlen. **53** AOSB, II:6, S. 420–443; s. a. Ernstberger, Camerarius, S. 29: L. F. Behaim beklagt die Lage: »Anstatt aber des so hochnötigen Friedens gehet die Kriegsflamme im Land zu Meißen von neuem leider mit Macht auf... (28. Jan. 1637). **54** Richelieu, Burckhardt, III, S. 268–314: B. spricht von »Rheinfront«, obgleich der häufige Stellungswechsel das Kennzeichen dieses TK war. **55** Ernstberger, Camerarius, S. 38 (16. Sept. 1637): C. sieht den Krieg von den Kosten her schon so hochgetrieben, daß selbst »die *Indianischen Schätze* dazu nicht erklecken wollen.« **56** Ibidem, S. 36. **57** Ibidem, S. 43ff. **58** Grassi (Hrsg.), Der utopische Staat, 1983 (1960) S. 213ff. (Rowohlts Klassiker). **59** Ibidem, S. 201. **60** Lieb, München. Die Gesch. seiner Kunst, 2. Aufl. 1977, S. 117ff. **61** Die Licht- oder Sonnen-Metapher wurde in der Regel auf die »Gerechtigkeit« u. nicht auf den »Absolutismus« bezogen, s. die Erläuterung des »Sonnenkönigs« selbst, in: Dickmann (Hrsg.), Gesch. in Quellen, III, 1966, S. 425ff. **62** Zit. n. Fagniez, Le père Joseph, II, S. 502. **63** Barudio, GA, S. 521. **64** Vgl. Kowallek, Über Gaspar Scioppius, in: Forschungen z. dt. Gesch., 11, 1871, S. 403–482; s. a. Mareš, Aufstandsversuche der christl. Völker in der Türkei in den Jahren 1625–

1646, in: MIÖG, 3, 1882, S. 246–300. **65** AOSB, II:7, S. 315 ff. **66** Ibidem, S. 317. **67** Ibidem, S. 319; Röse, Bernhard, II, S. 282 ff.; s. a. Molitor, Der Verrath von Breisach 1639, 1875, S. 19: Breisach galt als »des heil. Röm. Reichs Schlüssel und Ruhekissen«. **68** Fagniez, Le père Joseph, II, S. 488 ff. **69** Erlanger, Richelieu, S. 517 ff. **70** Ibidem, S. 498; s. a. Pastor, 13, S. 822; vgl. Burckhardt, Richelieu, III, S. 315: »Hofintrigen«. **71** AOSB, II:7, S. 319. **72** s. o. S. 279; zum Versuch der Wiener Hofburg, B. v. Weimar mittels seiner Brüder u. Verlehnungen Frankreich u. Schweden zu entfremden s. Burckhardt, Richelieu, III, S. 288 ff.; zur Frage, »Herr vom Elsaß« zu werden, s. S. 303 ff., das Gutachten Richelieus; s. a. Stein, Protection Royale, 1978, S. 486. **73** Burckhardt, Richelieu, III, S. 306 ff.; vgl. die »Christl. Trauerpredigt über ... Herren Bernarden ... 8. Juli dieses 1639. Jahres« (Ex. ZBZ): Starke Bindung des »Teutschen« an den Protestantismus: »Mit unserem Fürsten u. Großen in Teutschland ist gefallen das teutsche Wesen, die teutsche Freiheit, der Teutschen Zuflucht u. Trost«; s. a. die Notifikation der Befehlshaber seiner Armee an AO, in AOSB, II:7, S. 325 ff.: »Tod Herzog Bernhards«. **74** Haffter, Georg Jenatsch, 1894, S. 384 ff. **75** Pieth, Die Feldzüge des Herzogs Rohan im Veltlin u. in Graubünden, 2. Aufl. 1935; s. a. Schmid, Das Bild Herzog Heinrich Rohan in der bündnerischen u. frz. Geschichtsschreibung, 1966; vgl. Schubert, Reichstage, S. 349 ff.: zu Rs Begriff der Staatsräson; s. a. C. F. Meyers Novelle »Jürg Jenatsch« mit dem »guten Herzog« Rohan, der noch 1628 die Hugenotten in Frk. angeführt hatte u. dann General des Königs wurde. **76** Wille, Hanau im DK, 1886, S. 361: Der »Ramsay-Schrecken«, S. 473: Ramsays Tod; s. a. ders., Urkundl. Beiträge z. Gesch. Hanaus im DK aus dem Nachlaß Herzog Bernhards v. Weimar, 1888. **77** Christl. Trauerpredigt (Ex. ZBZ): Der Tod des Condottiere wurde als »Strafe Gottes« empfunden, auch wegen der soldat. Sünden. Man habe gegen die eigenen Leute oft »mehr als Türkische u. Tartarische Grausamkeit verübt, darüber der Himmel erzittern, die Sonne sich entfärben, die Erde u. alle Elemente von ihrem Ort sich bewegen sollen ...« **78** AOSB, II:6, S. 598 ff. **79** Ibidem, S. 625 ff.: B. an AO (30. Mai 1639), »hätte ich nicht gemeint, daß das Königr. Böhmen, welches seit meinem Auszug in fünf Jahren keinen Feind gehabt, so mager, wüste u. verdorben sein sollte, denn zwischen Prag u. Wien jenseits der Elbe alles zu Grunde ruiniert, und fast keine lebendige Seel im Lande zu finden ist ...« **80** Ibidem, S. 621 ff.; vgl. Dudik, Schweden in Böhmen und Mähren 1640–1650, 1879. **81** AOSB, II:6, S. 621 ff. (Montecuccoli wird Gefangener). **82** Die Ansicht von GA, daß dies nur im Verbund von Schweden, Niederlanden u. Frk. möglich sei, bestätigte sich: im Grunde war keine europäische Macht hegemonie-fähig; vgl. Dehio, Hegemonie oder Gleichgewicht?, 1948. **83** Thuau, Raison d'état et pensée politique à l'époque de Richelieu, 1966, S. 268 ff.; s. a. de Viguerie, Le Miracle dans la France du XVIIe siècle, in: XVIIe siècle, 1983, S. 313–331. **84** Erlanger, Richelieu, S. 518 ff.: Zum Verhältnis zwischen R. u. den übrigen Amtsträgern s. Ranum, Les creatures de Richelieu, 1966. **85** Erlanger, Richelieu, S. 541 ff., S. 545 ff.; vgl. Hauser, La prépondérance espagnole 1559–1660, 1933. **86** Ritter, Dt. Gesch., III, S. 582–607: Kriegsereignisse; vgl. Dickmann, Der Westf. Frieden, 1959, S. 157: D. sieht in R. den »einzigen Staatsmann«, der die europ. Sicherheit »im Rahmen einer Gesamtorganisation der europ. Staatengesellschaft gelöst« wissen will, nicht aber auch AO; vgl. Hassinger, Das pol. Testament Richelieus, in: HZ, 173, 1952, S. 485–503.

Herausforderungen

1 AOSB, II:6, S. 667 (2. Nov. 1639); s. a. Banérs Verbindung von »*Exemtions*- oder Neutralitätstractaten«, S. 717; vgl. u. S. 554 den Sonderfall der Eidgenossenschaft. **2** Boer, Die Friedensunterhandlungen zwischen Spanien u. den Niederlanden in den Jahren 1632 u. 1633, 1898. **3** Gross u. Lacroix (Hrsg.), UuA des Reichsarchivs Wien z. reichsrechtl. Stellung des Burgundischen Kreises, II, 1945, S. 447: In einer Antwort Ferdinands III. an das

Kurfürsten-Kollegium werden die N. als ein »unverneinlich Eigentum« des HR genannt (19. Jan. 1637); vgl. den Reichsabschied zu Augsburg (30. Juni 1548), ibidem, S. 1 mit der Formel »Nidererblande in des heil. Reichs Schutz, Schirm, Hilf u. Verteidigung«, sowie der »Nidererblande Exemtion der Jurisdictionen«, d. h. zwar Reichsstand, jedoch der Justizhoheit des HR trotz Sitz im Reichskammergericht weitgehend entzogen. **4** Ibidem, S. 448. **5** Ibidem, S. 451; vgl. S. 213ff. **6** Ibidem, S. 451. **7** Hansen, Der niederländische Pazifikationstag zu Köln 1579, in: Westdt. Zeitschrift f. Gesch. u. Kunst, 13, 1894. **8** Ibidem, S. 449ff. **9** Ibidem, S. 450. **10** Ibidem, S. 449. **11** Israel, The Dutch Republic, S. 274ff. **12** Geyl, The Netherlands, S. 186ff.: »The time is come to throw the Portuguese out of India ... The opportunity presents and offers to Your Excellencies the *mastery of the Orient.*« **13** S. R. Gardiner, History of the Great Civil War, 4 Bde, 1893; vgl. Hill, The English Revolution 1640, 1943; vgl. Roy, The royalist army in the first Civil War, 1963. **14** Marañón, Olivares, S. 304ff.; vgl. Boer, De verovering der zilvervloot, in: TvG, XXXI, 1916, S. 1–16. **15** Kroener, Die Entwicklung der Truppenstärken in den frz. Armeen zwischen 1635 und 1661, in: Forsch. u. Quellen z. Gesch. des DK, 1981, S. 163–220. **16** Marañón, Olivares, S. 331. **17** Ibidem, S. 328ff.: zur »Trägheit der vielen Hunderttausende von Spaniern, die um keinen Preis etwas zu arbeiten geneigt waren«. Noch 1595 belief sich das Einkommen aus dem »indianischen Schatz« auf gut 35 Millionen Pesos, von 1641 ab waren es nur noch gut 13 Millionen; vgl. Thomazi, Les flottes de l'or, 1937; s. a. Sureda Carrión, La hacienda castellana y los economistas del siglo XVII, 1949 und Vilar, Oro y moneda en la historia (1450–1920), 2. Aufl. 1972. **18** Marañón, Olivares, S. 163; s. a. Prestage, The Diplomatic Relations of Portugal with France, England and Holland from 1640 to 1668, 1925. **19** Marañón, Olivares, S. 316ff. **20** Assarino, Delle rivoluzioni di Catalogna, 1645; vgl. Elliott, The Revolt of the Catalans. A study in the Decline of Spain, 1598–1640, 1963; Zudaire, El conde-duque y Cataluna, 1964: vgl. Burckhardt, Richelieu, III, S. 468–540. **21** Vgl. Koselleck, Kritik und Krise, 1973 (1959), S. 11ff.: K. erkennt im Absolutismus die staatl. Überwindung der »religiösen Bürgerkriege«; das war gerade im TK nicht der Fall; vgl. Barudio, FWG 25, passim. **22** AOSB, II:6, S. 605: B. hofft hier noch, »die Böhmen u. Schlesien gegen den Kaiser in Rebellion zu bringen« (11. April 1639), S. 623: Exil und »angedrungene Emigration«, S. 634/35 (15. Juli 1639). **23** AOSB, II:6, S. 637; vgl. Ostermann, aaO., S. 902: Habsburgs Einstellung zum »*Erb*-Königreich Böhmen u. andere der Oesterr. *Erb*länder« bei der Koppelung von »Religion« und »landesfürstlicher Hoheit« (Prager Frieden). **24** Ernstberger, Camerarius, S. 46ff., S. 48ff. **25** Bierther, Reichstag, 1971, S. 25ff.: s. a. Ernstberger, Camerarius, S. 49: Behaim hoffte auf die Einhaltung der »Kaiserl. Capitulation« von 1637 durch Ferdinand III., wodurch »die spanischen Consilia, so ohnedies bei Chur-Köln, Bayern, Sachsen u. Brandenburg höchst verhaßt, hinfüro wenig gelten ...« (10. Jan. 1640). **26** MacPherson, Die pol. Theorie des Besitzindividualismus, dt. 1973 (1962), S. 133; vgl. Keeler, The Long Parliament 1640–1641, 1954; s. a. Zagorin, A History of Political Thought in the English Revolution, 1954. **27** Hobbes, Behemoth (Tönnies), S. 4ff.: Die Eigenbestimmung eines Eigentümers mit seiner Zustimmungs-Kompetenz; s. a. MacPherson, aaO., S. 80ff.: Der »neue Glauben an das unbeschränkte Recht auf Eigentum« war Ausdruck des Patrimonialismus von unten, der dem König verweigert wurde. **28** Schubert, Reichstage, S. 451ff, 502ff **29** Schubert, Reichstage, S. 553: S. nimmt den Teutschen, in Schwedens Diensten stehenden »Reichshistoriographen« Bogislaw Philipp von Chemnitz als Verfasser an; eine Mitautorenschaft von AO wird vermutet, s. Goetze, Oxenstierna, S. 221; demnächst, Barudio, Oxenstierna. **30** Schubert, Reichstag, S. 556: Das »Schatten«-Dasein der kais. »Majestät« muß in Verbindung mit den »Fundamentalgesetzen« gesehen werden, demnach mit einer »Herrschaft des Rechts«, die seit 1618 weitgehend gefehlt hat, s. Dissertatio, pars 1, cap. 4, sectio 1, 1640. **31** Vgl. die Flugschrift *Vindiciae secundum libertatem Germaniae,* 1636, cap. 8: zur Notwendigkeit des Reichstags auf der Basis der Gleichwertigkeit aller berufenen Stände; vgl. Hitzigrath, Die Publizistik des Prager Friedens (1635), 1880. **32** Dickmann, Der W. Frieden, S. 537; s. a.

F. Weber, Hippolithus a Lapide, in: HZ, 29, 1873, S. 254–306. **33** Vgl. Gerhard, Probleme des dänischen Frühabsolutismus, in: Festgabe f. Kurt v. Raumer, 1966, S. 269–292; vgl. Barudio, FWG 25, S. 159–189. **34** Schubert, Reichstag, S. 540–572; s. a. Dickmann, Der W. Frieden, S. 537. **35** v. Egloffstein, Baierns Friedenspolitik von 1645 bis 1647, 1898, S. 3 (1639). **36** Brockhaus, Der Kurfürstentag zu Nürnberg 1640, 1883, S. 149ff. **37** Bierther, Reichstag, S. 135ff.; vgl. Egloffstein, Baierns Friedenspol., S. 59: Noch 1645 bekämpfte Max. I. die Zulassung dieser u. anderer Reichsstände zum Friedenskongreß. **38** Zu den Spannungen zwischen Pommerns Landständen u. Schweden, das als »absoluta domina« mißverstanden wurde s. Bär, Die Pol. Pommerns, S. 401ff. (7. Dez. 1640); zur Position Schwedens »ex pactis nobis constabat jus« S. 416ff.; zu Schwedens Pommern-Status s. APW, I:1, S. 319ff. (Nebenmemorial 1641). **39** Ernstberger, Camerarius, S. 65: Hinweis auf Georg F. Behaim, der in London die Parlamentseröffnung erleben kann, sowie auf die Notwendigkeit einer »amnestia universalis«. **40** Rast, Die bayr. Pol. in den Jahren 1640–1645, 1902: Zur frz.-bayr. Konferenz zu Einsiedeln; vgl. Schweinesbein, Die Frankreichpol. Kurfürst Maximilians I. v. Bayern 1639–1645, 1967, S. 96ff.; s. a. Bierther, Reichstag, S. 73ff. **41** Heilmann, aaO., II:2, S. 627ff.; Bierther, Reichstag, S. 77, Anm. 39. **42** UuA, I, 1864, S. 522ff. (Brandenburg u. Schweden); zum Heiratsprojekt von 1632 s. Barudio, GA, S. 558; vgl. Opgenoorth, Friedrich Wilhelm, I, S. 116ff.: O. hat die Rechtslage nicht genügend berücksichtigt, denn der Vormundschaftsregierung waren als »Treuhänder« Christinas keine Entscheidungen in der Heiratssache erlaubt. **43** APW, I:1, S. 381ff., 386: der Schacher u. die Grade materieller Entschädigung der »Krone Schweden« in der kais. Instruktion (10. Dez. 1640). **44** Backhaus, Reichsterritorium, S. 47: B. hat verdienstvoll einiges berichtigt, aber auch GA als »Eroberer« verzeichnet S. 13; vgl. Back, Herzog u. Landschaft. Pol. Ideen u. Verfassungsprogramme in Schwedisch-Pommern um die Mitte des 17. Jhds, 1955: bleibt im Rahmen des akadem. »Dualismus«. **45** Backhaus, aaO., S. 38; s. a. Bär, aaO., S. 391ff. **46** Ibidem, S. 41ff. **47** APW, I:1, S. 265: Hinweis auf die »stattliche Stütze« B'burgs durch die Krone Schweden und die »feste Hilfe in allen Reichs- und Kreissachen« – er schließt die Reichsstandschaft ein; s. a. AO in: SRP, 1939, S. 420: »... wird des Kaisers Amtsgewalt (imperium) begrenzt, dann gerät die Nachbarschaft in größere Sicherheit«. **48** Ellerbach, Der DK im Elsaß, III, 1928, S. 378, 384, 392; vgl. Sittler, Der elsäßische Zehnstädtebund. Seine geschichtl. Eigenheit u. seine Organisation, in: JbGOR, 10, 1964, S. 59–77; s. a. Crämer, Die Verfassung u. Verwaltung Straßburgs von der Reformationszeit bis zum Fall der Reichsstadt (1521–1681), 1931; s. a. Veit, Über die Entstehung der Reichsstandschaft der Städte. Eine rechtsgeschichtl. Skizze, 1897. **49** Mit dieser Tortur war das »Raidlen« gemeint, wie es vor allem Mansfelds Soldaten gerne übten, s. o. S. 189. **50** Ellerbach, III, S. 229/230; Strobel, Vaterländische Gesch. des Elsaß, IV, 1844, S. 395: S. belegt Einzelfälle von »Kannibalismus«. **51** Ellerbach, III, S. 258–262. **52** APW, I:1, S. 390, Anm. 2: Ferdinand Karl (1628–1662) und Sigismund Franz (1630–1665). **53** Ibidem, S. 391. **54** Demnächst Barudio, »Respublica est pupilla«. **55** In Pommern war mit dem Tode des erbenlosen Herzogs (1637) der familiäre Lehnsträger weggefallen, so daß der Kaiser als Oberlehnsherr des HR dieses frei gewordene Erblehen neu vergeben konnte – allerdings unter Berücksichtigung brandenburg. Optionen. **56** APW, II A:1, 1969 (K. Repgen), S. 164ff. (15. Dez. 1643). **57** Opgenoorth, Friedrich Wilhelm, I, S. 89. **58** UuA, I, S. 397: Schwarzenbergischer Pasquillantenprocess. **59** Ibidem, S. 399ff.; vgl. Opgenoorth, aaO., S. 82: die absolut. Politik des kath. Schwarzenberg war wohl die Ursache. **60** UuA, I, S. 92ff. **61** Opgenoorth, aaO., I, S. 110ff. **62** Brake, Die Reduktion des brandenburg. Heeres im Sommer 1641, 1898. **63** UuA, I, S. 394/95. **64** Ibidem, S. 527ff. **65** Ibidem, S. 728/29 (Relation vom Reichstag in Regensb. an den Kurf., 1641). **66** Domke, Die Viril-Stimmen im Reichs-Fürstenrath von 1495–1654, 1882. **67** UuA, I, S. 703 (11. Jan. 1641). **68** Ibidem, S. 705. **69** AOSB, II:8, S. 570–573: Bericht der Generalmajore über diese Schlacht (21. Juni 1641). **70** UuA, I, S. 83: Belehnungs-Ritual; zur pol.-rechtl. Seite dieser Verbindung s. Breysig, Die Entwicklung des preußischen Ständethums von seinen Anfängen bis zum Regierungsantritt Friedrich Wilhelms, in: UuA, 15, 1894, S. 1–222. **71** UuA, 1, S. 85ff.: In Wien u. Warschau wurde die Heirat als feindl. Akt empfunden; s. a. S. 105: Die Heirat sei mit dem Lehnseid (Homagium) nicht vereinbar, weil als Vertrag der Consens des Lehnsherrn eingeholt werden müsse. **72** UuA, I, S. 591–595. **73** Ein Beispiel für diese Verbindung von »Kunst u. Krieg« bei Losman, Carl Gustav Wrangel och Europa, 1980; s. a. German, Arte et Marte: Durch Wissenschaft und Waffen, in: Zürcher Taschenbuch, NF Bd. 101, 1981, S. 25–45. **74** UuA, 1, S. 456: Arnims Nähe zu Wien wird unmittelbar mit Portugal, Katalonien und England in Verbindung gebracht, aber auch des Generals unbedingten Friedenswillen betont; vgl. Irmer, Arnim, passim; s. a. S. 536 zur Arnimschen »Kriegsverfassung« u. S. 537 zur Lage der Schweden-Armee nach Banérs Tod. **75** Ibidem, S. 752 (10. Juni 1641). **76** APW, I, S. 235, Pkt. 6. **77** UuA, I, S. 577: AO bei einer Konferenz mit brandenb. Gesandten am 31. Aug. 1642. **78** Dickmann, Der W. Frieden, S. 103ff.

Endphasen

1 Fina, Klara Staiger, S. 285. **2** AOSB, II:8, S. 357/58, Anm., Brief an den Reichsmarsch Jakob de la Gardie (3. März 1642): »zwölf Wochen« lag T. darnieder. **3** Engelbert, Der Hessenkrieg am Niederrhein, in: Annalen des Hist. Vereins f. d. Niederrhein, 161, 1959, S. 90ff.; vgl. die pol. Lage Kur-Kölns bei Foerster, Ferdinand, S. 206ff.: F. forderte in München u. Wien milit. Hilfe an. **4** AOSB, II:8, S. 367–371: Schlachten-Bericht an die Regierung in Stockholm. **5** Ibidem, S. 373–378: Die Verlust-Liste der Kais. nimmt sich imponierend aus, darunter befand sich die »Kriegscanzley« der Generalität und »des Erzherzogs Silberwagen«, 46 große u. kleine Geschütze, 50 wohlbeladene Munitionswagen, 69 Standarten, 116 Fahnen etc., 24 hohe Offiziere gefallen. **6** Ibidem, S. 376. **7** Ibidem, S. 377. **8** Burckhardt, Richelieu, III, S. 541: R. drohte 1642 noch einmal mit Rücktritt, nicht unähnlich Olivares, mit dem er verhandeln ließ s. hierzu Leman, Richelieu et Olivares. Leurs négociations secrètes de 1636 à 1642 pour le rétablissement de la paix, 1938. **9** Erlanger, Richelieu, S. 586ff. **10** APW, I:1, S. 100: »Elsaß«, S. 88: Lothringen u. die drei Bistümer; ähnliche Argumentation »par le droit de la guerre« und die »notoire perfidie« des Herzogs Karl v. Lothringen wie Schweden hinsichtlich Pommern u. B'burg. **11** Ibidem, S. 68 (Hauptinstruktion 1643), 70, 109. **12** Ibidem, S. 64: Nach den Gesandten des Kaisers gehört auf dem Friedenskongreß »le premier rang à la France« – vor den Spaniern; vgl. Straub, Pax, S. 40ff.: Nach Ferrier u. seiner Schrift »Catholique d'état« muß Frk auf die Bewahrung seines »Patrimoniums« achten u. jede »allzugroße« Ausdehnung eines Nachbarn als Akt der Ungerechtigkeit bekämpfen. **13** Vgl. M. Ritter, Die Memoiren Sullys u. der große Plan Heinrichs IV., in: Abh. d. III. Classe d. k. Ak. d. Wiss. XI. Bd. III. Abth., 1870, S. 3–53: Echtheit dieses »Planes« wird angezweifelt, s. Dickmann, Der W. Frieden, S. 45. **14** Mousnier, Les institutions de la France sous la Monarchie absolue, I, 1974, S. 505ff.: Im Grunde die gleiche Anspruchs-Formel wie im HR der Titel »Mehrer des Reichs« oder in den »Pacta conventa« Polens u. Ungarns, s. o. S. 89f. **15** Vgl. Dickmann, Der W. Frieden, S. 225: ohne Bezug zum »Fundamentalgesetz« der »inalienabilité«. **16** S. nur das Vorgehen 1639 in der Normandie gegen das Parlament in Rouen, das den *Rechtsgehorsam* der Untertanen nicht sichern konnte; Floquet, Histoire du parlement de Normandie, 1841; vgl. Poršnev, Les soulèvements populaires en France de 1623 à 1648, 1963; s. a. Barudio, in: HPI, 1985 (Piper). **17** APW, I:1, S. 166; vgl. Riesenberg, Inalienability of sovereignty in medieval political thought, 1956; s. a. K. G. Schneider, Überblick über die Herrschafts- u. Rechtsformen des frz. Vordringens nach Osten ... 1550–1812, 1938. **18** Vgl. Wollenberg, Richelieu, S. 213ff.: W. trifft diese Unterscheidung nicht, deshalb auch das Mißverständnis, daß »die kath. Religion das Fundament des frz. Staates bildete«. Die »Katholizität« war *ein* Fundamentalgesetz des Staates unter anderen! **19** Vgl. Dickmann, Der W. Friede u. die Reichsverfassung, in: Forsch. u. Studien z. Gesch. des WF. Vorträge bei dem Colloquium frz. u. dt. Historiker... 1963, 1965, S. 5–32. **20** Burckhardt, Richelieu, III, S. 545/46. **21** Erlanger, Richelieu, S. 616. **22** Pellison Fontanier, Histoire de l'académie française, 2 Bde, 1858; vgl. Perraud, Cardinal de Richelieu, évêque, théologien et protecteur des lettres, 1882. **23** Blet, Richelieu et les débuts de Mazarin, in: Revue d'histoire moderne et contemporaine, VI, 1959, S. 241–268; vgl. Hanotaux/La Force, Histoire du Cardinal Richelieu, VI, 1947; Guth, Mazarin, dt. 1973 (1972), S. 206ff. **24** UuA, I, S. 504 (ärztl. Gutachten). **25** Ibidem, S. 505. **26** Ernstberger, Camerarius, S. 231. **27** Kürschner, Aus dem Kirchenbuch von Reichensachsen (und Langenhain) von 1639–1653, in: Archiv f. Hess. Gesch. u. Akde, NF, IX, 1913, S. 53; manch wertvoller Hinweis u. Einblick in Geburts- u. Todesdaten, Münz- und Maßwesen bei Bätzing, Auszüge aus den ältesten Kirchenbüchern von Besse aus der Zeit des DK, in: Zeitsch. d. Vereins f. Hess. Gesch. u. Landeskunde, 83, 1972, S. 97–135; zu den Kriegsplagen aller Heere auf den Durchmärschen zwischen 1621 u. 1637 s. Herrmann (Hrsg.), Aus tiefer Not. Hess. Briefe u. Berichte aus der Zeit des DK, 1916. **28** Kietzell, Der Frankfurter Deputationstag von 1642–45. Eine Untersuchung der staatsrechtlichen Bedeutung dieser Reichsversammlung, in: Nassauische Annalen, 83, 1972, S. 99–119. **29** Buchstab, Reichsstädte, Städtekurie u. Westf. Friedenskongreß, 1976, S. 42ff.: der Anteil der Städte an diesem »bleibenden Ausschuß der Reichsstände«; vgl. Gerber, Die Bedeutung des Augsburger Reichstags von 1547/48 für das Ringen der Reichsstädte um Stimme, Stand u. Session, in: Elsaß-Lothr. Jb, IX, 1930, S. 168–208. **30** Vgl. Domke, Reichs-Fürstenrath, passim: s. a. Schubert, Reichstag, S. 253ff. **31** Dickmann, Der W. Frieden, 4. Aufl. 1977, S. 164. **32** Ibidem, S. 166. **33** Ibidem, S. 541. **34** Egloffstein, Baierns Friedenspolitik, S. 5ff.: Sieg der Bayern-Armee bei Tuttlingen (24. Nov. 1643) über ein Franzosen-Heer. **35** UuA, I, S. 803, vgl. S. 812: zum Dissens zwischen Kurfürsten-Rat und Fürstenrat über die Repräsentation auf dem Friedens-Kongreß (Ölhafen-Nürnberg). **36** Foerster, Ferdinand, S. 256; vgl. Guth, Mazarin, S. 243/44ff. **37** UuA, I, S. 618. **38** Ibidem, S. 806, 808, 809. **39** Ibidem, S. 813: »der Fürstenrath aber mit Mehrheit (per majora) dahin geschlossen, daß die Heilmittel (remedia) der beiderseitigen Befriedigung (utriusque pacificationis) – nach innen und außen (internae et externae) – zusammen (conjunctim) daselbst vorzunehmen...« **40** vgl. Ernstberger, Camerarius, S. 207: Behaim an C., »daß sich die Auswärtigen (externi) ins Reich ziehen, Stimme (votum) und Sitz (sessionem) haben wollen, ist zwar nicht gut, aber doch ratione der Evang. wegen Schweden, aufgrund der Libertät (ratione libertatis) aber wegen Frankreich so gar bös nicht«; s. a. APW, IIC:1, 1965, S. 548ff.: Serviens Vorschlag an Sch. Rosenhane, »daß die Kronen darauf bestehen müßten, ein Stand im Reich zu werden und ihr Votum auf den Reichstagen zu haben«. **41** Runeby, Monarchia mixta, S. 404–418: Rosenhanes Aufstieg; Lundgren, Johan Adler Salvius, 1945; zu Johan Ox. fehlt eine Biographie: zu seiner Wahl in den Reichsrat s. Almquist, Karl Karlsson Gyllenhielm mot Oxenstiernorna (1639–40), in: Personhistorisk Tidskr., 1911; s. a. E. Hildebrand, Den svenska diplomatiens organisation i Tyskland under 1600-talet, in: HTs, 1884. **42** APW IIC:1, S. 5: Die Königin an Salvius (29. Juli 1643): s. hierzu Ernstberger, Camerarius, S. 172: C an Behaim: »Certe, quod omnes tangit, ab omnibus tractari et approbari debebat. Da man solches auch anderswo nicht zulässet, fällt die Freiheit Teutschlands (iacet libertas Germaniae)«, warnt auch vor dem »Spiritus vertiginis« wie AO, s. o. S. 483. **43** Dickmann, Der W. Frieden, S. 119ff. **44** APW, IIC:1, S. 6: Die Königin an Salvius. **45** Marañón, Olivares, S. 343. **46** Guth, Mazarin, S. 264ff.; vgl. Chéruel, Histoire de France sous le ministère de Mazarin, 1882; s. a. Lloyd Moote, The Revolt of the judges. The Parlement of Paris and the Fronde 1643–1652, 1971. **47** APW, IIC:1, S. 44. **48** Ibidem, S. 63. **49** Ibidem, S. 54ff.; s. a. S. 77: Salvius an Gyldenklou, daß »die Heirat Graf Waldemars zu nichts anderem angesetzt ist... als gegen Schweden, damit der Muskoviter auf der anderen Seite (der Ostsee) Schweden in Livland und Ingermanland angreife...«; vgl. o. S. 429. **50** Ibidem, S. 89. **51** Ibidem, S. 92ff.: die Königin an Johan O. und Salvius; Egloffstein, Baierns Friedenspolitik, S. 5: Tuttlingen, s. a. APW, IIC:1, S. 111: Franzosen beklagen die Niederlage, hoffen aber auf Besserung. **52** APW, IIA:1, 1968, S. 163ff. **53** Mecenseffy, Im Dienste dreier Habsburger. Leben u. Wirken des Fürsten Johann Weikhard Auersperg (1615–1677), in: AÖG, 114, 1838, S. 295–509; Rave, Johann Krane, in: Westfalen. Hefte f. Gesch., Kunst u. Volkskunde, 25, 1940, S. 120–122. **54** APW, IIA:1, S. 166ff. **55** AOSB, II:8, S. 384 (21. Dez. 1642): T. Fühlungnahme in der »Siebenbürgischen Sache« – »gegen den Kaiser«, S. 429. **56** APW, IIC:1, S. 103: AO an Johan O, fürchtet einen überraschenden »Bruch des Friedens« von dän. Seite u. »hofft, daß der Däne sich zur Vernunft bringen läßt« (13. Dez. 1643) – vergebens; demn. Barudio, Oxenstierna: vgl. Tham, Den svenska utrikespolitikens historia (1560–1648), 1960. **57** An diesem Stoffwechselleiden bei T. gibt es keinen Zweifel; es hat sogar seine Schreibhand angegriffen, s. AOSB, II:8, S. 432; andererseits hat ihn auch die materielle Lage der Royal-Armee fast entnervt, s. ibidem, S. 390: »In was für einem Labyrinth ich sitze...« (27. Feb. 1643); vgl. Sörensson, Krisen i de svenska arméerna i Tyskland efter Banérs död (maj–november 1641), 1931. **58** AOSB, II:8, S. 420ff. **59** Ibidem, S. 166: H. bittet AO um Fürsorge für seine Familie während der Gefangenschaft beim Herzog von Lothringen; S. 167, Anm.: Am 13. Aug. 1642 nahm G. Horn wieder seinen Platz im Senat ein. **60** Ibidem, S. 168ff.; zur Kritik an Torst, in den eigenen Reihen, den Befürchtungen vieler, Schweden werde zu stark, den Diversionen der Tartaren auf Vasa-Polen und Moskaus Bruch mit Dänemark s. APW, IIC:1, S. 103ff. **61** APW, IIC:1, S. 119ff. **62** Slaget vid Femern 1644 13. 10. 1644. Minnesskrift utarb. av Försvarsstabens krigshist. avdeln., 1944, S. 72ff.; s. a. Losman, Wrangel, S. 27ff. **63** UuA, I, S. 148ff.: Bergmann an Friedrich Wilhelm (12. Nov. 1644); er glaubte, die Schweden hätten GA ein »absolutum dominium« eingeräumt; Warnung an den Kurf. vor der »schwed. Heirat«, weil »die Schweden könnten doch nicht ruhen, sondern müßten nur aus einem Krieg den anderen spinnen...« **64** E. Hildebrand, Regeringsformer, S. 203–206: allerdings mit der Reservation zur »Regierungsform« von 1634, sie bis zur Krönung (erfolgte erst 1650) zu verbessern u. als ewiges Gesetz anzunehmen; vgl. Stolpe, Christine: Geht auf diese Rechtsbindungen der Königin nicht ein. **65** Vgl. Dickmann, Der W. Frieden, S. 219, 239: D. arbeitet mit einem unreflektierten Annexions-Begriff, der nicht zwischen »Etat« und »Gouvernement« unterscheidet; demn. Barudio, Oxenstierna; s. a. Lorents, Efter Brömsebrofreden. Svenska och danska förbindelser med Frankrike och Holland 1645–1649, 1916. **66** Marichal (Hrsg.), Mémoires du Maréchal de Turenne, I (1643–1653), 1909, S. 5ff.; zur inneren Lage der frz. Armeen, oft aus »gepreßten« Bettlern, Vagabunden u. Straftätern bestehend, s. Hoeniger, Die Armeen des DK, in: Militärwochenblatt, Beiheft 7, 1914, S. 96ff.; s. a. Kroener, Truppenstärken, in: Forsch. u. Quellen, 1981, S. 176ff. **67** Guth, Mazarin, S. 300: M. ließ in Rom sogar den Sieg von Freiburg verkünden; vgl. Coville, Etude sur Mazarin et ses démêles avec le Pape Innocent X, 1914; Pieper, Die Propaganda-Congregation u. die nord. Missionen im 17. Jhd, 1886; s. a. C. Weibull, Drottning Christinas övergång till katolicismen, in: Scandia 1928; vgl. Nordström, Cartesius och drottning Kristinas omvändelse, in: Lychnos 1941. **68** AOSB, II:8, S. 585ff. **69** Zit. n. Egloffstein, Baierns Friedenspolitik, 1898, S. 10; s. a. Wild, Johann Philipp v. Schönborn, 1896. **70** Dickmann, Der W. Frieden, S. 206–215. **71** AOSB, II:8, S. 444, Anm.: Ts Schlachtenbericht. **72** Ibidem,. S. 447/48. **73** APW, IIA:1,1, 1975 (K. Repgen), S. 214–217. **74** Riezler, Die Schlacht bei Alerheim, 3. August 1645, in: Sitzungsberichte d. kgl. bayer. Akad. d. Wiss., Philos.-philolog. Classe, Heft IV, 1901, S. 513. **75** Chéruel (Hrsg.), Lettres du Cardinal Mazarin pendant son ministère, II (Juillet 1644–Déc. 1647), 1879, S. 145ff.: M. an Turenne am 11. April 1645. **76** Riezler, aaO., S. 512f. **77** Ibidem, S. 514/15. **78** Ibidem, S. 516. **79** Ibidem, S. 519/20. **80** Ibidem, S. 521; s. a. Turenne, Mémoires, S. 58ff. **81** Ibidem, S. 523. **82** Egloffstein, Baierns Friedenspolitik, S. 38ff.: Eine »starke Diversion, welche die Türken zu Land gegen Friaul unternehmen«, nutzte Max., den venet. Gesandten Contarini um stärkere Friedensmittlung anzuhalten; vgl. Dickmann, Der W. Frieden, S. 194: D. betont die »drohende Türkengefahr« für Venedig; zur Anzahl aller Gesandten auf dem Kongreß s.

Philippi, Der W. Friede. Ein Gedenkbuch, 1898, S. 207–10. **83** Informative Auflistung wichtiger Reichsstädte, die im Krieg prosperierten – wie Hamburg oder Frankfurt a. Main und Köln – oder degenerierten bei Buchstab, Reichsstädte, 1976, S. 182 (Aachen) bis S. 218 (Zell am Harmersbach); vgl. zur ökonomischen Lage der Zeit des DK Stritmatter, Die Stadt Basel während des DK. Pol., Wirtschaft, Finanzen, 1977. **84** K. F. Otto, Die Sprachgesellschaften des 17. Jhds, 1972; als Beispiel einer solchen Versöhnung s. das Verhältnis zwischen Hersdörffer und dem Schweden-General Wrangel, s. Losman, aaO., S. 77ff. **85** APW, IIIA:1,1, S. 7ff., 57, 60: Das Mißtrauen des Kf gegenüber seinen eigenen Gesandten blieb aber bestehen. **86** Ibidem, S. 57ff.: Die Position, daß der Kaiser die Stände »ad dietam nit berufen«, stimmte formalrechtlich (5. Mai 1645), aber die anberaumte »Reichsversammlung aller Kur-, Fürsten und Stände ... sei in effectu ein Reichstag« (Kur-Bayern am 20. Sept. 1645), S. 314ff. **87** Ibidem, S. 322–333; vgl. Dickmann, Der W. Frieden, S. 374ff.; zur weiteren Auswirkung der Comitial-Competenz aller Reichsstände nach 1648 s. Schindling, Der W. Frieden und der Reichstag, in: Pol. Ordnungen u. soziale Kräfte im Alten Reich (H. Weber), 1980, S. 113–153: S. korrigiert mit gutem hist. Blick nicht nur Dickmann in fundamentalen Bereichen (S. 132), sondern auch die borussische, austriasische u. rhenozentrische Position. **88** APW, IIA:1, S. 166: Noch 1643 hoffte F III. auf einen »neuen rinforzo vor unsere Waffen«, aber 1645 nach Jankau wirkt er fast ratlos, s. APW, IIIA:1,1, S. 20ff.; zum Dauerdruck der Schweden-Armee s. Böhme, Lennart Torstensson u. Helmut Wrangel in Schleswig-Holstein u. Jütland 1643–1645, in: Zeitschr. d. Gesell. f. SH Gesch, 90, 1965, S. 41–82 und Broucek, Der Schwedenfeldzug nach Niederösterreich 1645/46, in: Militärhist. Schriftenreihe, 7, 1967. **89** APW, IIIA:1,1, S. 316: Bezeichnend, daß Kur-B'burg den »Prager Frieden« nur als »Interimsschluß« gelten lassen will, weil eben die comitiale Zustimmung fehlte; s. a. die Diskussion im Kurfürstenrat, ibidem, S. 369–379 (21. Okt. 1645); vgl. Dickmann, Der W. Frieden, S. 113, 138, 143, 242, 339ff. **90** Rivier, La mort de Grotius, 28 août 1645, in: Revue de droit international et de législation comparée, XIX, 1887, S. 97ff. **91** Fleischmann, Die Lehre vom gerechten Krieg bei Grotius und seinen Nachfolgern, 1926. **92** APW, IIC:1, S. 817ff.: selbst in der Amnestie-Frage wird auf F II. »Injurien« lange vor 1630 Bezug genommen; s. a. APW, IIB:1, 1979, S. 793ff.: Mazarin hat bezüglich der Teutschen Libertät eine ähnl. Haltung wie AO eingenommen; die Formel »en Allemagne« als »gegen das Reich« übersetzen, wie im Regest geschehen, zeigt nicht wenige Voreingenommenheit oder Unkenntnis. **93** APW, I:1, S. 440ff. **94** Ibidem, S. 441: so wird die Amnestie bis 1618 im äußersten Fall gewährt – »doch nur allein in imperio«. **95** Wie sich die »Schweden« dort aufgeführt haben s. bei Dudík, Tagebuch des feindlichen Einfalls der Schweden in das Markgrafenthum Mähren während ihres Aufenthaltes in der Stadt Olmütz 1642–1650, in: AÖG, 65, 1884, S. 307–485; s. a. Granberg, Kejsar Rudolf II: s konstkammare och dess svenska öden, 1902. **96** APW, I:1, S. 450: F III. wollte »alles über und über gehen, ehe er es dazu kommen lasse«, also Haus-Interesse vor Reichs-Wohl. **97** Der Problematik, bei dieser Politik die »Freundschaft« der Teutschen verspielen zu können, war man sich von frz. Seite sehr bewußt, s. Servien an Brienne, in: APW, IIB:1, S. 826ff. (31. Dez. 1644).

Gefährdungen

1 APW, I:1, S. 441. **2** Zum Hintergrund s. Dickmann, Der W. Frieden, S. 343ff. **3** v. Meiern, Acta pacis Westphalicae publica, I, 1734, S. 740ff., 765ff., 801ff.; s. a. Brauer, Von den Normen in Beurteilung des Verhältnisses verschiedener Religionsverwandten gegeneinander, in: Abh. z. Erläuterung des WF, II, 1784, S. 93–133. **4** Zur schwierigen Diskussion beider Rel.parteien s. Dickmann, Der W. Frieden, S. 351–354. **5** Ellerbach, III, S. 444: zum Problem der »Perpetuität«; S. 461: zum Präliminarvertrag; vgl. Katterfeld, Die Vertretung Straßburgs auf dem westphäl. Friedenskongreß, 1912, S. 66ff. **6** Zur pol.

Strategie u. Kopplung der frz. Interessen am Rhein mit den schwed. Ansprüchen an der Oder s. Kur-Mainz (8. Nov. 1646), in: APW, IIIA:1,1, S. 683. **7** EA, 1618–1648, 5:2, 1875. **8** Buser, Die Belagerung von Konstanz durch die Schweden anno 1633 u. ihre Bedeutung für die schweiz. Eidgenossenschaft, in: Thurgauische Beiträge zur vaterländischen Gesch., 51, 1911, S. 1–33; vgl. Gallati, Die Belagerung von Konstanz im Jahre 1633, in: ZSG, 2, 1922, S. 234–243. **9** Losman, Wrangel, S. 30; vgl. Wrangel, Schwedens Fahnen am Bodensee, in: Acta Wrangeliana, 1, 1931. **10** v. Gonzenbach, Der General Hans Ludwig v. Erlach v. Castelen, 3 Bde, 1880–1882; s. a. Haas, Schwedens Pol. gegenüber der Eidgenossenschaft während des DK, in: Schweiz. Beiträge z. Allgem. Gesch., 9, 1951, S. 68ff. **11** Zur Bedrohung Basels durch die »französische Festung Hüningen« s. Stüssi, Schweizer Militärwesen, S. 27ff. **12** EA, 1618–1648, 1875, S. 2262: Wettsteins »Relation«. **13** RKGO, §4 zusammen mit dem »Westerich«, s. Laufs, aaO., S. 74; s. a. EA, S. 2272: Gutachten des Reichshofsrats vom 21. März 1647, Basel wird hierin »pro libero populo« öffentlich angegeben; der anhängige Streitfall gegen die Ansicht des RKG in Speyer dem »ius privatum« zugerechnet und das Drittrecht des HR mittels der Formel »possessione vel quasi« abgelehnt. **14** UuA d. Burg. Kreises, 3, 1944, S. 8–10; s. a. Poelhekke, De vrede van Munster, 1948. **15** APW, IIIA:1,1, S. 419–25 und öfters. **16** Ibidem, S. 413–16: Im Streit mit den frz. Gesandten verfiel das Kur-Collegium auf die entpersonalisierte Formel »Krone Frankreich«. **17** Zu den Universalansprüchen aus diesem Titel s. Straub, Pax, S. 48ff.; zu Spaniens Haltung in der Titulatur-Frage für den »Mediator« Venedig s. APW, IIIA:1,1, S. 150ff. **18** In diesem Bereich wirkte sich das »sine respectu personarum« aus, ohne auf Titulaturen als Besitz- und Rechtsansprüche bei entspr. Verträgen zu verzichten. **19** Frankreichs Staatsmänner taten das, um die »Waage der Welt« wieder herzustellen, gegen Spaniens Dominats-Ansprüche, d. h. in den Titeln drückt sich auch die Berufung zur »Gerechtigkeit« in Welt aus, vgl. Straub, Pax, S. 40ff. **20** UuA, 2, 1945, S. 177: Protest des Niederländisch-Westf. Kreises gegen den Vertrags- und Verfassungsbruch gemäß 1548. **21** Gauss (Hrsg. u. Bearbeiterin), Johann Rudolf Wettsteins Diarium 1646/47, in: Quellen zur Schweizer Gesch., N. F. III. Abt., Bd. VIII, 1962, S. 212: W. wollte auch eine Verwechslung mit dem »Kayserl. Reychs Hofrath« (Wien) vermieden sehen. **22** Buschmann, Kaiser und Reich, S. 336 (Art. VI). **23** Vgl. aus der reichen Literatur zu diesem Thema Gallati, Die formelle Exemption der Schweiz vom Deutschen Reich im Westf. Frieden, in: ZSG, 28, 1948, S. 453–478; vgl. Bonjour, Gesch. der Schweizerischen Neutralität, I, 2. Aufl., 1965. **24** UuA, 23:1, 1929, S. 260ff.; s. Barudio, FWG 25, S. 195ff. **25** Egloffstein, Baierns Friedenspolitik, S. 151ff. **26** Ruppert, Die kaiserliche Pol. auf dem Westf. Friedenskongreß (1643–1648), 1979, S. 224ff. **27** APW, I:1, S. 455, Pkt. 9. **28** Egloffstein, Baierns Friedenspolitik, S. 176. **29** Ruppert, aaO., S. 314. **30** Koch, Gesch. d. Deutschen Reiches unter der Regierung Ferdinands III., II, 1866, S. 299–302. **31** Losman, Wrangel, S. 31; vgl. Steckzén, Karl Gustav Wrangels fälttåg 1646–1647 till och med fördraget i Ulm, 1920, S. 228ff. **32** F. Schwarz, Segen u. Fluch des Geldes in der Gesch. der Völker, I, 1925, S. 127ff., 131ff.: S. erkennt in der Rückkehr der Flüchtlinge nach 1648, die ihre Festhaben in »Gold und Silber« verwandelten, einen Hauptgrund für den »Bauernkrieg« von 1653 in Schweiz. **33** Milch (Hrsg.), Daniel von Czepko. Weltliche Dichtungen, 1932, S. 4. **34** Ernstberger, Camerarius, S. 228. **35** Milch, Czepko, S. 31. **36** Ibidem, S. 16ff., 19ff., Barudio, FWG 25, S. 148 (Voltaire); S. 335 (Hobbes); in dieser Forderung liegt auch alle Gerechtigkeit begründet, die Cz. S. 49 ganz im Geiste der »Nikomachischen Ethik« versteht (Suum cuique); glaubt S. 53 an die »angeborene Güte und Milde« des »Hauses Österreich«. **37** Milch, Czepko, S. 14. **38** Lever, Zepter u. Narrenkappe. Geschichte der Hofnarren, dt. 1983, S. 226ff. **39** Lecler, Le Roi de France. Fils aîné de l'Eglise, in: Etudes, 214, 1933; vgl. die »Commandements de Maistre Guillaume«, in: Lever, Zepter, S. 203: 29 Gebote für L XIII. zum gerechten Regieren – »Den Adel sollst du züchtigen,/ der sich so leichtfertig zankt«. **40** Gauss, Wettstein, S. 278. **41** Ibidem, S. 279. **42** Gauss/Stöcklin, Bürgermeister Wettstein. Der Mann, das Werk, die Zeit, 1953. **43** Gauss, Wettstein, S. 280. **44** Gmür, Das Leben der venezianischen Gesandten in Zürich im 17. Jhd. (1615–1668), in: Zürcher Taschenbuch, 1950, S. 67ff.; StAZ, A 214.2: Beziehungen zum Ausland. Venedig: 1617–1640: Bericht zum Festprogramm zum Empfang der Venetianer am 27. April 1618; s. a. Gmür, Das Bündnis zwischen Zürich/Bern und Venedig 1615/18, in: Schweizer Studien z. Geschichtswiss., NF 6, 1945, S. 7–153. **45** Algemeen Rijksarchief, Eerste Afdelning. Archief Provinciale Resoluties Nr. 11. Gelderland: 1644–1649 (Landtage): Die 12 Artikel lesen sich wie der »Teutsche Friede« oder eine Kaiser-Kapitulation; die *Tulipomanie* soll in Batavien von 1634 bis 1637 ihren ersten Höhepunkt erlebt haben, s. Blunt, Tulipomania, 1950, S. 7–16; vgl. die Satire zu dieser Blumen-Vernarrtheit bei La Bruyère, Les caractères, 1962 (R. Garapon); s. a. Price, Culture and society in the Dutch republic during the 17 century, 1974; zum Tabak-Unfug s. Schivelbusch, Das Paradies, der Geschmack und die Vernunft, 1980, S. 108ff. **46** Gauss, Wettstein, S. 280; dies., Die westf. Mission Wettsteins im Widerstreit zwischen Reichstradition u. Souveränitätsidee, in: ZSG, 28, 1948; vgl. Viehl, Die Pol. des Basler Bürgermeisters Wettstein in Münster u. Osnabrück 1646/47 u. die Reichsstände, 1967. **47** Ruppert, aaO., S. 265ff.; zur Regio-Religio-Frage s. Wolff, Corpus Evangelicorum und Corpus Catholicorum auf dem Westf. Friedenskongreß, 1966. **48** APW, IIIA:1,1, S. 143 (24. Juni 1645); s. a. Fraga Iribarne, Don Diego de Saavedra y Fajardo y la diplomacia de sũ epoca, 1956. **49** APW, IIC:1, S. 488: Der Frage Rosenhanes zum »absolutum dominium«, das die Spanier in Teutschland einführen wollen, wich er diplom. aus, verehrte aber dem »Goten« aus dem Norden seine »Empresas politicas«. **50** Obras de Don Diego de Saavedra Fajardo, in: Biblioteca de Autores Espanoles, 1861, S. 411; eine dt. Übersetzung Die Thorheiten von Europa, 1748. **51** Obras, S. 411, Sp. 1/2. **52** Straub, Pax, S. 72ff. **53** SRP, 1646, S. 359; vgl. Goetze, Oxenstierna, passim: G. verzerrt aus einer Nationalstaatsperspektive borus. Art Pol. u. Staatskunst des Schweden. **54** APW, IIIA:1,1, S. 463: Grundtenor der neuen b'burgischen Politik lautet, daß »der äußerliche und innerliche Krieg also aneinander hangen«, was man 1635 in Dresden, Wien, München u. Prag nicht recht begreifen wollte. **55** Dickmann, Der W. Frieden, S. 348ff.: D. spricht im Register S. 612 von der »Konkurrenz« des Reichshofrats »mit Reichskammergericht« und meint damit im heutigen Sinne eine »Gegen-Institution«. **56** Ibidem, S. 367ff., 464ff.; vgl. Heckel, Staat u. Kirche nach den Lehren der ev. Juristen Deutschlands in der ersten Hälfte des 17. Jhds, 2. Teil, in: ZRG, KA, 43, 1957. **57** Dickmann, Der W. Frieden, S. 356ff., 460ff.; vgl. Bonwetsch, Gesch. des Passauischen Vertrages von 1552, 1907. **58** Dickmann, Der W. Frieden, S. 413ff.; vgl. Foerster, Der Magdeburgische Sessionsstreit, 1890. **59** Goldschmidt, Lebensgesch. des Cardinal-Priesters Franz Wilhelm (von Wartenberg)..., 1866; Dickmann, Der W. Frieden, S. 402ff. **60** Dickmann, Der W. Frieden, S. 413ff. **61** Zeller, La réunion de Metz à la France 1552–1648, 1926; H. Kaufmann, Die Reunionskammer zu Metz, 1899, S. 56ff. **62** UuA, I, S. 789. **63** Riezler, Bayern u. Frankreich während des Waffenstillstandes von 1647, in: Sitzungsber. der Münchener Ak. d. Wiss., hist. Klasse, II, 1898, S. 493–541. **64** UuA, I, S. 658ff. **65** Ruppert, aaO., S. 186ff. **66** UuA, Burg. Kreis, 3, S. 8–10. **67** Pütter, Geist des Westph. Friedens, 1795, S. 475; vgl. Scholte, Die Niederländische Delegation zur Friedenskonferenz..., in: Pax Optima Rerum, 1948, S. 137–181. **68** AOSB, II:8, S. 735ff.; s. a. Losman, Wrangel, S. 31; Turenne, Mémoires, I, S. 118ff. **69** Rosengren, Karl X Gustav före tronbestigningen, 1913. **70** Losman, Wrangel, S. 31; vgl. Olofsson, Carl X. Gustav. Hertigen – tronföljaren, 1961, S. 186ff. **71** UuA Burg. Kreis, 3, S. 33. **72** Ibidem, S. 35/36. **73** Ibidem, S. 42ff., 47, 51. **74** Ibidem, S. 58–68.

Der Teutsche Frieden

1 Dickmann, Der W. Frieden, S. 495: Wir empfinden es als tragisch, wenn ein Historiker nach so viel Mühen um Thema u. Material, sowie vielen Korrekturen in Einzelfragen, sich nicht von Klischees lösen kann. **2** Zahlreiche Belege für diese Formel auf beiden Seiten, s. APW, I:1, S. 453 (Trauttmansdorff); UuA Burg. Kreis, 3, S. 49 (Ferdinand III.); APW, IIIA:1,1, S. 374 (Kur-Bayern): »Teutsch« meint hier auch »libertär« und »konstitutional«, d. h. die Reichsverfassung betreffend; vgl. Oestreich, Vom Herrschaftsvertrag zur Verfassungsurkunde. Die »Regierungsformen« des 17. Jhds als konstitutionelle Instrumente, in: Vierhaus (Hrsg.), Herrschaftsverträge, Wahlkapitulationen, Fundamentalgesetze, als: VMPIG, 56, 1977, S. 59ff.; vgl. Schindling, Reichstag, S. 114ff. **3** Dickmann, Der W. Frieden, S. 495. **4** Wohin dieses Gewaltdenken mit seinen Großmachtträumen und dem rechtspositivistischen Wachstumsdenken führt, erkennt man bei Kopp/Schulte, Der Westfälische Frieden. Vorgesch., Verhandlungen, Folgen, 3. Aufl. 1943, passim. **5** APW, IIIA:1,1, S. 782ff.: Kur-Bayerns Einwände gegen die Bindung der Wahl an die Zustimmung des Reichstages und andere Verschiebungen »gegen die Goldene Bulle«. **6** Lünig, Teutsches Reichsarchiv, II, 1713, S. 3, 6:». . . die Stände dieses weitläufigten Reiches sind von undenklichen Zeiten her und vermöge der Fundamentalgesetze *Neben-Regenten.*« **7** Buschmann, KuR, S. 339 (Osnabrücker Vertrag). **8** Ibidem, S. 305 (§ 50). **9** Ibidem, S. 314 (§ 17). **10** Ibidem, S. 339. **11** Als Kommentar zu diesem Friedensartikel s. die Stellungnahme AOs im schwed. Senat am 22. Jan. 1639: »Die teutschen Fürsten haben früher schon das *ius ineundi foedera cum aliis regnis et rebus publicis* gehabt, welches ein hohes Recht ist. Wäre da irgendeiner in Polen, das ein sehr freies Königreich ist, der sich ein solches anmaßen würde, so würde er zum Duell gefordert . . .«, in: SRP, 1639, S. 419ff. **12** s. den zaghaften Versuch einer Neubestimmung bei Bäte (Hrsg.), Der Friede in Osnabrück 1648. Beiträge zu seiner Geschichte, 1948. **13** Dickmann, Der Westfälische Friede und die Reichsverfassung, in: Forschungen u. Studien z. Gesch. des WFs, 1965, S. 5–32. **14** Guten Einblick bei Losman, Wrangel, S. 56ff. **15** Schindling, Reichstag, S. 124ff. **16** v. Raumer, Das Erbe des Westf. Friedens, in: Pax Optima Rerum, 1948, S. 73ff.; vgl. die differenziertere Wertung bei Vierhaus, Der Friede von Osnabrück und Münster 1648. Zum Problem der Bewertung eines historischen Ereignisses, in: Jahrbuch d. Ges. f. niedersächs. Kirchengeschichte, 72, 1974, S. 7–23. **17** Kopp, Des Reiches Ohnmacht – Richelieus Vermächtnis, in: Der WF, 1943, S. 120. **18** Buschmann, KuR, S. 387ff. **19** Ibidem, S. 394 (§ 87). **20** Ibidem, S. 388, **21** Ibidem, S. 388: Rückgabe des Bistums Verdun und Lehnsbeziehung, also kein patrimoniales »dominium supremum«. **22** Ibidem, S. 389. **23** Die Stadt Basel war ja nur ein Fall unter anderen – z. B. Rottweil –, wie die EG sich durch »Vormauern« aus dem HR abzusichern suchte; noch 1748 gab es ein niederl. Rechtsgutachten zum Lehnscharakter der Grafschaft Holland hinsichtlich des HR, in: UuA Burg. Kreis, 3, S. 12, Anm. 2. **24** Ibidem, S. 309. **25** Ibidem, S. 376. **26** Repgen, Der päpstliche Protest gegen den Westfälischen Frieden und die Friedenspolitik Urbans VIII., in: HJb, 75, 1956, S. 94–122. **27** Ibidem, S. 376. **28** Ibidem, S. 377. **29** Ibidem, S. 342. **30** Ibidem, S. 345; s. Böhme, Die Bremisch-Verdischen Staatsfinanzen 1645–76. Die schwedische Krone als deutsche Landesherrin, 1967. **31** Ibidem, S. 342/43; s. Breucker, Die Abtretung Vorpommerns an Schweden und die Entschädigung Kurbrandenburgs, 1879. **32** Ibidem, S. 344/45; Eimer, Die Stadtplanung im schwed. Ostseereich 1600–1715, 1960. **33** Schulte, Deutsche Volksnot nach 1648, in: Der WF, 1943, S. 152–158: verzerrend u. verallgemeinernd; vgl. Buchstab, Reichsstädte, passim. **34** Buschmann, KuR, S. 346. **35** Ibidem, S. 347; vgl. Feine, Zur Verfassungsentwicklung des Heiligen Römischen Reiches seit dem Westfälischen Frieden, in: ZRG, GA, 52, 1932, S. 65–133; vgl. Riedel, Der Staatsbegriff der deutschen Geschichtsschreibung des 19. Jhds in seinem Verhältnis zur klassisch-politischen Philosophie, in: Der Staat, 2, 1963, S. 41–63. **36** Ibidem, S. 347; vgl. Wehrmann, Gesch. Pommerns, 2 Bde, 2. Auflage 1919. **37** Dubuisson-Aubenay, Journal des guerres civiles (1648–1652), 1883; s. a. Grand-Mesnil, Mazarin, la Fronde et la Presse

(1647–1649), 1967. **38** Wittrock, Regering och allmoge under Kristinas egen regering, 1953. **39** Wieland, Vorwort zu Schiller, Gesch. des DK, 1985, S. 17. **40** Wedgwood, Der DK, dt. 2. Aufl. 1983 (1938), S. 468ff. **41** Comenius' självbiografi, 1975, S. 278. **42** Barudio, FWG 25, S. 202ff. **43** Ibidem, S. 206ff. **44** Ibidem, S. 222. **45** Gembruch, Reformforderungen in Frankreich um die Wende vom 17. zum 18. Jhd., in: HZ, 1969, S. 298ff.; vgl. Rothkrug, Opposition to Louis XIV., 1965. **46** Barudio, Absolutismus – Zerstörung der »libertären Verfassung«, 1976, S. 208ff. **47** Ibidem, S. 232. **48** Vgl. die »dualistische« Arbeit von Lagerroth, Frihetstidens författning, 1915.

EPILOG

Das Erbe von 1648

1 Schwarz, Vom Reich zur Bundesrepublik, 1966; vgl. Sammelband Die Deutschlandfrage u. die Anfänge des Ost-West-Konflikts 1945–1949, 1984 (Link, Junker, A. Fischer u. a.); Graml, Die Alliierten und die Teilung Deutschlands. Konflikte u. Entscheidungen 1941–1948, 1985; s. a. Benz, Von der Besatzungsherrschaft zur Bundesrepublik. Stationen einer Staatswerdung 1946–1949, 1985. **2** Plessner, Die verspätete Nation, 1974; Renner, Die Nation: Mythos und Wirklichkeit, 1964; Alter, Nationalismus, 1985: Diese u. andere Arbeiten lassen die »Zwei Nationen« außer acht, gehen oft unhistorisch vor und orten die politische Nation erst in der Aufklärung. **3** v. Raumer, Das Erbe des Westfälischen Friedens. Betrachtungen zu seiner 300. Wiederkehr, in: POR, 1948, S. 75ff.: Von Superlativen, Tiefenkitsch und Klischees überquellend. **4** Die auf Münzen und Gedenkplatten verwendete Formel erscheint als »beste aller Dinge« ungenau übersetzt, denn »res« kann neben »Sache« auch »Vermögen« und »Dasein« bedeuten; vgl. Philippi, Auf den Friedensschluß in Münster u. Osnabrück geschlagene Münzen und Medaillen, in: Der WF, 1898, S. 202ff.; vgl. Kull, Friedens-Gedenkmünzen, in: Blätter f. Münzfreunde, 50:2/3, 1915, Spalten 5767–5771. **5** Fiedler, Kriegswesen, 1985, S. 139: Völlige Ignoranz der mod. Forschung. **6** Ihr Beginn könnte mit dem »Ewigen Landfrieden« von 1495 angesetzt werden; ihr aufklärerischer Wert ist weder Habermas, Strukturwandel der Öffentlichkeit, 1962 noch Boldt, Deutsche Verfassungsgesch., Bd. 1, 1984 bewußt geworden; vgl. Stolleis (Hrsg.), Staatsdenker im 17. u. 18. Jhd. Reichspublicistik, Politik, Naturrecht, 1977. **7** Vgl. Dickmann, Der WF, 1959, S. 524ff.; vgl. Buschmann, Kaiser und Reich, 1984, S. 34ff.: Oft unsicher; vgl. Handwörterbuch zur Dt. Rechtsgesch., I, 1971, S. 1288; Dt. Rechtswörterbuch, Bd. III, 1935–38, S. 894–912: Der WF wurde ausgespart; Handwörterbuch der Statswissenschaften, 1892 – enthält keinen Artikel zum »Frieden«. **8** Storm, Der Schwäbische Kreis als Feldherr ... von 1648 bis 1732, 1974. Das Stehende Heer war also mit der Libertät in hohem Maße vereinbar u. nicht nur ein Kennzeichen des Absolutismus. **9** Hintze, Staat u. Verfassung, 3. erw. Aufl., 1970; Fiedler, Kriegswesen, passim; vgl. Barudio, Das Zeitalter des Absolutismus, FWG Bd. 25, 3. Aufl. 1984, passim. **10** Veltze (Hrsg.), Ausgewählte Schriften des Fürsten R. Montecuccoli, III, 1899, 423ff.; vgl. Marczali, Ungarische Verfassungsgeschichte, 1911; vgl. H. Kaufmann, Raimondo Graf Montecuccoli, 1609–80. Kaiserl. Feldmarschall ..., 1974. **11** Vgl. Jorga, Gesch. des Osmanischen Reiches, 5 Bde, 1908–1913; vgl. Vaughan, Europe and the Turk ... 1350–1700, 1954. **12** Braubach, Der WF, S. 70ff. **13** Buschmann, aaO., TFO Art. V, § 36, S. 325ff. **14** Hussong, Lit. u. Quellen z. Gesch. d. Hugenotten u. Réfugiés, in: Der dt. Hugenott, 7, 1935. **15** Montesquieu, Vom Geist der Gesetze, dt. 1976, S. 225ff.; vgl. Clostermeyer, Zwei Gesichter der Aufklärung. Spannungslagen in Montesquieus »Esprit des lois«, in: Hist. Forsch., 22, 1983, S. 243ff. **16** Aristoteles, Politik, dt. 1968, S. 151ff., 164ff.; zur Verfassungs-Trichotomie s. Barudio, FWG 25, S. 14ff., 107. **17** Friedrich, Das pol. Testament von 1752, dt. 1974, S. 81ff.. Noch 1785 versuchte er, »die constitutionsmäßige Erhaltung des deutschen Reichssystems u. der Reichsständischen Gerechtsame nach Reichsgesetzen u. Reichsfriedensschlüssen«, darunter den WF, zu betreiben – gegen Habsburgs Übergriffe, s. Schieder, Friedrich der Große, 1983, S. 279ff. **18** Zit. nach v. Raumer, Ewiger Friede. Friedensrufe u. Friedenspläne seit der Renaissance, 1953, S. 352: »gérmanique« muß hier als »teutsch« verstanden werden, jedoch nicht im Sinne des Teutonismus nach 1806. **19** Lünig, Teutsches Reichsarchiv, 1713; Bougeant, Histoire des guerres et des négociatons, qui précédèrent le traité de Westphalie..., 1727, 1751; s. Bibliographie in: POR, 1948, S. 206–211; vgl. Dickmann, WF, S. 522ff. **20** Buschmann, KuR, S. 341 (Art. IX: Handel u. Zöllle). **21** Ibidem, S. 341/42; vgl. S. 356: Art. XII, § 4 zur Bestätigung von Zöllen u. gleichzeitiger Befreiung des Hauses Mecklenburg von einer Reichsabgabe. **22** Der eingebürgerte Begriff des »Merkantilismus« müßte unter diesen Bedingungen überprüft werden, vgl. Bog, Die Bäuerliche Wirtschaft im Zeitalter des DK, 1952, S. 21, 40 (Erbgang); ders., Der Merkantilismus in Dtl, in: Jahrbuch f. Nationalök. u. Statistik, 173, 1961; Heckscher, Der Merkantilismus, 2 Bde, dt. Jena 1932; vgl. Coleman (Hrsg.), Revisions in mercantilism, 1969. **23** Taylor, Trade, Neutrality and the »English Road«, 1630–1648, in: EHR, 25, 1972, S. 236ff.; Paul, The Lord Protector: Religion and Politics in the life of Oliver Cromwell, 1955. **24** v. Inama Sternegg, Die volkswirtschaftlichen Folgen des DK für Dtl., in: HT, 4. F. Bd. 5, 1864, S. 4ff. **25** Kaphahn, Die wirtschaftl. Folgen des DK für die Altmark, 1911, S. 99ff.; Rechter, Das Land zwischen Aisch u. Rezat, 1981; ders., Der Obere Zehngrund im Zeitalter des DK, in: Jahrbuch f. Fränkische Landesforschung, 18, 1978; Bog, Bäuerliche Wirtschaft, passim; vgl. Dietze, Die Wirkungen des DK in der Pflege Coburg, 1941; vgl. Lütge, Die wirtschaftl. Lage Dtls vor Ausbruch des DK, in: Der DK, 1977, S. 458ff. **26** Zit. n. v. Raumer, in: POR, 1948, S. 97, Anm.; vgl. Biskup, Die landesfürstl. Versuche z. wirtschaftl. Wiederaufbau der Kurpfalz nach dem DK 1648–1674, 1930; Kollnig, Die Pfalz nach dem DK, in: Heidelberger Vorträge, 13, 1949; vgl. Christmann, Kaiserslauterns Bevölkerung vor und nach dem DK, in: Kaiserslautern 1276–1951, 1951, S. 17–106; zu einzelnen Städten der Hanse und im HR s. Lütge, Der DK, S. 502ff.; Dietz, Frankfurter Handelsgesch., 4 Bde, 1910–1925; Geering, Handel u. Industrie der Stadt Basel. Zunftwesen u. Wirtschaftsgesch. bis zum Ende des XVII. Jhds., 1886, S. 400ff.; Kroker, Aus zwei Jahrhunderten Leipziger Handelsgesch. 1470–1650, 1929. **27** Buschmann, KuR, S. 333ff. (Art. V § 53: Reichskammergericht), S. 403–453 (Reichshofratsordnung von 1654), mit Quellen- u. Literaturangaben. **28** Ibidem, S. 291 (Art. II: Allgemeine Amnestie). **29** Le Goff, Die Geburt des Fegefeuers, dt. 1984. **30** Schiller, Geschichte des DK, (1791/93), Manesse-Ausgabe 1985, S. 17ff.; ähnlich positiv Pütter, Geist des WF nach dem inneren Gehalte..., 1795; vgl. Duchhardt, Friedenswahrung im 18. Jhd., in: HZ, 240, 1985, S. 265–282: Erkennt nicht die Fortwirkung des WF bis 1806. Schweden ist nicht 1721 aus dem »Großmächtesystem« gedrängt worden, sondern erst 1779 mit dem Frieden von Teschen; s. a. Craig/George, Zwischen Krieg u. Frieden. Konfliktlösung in Gesch. u. Gegenwart, dt. 1984: Craig bringt das Kunststück fertig, den WF vollständig auszublenden. Dilettantischer ist bis jetzt kein Historiker mit dem Problem des »Gleichgewichts« in der Neuzeit umgegangen. Noch nicht einmal Grotius fand er einer Erwähnung würdig. **31** Zit. n. Just, Stufen u. Formen des Absolutismus, in: HJb, 80, 1961, S. 147. **32** Zur Wirkung des Patrimonial-Staates am Ende des HR s. Doeberl, Maximilian von Montgelas u. sein Prinzip der Staatssouveränität beim Neubau des »Reiches Bayern«, in: NWB 17, S. 273–290: Bei Fundamentalbegriffen wie »Staat«, »Nation« oder »Souveräntität« sehr ungenau und verschwommen; vgl. Demel, Der bayerische Staatsabsolutismus 1806/08 bis 1817, in: Schriftenreihe z. bayer. Landesgesch., 76, 1983. **33** Kopp/Schulte, Der WF, (1940) 3. Aufl. 1943, S. IX: A. Baeumler; s. a. die Literatur zur Abwertung des WF während der NS-Zeit, in: POR, 1948, S. 253f. **34** Zit. n. Menge, Wenn die Besiegten den Sieg feiern, in: DIE ZEIT, Nr. 19, 3. Mai 1985, S. 7, Sp. 5.

Literaturhinweise

Eine ständig erweiterte Bibliographie zum »Teutschen Krieg« gibt es immer noch nicht. Dafür leisten die Literaturlisten in den Einzelbänden der *APW* wertvolle Dienste, und auch die *Bibliographie de la Reforme 1450–1648,* 1958 (1961, 1982). Hier sei besonders auf vier Publikationen verwiesen: G. Schmid, *Wallenstein-Bibliographie,* in: Mitteilungen des Vereins für Geschichte der Deutschen in Böhmen, 1879, Band 11, von V. Loewe ab 1883 bis 1911 fortgeführt. H. Thiekötter, *Pacis Westphalicae Bibliotheca Germanica 1648–1948,* in: Pax Optima Rerum. Beiträge zur Geschichte des Westfälischen Friedens 1648, 1948. Für den ideengeschichtlichen Hintergrund dieser Epoche siehe die von D. Wyduckel bearbeitete *Althusius-Bibliographie,* 1973. Zum kriegstechnischen Bereich sei vor allem auf H. Eichberg, *Militär und Technik,* 1976 verwiesen. Diese Arbeit umfaßt neben einer reichhaltigen Bibliographie auch ein Glossar zu militärtechnischen Spezialausdrücken des 17. Jahrhunderts sowie wichtige Angaben zu Münzen, Maßen und Gewichten in dieser Zeit.

Die beigefügten Hinweise sind als Ergänzung zu den Quellen und der Literatur in den Anmerkungen gedacht und möchten einen Querschnitt der internationalen Forschung und Diskussion empfehlen.

Aitzema, L. van, Historie of verhael van saken van stat en oorlogh in... de Vereenigde Nederlanden, 14 Bde, 1667–71.

Ashton, R., The Crown and the Money Market, 1603–1640, 1960.

Auerbach, B., La France et le Saint Empire Romain Germanique, 1912.

Barlaeus, C., Brasilianische Geschichte, 1659.

Beladiez, E., España y el Sacro Imperio Romano Germanico. Wallenstein 1583–1634, 1967.

Beller, E. A., Contemporary English Printed Sources for the Thirty Year's War, in: AHR, XXXII, 1927.

Bibl, V., Maximilian II. Der rätselhafte Kaiser, 1929.

Björkman, W., Die schwedisch-türkischen Beziehungen bis 1800, in: Festschrift für Georg Jakob, 1932.

Böhme, K.-R., Bremisch-verdische Staatsfinanzen 1645–1676, 1967.

Breslow, M. A., A Mirror of England. English Puritan Views of foreign nations 1618–1640, 1970.

Broucek, P., Die Eroberung von Bregenz am 4. Jänner 1647, in: SHMW, 18, 1971.

Burckhardt, C. J., Sullys Plan einer Europaordnung, 1952.

Burger, W., Die Ligapolitik des Mainzer Churfürsten Johann Schweikard von Cronberg in den Jahren 1604–1613, 1908.

Castro, A., Spanien. Vision und Wirklichkeit, 1957.

Chauviré, R., Jean Bodin. Auteur de la République, 1914.

Colmeiro, M., Historia de la economía política en España, 2 Bde, 1863.

Czapliński, W., Polska a Baltyk w Latach 1632–1648, 1952.

Deventer, M. L. van (Hrsg.), Gedenkstukken van Johan van Oldenbarnevelt en zijn tijd, Bde 2 und 3 (1593–1609), 1862–65.

Devèze, M., L'Espagne de Philippe (1621–1665). »Siècle d'or et de misère«, 2 Bde, 1970–71.
Dickmann, F., Rechtsgedanke und Machtpolitik Richelieus, in: HZ, 196, 1963.
Diepenbach, W., Die Mainzer Kurfürsten, 1933–36.
Doeberl, M., Maximilian I., Bayerns großer Kurfürst in neuester Beleuchtung, in: Forschungen zur Geschichte Bayerns, 12, 1904.
Dralle, L. (Hrsg.), Preußen. Deutschland. Polen im Urteil polnischer Historiker, 1983.
Edmundson, G., Anglo-Dutch Rivalry During the First Half of the Seventeenth Century, 1911.
Elias, J. E., De vlootbouw in Nederland, 1596–1655, 1933.
Ennen, E., Kurfürst Ferdinand von Köln (1577–1650), in: Annalen des historischen Vereins für den Niederrhein, 163, 1961.
Essen, A. van der, L'Alliance défensive hollando-vénétienne de 1619 et l'Espagne, in: Miscellanea historica in honorem Leonis van der Essen, 2, 1947.
Farinelli, A., Die Beziehungen zwischen Spanien und Deutschland in der Literatur der beiden Länder, I: bis zum 18. Jahrhundert, 1892.
Fleischhacker, H., Rußland zwischen zwei Dynastien (1598–1613). Eine Untersuchung über die Krise in der obersten Gewalt, 1933.
Forst, H., Die Spanier am Rhein im dreißigjährigen Krieg, in: Westdeutsche Zeitschrift für Geschichte und Kunst, 18, 1899.
Friedrich, C. J., Johannes Althusius und sein Werk im Rahmen der Entwicklung der Theorie von der Politik, 1975.
Goetz, W., Die Kriegskosten Bayerns und der Ligastände im Dreißigjährigen Kriege, in: Forschungen zur Geschichte Bayerns, 12, 1904.
Górski, K., Wojna Rzeczypospolitej zu Szwecya za panowania Zygmunta III – go od roku 1621 do 1629, 1888.
Green, M. A. E., Elizabeth, Electress Palatine and Queen of Bohemia, 1909.
Haan, H., Prosperität und Dreißigjähriger Krieg, in: Geschichte und Gesellschaft, 7, 1981.
Hagedorn, B., Ostfrieslands Handel und Schiffahrt vom Ausgang des 16. Jahrhunderts bis zum Westfälischen Frieden (1580–1648), 1912.
Hanotaux, G., La crise européene de 1621, in: RdDM, 7, 1902.
Hartung, F., Karl V. und die deutschen Reichsstände von 1546–1555, 1971 (1910).
Hasenberg, P. J., Die Beziehungen Kölns zu Spanien und den Spanischen Niederlanden im Dreißigjährigen Kriege, in: Spanische Forschungen der Görres-Gesellschaft, 1937.
Heckel, M., Deutschland im konfessionellen Zeitalter, 1983.
Hoke, R., Die Reichsstaatsrechtslehre bei Johannes Limnaeus, 1968.
Hrubeš, J., Politické a náboženské rozpory v Evropě v dobové publicistice 1590–1617, in: Acta Universitatis Carolinae, 52, 1974.
Jonge, J. C. de, Nederland en Venetië, 1852.
Just, L., Das Erzbistum Trier und die Luxemburger Kirchenpolitik von Philipp II. bis Joseph II., 1931.
Karst, Th., Pfälzische Klöster im Zeitalter der Reformation. Studien zu den Formen und Problemen der Säkularisation durch Kurpfalz, in: Mitteilungen des historischen Vereins der Pfalz, 62, 1964.
Kepler, J. S., Fiscal aspects of the English carrying trade during the Thirty Year's War, in: The economic history review, sec. series, 25, 1972.
Kirchner, W., Commercial relations between Russia and Europe 1400 to 1800, in: Collected Essays, 1966.
Klaveren, J. van, Europäische Wirtschaftsgeschichte Spaniens im 16. und 17. Jahrhundert, 1960.
Koppe, W., Der Haushalt des schwedischen Reiches unter Gustav Adolf und Christina, 1938 (ungedr.).
Korhonen, A., Utskrivningen av krigsfolk i Finland under trettioåriga kriget, in: Finska historiska uppsatser (P. Renvall), 1964.

Kretzschmar, J., Gustav Adolfs Pläne und Ziele in Deutschland und die Herzöge zu Braunschweig und Lüneburg, 1904.
Lefevre, J., Spinola et la Belgique (1601–1627), 1947.
Lewis, J. D. & *Jaszi*, O., Against the Tyrant: The Tradition and Theory of Tyrannicide, 1957.
Livet, G., La guerre de Trente Ans, in: Que sais-je?, 1083, 1966.
Loit, A., Sverige och Östersjöhandeln under 1600-talet. Översikt över nyare litteratur, in: HTs, 1964.
Lorentzen, Th., Die schwedische Armee im Dreißigjähr. Kriege u. nd ihre Abdankung, 1894.
Lorenz, K., Die kirchlich-politische Parteibildung in Deutschland vor Beginn des dreißigjährigen Krieges im Spiegel der konfessionellen Polemik, 1903.
Lutz, K., Fürstbischöfliche und kaiserliche, österreichische und französische Rekatholisierungen im südlichen Speiergau 1622–1632 und ihre reichs- und kirchenrechtlichen Begründungen, in: Archiv für mittelrheinische Kirchengeschichte, 20, 1968.
Lutz, H., Das Ringen um deutsche Einheit und kirchliche Erneuerung. Von Maximilian I. bis zum Westfälischen Frieden 1490 bis 1648, 1983.
Lynch, J., España bajo los Austrias. II: España y America (1598–1700), 1972.
Mc Cabe, E., England's Foreign Policy in 1619, in: MIÖG, LVIII, 1950.
Menkman, W. R., De West-Indische Compagnie, 1947.
Misselden, E., Free Trade or The Meanes to Make Trade Florish, 1622.
Moeller, B. (Hrsg.), Stadt und Kirche im 16. Jahrhundert, in: Schriften des Vereins für Reformationsgeschichte, 190, 1978.
Müller, K. A., Das Söldnerwesen in den ersten Zeiten des dreißigjährigen Krieges, 1838.
Nolden, K., Die Reichspolitik Kaiser Ferdinands II. in der Publicistik bis zum Lübecker Frieden 1629, 1958.
Pagès, G., La guerre de Trente Ans 1618–1648, 1972 (1949).
Pater, J. C. H. de, Maurits en Oldenbarnevelt in den strijd om het Twaalf-jarig Bestand, 1940.
Pérez Bustamente, C., Die internationale Politik Spaniens während der Regierung Philipps III., in: Forschungen und Fortschritte, 1932.
Pfister, K., Kurfürst Maximilian von Bayern und sein Jahrhundert, 1948.
Philipp, W., Das Werden der Aufklärung in theologiegeschichtlicher Sicht, 1957.
Poršnev, B. F., Les rapports politiques de l'Europe occidentale et de l'Europe orientale à l'époque de la guerre de Trente Ans, 1960.
Poršnev, B. F., Tridcatiletnjaja vojna i vstuplenie v nee Švecii i Moskovskogo gosudarstva, 1976.
Poelhekke, J. J., 't Uytgaen van den Treves. Spanje en de Nederlanden in 1621, 1960.
Quazza, R., Il periodo italiano della guerra dei Trent'anni, in: Rivista storica italiana, 50, 1933.
Raab, Th. K., The Thirty Year's War, 1972 (1964).
Rauch, G. von, Protestantisch-ostkirchliche Begegnung im baltischen Grenzraum zur Schwedenzeit, in: AfR, 43, 1952.
Redlich, F., The German Military Enterpriser and His Work Force, 2 Bde, 1964/65.
Reuß, R., Graf Ernst von Mansfeld im Böhmischen Kriege 1618–1621, 1865.
Ritter, M., Untersuchungen über die pfälzische Politik am Ende des Jahres 1622 und zu Anfang des Jahres 1623, in: HZ, 74, 1895.
Roberts, M., Gustavus Adolphus and the Rise of Sweden, 1973.
Rydfors, A., De diplomatiska förbindelserna mellan Sverige och England 1624–maj 1630, 1890.
Rystad, G., Kriegsnachrichten und Propaganda während des dreißigjährigen Krieges. Die Schlacht bei Nördlingen in den gleichzeitig gedruckten Kriegsberichten, 1960.
Scheler, M., Der Formalismus in der Ethik und die materiale Wertethik, 1916.
Schmidlin, J., Kirchliche Zustände und Schicksale des deutschen Katholizismus während des Dreißigjährigen Krieges nach den bischöflichen Romberichten, 1940.

Schmidt, M., Pietismus, 2. Aufl. 1978 (1972).
Schormann, G., Der Dreißigjährige Krieg, 1985.
Schorn, G. J., Erzbischof Johann Schweikard von Cronberg. Reichserzkanzler und Kurfürst von Mainz, in: Mainzer Almanach, 1959.
Schulz, H., Der Gesandte des 16./17. Jahrhunderts ... Khevenhüller, (masch.) 1949.
Soom, A., Die Politik Schwedens bezüglich des russischen Transithandels über die estnischen Städte in den Jahren 1636–1656, 1940.
Stamer, L., Kirchengeschichte der Pfalz, Bd. III:1, Das Zeitalter der Reformation (1565–1685), 1955.
Stenz, C. (Hrsg.), Die Trierer Kurfürsten, 1937.
Sternberger, D., Der Begriff des Politischen, 1961.
Stintzing, R., Geschichte der deutschen Rechtswissenschaft, 1880.
Sturmberger, H., Adam Graf Herberstorff. Herrschaft und Freiheit im konfessionellen Zeitalter, 1976.
Sutherland, N. M., The Massacre of St. Bartholomew and the European Conflict 1559–1572, 1973.
Trevor-Roper, H. R., Spain and Europe, 1598–1621, in: New Cambridge Modern History, IV, 1970.
Turner, E. R., Parliament and Foreign Affairs, 1603–1760, in: EHR, XXXIV, 1919.
Vreede, G. W., Inleidning tot eene geschiedenis der Nederlandsche diplomatie, 6 Bde, 1856–65.
Wätjen, H., Die Niederländer im Mittelmeergebiet zur Zeit ihrer höchsten Machtstellung, 1909.
Weber, H., Empereur, électeurs et diète de 1500 à 1650, in: Revue d'histoire diplomatique, 89, 1975.
Weller, E. (Hrsg.), Die Lieder des Dreißigjährigen Krieges nach den Originalen abgedruckt, 1968 (1855).
Wendell Holmes, O., The Common Law, 1938.
Westman, K. B., Gustav II Adolf och svensk kyrklig expansion, 1916.
Wiebe, G., Zur Geschichte der Preisrevolution des XVI. und XVII. Jahrhunderts, 1895.
Wiesflecker, H., Casa de Austria, 1620–1740, in: Österreich in Geschichte und Literatur, 5, 1961.
Wirth, H., Gleichzeitige Berichte über die Ereignisse des 30jährigen Krieges in Heidelberg, in: Archiv für die Geschichte der Stadt Heidelberg, I, 1868.
Witte, H., Die Ansichten Jakobs I. von England über Kirche und Staat mit besonderer Berücksichtigung der religiösen Toleranz, 1940.
Wolzendorf, K., Staatsrecht und Naturrecht in der Lehre vom Widerstandsrecht des Volkes gegen rechtswidrige Ausübung der Staatsgewalt, 1916.
Wrangel, E., Sveriges litterära förbindelser med Holland särdeles under 1600-talet, in: LUÅ, 33, 1897.
Wright, L. B., Propaganda against James I's »Appeasement« of Spain, in: The Huntingdon Library Quarterly, VI, 1942/43.
Zeeden, E. W., »Konfessionsbildung«. Studien zur Reformation, Gegenreformation und katholischen Reform, 1985.
Zeumer, K. (Hrsg.), Quellensammlung zur Geschichte der deutschen Reichsverfassung, 1913.
Zumalde, I., Historia de Oñate, 1957.

Namen- und Sachregister

Ihrer Häufigkeit wegen wurden »Heiliges Reich« und »Habsburg« nicht eigens aufgenommen, Ortsnamen wurden zugunsten der Sachbegriffe weniger berücksichtigt, und aus Platzgründen fanden nur die wichtigsten Personennamen Aufnahme in dieses Register.